D1923011

DER SCHREI NACH DEM TURMHAUS

ARGON

AUSSTELLUNG
veranstaltet vom
BAUHAUS-ARCHIV
und der
TECHNISCHEN UNIVERSITÄT
BERLIN

DER SCHREI NACH DEM TURMHAUS

Der Ideenwettbewerb Hochhaus am Bahnhof Friedrichstraße
BERLIN 1921/22

Ausstellung vom 12. 10. 1988 – 8. 1. 1989 im
BAUHAUS-ARCHIV
MUSEUM FÜR GESTALTUNG

Katalog zur Ausstellung im Bauhaus-Archiv, Berlin

Für das
Bauhaus-Archiv und die
Technische Universität Berlin
herausgegeben von
Florian Zimmermann

Koordination und Realisierung der Ausstellung:
Christian Wolsdorff für das Bauhaus-Archiv
Florian Zimmermann, unter Mitarbeit von Jochen Meyer, für die Technische Universität Berlin

Konzeption von Ausstellung und Katalog:
Florian Zimmermann,
unter Mitarbeit von Studenten des Fachgebiets Kunstwissenschaft an der TU Berlin:
Anne Bandel, Georg C. Bertsch, Bruno Bruognolo, Gerd M. Dudda, Karsten Falkenau, Uwe Franzke, Eva Frömchen, Heike Hardt, Herbert Jochmann, Jan-Thomas Köhler, Kerstin Köhntopp, Susanne Kuballa, Heidrun Ludwig, Sylvia Mack, Jan Maruhn, Jochen Meyer, Beate Schmidt, Andreas Zerr

Autoren:
Bruno Bruognolo (BB)
Gerd M. Dudda (GD)
Eva Frömchen (EF)
Heike Hardt (HH)
Jan-Thomas Köhler (JTK)
Kerstin Köhntopp (KK)
Susanne Kuballa (SK)
Heidrun Ludwig (HL)
Sylvia Mack (SM)
Jan Maruhn (JMa)
Jochen Meyer (JMe)
Florian Zimmermann (FZ)

Modellrekonstruktion:
Fabian Berthold

Modellbau:
Fachgebiet Modellbau am Institut für Darstellung und Gestaltung der TU Berlin
Burkhardt Lüdtke,
unter Mitarbeit von
Uwe Kleiner und Alfred Schudy
sowie Studenten des Fachbereichs Architektur an der TU Berlin:
Alice Bernhard, Petra Born, Dalia Boulouednine, Britta Dienenthal, Martin Ebbers, Michaela Ebentheuer, Alois Finsterer, Nicola Gediehn, Rainer Gravert, Eckart Hein, Thomas Hölker, Michael Horn, Helmut Hutter, Jens Maas, Florian Eckehard Köpp, Michael Körner, Thomas Kolb, Eva Lenhard, Beate Lucas, Barbara Orlob, Uta Pottgießer, Stefan Reinsbach, Rudolf Scharl, Andreas Scheid, Ruth Scheurer, Martin Schmädeke, Jan Schröder, Ekaterini Thomaidis, Conni Ungureanu, Andrea Varel, Jens Walter, Forouzandeh Walterscheid
Modell Hochhausentwurf Mies van der Rohe: Burkhardt Lüdtke

Fotoarbeiten:
Fotostudio der TU Berlin
Sigfried Reetz
Fotostelle des Instituts für Geschichts- und Kunstwissenschaft
Willi Helwig

Ausstellungsgestaltung:
Axel Oestreich, Werner Weinkamm, unter Mitarbeit von Susanne Sander

Plakat und Umschlaggestaltung:
Hagen Nerdinger, unter Verwendung des Wettbewerbs-Entwurfes von Hans Soeder, Kat. Nr. 41.

Argon Verlag GmbH Berlin
ISBN 3-87024-127-6
Printed in Germany

Inhalt

Der Ideenwettbewerb Hochhaus am Bahnhof Friedrichstraße in Berlin 1921/22

Der Wettbewerb und seine Beurteilung im Spiegel der zeitgenössischenKritik 8–16

Vorgaben und Bedingungen

1 Ort und Umgebung 17–21
2 Frühere Projekte 1914-1921 22–27
Augustin Rey: Hotel, 1914
Alexander Levy: Bebauungsvorschlag, 1914
Hans Geist: Hochhaus, 1914
Hermann Dernburg: Hochhäuser, 1914
Otto Michaelsen: Hochhaus, 1914
Carl James Bühring: Hochhaus, 1915
Martin Wagner: Bebauungsvorschlag, 1915
Arnold Hartmann, Hotel, 1919
Bruno Möhring: Hochhausstudien, 1920-21
3 Auslober: Die Turmhaus-AG 28–32
Otto Kohtz: Hochhausstudie, 1921
4 Jury 33–35
5 Ausschreibung 36–39

Einsendungen

6 Abel (Stumpfe Winkel), ein 4. Preis 40–43
7 Bäcker/Brahm/Kasteleiner (Zeitenwende), 1. Preis 44–45
8 Block/Hochfeld (Ikarus) 46–47
9 Dietz 48–49
10 Eckmann/Eckmann 50–51
11 Elsässer (Krystall), ein 4. Preis 52–55
12 Elsässer (Geöffneter Lichthof) 56–61
13 Engler (Scheini) 62–63
14 Ernst 64–65
15 Firle 66–67
16 Fischer (Bienenstock) 68–71
17 Flerus/Konert (Offener Hof) 72–73
18 Geilen/Ostwald (Klamotten) 74–75
19 Gracher 76–77
20 Graf 78–79
21 Häring (Funktionale Form) 80–85
22 Klass (Stabil) 86–87
23 Koch (Facies non omnibus una), 3. Preis 88–91
24 Kohtz (Rot ist Trumpf) 92–93
25 Krekel/Leykauf 94–95
26 Krüger/Zess (Organisation und Bewegung) 96–97
27 Kuhlmann 98–99
28 Langstein (Zentral II), ein 4. Preis 100–101
29 Lindhorst/Zauleck/Hormann 102–103
30 Luckhardt/Luckhardt/Hoffmann (Landenausnutzung), 2. Preis 104–105
31 Mies van der Rohe (Wabe) 106–111
32 Moshamer/Brix (Moloch) 112–113
33 Poelzig (Zentral) 114–119
34 Schade & Sohn/Schaupp (Skorpion) 120–123
35 Scharoun (Innen und Außen), Ankauf 124–127
36 Schaudt 128–131
37 Scherer/Langöhrig/Aeppli (TURHAG) 132–133
38 Schneider (Contenti Estote) 134–137
39 Schubert (Semiramis) 138–139
40 Schweizer/Feifel (Gute Nutzflächen) 140–141
41 Soeder (Spreestern) 142–145
42 Spitzner 146–147
43 Suhnel (Stadtkrone) 148–149
44 Tiedemann (Im Dreieck) 150–151
45 Werner (Passage) 152–153

Folgen

46 Ausführungsentüwrfe und Scheitern des Projekts 154–166
H. u. W. Luckhardt: Überarbeiteter Wettbewerbsbeitrag, 1922
Kohtz/Kraffert/Möhring: Ausführungsentwurf, 1922
J. E. Schaudt: Ausführungsentwurf, 1924
47 Wettbewerb der BVG 1929 167–185
Mebes/Emmerich/Baumgarten (Zwillinge)
Mendelsohn (NA 24-NB 24)
Straumer (City)
Grenander (Strahl; Turm; Nord-Süd)
Mies van der Rohe (Roter Kreis und Variante)

Der Hintergrund des Berliner Wettbewerbs: Hochhausstudien und Hochhausprojekte in Deutschland 1910-1923

Aspekte – Kontroversen – Tendenzen: Die Hochhausdiskussion in Deutschland am Anfang der Zwanziger Jahre 186–214

Voraussetzungen

48 Vorbild Amerika 215–226
49 Technische Voraussetzungen für den Bau von Hochhäusern 227–237

Studien, Vorschläge und Projekte für Berlin 1910-1923

50 Hochhäuser im Rahmen des Groß-Berlin-Wettbewerbs, 1910 238–239
51 Paul Wittig: Vorschläge und Studien zu Hochhäusern, 1910/18 240–241
52 K. Paul Andrae: Hochhausstudien, 1913-23 242–245
53 Bruno Möhring: Studien und Projekte 1920-1922 246–255
Hochhäuser an Streßenecken, 1920
Hotelhochhaus am Askanischen Platz, 1920
Bürohochhaus am Lehrter Bahnhof, 1920
Turmhaus in den Ministergärten, 1920
Hochhäuser am Eingang der Kolonie Heerstraße, 1920
Siedlungshochhäuser (Ringhochhäuser), 1920/22
54 Otto Kohtz: Projekte 1920-1922 256–269
Reichshaus am Königsplatz, 1920
Reichshaus am Königsplatz, 1921
Büroturmhaus auf einem Baublock in der Geschäftsstadt (Scherl-Konzern), 1920
Hochhaus am Blücherplatz, 1921
Turmhausgruppen an der Prinz-Albrecht-Straße, 1921
Hochhaus in den Ministergärten, 1921
Büroturmhaus an der Friedrichstraße, 1921 (?)
Hochhaus am Potsdamer Platz, 1921
55 Hans Kraffert: Bürohochhaus am Blücherplatz, 1920 270–271
56 German Bestelmeyer: Ringhochhaus für die Reichsschuldenverwaltung, 1920 272–273
57 Josef Reuters: Hochhausprojekt für Charlottenburg, 1920 274–275
58 Kemnitz: Entwurf für ein Turmschwebehaus, 1921 276–277
59 Hochhäuser im Rahmen eines Wettbewerbs um einen Bebauungsplan für die Cäciliengärten in Schöneberg, 1922 278–279
60 Hochhäuser im Rahmen des Wettbewerbs für ein Geschäftshaus am Kemperplatz, 1922 280–283

Der deutsche Beitrag in Amerika

61 Wettbewerb der Chicago Tribune, 1922 284–299

Dokumentation 300–321
Biographien der Wettbewerbsteilnehmer 322–324
Bibliographie 325–328
Abbildungsnachweis 329–332
Abkürzungen 333

oben: Entwurf Joseph Tiedemann in der Umgebung am Bahnhof Friedrichstraße, Modell 1988
unten: Entwurf Mies van der Rohe in der Umgebung am Bahnhof Friedrichstraße, Modell 1988

Vorwort

Unser Bild von der Architektur der 20er Jahre wird heute von wenigen Bauten und Projekten geprägt. Zu diesen gehört ohne Zweifel der Entwurf für ein Glashochhaus von Mies van der Rohe, der schon bei den Zeitgenossen Aufsehen erregte und von ihnen als einer der Ausgangspunkte der modernen Architektur gewertet wurde.

Das ‚Preisausschreiben' für ein Hochhaus am Bahnhof Friedrichstraße in Berlin, für welches der Entwurf von Mies van der Rohe entstanden ist, muß zu den bedeutendsten Wettbewerben der 20er Jahre überhaupt gerechnet werden und als Höhepunkt der Hochhausdiskussion in Deutschland gelten, deren Zentrum Berlin war. Auch in späteren Wettbewerben wurde weder das Spektrum der Vorschläge für die neue Bauaufgabe noch der ausgeprägte Innovationscharakter, der die Qualität vieler der 40 überlieferten Einsendungen nachhaltig bestimmte, je wieder erreicht. Dem großen Interesse, das die zumeist arbeitslose Architektenschaft dem Thema ‚Hochhaus' entgegenbrachte und das sich auch in der Zahl von 144 Einsendungen niederschlug, haben wir eine ganze Reihe hervorragender Arbeiten zu verdanken. Die Offenheit gegenüber neuen Problemen erbrachte zusammen mit der Freiheit, welche die Ausschreibung als ‚Ideenwettbewerb' gab, Lösungen, die gestalterisch und typologisch weit über die bisherigen Vorstellungen zum Thema ‚Hochhaus' hinausgingen. Neben den bekannten Entwürfen von Vertreteren einer ‚modernen' Baukunst in den frühen 20er Jahren – wie Mies van der Rohe, Hans Scharoun, Hugo Häring, die Brüder Luckhardt, Hans Poelzig oder Martin Elsässer –, entstand aber auch eine Reihe von weniger kompromißlos auf Neuerungen bedachten, z. T. deutlich konservativ geprägten Lösungen, die jedoch architekturgeschichtlich nicht weniger interessant sind und ebenso in Vergessenheit gerieten wie die Umstände und Bedingungen, mit denen sich die Architekten auseinanderzusetzen hatten. Die hier als eine Art Fallstudie unternommene Rekonstruktion der Zusammenhänge, in der eine Reihe von architekturhistorisch meist vernachlässigten Komponenten wie Auftraggeberschaft, Ausschreibung, Jury oder Rezeption in der Presse dokumentiert und analysiert werden, macht eine Einschätzung von Intention und Leistung einzelner Architekten erst möglich. Die umfangreiche Darstellung der deutschen, vor allem aber der Berliner Hochhausdiskussion – insbesondere der Bogen, der sich von den ersten Hochhausprojekten für das Grundstück am Bahnhof Friedrichstraße von 1914 bis zu den ganz am Machbaren orientierten Entwürfen eines 1929 ausgeschriebenen zweiten Wettbewerbes spannt – zeigt die rasante Entwicklung in aller Klarheit auf. Der Vergleich schließlich mit den amerikanischen Wolkenkratzern verdeutlicht die große Distanz und die Eigenständigkeit der Hochhäuser deutscher Prägung zu den ‚Skyscrapers'.

Ausstellung und Katalog „Der Schrei nach dem Turmhaus" gehen auf eine Lehrveranstaltung des Fachgebietes Kunstwissenschaft an der Technischen Universität Berlin zurück. Florian Zimmermann führte im Sommersemester 1986 eine Übung mit dem Thema ‚Der Wettbewerb der Turmhaus-AG am Bahnhof Friedrichstraße 1921/22' durch. Das große Interesse von seiten der Studentenschaft sowie die Fülle und Qualität der zum Thema gesammelten Dokumente veränderten rasch den Charakter der Veranstaltung. Die Übung wurde als Projektseminar weitergeführt mit dem Ziel, das reichhaltige Material in einer Ausstellung vorzustellen. Nach der Zusage des Bauhaus-Archivs, das Erarbeitete in seinen Räumen zu präsentieren und die Herausgabe eines Kataloges zu sichern, entwickelte Florian Zimmermann mit der Arbeitsgruppe ein Ausstellungskonzept. Unter Mitarbeit von Jochen Meyer übernahm er auch die weitere Koordination der Ausstellungsvorbereitungen an der Technischen Universität.

Die Übernahme sämtlicher Foto- und Reproarbeiten durch die Technische Universität machte die Ausstellung erst möglich. Sie ist in erster Linie dem Präsidenten der TU, Prof. Dipl.-Ing. Manfred Fricke zu danken, der eine zusätzliche Förderung des Projektes ermöglichte, sowie dem Fachbereich 1, insbesondere seinem Dekan, Prof. Dr. Werner Dahlheim, der das Unternehmen nach Kräften unterstützte. Ohne die große fachliche Kompetenz und die liebenswürdige Hilfsbereitschaft bei der Lösung der vielfältigen organisatorisch-technischen Fragen durch Herrn Joachim Ohmann, den Leiter des Referats für Messen und Ausstellungen, hätte das Vorhaben nicht verwirklicht werden können.

Als glücklicher Umstand erwies es sich, daß auch Burkhard Lüdtke, Dozent am Fachbereich Modellbau im Fachbereich Architektur der TU, für die Mitarbeit an dem Projekt gewonnen werden konnte. Seinem Engagement ist es zu danken, daß im Rahmen zweier Lehrveranstaltungen mehrere Studentengruppen mit Begeisterung und erheblichem Zeitaufwand durch den Bau von Modellen zu einer anschaulichen Präsentation des Materials beitrugen.

Das Bauhaus-Archiv übernahm es, die Ausstellung einzurichten. Hier war Christian Wolsdorff für Koordination und Umsetzung zuständig. Die Ausstellungsgestaltung wurde von Axel Oestreich und Werner Weinkamm unter Mitarbeit von Susanne Sander übernommen.

Die Ausstellung wäre nicht realisierbar gewesen ohne die zum Teil äußerst zuvorkommende Unterstützung durch Archive, Behörden und Sammlungen.

Zu danken haben wir hier den Mitarbeitern der Staatsarchive in Merseburg und Potsdam, des Stadtarchivs Berlin, des Preußischen Geheimen Staatsarchivs Berlin, des Landesarchivs Berlin, des Amtsgerichts Charlottenburg, Frau Meiburg im Bundesarchiv Koblenz, der Landesbildstelle Berlin, Prof. Dr. Hans-Gerd Evers von der Kunstbibliothek Staatliche Museen Preußischer Kulturbesitz, Berlin, The Mies van der Rohe Archive im Museum of Modern Art, New York, Herrn Dr. Voß von der Bundesanstalt für Geowissenschaften und Rohstoffe, Hannover, sowie Herrn Dipl.-Ing. Achim Wendschuh, Leiter der Sammlung Baukunst in der Akademie der Künste, Berlin. Für die Ausleihe wichtiger Exponate sind wir Herrn Prof. Dr. Wulf Schirmer, Institut für Baugeschichte der Universität Karlsruhe, Herrn Dipl.-Ing. Dieter Radicke, Leiter der Plansammlung der Universitätsbibliothek der TU Berlin sowie Herrn Prof. Winfried Nerdinger, Leiter der Plansammlung der Technischen Universität München, zu großem Dank verpflichtet. Herr Dr. Janusz Dobesz, Wroclaw, ermöglichte die Publikation bisher unbekannter Zeichnungen Max Bergs für Breslau.

Daß über den Zeitraum der Ausstellungsvorbereitung die studentische Projektgruppe Veränderungen unterworfen war, ist selbstverständlich. Etwa zehn Studentinnen und Studenten begleiteten das Unternehmen während der gesamten Zeit, wobei eine Abgrenzung des jeweiligen Anteils des einzelnen am Gesamtergebnis nicht möglich ist. Dies gilt auch für die Seminarteilnehmer, die aus unterschiedlichen Gründen aus dem Projekt ausgeschieden sind. Ihnen allen ist für ihr Engagement ebenso zu danken wie den Mitarbeitern des Photostudios der TU und der dortigen Architekturbibliothek sowie den Mitarbeitern des Bauhaus-Archivs.

Dr. Christan Wolsdorff und Dr. Florian Zimmermann haben dieses Gemeinschaftsprojekt des Bauhaus-Archivs und der Technischen Universität mit Energie und Ausdauer durchgeführt und umgesetzt. Für ihren Einsatz sei ihnen an dieser Stelle besonders gedankt.

In der engen Zusammenarbeit von Museum und Universität sehen wir große Möglichkeiten nicht nur für eine praxisnahe Ausbildung junger Wissenschaftler, sondern auch für neue Akzente im Berliner Ausstellungswesen.

Dr. Peter Hahn
Bauhaus-Archiv

Prof. Dr. Wolfgang Wolters
Technische Universität Berlin

Der Wettbewerb und seine Beurteilung in der zeitgenössischen Kritik

„Es ist offenbar unmöglich, daß in Berlin eine Aufgabe größeren Stiles auf ruhigem und geradem Wege gelöst wird, ohne daß es zu erstaunlichen Zwischenfällen, Streit und Unbehaglichkeiten kommt. Auch die Angelegenheit des ersten Berliner Wolkenkratzers, die zuerst sich ganz vernünftig zu entwickeln schien, ist nun in dieses Stadium getreten."[1] Was sich im Mai 1922 für Max Osborn solchermaßen abzeichnete, stellte sich bald endgültig als nurmehr notdürftig kaschierte Ignoranz der für das ‚Preisausschreiben' verantwortlichen ‚Turmhaus-AG' (Tag) gegenüber dem Ergebnis der Ausschreibung dar. Der Ideenwettbewerb, bei dem trotz einer Bearbeitungszeit von nur 6 Wochen rechtzeitig 144 Einsendungen einliefen, war vor allem aufgrund des Presserummels, den die große Ausstellung aller Entwürfe im Festsaal des Roten Rathauses geschürt hatte, ein zunächst geschickt eingefädelter Reklamefeldzug für das „Turmhaus". Auf dem Rücken einer mangels Aufträgen jede Gelegenheit zur Profilierung nutzenden Architektenschaft und unter Benutzung auch der Fachjury wurde er ausgetragen. Die zu erwartende kurzzeitige Verärgerung über die wohl von vornherein geplante Auftragsvergabe an einen von Bruno Möhring, Otto Kohtz und Hans Kraffert ins Leben gerufenen, Bund der Turmhausfreunde' war in die ausgeklügelt publicityträchtige und nur scheindemokratische Inszenierung einkalkuliert, mit der „eine Anzahl Großindustrieller und an der Entwicklung von Berlin interessierter Männer"[2] die Hochhausidee nach ihren (auch formalen) Vorstellungen zu etablieren versuchte.

In erster Linie Max Osborn in der liberaldemokratischen Vossischen Zeitung und Adolf Behne vornehmlich in den Sozialistischen Monatsheften opponierten gegen das Verfahren, nach gelungenem Publikumserfolg des Wettbewerbs die Ausführung des Baues den drei genannten Architekten zuzuschieben. Diese hatten sich in Berlin seit Jahren immer wieder mit neuen Vorschlägen für den Bau von Hochhäusern hervorgetan und waren bereits im Frühjahr 1921 von der ‚Gemeinschaft zur Errichtung von Turmhäusern zu Groß-Berlin', der Vorgängerorganisation der ‚Tag', mit der Planung eines Hochhauses am Bahnhof Friedrichstraße beauftragt worden. Zwar bekamen Osborn und Behne, was die rein sachliche Argumentation der Architekturkritik anbelangte, Schützenhilfe von seiten der Fachpresse. Auch im liberaldemokratischen Berliner Tageblatt sowie in einigen überregionalen Zeitungen finden sich kritische Kommentare. Die so einflußreichen rechtskonservativen und deutschnationalen Blätter wie die Deutsche Allgemeine Zeitung (DAZ) oder der Berliner Lokalanzeiger taten dagegen alles, um das Procedere zu rechtfertigen und insbesondere den baureifen Plan von Möhring/Kohtz/Kraffert zu rühmen. Die Verflechtungen zwischen den Auftraggebern, den „namhaften Männern der Industrie"[3], der rechten Presse, aber auch den Architekten, offenbart, wie planmäßig insgesamt vorgegangen wurde: Durch Hugo Stinnes, der über die ‚Gemeinschaft' in Beziehung zur ‚Tag' stand, war die direkte Verbindung zu dessen DAZ gegeben.[4] Durch den ultra-konservativen, antidemokratisch eingestellten Alfred Hugenberg, für dessen Scherl-Konzern Otto Kohtz bereits 1920 unter dem getarnten Titel „Studien zu einem Hochhaus auf einem Baublock in der Geschäftsstadt" (Kat. Nr. 54.12–15) Pläne angefertigt und veröffentlicht hatte, war auch der Berliner Lokalanzeiger entsprechend eingestimmt. Schließlich hatte man über Bruno Möhring den Zugriff auf die von ihm herausgegebene Fachzeitschrift ‚Stadtbaukunst alter und neuer Zeit', die seit ihrem Erscheinen 1920 immer wieder Hochhausprojekte des Herausgebers und von Otto Kohtz publiziert hatte und zum Wettbewerb auch ein Sonderheft verfaßte. Cornelius Gurlitt schrieb hier, als Mitherausgeber der Zeitschrift und als Vorsitzender des BDA, eine Verteidigung auf die heftig umstrittene Einschränkung des Wettbewerbs auf Mitglieder des BDA[5], der sich als Standesvertretung der freien Architekten wohl durch das Verfahren Stärkung und Zulauf versprach. In Verfolgung ‚vereinsmeierischer' Interessen ließ sich dieser vor den Reklamekarren des Unternehmens spannen und förderte damit letztlich ein überregionales Interesse an dem Wettbewerb. Vor allem aber war er in den Augen seiner eigenen Mitglieder ein Garant für die Seriosität des, wie sich später zeigte, fragwürdigen Wettbewerbs. Ein letzter Schachzug im schwer durchschaubaren Spiel der ‚Tag' war schließlich noch die Bestellung der Jury, der neben einer Reihe von Vertretern der auslobenden Gesellschaft als Fachpreisrichter einflußreiche konservative Architekten wie German Bestelmeyer, Ludwig Hoffmann, Heinrich Straumer und Hermann Billing angehörten. Bis auf den letztgenannten hatten sich alle bereits mit dem Hochhausproblem auseinandergesetzt, doch konnte man durch einen Blick auf ihr eigenes architektonisches Schaffen und ihre Urteilssprüche bei anderen Wettbewerben davon ausgehen, daß ihre Wahl auf akademisch-traditionelle Entwürfe fallen würde, was die Turmhaus-AG mit Sicherheit erhoffte. Dennoch konnte Kohtz mit einem seiner fünf eingereichten Entwürfe trotz der stimmgewaltigen Lobby, die er im Preisgericht besitzen mußte, lediglich einen vierten Preis erreichen – vermutlich zum Leidwesen der ‚Tag', da eine bessere Plazierung das Verfahren reibungsloser hätte ablaufen lassen. So mußte eben der genannte Weg beschritten werden, der mit fadenscheinigen Argumenten den gesamten Wettbewerb zur Farce machte. Doch stellten sich der Ausführung des Hochhauses am Bahnhof Friedrichstraße unerwartete Schwierigkeiten in den Weg. Die städtischen Behörden verzögerten seit 1922 in immer neuen Verfahrensschritten die Baugenehmigung so lange, bis die Turmhaus-AG 1927 die Hochhauspläne aufgeben mußte. Leider bleiben die wirklichen Motive für den Widerstand der Behörden im dunkeln, doch scheint es immerhin denkbar, daß die gesamten Vorgänge in ihrer Dreistigkeit in ähnlicher Weise Mißfallen auslösten, wie der wenig später in allerdings unvergleichlich bedeutenderer Größenordnung, aber ebenfalls über die Rechtspresse gesteuerte Versuch von Hugo Stinnes, die Reichsbahn in seine Hand zu bekommen.[6]

II

Unter dem Kennwort „Wabe" reichte Mies van der Rohe einen Vorschlag ein, der zwar im Laufe der Jahrzehnte zu einem der bedeutendsten Architekturentwürfe des 20. Jahrhunderts avancierte (Abb. I), seinerzeit aber von der Jury übergangen, bei der Präsentation der Einsendungen in den „letzten Winkel" gehängt und von der Kritik kaum wahrgenommen wurde. Lediglich Max Berg, der dem Entwurf das Streben nach „höchster Einfachheit" und einen „großen Zug" attestierte, meinte in seiner bemerkenswerten Wettbewerbsbesprechung, daß er als ein „interessanter und bereichernder Versuch, das Formproblem des Hochhauses zu meistern, angesehen werden"[7] könne. Ein wenig mag erstaunen, daß Adolf Behne, der an sich einen ausgeprägten Spürsinn für außergewöhnliche Arbeiten besaß und neben seiner offensichtlichen Neigung zu den „organischen" Projekten von Hans Scharoun und Hugo Häring auch den „prismatischen" Entwurf Hans Soeders besprochen hatte, das Glashochhaus von Mies van der Rohe erst 1923, also relativ spät, kommentarlos in der Zeitschrift ‚Wendingen' abbildete.[8] Zum Durch-

bruch verhalfen dem Entwurf mit Sicherheit in erster Linie einige vom Friedrichstraßen-Wettbewerb völlig unabhängige, teilweise von Mies selbst vorgenommene Veröffentlichungen. Dazu gehört auch seine Präsentation in der Abteilung der Novembergruppe auf der Großen Berliner Kunstausstellung 1922, wo er in der berühmten Photoüberzeichnung als großdimensioniertes Schaubild in noch idealisierterer Form gezeigt wurde. In der ersten umfänglichen Besprechung durch Carl Gotfrid Ende 1922 schließlich wurde der Entwurf Mies van der Rohes als Maßstab des Wettbewerbs und wegweisendes Werk für die Hochhausdiskussion herausgestellt.[9]
Ob Mies van der Rohes Entwurf bei den Rundgängen der Jury überhaupt zugelassen war, darüber läßt sich aus mehreren Gründen lediglich spekulieren. Zum einen ist nicht überliefert, welche Zeichnungen und Grundrisse Mies tatsächlich eingereicht hatte, zum anderen ist auch über das Vorgehen der Jury so gut wie nichts bekannt. Kenntnis hat man allerdings davon, daß „diejenigen Zeichnungen, die sich nicht an die vorgeschriebenen Maße gehalten hatten, und die Zeichnungen und Modelle, die über die Bedingungen hinausgehend geliefert wurden, ausgeschlossen wurden."[10] Die vom Jury-Urteil durch Verhängen ausgegrenzten Stücke wurden zur öffentlichen Beurteilung wieder zugelassen. Das bekannte Material zu „Wabe" hätte sowohl auf Grund der Zeichentechnik als auch wegen seiner sonstigen Verstöße gegen die Ausschreibung bereits im Vorfeld ausgeschieden werden können. Die geforderten vielfältigen Nutzungsmöglichkeiten oder die Passage werden in dem überlieferten, völlig unspezifischen Stockwerksgrundriß, der noch dazu die bebaubare Grundfläche überschreitet, nicht berücksichtigt.
Ähnlich wie Mies erging es auch Hans Poelzig mit seinem zwar konservativ-funktionalistischen, doch zweifellos sehr eindrucksvollen und auf seine Art auch bedeutenden Entwurf „Zentral". Von der Beurteilung durch die Jury war der Entwurf vermutlich ausgeschlossen, weil Poelzig mehr als das Geforderte eingereicht hatte.[11] Auch die Fachpresse nahm zunächst keinerlei Notiz von der Arbeit des renommierten Professors an der TH Charlottenburg. Möglicherweise hatten Poelzigs Schaubilder, die sich in ihrer Machart zwar korrekt an die Wettbewerbsbedingungen hielten, aber außerordentlich unattraktiv waren, anfänglich eine größere Popularität verhindert. Wohl erst ein nachträglich in Poelzigs Büro (Zeichner: Zimmermann) angefertigtes virtuoses Schaubild, das erstmals im März 1922 in der ‚Berliner Illustrierten Zeitung' veröffentlicht wurde (Abb. II), vermochte dem Entwurf als angemessene Illustration zu Hilberseimers Besprechung im ‚Kunstblatt'[12] oder in ‚Wendingen'[13] den verdienten Stellenwert sichern.

III

Das ‚Preisausschreiben' war als „Ideenwettbewerb zur Erlangung von Entwurfsskizzen" ausgelobt. Neben der üblichen Kritik an der Unentgeltlichkeit der Teilnahme und der von der Masse der Einsendungen überforderten Jury wurde nach erfolgtem Urteil die Frage nach Sinn und Aufgabe eines Ideenwettbewerbes gestellt. Zunächst schien ihm durch die relativ große Freiheit der Ausschreibung Genüge getan, doch wurden gerade dadurch sowohl die Urteilsfindung der Jury als auch eine gezielte Kritik der Fachpresse behindert. Die Indifferenz im Juryspruch, von der noch zu reden sein wird, erklärt sich zum Teil auch aus den unscharfen, weil zu offenen Vorgaben der Ausschreibung, die im Grunde genommen keinerlei Präferenzen setzte. Das Gleiche spiegelt sich auch in der Rezension Friedrich

204 Berliner Illustrirte Zeitung Nr. 11

deutsche Bundesmeisterschaft. — Bereits im Jahre 1914 hatte der Fürther Verein den stolzen Titel eines deutschen Meisters inne, und im Jahre 1920 mußte er erst in der Endrunde, im Schlußspiel, gegen die Nürnberger nach härtestem Kampf die Waffen strecken. Die Spielvereinigung Fürth und der 1. F. C. Nürnberg sind die beiden großen Rivalen, die zurzeit wohl den besten Fußball in Deutschland spielen, und die im Fußballsport, um ein Beispiel zu nennen, ungefähr die überragende Stelle einnehmen, wie sie die Magdeburger Vereine im Schwimmsport behaupten. Der gute sportliche Ruf Fürths geht weit über die Grenzen Deutschlands hinaus. Die Spielvereinigung war eine der ersten deutschen Mannschaften, die nach dem Kriege durch Wettspiele im Ausland die unterbrochenen sportlichen Beziehungen wieder anknüpfte und in ehrenvollen Kämpfen den Stand der deutschen Fußballkunst demonstrierte. Aus jüngster Zeit verzeichnet die Mannschaft Fürths die eindrucksvollen Siege über den M. T. K.-Budapest (1:0) und über Slavia-Prag (4:0), die zusammen mit Sparta-Prag lange Zeit als die besten Mannschaften des Kontinents galten. Ausgeprägtes flaches Kombinationsspiel und hohes technisches Können der einzelnen Spieler lassen die Mannschaft von Erfolg zu Erfolg schreiten.

Carlo Schanzer, der italienische Minister des Aeußern, dessen Reise nach Paris viel erörtert wurde.

Die beste deutsche Fußballmannschaft: Die 1. Elf der „Spielvereinigung Fürth", die die Aufsehen erregenden Siege über den deutschen Fußballmeister (F. C. Nürnberg) errang.

Erste Reihe (von links nach rechts): Hierländer, Franz, Seiderer, Ill, Kleinlein. Mittlere Reihe: Hagen, Lang, Löblein. Dritte Reihe: Müller, Lohrmann, Wellhöfer. Phot. Hans Schaller.

Die Spielvereinigung Fürth, deren erste Mannschaft wir heute im Bilde bringen, hat in den letzten Tagen durch die beiden Siege (3:2 und 2:1) über den deutschen Fußballmeister, dem ersten F. C. Nürnberg, die Aufmerksamkeit aller Fußballanhänger auf sich gelenkt. Durch diese beiden Erfolge hat sich die Spielvereinigung die Meisterschaft im Kreise Nordbayern gesichert und startet nun als Favorit für die süddeutsche und auch für die

Die Wetterwarte auf dem Säntis (2500 Meter, Ostschweiz), deren Bewohner, der Wetterwart Haas und seine Frau, in dem Observatorium ermordet aufgefunden wurden.

Entwurf eines Hochhauses für den dreieckigen Platz am Friedrichstraßenbahnhof in Berlin von Prof. Hans Poelzig. Zeichnung von Zimmermann.

II. Berliner Illustrierte Zeitung vom März 1922 mit Schaubild des Entwurfes von Hans Pölzig

Huths wider, der meinte, daß man „als völlig zufriedenstellend (...) schwerlich auch nur einen der prämierten Entwürfe" einstufen könne, obwohl alle ihre Vorzüge besäßen: „Es wird immer darauf ankommen, welche Bedingungen man in den Vordergrund stellt."[14]
Nur einzelne Architekten hatten zugunsten tatsächlicher ‚Ideen' das gleichwertige Nebeneinander der Ausschreibungskriterien für sich gewichtet oder sich schlichtweg über den ganzen Vorgabenkatalog hinweggesetzt – ein Vorgehen, das Fritz Stahl unter Maßgabe der richtungsweisenden Bedeutung des Wettbewerbs für angemessen hielt,[15] das aber bei der Abhängigkeit des einzelnen Konkurrenten von der letztlich tonangebenden Turmhausgesellschaft wenig erfolgversprechend war.
Nicht nur Architektur, künstlerischer Gesamteindruck und „städtebauliche Einfügung in das Stadtbild, sondern namentlich die Grundrisseanordnung, die Rücksichtnahme auf die Verkehrsabwicklung, auf Licht und Luft und die voraussichtliche Wirtschaftlichkeit der Lösung, namentlich auch in Bezug auf ausnutzbare Flächen im Verhältnis zum umbauten Raum sowie weitere für diesen Sonderfall wichtige Punkte mußten durch die Preisrichter einer gewissen Prüfung unterzogen werden".[16] Zur Begutachtung der 144 Entwürfe samt ihren Erläuterungsberichten standen den Juroren

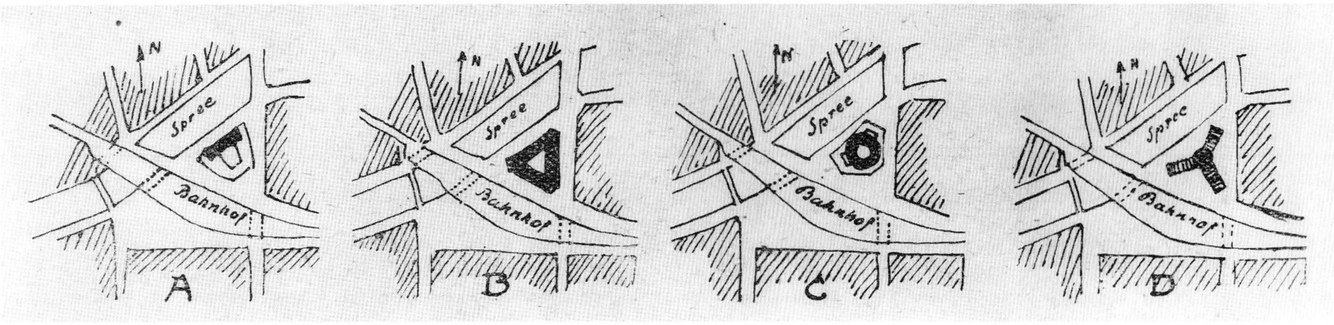

III. Walter Lehwess, Typenlösungen für die Bebauung am Bahnhof Friedrichstraße

zwei Tage zur Verfügung. Unter Bedingungen, die zur Prüfung jedes Entwurfes ca. sechs Minuten einräumten, kam der jeweiligen Darstellungsart, bisweilen durch ein Motto kommentiert, eine außerordentliche Bedeutung zu. Die Rezensenten des Wettbewerbs schenkten diesem Aspekt erstaunlicherweise kaum Aufmerksamkeit. Für eine Objektivierung des Beurteilungsrahmens legte die Ausschreibung für alle Entwürfe die „reine Strichzeichnung" fest. Ein Konsens, wie eine derartige Zeichnung wirklich zu definieren sei, bestand allem Anschein nach nicht. Die überlieferten Entwürfe zeigen das ganze Spektrum unterschiedlichster Zeichenmaterialien und -techniken. Einzelne Architekten wählten als Darstellungsweise die Skizze, wie etwa Hans Scharoun selbst bei Auf- und Grundrissen. Andere, wie Adolf Abel, lieferten penibel gezeichnete Entwürfe, die nahezu baureifen Plänen entsprachen. Waren Walter Fischers eindrucksvolle Nachtdarstellung[17] seines Hochhauses oder Hans Scharouns sakraler Gloriolenschein bei aller Nähe zu modischer Effekthascherei auch inhaltlich begründet, so versuchten Otto Firle und Martin Elsässer wiederum durch graphische Brillanz für sich einzunehmen. Auch für das bewußte Abweichen von den für die Schaubilder vorgegebenen Betrachterstandpunkten bei den Bahnhofsbögen und der Weidendammer Brücke, wie das etwa Mies van der Rohe tat, war mit Sicherheit der Wunsch verantwortlich, die Architektur in einen wirkungsvolleren Rahmen zu setzen. Außer Max Berg in seiner kurzen Auseinandersetzung mit dem Entwurf von Klaß[18] thematisierte allein der Rezensent der ‚Bouwereld'[19] im Kontext des Wettbewerbs die grundsätzliche Frage von zeichnerischer Wirkung und architektonischer Realität.
Dem gebräuchlichen Wettbewerbsmodus entsprechend wurden die eingereichten Beiträge mit Kennworten versehen. Sie sind allesamt überliefert und reichen vom reinen ‚Zeichen' für den anonymen Entwurfsurheber bis hin zum programmatischen Motto, das in einer innigen Beziehung zum Entwurfsinhalt steht. Dazwischen liegen die vielen phantasielosen, sofort identifizierbaren Kennworte wie beispielsweise „Sechsangulum" oder „Skorpion", die sich aus Umriß oder Grundrißform herleiten. Modisch-assoziative Motti wie Theodor Suhnels „Stadtkrone" oder Martin Elsässers „Krystall" wollten dagegen die Entwürfe unmißverständlich in eine bestimmte Richtung der allgemeinen Architekturdiskussion einbinden. Hugo Härings Motto „Funktionale Form" zielte, wie „Innen und Außen" von Scharoun oder „Stabil" von Klaß, auf spezifische Komponenten des Entwurfs ab, ohne auf den ersten Blick abgelesen werden zu können. Jahre bevor Härings wichtige Schrift „Wege zur Form" erschien, wurde sein Wettbewerbsentwurf durch das Motto zu einer programmatischen Manifestation seiner Architekturtheorie. Symptomatisch für die Wahl von Motti waren schließlich auch „Wabe" von Mies van der Rohe und „Bienenstock" von Walter Fischer, die sich darin auf die allgemein verständliche Metapher für Fleiß und quirlige Betriebsamkeit beziehen. Bereits Sullivan hatte sich zur Charakterisierung und zur Beschreibung des strukturellen Aufbaus großer Bürohäuser des Bienenstock-Bildes bedient. Desgleichen verwendete es Adolf Behne zur Veranschaulichung des „normungsfähigen, mechanischen Prinzips" in der Bürohausarchitektur. Auch wenn die Kennwörter ebenso überraschend wie die Darstellungsformen in den Wettbewerbsrezensionen überhaupt nicht angesprochen wurden, beschreibt ihre meist sorgsame Formulierung und Pointierung doch den Stellenwert, der ihnen von einer ganzen Reihe von Architekten eingeräumt worden ist.
Leider sind keinerlei Protokolle über die einzelnen Rundgänge der Jury durch die Entwurfspräsentation erhalten, so daß die Meinungsfindung im einzelnen nicht nachvollzogen werden kann.[20] Abgesehen von der bloßen Berichterstattung über den Wettbewerb in Tageszeitungen und Fachzeitschriften wurden die Urteile und Begründungen der Juroren von den fortschrittlichen Rezensenten massiv kritisiert. Zunächst mag zwar überraschen, daß junge Architekten wie die Gebrüder Luckhardt oder Hans Scharoun vor den Augen einer nach Adolf Behne „reichlich akademischen"[21] Jury bestehen konnten und einen zweiten Preis bzw. einen Ankauf erhielten. Doch letztlich ist auch dies ein Indiz für die „überraschende Grundsatzlosigkeit"[22] des Preisgerichts, bei dem man sich fragen mußte, „ob die Juroren selbst (von einzelnen abgesehen) eine sichere Vorstellung gehabt haben, wie denn ein solches Haus eigentlich aussehen müsse".[23] Sowohl die kraftlose, unpräzise Würdigung der einzelnen Preisträger mit Prädikaten wie „nicht ohne Wert", „nicht unbefriedigend", „ist befriedigend" etc., als auch die Bewertung offensichtlich beliebig herausgegriffener Entwurfskomponenten läßt Zweifel an der Eignung der Jury aufkommen. Vollends evident wird ihre indifferente Haltung in der Preisvergabe an stilistisch vollkommen konträre Vorschläge, die von modisch-expressionistisch über süddeutsch-traditionell zu amerikanisierend reichten und obendrein mindestens je eine der Haupttypenlösungen vertraten.

IV

So vielgestaltig und unterschiedlich die Entwürfe dank der angewandten formalen Mittel und der zeichnerischen Präsentation auch erscheinen, scheiden sie sich doch in Grundtypen, die von den stereometrischen Grundformen Kubus, Zylinder und Prisma[24] und der Stellung des maximal 80 m/20 Stockwerke hohen Turmhauses auf dem dreieckigen Grundstück herrühren. Eine ganze Reihe von Rezensenten versuchten in den Fachzeitschriften das umfangreiche Material zu strukturieren. Die gewonnenen Lösungsytypen wurden dabei meist zugleich an prinzipiellen Überlegungen zum Hochhaus überprüft und in Zusammenhang mit der speziellen Situation am Bahnhof Friedrichstraße besprochen. Während Hans Soeder nur zwei Typen – "Ummantelungen eines inneren Lichthofes im Sinne der Mietskaserne und prismatisch um ein Zentrum entwickelte Baukörper ohne Lichthof" – unterschied,[25] ging Walter Lehwess in seiner Rezension von vier Lösungen aus:[26] ‚spreeseitig angeordnetes Hochhaus', ‚Blockrandbebauung', ‚Zylinder' und ‚Kernbau mit Flügeln' (Abb. III). Joseph Brix ergänzte sie sinnvoll um die beiden Varianten ‚Hochhaus gegenüber dem Bahnhof' bzw. ‚Hochhaus längs der Achse Weidendammer Brücke/Bahnhof'.[27]

IV. Tonmodell zum Entwurf von Karl Schneider, 1922 (?)

V. Tonmodell zum Entwurf von Karl Schneider, Rekonstruktion 1988

Was die Qualitäten bzw. Mängel der jeweiligen Baukörperanordnung angeht, herrschte in sämtlichen Besprechungen des Wettbewerbs eine ungewöhnliche Einmütigkeit. Als brauchbarster Vorschlag wurde ausnahmslos die Stellung des Hochhauses parallel zum Spreeufer angesehen, und man war allgemein der Ansicht, daß der Wettbewerb in diesem Punkt die erhoffte Klärung erbracht habe. Wegen der günstigen Belichtung der Friedrichstraße und der möglichen Aussparung eines Bahnhofsvorplatzes bei gleichzeitig akzeptabler Nutzfläche des Gebäudekomplexes hatte bereits Bruno Möhring in seinen Studien 1920/21 diese Lösung favorisiert. Unter den Preisträgern wurde sie von den Gebrüdern Luckhardt (2. Preis) und Adolf Abel (4. Preis) sowie von Hans Scharoun (Ankauf) in Kombination mit einer viergeschossigen Blockrandbebauung vertreten.
Die „amerikanische Lösung" der maximalen Nutzung durch eine auf die Grundstücksgrenzen gesetzte 20geschossige Blockrandbebauung wurde für relativ wenige, dann auch formal an New Yorker Vorbildern orientierten Entwürfen gewählt. Sie zeichnete sich nach allgemeiner Auffassung zwar durch eine gute geschlossene Wirkung aus, hätte aber eine schlechte Belichtung der Friedrichstraße sowie einen zu engen Hof mit fataler Schlotwirkung im Brandfalle zur Folge gehabt.
Von den überlieferten Einsendungen wählten lediglich Elsässers „geöffneter Lichthof" und Karl Schneiders „Contenti estote" (Abb. IV, V) den Typus einer hohen, gegenüber dem Bahnhof aufgebauten Front, die „eine mächtige Wirkung auch von der Georgenstraße über das Bahnhofsgebäude hinweg"[28] erzielt hätte, aber ungünstig für die Bahnhofstraße gewesen wäre.
An der „Rundlösung", einem über der Grundstücksmitte errichteten Zylinder, der Joseph Brix „an einen Gasbehälterumbau und im besseren Fall an die Engelsburg" erinnerte[29], wurde von der Kritik die gute Belichtung der Nachbargrundstücke hervorgehoben. Ihre niedrige Variante besaß in Bührings Friedrichstraßen-Projekt von 1915 (Kat. Nr. 2.8,9 u. Abb. 19), ihre z. B. von Tiedemann (Abb. VI) gewählte hohe Variante im Messeturmentwurf für Leipzig 1920 von Haimovici/Tschammer und Caroli (Abb. VII, VIII) ihre prominenten Vorbilder.[30] Als Negativa schlugen die geringe Nutzfläche und die schlechte Belichtung im Innenbereich zu Buche. Schon hinsichtlich der formalen Grunddisposition gingen die Meinungen der Kritik erheblich auseinander. Während man einerseits den Rundturm als Bauform bezeichnete, die nicht unbedingt „diesem Grundstück eigentümlich"[31] sei, hob man auf der anderen Seite befürwortend das Fehlen einer eigentlichen Schauseite hervor, wodurch der Bau auch in der engen Friedrichstraße „als räumliches Gebilde, als Körper"[32] hätte empfunden werden können. Seine Einbindung in das Grundstück wurde in der Regel mittels einer Blockrandbebauung, auf die der Zylinder einfach aufgesetzt wurde, oder durch begleitende Anbauten, die ihn im Sockelbereich umgriffen, gelöst.
Als insgesamt häufigste Lösung wird wohl der ‚Kernbau mit Flügeln' gelten können, bei dem in der Regel drei Flügel an einen runden oder mehreckigen, manchmal nach außen überhaupt nicht in Erscheinung tretenden Kern angeschlossen waren. Zur städtebaulichen Einbindung und zur Vergrößerung der Nutzflächen war der Baukörper des Hochhauses auf eine Blockrandbebauung aufgesetzt oder aus ihr heraus entwickelt. Bisweilen wurde der Hauptbau von niedrigen Anbauten in den Restflächen des Grundstücks begleitet. Die große typenmäßige Ähnlichkeit, von den unterschiedlichen Gestaltungs- und Darstellungsweisen oft verwischt, erschließt sich häufig erst aus der Analyse der Grundrisse. Für diesen Typus, dessen Vorzüge in den ausgezeichneten äußeren und inneren Lichtverhältnissen und dessen Hauptmängel in der wirtschaftlich unbefriedigenden Nutzfläche lagen, existierte als bedeutendes Vorbild Richard Döckers 1921 publizierter Messeturmentwurf[33] (Abb. IX, X). Selten gewählt wurde die Ausrichtung des Hochhauses an der Achse Weidendammer Brücke/Bahnhof. Sie galt Max Berg, dem kompetentesten Kritiker des Wettbewerbs überhaupt, aus mehreren Gründen als falsch[34]; dennoch war sie dem mit dem ersten Preis ausgezeichneten Entwurf von Baecker/Brahm/Kasteleiner zugrunde gelegt.

V

Der Wettbewerb für das Hochhaus am Bahnhof Friedrichstraße bot „zum ersten Mal Gelegenheit, daß die deutsche Architektenschaft sich mit einer bestimmten, aktuellen Turmhaus-Aufgabe auseinandersetzte".[35] Trotz der umstrittenen Einschränkung auf BDA-

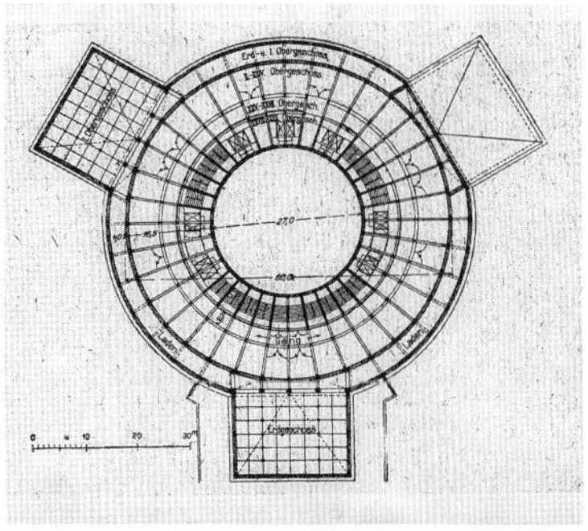

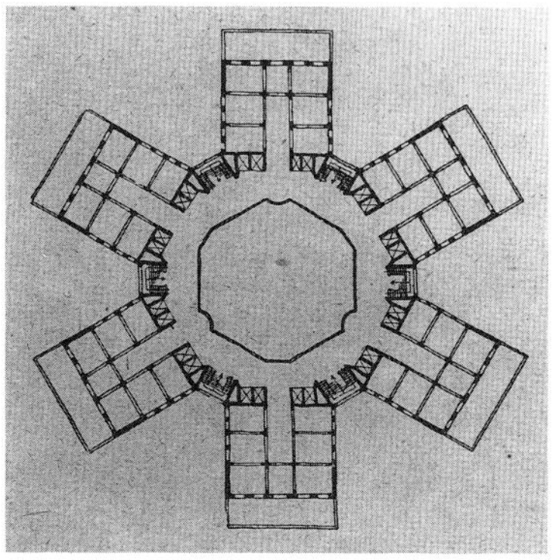

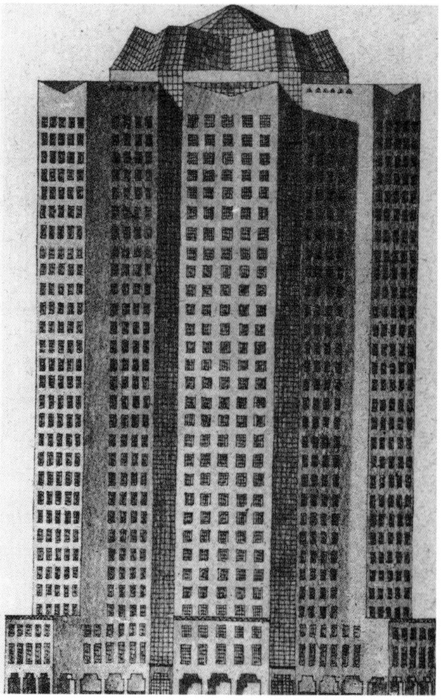

VII. (oben) und VIII. (mitte oben): Haimovici, Tschammer und Caroli, Messeturm Leipzig, 1920, Modell und Grundriß

IX. (mitte unten) und X. (oben): Richard Döcker, Messeturm, 1921, Grundriß und Ansicht.

Mitglieder bot das ‚Preisausschreiben' mit Sicherheit einen umfassenden Überblick über die Vorstellungen, die damals in Deutschland zum ‚Hochhaus' bestanden. Die stilistische und typologische Spannbreite der 40 überlieferten Entwürfe - immerhin annähernd ein Drittel der eingereichten Arbeiten - macht dies deutlich. Sie offenbaren aber auch die Ahnungslosigkeit einer großen Zahl von Architekten gegenüber den speziellen Problemen der neuen Bauaufgabe im Bereich des Technisch-Konstruktiven und vor allem der inneren Raumorganisation. Während sich viele Ungereimtheiten im ersten Punkt durch die Ausschreibung als Ideenwettbewerb erklären mögen, ist letzteres wohl darauf zurückzuführen, daß viele Einsender ihren Beitrag in Ermangelung anderer Tätigkeiten als Fingerübung benutzten, ohne sich vorher mit der Hochhausproblematik beschäftigt zu haben noch es je wieder zu tun. Ob sich unter den ca. 100 unbekannt gebliebenen Entwürfen weitere wirklich innovative und zukunftsweisende befanden, ist heute nicht mehr zu klären. Doch läßt zum einen die Kenntnis der Oeuvres der berühmten Architekten und zum anderen der Querschnitt durch die Masse der aus unserer Sicht nur bedingt bemerkenswerten Entwürfe, die damals aber für publizierwürdig befunden wurden, dies eher nicht vermuten. Im Vergleich mit frühen Hochhausprojekten oder anderen Wettbewerben zeigt sich allerdings die Bedeutung der Berliner Konkurrenz, die sich mit gutem Recht als Höhepunkt der deutschen Hochhausdiskussion bezeichnen läßt. Offenkundig wird dies auch im Tenor der Rezensionen, die in der Mehrzahl einen Zusammenhang mit der generellen Hochhausdebatte insofern herstellten, als sie deren grundsätzlichste Positionen wie die Fragen nach der sozialen Komponente, der Wirtschaftlichkeit, der städtebaulichen Einbindung, der Suche nach Ausprägung eines deutschen ‚Hochhauscharakters' und der Ablehnung des amerikanischen Vorbildes benennen oder resümieren.[36] Zu einem Zeitpunkt, als innerhalb weniger Monate in jeder größeren und kleineren Stadt Deutschlands Hochhausprojekte ins Gespräch oder zum Vorschlag kamen, als eine Hochhauseuphorie, die zeitgleich mit dem Berliner Wettbewerb wortgewaltig (und polemisch) als „Schrei nach dem Turmhaus" (Abb. XI) umschrieben worden ist, Architekten, Politiker und Wirtschaftskreise erfaßt hatte, erweckte die zahlreiche Beteiligung am Wettbewerb allgemein den Eindruck, „daß unsere Architekten auf eine Aufgabe dieser Art geradezu gierig gewartet haben".[37] Weder der Danziger Hochhaus-Wettbewerb von 1920 (Abb. 2-6) noch die wichtigen Düsseldorfer Konkurrenzen 1921/22 (Abb. 41, 42), der Wettbewerb für einen Börsenhof in Königsberg 1922 (Abb. 16) und der im wesentlichen von städtebaulichen Problemen bestimmte Wettbewerb zur Gestaltung des linksrheinischen Brückenkopfes in Köln 1925 waren, was die Innovation sowie konsequente zukunftsweisende und klare Problemlösungen angeht, dem Friedrich-Straßen-Wettbewerb ebenbürtig. Auch die Zeitgenossen haben dies in ihren Würdigungen ähnlich gesehen. Für Paul Westheim war „das Niveau (...) ein ganz anderes als das einigermaßen komisch anmutende Ergebnis des Wettbewerbs der ‚Chicago Tribune.'"[38] Abgesehen von der ausschreibungsbedingten Unvergleichbarkeit beider Wettbewerbe hält er dem Chicagoer Juryurteil den gesamten Berliner Wettbewerb, insbesondere aber Poelzigs völlig übergangenen Beitrag, entgegen. Hans Scharoun, der auf Bitte von Adolf Behne den Börsenhofwettbewerb in Königsberg begutachtet hatte, schätzte als an beiden Ausschreibungen beteiligter und damit wieder ‚neutraler' Kritiker die Berliner Konkurrenz ungleich höher ein.[39]
Die Freiheiten der Ausschreibung, die Offenheit der Zeit auch für radikal-utopische Visionen, der noch ungebrochene Glaube an die technische Lösbarkeit letztlich unüberwindbarer Probleme in Verbindung mit der Neuartigkeit der Aufgabe waren der Nährboden für ein nie wieder erreichtes Spektrum an Lösungsvorschlägen auf höchstem Niveau, wie es etwa die in ihrer Auffassung konträren Entwürfe von Hans Scharoun und Mies van der Rohe, von Hans Poelzig und den Gebrüdern Luckhardt oder von Hugo Häring und Hans Soeder vorstellen.

Die Reaktion der zeitgenössischen Tages- und Fachpresse auf den Wettbewerb und seine Ergebnisse war zwar nicht einhellig positiv, doch äußerte sich die Mehrheit der Rezensenten mit gedämpftem Wohlwollen, da es „bei der Neuheit der Aufgabe nicht so sehr ver-

DIE BAUWELT

Zeitschrift für das gesamte Bauwesen

Bezugspreis: vierteljährlich Mark 10,– Hauptvertrieb: Berlin SW 68, Kochstr. 22-26	24. November 1921 Erscheint jeden Donnerstag	Anzeigen: 70 Pf. u. 20% T.-Z. die 5 gespalt. Millimeterhöhe. Rabatt u. Vorzugspl. lt. Tarif.
12. Jahrgang	Organ der Reichs-Hochbau-Normung	Heft 47

Beiträge an die Schriftleitung der „Bauwelt", Berlin SW 68, Kochstraße 22-26. — Fernsprecher: Amt Moritzplatz 11800 bis 11850. — Nachdruck von Nachrichten nur mit Quellenangabe, sonst nach vorhergehender Vereinbarung.

Der Schrei nach dem Turmhaus

Von Regierungsbaumeister a. D. Hans von Poellnitz, Gleiwitz O.-S.

XI. Die Bauwelt, Titelseite vom 20. November 1921

wunderlich" schien, wenn „der erste Wettbewerb keine befriedigende Lösung gebracht"[40] hatte. Vor allem im Vergleich mit den amerikanischen Wolkenkratzern sah man „in Bezug auf Architektur und künstlerischen Gesamteindruck"[41] eine deutliche Überlegenheit der deutschen Entwürfe. Mit Ausnahme von Walter Lehwess, der den deutschen Architekten „eine Fülle von Gedanken, reifem Können und ernstem Streben" bescheinigte, „wie sie wohl nur in Deutschland bei einer solchen Aufgabe möglich ist"[42], waren keinerlei nationalistische Untertöne zu hören. Während man sich über die Vorreiterrolle und Vorbildfunktion des ersten konkreten Turmhausprojektes in Berlin quer durch das Meinungsspektrum einig war und deshalb einen besonders aufmerksamen Umgang mit dem als äußerst sensibel eingestuften Bereich forderte, ging die Bewertung der Einsendungen je nach Interessenlage weit auseinander. Zwar setzten sich die meisten Rezensenten ausführlich berichterstattend mit den preisgekrönten Entwürfen auseinander, doch kamen die wohl aufschlußreichsten Äußerungen wegen ihres kritischen Blickes von Max Berg und Adolf Behne. Ihr Urteil deckte sich mit der Meinung Fritz Stahls, daß „einige Entwürfe, die leer ausgegangen sind, den Vorzug vor manchen, wenn nicht allen preisgekrönten verdienen".[43] Dagegen lobten die auf die Belange der Turmhaus-AG eingeschworenen nationalkonservativen Blätter zwar die Qualität der preisgekrönten Arbeiten, wurden aber nicht müde zu versichern, daß sie leider für eine Weiterbearbeitung nur eine unzureichende Grundlage böten.[44] Abgesehen von der in nahezu allen Artikeln anklingenden Kritik an den Wettbewerbsbedingungen, Ausschreibungsvorgaben und dem Urteil des Preisgerichts, dem sämtliche Rezensionen nur in der Einschätzung des Entwurfs der Gebrüder Luckhardt/Hoffmann beipflichteten, wurde die Gesamtleistung des ‚Preisausschreibens' in fast allen Fällen sehr hoch eingestuft. In der Vielfalt der Meinungen und den heterogenen Einsendungen allerdings spiegelt sich sicherlich die Unsicherheit, die allgemein hinsichtlich der formalen Lösung des Hochhausbaus bestand.

VI

„Aus dem Bürohaus, das da geplant war, machten einzelne Entwürfe monumentalistische Sakralbauten, einer reckte die Backsteingotik Tangermündes zu einer Wolkenkratzerkathedrale aus, einer baute eine Art Gasometer auf, gigantische Türme mit angeklebten Flügeln erscheinen häufig und noch häufiger warf man sich auf jene Dreizackenornamentik, die jetzt für Kinos und Dielen die große Mode ist."[45] Paul Westheims mit bissiger Ironie verfaßter Überblick zeichnet – und so zeigen es auch die überlieferten Entwürfe – ein recht präzises Bild von der Ratlosigkeit der Masse der Architektenschaft gegenüber den formalen Anforderungen der neuen Bauaufgabe. Ein Bild, das sich, nachdem so viel Unbrauchbares zu Recht in Vergessenheit geriet, für unser Auge eher zugunsten eines positiveren Eindruckes verschoben hat. Für Walter Curt Behrendt aber versuchten „die meisten Bearbeiter (...) die Aufgabe noch in den hergebrachten Formvorstellungen und mit den üblichen Dekorationsmitteln des akademischen Klassizismus zu bewältigen"[46], und in Max Bergs Augen war beim Berliner Wettbewerb die Zahl der auf „falsche", nämlich auf sakrale oder repräsentative Monumentalarchitektur gerichteten Entwürfe nicht gering. Für ihn sollte das Hochhaus, „lediglich ein Magazin von Raumzellen", jedoch Lehrmeister bei der Überwindung des „falschen Ideals dekorativer Monumentalität" sein, das aus der Vorkriegszeit, als auch Fabriken „nicht mit sachlichen Arbeitsanzügen, sondern mit monumentalen Prunkgewändern bekleidet" wurden[47], stammte. In ähnlicher Weise argumentierte Adolf Behne, wenn er schreibt: „Es handelt sich ja wirklich nicht um einen Bau, der irgend etwas Besonderes darstellt. Aus ihm ein Symbol mit viel Ernst, Würde und Strenge zu machen, ist abzuweisen." Da es sich um ein Haus für Büro und Geschäft dreht, „ist kein Anlaß zu irgendwelchem Pathos."[48] Im Gegensatz zu der Vielzahl von Rezensionen des Wettbewerbs, die in der Beurteilung der unterschiedlichen formalen Lösungen in ihrer Indifferenz sich mit den Maßstäben der Jury trafen, hatten sich für die Vertreter ‚moderner' Architekturströmungen die Vorstellungen von der formalen Durchbildung des Hochhauses bis zu einem gewissen Grade geklärt. Hilberseimers Forderung, mehr Architektur und weniger ‚Kunst' zu machen, mehr von den Grundlagen und weniger vom Motiv, von der Dekoration auszugehen[49], entsprach Hans Soeders Wunsch nach unverschleierter Bauform, den er in seinem eigenen prismatisch-klaren Entwurf umgesetzt sah und der für ihn formal wie inhaltlich völlig konträr zum ersten Preisträger („die Epoche der Väter errichtet sich das Ausrufezeichen")[50] stand. Max Berg ging bei seiner Forderung nach Verzicht auf die Motive der Monumentalarchitektur amerikanischer Wolkenkratzer davon aus, daß die daraus resultierende „Uniformität" der, wie es Behne ausdrückte,

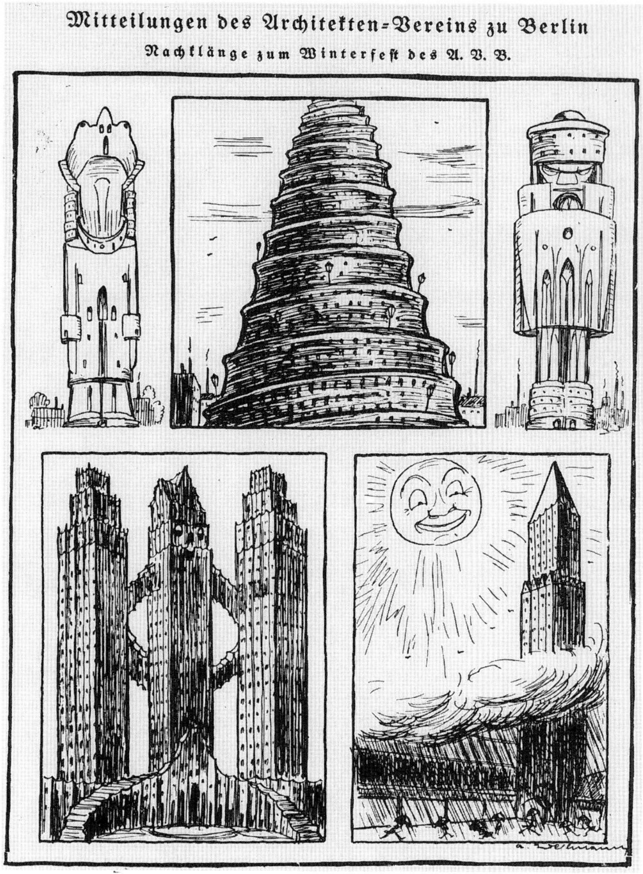

„garantiert säulenfreien Lösungen“[51] einer Auflockerung bedürfe. Beide sahen in der geschickten Verteilung und Ausbildung der Reklame, „die ja auch einen Teil des modernen Geschäftswesens bildet“[52], die Möglichkeit malerischer Belebung der Fassaden, die nahezu als einzige Hugo Häring und Hans Scharoun bereits genutzt hatten. In diesem Punkte etwa, aber auch in Zusammenhang mit den vielversprechenden Versuchen einer Glas- und Lichtarchitektur bei Fischer, Scharoun, Soeder oder Mies van der Rohe waren Ansätze zu einer Lösung gegeben, die aus einer akademischen Tradition heraus nicht erreichbar waren. Dazu Walter Curt Berendt: „Für die technische, maßstablich und inhaltlich neue Bauaufgabe wird auch architektonisch eine neue, selbständige Ausdrucksform noch geschaffen werden müssen. Aus einer neuen Raumvorstellung geboren, wird diese Form auch ihren eigenen Rhythmus haben. Der mutige Versuch, dieser Form nachzuspüren, ist nur von wenigen Bearbeitern gewagt worden. In den phantastischen Raumvisionen dieser unerschrockenen Männer aber sind die Keimzellen einer neuen Baukunst enthalten, einer Baukunst, die mit schöpferischer Kraft auch für den Wolkenkratzer die endgültige, die typische Form zeigen wird.“[53] Für Adolf Behne war Hugo Häring mit seinem von der „amerikanischen“ Blockrandbebauung ausgehenden[54], formal sehr eigenwilligen Entwurf auf dieser Suche nach dem „Typ des modernen (europäischen) Hochhauses“ der herausragende Vertreter.[55] Bei den „städtebaulichen Lösungen“ dominierte der von Behne enthusiastisch rezensierte Hans Scharoun[56], dessen Entwurf auch für Max Berg „als das nach der Phantasie charakteristische Zeichen des in diesem Wettbewerb zum Ausdruck gelangten deutschen Hochbauempfindens“ galt.[57]

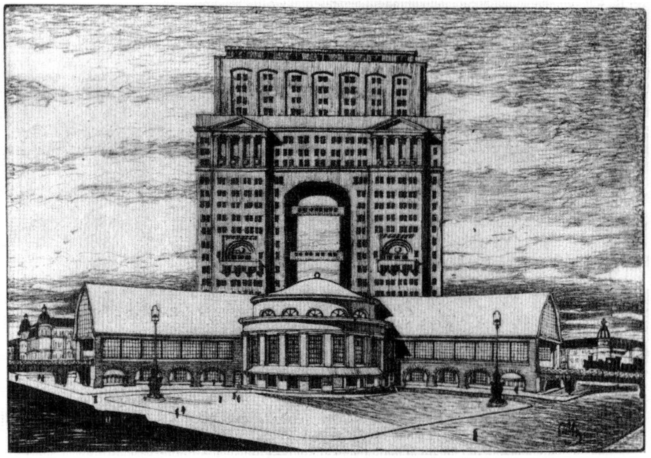

links: XII. Nachklänge zum Winterfest ‚Grundsteinlegung zum Turmhaus am Bahnhof Friedrichstraße‘, 1922
oben: XIII. August Venitz, Vorschlag für ein Hochhaus südlich des Bahnhofs Friedrichstraße, 1922

VII

Bereits im Januar 1922, also noch vor dem Zusammentreten des Preisgerichts, entstanden die ersten kritischen Stellungnahmen zum Wettbewerb und seiner Aufgabe. Inhaltlich belanglos, aber aufschlußreich für das Verständnis eines Teils der Berliner Architekturszene waren die gequält witzigen Reden zum Hochhauswettbewerb auf dem Winterfest des Architekten-Vereins von Berlin[58] und die Zeichnungen zu dessen „Nachlese“ (Abb. XII). Die Kritik von August Venitz[59], die abweichend von der Meinung sämtlicher Fachleute den fraglichen Bauplatz an sich für unbrauchbar hielt, wollte statt dessen das Areal südlich des Bahnhofs mit einem formalen und typologischen Kuriosum bebauen (Abb. XIII). Max Berg schließlich erörterte am Beispiel des Hochhauses am Bahnhof Friedrichstraße „Grundsätzliches zur Hochhausfrage“.[60] Im Gegensatz zur Jury, die ja auch die Ausschreibung gebilligt hatte und die ihrer Aufgabe offensichtlich nicht gewachsen war, lag ihm an einer Systematisierung der Probleme, Forderungen und Kriterien sowie einer eindeutigen Prioritätensetzung. Die Ästhetik und die formale Ausbildung des Hochhauses ließ er unter Verweis auf seine früheren allgemeinen Äußerungen zum Thema auch deshalb unberücksichtigt, „da sie fast ausschließlich eine Frage der Wahl des Architekten“ seien. Unter der Prämisse, daß das Hochhaus „1. Möglichst viel Licht für sich selbst erringen. 2. Möglichst viel Licht den Nachbarn lassen. 3. Höchste Wirtschaftlichkeit im Verhältnis von Nutzraum zu Nebenraum“ erreichen müsse, untersuchte er die wichtigsten Grundtypen, die „zweibündig gestreckte“ und die „einbündig konzentrische“ Anlage und ihre wichtigsten Varianten und Kombinationen (Abb. XIV). Unabweichliche Folgerung seiner Überlegungen war in jedem Falle die Situierung des gesamten Baukörpers unmittelbar an der Spree (Abb. XV). Das Ergebnis seiner logischen Argumentation war als massive Kritik auf die Ausschreibung bezogen, die durch Festlegung ungünstiger Baufluchten weitab vom Spreeufer wirklich gute Lösungen von vornherein unmöglich gemacht hatte. Sie traf fast mehr noch die Stadt Berlin, die durch Veräußerung des Grundstücks ihre Einflußnahme in derlei Fragen aus der Hand gegeben hatte, und war schließlich im Vorgriff auch auf diejenigen Einsender gemünzt, deren Entwürfe vom Grundstücksmittelpunkt aus angelegt waren.
Max Berg konnte als im öffentlichen Dienst stehender Architekt nicht Mitglied des BDA sein; ein gegen den Ausschreibungspassus gerichteter Protest aus Breslau dürfte wohl auf ihn zurückgehen.[61] Vor diesem Hintergrund erscheinen seine Überlegungen im Zusam-

Max Berg, Vorschläge für das Hochhaus am Bahnhof Friedrichstraße, 1922
oben mitte: XIV. Zweibündig gestreckte und einbündig konzentrische Grundrißtypen und ihre Verbindung
oben links: XV. Anwendung verschiedener Typenverbindungen auf die Hochhausanordnung
links: XVI. Lagepläne der Vorschläge III und V
mitte: XVII. Schaubild Lösung V mit einer Hochhausscheibe
rechts: XVIII. Schaubild Lösung III mit zwei gestaffelten Hochhausscheiben

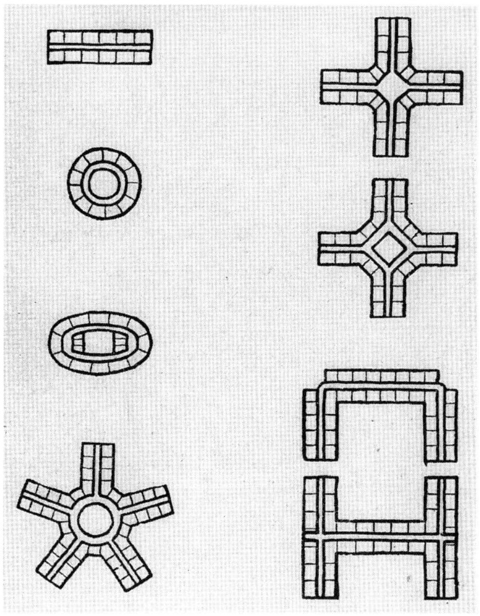

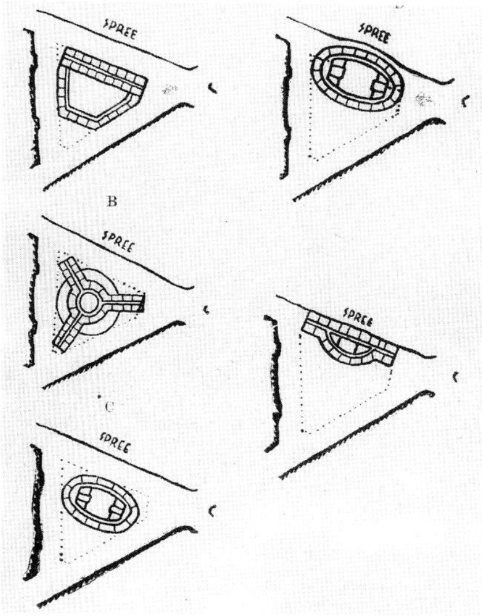

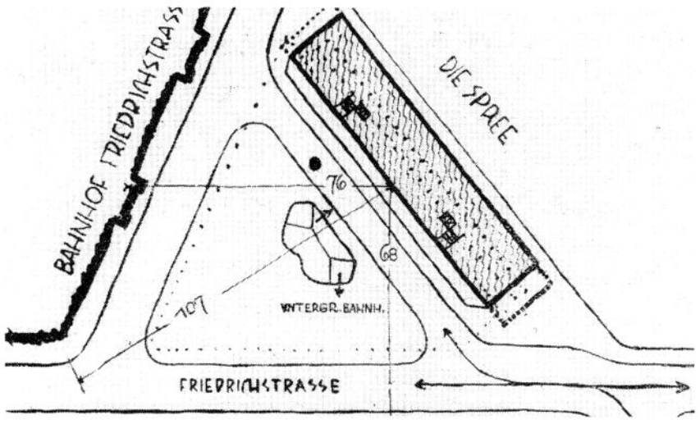

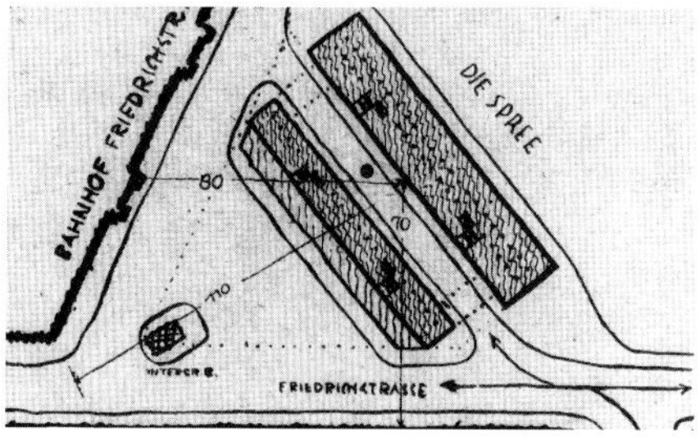

menhang mit den beigegebenen Zeichnungen (Abb. XVI) fast wie eine Art Wettbewerbsbeitrag außer Konkurrenz. Zwar sind die von Bergs Breslauer Mitarbeiter Richard Konwiarz in dessen typischer Manier gezeichneten Schaubilder außerordentlich abstrahiert und schematisiert, doch zeigt der Vergleich mit seinen für die Bauausführung gedachten Zeichnungen für ein Hochhaus der Betriebsverwaltungen in Breslau (Abb. 32), wie nüchtern und schnörkellos letztlich auch seine Berliner Vorschläge aufzufassen sind. Eine wenig spätere Kritik an Wilhelm Ernsts Wettbewerbsbeitrag[62] liest sich wie eine Erklärung von Bergs eigenen Entwurfsskizzen und faßt seine Vorstellungen zusammen: Erfüllt sei die „Forderung des einheitlichen, sachlichen Magazincharakters", die „Durchführung eines einheitlichen Rhythmus vom Scheitel bis zur Sohle (...) in edlem Vertikalismus." Darüberhinaus verleihe die „einfache Sachlichkeit, der Verzicht auf gewollte, interessante Umrißbildung (...) diesen Entwürfen Größe" und die „spitzenartigen Endigungen" stimmten mit dem „ausgesprochenen Vertikalismus" überein. Zweifelsohne zählen die Scheibenhäuser der Lösungen III und V, abgesehen vielleicht vom Dachabschluß, zu den kompromißlosesten und richtungsweisendsten Ergebnissen, die der Wettbewerb und seine Diskussion hervorgebracht haben. Aber auch seine zusammen mit den Entwürfen gemachten prinzipiellen Äußerungen zum Verfahren des Wettbewerbs um ein Hochhaus am Bahnhof Friedrichstraße weisen Max Berg als einen zu diesem Zeitpunkt außerordentlich aufmerksamen und weitblickenden Kritiker aus. Lakonisch stellte er fest: „Und so wird denn dieser Wettbewerb als ein Dokument bestehen bleiben, wie solche kulturellen Aufgaben nicht behandelt werden dürfen."[63] Lehrstücke dieser Art allerdings werden gewöhnlich schnellstmöglich wieder vergessen. Auch der 1929 von der BVG für das Grundstück ausgeschriebener Wettbewerb zeigt dies. Der Einladungswettbewerb, unter fünf Architekten ausgeschrieben, war trotz allem wissenschaftlichen Beiwerk (wie Passantentabellen für die Frequentierung der U- und S-Bahnhöfe) ähnlich unpräzise ausgeschrieben und brachte unter den acht Einsendungen vom Prinzip her unterschiedlichste, allerdings am Machbaren orientierte Lösungen. Mit dem Entwurf Erich Mendelsohns, der wohl als einziger städtebauliche Lehren aus den Überlegungen zum ersten Wettbewerb gezogen hatte (Abb. XVI), und der Arbeit von Mebes & Emmerich wurden zwei in ihrer Grundkonzeption denkbar verschiedenartige Lösungen mit einem ersten Preis ausgezeichnet. Dem Dilemma, wie man hier weiter hätte verfahren sollen, entging man aufgrund der ungünstigen wirtschaftlichen Entwicklung.

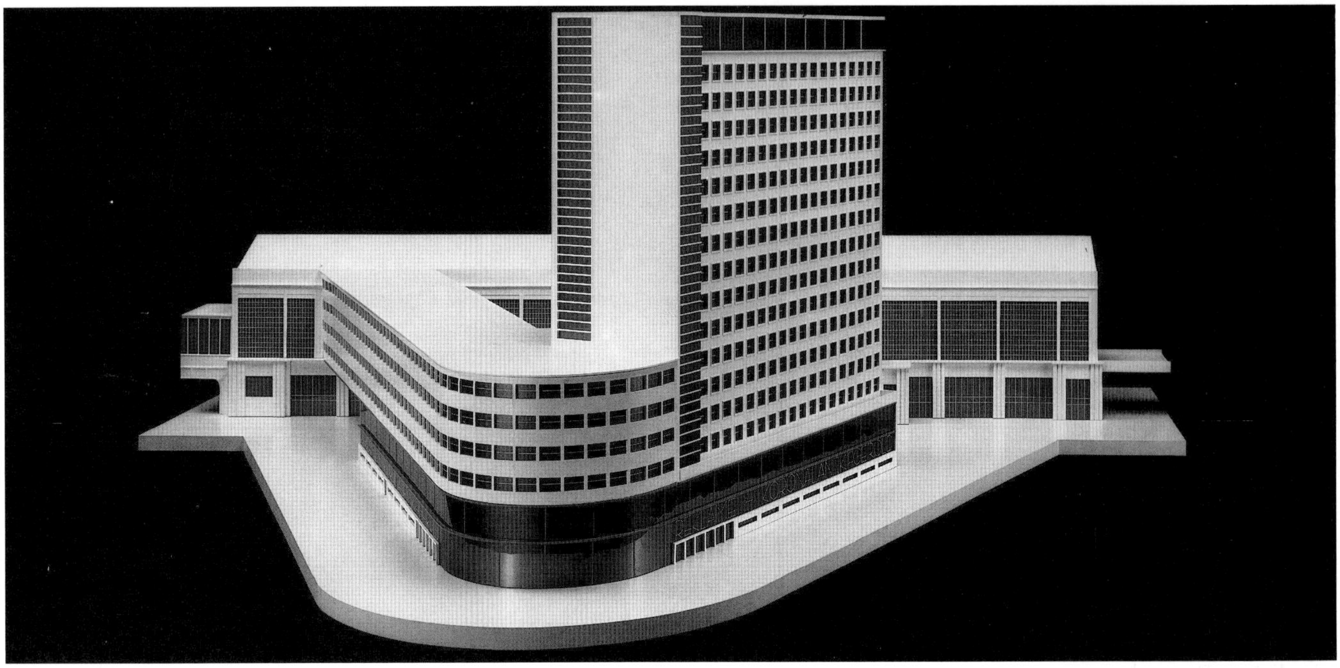

XIV. Erich Mendelsohn, Hochhaus am Bahnhof Friedrichstraße, Modell 1988

1 Max Osborn, Das Turmhaus am Friedrichsbahnhof. Ein neuer Entwurf, in: Voss. Ztg. 248, 27. Mai 1922, 1. Beilage.
2 R. B., Turmhäuser in Berlin, in: Berliner Lokal-Anzeiger, 5. 2. 1922, 1. Beiblatt.
3 Walter Lehwess, Der Wettbewerb um ein Turmhaus am Bahnhof Friedrichstraße in Berlin, in: Stbk 1922, 337.
4 Zu Stinnes und ‚DAZ' sowie im folgenden zu Hugenberg und Berliner Tageblatt vgl. Peter de Mendelssohn, Zeitungsstadt Berlin, Berlin [2]1982, 289 f. und 334 f.
5 Vgl. Cornelius Gurlitt, Offener Brief, in: Stbk 1921, 282/83.
6 Vgl. Mendelssohn, Zeitungsstadt Berlin, 292.
7 Max Berg, Die formale Auffassung des Hochhausgedankens. Charakteristische Entwürfe des Berliner Wettbewerbes, in: BW 1922, 362/363 (Dok. XIV).
8 Vgl. Wendingen 3, 1923, 10.
9 Vgl. Carl Gotfrid, Hochhäuser, in: Qualität 5, 1922, 63/64-66 (Dok. XX).
10 Brix, Der Ideenwettbewerb für die Bebauung des Geländes am Bahnhof Friedrichstraße in Berlin mit einem Hochhaus, in: ZdB 1922, 71 (Dok. VI).
11 Vgl. P(aul) W(estheim), Berliner Kunst-Chronik, in: Frankfurter Zeitung, 2. 3. 1922.
12 Vgl. Ludwig Hilberseimer, Architektur, in: Das Kunstblatt 1922, 132/33; vor allem Paul Westheim, der Herausgeber des ‚Kunstblattes', hatte als Poelzig sehr eng verbundener Kritiker immer wieder in kürzeren Artikeln die Arbeit gewürdigt.
13 Vgl. Wendingen 3, 1923, 11.
14 Friedrich Huth, Der Hochhaus-Ideen-Wettbewerb in Berlin, in: BuG 1922, 44.
15 Vgl. Fritz Stahl, Turmhaus Friedrichstraße, in: BT 61, 5. 2. 1922 (Dok. IV).
16 Brix, Ideenwettbewerb, 81.
17 Fischers Entwurf wurde „wegen Überschreitung der Anforderungen" aus dem Wettbewerb ausgeschieden. Die Ansichten waren „stark farbig behandelt." Ausdrücklich betont wurde in der kurzen Besprechung die „packende Darstellung". Vgl. Lehwess, Wettbewerb, 348 (Dok. VII).
18 Vgl. Berg, Formale Auffassung, 363.
19 Vgl. Hooge Huizen (Hochhäuser) in: De Bouwwereld 1922 (Dok. XV).
20 Die bei Brix, Ideenwettbewerb, 71, veröffentlichten Angaben sind leider fast ohne Aussagekraft. Aus den gegebenen Zahlen ergibt sich rein rechnerisch, daß 30 Arbeiten schon im Vorfeld ausgeschieden wurden.
21 Adolf Behne, Hochhauspläne, in: SM 1922, 759.
22 Hans Soeder, Turmhaus-Epilog für Berlin, in: Die Volkswohnung 1922, 57.
23 Stahl, Turmhaus.
24 Mittels der drei stereometrischen Grundformen hatte Walter Curt Behrendt eine etwas unglückliche Gliederung der Wettbewerbsbeiträge versucht. Walter Curt Behrendt, Das erste Turmhaus in Berlin, in: Die Woche 1922, 193/194 (Dok. XIII).
25 Soeder, Turmhaus-Epilog 57.
26 Vgl. Lehwess, Wettbewerb, 338 f.
27 Vgl. Brix, Ideenwettbewerb, 81.
28 Brix, Ideenwettbewerb, 83.
29 Brix, Ideenwettbewerb, 81.
30 Zu dem Entwurf vgl. Kat. Nr. 44, Anm. 10.
31 Lehwess, Wettbewerb, 342.
32 Behrendt, Das erste Turmhaus, 194.
33 Vgl. Richard Döcker, Ein Beitrag zum städtebaulichen Weiterschaffen, in: DS 3/4, 1921, Tafel 20.
34 Vgl. Max Berg, Der Berliner Hochhauswettbewerb, in: BW 1922, 125.
35 Adolf Behne, Der Wettbewerb der Turmhaus-Gesellschaft, in: WMB 1922/23, 58.
36 Eine erste kurze Arbeit zur frühen Hochhausdiskussion veröffentlichte Rainer Stommer unter dem Titel: Die ‚Germanisierung des Wolkenkratzers'. Die Hochhausdebatte in Deutschland bis 1921, in: Kritische Berichte 3, 1982, 36-53; neben einer angekündigten umfangreichen Untersuchung desselben Autors sind zur deutschen Hochhausproblematik der 20er Jahre auch noch andernorts Untersuchungen im Gange. Mit großem Interesse darf man der von Dietrich Neumann an der TU München soeben abgeschlossenen Dissertation „Hochhäuser der 20er Jahre in Deutschland", die für uns leider nicht mehr nutzbar war, entgegensehen.
37 Max Osborn, Wolkenkratzer Friedrichsbahnhof. Die Ergebnisse des Wettbewerbes, in: Voss. Ztg. 61, 5.2.1922, 1. Beilage (Dok. III).
38 Paul Westheim, Architektur-Entwicklung, in: Die Glocke 1924, 183.
39 Vgl. Brief Hans Scharoun an Behne, 31. 10. 1922, Staatsbibliothek Preussischer Kulturbesitz, Nachlaß Behne.
40 Stahl, Turmhaus.
41 Brix, Ideenwettbewerb, 81.
42 Lehwess, Wettbewerb, 338.
43 Stahl, Turmhaus.
44 Vgl. Das Turmhaus am Bahnhof Friedrichstraße, in: DAZ, 18. 2. 1922, sowie Das Turmhaus am Bahnhof Friedrichstraße, in: DAZ, 7. 5. 1922.
45 P(aul) W(estheim), Berliner Kunst-Chronik.
46 Behrendt, Das erste Turmhaus, 193.
47 Berg, Formale Auffassung, 362.
48 Behne, Wettbewerb, 59.
49 Vgl. Hilberseimer, Architektur, 132.
50 Soeder, Turmhaus-Epilog, 57.
51 Behne, Wettbewerb, 59.
52 Berg, Formale Auffassung, 362.
53 Behrendt, Das erste Turmhaus, 194.
54 Vgl. Behne, Wettbewerb, 58. „Unter den Arbeiten, die nach dem Wortlaut des Ausschreibens nicht ohne Berechtigung dieser Einstellung folgten, ist die ‚Funktionale Form' Hugo Härings die wertvollste; sie enthält ausgezeichnete Gedanken."
55 Adolf Behne, Chronik der Deutschen Baukunst seit Kriegsende II, in: Bouwkundig Weekblad 1923, 194.
56 Vgl. Behne, Wettbewerb, 59 (Dok. XVIII).
57 Berg, Hochhauswettbewerb, 128 (Dok. X)
58 Vgl. WAVB 1922, 26-28.
59 Vgl. August Venitz, Der Wolkenkratzer-Rummel, in: NDBZ 1922, 11; sowie in: Deutsche Warte, 12.3.1922. Als Antwort: Gegen die Hochhäuser, in: Stbk 1922, 348.
60 Max Berg, Grundsätzliches zur Hochhausfrage, in: BW 1922, 35-39.
61 Vgl. DBZ 1921, 424.
62 Vgl. Berg, Formale Auffassung, 262/63.
63 Berg, Grundsätzliches, 39.

Das von der Turmhaus-AG für den Bau eines Hochhauses in Aussicht genommene dreieckige Areal gehörte zu den prominentesten noch unbebauten Grundstücken im City-Bereich Berlins. Wenn der als Rummelplatz genutzte Ort und seine unmittelbare Umgebung auch, wie die Luftaufnahmen aus den Wettbewerbsunterlagen zeigen, um 1921 wegen der Großbaustellen der Weidendammer Brücke und des Bahnhofs einen desolaten Eindruck erwecken mußte, so war doch in absehbarer Zeit mit einer erheblichen Aufwertung des Baugeländes zu rechnen. Attraktivität und Bedeutung des Platzes waren determiniert durch seine städtebaulichen Eigenschaften und seine verkehrsgünstige Lage. Die Friedrichstraße schloß als wichtigste Nord-Süd-Verbindung in der Friedrich- und Dorotheenstadt, also im westlichen Innenstadtrandbereich Berlins, Viertel mit sehr unterschiedlicher Sozial- und Gewerbestruktur zusammen. Sie führte durch das noble, südlich der ‚Prachtstraße Unter den Linden' gelegene Bankenviertel, begrenzte westlich das eigentliche Geschäftsviertel der Stadt[1], und stellte dank der Weidendammer Brücke die Verbindung zu den Quartieren nördlich der Spree mit ihren Kasernen und verschiedenen Theatern wie dem Großen Schauspielhaus Poelzigs und dem Deutschen Theater her. Der Abschnitt zwischen den Linden und der Weidendammer Brücke war nahezu ausschließlich von Hotels und Vergnügungsstätten wie dem Admiralspalast oder der Komischen Oper bestimmt. Die bereits Ende des 19. Jahrhunderts von Paul Lindenberg konstatierte Situation des Gebietes – „Hotels neben Hotels, ein immer luxuriöser ausgestattetes Restaurant sucht das andere zu überflügeln (...) und durch die engen Häuserreihen der Friedrichstraße wälzt sich rastlos, unermüdlich und zu vielen Stunden wahrhaft betäubend der Verkehr der jungen Weltstadt"[2] – war auch zu Beginn der 20er Jahre durch das zunehmende Verkehrsaufkommen von Stadt- und Fernbahn am Bahnhof Friedrichstraße gegeben. Für George Grosz galt die Friedrichstraße 1918 wohl als eine Art Synonym für die ihm verhaßte bürgerliche Gesellschaft und deren moralischen Verfall.[3] Er zeigt unter Verwendung karikierender Elemente inmitten einer Reihe collagenhaft zusammengefügter Versatzstücke aus der Architektur der Straße wie etwa den Bahnhofsbögen oder der Panoptikum-Passage die Masse der Menschen als Mischung höchst zwielichtiger Gestalten: Banker und Bettler, Dirnen, Kriegsversehrte, Zuhälter, Ordnungshüter, Schieber, Korpsstudenten und Spießer. Doch übten Straße und sicher auch das von Grosz in seiner Zusammensetzung so treffend gezeichnete Milieu „auf den von auswärts kommenden Besucher der Reichshauptstadt den größten Reiz aus. Und trotzdem ist gerade dieser Teil Berlins einer der häßlichsten und reformbedürftigsten der ganzen Stadt".[4] Vor allem das nördlich des Bahnhofs gelegene Areal, gewissermaßen das Entree für den die Stadt betretenden Fremden, war seit 1910 immer wieder Gegenstand umfassender Planungen (vgl. Kat. Nr. 2).

Die unbefriedigende Grundstückssituation, wie sie sich 1921 darbot, resultierte aus den komplizierten Besitzverhältnissen, deren Klärung durch die Kriegsereignisse verzögert und erschwert worden waren. Über das in vier Parzellen aufgeteilte Grundstück verfügten unterschiedliche Eigentümer: Das große Gelände der ehemaligen Pepinière, eine unter Friedrich Wilhelm III. gegründete Akademie zur Ausbildung von Militärärzten, ging 1921 auf Grund fehlender Bezahlung durch den damaligen Pächter Carsten Nielsen in den Besitz der Stadt über.[5] Bereits 1912 war das an der Ecke Friedrichstraße/Reichstagsufer gelegene sogenannte Guthmannsche Grundstück „zu Zwecken der Nord-Süd-Bahn" durch den Magistrat der Stadt Berlin enteignet worden.[6] Die ebenfalls im Besitz der Stadt befindliche ‚Baumaske' am Reichstagsufer wurde in Folge von Änderungen der Grundstückslinien auf eine nur 10 qm große Fläche reduziert.[7] Die Parzelle zur Bahnhofsseite wurde erst Ende 1923 der Reichsbahnverwaltung überlassen.[8]

Der als provisorische Lösung zur Erzielung von Pachteinnahmen auf dem Pepinière-Grundstück installierte Rummelplatz sollte 1921 auf Wunsch des Polizeiamtes Berlin-Mitte „im Interesse der allgemeinen Ordnung und Sicherheit endlich entfernt werden".[9]

Die Bemühungen, eine von allen Seiten gewünschte Klärung der Grundstückssituation einzuleiten, führten zur Erstellung eines Gutachtens durch die Akademie des Bauwesens[10], das „auf der Nordseite des Bahnhofs Friedrichstrasse die Schaffung be-

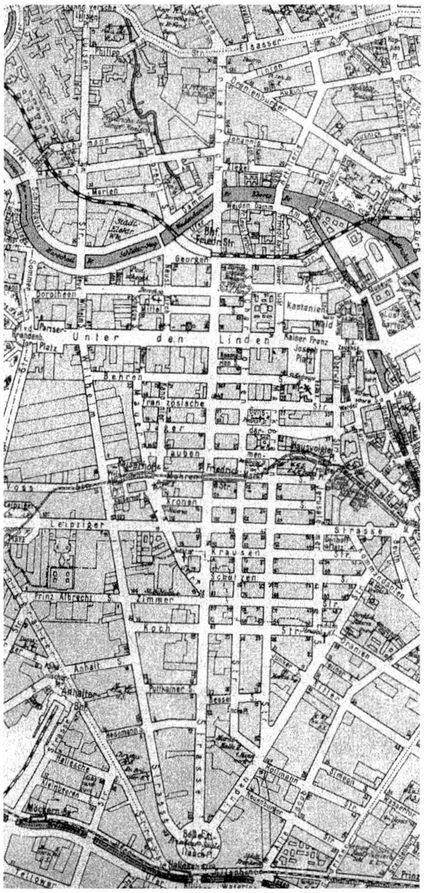

1.1 Strauben's Plan von Berlin, ca. 1923, Detail

1 Vgl. Willy Lesser, Die baulichen und wirtschaftlichen Grundlagen der Geschäftsstadt Berlin, Berlin 1915, 28 f.
2 Paul Lindenberg, Berlin in Wort und Bild, Berlin 1892, 399.
3 George Grosz, Friedrichstraße, 1918; Die Lithographie ist das erste Blatt des Mappenwerks „Ecce Homo"; George Grosz, Ecce Homo, Berlin 1923, Nachdruck London 1967.
4 Lesser, Grundlagen der Geschäftsstadt, 82.
5 Vgl. BA Koblenz, R 2/6228, Akten des Reichsfinanzministeriums betreffend die Kaiser-Wilhelm-Akademie.
6 Vgl. BA Koblenz, R 2/6228.
7 Vgl. Gemeindeblatt der Stadt Berlin 1922, 147 f.
8 Vgl. BA Koblenz, R 2/6229.
9 Vgl. Schreiben der Baupolizei, 14. 7. 1921. BA Koblenz, R 2/6228.
10 Vgl. Gutachten der Akademie des Bauwesens betreffend die Umgebung Bahnhof Friedrichstrasse, 24. 1. 1921. BA Koblenz, R 2/6228.

1.2. George Grosz, Friedrichstraße, Lithographie, 1918

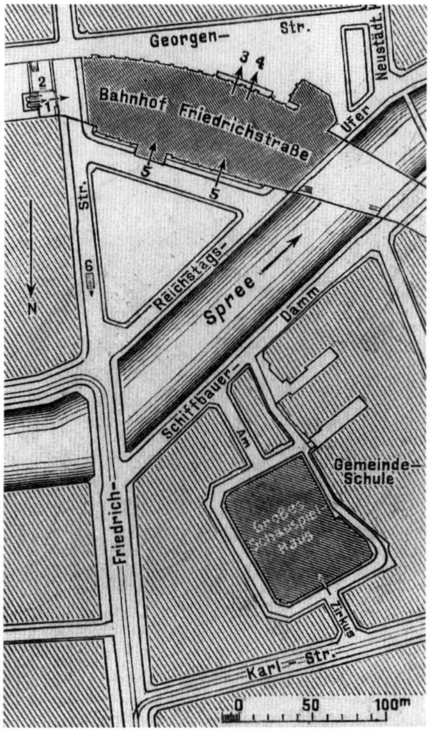

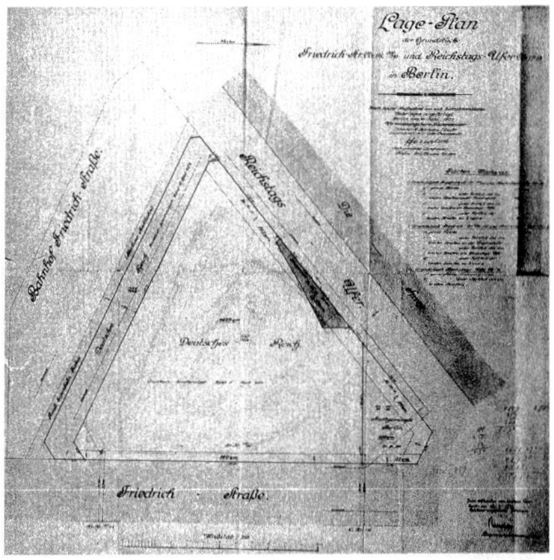

1.3. Grundstücksplan, 1921
1.4. Lageplan, 1921(?)

trächtlicher Freiflächen von guter Formgestaltung" forderte. „Sollten die Kosten für eine solche Lösung weder von der Allgemeinheit noch von den Grundbesitzern getragen werden können, so verdient der Vorschlag, das (...) Grundstück (...) höher zu bebauen, als es die allgemeine Bauordnung gestattet, ernste Erwägung und Empfehlung. Ein solcher Hochbau an dieser Stelle ist nicht bloß städtebaulich und künstlerisch einer befriedigenden Ausbildung fähig, sondern würde, angesichts der weiten Leerfläche der Spree und ihrer Uferstraßen, bei entsprechender Gestaltung besonders geeignet seien, das Stadtbild in kraftvoller Weise zu bereichern."

Mit dem Beginn der Vertragsverhandlungen zwischen Stadt, Reichsmilitärfiskus sowie der Turmhaus-AG schienen die Besitzverhältnisse geklärt zu sein, und die neue Eigentümerin konnte im Sinne des Akademie-Gutachtens eine Bebauung des Grundstückes in Angriff nehmen.

Als bebaubare Grundfläche stand ein unregelmäßiges Dreieck mit jeweils mehr als 90 Meter Seitenlänge zur Verfügung, dessen gegen die Bahnhofsbögen bzw. Weidendammer Brücke gerichtete Ecken abgeschrägt waren.[11] Jede Bebauung hatte mit unterschiedlichen Bedingungen an den einzelnen Grundstücksseiten zu rechnen und darüber hinaus auf die Hauptverkehrswege, v. a. die Achse der Friedrichstraße, sowie auf die durch die Bahnhofsein- und -ausgänge gegebenen Betrachterstandpunkte Rücksicht zu nehmen.

11 Die Einzelabmessungen des Grundstückes betrugen an den Frontseiten des Bahnhofs 95 m, an der Friedrichstraße 89 m und am Reichstagsufer 100,5 m; die Abschrägungen sind gegenüber der Weidendammer Brücke 15,5 m und am Bahnhof Friedrichstraße 3 m breit gewesen; Vgl. Joseph Brix, Der Ideenwettbewerb für die Bebauung des Geländes am Bahnhof Friedrichstraße in Berlin mit einem Hochhaus, in: ZdB 1922, 70.

rechts: Abb. 1.6. Blick in die Friedrichstraße nach Norden, vom Bahnsteig aus, um 1928.

unten: Abb. 1.7. Blick in die Friedrichstraße über die Weidendammer Brücke, 1906

Während die Seite an der Spree keinerlei Bebauung aufwies, wurden die übrigen Grundstücksseiten durch den Bahnhof Friedrichstraße bzw. den Häuserkomplex der Friedrichstraße zwischen den Bahnhofsbögen und der Weidendammer Brücke optisch und räumlich gefaßt.

Der 1912/13 beschlossene Umbau des damals 30 Jahre alten Bahnhofs war 1921 noch nicht beendet, da der Erste Weltkrieg eine Unterbrechung der Arbeit von Mitte 1914 bis Anfang 1921 erzwang.[12] Die Fassadengestaltung, eine Verblendung des Baues mit violett-braunen Eisenklinkern, war zu diesem Zeitpunkt offensichtlich schon geklärt[13]; die großen verglasten Bahnhofshallen wurden erst 1923 in Form zweier flacher Torbögen fertiggestellt.

Die zwischen 1889 und 1905 errichteten Gebäude der Friedrichstraße entsprachen der typischen Bebauung eines Straßenzuges des Berliner Historismus. Der einer einheitlichen Höhe verpflichtete Häuserkomplex war in zwei Abschnitte geteilt: Eine kleine Privatstraße trennte die Komische Oper vom Savoy-Hotel, dem als „Vergnügungs-, Sport- und Badeanlage"[14] genutzten Admiralspalast und dem Monopol-Hotel. Innerhalb dieser Bereiche wurden die einzelnen Gebäude durch eine unabhängige Fassadengestaltung, die unterschiedliche Traufhöhe sowie die uneinheitliche Dachlandschaft voneinander abgegrenzt. Die starke Plastizität der Fassade des Admiralspalastes[15] wird durch die geschoßübergreifenden mächtigen Halbsäulen sowie durch die flächenfüllenden antikisierenden Reliefs erreicht. Im Gegensatz dazu waren die im Stil der Neo-Renaissance traditionell gestalteten flächigen Fassaden der Hotels[16] horizontal gegliedert, so daß der Admiralspalast aus der Reihe der Gebäude hervorgehoben wurde.

Die Komische Oper nahm als öffentlicher Monumentalbau nicht nur durch die räumliche Abtrennung eine gesonderte Stellung im Straßenzug ein.[17] Im Hinblick auf die städtebauliche Situation an der Ecke Friedrichstraße/Weidendammer Brücke wurde das Gebäude leicht aus der Achse gegen die Brücke gedreht. Auch in der formalen Gestaltung unterschied sich die Komische Oper von den übrigen Bauten. Die durch eine Anlehnung an den Neu-Barock entwickelten bewegten Formen, die sich besonders in der gewölbten, vor die Bauflucht gesetzten Fassade und in dem stark geschwungenen Giebel ausdrückten, kontrastierten zu den eher strengen Linien der benachbarten Häuser.

Die lediglich bis auf Straßenniveau hochgezogene Uferbefestigung der Spree am Reichstagsufer unterlag keiner künstlerischen Ausgestaltung und war mit einer schlicht gehaltenen Brüstung versehen. Auch die Weidendammer Brücke blieb trotz der bedeutenden städtebaulichen Lage formal vergleichsweise anspruchslos.

Die Station der Nord-Süd Untergrundbahn in der Friedrichstraße[18] war weniger für die formale Gestaltung einer Bebauung von Bedeutung, als vielmehr für die Organisation der Verkehrswege innerhalb des Gebäudes. Der genaue Stand der seit 1913 durchgeführten Bauarbeiten ist nicht mehr zu ermitteln, doch war der Streckenabschnitt zwischen dem Schiffbauerdamm jenseits der Spree und den Bahnhofsbögen noch nicht vollendet. Der wohl auf dem in den Wettbewerbsmaterialien enthaltene Lageplan eingezeichnete nördliche Zugang zu dem U-Bahnhof läßt auf die Lage der Station südlich der Weidendammer Brücke bis zum Bahnhof Friedrichstraße schließen. Während sich den Berlin-Brandenburgischen Wettbewerbsteilnehmern die genauen städtebaulichen Bedingungen aus eigener Anschauung erschlossen, mußten alle die Architekten, denen lediglich die gerade in diesem Punkt unzulänglichen Wettbewerbsunterlagen zur Verfügung standen, im Umgang mit Ort und Umgebung ihre Schwierigkeiten haben.

HH

12 Vgl. Theodor Brodführer, Der Umbau des Bahnhofs Friedrichstraße in Berlin, in: Die Bautechnik 1924, 259-267; Benthien, Umbau des Bahnhofes Friedrichstraße in Berlin, in: BW 1915, 10 f.; Neubau des Bahnhofs Friedrichstraße, in: BW 1915, 16; Martin Wagner, Zum Neubau des Friedrichstraßen-Bahnhofs in Berlin, in: BW 1916, 12; Das Problem „Bahnhof Friedrichstraße", in: BW 1916, 4 f; Der neue Bahnhof Friedrichstraße, in: DS 1920, 78; Der Bahnhof Friedrichstraße in Berlin, in: BW 1923, 43; Berlin und seine Bauten X, Bd. B, Anlagen und Bauten für den Verkehr (2), Fernverkehr, Berlin 1984, 43-46.

13 Bei der Mitteilung, daß die Fassade als „ein fein gegliederter, stilistisch ausgezeichnet behandelter Backsteinbau errichtet" wird, scheint es sich bezüglich des Materials um eine Falschmeldung zu handeln; Vgl. Der Wettbewerb für die Bebauung des Geländes am Bahnhof Friedrichstraße in Berlin, in: DBZ 1921, 426.

14 Der Admiralspalast in Berlin, in: Architektonische Rundschau 1912, Taf. 6.

15 Das Gebäude geht auf eine 1873/74 von Kylmann und Heyden erbaute Anlage zurück. 1910 wurde es durch den Ankauf des Grundstückes Nr. 102 von dem Architekten Heinrich Schweitzer erweitert; die Reliefs schuf Franz Naager; vgl. Admiralspalast, Architektonische Rundschau, Taf. 6 f.; Der Admiralspalast in Berlin, in: ZdB 1911, 425-429; Institut für Denkmalpflege der DDR (Hg.), Hauptstadt Berlin, Die Bau- und Kunstdenkmäler in der DDR, München 1983, 201.

16 Das Monopol-Hotel ist 1889 von dem Architekten L. Heim errichtet worden; vgl. Hotel Monopol, in: DBZ 1889, 413; L. Heim, Das Monopol-Hotel in Berlin, in: ZdB 1890, 47 f.; Über das Savoy-Hotel gibt es bezüglich des Errichtungsjahres und des Architekten keine Informationen.

17 Über die Autorenschaft der Komischen Oper wurde damals heftig debattiert, da sowohl die Firma Lachmann und Zauber als auch der Architekt Arthur Biberfeld darauf Anspruch erhoben; vgl. Die Komische Oper in Berlin, in: Zentralblatt für das Deutsche Baugewerbe 1905, 557-559; Maximilian Rapsilber, Die Komische Oper in Berlin, in: Der Profanbau 1906, 25-30; Der Neubau der „Komischen Oper" in Berlin, in: Berliner Architekturwelt 1906, 406-412.

18 Vgl. Fr. Krause, Die städtische Nord-Südbahn in Berlin, in: ZdB 1923, 157-162, 181-186, 199-202, 227; Die Eröffnung der Nord-Südbahn in Berlin, in: ZdB 1923, 69.

oben links: 1.7 Admiralspalast, 1910, Friedrichstraße Nr. 101-102.

oben rechts: 1.8 Monopol-Hotel, 1889, Friedrichstraße Nr. 100.

mitte: 1.9 Bahnhof Friedrichstraße, Nordfassade, 1923.

unten: 1.10 U-Bahnstation Friedrichstraße der Nord-Süd-Bahn

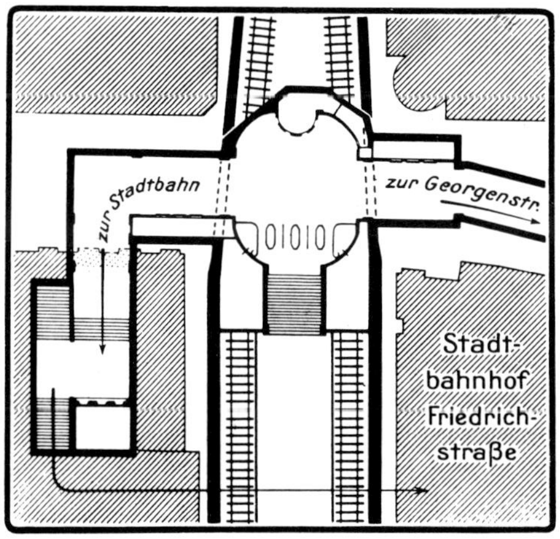

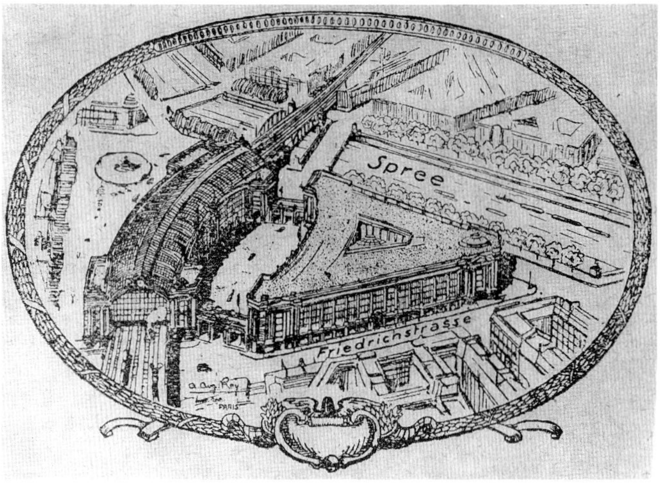
Spree
Friedrichstrasse

Das bis in die Jahre vor dem Ersten Weltkrieg zurückreichende Interesse der Öffentlichkeit sowie verschiedener Architekten an einer Bereinigung der ungeordneten Situation auf dem dreieckigen Areal nördlich des Bahnhofes Friedrichstraße erklärt sich in erster Linie aus dem damals stetig anwachsenden Verkehr und der daraus resultierenden zunehmenden Prominenz des Ortes.[1] Im Zusammenhang mit dem bereits begonnenen Umbau des Bahnhofes Friedrichstraße, dessen Bedeutung man mit der eines Weltbahnhofs verglich[2], wurde im Verlauf einer langjährigen Diskussion immer wieder die Forderung nach einer diesen Ansprüchen angemessenen Gestaltung des Grundstückes laut.[3] Ein kleiner Kreis von Architekten plädierte dafür, den Ort als dringend notwendigen Vorplatz für den Bahnhof freizuhalten und bewertete eine Bebauung als ein städtebaulich nicht zu verantwortendes Verkehrshindernis.[4] Demgegenüber wurde die Ansicht vertreten, daß die unterschiedlichen Begrenzungen und die Unregelmäßigkeit des Grundstückes für eine Platzgestaltung ungeeignet seien und diese Situation vielmehr ein entsprechendes Gebäude verlange.[5] Die ab 1914 in Verbindung mit dem Bahnhofsumbau entworfenen Projekte unterscheiden sich nicht nur in der Gruppierung einzelner Baukörper sowie deren Höhenentwicklung, sondern auch in der Wahl der Stilmittel voneinander; gemeinsam sind ihnen dagegen die im Vordergrund stehenden städtebaulichen Überlegungen sowie die besondere Rücksichtnahme auf den Bahnhof.

Ausgelöst wurde die Diskussion durch den wohl von dem damaligen Grundstücksbesitzer Carsten Nielsen[6] in Auftrag gegebenen Entwurf des französischen Architekten Augustin Rey.[7] Der den akademischen Traditionen verpflichtete Architekt sah eine fünfgeschossige Blockrandbebauung vor. In der nach dem Vorbild französischer Monumentalbauten des Neu-Barock gestalteten Fassade wurde die nördliche Bahnhofsseite miteinbezogen, so daß dort ein ovaler Platz in der Art eines Ehrenhofes entstand. Der Plan stieß in der Öffentlichkeit auf scharfe Kritik, da sowohl die städtebauliche Lösung als auch die durch die historistischen Formen bedingte Repräsentation des Gebäudes als nicht geeignet erschienen.[8]

Der Entwurf zog ein gerichtliches Verfahren nach sich, da der Berliner Architekt Alexander Levy die dem Rey'schen Projekt zugrundegelegte Idee einer Verbindung des Bahnhofes mit dem Haus für sich beanspruchte.[9] Während Augustin Rey jedoch eine Nutzung des Baues als Hotel vorsah, plante Alexander Levy einen an der Friedrichstraße gelegenen Haupteingang des Bahnhofs mit Warte- und Vorhallen sowie ein Büro- und ein Warenhaus; darüberhinaus sollte eine Verbindungsbrücke in Höhe des zweiten Geschosses zum Admiralspalast geschaffen werden.

Die Forderung, die Grundstücksecke Friedrichstraße/Reichstagsufer für die Station der geplanten unterirdischen Schnellbahnverbindung Wannsee-Stettiner Bahnhof freizuhalten, gab für mehrere Architekten Anlaß, in eigener Initiative Projekte zu einer Hochhausbebauung zu entwickeln. Um eine Rentabilität des Gebäudes aufrechtzuerhalten, wurde die Möglichkeit, das Haus „höher emporsteigen (zu) lassen (. . .), als es in Berlin üblich und gestattet" war, erwogen.[10]

Der früheste der bekannten Entwürfe wurde von dem Architekten Hans Geist zusammen mit Ingenieur Strauch erarbeitet.[11] Das Gebäude sollte in direkter Verbindung mit dem Bahnhof stehen. Zwei mächtige elfgeschossige Türme, an die seitlich je eine fünfgeschossige Bebauung angefügt ist, flankieren den niedrigeren Mitteltrakt. Die Proportionierung der Hauptbaukörper und die klassische Dreiteilung des Fassadenaufbaus bewirken zusammen mit der Figurengruppe bei gleichzeitiger Reduktion in der architektonischen Gestaltung das repräsentative Pathos des Komplexes. Ungeachtet der fortschrittlichen Auffassung, die in den durch eine konsequent vertikale Gliederung betonten Wandflächen zum Ausdruck kommt, fand das Projekt in Architektenkreisen keinerlei Beachtung. Letzteres gilt auch für die beiden Entwürfe von Hermann Dernburg, dessen erster Vorschlag ein achtgeschossiges Gebäude mit einer den nördlich gelegenen Platz säumenden Kolonnade vorsah.[12] Ein etwa gleichzeitiger, erst 1919/20 veröffentlichter Entwurf zeigt eine sechsgeschossige Blockrandbebauung, auf die nach einem Rücksprung ein ebenso hoher Baukörper gesetzt wird; zur Weidendammer Brücke hin ist dem Gebäude ein niedriger Rundbau vorgelagert.[13] Diese Neugruppierung veränderte auch die konventionelle Fassadengestaltung des ersten

1 Vgl. Aus der Berliner Reichshauptstadt, in: Berliner Lokalanzeiger 116, 5. 3. 1914; Der Vorplatz am Bahnhof Friedrichstraße, in: Voss. Ztg. 300, 16. 6. 1914; Fr. Platzmann, Der Knotenpunkt am Bahnhof Friedrichstraße, in: Voss. Ztg. 329, 2. 7. 1914; Blum, Der Bahnhof Friedrichstraße, in: Voss. Ztg. 382, 30. 7. 1914.

2 Vgl. Martin Wagner, Was wird aus dem Berliner Bahnhof Friedrichstraße, in: BW 1915, 4; vgl. dazu die kritische Anmerkung, Mitteilungen, in: DS 1915, 110.

3 Vgl. Die Neubauten am Bahnhof Friedrichstraße, in: BZ am Mittag 55, 6. 3. 1914; Blum, Friedrichstraße, in: Voss. Zgt., 30. 7. 1914.

4 Vgl. Der Vorplatz, in: Voss. Ztg., 16. 6. 1914; Adolf Zeller, Der Vorplatz am Bahnhof Friedrichstraße, in: Voss. Ztg. 314, 24. 6. 1914; Gegen den Wolkenkratzer, in: Voss. Ztg. 355, 16. 7. 1914.

5 Vgl. Carl James Bühring, Ein Vorschlag für die Bebauung des Geländes am Bahnhof Friedrich-Straße in Berlin, in: DBZ 1915, 233; Wagner, Bahnhof Friedrichstraße, 3.

6 Carsten Nielsen war juristisch gesehen nie der Besitzer des Grundstückes, es erfolgte zwar eine Anzahlung seinerseits, die Auflassung wurde jedoch nicht erteilt; vgl. dazu die Dokumente im Bestand Reichsfinanzministerium, BA Koblenz R2/6228.

7 Vgl. Reichshauptstadt, in: Berliner Lokalanzeiger, 5. 3. 1914, 26. 4. 1914; Die Neubauten am Bahnhof Friedrichstraße, in: Zeitbilder, Beilage zur Voss. Ztg. 30, 10. 3. 1914; Berliner Illustrirte Zeitung 11, 15. 3. 1914; Der neue Bahnhof Friedrichstraße, in: BZ am Mittag 100, 30. 4. 1914. Da Carsten Nielsen diesen Entwurf den Behörden vorlegte, benannte man später ihn und nicht Augustin Rey als Verfasser; vgl. Der Hotelbau am Bahnhof Friedrichstraße, in: BZ am Mittag 156, 7. 7. 1914; Carsten Nielsens Pläne genehmigt, in: Voss. Ztg. 368, 23. 7. 1914; Städtebau am Bahnhof Friedrichstraße in Berlin, in: DBZ 1914, 560; Zur baukünstlerischen Ausgestaltung von Groß-Berlin, Hotelbau am Bahnhof Friedrichstraße, in: DBZ 1914, 585.

8 Vgl. Die Neubauten, in: BZ am Mittag 55, 6. 3. 1914; Platzmann, Knotenpunkt, in: Voss. Ztg. 329, 2. 7. 1914; Der Vorplatz zum Bahnhof Friedrichstraße, in: Tägliche Rundschau 312, 2. 7. 1914; Mitteilungen, in: DBZ 1914, 560; Carsten Nielsens Pläne, in: Voss. Ztg. 368, 23. 7. 1914; auch bei den Behörden stieß der Entwurf auf Widerstand: Die Eisenbahnverwaltung lehnte eine Realisierung ab und die Baupolizei erklärte das Projekt schließlich als unausführbar; vgl. Neubauten, in: BZ am Mittag, 6. 3. 1914. Über den Umbau des Bahnhofs Friedrichstraße, in: Voss. Ztg. 118, 6. 3. 1914;

Abbildungen linke Seite:

2.1. Augustin Rey, Hotelprojekt am Bahnhof Friedrichstraße, 1914, Vogelperspektive von Osten

2.2. Augustin Rey, Hotelprojekt am Bahnhof Friedrichstraße, 1914, Schaubild von Norden

2.3. Alexander Levy, Projekt für die Neubauten am Bahnhof Friedrichstraße, 1914, Vogelperspektive von Osten

2.4. Hans Geist, Hochhausprojekt am Bahnhof Friedrichstraße, 1914, Schaubild vonn Norden

2.5. Hermann Dernburg, Hotelprojekt am Bahnhof Friedrichstraße, 1914, Vogelperspektive von Osten

2.6. Hermann Dernburg, Hotzel-Hochhausprojekt am Bahnhof Friedrichstraße, 1914?, Schaubild von Norden, Lageplan

Entwurfes insofern, als nun die durch Gebälke und Gesimse erzielte horizontale Gliederung gegenüber den flächig gehaltenen Pilastern und Lisenen dominierte.
Von weitreichender Bedeutung innerhalb der Diskussion war der Entwurf, der unter Vorsitz von Bruno Möhring im Architekten-Ausschuß Groß-Berlin als eine direkte Reaktion auf das Rey'sche Projekt von Otto Michaelsen ausgearbeitet wurde.[14] Der Plan sollte den Benutzern der öffentlichen Verkehrsmittel, aber auch dem Straßenverkehr die nötigen Freiflächen verschaffen; so war vor dem Bahnhof, im Gegensatz zu dem Entwurf von Rey, ein nach Ansicht des Ausschusses „angemessener Vorplatz" konzipiert.[15] Während die Anordnung des Gebäudes - eine Blockrandbebauung wird in der Mitte um mehrere Geschosse erhöht - mit dem zweiten Entwurf von Hermann Dernburg vergleichbar ist, lassen sich hinsichtlich der formalen Gestaltung Übereinstimmungen mit Hans Geists Projekt erkennen. Obwohl die vertikale Gliederung im Gegensatz zu dessen Projekt durch ein horizontales Mauerband unterbrochen wird, gibt auch Otto Michaelsens Arbeit „ein weitblickendes Verständnis für eine spezifische Ästhetik des Hochhauses".[16] Im Juli 1914 wurde der Entwurf dem Magistrat der Stadt Berlin mit der Bitte um Prüfung vorgelegt; der nötige Dispens zur Ausführung des um fünf Geschosse über die Bauordnung reichenden Gebäudes wurde aber nicht erteilt, weshalb für die Befürworter dieses Projektes eine schlechte städtebauliche Lösung unausweichlich erschien.[17]
Infolge des Ersten Weltkrieges verlor auch die Diskussion um die Bebauung des Grundstücks an aktueller Bedeutung. Lediglich aus dem Jahre 1915 sind zwei Entwürfe von Carl James Bühring und Martin Wagner überliefert. Beide Architekten gehen von der Prämisse aus, daß sich das Gebäude von der Umgebung abzugrenzen habe[18]; dementsprechend plante Carl James Bühring einen zwölfgeschossigen Rundbau, dessen ‚Sockel' sich der Dreiecksform des Grundstücks anpaßt. Gebälke und Gesimse gliedern das Gebäude in einzelne horizontale Abschnitte. Analog zu ihrer Abfolge werden die jeweiligen Geschosse durch symmetrisch angelegte Portiken, geschoßübergreifende Säulen, Balkone sowie Vasen und Skulpturen gestaltet.[19] Einen starken Kontrast dazu bilden die drei zurückgesetzten oberen Geschosse, deren ohne jede architektonische Behandlung belassenen Wandflächen in ihrer Sachlichkeit auffallen. Die unbestreitbare, schon damals erkannte Verwandtschaft mit dem Wettbewerbsbeitrag für ein New Yorker Gerichtsgebäude von Guy Lowell stritt Carl James Bühring wenig überzeugend ab. Er gab an, „daß vielmehr die Theorie (Friedrich) Ostendorfs ihn nach und nach auf die (...) dargestellte Form geführt habe".[20] Die durch die Funktion des Hauses nicht zu erklärenden und gelegentlich untereinander beziehungslosen Dekorationselemente sind jedoch im Zusammenhang mit dessen Theorien nur schwer nachzuvollziehen.
In dem Entwurf von Martin Wagner ist keine Hochhausbebauung vorgesehen, im Gegensatz zu den bisherigen Projekten ist das Gebäude nicht mehr als ein Hotel, sondern als Geschäftshaus konzipiert worden. Dem von ihm selbst so benannten „künstlerischen Zweckgedanken"[21] unterlag nicht nur die Formgebung des im Hinblick auf eine großzügige Platzanlage geplanten ovalen Baues[22], sondern auch die Gestaltung der Bahnhofsfassade, deren Uhrtürme und große Vorhalle einen repräsentativen, das Stadtbild beherrschenden Eindruck vermitteln sollten. Martin Wagner wollte den Entwurf als eine Anregung für eine seiner Ansicht nach dringend erforderliche Wettbewerbsausschreibung verstanden wissen; die Behörden kamen dieser Aufforderung jedoch nicht nach.[23]
Bald nach dem Ende des Ersten Weltkrieges setzten die Vorschläge für eine Bebauung des Friedrichstraßenareals wieder ein. Ar-

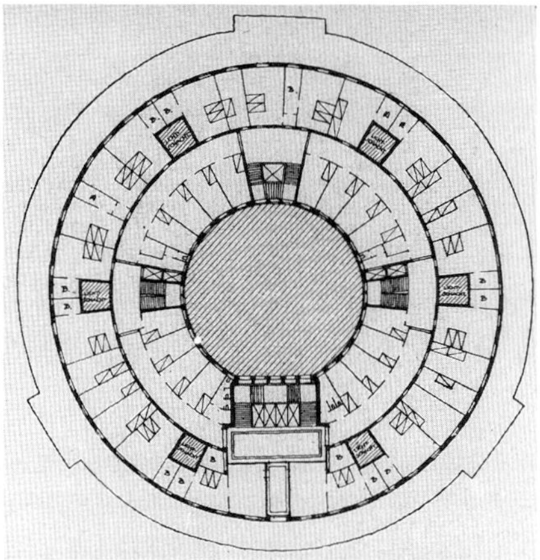

links oben:
2.7. Otto Michaelsen, Hotelbau am Bahnhof Friedrichstraße 1914, Schaubild von Norden

rechts oben:
2.8. Carl James Bühring, Hotel-Hochhausprojekt am Bahnhof Friedrichstraße 1915, Schaubild von Norden

rechts mitte:
2.9. Carl James Bühring, Hotel-Hochhausprojekt am Bahnhof Friedrichstraße 1915, Grundriß 9.-11. Obergeschoß

9 Alexander Levy behauptete, daß er seinen Entwurf bereits 1913 Carsten Nielsen vorgelegt hätte; er wäre mit der Begründung, daß die Behörden dieses Projekt nicht annehmen würden, abgelehnt worden; Nielsen bestritt dies und reichte eine Feststellungsklage ein; vgl. Die Neubauten am Bahnhof Friedrichstraße, in: Voss. Ztg. 120, 7. 3., 122, 8. 3., 124, 9. 3., 127, 11. 3. 1914; Neubauten, in: BZ am Mittag, 6. 3. 1914; Zum Umbau des Bahnhofs Friedrichstraße, in: Zeitbilder 31, 12. 3. 1914.
10 Ein Berliner Wolkenkratzer-Projekt, in: Zeitbilder 74, 25. 6. 1914.
11 Vgl. Der Wolkenkratzer am Bahnhof Friedrichstraße, in: BZ am Mittag 138, 16. 6. 1914; Wolkenkratzer, in: Deutsche Tageszeitung 305, 19. 6. 1914; Der Neubau am Bahnhof Friedrichstraße, in: BZ am Mittag 141, 19. 6. 1914; Wolkenkratzer-Projekt, in: Zeitbilder 74, 25. 6. 1914.
12 Vgl. Neubau, in: BZ am Mittag, 19. 6. 1914; Wolkenkratzer-Projekt, in: Zeitbilder, 25. 6. 1914.
13 Vgl. Ausgeführte Bauten und Entwürfe von Prof. Hermann Dernburg, in: WMB 1919/20, 352.

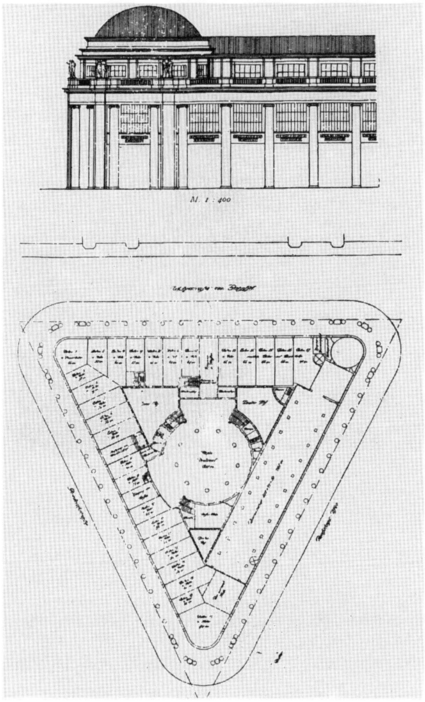

2.10. Martin Wagner, Bürohaus am Bahnhof Friedrichstraße, 1915, Vogelperspektive von Norden, Modellfoto
2.11. Arnold Hartmann, Hotelbau am Bahnhof Friedrichstraße, 1919, Teilansicht, Grundriß Erdgeschoß

nold Hartmann ließ in seinem 1919 publizierten Entwurf die Ergebnisse der bisherigen Diskussion unberücksichtigt und wählte statt dessen eine für die städtebauliche Situation ungünstige Blockrandbebauung mit historisierender Fassade.[24]
Eine erneute Auseinandersetzung mit der Bebauung des Grundstücks durch ein Hochhaus fand erst Anfang 1920 statt[25]: Die Akademie des Bauwesens beauftragte Bruno Möhring, „zu untersuchen, ob und wie eine Lösung durch den Bau eines Turmhauses zu finden sei".[26] Möhring fertigte drei Studien an, denen die Anlage eines kleinen dreieckigen Platzes an der Ecke Friedrichstraße/Bahnhof gemeinsam ist.[27] In der am Ausgangspunkt seiner Überlegungen stehenden Zeichnung ist eine Art von Blockrandbebauung dargestellt, auf die ein hoher Bau über einen kreuzförmigen Grundriß gesetzt wird.[28] Die Anregung eines Mitgliedes der Akademie veranlaßte ihn dazu, in den beiden anderen Projekten das Hochhaus an die Spree zu verlagern und dessen zum Platz weisende Fassade als Hauptansichtsseite zu gestalten.[29] Den zwei Seitenflügeln, die den hochaufragenden Mitteltrakt flankieren, sind an den Längsseiten je ein fünf- bzw. sechsgeschossiger runder Bau vorgelagert. Eine ebenso hohe, zum Platz hin ausgerichtete halbkreisförmige Anlage verbindet die Flügel miteinander. Bruno Möhring beschäftigte sich mit dem Problem der Fassadengestaltung, indem er ein vertikales Gliederungssystem von unterschiedlicher Ausprägung zugrunde legte. In dem ersten Entwurf wird die Fassade des Hochhauses durch ein schwer und massiv erscheinendes Gerüst strukturiert, dessen Plastizität im Kontrast zu den in Anlehnung an Geschäftshäuser vertikal gegliederten Vorbauten steht. In den anderen Projekten erreichte Bruno Möhring durch die Übertragung dieses Gestaltungssystems auch auf die Hochhausfassade eine Vereinheitlichung der voneinander abgesetzten Baukörper. Diese Betonung der Vertikalen wird durch eine Verdichtung der Wandvorlagen in den oberen Geschossen sowie durch die frei endenden Stützen, den in einer Spitze auslaufenden Dachaufsatz und die gotisierenden Giebelaufsätze noch zusätzlich gesteigert. Gleichzeitig sind es die letzten Reminiszenzen an die aufwendigen Dachabschlüsse der nach dem Prinzip der Ecole des Beaux-Arts konzipierten amerikanischen Hochhäuser.
Zeitgenössische Aussagen machen deutlich, daß einige der seit 1914 vorgestellten Projekte als konkrete Vorschläge mit dem Ziel einer Realisierung entworfen worden waren. Im Gegensatz zu den utopischen Entwürfen von K. Paul Andrae (Kat. Nr. 52) oder Paul Wittigs theoretischen Studien (Kat. Nr. 51) gab es damit zum ersten Mal in Deutschland den Anlaß für eine an einen bestimmten Ort gebundene Hochhausplanung. Da in diesen Jahren alle zukünftig relevanten Argumente für und gegen das Hochhaus in die Diskussion eingebracht wurden, nahm Berlin in dieser Hinsicht eine führende Position ein.
Sowohl die Varianten Bruno Möhrings als auch der von der Turmhaus-AG ausgeschriebene, den Höhepunkt dieser Entwicklung darstellende Wettbewerb sind nur vor dem Hintergrund der vorangegangenen Diskussion möglich gewesen. HH

14 Vgl. Vorplatz, in: Voss. Zg. 300, 16. 6. 1914; Vorplatz, in: Tägliche Rundschau, 7. 7. 1914; Hotel Bahnhof Friedrichstraße, in: Voss. Ztg. 345, 10. 7. 1914; Mitteilungen, in: DBZ 1914, 560; Ausgestaltung, 584 f; Bruno Möhring, Über die Vorzüge der Turmhäuser und die Voraussetzungen, unter denen sie in Berlin gebaut werden können, in: Stbk 1920, 375.
15 Mitteilungen, in: DBZ 1914, 560; Ausgestaltung, 585.
16 Rainer Stommer, Germanisierung des Wolkenkratzers. Die Hochhausdebatte in Deutschland bis 1921, in: Kritische Berichte 3, 1982, 42.
17 Vgl. Gasthof am Bahnhof Friedrichsraße, in: DBZ 1914, 658; Ausgestaltung, 663.
18 Vgl. Bühring, Vorschlag, 234, 236; Wagner, Ein Vorschlag für die Ausgestaltung des Bahnhofs Friedrichstraße und seines Vorplatzes in Berlin, in: BW 1915, Kunstbeilage, 26.
19 Bühring fertigte eine Variante an, in der die Halbsäulen durch Pilaster bzw. Pfeiler ersetzt werden. In dieser Variante veränderte er auch den ‚Sockel', da er hier die Portiken über die gesamte Länge ausdehnte. Der Grundriß stimmt mit keinem der Schaubilder überein.
20 Bührig, Vorschlag, 236. Zu den Theorien von Friedrich Ostendorf: Friedrich Ostendorf, Zur Einführung in eine Theorie des architektonischen Entwerfens, in: ZdB 1912, 593-597, 601-606, 612-616. Vgl. Cornelius Gurlitt, Ostendorfs „Theorie des architektonischen Entwerfens", in: DBZ 1913, 522 ff.
21 Wagner, Vorschlag, 30.
22 Mit der Wahl eines ovalen Baukörpers sollte die von Süden durch die Bahnüberführung und die Enge der Friedrichstraße bedingte „Raumeinschnürung" aufgelöst werden; gleichzeitig sollten dort zwei kleine dreieckige Plätze entstehen, die eine zusätzliche „Platzerweiterung" bewirkt hätten; vgl. Wagner, Vorschlag, 25 f.
23 Vgl. Wagner, Bahnhof Friedrichstraße, 3. Der Katalog zur Ausstellung Martin Wagner, Wohnungsbau und Weltstadtplanung. Die Rationalisierung des Glücks, Berlin 1985, 162, 163, bezeichnet die Arbeit fälschlicherweise als Wettbewerbsbeitrag.

24 Vgl. Vorschlag für eine Bebauung des dem Bahnhof Friedrichstraße nördlich vorgelagerten Geländes, in: Berliner Architekturwelt 1919, 263 f.
25 Sowohl das damals erwähnte Modell von Hinkeldeyn als auch die Pläne von Paul Wittig sind nicht mehr bekannt; vgl. Möhring, Vorzüge, 375; Turmhäuser, nicht Wolkenkratzer, in: Berliner Morgenpost 29, 4. 2. 1922.
26 Möhring, Vorzüge, 353.
27 Ähnlich wie Martin Wagner war auch Bruno Möhring der Auffassung, daß die Ansicht von Süden aus städtebaulich bedeutender sei als die von der Weidendammer Brücke; er lehnte daher eine Platzgestaltung vor der Brücke ab; vgl. Möhring, Vorzüge, 376.
28 Vgl. Möhring, Vorzüge, 376.
29 Vgl. Möhring, Vorzüge, 376.

Abbildungen linke Seite:
2.12. Bruno Möhring, Hochhausstudie am Bahnhof Friedrichstraße, 1921?, Schaubild von Südosten
2.13. Bruno Möhring, Hochhausstudie am Bahnhof Freidrichstraße, 1920, Schaubild von Südosten

rechts:
2.14. Bruno Möhring, Hochhausstudie am Bahnhof Friedrichstraße 1920, Schaubild von Nordwesten
unten:
2.15. Bruno Möhring, Hochhausstudie am Bahnhof Friedrichstraße 1921, Schaubild von Südosten

3 Auslober
Die Turmhaus AG

Nachdem im Januar 1921 durch Erlaß des Preußischen Ministers für Volkswohlfahrt eine ausnahmsweise Zulassung einzelner Hochhäuser in Berlin möglich geworden war, hatte sich hier eine ‚Gemeinschaft zur Errichtung von Turmhäusern zu Groß-Berlin' gebildet, die auf erste Überlegungen Prof. Bruno Möhrings zum Bau eines Hochhauses am Bahnhof Friedrichstraße zurückging. Sie setzte sich intensiv mit der neuen Bauaufgabe an dieser Stelle auseinander, plante verschiedene Projekte durch und veranschlagte sie; auch bemühte sich die Organisation um den Erwerb des am Bahnhof gelegenen Grundstücks für eine tatsächliche Bebauung.[1]"Die architektonische Bearbeitung der Bauprojekte . . . (sollte) durch die Herren Prof. Bruno Möhring, Regierungsbaumeister Kraffert und Architekt Otto Kohtz"[2] geschehen.

In diesen Zusammenhang gehört vermutlich der Entwurf zu einem ca. 26geschossigen Hochhaus auf dem Grundstück nördlich des Bahnhofes von Otto Kohtz vom Mai 1922, der bereits alle wesentlichen Elemente seines beim Ideenwettbewerb später mit einem 4. Preis ausgezeichneten Entwurfes (Kat. Nr. 24) enthält.

Von vornherein war die Gründung einer rechtsfähigen Gesellschaft für das Projekt vorgesehen, und schließlich rief man im Herbst 1921 die ‚Turmhaus-Aktien-Gesellschaft (= Tag)' ins Leben, die am 22. November 1921 in das Handelsregister eingetragen wurde – drei Wochen, nachdem sie den Ideenwettbewerb für ein Hochhaus am Bahnhof ausgeschrieben hatte.[3]

Ihre Aufgabe definierte die ‚Tag' zunächst recht allgemein: „Gegenstand des Unternehmens ist der Erwerb des Eigentums oder einer Nutzungsberechtigung an Grundstücken in- und außerhalb Berlins, die Bebauung dieser Grundstücke, insbesondere mit Hoch- und Turmhausbauten, die anderweitige Verwertung der Grundstücke, der bebauten sowohl als der unbebauten, und die Vornahme aller zur Erreichung oder zur Förderung dieses Zweckes geeigneten Geschäfte."[4]

Doch ihr Gründungszusammenhang, die Ausschreibung des Wettbewerbs und die Tatsache, daß das Friedrichstraßengrundstück sofort gekauft bzw. durch Optionsvertrag gesichert wurde, lassen ihre Prioritätensetzung erkennen. Das Grundkapital der Gesellschaft betrug 1921 1,5 Mio. Mark und lag damit durchaus über dem Durchschnitt der damals stark zunehmenden AG-Gründungen.[5] Aktionäre waren zunächst ihre fünf Gründer, darunter Regierungsbaumeister Hans Kraffert als stellvertretender Vorsitzender der ‚Gemeinschaft . . .' und Otto Regendanz als Prokurist der Bank Hagen & Co[6] - durch ihn hielt die Bank die Hälfte der Aktienanteile an der Firma und war damit der Hauptaktionär.

Hagen & Co war die Berliner Repräsentanz des jüdischen Bankmagnaten Louis Hagen in Köln, Teilhaber der großen Privatbanken A. Levy und Sal. Oppenheim jun. & Cie.[7] Der Gesellschafter der Berliner ‚Filiale', Louis Hagen jun. (kein Sohn von Louis Hagen!), war über Jahre hinweg stellvertretender Aufsichtsratsvorsitzender der ‚Tag'; er wechselte sich mit Otto Regendanz als Aktionär ab und war so zugleich Teilhaber der Gesellschaft und Verwalter ihres Vermögens. Das Interesse aus dem Kreis des Großkapitals an der ‚Tag' macht deutlich, welche finanziellen Gewinne ein Hochhausprojekt in Berlin abzuwerfen versprach. Gleichzeitig zeigt es die Verbindungen auf, mittels derer die ‚Tag' ihr Vorhaben durchzuführen hoffte. Schon die ‚Gemeinschaft . . .' war um einflußreiche Kontakte bemüht gewesen und hatte u.a. in enger Verbindung zum Hugo Stinnes Konzern gestanden.[8]

Der zweitgrößte Aktionär der Gesellschaft, der im Aufsichtsrat vertretene Berliner Bauunternehmer Heinrich Mendelssohn, war zugleich ihr Wegbereiter und ‚ideologischer Mittelpunkt', die treibende Kraft des Projektes vor allem in der Zeit nach dem Wettbewerb. Mendelssohn gehörte zu den Verfechtern des Hochhausbaus; er wollte der „wichtigen Erkenntnis, daß für gewisse Zwecke der Weltstadt die Senkrechte, also das Hochhaus, ein Lebensbedürfnis"[9] ist, in der werdenden Metropole zur konkreten Umsetzung verhelfen. Schon vor 1914 hatte er als bereits selbständiger Unternehmer an der Erschließung mehrerer Stadtviertel in Berlin mitgewirkt. Ende der zwanziger Jahre wurde Mendelssohn dann durch die Errichtung von Großbauten und Geschäftshäusern bekannt (u.a. Haus am Tiergarten, Europa- und Amerikahaus).[10] Seine Firma zählte schon früh zu den führenden Unternehmen der Berliner Baubranche.

Der Bauunternehmer war außer an der ‚Tag' auch an anderen Baugesellschaften beteiligt; so war Mendelssohn Initiator und

1 Vgl. BA Koblenz, Akten des Reichsfinanzministeriums betreffend Kaiser-Wilhelm-Akademie, R 2/ 6228 und Vorgeschichte, in: Stbk SH 2, 1922, 7 (Dok. II).
2 Brief an das Landesfinanzamt vom Februar 1921, BA Koblenz, R 2/ 6228.
3 Vgl. Robert Thieme (Hg.), Handbuch der Deutschen Aktien-Gesellschaften, Berlin/Leipzig, Ausgabe 1923/24, Bd. Ia, 605.
4 Satzung der ‚Tag' vom Oktober 1921, AG Chlbg., HRB 52 169/ +39, 4.
5 Vgl. Gründungsakte und Gesellschaftsvertrag, AG Chlbg., HRB 52 169/ + 39. Zur Situation Berlins und den Gesellschaftsgründungen vgl. BW 4, 1922, 60 und Hagen Schulze, Am Beispiel von Weimar: Das Verhältnis von Staat und Wirtschft, in: Industrie- und Handelskammer Berlin (Hg.), Berlin und seine Wirtschaft, Berlin 1987, 177-195.
6 Die Gründer der ‚Tag' waren Generaldirektor Heinrich Brückmann, Regierungsbaumeister Hans Kraffert, Kaufmann Otto Regendanz, Direktor Gustav Remé und Prokuristin Marie Zimmermann. Ihr Vorstand 1921 war der Architekt Carl Oettinger. Erste Aufsichtsratsmitglieder: Geh. Rat Prof. Joseph Brix, Rechtsanwalt Dr. Alfred Etscheit, Bankier Louis Hagen jun., Direktor Dr. Walther de Laporte und Bauunternehmer Heinrich Mendelssohn. Vgl. Thieme, Handbuch Aktien-Gesellschaften, Ausgabe 1921/22, Bd. II, 113.
7 Vgl. Georg Tischert, Männer und Werke, Berlin 1912, 19 und Wilhelm Treue, Louis Hagen, in: Hist. Kommission b. d. Bay. Akademie d. Wissenschaften (Hg.), Neue deutsche Biographie, Bd. 2, Berlin 1955, 479/480. Außerdem Julius Mossner (Hg.), Adreßbuch der Direktoren und Aufsichtsräte, Bd. 1, Berlin 1932, 625.
8 Vgl. Briefe der ‚Gemeinschaft . . .' an die Behörden, BA Koblenz, R 2/ 6228.
9 Aus einem Essay Mendelssohns über ‚Hochhäuser in Berlin', den er 1928 an den Berliner Oberbürgermeister Böß schickte. In: Akte der städt. Baupolizei zu Berlin betreff. Wolkenkratzer, Sta Berlin (DDR), Nr. 16596, 247-253.
10 Vgl. Ernst Lowenthal, Juden in Preußen, Berlin 2. Aufl. 1982, 156; BW 35, 1959, 1045; Dt. Wirtschaftsverlag (Hg.), Reichshandbuch der - Deutschen Gesellschaft, Bd. 2, Berlin 1931, 1227.

Abbildung linke Seite: 3.1. Otto Kohtz, Entwurf für ein Hochhaus am Bahnhof Friedrichstraße, Mai 1921, Schaubild von den Bahnhofsbögen.

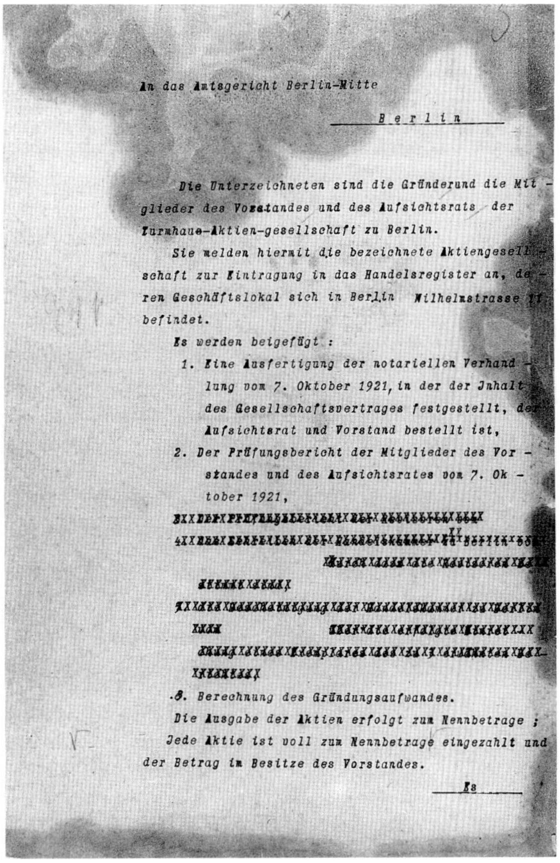

An das Amtsgericht Berlin-Mitte

Berlin

Die Unterzeichneten sind die Gründerund die Mitglieder des Vorstandes und des Aufsichtsrats der Turmhaus-Aktien-gesellschaft zu Berlin.

Sie melden hiermit die bezeichnete Aktiengesellschaft zur Eintragung in das Handelsregister an, deren Geschäftslokal sich in Berlin Wilhelmstrasse 77 befindet.

Es werden beigefügt :

1. Eine Ausfertigung der notariellen Verhandlung vom 7. Oktober 1921, in der der Inhalt des Gesellschaftsvertrages festgestellt, der Aufsichtsrat und Vorstand bestellt ist,
2. Der Prüfungsbericht der Mitglieder des Vorstandes und des Aufsichtsrates vom 7. Oktober 1921,

3. Berechnung des Gründungsaufwandes.

Die Ausgabe der Aktien erfolgt zum Nennbetrage ; Jede Aktie ist voll zum Nennbetrage eingezahlt und der Betrag im Besitze des Vorstandes.

Es

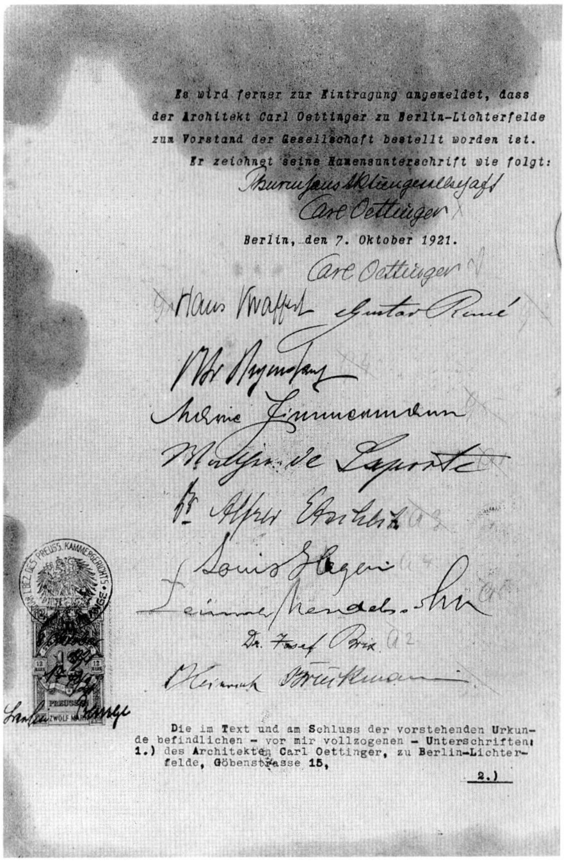

Es wird ferner zur Eintragung angemeldet, dass der Architekt Carl Oettinger zu Berlin-Lichterfelde zum Vorstand der Gesellschaft bestellt worden ist.

Er zeichnet seine Namensunterschrift wie folgt:

Berlin, den 7. Oktober 1921.

Die im Text und am Schluss der vorstehenden Urkunde befindlichen - vor mir vollzogenen - Unterschriften:

1.) des Architekten Carl Oettinger, zu Berlin-Lichterfelde, Göbenstrasse 15,

2.)

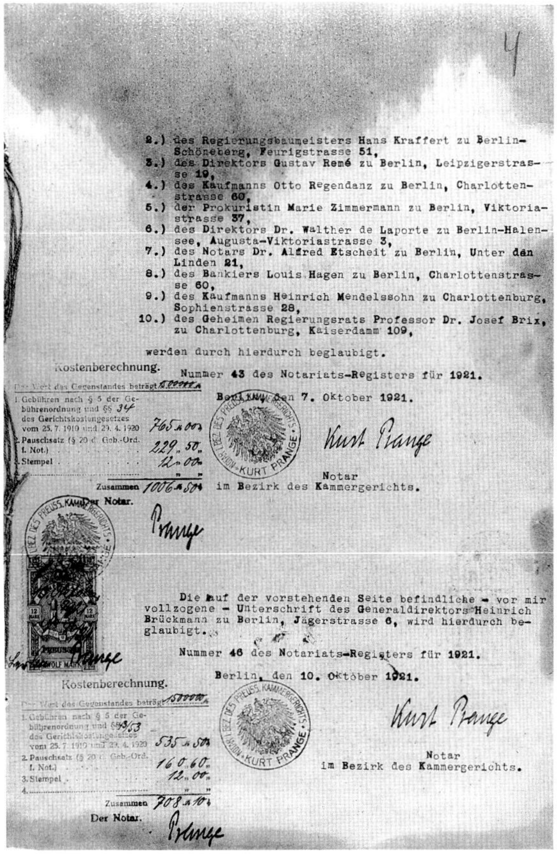

2.) des Regierungsbaumeisters Hans Kraffert zu Berlin-Schöneberg, Feurigstrasse 51,
3.) des Direktors Gustav Remé zu Berlin, Leipzigerstrasse 19,
4.) des Kaufmanns Otto Regendanz zu Berlin, Charlottenstrasse 60,
5.) der Prokuristin Marie Zimmermann zu Berlin, Viktoriastrasse 37,
6.) des Direktors Dr. Walther de Laporte zu Berlin-Halensee, Augusta-Viktoriastrasse 3,
7.) des Notars Dr. Alfred Etscheit zu Berlin, Unter den Linden 21,
8.) des Bankiers Louis Hagen zu Berlin, Charlottenstrasse 60,
9.) des Kaufmanns Heinrich Mendelssohn zu Charlottenburg, Sophienstrasse 28,
10.) des Geheimen Regierungsrats Professor Dr. Josef Brix, zu Charlottenburg, Kaiserdamm 109,

werden durch hierdurch beglaubigt.

Nummer 43 des Notariats-Registers für 1921.

Berlin, den 7. Oktober 1921.

Kurt Prange

Notar im Bezirk des Kammergerichts.

Kostenberechnung.

1. Gebühren nach § 5 der Gebührenordnung und §§ 34 des Gerichtskostengesetzes vom 25. 7. 1910 und 29. 4. 1920	765,00
2. Pauschsatz (§ 20 d. Geb.-Ord. f. Not.)	229,50
3. Stempel	12,00
Zusammen	1006,50

Der Notar.

Prange

Die auf der vorstehenden Seite befindliche - vor mir vollzogene - Unterschrift des Generaldirektors Heinrich Brückmann zu Berlin, Jägerstrasse 6, wird hierdurch beglaubigt.

Nummer 46 des Notariats-Registers für 1921.

Berlin, den 10. Oktober 1921.

Kurt Prange

Notar im Bezirk des Kammergerichts.

Kostenberechnung.

Der Wert des Gegenstandes beträgt 150000

1. Gebühren nach § 5 der Gebührenordnung und §§ 43/53 des Gerichtskostengesetzes vom 25. 7. 1910 und 29. 4. 1920	535,50
2. Pauschsatz (§ 20 d. Geb.-Ord. f. Not.)	160,60
3. Stempel	12,00
4.	
Zusammen	708,10

Der Notar.

Prange

Gründungsantrag der Turmhaus-Aktien-Gesellschaft zu Berlin

Vorstandsmitglied der ‚Widag', der ‚Wiederaufbau-Aktiengesellschaft für Errichtung von Hochbauten'. Diese Firma war nur wenige Monate vor der ‚Tag' gegründet worden und besaß im Vergleich zu diesem ‚Großunternehmen' ein Grundkapital von nur 300 000 Mark – immerhin wurde sie durch Mendelssohn damit zu einer Großaktionärin der ‚Tag'.

Die ‚Widag' war zur Zeit des Ideenwettbewerbs schon rege im Baugeschäft tätig und hatte mehrere Projekte im Tiergartenviertel in der Planung.[11] Aufschlußreich für die Verbindung beider Gesellschaften bereits in ihren Anfangsphasen ist es, daß parallel zur Ausstellung der Friedrichstraßen-Wettbewerbsentwürfe in denselben Räumen im Roten Rathaus eine kleine Ausstellung von Arbeiten zu einem Wettbewerb gezeigt wurde, den die ‚Widag' ausgeschrieben hatte.[12] Organisation und Geschäftsentwicklung beider Gesellschaften waren in den Folgejahren nicht nur miteinander, sondern auch mit dem Lebensweg des jüdischen Bauunternehmers Heinrich Mendelssohn eng verbunden.

Die ‚Tag' versammelte in ihrem Aufsichtsrat neben finanzkräftigen und kaufmännisch versierten auch für sozial-städtebauliche Seiten von Bau- und Wohnungsfragen kompetente Befürworter ihres Projektes. Der Aufsichtsratsvorsitzende Dr. Walther de Laporte beispielsweise war bereits Gründer und Vorsitzender der ‚Gemeinschaft . . .' gewesen. Als Direktor des Berliner Hauptwohnungsamtes und in vielen anderen Funktionen war er mit der Wohnungsnot im Nachkriegs-Berlin konfrontiert worden und hatte sich intensiv mit diesem Problem beschäftigt.[13] Die Argumentation, der Bau eines Geschäftshochhauses würde bisher blockierte Räume wieder als Wohnungen verfügbar machen, wie sie von Hochhausbefürwortern und so auch von der ‚Gemeinschaft . . .' vorgebracht wurde, mußte seine Zustimmung finden.

Auch Geh. Rat Prof. Joseph Brix war ein prominentes ‚Tag'-Mitglied. Er war nach seiner Gründung des Seminars für Städtebau an der Technischen Hochschule Charlottenburg und mit seinem preisgekrönten Generalbebauungsplan für Groß-Berlin nach 1910 zum „Wegweiser des neuzeitlichen Städtebaus"[14] geworden, der sozialwirtschaftliche und hygienische Aspekte in die Städteplanung einbrachte. Beim Wettbewerb der ‚Tag' hatte er den Vorsitz der Jury inne.

Neben den genannten Personen waren in den folgenden Jahren außer einzelnen Unternehmern hauptsächlich Rechtsanwälte dem Aufsichtsrat der ‚Tag' angehörig. Sie waren als prominente Berliner Justitiare entweder selbst Aktionäre oder aber als Rechtsbeistände in der großen Unternehmung ‚Hochhaus' eingesetzt. Den Vorstand und damit die Geschäftsführung der Gesellschaft hatte in den ersten Jahren der Architekt Carl Oettinger inne.

Nach der Durchführung des Wettbewerbs konzentrierte sich die ‚Tag' vor allem auf den endgültigen Erwerb des zu bebauenden Grundstücks, das schließlich Ausgangspunkt und Ziel der Unternehmung war.

Es lag zwischen Reichstagsufer, Friedrichstraße und der Straße vor dem Bahnhof ‚im Herzen Berlins' und setzte sich aus mehreren Teilgrundstücken zusammen. Das größere Areal aus dem Besitz des Reichsmilitärfiskus konnte sich die ‚Tag' bereits kurz nach ihrer Gründung im Herbst 1921 durch das Landesfinanzamt Groß-Berlin anstellen lassen; ein Jahr später wurde es für 14,5 % Mio. Mark an die Gesellschaft verkauft, wobei 11 Mio. Mark als Restkaufgeldhypothek eingetragen wurden.[15]

Ein zweites, kleineres Gebiet teilte sich in eine ‚Baumaske' am Reichstagsufer und ein Privatgrundstück, das bereits 1912 für die Nord-Süd-Bahn enteignet und der Stadt zugesprochen worden war. Diese Grundstücke wurden von der Stadt nach dem Wettbewerb im März 1922 der ‚Tag' angestellt, doch nicht tatsächlich verkauft. Die Auflassung erfolgte erst nach einer Klage der Gesellschaft und einem gerichtlichen Vergleich im April 1923 für 2 Mio. Mark.[16] Zum einen war eine Baufluchtlinienänderung am Reichstagsufer an dieser Verzögerung schuld, zum anderen aber auch die Politik der zuständigen Stadtbehörden, die das Projekt auch weiterhin behinderten.

Immerhin erwarb die ‚Tag' die Stadtgrundstücke in der ‚Spitzenzeit' der Geldentwertung und löste auch die Restkaufgeldhypothek vor der Währungsreform ab, so daß sie als Inflationsgewinnler gesehen werden muß.[17]

1923 wurde der Name der Firma in ‚Turmhaus-Aktien-Gesellschaft am Bahnhof Friedrichstraße' geändert und ausdrücklich zur Aufgabenstellung der Gesellschaft hinzugefügt: „Vorerst ist in Aussicht genommen, auf dem Grundstück der ehemaligen Pepinière in Berlin, Friedrichstraße, ein Hochhaus mit Büroräumen und Hallen zu erreichten."[18]

Nach der inflationären Aufstockung des Kapitals auf zehn und schließlich auf zwanzig Millionen Mark wurde nach der Währungsreform 1924 das Grundkapital der Firma auf 1 Mio. Reichsmark festgesetzt. Aktionäre blieben in den folgenden Jahren vorzugsweise dieselben Personen bzw. Firmen wie 1921/22; Louis Hagen jun. und Heinrich Mendelssohn waren nach wie vor Großteilhaber.

Die ‚Tag' bemühte sich aber vergeblich, ihr Ziel, ein Hochhaus auf dem Grundstück am Bahnhof, zu erreichen und entwickelte

11 Projekt Viktoriastraße am Potsdamer Platz vgl. Berliner Lokal-Anzeiger, 5. 2. 1922; Projekte Mathäikirchstraße und Kemperplatz vgl. Die Wahrheit, 16. 3. 1922. Zur Gesellschaft selbst vgl. AG Chlbg., 93 HRB 7000 Nz/ +65 und Thieme, Handbuch Aktien-Gesellschaften, Ausgabe 1921/22, Bd. 1, 456.

12 Vgl. BT, 5. 2 1922 und Berliner Lokal-Anzeiger, 5. 2. 1922.

13 Vgl. Vorgeschichte, 7 und Brief über ‚Gemeinschaft . . .' vom 18. 3. 1921, BA Koblenz, R 2/ 6228. Laporte war Vorsitzender der Vereinigung dt. Wohnungsämter, Fachbeirat beim Städtetag und bei Wohlfahrtsämtern, Dozent an verschiedenen Siedlungs- und Landesplanungsinstitutionen und Begründer der dt. evang. Heimstättengesellschaft. Er hatte u. a. die Bücher ‚Wohnungsnot und Sittlichkeit' sowie ‚Der Kampf des Siedlers um das Eigenheim' geschrieben. Vgl. Herrmann Degener (Hg.), Wer ist's? 8. Aufl., Leipzig 1922, 900 und Wirtschaftsverlag, Reichshandbuch, Bd. 1, Berlin 1930, 1078.

14 Wilhelm Schwenke, Joseph Brix, in: Hist. Kommission, Neue deutsche Biographie, Bd. 2, Berlin 1955, 618/619. Vgl. auch Wirtschaftsverlag, Reichshandbuch, Bd. 1, 219.

15 Vgl. Vorverhandlungen und Kaufvertrag sowie dessen Abänderung, BA Koblenz, R 2/ 6228 und 6229.

16 Vgl. Kaufvertragshinweis in den ‚Tag'-Akten, Anlage zum Protokoll vom 9. 12. 1924, AG Chlbg., HRB 52 169/ +39. Dort auch Geschäftsbericht für 1922 und 1923. Vgl. außerdem Gemeindeblatt der Stadt Berlin 12, 1922, 147/148.

17 Der Verkaufswert lag doch erheblich über den finanziellen Möglichkeiten der ‚Tag' und scheint durch die Inflation und über Kredite finanziert worden zu sein. Vgl. Bilanzen in den ‚Tag'-Akten, AG Chlbg., HRB 52 169/ +39 und Kaufvertragsänderung sowie Hypothekenablösung, BA Koblenz, R 2/ 6229.

18 Thieme, Handbuch Aktien-Gesellschaften, Ausgabe 1923/24, Bd. Ia, 605. Zur Namensänderung vgl. Generalversammlungsprotokoll vom 1. 3. 1923, AG Chlbg., HRB 52 169/ +39.

3.3 Joseph Brix

3.4 Walter de Laporte, Foto vor 1930

3.5 Heinrich Mendelssohn, Foto vor 1930

sich über fünf Jahre hinweg zu einer bloßen Vermögensverwalterin. Die Schwierigkeiten der bürokratischen Projektgenehmigung und die Auseinandersetzungen mit der Stadt Berlin wuchsen zu unüberwindbaren Hindernissen an, dazu kamen schließlich noch finanzielle Probleme. Bereits 1926 lautete der Gesellschaftszweck lapidar „Verwaltung und Verwertung des Grundstücks"[19], obwohl Heinrich Mendelssohn nach wie vor mit viel Energie um dieses Projekt eines ersten Hochhauses kämpfte.[20] Jedes Jahr schrieb das Unternehmen Verlustbilanzen, nie konnten Dividenden an die Aktionäre ausgezahlt werden. Als 1929 das mühsam erworbene Grundstück wieder verkauft wurde, legte man den einzigen jemals erzielten und eher bescheidenen Gewinn in Effekten an.[21]

1931 schließlich benannte sich die ‚Tag' in ‚Interbau', ‚Internationale Bau- und Finanzierungs-Aktiengesellschaft', um; das Grundkapital wurde auf 400 000 Reichsmark heruntergesetzt, die Satzung geändert.[22]

Sehr viel erfolgreicher als die ‚Tag' konnte die neue Gesellschaft in der Zeit der Weltwirtschaftskrise allerdings nicht werden. Es lohnte sich nicht länger, einen eigenen Geschäftsbetrieb für die Firma zu unterhalten: Die offensichtlich besser florierende ‚Widag' übernahm die bloß noch in Verwaltungsarbeiten bestehenden Geschäfte der ‚Interbau', wie auch schon die ‚Tag' in ihren letzten Jahren in den Büroräumen Heinrich Mendelssohns untergekommen war.

Nach dessen Emigration 1933 nach London stellten beide Gesellschaften ihre Tätigkeiten nach und nach ein. Die ‚Interbau' löste sich unter dem Druck der Industrie- und Handelskammer Berlin nach Generalversammlungsbeschluß von 1936 selbst auf (Löschung 1939), die ‚Widag' wurde ab 1938 zwangsliquidiert.[23]

1921 aber stand die ‚Turmhaus-Aktien-Gesellschaft' vor einem vielversprechenden Anfang: die schnell gegründete und wohlorganisierte Firma sah in diesem Jahr am Bahnhof Friedrichstraße die Möglichkeit, ein Hochhaus sowohl als Beitrag zur Lösung des Wohnungsproblems wie auch als Spekulationsobjekt zum Zweck einer Renditenvergrößerung zu errichten. Zum Zeitpunkt des Wettbewerbs war die ‚Tag' ein ehrgeiziges Unternehmen, das – die Zeichen der Zeit erkennend – darauf zielte, durch ein großes und neuartiges Bauvorhaben bekannt zu werden und zur ‚Citybildung' der Stadt Berlin durch ein erstes Hochhaus beizutragen. KK

19 Thieme, Handbuch Aktien-Gesellschaften, Ausgabe 1926, Bd. IV, 5847.

20 Vgl. seinen Brief an einen Ministerialrat vom Januar 1927, BA Koblenz, R 2/ 6229 und sein Essay über ‚Hochhäuser in Berlin', Sta Berlin (DDR), Nr. 16596, 247-253.

21 Vgl. Jahresbilanzen und Geschäftsberichte von 1921 bis 1931, AG Chlbg., HRB 52 169/ +39.

22 Vgl. Generalversammlungsprotokoll vom 16. 5. 1931, AG Chlbg., HRB 52 169/ +39.

23 Vgl. ‚Tag'-Akten, AG Chlbg., HRB 52 169/ +39 und ‚Widag'-Akten, AG Chlbg., 93 HRB 7000 Nz/ +65.

Das Preisgericht des ‚Ideenwettbewerbs Hochhaus am Bahnhof Friedrichstraße' bestand aus mehreren Personengruppen: Neben dem gesamten Aufsichtsrat und dem Vorstand der ‚Turmhaus-Aktien-Gesellschaft', vier Ersatzleuten und einem für das noch staatseigene Grundstück zuständigen Vertreter des Reichsfinanzministeriums wurden sechs ‚neutrale' Mitglieder eingesetzt, die als die eigentlichen Fachpreisrichter angesehen werden können. Es waren die Architekten Geh. Regierungsrat Prof. German Bestelmeyer, Oberbaurat Prof. Hermann Billing, die Stadtbauräte Hermann Hahn und Geh. Baurat Ludwig Hoffmann, Prof. Heinrich Straumer und Geh. Baurat Paul Wittig.[1] Die Mehrzahl dieser sechs Jury-Architekten hatte sich bereits in irgendeiner Form mit der neuen Bauaufgabe Hochhaus auseinandergesetzt und sich so für eine Berufung in das Preisgericht empfohlen. Paul Wittig zum Beispiel hatte nach einer Amerikareise bereits vor dem Ersten Weltkrieg dafür plädiert, einzelne Hochhäuser in Großstädten zuzulassen und war für diesen Vorschlag in die Preußische Akademie des Bauwesens aufgenommen worden. Er hatte sich mit der Umgebung des Bahnhofs Friedrichstraße als einem konkreten Ort für ein Hochhaus beschäftigt und für die Akademie eine „Studie über die ausnahmsweise Zulassung einzelner Turmhäuser in Berlin" angefertigt, die als Ausgangspunkt zur „Beratung über die künftige Gestaltung der Umgebung des Bahnhofs" dienen sollte.[2] Wittig stand in enger Verbindung zur Ausloberin des Wettbewerbs und war einer der Mitiniatoren des Projektes[3]; zudem könnte er als Vorsitzender des Direktoriums der Hochbahngesellschaft in der Jury zugleich für die Beurteilung der Bezugnahme der Hochhausentwürfe auf die hier in einem Verkehrsknotenpunkt zusammenlaufenden Bahnen gewesen sein.

Heinrich Straumer, Vorsitzender des Bezirks Brandenburg des BDA, zählte zu den ausgesprochenen Hochhausverfechtern. Vor 1914 hatte der Chemnitzer Architekt vorzugsweise Villen in Berlin und seinen Vororten errichtet; Mitte der 20er Jahre wurde er durch Großprojekte wie das Haus der Funkindustrie und besonders den Funkturm überregional bekannt. Er baute zusammen mt Heinrich Mendelssohn an Geschäftshäusern und Großbauten, und wie dieser plädierte er für die Errichtung erster Wolkenkratzer „in naher Zukunft", denn dann werde sich „der Bau von Hochhäusern genau so folgerichtig durchsetzen, wie die längst Tatsache gewordene Citybildung in den Großstädten."[4]

Die Verbindung zur Ausloberin kam dem Architekten zugute: Nach dem Wettbewerb wurde er mit Abänderungen des endgültigen Bauprojektes beauftragt.[5] Am zweiten Wettbewerb zu dem Dreiecksgrundstück, den die BVG 1929 ausschrieb, war Straumer als einer der fünf eingeladenen Architekten schließlich zur eigenen Ideenfindung für ein Hochhaus auf diesem Areal aufgerufen (vgl. Kat. Nr. 47).

Wie Straumer war auch German Bestelmeyer zur Zeit des Wettbewerbs ein bereits renommierter Architekt, und wie dieser hatte er als zweiter Vorsitzender des BDA eine einflußreiche Position innerhalb der organisierten Architektenschaft inne. Der Münchener war 1915 an die Preußische Akademie der Künste in Berlin berufen worden, dazu 1919 an die Technische Hochschule. Bis zum Herbst 1922 lehrte Bestelmeyer hier, ehe er in seine Heimatstadt zurückkehrte. Seine Berliner Jahre stellten den Höhepunkt seines Einflusses und Schaffens dar, und es scheint naheliegend, daß er die Einladung als Jurymitglied seiner Wettbewerbserfahrenheit als teilnehmender wie auch als beurteilender Architekt zu verdanken hatte.[6]

Zudem hatte sich Bestelmeyer selbst an der neuen Bauaufgabe des ‚Turmhauses' versucht: 1920 entwarf er für den staatlichen Neubau der Reichsschuldenverwaltung in Berlin einen zehnstöckigen Rundbau (vgl. Kat. Nr. 56), der zwar die begeisterte Zustimmung seiner Kollegen, nicht aber der zuständigen Behörden fand und schließlich nicht ausgeführt wurde.[7] Im gleichen Jahr hatte er zusammen mit Ludwig Hoffmann als Preisrichter beim Danziger Wettbewerb für ein Turmhaus teilgenommen.

Ludwig Hoffmann als Preisrichter zu ihrem Ideenwettbewerb hinzuzuziehen, kann als Taktik der Ausloberin verstanden werden. Der Architekt war seit 1896 Stadtbaurat für Hochbau in Berlin und war hier vor 1918 für Entwurf und Ausführung der Mehrzahl der städtischen Gebäude zuständig; er hatte das ‚kommunale Berlin' geschaffen. Im Laufe seiner 28jährigen Amtszeit war dabei seine Position sehr unterschiedlich interpre-

1 Dazu kamen als Ersatzleute die Architekten Jürgen Bachmann, Albert Geßner und Henry Groß sowie der Justizrat Albert Piner. Die Ausloberin wurde durch Carl Oettinger als Vorstand sowie die Aufsichtsratsmitglieder Geh. Rat Prof. Joseph Brix, Rechtsanwalt Dr. Alfred Etscheid, Bankier Louis Hagen jun., Direktor Dr. Walther de Laporte und Bauunternehmer Heinrich Mendelssohn vertreten. Weiteres Mitglied der Jury war Geh. Rat Carl Reichle als Vertreter des Reichsfinanzministeriums. Vgl. die Wettbewerbsausschreibung in: Stbk 16, 1921 und AdK Berlin, Slg. Baukunst, Nachlaß Hans Scharoun.

2 Paul Wittig, Studie über die ausnahmsweise Zulassung einzelner Turmhäuser in Berlin, Berlin 1918. Vgl. Dt. Wirtschaftsverlag (Hg.), Reichshandbuch der Deutschen Gesellschaft, Bd. 2, Berlin 1931, 2053/2054 und Personalbogen der Akademie des Bauwesens, Geh. Staatsarchiv Berlin, Abt. I, Rep. 210, Bd. 3, 142-146.
Die Akademie des Bauwesens als staatliche Vertreterin des gesamten Baufaches hatte sich bereits vor der Gründung der ‚Turmhaus-Aktien-Gesellschaft' mit einer eventuellen Bebauung am Bhf. Friedrichstraße auseinandergesetzt. In einem Gutachten vom Januar 1921 hatte man sich positiv zu einem Hochhaus an dieser Stelle geäußert; auch erfolgte im Februar eine grundsätzliche Zustimmung zur Errichtung von Hochhäusern; vgl. ZdB 77, 1921 und DBZ, 1921, 363/364. Beides geschah in Auseinandersetzung mit dem Erlaß des Preußischen Ministeriums für Volkswohlfahrt vom Januar des gleichen Jahres, das die Zulassung von Hochhäusern in Einzelfällen für möglich erklärte. Im Herbst 1921 legte die Akademie ein Gutachten mit zwei konkreten Vorschlägen zur Bebauung der Bahnhofsumgebung vor; vgl. Adolf Behne, Berlin: Friedrichstadt, in: SM 1921, 1079. Da zum Zeitpunkt des Wettbewerbs neben Paul Wittig auch noch die Preisrichter Bestelmeyer, Hoffmann und der Ersatzmann Geßner Mitglieder der Akademie waren, Billing wenig später dazu stieß, läßt sich hier schon von einer ‚Befürworterriege' des Projektes der Ausloberin schließen, die wohl auch bei der Besetzung der Jury keine unwichtige Rolle gespielt haben dürfte. Auch Möhring als eine der Schlüsselfiguren dieses Hochhausprojektes war Mitglied der Akademie. Zu den Mitgliedschaften im Jahr 1922 vgl. Handbuch über den Preußischen Staat, Berlin 1922, 46/47.

3 Vgl. Korrespondenz der ‚Gemeinschaft zur Errichtung von Turmhäusern zu Groß-Berlin' mit den Reichsbehörden und die erste, nicht realisierte Aufsichtsrat-Besetzung, BA Koblenz, Akten des Reichsfinanzministeriums betreffend Kaiser-Wilhelm-Akademie, R 2/6228.

4 Heinrich Straumer in: Für und Wider das Hochhaus, in: BRS 15, 1922, 32. Zu Straumer vgl. Wirtschaftsverlag, Reichshandbuch, Bd. 2, 1867.

5 Vgl. Geschäftsbericht der ‚Tag' für 1924, AG Chlbg. HRB 52 169/ +39.

6 Vgl. Heinz Thiersch, German Bestelmeyer. Sein Leben und Wirken für die Baukunst, München 1961, 12; auch Otto Schubert, German Bestelmeyer, in: Hist. Komission b. d. Bay. Akademie d. Wissenschaften (Hg.), Neue deutsche Biographie, Bd. 2, Berlin 1955, 181.

7 Vgl. Bruno Möhring, Wer entscheidet über deutsche Baukunst, in: Stbk 1920, 193-198.

8 Vgl. Werner Hegemann, Berliner Neubauten und Ludwig Hoffmann, in: WMB 1927, 185-197.

Die Architekten der Jury
links oben: 4.1 Paul Wittig
oben links: 4.2 Heinrich Straumer
rechts oben: 4.3 German Bestelmeyer
links außen: 4.4 Ludwig Hoffmann
links mitte: 4.5 Hermann Billing, Foto von 1911

9 Ludwig Hoffmann, Lebenserinnerungen eines Architekten, Berlin 1983 (Nachdruck), 267.

10 Vgl. Hoffmann, Lebenserinnerungen, passim. Auch in einer ersten Auflistung von Hoffmanns Jurorentätigkeiten ist der Friedrichstraßenwettbewerb nicht enthalten – vgl. Sabine Preuß/Wolfgang Schäche, Dokumentation zu Ludwig Hoffmanns Leben und Werk, in: Hans Reichardt/Wolfgang Schäche, Ludwig Hoffmann in Berlin. Die Wiederentdeckung eines Architekten, Berlin 1987, 93-113.

11 Vgl. DBZ 1924, 136 und 270.

12 Zitate und Näheres zu Billing W. Schirmer/J. Göricke, Architekten der Fridericiana. Skizzen und Entwürfe seit Friedrich Weinbrenner, Karlsruhe 1975, 87/88.

13 Adolf Behne, Der Wettbewerb der Turmhaus-Gesellschaft, in: WMB 1922/23, 58; noch einmal in: Hochhauspläne, in: SM 1922, 759.

14 Vgl. Joseph Brix, Der Ideenwettbewerb für die Bebauung des Geländes am Bahnhof Friedrichstraße in Berlin mit einem Hochhaus, in: ZdB 1922, 69-71 und 1922, 81-84. Zum Auswahlverfahren bes. 71.

tiert und er sowohl als allmächtiger Stadtbaurat wie auch als lediglich ausführender Behördenarchitekt gesehen worden.[8] Tatsächlich aber war Hoffmann zur Zeit des Friedrichstraßenwettbewerbs noch immer einer der einflußreichsten Männer der Berliner Architekturlandschaft und die ‚Turmhaus-Aktien-Gesellschaft' tat gut daran, diesen Stadtbaurat, dem ihr Projekt früher oder später über den Tisch laufen würde, schon jetzt zu einer generellen Zustimmung für ein Hochhaus in der Stadtmitte zu bewegen.

Für den vielbeschäftigten Hoffmann selbst blieb das erste Hochhausprojekt Berlins unbedeutend: Der meistgefragte Juror der Zeit – „mit den Jahren war ich in 76 verschiedenen Städten des In- und Auslandes bei 180 Wettbewerben als Preisrichter tätig gewesen. (. . . .) So hatte ich (. . .) etwa 18 000 Projekte auf etwa 180 000 Blatt Zeichnungen beurteilt"[9] – erinnerte sich in seinen Memoiren zwar an in etwa zeit- und dimensionsgleiche Wettbewerbe wie den in Danzig für ein Turmhaus oder den in Dresden für das Hygienemuseum, nicht aber an die Ausschreibung der ‚Tag', obwohl er bei allen dreien die Ergebnisse mitbestimmt hatte.[10]

Dabei war er gerade mit dem Projekt des Friedrichstraßenhochhauses in der Zeit nach dem Wettbewerb, als es um die behördliche Genehmigung des zur Ausführung bestimmten Entwurfes ging, noch genügend beschäftigt. Als Mitglied des Kunst- bzw. Sachverständigenbeirates der Stadt Berlin hatte Hoffmann mit der Prüfung des Projektes zu tun und so wieder die Möglichkeit, korrigierend in einen Großbau der Stadt einzugreifen.[11]

Aus welchem Grund Hermann Billing als einziger auswärtiger Preisrichter geladen wurde, ist nicht ersichtlich. Er hatte sich weder mit dem neuen Bautyp beschäftigt, noch in nachweisbaren Verbindungen zur Ausloberin gestanden. Allerdings zählte auch er zu den angesehenen Architekten der Zeit und hatte als solcher beim großen Wettbewerb für das Hygienemuseum in Dresden als Preisrichter mitgewirkt. Der Karlsruher Professor hatte sich einen Ruf als Kunstgewerbler und Raumkünstler erworben; außerdem wurde ihm die „Meisterschaft" nachgesagt, „aus unübersichtlichen Grundstücksanordnungen klare Gebäudegruppen wachsen zu lassen", sowie ein „besonderes Gefühl für Ecklösungen" in der Architektur zu besitzen.[12]

Titel und Alter der Preisrichter – keiner war zur Zeit des Wettbewerbs jünger als 45, aber viele älter als 60 Jahre – zeigen, daß ihre Auswahl „reichlich akademisch"[13] getroffen worden war. Fast alle Jurymitgliederhatten weit vor 1914 ihre Ausbildung abgeschlossen und als arrivierte Architekten, in Staatsämtern und als Professoren ihre Ansichten und Lehrmeinungen weitergegeben. Sie bestimmten zur Zeit des Friedrichstraßenwettbewerbs diejenige zeitgenössische Richtung des Städtebaus und der Architektur, die sich gegen den neu entstehenden funktionell-schöpferischen Stil zu behaupten suchte. Immerhin hatten sich viele von ihnen mit als erste mit dem neuen Bautypus des Hochhauses auseinandergesetzt, davon waren alle vorsichtige bis enthusiastische Turmhaus-Befürworter.

Auf diese Tatsache kam es der Ausloberin bei der Zusammenstellung ihres Preisgerichts wohl auch am meisten an, sie hatte in erster Linie Interesse an generell ihrem Projekt wohlgesinnten Preisrichtern. Zugleich sollten für das Unternehmen wichtige Entscheidungsträger wie die Stadtbauräte Hermann Hahn und Ludwig Hoffmann oder der Vertreter des Reichsfinanzministeriums Carl Reichle als Jurymitglieder von diesem ‚Pro-Hochhaus-Klima' günstig beeinflußt werden.

Daneben läßt sich die Besetzung der Jury aber auch mit der Absicht erklären, möglichst viele prominente Architekten zu versammeln und so breite Aufmerksamkeit für das Vorhaben zu erregen, und auch mit dem Versuch, ein möglichst breites Spektrum an Beurteilungskompetenzen vom Bauunternehmer über den Städtebauingenieur und Stadtbaurat bis zum Architekten zusammenzubringen und so der neuen Großaufgabe gerecht zu werden. Doch gerade letzteres machte neben den Ausschreibungsbedingungen und dem Zeitdruck, unter dem aus 145 Einsendungen neun Preisträger zu ermitteln waren, eine klare Entscheidung des Preisgerichts schwierig. Die schießlich einstimmige[14] Auswahl der Entwürfe kann demnach durchaus als ‚Kompromißlösung' angesehen werden, als Konsens, auf den man sich innerhalb einer großen Gruppe unter gegenseitigen Zugeständnissen einigen konnte.

Zugleich spiegeln die preisgekrönten Entwürfe und die angekaufte Arbeit deutlich die indifferente Haltung der konservativ-akademischen Architektenschaft zu typologischen und formalen Fragen der neuen Bauaufgabe wider. Insofern wirft die Auswahl der für annehmbar gehaltenen, doch sehr unterschiedlichen Planungen ein Schlaglicht auf die Hochhausdiskussion zu Beginn der 20er Jahre innerhalb einer bestimmten Architektenschaft.

KK

Ideenwettbewerb

zur Erlangung von Entwurfsskizzen für die Bebauung des Geländes am Bahnhof Friedrichstraße in Berlin mit einem Hochhaus unter den Mitgliedern des Bundes Deutscher Architekten in Deutschland.

Gegenstand des Wettbewerbs.

Auf dem Gelände am Bahnhof Friedrichstraße soll ein Hochhaus errichtet werden. Mit Rücksicht auf das vielgeschossige Gebäude wird auf eine klare Grundrißlösung ganz besonderer Wert gelegt.

Der Grundriß muß eine vielfache Ausnutzungsmöglichkeit der Geschosse gestatten. Es sind den Entwürfen daher einzelne Aufteilungsbeispiele beizufügen. Das Erdgeschoß soll ausschließlich für Ladenzwecke, die übrigen Geschosse hauptsächlich zu Bürozwecken und für Ausstellungsräume verwendet werden.

Es wird auch an teilweise Einbeziehung eines Cafés, Kinos, sowie von Lagerräumen, Garagen, Ateliers usw. gedacht.

Für die bessere Aufschließung des Baublocks und eine bessere Ausnutzungsmöglichkeit des Ladengeschosses durch Gewinnung größerer Ladenfronten ist durch eine Passage oder sonstige Innenentwicklung des Gebäudes Sorge zu tragen. Namentlich wird auf die Wichtigkeit der Verbindung des Bahnhofs Friedrichstraße mit der Weidendammer Brücke hingewiesen.

Verkehrstechnisches.

Es kann angenommen werden, daß seitens der Untergrundbahn ein Zugangstunnel zu den Aufzügen des Gebäudes hergestellt wird. Diesem Umstande, sowie der gesamten Abwicklung des Verkehrs in- und außerhalb des Gebäudes ist Rechnung zu tragen. Auf die aus dem Lageplan ersichtliche Lage der Haupteingänge des Bahnhofs Friedrichstraße ist Rücksicht zu nehmen.

Städtebauliches.

Auf die Umgebung des Gebäudes und dessen Einfügung in das Städtebild ist die gebotene Rücksicht zu nehmen.

Technisches.

Die Bemessung der Höhe des Gebäudes bleibt den Bewerbern überlassen. Die Beschaffenheit des Untergrundes würde bei 4 kg/qcm Bodenbelastung eine Höhenentwicklung von 80 m zulassen.

Die notwendige Ausschachtung behufs Erlangung sicheren Baugrundes auf 8 m verlangt die Anlage eines doppelgeschossigen Kellers.

Baupolizeiliches.

Für die Anwendung der baupolizeilichen Forderungen bei einem solchen Bau bestehen noch keine festen Vorschriften. Es kann angenommen werden, daß notwendige baupolizeiliche Dispense erteilt werden.

Übergang der preisgekrönten Entwürfe in das freie Eigentum der TAG.

Betreffs einer Inanspruchnahme der weiteren künstlerischen Bearbeitung durch einen der Preisträger behält sich die Turmhaus Aktiengesellschaft bei diesem Ideenwettbewerb volle Freiheit vor. Die preisgekrönten Entwürfe werden Eigentum der Turmhaus Aktiengesellschaft.

Kennwort und Einreichungs-Termin.

Die Arbeiten sind unter „Kennwort" einzureichen. Die Anschrift des Urhebers muß sich in einem verschlossenen, undurchsichtigen Umschlag befinden, der dasselbe Kennwort, wie die Arbeit, als Aufschrift trägt.

Die Entwürfe sind bis zum Montag, dem 2. Januar 1922, an die TAG, Berlin SW 48, Wilhelmstraße 11, einzureichen.

Als Zeitpunkt der Abgabe gilt der Tag der Einlieferung bei der Post oder Eisenbahn, wobei der Aufgabestempel als maßgebend angesehen wird.

Die Bedingungen und Unterlagen des Wettbewerbs, letztere bestehend in einem Lageplan 1 : 400, 1 Stadtplan 1 : 4000 und zwei Flugbildern, können gegen postfreie Einsendung von M. 20,—, die bei Einsendung eines Entwurfes rückvergütet werden, von der TAG bezogen werden.

Leistungen.

Es werden verlangt:

1. Ein Lageplan 1 : 400,
2. Darstellung der wichtigsten Grundrisse 1 : 200,
3. Die zur Klarlegung des Entwurfes notwendigen Schnitte 1 : 200,
4. 2 Straßenansichten 1 : 200,
5. 2 Schaubilder 1 : 200 (von den Punkten a und b), gemessen in der Bildebene, die durch die Vorderkante des Gebäudes gelegt wird bei 2 m Höhe des Augenpunktes. Alle Darstellungen sind in einfacher Strichzeichnung auszuführen.
6. Ein kurzer Erläuterungsbericht mit einem prüfungsfähigen Raum- und Nutzflächenverzeichnis.

Preisrichter.

Das Preisrichteramt haben übernommen:

1.	Geh. Reg.-Rat German Bestelmeier	Berlin
2.	Oberbaurat Prof. Dr.-Ing. Billing	Karlsruhe
3.	Geheimrat Prof. Dr.-Ing. Brix	Charlottenburg
4.	Rechtsanwalt und Notar Dr. Etscheit	Berlin
5.	Bankier Hagen	Berlin
6.	Stadtbaurat Hahn	Berlin
7.	Geh. Baurat Ludwig Hoffmann	Berlin
8.	Direktor Dr. de Laporte	Berlin
9.	Heinrich Mendelsohn	Berlin
10.	Architekt Carl Oettinger	Berlin
11.	Geh. Rat Reichle	Berlin
12.	Professor H. Straumer	Berlin
13.	Geh. Baurat Wittig	Berlin

Als Ersatzleute treten ein für:

Architekt Jürgen Bachmann	Berlin	1—3
Architekt Albert Geßner	Charlottenburg	6—7, 10—11
Architekt Henry Groß	Charlottenburg	12—13

und für

Justizrat Pinner	Berlin.	4—5, 8—9

An Preisen werden ausgesetzt:

1. Preis:	30 000 M.
2. Preis:	25 000 M.
3. Preis:	15 000 M.
weitere 6 vierte Preise à 5000 =	30 000 M.
zusammen:	100 000 M.

Auf Beschluß des Preisgerichtes kann eine andere Verteilung der Preise vorgenommen werden.

Die Wettbewerbsbedingungen sind von allen Preisrichtern geprüft und genehmigt worden.

Die Entscheidung des Wettbewerbs wird in der „Baugilde", dem Organ des Bundes Deutscher Architekten, der „Deutschen Bauzeitung" und im „Centralblatt der Bauverwaltung" bekanntgemacht. Nach erfolgtem Urteil findet eine öffentliche Ausstellung der Entwürfe statt.

Berlin, den 1. November 1921

Turmhaus Aktiengesellschaft

Der Vorstand:

Carl Oettinger, Architekt BDA.

Preisausschreiben
der Turmhaus-
Actiengesellschaft Berlin

Unter den Mitgliedern des Bundes Deutscher Architekten in Deutschland wird ein **Ideenwettbewerb** ausgeschrieben zur Erlangung von Entwurfsskizzen für die Bebauung des Geländes am Bahnhof Friedrichstraße in Berlin mit einem Hoehhaus. —

Verlangt werden an Zeichnungen:
1. Lageplan 1 : 400
2. Grundriß, Schnitte und Ansichten 1 : 200
3. 2 Schaubilder 1 : 200
4. Erläuterungsbericht.

An Preisen werden ausgesetzt:

1. Preis:	30 000 Mark
2. Preis:	25 000 „
3. Preis:	15 000 „
weitere 6 vierte Preise à 5000 =	30 000 „
	100 000 Mark

Das Preisgericht haben übernommen:

1. Geh. Reg.-Rat German Bestelmeier BDA	Berlin,
2. Oberbaurat Prof. Dr.-Ing. Billing BDA	Karlsruhe,
3. Geheimrat Prof. Dr.-Ing. Brix	Charlottenburg,
4. Rechtsanwalt und Notar Dr. Etscheit	Berlin,
5. Bankier Hagen	Berlin,
6. Stadtbaurat Hahn	Berlin,
7. Geh. Baurat Ludwig Hoffmann	Berlin,
8. Direktor Dr. de Laporte	Berlin,
9. Heinrich Mendelssohn	Berlin,
10. Architekt Carl Oettiger BDA	Berlin,
11. Geh. Reg.-Rat Reichle	Berlin,
12. Professor H. Straumer BDA	Berlin,
13. Geh. Baurat Wittig,	Berlin.

Als Ersatzleute treten ein für:

1—3, 6—7, 12—13	Architekt Jürgen Bachmann BDA	Berlin,
	Architekt Albert Geßner BDA	Charlottenburg,
	Architekt Henry Groß BDA	Charlottenburg,

und für:

4—5, 8—9, 10—11	Justizrat Pinner	Berlin.

Einlieferungstermin 2. Januar 1922 an die Geschäftsstelle der Turmhaus-Actiengesellschaft, Berlin SW. 48, Wilhelmstraße 11, I., von wo die Unterlagen gegen postfreie Einsendung von M. 20,—, die bei Einreichung eines Entwurfes rückvergütet werden, bezogen werden können.

Berlin, den 1. November 1921.

Turmhaus-Actiengesellschaft
Der Vorstand:
Carl Oettinger, Architekt BDA.

5.1. Anzeige für den Ideenwettbewerb Hochhaus am Bahnhof Friedrichstraße, Berlin 1921/1922

Abbildungen linke Seite: 5.2. Ausschreibungstext

In der Mehrzahl der wichtigsten deutschen Architekturzeitschriften erschien Anfang November 1921 – entweder als größere Anzeige oder lediglich als eine Art Pressenotiz – der Hinweis auf das ‚Preisausschreiben der Turmhaus-Actiengesellschaft Berlin'. Benannt waren die wichtigsten Teilnahmebedingungen wie Zulassung, Zusammensetzung der Jury, Einsendetermin und Preisgelder; daneben wurde auf die offiziellen Unterlagen verwiesen, die gegen 20 Mark Gebühr – Rückvergütung bei Einsendung eines Entwurfes – über die Adresse der ‚Tag' zu beziehen waren. Diese Unterlagen bestanden aus dem ausführlichen Ausschreibungstext sowie einem Lageplan im Maßstab 1 : 400 (der nicht überliefert ist), einem Stadtplan im Maßstab 1 : 4000 sowie zwei Flugbildern aus Süd bzw. Südwest.

Wie bei einer großen Zahl anderer Architekturwettbewerbe der 20er Jahre[1] gab es auch bei diesem ‚Ideenwettbewerb' eine ganze Reihe von Kritikpunkten am Programm und am Wettbewerbsverfahren.

Erster Stein des Anstoßes war die Beschränkung der Ausschreibung nur auf Mitglieder des ‚Bundes Deutscher Architekten in Deutschland'. Dadurch waren nicht nur alle Architekten, die nicht Mitglied des BDA sein wollten, sondern auch alle, die auf Grund ihrer Stellung als Beamte oder Angestellte in den Bauverwaltungen gar nicht Mitglieder des BDA sein konnten, ausgeschlossen.[2] In verschiedenen ausführlichen Zuschriften an Fachzeitschriften wurde unter anderem beklagt, daß ausgerechnet bei einer „Aufgabe von so baukünstlerischer, wirtschaftlicher und verkehrstechnischer Tragweite die Zahl der Personen, die an ihrer Lösung mitarbeiten wolle ohne Not und künstlich beschränkt" sei.[3] Außerdem sei es „doch auch nicht des BDA würdig", durch eine derart systematische Ausgrenzung „Mitglieder zu sammeln."[4] Mit der Bemerkung, daß „bei Fortschritten in der Baukunst (...) die Vereinsmeierei ausgeschaltet werden" muß, forderte man eine Öffnung des Wettbewerbes „für alle Bewerber deutscher Sprache", und bat, den Einsendungstermin auf den 1. Februar zu verschieben.[5] Ungeachtet der zahlreichen Einwendungen hielt die ‚Tag', deren Vorstand Carl Oettinger zugleich im BDA-Vorstand Berlin-Brandenburg saß[6], am Zulassungsmodus fest, und dachte auch nicht daran, den auf den 2. 1. 1922 festgelegten Einsendetermin zu verschieben. Dieser bedeutete selbst bei rascher Anforderung der Wettbewerbsunterlagen eine Bearbeitungszeit für die Entwürfe von kaum mehr als 6 Wochen. Die ausgelobten Preisgelder von insgesamt 100 000 Mark bewegten sich, auch wenn

1 Aus der unübersehbaren Zahl der Artikel und Notizen zum Problem ‚Wettbewerbswesen' seien einige charakteristische genannt: Ernst Spindler, Woran unser Wettbewerbswesen krankt, in: Berliner Architekturwelt 1913, 42 ff.; Bruno Taut, Zum Wettbewerbswesen, in: Stbk 1920, 204; L. Stelten, Betrachtungen über das Urteil im Wettbewerb zur Bebauung der Grossen Sandscholle in Nowawes, in: Stbk 1920, 257 ff.; Bruno Taut, Zum Wettbewerbswesen, in: BRS 12, 1921, 26 ff.; Adolf Goetz, Der Hamburger Messehaus-Wettbewerb, in: DS 1925, 146 ff.
2 Vgl.: Beschränkung von Wettbewerben auf selbständige Architekten, in: BuG 1922, 158.
3 Der Wettbewerb für die Bebauung des Geländes am Bahnhof Friedrichstraße in Berlin, in: DBZ 1921, 426.
4 Der Wettbewerb für ein Bürohaus am Bahnhof Friedrichstraße in Berlin, in: Stbk 1921, 282.
5 Wettbewerb für die Bebauung, 426.
6 Vgl. BDA Mitgliederverzeichnis 1922, 25.

Adolf Behne sie „verglichen mit der Größe des Objektes (für) sehr gering"[7] hielt, im Rahmen des damals üblichen.
Der Passus, in dem sich die ‚Tag' „betreffs einer Inanspruchnahme der weiteren künstlerischen Bearbeitung durch einen der Preisträger (...) volle Freiheit" vorbehielt, geriet, nachdem die Ausloberin nach Abschluß des Wettbewerbes die Weiterbearbeitung der schon lange mit ihr in Verbindung stehenden Architektengruppe Möhring/Kraffert/Kohtz übertragen hatte, in das Kreuzfeuer der Kritik (vgl. Kat. Nr. 46).
Neben den genannten erheblichen Mängeln enthielt die Ausschreibung aber auch unscharfe Vorgaben, die den Teilnehmern am Wettbewerb offenbar Schwierigkeiten bereiteten. Die Vorschrift, daß „alle Darstellungen (...) in einfacher Strichzeichnung auszuführen" sind, ist mit Sicherheit als Beitrag zur Versachlichung des Wettbewerbswesens vor dem Hintergrund der großen Architektur-Konkurrenzen vor 1914 zu sehen, als unglaublich aufwendige, kunstvoll aquarellierte Zeichnungen, angefertigt von ausgesprochenen Spezialisten, die berühmten Wettbewerbe dominierten und in ihrer Virtuosität die überforderten Juroren häufig zu blenden vermochten.[8] Wie breit allerdings das Spektrum dessen war, was als ‚reine Strichzeichnung' gelten konnte, zeigt der Vergleich der einzelnen Schaubilder. Bezeichnend ist in diesem Zusammenhang das Beispiel Hans Poelzigs, dessen Beitrag beim Wettbewerb zunächst überhaupt nicht registriert wurde, möglicherweise auch wegen seiner unspektakulären Perspektiven, und der für Veröffentlichungen im Nachlauf des Wettbewerbes offenbar eigens ein eindrucksvolles Schaubild in seinem Büro anfertigen ließ.
Vor allem für diejenigen Architekten, die nicht aus Berlin oder Brandenburg kamen und keine präzise Ortskenntnis besaßen, mußten sich Probleme in dem wichtigen Punkt „Städtebauliches" einstellen, die auch in vielen Ungeschicklichkeiten einzelner Entwürfe zutage traten. Die Luftaufnahmen des Grundstückes gaben vor allem über den Bahnhof, der gerade in großem Stil umgebaut wurde, kaum ausreichende Informationen. Außer der Lage der Eingänge, die aus dem Schemagrundriß des Lageplans zu entnehmen war, fehlten nahezu alle Angaben. So ließ sich weder zur Materialwahl noch zur Höhe und Formgebung des Gebäudes aus den Photos ein Anhaltspunkt gewinnen.
Unklar schien schließlich auch der zentrale Begriff der Ausschreibung, der „Ideenwettbewerb". Eine ganze Reihe von Stellungnahmen zum inhaltlichen Spektrum dieses ‚Preisausschreibens' veranschaulicht, daß von vielen der Aspekt des Idealtypischen als vorranging angesehen wurde, „handelt es sich doch darum, (...) Bauentwürfe zu erzielen, die späterhin, nicht in ihren Einzelheiten und ihrer Verwendbarkeit für das genannte Gelände, wohl aber in der grundsätzlichen Bewältigung der Aufgabe auch weiterhin gleichsam als Vorbild berücksichtigt werden können."[9] FZ

7 Adolf Behne, Hochhauspläne, in: SM 1922, 759.
8 Zur Bedeutung der zeichnerischen Präsentation bei den großen Architekturwettbewerben vgl. Florian Zimmermann, Die Wettbewerbszeichnung um 1900; sowie: Wettbewerbsmoden der zwanziger Jahre, in: Winfried Nerdinger (Hg.), Die Architekturzeichnung, München 1986, 138, 170.
9 Ein Hochhaus in Berlin, in: BGZ 1922, 2.

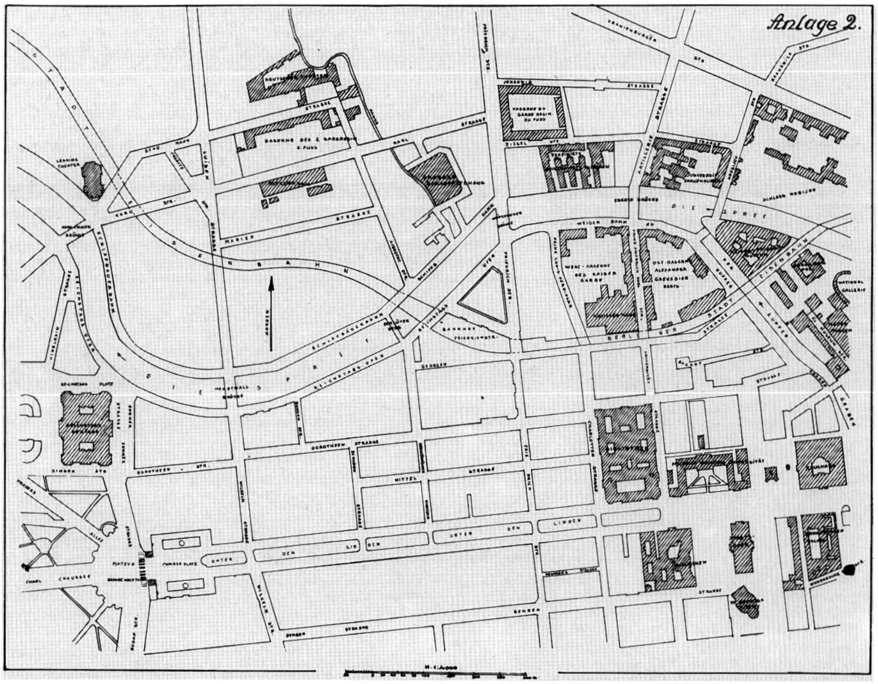

5.3. Lageplan der Ausschreibungsunterlagen

rechts: 5.4. Luftaufnahme des Geländes am Bahnhof Friedrichstraße von Südwesten
unten: 5.5. Luftaufnahme des Geländes am Bahnhof Friedrichstraße von Südosten

6 Adolf Abel
Stuttgart

Kennwort: Stumpfe Winkel
Ein 4. Preis

Abels Vorschlag gehört zu einer Gruppe von Entwürfen, bei denen „die Hauptmasse des Hochhauses an die dem Wasser zugekehrte (Nordwest-) Seite des Grundstücks, wo sie am wenigsten andere Gebäude beeinträchtigen kann", gesetzt ist, und der „auf den anderen Teilen des Grundstücks niedrigere Bauten" vorgelagert sind.[1] Ähnlich dem Entwurf der Gebrüder Luckhardt und Franz Hoffmann (vgl. Kat. Nr. 30) ist bei Abel durch eine fußläufige Ladenstraße, die die beiden Eingänge des Fernbahnhofes mit dem Einstieg zur U-Bahn an der Friedrichstraße verbindet, ein zweigeschossiger Vorbau vom Hochhaus abgetrennt, dessen zwölfgeschossiger Hauptbaukörper von wenig niedrigeren Flügelbauten symmetrisch eingefaßt wird. Brechungen dieser Flügel öffnen den Hochhaustrakt gegen Vorbau und Bahnhofsbögen und bilden das im Kennwort „Stumpfe Winkel" betonte Hauptmotiv der Grundrißfigur aus. Die jeweils dreigeschossigen Anbauten in den spreeseitigen Grundstücksecken umschließen enge Wirtschaftshöfe und nehmen in ihrer Grundrißform die Unregelmäßigkeiten des Bauplatzes auf.[2] Der zweihüftig erschlossene Hauptbaukörper weist neben der Ladenzone und außer den Büroräumen des 3. bis 10. Obergeschosses, für die Abel verschiedene Lösungsvarianten geliefert hatte[3], im 1. und 2. Obergeschoß Ausstellungsräume und in der Bekrönung ein Saalgeschoß auf.

Die als vollständiger Plansatz überlieferten und außerordentlich peniblen Zeichnungen - nahezu baureife Pläne - erlauben Aussagen zur Konstruktion. Der Vorbau ist als Massivbau in konventioneller Bauweise mit gemauerten Außenwänden und Stahlbetondecken geplant. Für das Hochhaus, ein Stahlbetonskelettbau, wählt Abel konstruktiv ein Vier-Ständer-System mit engerem Mittelfeld.[4] Die Ausfachung der Außenwände besteht vermutlich aus Mauerwerksziegeln. Die beiden Erschließungskerne übernehmen die Aussteifung der Tragstruktur des Hochhauses. Mit seinen ca. 50 m Höhe bei zwölf Geschossen bleibt der Bau erheblich unter den in der Ausschreibung gegebenen Richtwerten von 80 m bei zwanzig Geschossen. Die Beschränkung ist bei Abels baufähigen Plänen mit Sicherheit konstruktiv bedingt, da für Geschoßbauten in Eisenbeton zu diesem Zeitpunkt eine Bauhöhe von 50 m als erreichbares Maximum galt.[5]

Beide Hauptansichten des Hochhauses sind achsensymmetrisch aufgebaut und weisen eine klare Gliederung auf, die dazu beiträgt, Mittelbau und Seitenflügel als ein architektonisches Ganzes erscheinen zu lassen. Die Fassaden der Bürogeschosse sind einheitlich durchgestaltet. Lisenen und einfache horizontale Putzbänder, die rein dekorativ und nicht als Verweis auf die Konstruktion zu verstehen sind, fassen in rechteckigen, zweigeschossigen Feldern jeweils vier Sprossenfenster zusammen. Dieses Motiv wird in den unteren Geschossen des Mitteltraktes, im bekrönenden Saalgeschoß und an den Schmalseiten der Flügel entsprechend den Funktionen mit mehr oder weniger Fenstern abgewandelt. Im engeren Mittelfeld der Schmalseiten und an den Außenwänden der Treppenhäuser ist die horizontale Unterteilung aufgegeben.[6] Die dreigeschossige Sockelzone zerfällt dagegen in einzelne Fassadenkompartimente. Dieser Eindruck wird durch die angefügt wirkenden Anbauten und die niedrige Eingangszone mit der Außentreppe noch verstärkt. Das Erdgeschoß erhält durch die Schaufenster und die Eingänge der Ladenzone Betonung in Form eines Kolonnadenmotives. Der niedrige Vorbau ist analog der Sockelzone des Hochhauses gestaltet und besitzt im Gegensatz zum flachgedeckten Hochbau ein Walmdach.

Geprägt von Paul Bonatz[7] und im Geiste Theodor Fischers[8] zeigt Abel in seinem Beitrag den Zwiespalt der Stuttgarter Schule[9] in den zwanziger Jahren auf, dem der Tradition verpflichteten regionalen Bauen und einer rationalen Sachlichkeit. Dies wird besonders in der formalen Behandlung der beiden Gebäude deutlich. „Bei der Arbeit von Adolf Abel in Stuttgart erkennt das Preisgericht (. . .) den besonders geschickten Grundriß an, vermißt aber bei der äußeren Gestaltung den eigentlichen Hochhauscharakter; eine liebenswürdige Putzarchitektur, wie sie in eine süddeutsche Mittelstadt vortrefflich passen würde, ist geschickt gruppiert. Das niedrige Vorgebäude hat sogar beinahe ländlichen Charakter."[10]

BB

1 Walter Lehwess, Der Wettbewerb um ein Turmhaus am Bahnhof Friedrichstraße in Berlin, in: Stbk 1922, 338.
2 Durch die unterschiedliche Größe der Höfe, resultierend aus der Form des Grundstückes, ergeben sich die verschieden stumpfen Winkel (123°/129°) an den Knickpunkten der Seitenflügel.
3 Auf Blatt 8 „Aufteilungsbeispiele" (sechs Beispiele für das 3. bis 10. Obergeschoss) zeigt er die Möglichkeiten, die sein Grundriß in den oberen Stockwerken im Hinblick auf Variabilität und Flexibilität bietet.
4 Dies wird besonders im Schnitt ersichtlich, wo neben der Außenwand die Stahlbetonstützen zu erkennen sind, auf denen die Unterzüge der Außenfelder ruhen.
5 Die ersten gebauten Eisenbeton-Hochhäuser Deutschlands, das Wilhelm-Marx-Haus von Wilhelm Kreis und das Stummhaus von Paul Bonatz, beide in Düsseldorf 1922-24 erbaut, waren 55 m und 45 m hoch, und das Wilhelm-Marx-Haus besaß nach Heinrich Krauss, „eine bis heute in Europa bei einem Etagengebäude in Eisenbeton-Konstruktion noch nicht erreichte Höhe." Vgl. hierzu: Heinrich Krauss, Das erste Eisenbeton-Hochhaus Deutschlands, in: DBZ 1924, 89-92; Paul Müller, Das erste Eisenbeton-Hochhaus Deutschlands, in: DBZ 1924, 121-122.
6 Bei den Treppenhäusern ist dies notwendig, weil die Fenster der Zwischenpodeste an der Außenwand liegen.
7 Abel war in den Jahren 1920-21 Assistent bei Paul Bonatz und später Lehrbeauftragter für Entwerfen an der Technischen Hochschule Stuttgart. Sicher war er an den nach Kriegsende durchgeführten Reformen an der Architekturabteilung beteiligt. Vgl. dazu: Gerhard Graubner, Paul Bonatz und seine Schüler, Stuttgart 1931.
8 Von 1902-1904 studierte Abel Architektur bei Theodor Fischer, dem Begründer der „Stuttgarter Schule", an der TH Stuttgart.
9 Dasselbe gilt für den zweiten Vertreter dieser Schule, nämlich W. G. Koch mit seinem 3. Preis. Gewissen Ähnlichkeiten beider Entwürfe besonders in der Fassadengestaltung sind unverkennbar.
10 Lehwess, Wettbewerb Turmhaus, 342.

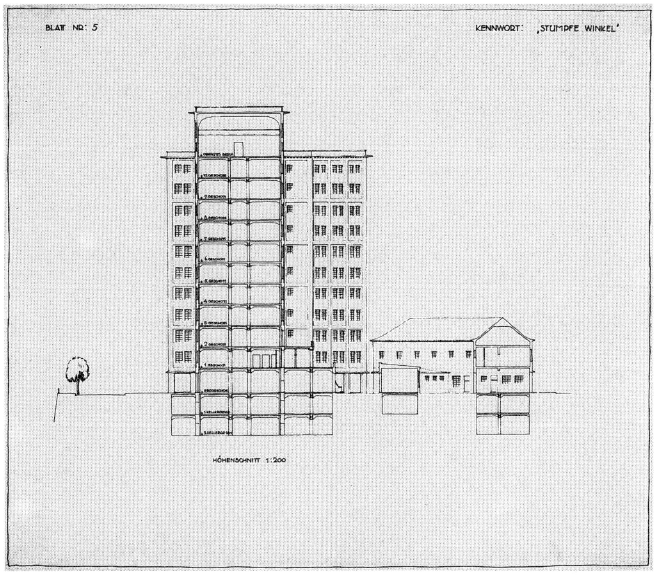

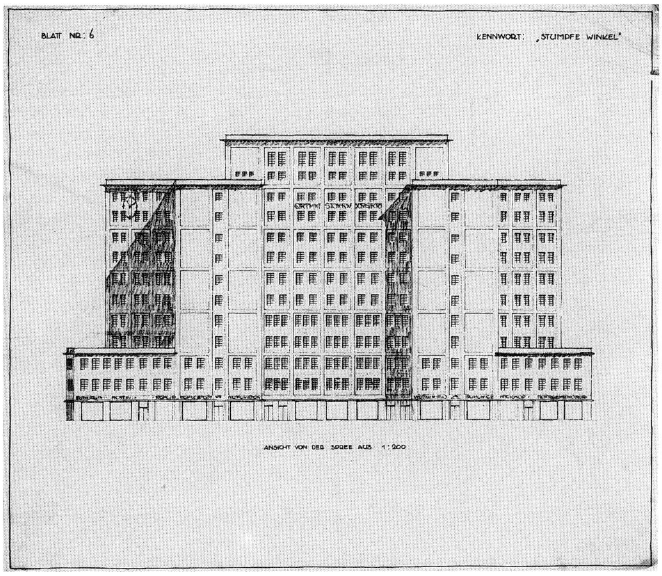

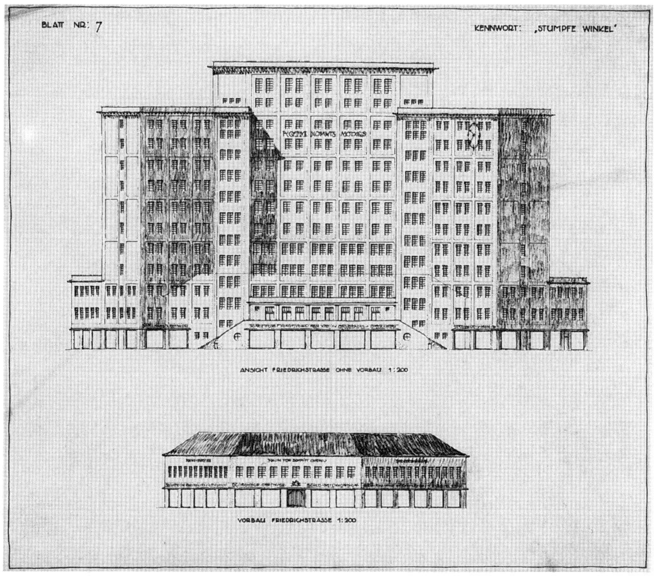

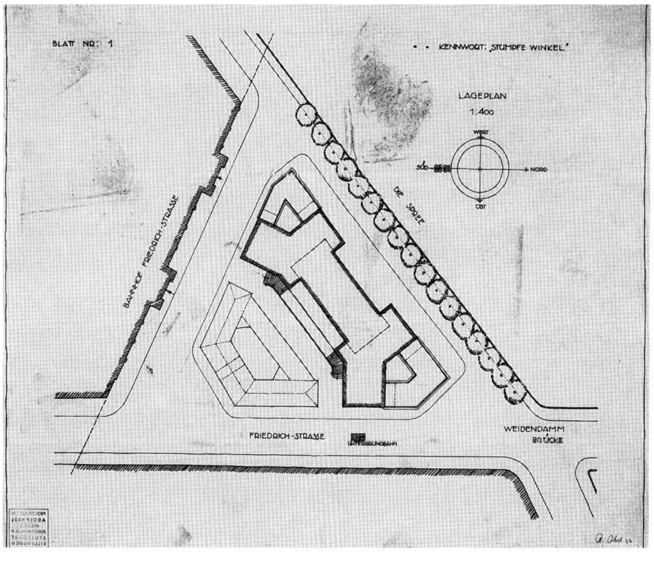

rechts oben: 6.1. Schnitt
links: 6.2. Ansicht von der Spree
rechts Mitte: 6.3. Ansicht Friedrichstraße
und Vorbau Friedrichstraße
rechts unten: 6.4. Lageplan

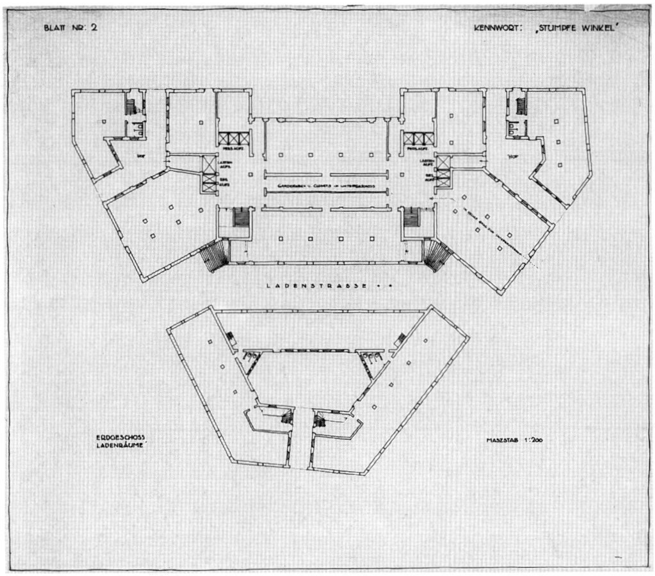

6.5. Grundriß Erdgeschoß

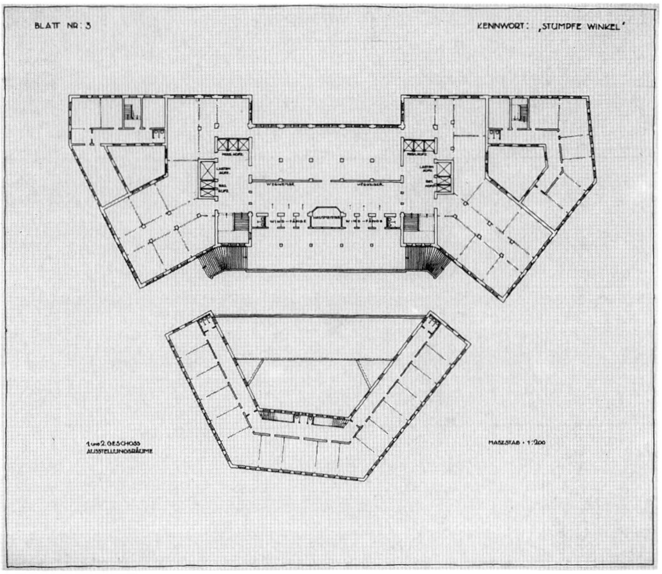

6.6. Grundriß 1. und 2. Obergeschoß

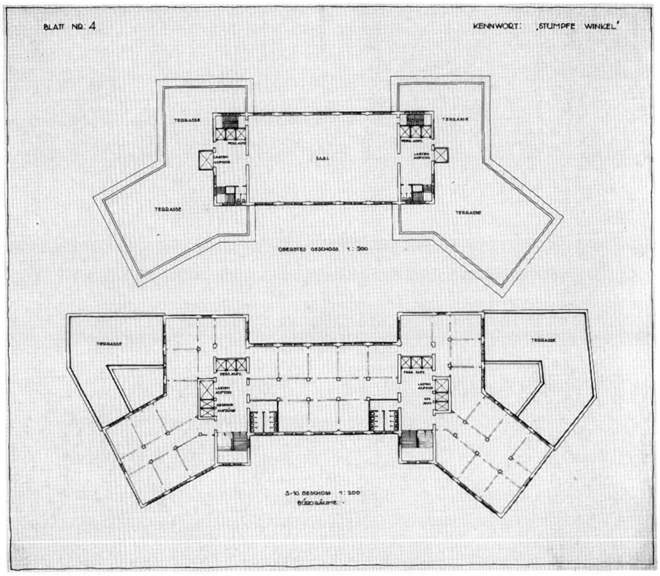

6.7. Grundrisse 3.-10. Obergeschoß und oberstes Geschoß

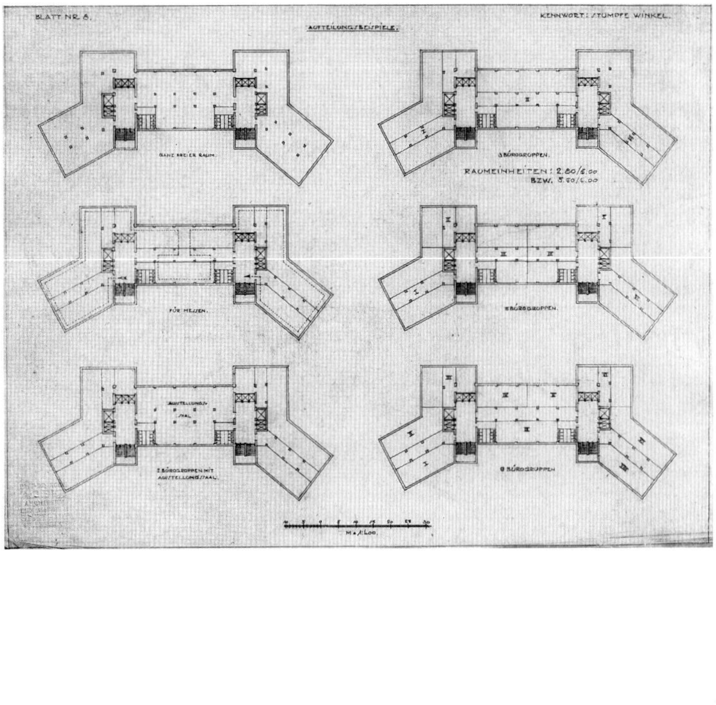

6.8. Aufteilungsbeispiele Büroetagen

links oben: 6.9. Perspektive Ladenstraße
rechts oben: 6.10. Schaubild vom Standpunkt B
unten: 6.11. Schaubild vom Standpunkt A

7 Alfons Baecker / J. Brahm / R. Kasteleiner
Kassel

Kennwort: Zeitenwende
1. Preis

Der Entwurf zeigt einen mächtigen, 15geschossigen Hochhausbau über gelängt-oktogonalem Grundriß, der an der Längsachse Bahnhof Weidendammer Brücke ausgerichtet ist und von zwei 5geschossigen, gleich gestalteten Anbauten begleitet wird, die gegenüber dem Bahnhof eine Hauptschauseite mit einer Art Ehrenhof ausbilden, der aber „verkehrstechnisch kaum ausreichend (ist), um eine freie und übersichtliche Abwicklung des Bahnhofsverkehrs zu gewährleisten".[1] Die Schrägstellung des Baukörpers zur Flucht der Friedrichstraße ließ zumal bei der vergleichsweise niedrigen Bauhöhe von ca. 60 m eine akzeptable Belichtung der umliegenden Bauten zu. Die durch Höhe und Stellung gegebene Raumausnutzung des Komplexes mit ca. 20 000 qm galt auch dem Preisgericht als noch „wirtschaftlich ausreichend".[2] Dem Entwurf war einstimmig der 1. Preis zuerkannt worden, doch kann man aus den Formulierungen der Jury bereits das kompromißlerische des gemeinsamen Nenners herauslesen. Nahezu alle Aspekte des Baus, von der Konstruktion bis zur Gestaltung, wurden in der Fach- und Tagespresse, die sich mit dem 1. Preis selbstverständlich auseinandersetzte[3], kontrovers zum Spruch der „reichlich akademischen" Jury und in den Formulierungen bisweilen auch polemisch diskutiert. Wurde die Grundrißlösung, wenn man sich überhaupt mit ihr beschäftigte, der Jury folgend meist als „gut und übersichtlich" bezeichnet, so fand bereits das Urteil des Preisgerichts, das den „Gedanken eines ausreichend großen Licht- und Wirtschaftshofes"[4] anerkannte, kaum Zustimmung. Auch wenn an ihm nur Treppenhäuser und Nebenräume lägen, wäre er selbst zu deren Belichtung zu eng, und im Brandfalle würde sich durch die „Frischluftzufuhr mittels der Durchfahrten und Läden das ganze Haus in eine Art ungeheuren Bunsenbrenner"[5] verwandeln.

Auch in der Beurteilung der Ästhetik des Entwurfes, „der sich schüchtern und an das Vokabular der Expressionisten hielt"[6] gingen die Meinungen erheblich auseinander. Während Walter Lehwess die „originelle Durchbildung des Äußeren, die den Hochhauscharakter gut trifft"[7] lobte, sah Max Berg „die im starken Relief interessant, aber doch gesucht wirkenden Fältelungen der Front im Grundriß nicht begründet"[8], womit vermutlich auch auf die Anordnung der Fenster angespielt ist, deren Schrägstellung in den Vorsprüngen der „schlichten, straffen Vertikalgliederung"[9] kaum zur wesentlichen Verbesserung der Lichtsituation in den Räumen beigetragen hätte. Max Osborn mißfiel, „daß das Haus gleichsam nach oben hin nicht endet, nicht logisch und organisch abgeschlossen wird, sondern sich noch um mehrere Stockwerke fortsetzen könnte"[15], und für den Berichterstatter der „Bouwwereld" war die Gestaltung der Fassade erneuter Beleg für die These, daß die Deutschen Architekten dem endlos wiederholten Motiv des dreieckigen Vorsprungs „gegenwärtig versklavt" sind.[11] Der Rezensent der ‚DBZ' sah in dem Gebäude eine „reife künstlerische Arbeit"[12], während Adolf Behne den Entwurf als „einen im akademischen Sinne nicht schlechten, aber toten Körper"[13] beurteilte. Für die Jury war „der künstlerische Gesamteindruck, abgesehen von der Durchbildung des Unterbaues, ein sehr guter".[14] Lediglich bezüglich der zweigeschossigen Ladenzone, die nicht zum übrigen Bau paßt, war die Kritik einmütig. Die Gliederung und der dekorative Schmuck dieses Bereiches zeigen große Ähnlichkeit zum wenig früher auf dem Frankfurter Messegelände errichteten Haus des Deutschen Werkbundes. Die Anlehnung an diesen Bau mag eine Referenz an den Deutschen Werkbund und dessen Ideen sein, ebenso wie das Kennwort des Beitrages von Baecker, Brahm und Kasteleiner möglicherweise auf einen von Theodor Heuss und Fritz Hellwag unter dem Titel „Zeitwende" verfaßten Artikel zurückgehen mag[16], der sich unmittelbar nach dem 1. Weltkrieg mit den auf Qualität und die „Entwicklung einer deutschen Formsprache" zielenden Forderungen des Deutschen Werkbundes beschäftigte und der – der Zusammenhang mit dem Entwurf „Zeitenwende" mag Zufall oder Absicht sein – mit den Worten schließt: „Nicht der Schlaueste, sondern der Beste muß den Zuschlag erhalten."

BS

1 Rendschmidt, Das Hochhaus am Bahnhof Friedrichstraße, in: WAVB 1922, 30 (Dok. XII).
2 Ideenwettbewerb Hochhaus Bahnhof Friedrichstraße, in: Stbk, SH 2, 9 (Dok. II).
3 Der Tatsache, daß nahezu sämtliche wichtigen Tageszeitungen, vor allem aber Architekturzeitschriften das Schaubild veröffentlichten, verdankt der Entwurf seinen damals großen Bekanntheitsgrad. Nur so läßt sich das fast wörtliche Zitat des gesamten Fassadenaufbaues inklusive des Licht-Schattenspiels bei einem Entwurf der amerikanischen Architekten Frank Herding/W. W. Boyd, Jr. beim Chicago-Tribune Wettbewerb 1922 erklären (Kat Nr. 61.).
4 Ideenwettbewerb, 9.
5 Rendschmidt, Hochhaus, 30.
6 Wolfgang Pehnt, Die Architektur des Expressionismus, Stuttgart2 1981, 195.
7 Walter Lehwess, Der Wettbewerb um ein Turmhaus am Bahnhof Friedrichstraße in Berlin, in: Stbk 1922, 342 (Dok. VII).
8 Max Berg, Der Berliner Hochhauswettbewerb, in: BW 1922, 125 (Dok. X).
9 Rendschmidt, Hochhaus, 30.
10 Max Osborn, Wolkenkratzer Friedrichsbahnhof. Die Ergebnisse des Wettbewerbes, in: Voss. Ztg. 61, 5. 2. 1922, 1. Beilage (Dok. III).
11 Hooge Huizen, in: De Bouwwereld 1922, 178 (Dok. XV),
12 Der Wettbewerb zur Erlangung von Entwürfen für ein Hochhaus am Bahnhof Friedrichstraße zu Berlin, in: DBZ 1922, 93.
13 Adolf Behne, Der Wettbewerb der Turmhausgesellschaft, in: WMB 1922, 60.
14 Ideenwettbewerb, 9.
15 Vgl. Z. B.: Das Haus des Deutschen Werkbundes auf den Frankfurter Internationalen Messen – Arch. Fritz Voggenberger, in: DBZ 1921, 225ff.
16 Theodor Heuss und Fritz Hellwag, Zeitwende, in: Mitteilungen des Deutschen Werkbundes 4, 1918, 2-13, hier im folgenden besonders 8 u. 13.

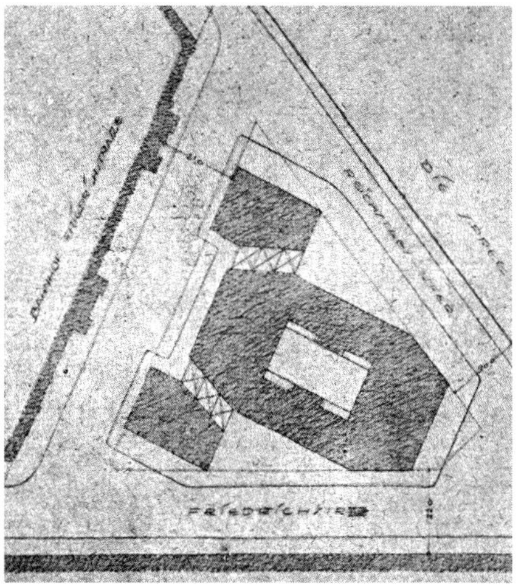

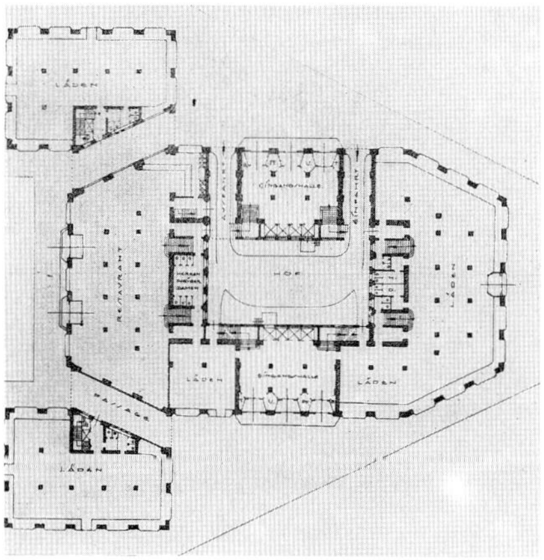

links oben: 7.1. Lageplan
rechts oben: 7.2. Schaubild vom Standpunkt B
links unten: 7.3. Grundriß Erdgeschoß
rechts unten: 7.4. Schaubild vom Standpunkt A

8 Fritz Block / Ernst Hochfeld Hamburg

Kennwort: Ikarus

Der Entwurf vertritt den nicht nur in diesem Wettbewerb gebräuchlichen Typus ‚Kernbau mit Flügeln'. Drei an den um vier Geschosse höheren Kernbau angefügte Flügel werden im Sinne einer Vermittlung des Komplexes zu einer Blockrandbebauung von sechsgeschossigen Baukörpern eingefaßt, in deren konkave Wölbung an den Grundstücksecken jeweils ein halbrunder Baukörper eingesetzt ist. Die additive Anordnung der einzelnen Bauteile zueinander wird in der mit einer unruhigen Binnenstruktur ausgeführten Zeichnung nur zum Teil verdeutlicht: Während sie in den unteren Geschossen durch Hell-Dunkel-Kontraste hervorgehoben wird, scheint im oberen Abschnitt des Kernbaues eine durch eine Art der Schraffur bedingte Vereinheitlichung der verschieden hohen Bauten beabsichtigt worden zu sein. Auf das zugrundeliegende additive Prinzip zielte auch Max Berg mit seiner Bewertung des in „großen Formen gehaltenen" Entwurfes, dessen „kleinliche" Ecklösungen und die „nicht völlig mit den sonstigen starren Begrenzungslinien" zusammenklingende Abschlußlinie des Kernbaues er allerdings gleichzeitig kritisierte.[1]

Das durch Pfeiler und große Schaufenster gegliederte Erdgeschoß wird durch ein horizontal unterteiltes Mauerband von den darüber liegenden Geschossen getrennt, auf deren glatt belassenen Wandflächen die Fenster gleichmäßig angeordnet sind. Für eine gewisse Strukturierung sorgen lediglich die vertikalen Fensterbänder am Kernbau, hinter denen sich vermutlich der Erschließungstrakt befindet, und die die Höhenentwicklung des Baues steigern. Der Eindruck des Emporstrebens wird durch die den Kernbau abschließende, zweigeschossige Gliederung durch Pfeiler oder Pilasterstellungen zusätzlich verstärkt. Die Betonung des Gebäudeabschlusses ist auf die häufig verwendeten Dachaufsätze in Form von Pilaster- oder Säulenordnungen in der amerikanischen Hochhausarchitektur zurückzuführen.[2] Im Sinne des damals in vielen deutschen Hochhausentwürfen nachzuvollziehenden Prinzipes der Reduktion übernahmen Block und Hochfeld nur die typologische Grundform von den amerikanischen Beispielen, verzichteten aber auf eine traditionelle stilistische Ausgestaltung und vereinfachten den Abschluß zu einer der Vertikaltendenz betonenden Struktur. In späteren Entwürfen und Bauten gaben sich Block/Hochfeld als Vertreter einer sachlichen nüchternen Auffassung zu erkennen. Ihre Gebäude, bei deren Gestaltung auf dekoratives Beiwerk verzichtet wurde, sind von schlichter, kubischer Form.[3] In diesem Zusammenhang erscheint der Wettbewerbsbeitrag als ein Frühwerk, in dessen neutraler Fassadengestaltung und einfacher Umrißlinie Hinweise auf ihre zukünftigen Bauten enthalten sind. Dennoch vertreten die Architekten in der Verwendung des Kernbautypus, der konkav-konvexen Wölbungen sowie des letztlich an akademischen Vorbildern orientierten Abschlusses noch nicht die von ihnen später erreichte Konsequenz in ihrer architektonischen Haltung. HH

1 Max Berg, Die formale Auffassung des Hochhausgedankens, in: BW 1922, 434 (Dok. XIV).

2 Vgl. Abb. 12 Entwurf für ein Gerichtsgebäude in New York von H. van Buren, Der engere Wettbewerb zur Erlangung von Entwürfen für ein neues Gerichtsgebäude für New York, in: DBZ 1914, Abb. 834; Washington Life Building von Cyrus L. W. Eidlitz, Broadway Chambers Building von Cass Gilbert, Henry-Russell Hitchcook et. al. (Hg.), The Rise of an American Architecture, 1970, 141 ff.

3 Vgl. Hamburg und seine Bauten, 3, 1929, 154 ff. Alfred Götz, Die Bauten der Hamburgischen Architekten Dr. Block und Hochfeld, in: Neue Baukunst 1925, Hamburger SH, 1-20; Fritz Block, Haus und Wohnen des modernen Menschen (Funktion und Form), in: Fritz Block (Hg.), Probleme des Bauens, 1928, 87-100.

8.1. Schaubild vom Standpunkt A

9 Heinrich L. Dietz
Potsdam

Kennwort: unbekannt

Der Beitrag des Potsdamer Architekten Heinrich L. Dietz, der nur durch eine Zeichnung der Ansicht vom Bahnhof Friedrichstraße überliefert ist[1], wurde in keiner der zeitgenössischen Publikationen erwähnt.
Der Entwurf sieht einen neunzehngeschossigen Bau vor, der durch vorgesetzte bis an die Grundstücksgrenzen reichende Flachbauten ergänzt wird. An der Bahnhofsseite zurückgesetzt, orientieren sich die konkav nach innen schwingenden Fassaden des Hochhauses im Prinzip an der Grundstücksform. Sie werden von 20geschossigen Eckrisaliten umgriffen, denen gegen den Bahnhof achtgeschossige Pavillons vorgelagert sind, die zu dessen Eingangsrisaliten vermitteln. Durch eine etagenweise Abtreppung erreicht Dietz die Verbindung mit dem flachen Vorbau.
Durch die Zurücksetzung des Hochhauses ist eine ausreichende Belichtung der engen Eisenbahnfiskalischen Straße gewährleistet, zudem wird es so für den aus dem Bahnhof Kommenden in seiner ganzen Größe überhaupt erst erfahrbar.
Zur Gliederung seines Baukomplexes setzt Dietz die strenge Vertikale beim Hochhaus der Horizontalen an den Flachbauten entgegen. So wird einerseits dem Höhendrang mit einer durchlaufenden Reihung schlanker Lisenen, hochrechteckigen Fenstern, sowie dem Verzicht auf Gesimse entsprochen – das Gebäude wächst dem Himmel entgegen – andererseits wird der Verlauf der Straßen durch die Fensterbänder nachgezeichnet, die schnellen Bewegungen der Stadt aufnehmend. Der flache Bauteil an der Friedrichstraße ist dem Hochhaus zudem wie eine Folie vorgelegt[2], um den Kontrast wirkungsvoll zu verstärken. Aus der teilweise nur sehr geringen Bautiefe muß jedoch geschlossen werden, daß dieser Teil trotz der andersartigen Fassadenbehandlung mit dem Hochhaus eine bauliche Einheit bildet.
Die expressionistische Behandlung der Hochhaus- und Pavillonfassaden geht einher mit gotisierenden Tendenzen in der Architektur der Zeit[3], während die Architektur der Flachbauteile dem Formenkanon der sachlichen Moderne entlehnt ist.
Dietz, der sich um 1920 in Potsdam selbständig machte, nachdem er zuvor viele Jahre „im Atelier von Peter Behrens an erster Stelle gestanden hatte“[4], orientierte sich auf der Suche nach einem persönlichen Stil also nicht, wie die meisten Architekten seiner Zeit, an eklektizistischen Vorbildern. Seine Sicherheit im Umgang mit der Materie lassen auf eine intensive Beschäftigung mit den damaligen Architekturdiskussionen schließen.
Die gut dokumentierten Bauten und Projekte von Hans Poelzig, Haus der Freundschaft in Konstantinopel[5] 1916, Stadthaus Dresden[6] 1917 und Großes Schauspielhaus Berlin[7] 1919, dürften hierbei besonders wichtig gewesen sein, die Abtreppung der Pavillonbauten entspricht in ihren Details z. B. Poelzigs Haus der Freundschaft.
Frappierend ist die große Ähnlichkeit des Entwurfes in den Einzelformen, vor allem aber in der Grundkonzeption des Hochhauses mit den konkav zurückschwingenden Fassaden zum Wettbewerbsbeitrag Poelzigs (Kat. Nr. 33). Zwar hat der Wettbewerb auch in anderen Fällen verwandte Lösungen nicht nur im Typus, sondern auch im formalen Bereich hervorgebracht, doch wäre für Dietz auch eine nachträgliche Studie in Auseinandersetzung mit dem Poelzig'schen Entwurf denkbar.[8] Während dieser durch seine klaren Formen von großer Universalität ist, nimmt Dietz dessen idealtypische Lösung zugunsten einer Bezugnahme auf die speziellen Bedingungen des Grundstücks zurück.
Dietz' Entwurf für den Börsenhof in Königsberg ist noch in den gleichen Formen gehalten, während er für seine späteren Potsdamer Bauten[10] eine sachliche Formensprache verwendet, die im Friedrichstraßenprojekt bereits in den Flachbauten angedeutet ist.

JTK/JMa

1 Heinrich L. Dietz, Berlin/Leipzig/Wien 1930 (Neue Werkkunst) mit einem Text von Martin Richard Möbius.
2 Auf Grund der Symmetrie des Entwurfes darf für die Uferseite wohl von einer analogen Gestaltung ausgegangen werden.
3 Hier sei nur beispielhaft auf die Architekturdiskussion in Magdeburg unter Bruno Taut und die Bauten Hans Poelzigs sowie Theodor Fischers verwiesen.
4 M. R. Möbius in: Heinrich L. Dietz, 1930 (Neue Werkkunst), o. S.
5 Das Haus der Freundschaft in Konstantinopel, ein Wettbewerb deutscher Architekten, Sonderveröffentlichung des Deutschen Werkbundes mit einer Einführung von Theodor Heuss, München 1917.
6 Fritz Stahl in: WMB 1919/20, 1-64
7 Max Reinhardt (Hg.): Das Große Schauspielhaus, Schriften des Deutschen Theates, Berlin 1920; Fritz Stahl: Das Große Schauspielhaus in Berlin, in: WMB 1920/21, 1-3; Karl Scheffler: Das Große Schauspielhaus in: Kunst und Künstler 1920, 231-241.
8 Die Zugehörigkeit des Dietz'schen Entwurfes zum Wettbewerb ist nicht gesichert. Die Signatur des Schaubildes mit „H / L / DIETZ“ muß aber nicht ein Argument gegen die Teilnahme sein, vgl. den Beitrag Koch in diesem Wettbewerb (Kat.Nr. 23).
9 In: Heinrich L. Dietz, 1930 (Neue Werkkunst), o. S.
10 In: Heinrich L. Dietz, 1930 (Neue Werkkunst), o. S.

9.1. Schaubild vom Standpunkt A

10 Rudolf Eckmann / Ernst Eckmann Hamburg

Kennwort: unbekannt

Das Hochhaus, dem Typus nach ein Kernbau mit Flügeln, erhebt sich über einer auffallend dekorativen, die gesamte Grundstücksfläche einnehmenden Ladenzone von zwei Geschossen. Die an den massiven Zylinder angefügten Flügelbauten reichen bis in die abgerundeten Ecken des Bauplatzes und gewährleisten eine weitgehende Überbauung und Ausnutzung der Grundfläche. Die Flügel erreichen jedoch nicht die Höhe des einundzwanzig Stockwerke zählenden Kernes: terrassenartige Rücksprünge nach dem 9., 14. und 18. Geschoß vermitteln den Übergang zur vollen Höhe, die Staffelung der Baukörper verleiht dem Gebäude eine einheitliche, pyramidal ansteigende Umrißlinie.

Auch die Gestaltung der Fassaden unterstützt eine vereinheitlichende, die unterschiedlichen Baukörper zusammenfassende Wirkung. Dies wird durch die vertikalen Wandvorlagen erreicht, die jeweils eine Fensterachse flankieren und für das Auge den Eindruck konstruktiver Stützelemente hervorrufen. Während der Kernbau eine dichte Abfolge gleichförmiger Achsen aufweist, zeigen die Flügel eine differenziertere Behandlung der Fassaden. Aufgrund der Rhythmisierung der Wandflächen durch den Wechsel von schmalen und verstärkten Lisenen erscheinen die Fassaden hier leichter und weniger kompakt. Jedoch nur an den Flügeln besteht tatsächliche eine direkte Beziehung zwischen der Fassadengliederung und der Tragkonstruktion des Hochhauses, indem die verstärkten Wandvorlagen mit den in der Grundrißzeichnung angegebenen Pfeilerstellungen korrespondieren. Dagegen ist die Gliederung des Kernbaus nur im Hinblick auf eine einheitliche formale Gestaltung begründet: weder wäre eine derart enge Abfolge von Stützen konstruktiv erforderlich, noch geht sie aus der Grundrißdarstellung hervor.

Verbindungen zwischen Flügeln und Kernbau werden durch die jeweils auf der Höhe der Rücksprünge fortgeführten Geschoßmarkierungen - die einzigen horizontalen Gliederungselemente am Zylinder - und durch die einheitlich gestalteten Dachabschlüsse hergestellt. Ihre wellenförmige Kontur verleiht den voluminösen Baukörpern Leichtigkeit, die über die Fassade hinaus nach oben fortgeführten Wandvorlagen sind durch aufgesetzte Knäufe geschmückt.

Die Mängel des Grundrisses werden besonders an Problemen mit der Beleuchtung (viel zu enger Lichthof) und der Organisation des Fußgängerverkehrs im Gebäude (ungünstige Anlage von Umgang, Aufzügen und Treppenläufen) deutlich und zeigen die Schwierigkeiten, bei einer von den äußeren Bedingungen des Grundstücks her entwickelten Anordnung der Baukörper zu einer wirtschaftlichen und funktionalen Grundrißdisposition zu gelangen.

Trotz des scheinbar sachlichen Charakters ist der Entwurf eines der vielen Beispiele für die Verwendung der damals beliebten vertikalen Gliederungselemente, die einer einheitlichen Verkleidung unterschiedlich hoher Baukörper im Sinne rein oberflächlicher Fassadengestaltung dienen sollten und wegen der Betonung der Senkrechten als ein der Höhenentwicklung des Hochhauses entsprechendes Gestaltungsmittel angesehen wurden.

JMe

oben: 10.1. Schaubild von Standpunkt A
unten: 10.2. Grundriß Erdgeschoß

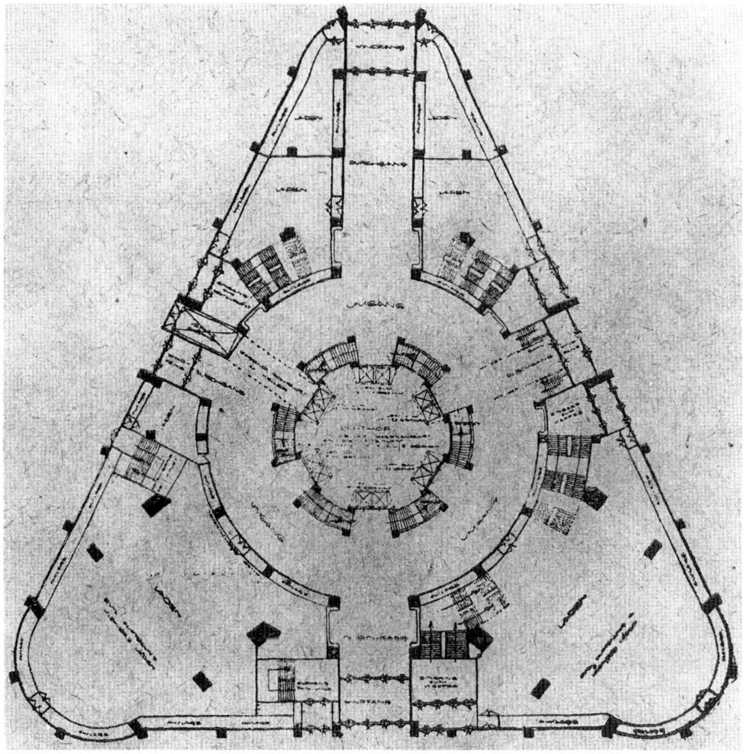

11 Martin Elsässer
Köln

Kennwort: Krystall
Ein 4. Preis

Der Entwurf, der mit Hinweis auf seine gute Raumausnutzung, die „nicht ungünstigen" Belichtungsverhältnisse für die Nachbargrundstücke, seine „feinsinnige Architektur" und seine „sehr wirksamen" perspektivischen Überschneidungen einen 4. Preis erhielt[1], ist aus der Verbindung zweier kontrastierender Hauptbauteile entwickelt. Die viergeschossige Blockrandbebauung, deren Stockwerkszahl und Bauhöhe sowie die eher traditionelle Wand- und Fenstergestaltung wohl den Bezug zur Umgebung herstellen sollen, wird vom zwanziggeschossigen Hochhaus „durchstoßen". In dessen vertikal betonter Skelettkonstruktion in Eisenbeton und den vielfachen Brechungen des weitgehend durchfensterten Baukörpers ist jedoch der Gegensatz zum Umfeld gesucht. „Die vom Standpunkte des Beschauers in allen Winkelschiefen erscheinenden, und daher ungleich stark belichteten Flächen der an sich eintönigen Fassaden würden aus Masse und Licht ein merkwürdiges eindrucksstarkes Ganzes erzeugt haben."[2]
Wenn auch die Intentionen des Architekten, den vielfältigen Anforderungen von Ort und Bauaufgabe gerecht werden zu wollen, unmißverständlich bleibt, so zeigt die Durchführung in den Details die Unsicherheit des Kompromisses. Die an sich klare Trennung von Hochbau und „Sockel", die in den Verschneidungen beider Bauteile und deren Materialwahl fast demonstrativ thematisiert wird, verwischt Elsässer durch rein formale Vermittlung, vor allem durch die gewollte Bezugnahme zwischen den Portiken des Erdgeschosses und den völlig überflüssigen und funktionslosen oberen Bogenstellungen. Im Werk Elsässers ist das Berliner Hochhausprojekt in dieser Beziehung der 1913 entstandenen Stuttgarter Markthalle vergleichbar, die an sich als hochmoderne Eisenbetonkonstruktion errichtet ist, durch die „historisierende Maskierung"[3] der Fassaden sich aber der bodenständigen Architekturtradition anpaßt. Akademisch konstruiert ist auch der Grundriß des Hochhauses, woraus dessen vielfach geknickte Fassaden resultieren. Er ist als komplexes geometrisches System aus drei sich im Grundstücksmittelpunkt berührenden Quadraten und deren Überlagerung durch drei entsprechende, jeweils um 45° gedrehte Quadrate zu verstehen. Im Gebäudekern ist diese Figur, die in Verbindung mit den großen Fensterflächen sicherlich für eine gute Belichtung der Räume gesorgt hätte, aufgelöst und durch eine längs der Passagenachse Weidendammerbrücke/Bahnhof symmetrisch organisierte Verteilerhalle mit Lifts und Treppenanlagen ersetzt. Die Vielzahl der verwinkelten Restflächen, die sich aus der Überschneidung der verschiedenen Systeme ergeben, sind zur Unterbringung von Nebenräumen genutzt.
Sternartiger Grundriß, vielfach gebrochener Aufbau der Fassaden sowie der gezackte obere Gebäudeabschluß zeigen die große formale Nähe des Entwurfes zu den Vertretern eines „Expressionismus" in der Architektur. Gestalterische Ähnlichkeiten zum „Haus des Himmels"[4] und nicht zuletzt das von Elsässer gewählte Kennwort „Krystall" verweisen auf eine – allerdings eher modisch-assoziativ bestimmte – Verbindung zur Formen- und Ideenwelt Bruno Tauts und seines Umkreises.[5] Die Analogien zu kristallinen Strukturen im stereometrischen Aufbau des Hochhauses sind durch das Motto mit Nachdruck hervorgehoben und zugleich ideologisch überhöht durch die der Kristall-Metapher zugewiesenen, unter Fachleuten gängigen, wenn auch auf der Ebene ihrer mystischen Auslegung nicht allgemein akzeptierten Begriffe und Werte: „Reinheit", „Klarheit und Exaktheit", „veredelnde Wirkung" und „erlösende Kraft". In entsprechendem Sinne sollte das Hochhaus – als Hoffnungsträger und Symbol einer neuen Baugesinnung und besseren Zeit – " ... kristallisch aus dem Spiegel des Häusermeeres der Großstadt heraus"[6] emporragen.

FZ

1 Vgl. Ideenwettbewerb Hochhaus Bahnhof Friedrichstraße, in: Stbk SH 2, 1922, 10 (Dok.II).
2 Josef Ponten, Architektur die nicht gebaut wurde, Berlin 1926, 126
3 Julius Vischer/Ludwig Hilberseimer, Beton als Gestalter, Stuttgart 1928, 14, Abb. 10, 11.
4 Vgl. Bruno Taut, Haus des Himmels, in: Frühlicht 1921, Anhang zu Stbk 1922, 109ff
5 Zum Zusammenhang Kristall/Architektur vgl. Wolfgang Pehnt, Die Architektur des Expressionismus, Stuttgart [2]1981, 37-41, in Bezug auf Taut/Scheerbart und ihren Umkreis besonders 38.
6 Max Berg, Der Berliner Hochhauswettbewerb, in: BW 1922, 123 (Dok. X).

unten: 11.1 Grundriß eines Bürogeschosses
rechts: 11.2 Schaubild vom Standpunkt B

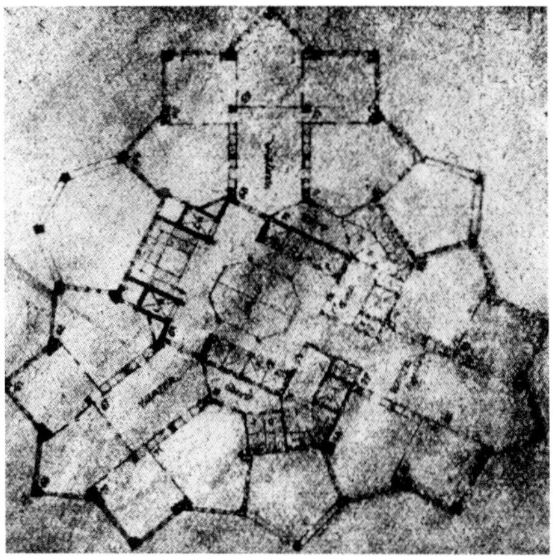

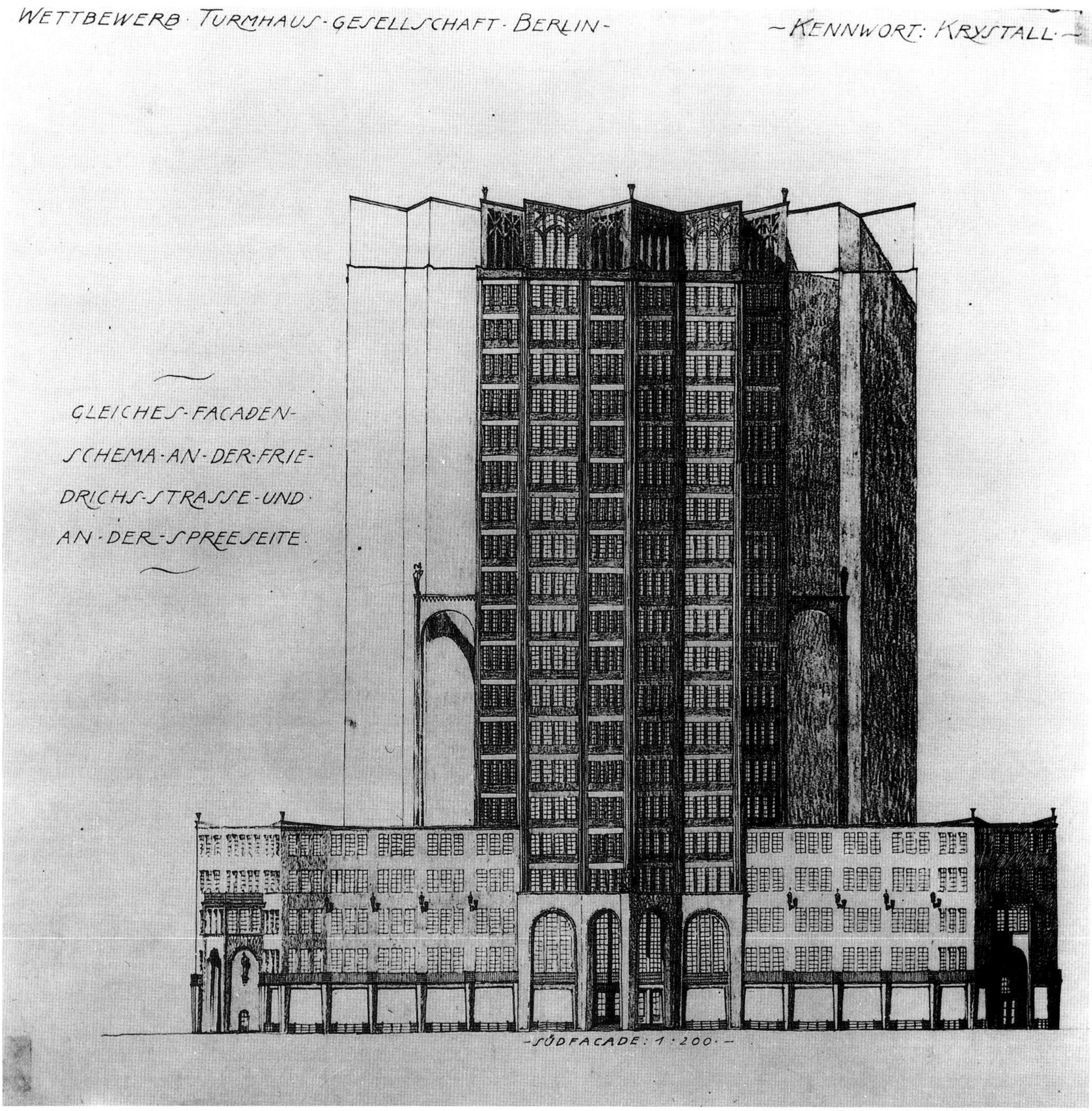

11.3. Ansicht Südfassade „Gleiches Fassadenschema an der Friedrichstraße und an der Spreeseite“

oben: 11.4. Schaubild vom Standpunkt A
unten: 11.5. Schaubild am Reichstagsufer

12 Martin Elsässer
Köln

Kennwort: geöffneter Lichthof

Im Gegensatz zum preisgekrönten Beitrag „Krystall“, dessen Hochhaus von einem Erschließungskern ausstrahlt, legt Elsässer bei seinem zweiten Wettbewerbsbeitrag um einen Innenhof den über einem Sechseck aufgebauten, bis zu 21 Geschosse hohen Hauptbaukörper, dem in den Restzwickeln des dreieckigen Grundstückes niedrige Vorbauten angegliedert sind. Diese mehreren anderen Entwürfen prinzipiell verwandte Lösung wird jedoch insofern entscheidend variiert, als der Architekt das Hochhaus aus der Mitte des Grundstückes nach Süden verschiebt und so mit einer mächtigen Front gegen den Bahnhof stellt. Durch Höhenstaffelung der Bauteile und einen tiefen Einschnitt in die Nordfassade ist zudem die Figur des Sechseckes im oberen Hochhausbereich zunehmend aufgelöst, so daß im Inneren ein gegen Norden „geöffneter Lichthof“ entsteht. Die Zerklüftung des Komplexes steigert zusätzlich aber auch die Effekte des variantenreichen Wechselspiels von Licht und Schatten, auf die die Fassadengestaltung - ähnlich „Krystell“ - im wesentlichen abzielt. Die intendierte Wirkung - in den virtuosen Kohle- und Bleistiftzeichnungen der Schaubilder, Ansichten und Schnitte (!) eindrucksvoll inszeniert -, resultiert aus den vielfachen Brechungen der Wandflächen, denen die Zickzacklinie des lebhaft bewegten Kontours des oberen Gebäudeabschlusses entspricht, und dem Kontrast von gliederungslosen und vertikal gegliederten Abschnitten. Die Strukturierung der Baumassen ist bei diesem Entwurf Elsässers ein von Fragen der Funktions- und Materialgerechtigkeit losgelöstes, ausschließlich ästhetisches Problem. Wohl zur Vereinheitlichung der Anlage und ihrer besseren optischen Einbindung in den städtebaulichen Zusammenhang, werden die Traufhöhen der dreigeschossigen Vorbauten durch Pfeilervorlagen im Hochhausabschnitt weitergeführt und so die unteren Etagen als Sockel ausgeschieden, der mit der Bebauung der Friedrichstraße korrespondiert. Auch die in den oberen Bereichen mehrfach wiederkehrenden Folgen senkrechter Wandvorlagen sind weder Verweis auf Funktionen - etwa die vertikale Erschließung - noch resultieren sie, wie die Grundrisse zeigen, aus einer besonderen, hier im Gegensatz zu den übrigen Wandabschnitten angewandten Konstruktionsweise. Am ehesten noch sind die in die Vorbauten gelegten Sondernutzungen wie Warenhaus, Kino, Café oder Tanzdiele als solche formal ausgewiesen.

Die in ihrer Detaillierung erstaunlich durchgearbeiteten Grundrisse, die aufgrund des vielfältigen Nutzungsangebotes und der Verschneidung des Sechseckes mit den angefügten Baukörpern außerordentlich kompliziert und in der Systematik der Stützenstellungen verwirrend wirken, letztlich aber doch logisch aufzuschlüsseln sind, klären sich mit zunehmender Bauhöhe in den Bürogeschossen. Doch auch die Erdgeschoßorganisation wäre für den Benutzer wohl sehr rasch durchschaubar. Die Grundstruktur mit der breiten Fußgängerpassage zwischen Weidenhammer Brücke und Bahnhof sowie an zweifachen Quererschließungen ist an sich sehr einfach, die ‚Trichter‘ der Ein- und Durchgänge und die überraschenden Wechsel von Einschnürungen und Weitungen im Ablauf der Raumfolgen hätte zumindest sehr effektvolle Wirkungen erzeugt.

Erstaunlich bleibt, daß Elsässers ungewöhnlicher Entwurf seinerzeit unbesprochen blieb, doch mögen dafür eine Reihe problematischer Aspekte des Komplexes verantwortlich sein, die entweder die eine oder die andere Gruppe von Rezensenten von einer Würdigung abhielten. Als Lösungstyp für den gegebenen Bauplatz, mit imposanter, gegenüber dem Bahnhof aufgebauter Schaufront konnte der Entwurf niemanden zufriedenstellen, als ‚Grundsatzerklärung‘ zum Thema Hochhaus war der Entwurf weder gedacht noch geeignet, der Jury erschien der Vorschlag in seiner Grundriß-Disposition vermutlich zu wenig übersichtlich[1] und den aus Brandschutz-Gründen bei anderen Entwürfen häufig kritisierten Schlot[2] hatte auch Elsässer nicht vermieden. Trotz aller Einwände, die man gegen den Entwurf auch wegen seiner geschmäcklerisch-expressionistischen Formgebung erheben kann, zählt „geöffneter Lichthof“ doch zu den eigenartigsten und eindrucksvollsten Arbeiten des Wettbewerbs. FZ

1 Die Wettbewerbsausschreibung hatte ausdrücklich übersichtliche Grundrisse verlangt, in den Jury-Beurteilungen sind sie immer ein vorrangiges Kriterium (vgl. Dok. II)

2 Vgl. z. B. Rendschmidt, Das Hochhaus am Bahnhof Friedrichstraße in: WAVB 1922, 30.

links oben: 12.1. Lageplan
rechts oben: 12.2. Vogelperspektive vom Dachgartenrestaurant
links unten: 12.3. Schaubild vom Standpunkt A
rechts unten: 12.4. Schaubild vom Standpunkt B

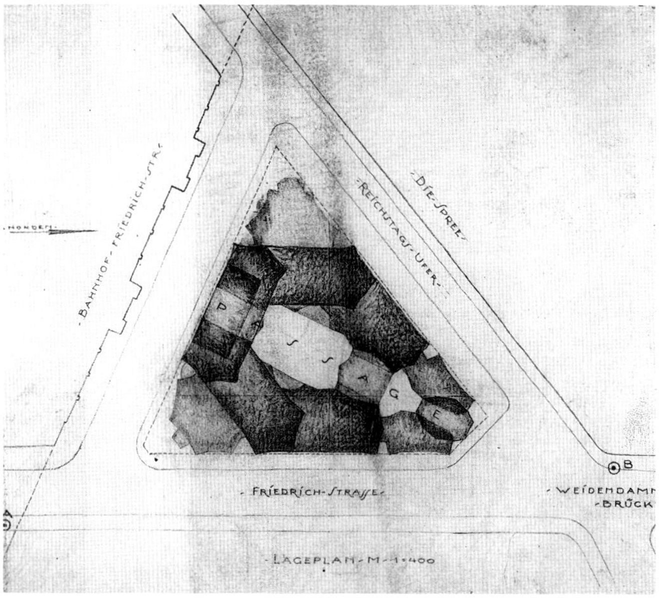

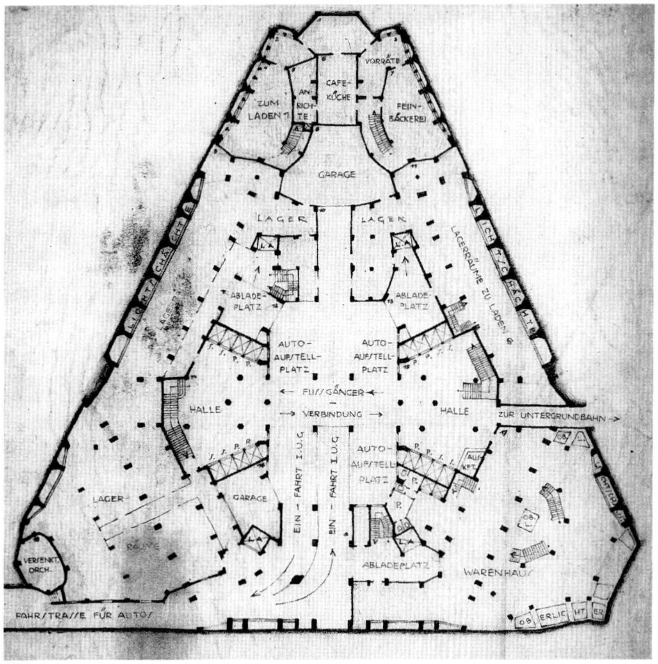

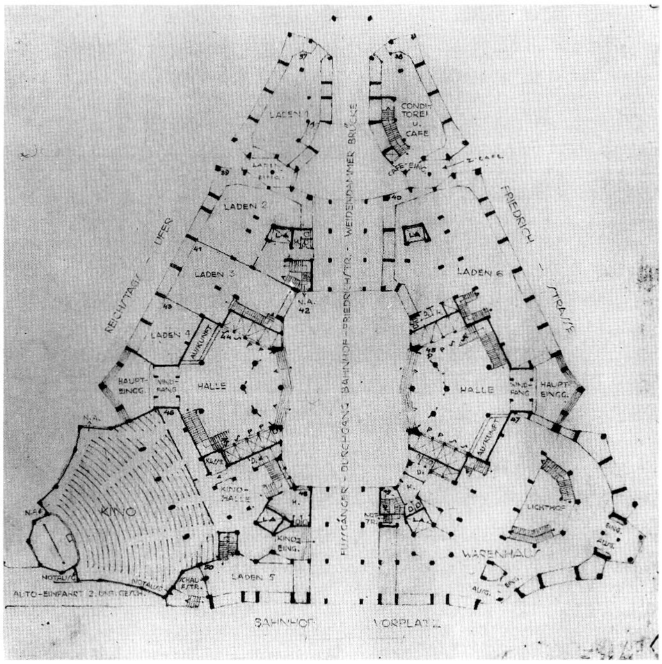

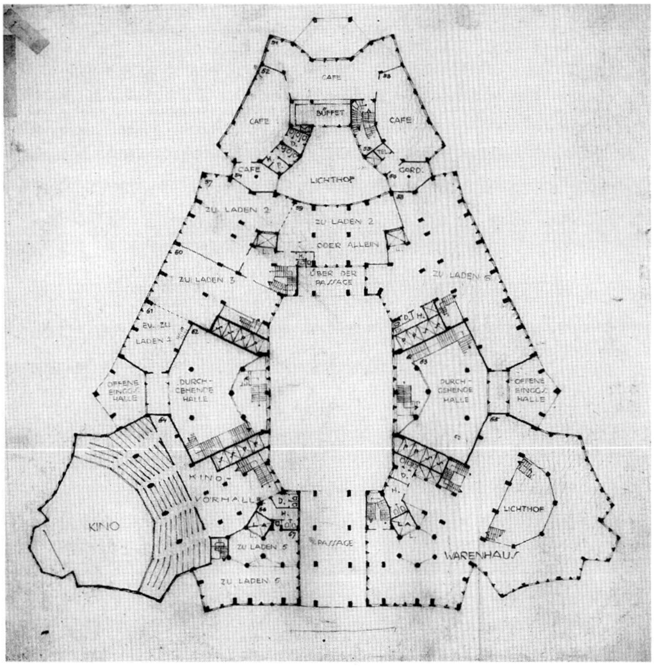

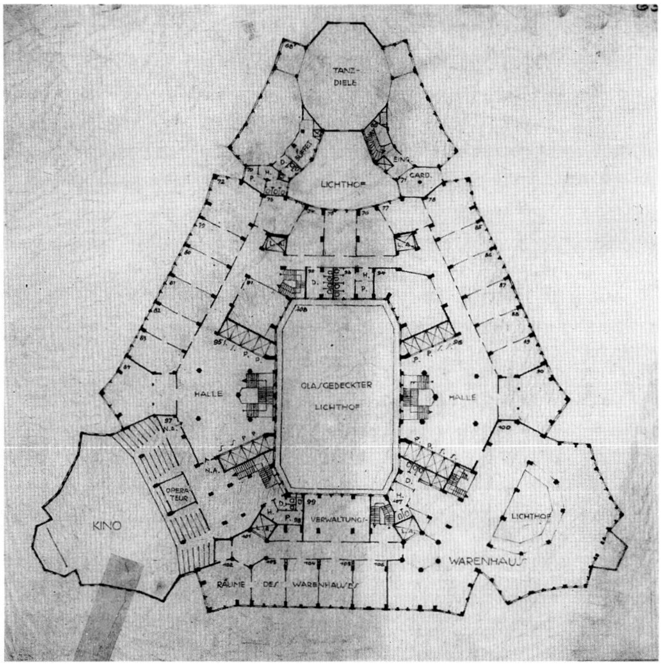

links oben: 12.5. Grundriß 1. Untergeschoß
links unten: 12.7. Grundriß 1. Obergeschoß

rechts oben: 12.6. Grundriß Erdgeschoß
rechts unten: 12.8. Grundriß 2. Obergeschoß

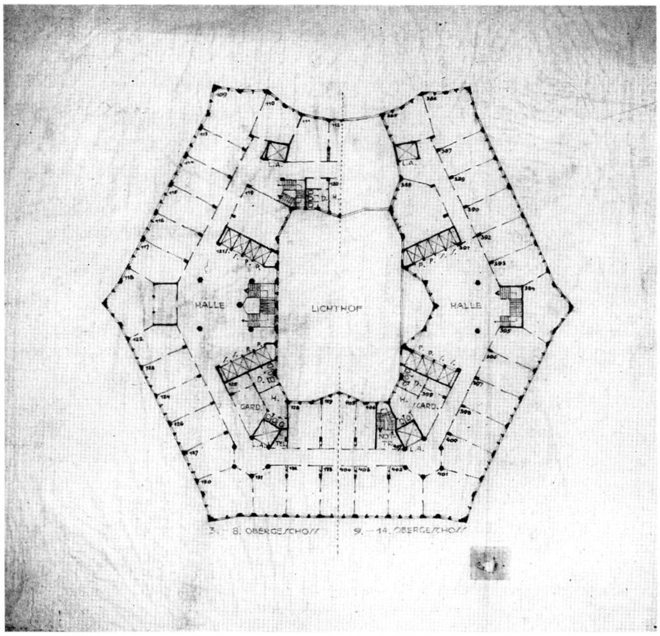

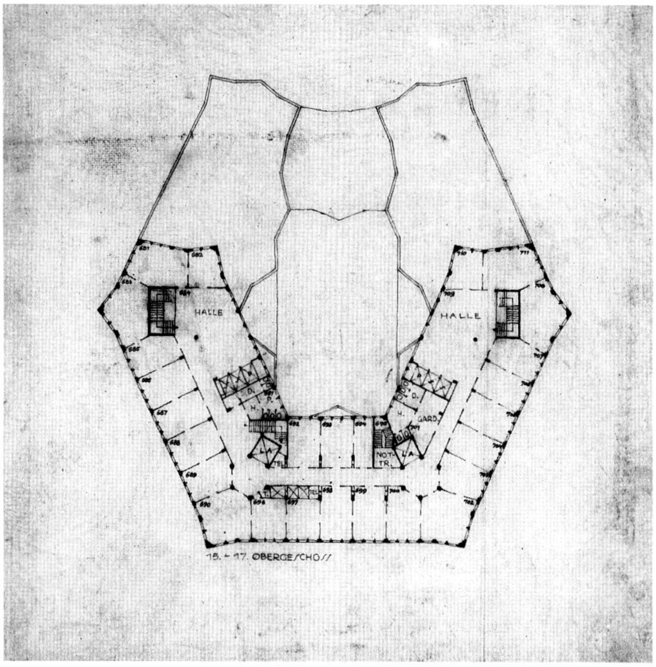

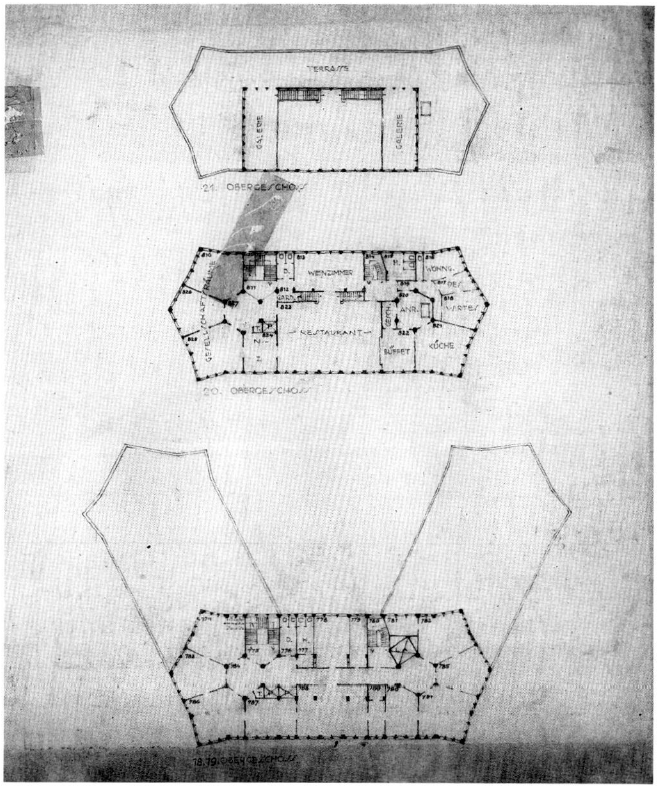

links oben: 12.9. Grundriß 3.-8. und 9.-14. Obergeschoß
rechts oben: 12.10. Grundriß 15.-17. Obergeschoß
rechts unten: 12.11. Grundrisse 18.-21. Obergeschoß

links oben: 12.12. Fassade zur Friedrichstraße, „Ostfassade“
links unten: 12.13. Schnitt A-B
rechts unten: 12.14. Schnitte C-D und E-F

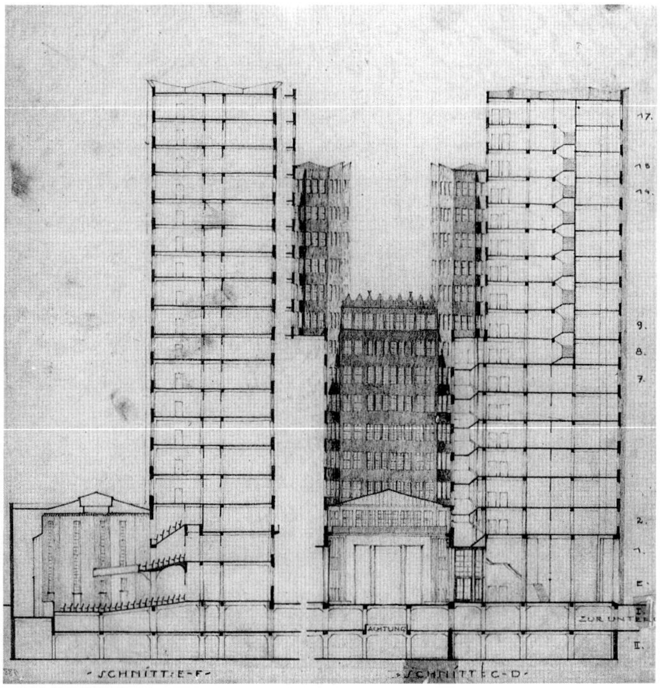

12.15. Fassade zur Weidendammer Brücke, „Nordfassade“

13 Paul Engler
Gertrauden

Kennwort: Scheini

Der aus dem ostpreußischen Gerdauen stammende Paul Engler, der bereits 1920 beim Danziger Wolkenkratzer-Wettbewerb mit einem sternförmig als „Kernbau mit Flügeln“ konzipierten Hochhaus vertreten war[1], ging auch in diesem Entwurf trotz aller Unregelmäßigkeiten des Bauplatzes und seiner Umgebung von einer symmetrisch aufgebauten Anlage des Hochhauses aus. Von den zwei sich scheinbar durchdringenden, kreuzförmig angeordneten Baukörpern erhebt sich der dominierende langgezogene Trakt über der auf der Mittelachse des Grundstücks von der Weidendammer Brücke zum Bahnhof führenden tunnelartigen Passage. Damit entsteht aber eine städtebaulich höchst ungünstige Situation: Weder erfolgt eine Bezugnahme auf den Straßenraum der Friedrichstraße noch wird die Ausrichtung des Gebäudes auf den Bahnhof und die Weidendammer Brücke räumlich nachvollziehbar, und ebensowenig wird trotz entstehender Freiflächen und des nicht unbeträchtlichen Abstandes zur Brücke der Eindruck des sich auf einem freien Platz erhebenden Gebäudes gewonnen, der mit dem Schaubild suggeriert werden soll. Schließlich ist mit dieser Lösung eine nur sehr geringe Ausnutzung der Grundfläche verbunden, woran auch die das Hochhaus flankierenden, vorgeschobenen niedrigen Vorbauten und die an der breiteren Südseite hinzugefügten, eingeschossigen Anbauten nichts ändern.

Der fehlende räumliche Zusammenhalt zwischen den einzelnen Baukörpern wird durch die auffallend heterogene Gestaltung noch hervorgehoben. Die vermutlich für die in der Ausschreibung geforderten Nutzungen als Café, Restaurant und Läden vorgesehen Vorbauten[2] erinnern mit ihrer dekorativen Rahmengliederung von Schaufenstern und Wandflöchen vage an frühe Bauten von Peter Behrens.[3] Dagegen hat das Hochhaus selbst einen fast rustikalen Anstrich. Aus der sehr zurückhaltenden architektonischen Gestaltung – der etwas verbreiterte Sockel ist lediglich durch kräftige Gesimsbänder gegliedert und abgesetzt, der übrige Bau bis zur Höhe des 11. Stockwerks nur von der gleichförmigen Anordnung der kleinen Sprossenfenster bestimmt – fällt allein der etwas aufwendiger behandelte Gebäudeabschluß heraus. Über dem Längstrakt war offensichtlich eine Dachterrasse mit geschoßhohen Brüstungen und zurückgesetzten Aufbauten vorgesehen[4], während der kürzere Quertrakt nach einem Rücksprung mit einem deutlich erhöhten Walmdach abschließt. Dieser Bereich, der doch nur zur Unterbringung der Maschinerie der in dem als Erschließungskern genutzten Quertrakt befindlichen Aufzüge dient, ist damit fast wie eine Vierung hervorgehoben.

Engler, in dessen Arbeiten 1912 „ein Zug zu selbständiger Entwicklung“ gesehen worden war[5], erweist sich in diesem Entwurf als Traditionalist. Er bemüht sich, dem Hochhaus jeden großstädtischen und monumentalen Eindruck zu nehmen, um ihm stattdessen einen Charakter zu verleihen, der zwar in den Einzelformen nicht exakt bestimmbar ist, in dem aber Erinnerungen an alte Stadtbefestigungen mit ihren Bastionen, Stadttoren und Wehrgängen fortleben. Damit kann dieser Beitrag weder für die zwanziger Jahre als zeitgemäß gelten noch ist in ihm irgendeine sinnvolle Beziehung zum Bauplatz oder zur Großstadt Berlin zu erkennen.

EF

1 Vgl. Wolkenkratzer-Wettbewerb in Danzig, in: BM 1921, Tafel 20.
2 Die tatsächlich vorgesehene Nutzung dieser Räume geht aus der Grundrißzeichnung nicht eindeutig hervor.
3 Vgl. das Krematorium in Hagen-Delstern von Peter Behrens, 1906-08.
4 Diese Lösung hatte Engler schon bei seinem Hochhausprojekt für Danzig verwendet, vgl. Abb 6.
5 Kunstwelt 1912, 496

rechts oben: 13.1. Schaubild vom Standpunkt A
rechts unten: 13.2. Schaubild vom Standpunkt B
links unten: 13.3. Lageplan

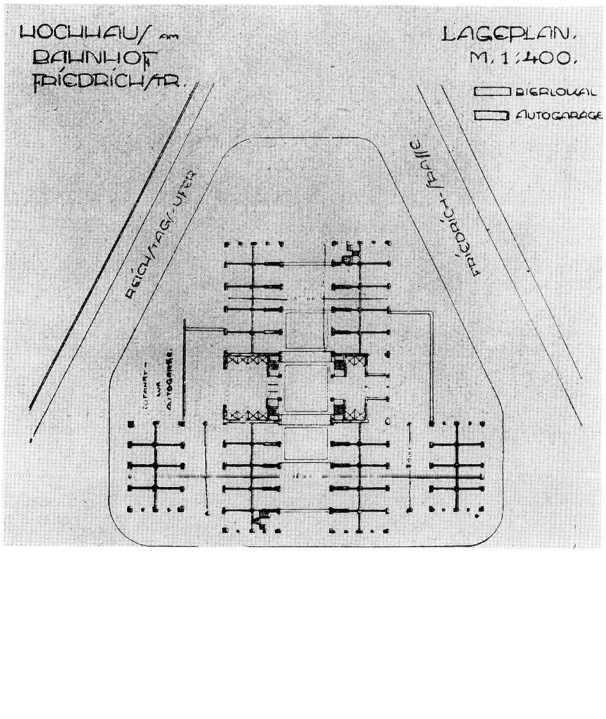

14 Wilhelm Ernst Düsseldorf

Kennwort: unbekannt

Der ohne Kennwort und in nur einem Schaubild überlieferte Entwurf wurde in einer Rezension des Wettbewerbes von Max Berg publiziert[1]. Soweit es das Schaubild erkennen läßt, war eine fünfgeschossige Blockrandbebauung vorgesehen, die nur auf der Seite zum Bahnhof auf eine der durchlaufenden Ladenzone mit großen Schaufensterflächen entsprechende Höhe von einem Geschoß reduziert ist. Über der Blockrandbebauung am Reichstagsufer erhebt sich ein insgesamt 15geschossiger, nicht die ganze Straßenfront, sondern nur den mittleren Bereich einnehmender Baukörper, an den ein ebenso hoher zweiter Flügel anschließt, der auf der winkelhalbierenden Linie bis etwa in die Mitte des dreieckigen Grundstücks hineinreicht. Die genaue Stellung dieses Baukörpers und die Anlage des Blockinnern läßt sich indessen nicht klären, da der von der Friedrichstraße um die Ecke in die Bahnhofstraße geführte Teil der Blockrandbebauung den Blick darauf verstellt. Die Konzeption eines wohl annähernd T-förmigen Hochhauses steht unter den überlieferten Einsendungen allein und ist durch das Bemühen begründet, den bebauten Grundstücken in der Umgebung genügend Licht zu lassen.

Max Berg, der das Projekt in seiner Rezension als ein bezeichnendes Beispiel „für die Art der deutschen Auffassung des Hochhausgedankens" besprach[2], sah seine eigenen Vorstellungen vom Hochhausbau darin offenbar weitgehend verwirklicht: „Die (...) Forderung des einheitlichen, sachlichen und gediegenen Magazincharakters erfüllt in hervorragendem Maße der Entwurf von Wilhelm Ernst (...). Unter Durchführung eines einheitlichen Rhythmus vom Scheitel bis zur Sohle steigert sich die Baugruppe, von der normalen Straßenbebauung ausgehend, in edlem Vertikalismus gegliedert in natürlicher, reizvoller Staffelung zu dem den Kern der Anlage bildenden Hochhaus. Die einfache Sachlichkeit, der Verzicht auf gewollte, interessante Umrißbildung verleiht diesem Entwurf Größe. Die spitzenartigen Endigungen stimmen mit dem ausgesprochenen Vertikalismus überein. Sowohl bei diesem Entwurf als auch bei anderen zeigt sich, daß die durch die Höhenabmessungen erzeugten perspektivischen Verkürzungen allein dem Hochhaus ganz besondere, nur ihm mögliche reizvolle Umrißlinien zu verleihen vermögen".[3] Tatsächlich hat sich Wilhelm Ernst in der Gestaltung seines Gebäudes an die seit 1920 mehrfach publizierten Hochhausprojekte, die Max Berg für Breslau ausgearbeitet hatte, angelehnt.[4] Dies gilt nicht nur für das Prinzip, die unterschiedlichen Baukörper mit einer einheitlichen Fassadenstruktur zu überziehen, auch in der Reduzierung der Fassaden auf konstruktiv begründete vertikale Stützelemente, große Fensteröffnungen und horizontal verlaufende Brüstungen[5] greift Wilhelm Ernst auf ein von Max Berg entwickeltes Schema zurück, geht aber in der sachlichen Behandlung dieser Struktur – man vergleiche die ornamentierten Fensterbrüstungen und Dachabschlüsse bei den Fassadenstudien für ein Hochhaus am Lessingplatz in Breslau[6] – über diesen und auch über den sonst in vielem vergleichbaren Beitrag von Ludwig Moshamer und Wilhelm Brix (Kat. Nr. 32) weit hinaus und vollzieht damit den Schritt zur reinen Rasterfassade, deren spätere Verbreitung für die Geschäftshaus- und Hochhausarchitektur dieses Jahrhunderts so folgenreich werden sollte. Hängt doch, da sich eine solche Fassadenstruktur mühelos auf jeden Baukörper übertragen läßt, eine zufriedenstellende Gestaltung, wie auch Max Berg schon damals zu erkennen gab, nunmehr allein von einer guten Anordnung der Baumassen ab. Max Berg und die von ihm beeinflußten Architekten aber beschäftigten nicht die mit einer solch radikalen Formgebung verbundenen Probleme, sondern die Suche nach einer der amerikanischen Hochhausarchitektur und den Bemühungen deutscher Architekten um monumentale und repräsentative Lösungen entgegengesetzten Gestaltungsweise, in der „das innere Wesen des guten Geschäftsgeistes, Sachlichkeit und Gediegenheit (...) zum Ausdruck kommen" sollte.[7]

BS

1 Vgl. Max Berg, Die formale Auffassung des Hochhausgedankens in: BW 1922, 360, 363-363.
2 Berg, Formale Auffassung, 362.
3 Berg, Formale Auffassung, 362-363.
4 Dies macht schon ein Vergleich der Zeichentechnik von Max Berg und Wilhelm Ernst deutlich.
5 Unklar ist, warum der entlang der Friedrichstraße verlaufende Bautrakt keine horizontalen Einteilungen aufweist.
6 Vgl. Max Berg, Hochhäuser im Stadtbild, in: WMB 1921/22, 108-109. Auf dieses Projekt geht auch der in die Unterbrechung der Blockrandbebauung gesetzte Abschnitt an der Bahnhofseite mit der gestuften, pavillonartigen Bedachung zurück.
7 Berg, Formale Auffassung, 362.

14.1. Schaubild vom Standpunkt A

15 Otto Firle
Berlin

Kennwort: unbekannt

Als Otto Firle sich 1921 am Berliner Hochhauswettbewerb beteiligte, hatte er bereits eine erfolgreiche Karriere als Gebrauchsgraphiker hinter sich.[1] Das Schaubild, einziges bekanntes Blatt seines Wettbewerbsbeitrages, zeigt als virtuose Kohlezeichnung den Entwurf in eindrucksvoller Nachgewitterstimmung und läßt seine Professionalität als Zeichner erkennen.[2]
In dem Entwurf – Mischform aus ‚Kernbau mit Flügeln' und ‚Rundbau' – schließen sich an den etwa 18geschossigen, mächtigen Turm drei neungeschossige Flügelbauten an, die strahlenartig in die Grundstücksecken weisen. Der Baukörper der viergeschossigen, die Grundstücksgrenzen säumenden Blockrandbebauung scheint diese Anlage zu durchdringen. Zusammen mit den umlaufenden Gesimsen, den überall gleichen, schmucklos-kleinteiligen Sprossenfenstern, der Wiederholung des Bogenmotivs des Erdgeschosses in der Turmbekrönung und der ausschließlichen Verwendung des Flachdaches ist so zunächst die „besondere Schwierigkeit (...) der einheitlichen Zusammenfassung der Gebäudegruppen"[3], die für alle Entwürfe vergleichbarer Grunddisposition konstatiert wurde, gelöst.
Zugleich aber wird zwischen Hochbau und Blockrandbebauung vor allem durch den Kontrast der kantigen und runden Großformen klar differenziert. Die Dominanz der Horizontalen, die den Charakter der niedrigeren, an der Bebauungshöhe der Friedrichstraße orientierten Bauteile bestimmt, ist im Kernbau und seinen Flügeln durch die vertikalen Gliederungen, die die Mittelkorridor(?)- oder Treppenhaus(?)-Fenster zusammenfassen, gebrochen. Kaum merkliche Proportionsverschiebungen bei den übrigen Fenstern – leicht hoch – anstatt querrechteckig – stützen die dem Hochhaus zugedachte Vertikaltendenz und gleichzeitig die ausgewogene Gesamterscheinung des Komplexes.
Hinsichtlich der noch vorwiegend traditionellen Bauformen läßt sich der Entwurf den frühen Arbeiten Otto Firles zuordnen. Ebenso wie seine späteren Entwürfe, die einerseits in ihren Grundstrukturen stets eine große Klarheit aufweisen, doch andererseits im stilistischen Bereich von vergleichsweise sehr unterschiedlicher Ausprägung sind, ist das Hochhausprojekt als Produkt seiner Zeit zu betrachten. Firles Flexibilität wird bezüglich seiner Arbeiten als Graphiker treffend als „große Geschmeidigkeit in der Anpassung an die jeweilige Aufgabe"[4] charakterisiert. SK

1 Otto Firle, der im Ersten Weltkrieg als Flieger ausgebildet worden war, arbeitete später als Werbegraphiker bei der ‚Deutschen-Luft-Reederei'. Vgl. Walter F. Schubert, Berlin – Die Werbemittel des Luftverkehrs und der Flugveranstaltungen, in: Das Plakat 1920, 379.

2 Wohl aus Gründen der Bildkomposition ist der Straße entlang der Spree gleiches Gewicht wie der Friedrichstraße beigemessen, was letztendlich der imposanten Wirkung seines Hochhausentwurfes entgegenkommt.

3 Joseph Brix, Der Ideenwettbewerb für die Bebauung des Geländes am Bahnhof Friedrichstraße in Berlin mit einem Hochhaus, in: ZdB 1922, 82.

4 Schubert, Werbemittel, 380.

15.1. Schaubild vom Standpunkt B

16 Walter Fischer Magdeburg

Kennwort: Bienenstock

„Die Türme sollten immer einen Ort oder eine Stadt kennzeichnen. Es ist naturgemäß, daß man bestrebt sein muß, die Türme auch zur Nacht herauszuheben. Darum müssen alle Türme unter der Herrschaft der Glasarchitektur Lichttürme werden."[1] Diese Vision, von Paul Scheerbart 1914 formuliert, von Bruno Taut propagiert und von Walter Fischer wieder aufgenommen[2], war die tragende Idee des Vorschlages mit dem Kennwort „Bienenstock". Als Typus – Erschließungskern mit drei Flügeln – folgt der Entwurf zwar einem nicht nur im Wettbewerb gängigen Muster[3], die formale Durchführung jedoch ist von außerordentlich eigenwilligem Charakter. Bestimmend sind zum einen die klare Zonung, zum anderen der Einsatz gegensätzlicher Motive, was Fischer in der ungewöhnlichen Gegenüberstellung von Tag- und Nachtansicht besonders verdeutlicht.[4] Massive und grazile, fast transparente Bauteile sind in Kontrast zueinander gesetzt und in ihrer Wirkung durch die Beleuchtung prononciert. Die Anbauten erscheinen wie helle Tore vor den dunklen Wänden, und die dämmernden Grate bilden den Übergang zum Abendhimmel und führen zur Lichtkrone hinauf. Fischer setzt hier die Architekturzeichnung ein, um die Idee zu verdeutlichen: Die Stadt braucht an dieser Stelle ein Zeichen, das Turmhaus als ein Wahrzeichen Berlins, auf Fernsicht berechnet[5], wie es die Kathedralen in den mittelalterlichen Städten waren. Unterstrichen wird dies durch die Gesamthöhe des siebenundzwanziggeschossigen Turmhauses, die mit ca. 91,5 m die Ausschreibungsvorgaben und alle anderen Wettbewerbsbeiträge an Höhe bei weitem übertrifft. Klar unterscheidet Fischer in der Zonung der Bauteile und ihrer formalen Gestaltung die einzelnen Funktionen innerhalb des gesamten Baukörpers. Die vertikale Lisenengliederung der Erschließungstürme – im Kern der Anlage und als Abschluß der in die Grundstücksecken weisenden Flügel – spiegelt die Nutzung und steht in wirkungsvollem Kontrast zu deren feingliedriger, richtungsneutraler Netzstruktur. Hier sollten ausschließlich Büros verschiedener Grundfläche untergebracht werden, während für die Glasaufbauten des Hochhauses an eine Nutzung als Cafés oder Ateliers zu denken wäre, und die aufgeglasten Vorbauten wohl zu Ladenzwecken dienen sollten. Formal setzt Fischer die Pavillons als Gegengewicht zu den die Senkrechte betonenden Elementen des Hochhauses und verhält sich damit im Sinne des neuen Bauens, dessen Horizontalität sich eindeutig von der bereits von Le Corbusier polemisch konstatierten „Neigung zum einseitigen Vertikalismus in der deutschen Baukunst"[6] löst.

Fischer sah im Entwurf für seinen Bau eine farbige Gestaltung vor, die das konstruktive Gerüst noch zu veranschaulichen half.[7] Hierin und in zahlreichen Motiven zeigt sich die große Nähe Fischers zum damaligen Magdeburger Stadtbaurat Bruno Taut. So gehen mit Sicherheit die betonte Verwendung von Glas und Eisen, vor allem aber der pyramidale Aufbau des Entwurfes, der im Kontur von fialenartigen Zacken nachhaltig bestimmt ist, auf Anregungen aus dessen expressionistischer Phase zurück.[8] Darüberhinaus lassen die Vorbauten eine Verschmelzung zweier Frühwerke Tauts, der beiden Ausstellungspavillons „Trägerverkaufskontor" (Berlin 1910) und „Monument des Eisens" (Leipzig 1913) erkennen.[9]

Bezeichnend für die Zeit und inhaltlich aufschlußreich ist Fischers Erläuterung seines Entwurfes durch das Motto „Bienenstock". Abgesehen von den Aspekten des Wortsinns, die von jedermann assoziativ verstanden werden konnten, und die auf die Eigenschaften des Baues als Ort quirligen Fleißes und geschäftigen Treibens verweisen, hatte der Vergleich mit der Behausung der Biene im Denken und in der Sprache der Architekten bereits seinen festen Platz.[10] So hatte Louis H. Sullivan bereits 1896 im Zusammenhang mit großen Bürogebäuden festgestellt, daß „jedes Büro eine Wabe in einem Bienenstock, nur eine Zelle und nichts weiter"[11] sei, und Behne betont später beim „Massenmietshaus der Bienenwabe" das „normungsfähige, mechanische Prinzip".[12]

BB

1 Paul Scheerbart, Glasarchitektur, München 1971 (Reprint der Ausgabe von 1914), 74.

2 Walter Fischer hatte im Sinne Tauts die Scheerbartschen Vorstellungen weitergetrieben, von denen Taut sich schon ein halbes Jahr zuvor abgewandt hatte; vgl. Julius Posener, Vorlesungen zur Geschichte der neuen Architektur II, in: Arch + 53, 1980, 68.

3 Andere Varianten dieses Typs sind die Wettbewerbsbeiträge von O. Schubert, M. Elsässer, H. Poelzig, L. Mies van der Rohe, A. Feifel und anderen; der wesentliche Prototyp war hier der Entwurf für ein Messehaus von Richard Döcker (vgl. Abb. VIII, IX).

4 Möglicherweise von zwei Fotos, Tag- und Nachtansicht des Metropolitan Towers in einem Artikel Max Osborns zu dieser Darstellungsweise angeregt; vgl. Max Osborn, Wolkenkratzer, in: Qualität 1920, 115 (vgl. Kat. Nr. 48.9)

5 Darauf zielt die augenfällige Gestaltung des oberen Gebäudeabschlusses, eine Konstruktion aus mit vermutlich farbigen Glasbausteinen ausgefachtem Eisenrahmenwerk, mit polygonal gefaltetem Zeltdach, die sich mittels künstlicher Beleuchtung auch gegen den Nachthimmel abheben sollte.

6 Adolf Behne, Der moderne Zweckbau, Berlin 1964 (Reprint der Ausgabe von 1926), 47. Behne faßt hier Gedanken Le Corbusiers aus L'Esprit Nouveau zusammen, die er bereits 1921 kommentiert hatte; vgl. Adolf Behne, Junge Französische Baukunst, in: SM 1921, 517.

7 Fischers Entwurf ist der einzige Wettbewerbsbeitrag, von dem eine farbige Gestaltung überliefert ist, vgl. Adolf Behne, Der Wettbewerb der Turmhaus-Gesellschaft, in: WMB 1922/23,60. Ein Schwerpunkt des Arbeitsprogrammes von Taut war die „Verwandlung Magdeburgs in eine farbige Stadt"; vgl. dazu Hans Jörg Rieder, Die farbige Stadt, Diss. Zürich 1976, Kap. IV, Das bunte Magdeburg 1921-24, 65-103; Kurt Junghanns, Bruno Taut 1880-1938, Berlin 1970, 54ff; Bruno Taut 1880-1938, Katalog zur Ausstellung der AdK Berlin, Berlin 1980, 65ff.

8 Vgl. dazu die Entwürfe Tauts zu „Stadtkrone" (1919), „Haus des Himmels" (1920), „Elbuferbebauung Magdeburg" und „Büro- und Geschäftshaus auf dem Kaiser-Wilhelm-Platz, Magdeburg" (1921), in: Akademie der Künste, Taut, 62, 63 und 64.

9 Vgl. Junghanns, Taut, Abb. 19 und Abb. 48/49.

10 Dies wird auch deutlich durch das Auftreten ähnlicher Metaphern beim Wettbewerb, wie „Wabe" (Kat. Nr. 31) sowie „Bienenkorb" und nochmals „Wabe" (vgl. Liste der Motti, Dok. I).

11 Louis H. Sullivan, Das große Bürogebäude, künstlerisch betrachtet, 1896, zit. n. S. Paul, Louis H. Sullivan – ein amerikanischer Architekt und Denker, Berlin 1963, 145.

12 Behne, Zweckbau, 45.

16.1. Schaubilder vom Standpunkt B (bei Tag) und „am Abend von ‚A'"

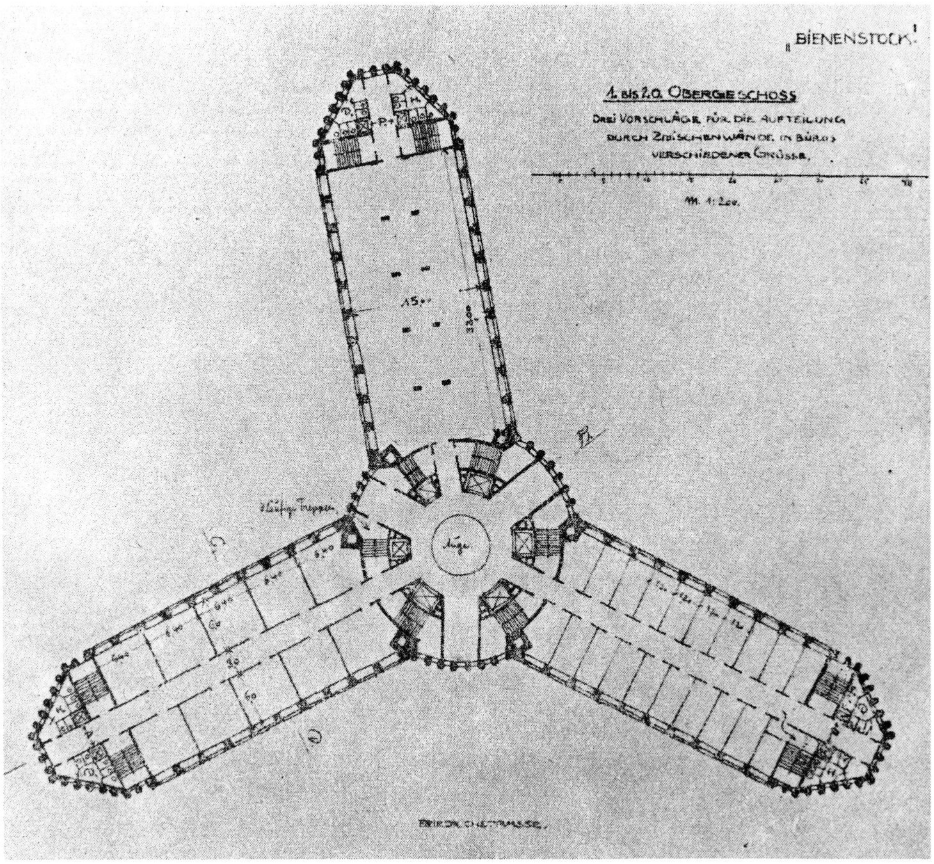

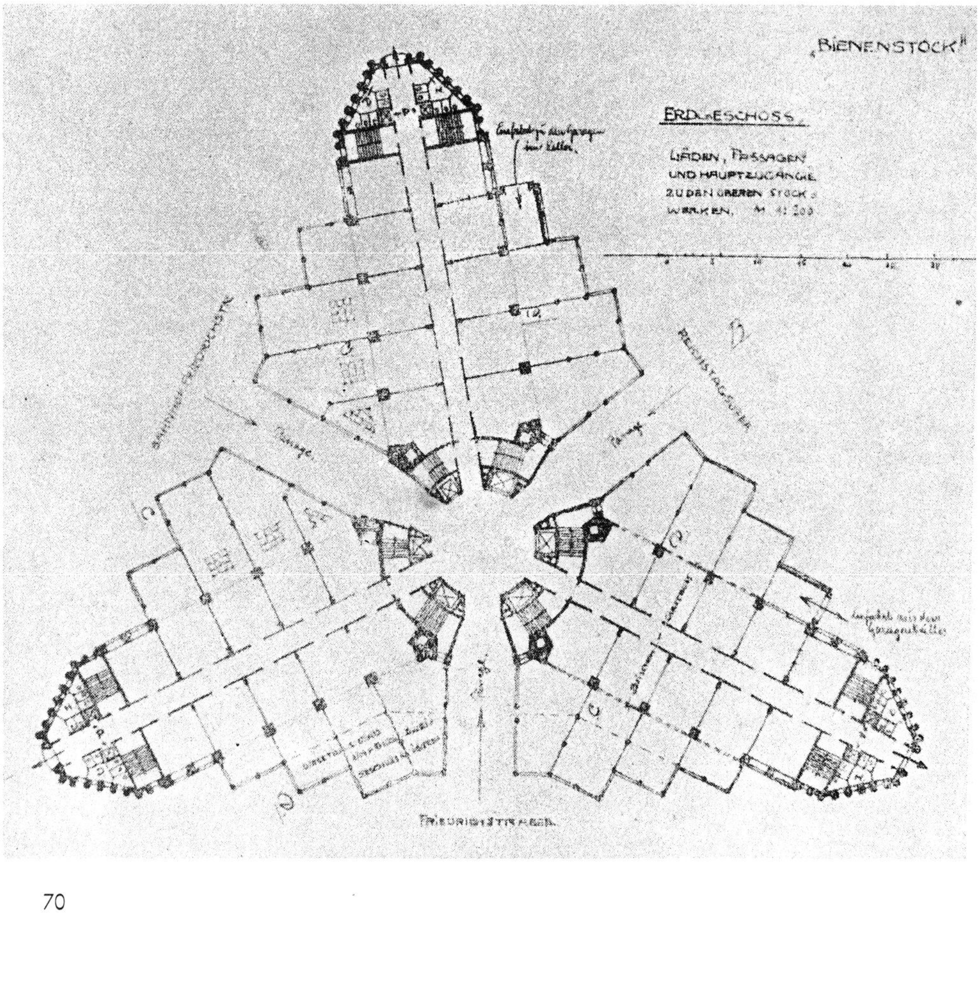

oben: 16.2. Grundriß 1.-20. Obergeschoß
unten: 16.3. Grundriß Erdgeschoß

oben: 16.4. Schaubild vom Schiffbauerdamm
rechts: 16.5. Geometrische Ansicht

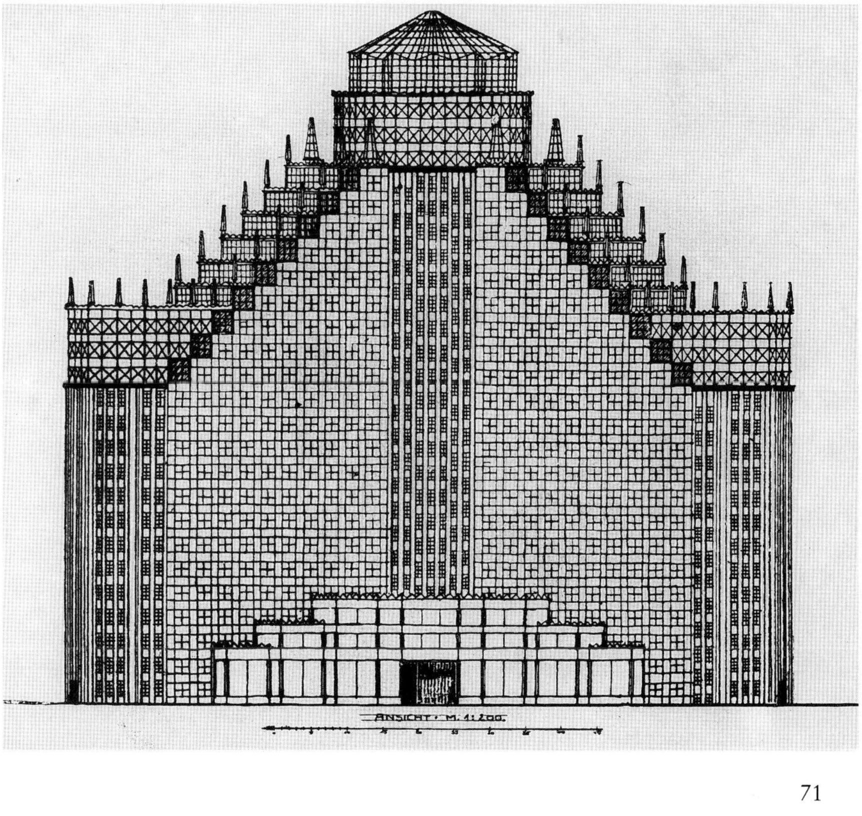

17 Jean Flerus / Josef Konert Dortmund

Kennwort: Offener Hof

Bruno Möhring sprach sich 1920 im Falle eines Hochhausbaues am Bahnhof Friedrichstraße für die Beibehaltung des Bahnhofsvorplatzes aus.[1] Ein Jahr später aber waren die Dortmunder Architekten Flerus und Konert die einzigen Teilnehmer des Ideenwettbewerbes, die seinen Vorschlag berücksichtigten und einen Bahnhofsvorplatz auf dem teuren Baugelände vorsahen[2], indem sie das Hochhaus parallel zur Spree an das Reichstagsufer setzten, ihm an der Ecke zur Weidendammer Brücke einen niedrigen Flügelbau anfügten und auf diese Weise einen zum Ufer und zur Friedrichstraße abgeschirmten Platz vor dem Bahnhof erhielten.

Max Berg, der mit seiner später veröffentlichten Lösung für das Hochhaus am Bahnhof Friedrichstraße selbst eine „zweibündige gestreckte Anlage“[3] an der Spree mit einem Bahnhofsvorplatz vorschlug, war der einzige Rezensent dieses nicht prämierten Entwurfes.[4] Berg lobte die Berücksichtigung des Platzes und die sich durch die Lage des Hochhauses ergebende günstige Belichtung.[5] Zu Recht kritisierte er dagegen die uneinheitliche formale Gestaltung.[6] Tatsächlich zerfällt das Gebäude durch die additive Vorgehensweise der Architekten in formaler Hinsicht: Der hohe, oben abgetreppte Mittelrisalit erhält eine rundbogig abschließende Lisenengliederung.[7] Er wird von zwei niedrigeren, tieferen Anexen eingefaßt, welche vertikal durchlaufende Vorlagen erhalten, die wie abgeschnitten, ohne zusammenfassenden oberen Abschluß enden.[8] Am niedrigen Flügelanbau fehlen Wandvorlagen ganz. Uneinheitlich und allzu simplem, additiven Prinzip gehorchend sind auch die Dachlösungen. Ein jeweils aufgesetztes Dachgeschoß erhält auf dem Mittelrisaliten zwei Walmdächer und auf den Annexen Flachdächer. Auf dem Flügelanbau ist es durch ein skulpturenbesetztes Kranzgesims ersetzt.

Dachlösungen, Fassadengliederungen und das Umgehen mit unterschiedlichen, aneinander gefügten Baublöcken rücken das Dortmunder Architektenteam in die Nähe von Fritz Schumacher. Der Kölner Architekt wählte für seinen im Dezember 1921 veröffentlichen Entwurf für die Bebauung des linksrheinischen Brückenkopfes der Hängebrücke in Köln (vgl. Abb. 44) ebenfalls zwei unterschiedliche Dachlösungen: Zeltdächer auf Sockeln für die beiden lisenengegliederten Hochhaustürme und Flachdächer für die niedrigeren, vertikal gegliederten Gebäudekomplexe. Flerus und Konert dürften außerdem die Idee der Arkadenbögen im Sockelgeschoß von Schumacher übernommen haben. Auch der flache Flügel erinnert assoziativ an Schumachers aus dem Gebäudekomplex ‚schießende' Hängebrücke.

Flerus und Konert bemühten sich vor allem im Grundriß um Sachlichkeit, Klarheit und Wirtschaftlichkeit.[9] Das nüchtern zweihüftig – magazinartig gegliederte Massiv mit Läden im Erdgeschoß und Büroräumen in 19 Stockwerken wird durch zwei voneinander getrennte Versorgungs- und Verkehrstrakte erschlossen.[10] Im Flügelanbau jedoch überwiegen deutlich städtebauliche Interessen, denn dieser erfüllt eine wichtige Funktion als räumlich trennendes und zugleich verbindendes Element zwischen dem Bahnhof und der Friedrichstraße.

Die beiden Architekten beschäftigten sich auch noch nach dem Friedrichstraßenwettbewerb mit dem Hochhausproblem. Nachdem sie 1923 einen formal stark an ihr Friedrichstraßenprojekt angelehnten Hochhausentwurf für einen Wettbewerb um die städtische Sparkasse in Münster i. W. ausgearbeitet hatten, äußerte sich Jean Flerus 1924 am Münsteraner Beispiel zu dem Problem, wie Hochhäuser in wirtschaftlich expandierende Altstädte zu integrieren wären.[11] Der Beitrag von Flerus und Konert zur Hochhausdiskussion ist durch ihr Bemühen gekennzeichnet, Hochhäuser in Deutschlands Städte eher vorsichtig einzubinden. Sie sollten durch eine neutrale Gestaltung den alten Bauten und Stadtstrukturen angepaßt werden, anstatt durch ein bewußt modernes Erscheinungsbild eine neue Zeit und Bauweise auszudrücken. HL

1 „Auch halte ich dafür, daß eine Platzbildung unmittelbar vor dem Bahnhof Friedrichstraße durchaus notwendig, während sie an der Brücke überflüssig ist.“ Bruno Möhring, Über die Vorzüge der Turmhäuser und die Voraussetzungen, unter denen sie in Berlin gebaut werden können, in: Stbk 1920, 376.

2 Max Berg, Die formale Auffassung des Hochhausgedankens, in: BW 1922, 362: „Nachgeholt sei (. . .) die Darstellung des Entwurfes „Offener Hof“ (. . .) als einzige Lösung, die die Platzfrage vor dem Friedrichstraßenbahnhof zu lösen vesucht.“

3 Max Berg, Grundsätzliches zur Hochhausfrage, in: BW 1922, 37.

4 Max Berg, Der Berliner Hochhauswettbewerb, in: BW 1922, 124, und in: Formale Auffassung, 362.

5 Die günstige Belichtung hoben die Architekten im Schaubild zeichnerisch besonders hervor.

6 Berg, Formale Auffassung, 362: „Rein formal ist zu dem Entwurf noch zu sagen, daß die Art der Absetzung einzelner Bauteile, die verschiedenen Dachlösungen, Einheitlichkeit vermissen lassen.“

7 Interessant ist hier der Vergleich mit Poelzigs Schauspielhaus. Flerus und Konert hatten in der zweiten Dekade kurzfristig in Berlin bei Paul Schultze-Naumburg gearbeitet. Sie mögen sich an Poelzigs Schauspielhaus erinnert haben, kannten aber den zu diesem Zeitpunkt im Bau befindlichen Bahnhof noch nicht, worauf dessen Angabe auf dem Schaubild als Schemagrundriß zurückzuführen ist.

8 Flerus und Konert entschieden sich für eine stringente Vertikalgliederung des Hochhauses und betonten damit die Höhenerstreckung von 19 Stockwerken. Allerdings war eine Vertikalgliederung am Hochhaus nichts außergewöhnliches, wie u. a. aus anderen Vorschlägen für das Friedrichstraßenhochhaus hervorgeht.

9 Die Nutzfläche des Hochhauses sollte 20 000 qm, die des Flügelbaus 2000 qm betragen, Vgl.: Berg, Hochhauswettbewerb, 124.

10 Flerus und Konert erfüllten hier bewußt oder unbewußt die Forderung von Max Berg nach dem Magazincharakter für Hochhäuser, vgl.: Berg, Formale Auffassung, 362.

11 J. Flerus, Entwicklungsmöglichkeiten der Stadt Münster i. Westf., in: DBZ 1924, 72-75.

oben: 17.1. Vogelperspektive von Süden
rechts: 17.2. Grundriß Erdgeschoß

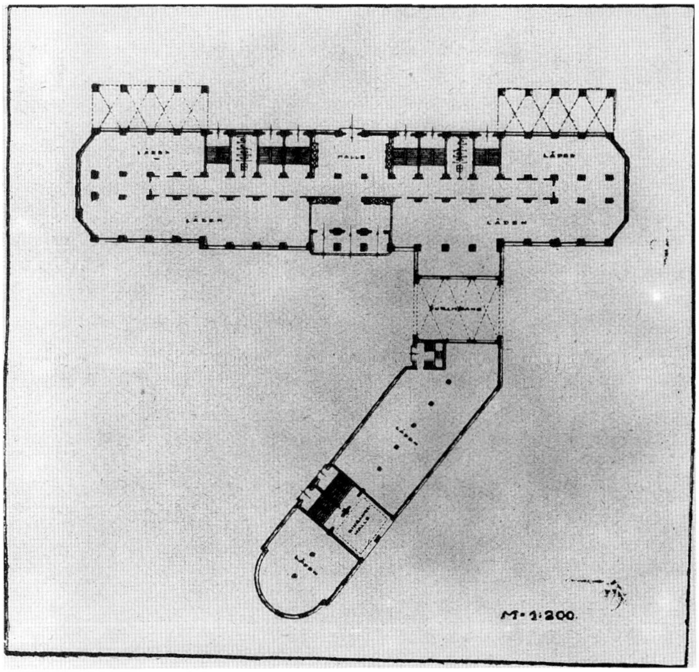

18 Kurt Geilen / A. Ostwaldt
Krefeld

Kennwort: Klamotten

Der formal ungewöhnliche Beitrag der Architekten Geilen und Ostwaldt läßt sich keinem der unterschiedlichen Bebauungstypen des Grundstücks eindeutig zuordnen. Der an der Längsachse des Weidendammer Brücke - Bahnhofs orientierte Typus ist mit dem Rundbau vermengt. Die Ausfüllung des Grundstücksumrisses erfolgt in formalistisch-spielerischer Manier mit aneinandergelagerten und durch Geraden miteinander verbundenen Kreisformen. Nur ein Teil des Baues wird in die Höhe geführt; die untere Zone, die sich über die Grundstücksbreite an der Bahnhofsseite ganz, über die anderen beiden Seiten zu drei Vierteln erstreckt, wirkt so wie ein Sockelgeschoß, aus dem sich der Mittelbau als eigentliches Hochhaus emporhebt.
Die Gestaltung der Fassade als vertikale Einheit läßt die Erkennung einzelner Stockwerke nicht zu. Ihre Zahl, beim vorgesetzten Baukörper mit vier angegeben, läßt sich für den Mittelteil nicht annähernd schätzen. Der Betrachter denkt eher an einen großen umbauten Raum - vergleichbar etwa einer Kathedrale. Dies ist dem Beitrag in seiner einzigen zeitgenössischen Beurteilung von Max Berg zum Vorwurf gemacht worden: „Der Entwurf (. . .) zeigt zwar Einheitlichkeit, Größe und Würde, läßt aber in einem fast überbetonten Vertikalismus die Teilung des Baus in Geschosse überhaupt nicht mehr zum Ausdruck kommen, und erweckt infolgedessen mehr den Eindruck einer Kathedrale als eines Profanbaues".[1]
Die von den Architekten gewählte Gestaltung hatte aber auf assoziativer Ebene durchaus ihre Entsprechung in schriftlichen Äußerungen der frühen 20er Jahre: „Was im Mittelalter die Kathedralen und Dome dem Stadtbild bedeuteten, sollen die Bürohochhäuser ersetzen, sie sollen der Ausdruck der Kunst unseres wirtschaftlichen Lebens sein."[2] Ansicht und Grundriß unterstützen die Kathedral-Assoziaiton: Ein ovales ‚Mittelschiff' wird von zwei ‚Glockentürmen' flankiert, das ‚Eingangsportal' zwischen den Türmen durch leichte Rundung betont. So entsteht gleichzeitig mit der Schaffung einer räumlichen Platzwirkung vor dem Bahnhof so etwas wie eine ‚Schauseite' des Hochhauses - und zumindest auf dieser, der Südwestseite, erinnert es tatsächlich an einen Kirchenbau. Allerdings läßt es mehr an die spätgotischen Kathedralen Südfrankreichs wie zum Beispiel in Albi, denken; wie bei diesen ruft das Gebäude durch fehlende Dachaufbauten und unvollendete Türme den Eindruck einer wehrhaften Burg, einer ‚Bastion' hervor. Die gezackten Dachabschlüsse und die Unsichtbarkeit der Fenster verstärken diesen Eindruck.
Für das Innere des Gebäudes läßt die differenzierte - wenn auch in der Reproduktion nicht völlig entzifferbare - Grundrißzeichnung der unteren Geschosse eine unrealistische Planung vermuten. Die Erschließung des Hauses ist weitläufig und umständlich. Treppen- bzw. Aufzugskorridore ziehen sich an den Kopf- und Mittelseiten des Gebäudes über die ganze Hausbreite. Innerhalb des eigentlichen Hochhauses, das die Form eines oval-länglichen Zylinders hat und dessen großer Lichthof durch einen Verbindungsgang geteilt wird, wird ein Großteil des zur Verfügung stehenden Raumes als Versorgungs- und Verkehrsfläche benötigt. Für die oberen Geschosse ist eine Raum‚nutzung' schwer vorstellbar. Die einbündige Raumaufteilung beruht auf der etwas gewollt wirkenden Konstruktion des Grundrisses und läßt keine Möglichkeit für eine großzügige oder gar variable Raumnutzung.[3]
Der Entwurf scheint demnach eher ein ‚Idealmodell' vorzustellen; lediglich die Darstellung der ästhetischen Wirkung des Hochhauses im Stadtbild ist beabsichtigt. Für diese Annahme spricht auch die Art der Zeichnung, des Schaubildes, es ist eine der ausdrucksstärksten und am wengisten auf Detailgenauigkeit zielenden Ansichten aller uns bekannten Entwürfe des Wettbewerbs.

KK

1 Max Berg, Die formale Auffassung des Hochhausgedankens, in: BW 1922, 363.
2 Alfred Geßner, Architekt und Ersatz-Jurymitglied des Turmhaus-Wettbewerbs, in: Für und Wider das Hochhaus, in: BRS 15, 1922, 32.
3 Dieses Problem von hofumlaufenden und somit platzraubenden Korridoren weisen auch andere Wettbewerbsentwürfe auf. Vgl. beispielsweise den Entwurf ‚Zentral' von Langstein, in: DBZ 1922, 95 und Kat. Nr. 28.

rechts oben:
18.1. Schaubild vom Standpunkt A
links unten: 18.2. Lageplan
rechts unten:
18.3. Grundriß 1.-4. Obergeschoß

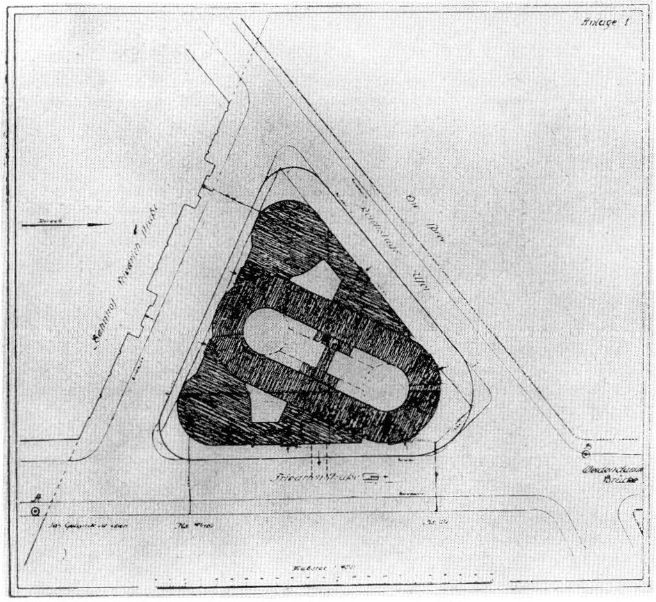

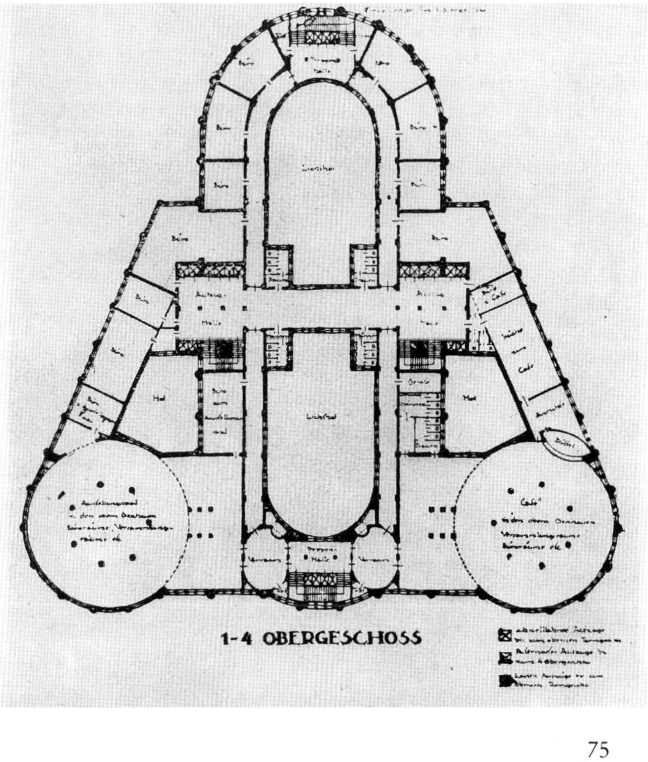

19 Peter Gracher
Trier

Kennwort: unbekannt

Der Entwurf des Trierer Architekten Peter Gracher wurde in den zeitgenössischen Rezensionen des Wettbewerbs weder abgebildet, noch erwähnt. Aus einer späteren monographischen Veröffentlichung ist eine Ansicht des Entwurfs von der Weidendammer Brücke überliefert.[1] Die dortige Bezeichnung „in engerer Wahl" ist irreführend, da es dieses Beurteilungskriterium nicht gab.[2]

Formal handelt es sich bei Grachers Entwurf um einen runden Zentralbau, der sich über einer flacheren Blockrandbebauung erhebt. Die Fassaden des viergeschossigen Sockels werden hauptsächlich von den Pilasterreihen beherrscht, die in Kolossalordnung die unteren beiden Geschosse überfangen und gleichzeitig den Maßstab für die Gesamtaufteilung bilden. Diese strenge Gliederung ist nicht als bloßes Schmuckelement über die Fassade gelegt, sondern hat auch großen Einfluß auf deren Gesamtdisposition. Die hochrechteckigen Fenster der unteren Geschosse, die den gesamten Raum zwischen den Pilastern einehmen, erscheinen überaus großzügig, während die dritte Etage nur durch ein kleineres flaches Halbkreisbogenfenster belichtet werden kann, damit insgesamt der Eindruck einer Arkadenreihe entsteht. Das vierte Geschoß ist als Gebälk aufgefaßt und enthält folgerichtig nur winzige Rechteckfenster. Die zur Weidendammer Brücke gelegene Gebäudeecke, die mit Giebelfeld und Akroterien als eine Art Frontispiz ausgebildet ist, nimmt den Zugang zur Passage auf, der zusätzlich durch einen altanartigen Säulenporticus akzentuiert wird. Mit der Behandlung des Rundbaus, der den niedrigeren Bauteil um 15 Geschosse überragt, verschenkt Gracher die Möglichkeit, aus der Blockrandbebauung heraus ein schlüssiges Gesamtkonzept zu entwickeln. Die neungeschossige flächige Zone zwischen dem Sockelbereich, der die Fassadendisposition der Blockrandbebauung aufnimmt, und dem zurückgesetzten oberen Abschluß des Hochhauses gliedert Gracher durch Horizontalgesimse in drei Teile. Diese Disposition erinnert an den Alternativentwurf für die Reichsschuldenverwaltung von German Bestelmeyer, der Mitglied der Jury war (Kat. Nr. 56). Der massive Gesamteindruck, der an einen gigantischen Wehrturm denken läßt, wird durch die winzigen Fenster noch verstärkt.

Daraus folgen erhebliche Schwierigkeiten bei der Belichtung und der inneren Organisation, da das Hochhaus wegen des in der Gebäudemitte befindlichen Turmaufsatzes auch keinen Lichthof besitzen kann.

Fast alle Elemente dieses Entwurfes lassen sich schon in Grachers früheren Projekten nachweisen[3], wo sie stets schlüssig verwandt wurden. Die ästhetische Behandlung des Sockelbaues beim Friedrichstraßenwettbewerb, die Gracher als stilsicheren Architekten ausweist, macht die Diskrepanz des mißlungenen Versuches, das Hochhaus mit der Blockrandbebauung zu verbinden, erst allzu deutlich. Gracher, der „durch das Meisteratelier von Prof. Kreis in Düsseldorf gegangen (war), in dem ihm vor dem Kriege die Gelegenheit geboten wurde, an großen Bauten mitzuarbeiten"[4], verfügte aufgrund seiner Ausbildung zwar über „das wertvolle Fundament einer guten Tradition"[5], aber eben weder über Erfahrungen mit dem Bau von Hochhäusern noch über Gefühl für diese neue Bauaufgabe.[6] JTK/JMa

1 Vgl. H. de Fries: Zu den Arbeiten des Architekten Peter Gracher in Trier, in: Neue Baukunst 12, 1926, o. S.

2 Der Rezensent der DBZ (DBZ 1922, 91) berichtet von einem dreigliedrigen Ausscheidungsverfahren, bei dem 14 Entwürfe als „engste Wahl" übrig blieben, aus denen die Gewinner ermittelt wurden. Da der Entwurf bei der Veröffentlichung in der „Neuen Baukunst" nur wage als „Wettbewerb Hochhaus Berlin" bezeichnet und zudem falsch in das Jahr 1923 datiert wurde, darf auch die Genauigkeit dieser Information bezweifelt werden.

3 Vgl. De Vries, Grachert, o. S.: Büro und Geschäftshaus Wien 1913, Friedhofsentwürfe Kassel 1914 und Pforzheim 1912.

4 De Fries, Gracher, o. S., Einleitung.

5 De Fries, Gracher, o. S., Einleitung.

6 Bei seinem Wettbewerbsentwurf für das Hochhaus in Köln 1925 gibt er die klassizistischen Formen zugunsten eines gemäßigten Expressionismus auf (De Vries, Gracher, o. S.).

19.1. Schaubild vom Standpunkt B

20 Wilhelm Ritter von Graf
Stuttgart

Kennwort: unbekannt

Der für diese Einsendung charakteristische Eindruck eines monumentalen Geschäftshochhauses geht aus der Verbindung zweier Typen, der „Zentrallösung" und des „Blockrandtypus" hervor. Das 22geschossige Hochhaus erhebt sich über einer gleichmäßigen, auf die Mitte des Grundstücks bezogenen sechseckigen Grundrißfigur, drei der Außenseiten des Gebäudes folgen dabei – geringfügig zurückgesetzt – den Fluchtlinien entlang der Friedrich- und Bahnhofstraße bzw. des Reichstagsufers. Die Restflächen in den Grundstücksecken sind dann jeweils durch eine dreigeschossige Bebauung mit Läden ausgefüllt, die auf den Straßenraum Bezug nimmt und als Sockelzone für das Hochhaus ausgebildet ist.
Die an sich sachlich und einheitlich gestalteten Baukörper des Hochhauses – die Betonung der Vertikale durch die in dichten Abständen gesetzten Lisenen unterschiedlicher Stärke läßt sich unmittelbar aus der Architektur Berliner Geschäftshäuser vor 1914 ableiten und ist vielen Hochhausentwürfen der zwanziger Jahre gemeinsam – werden durch die auffälligen Eckrundungen und die aufgesetzten pavillonartigen Bekrönungen monumentalisiert. Sowohl in dieser Behandlung der Baukörper als auch in der unmotivierten horizontalen Einteilung der Fassaden in einzelne Abschnitte durch fast unmerkliche Rücksprünge nach dem 10., 15. und 18. Geschoß sind Gestaltungs- und Gliederungsprinzipien der Architektur älterer amerikanischer Wolkenkratzer verarbeitet.
Interessant ist die innere Aufteilung des Gebäudes. Offensichtlich war auch im 1. Kellergeschoß eine Ladenzone vorgesehen. In der Achse von der Weidenhammer Brücke zum Bahnhof verläuft die in der Ausschreibung geforderte, schon von der Brücke aus durch ein den Eingang zum Kellergeschoß markierendes „Tor" auf dem Vorplatz einsehbare zweigeschossige Passage, die sich im sechseckigen Lichthof zu einer fünfgeschossigen Halle erweitert. Die Erschließungskerne mit Aufzügen, Treppenhäusern und Versorgungsräumen liegen jeweils an den Ecken des Innenhofes. Die Bürogeschosse sind nach dem Mittelgangsystem angelegt, was für die außen liegenden Räume durchweg gute, für die an den engen und hohen Lichthof grenzenden jedoch zum Teil sehr schlechte Beleuchtungsverhältnisse zur Folge hat. Auf dem Dach befinden sich zwischen den Pavillonaufsätzen und am Innenhof auf einer zurückgesetzten, höheren Ebene weitläufige Terrassen für „Licht, Luft und Sonnenbad"[1] sowie Liegehallen und Teesalons. Auch wenn das Umherwandeln auf den Dachterrassen sicher reizvolle Ausblicke über die Berliner Stadtlandschaft geboten hätte, so sind doch in diesem Entwurf mit seinem engen Lichthof und den nach allen Seiten gleich hohen, auf die unterschiedlichen Bebauungsverhältnisse der Umgebung keine Rücksicht nehmenden Baukörpern die entscheidenden und damals massiv kritisierten Nachteile der amerikanischen Wolkenkratzer nicht vermieden worden. Der Versuch, die Baumassen um die Grundstücksmitte herum zu konzentrieren und der geometrischen Grundrißfigur entsprechend alle Seiten identisch zu gestalten – wodurch das Gebäude turmartig wie ein freistehendes Monument erscheint – kann diesen grundsätzlichen Mängeln nichts ändern.

BS

1 So die Bezeichnung auf dem Grundriß der inneren Terrassen.

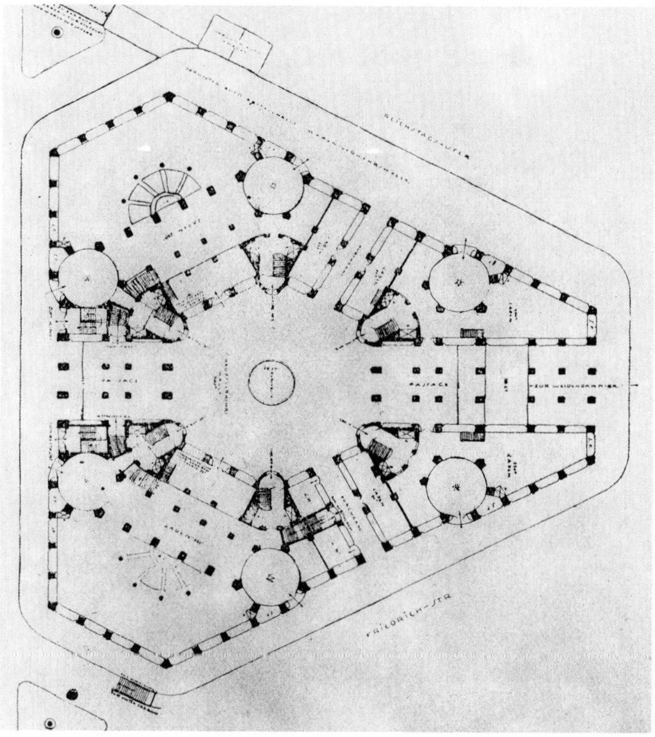

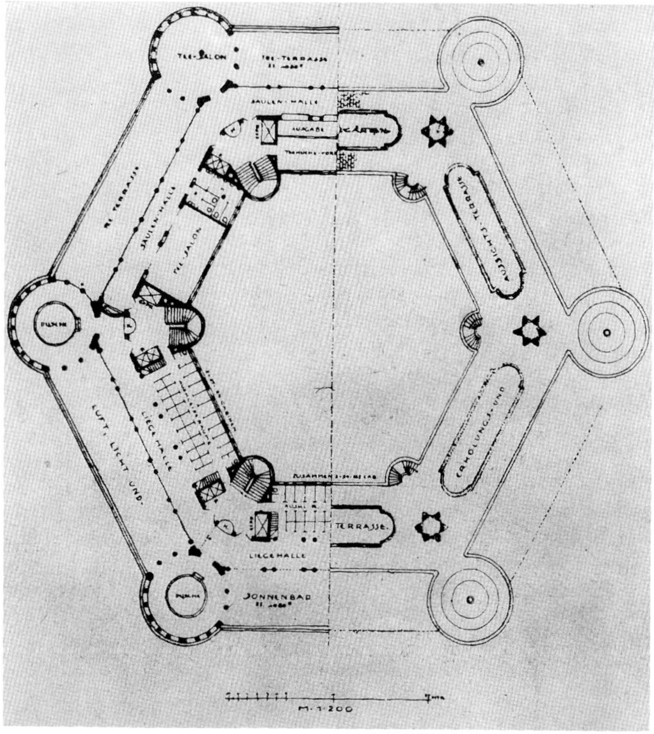

links oben: 20.1. Längsschnitt
rechts oben: 20.2. Schaubild vom Standpunkt B

links unten: 20.3. Grundriß Erdgeschoß
rechts unten: 20.4. Grundriß der inneren Terassen

21 Hugo Häring
Berlin

Kennwort: Funktionale Form

Von Hugo Häring sind für das Grundstück am Bahnhof Friedrichstraße zwei verschiedene Hochhausentwürfe bekannt, wobei es sich bei dem einen vermutlich um eine Studie handelt, die im engen Zusammenhang zu seinem Wettbewerbsbeitrag zu sehen ist.[1] In beiden Projekten kommt er zu Lösungen, die mit häufig angewandten Typen in Verbindung stehen, doch in der entwurflichen Umsetzung vergleichsweise ungewöhnlich und eigenständig sind.

In seinem Wettbewerbsbeitrag variiert Häring eine achsensymmetrische Blockrandbebauung: Zwischen die beiden 20geschossigen, schwungvoll gekurvten Hauptflügel ist, gegen die Spree etwas zurückgesetzt, ein 13geschossiger, schmalerer Trakt geschoben.[2] Als Reaktion auf die unregelmäßige Grundstücksform sind die jeweiligen Ecklösungen unterschiedlich ausgebildet, wobei die Perspektiven der Hauptblickpunkte jeweils symmetrische Ansichten suggerieren. Das Erscheinungsbild des Hochhauses wird von der dynamischen Plastizität der Baukörper – dem Wechselspiel konkaver und konvexer Großformen, von Kanten und Rundungen – bestimmt. Spannungsvoll spitzt sich das Gebäude gegen die Bahnhofsbögen zu, die verkleinerten Fenster und die scharfe Gebäudekante fangen die ansonsten dominanten horizontalen Gliederungselemente auf und lenken die Blicke des Betrachters in eindrucksvolle Höhe. Max Berg hebt in diesem Zusammenhang den Schiffscharakter des Gebäudes hervor.[3] Einen vollkommen anderen Eindruck vermittelt dagegen das Schaubild vom Standpunkt der Weidendammer Brücke. Die gesamte Anlage zeigt sich hier weich moduliert mit turmähnlicher Eckausbildung. Die differenzierte Gestaltung der Fassade in Material und Farbgebung erweckt den Eindruck der Schichtung einzelner, in ihrer Abfolge höher werdender Gebäudeabschnitte, die gleichzeitig in ihrem horizontalen Verlauf die Kurvungen des Hochhauses optisch unterstreichen. Diese Form der eher linienhaften Wahrnehmung wird insbesondere im unteren Bereich des Gebäudes provoziert, wo Häring Reklameschriftzüge vorsieht. Als einzige vertikale Betonungselemente verweisen die Erkervorbauten auf die Eingänge.[4] Im Erdgeschoßbereich, im unmittelbaren Erlebnisraum der Passanten, löst Häring die großmaßstäbliche Gliederung zugunsten kleinteiliger, teilweise dekorativ wirkender Formen auf. Die Eingänge sind schwungvoll nach innen gezogen und definieren zusammen mit den auskragenden Vordächern einladende Bereiche. Entlang der Spree verläuft die über zwei Geschosse reichende, offene Passage als wettergeschützter Fußweg zwischen Weidendammer Brücke und Bahnhof.[5]

Vom vertikalen Erschließungssystem am ‚Gelenk' der beiden Hauptflügel führen in den Obergeschossen Mittelkorridore, „die breiter sind dort, wo viele sie benutzen müssen, und schmäler werden dort, wo zu den letzten Türen nur noch wenige gehen werden"[6], zu den Büros. Die zur Spree orientierten Räume werden einhüftig erschlossen. Häring verzichtet in diesem Gebäudeteil offensichtlich auf zum Innenhof orientierte Räume, da deren Beleuchtung durch den gegenüberliegenden, hohen Hauptflügel ohnehin erschwert würde.

Das programmatisch formulierte Motto ‚Funktionale Form' lenkt die Aufmerksamkeit auf Aspekte, die die Mehrzahl der zeitgenössischen Betrachter des eigenwilligen Entwurfs irritiert haben mögen.[7] In seinem Aufsatz ‚Wege zur Form', in dem Häring sich wenig später ausführlich mit methodischen Problemen auseinandersetzt, beschreibt er den Vorgang des Entwerfens als Prozeß des neugierigen Aufspürens des Wesens eines Gebäudes, wobei er die Form unter Berücksichtigung der funktionalen, sozialen und topographischen Bedingungen sucht.[8] Sie soll ‚Wesenhaftes' zum Ausdruck bringen und nicht willkürlich appliziert sein. Auf diesem Weg wird seine Architektur lebendig und erhält der Natur vergleichbare, ‚organhafte' Formen. Analog diesen Vorstellungen geht Häring bei seinem Entwurf von dem komplexen Anspruch aus, für das Hochhaus am Bahnhof Friedrichstraße eine Form zu finden, die seiner Zweckerfüllung entspricht und diese zugleich zum Ausdruck bringt. So ist Häring nach gründlicher Auseinandersetzung mit der Bauaufgabe zu einem Ergebnis gekommen, das durch seine Lebendigkeit und schwungvolle Modulierung den Ausdruck jener Mächte gewonnen hat, „die das Wirtschaftsleben der Gegenwart tragen: Spannung, Kraft und kühne Bereitschaft."[10]

SK

1 Leider erlaubten das empfindliche Material des Häring-Nachlasses und die beengte räumliche Situation in der Akademie der Künste in Berlin weder eine wissenschaftliche Bearbeitung des Planbestandes noch die Präsentation von Häring-Zeichnungen im Rahmen der Ausstellung. Die Untersuchung stützt sich auf veröffentlichtes Material bzw. auf – allerdings unbefriedigende – Diapositive, die freundlicherweise von der Akademie der Künste zur Verfügung gestellt wurden. Letztere dienten auch als Vorlage für mehrere der Katalogabbildungen.

2 Häring ist damit der einzige bekannte Wettbewerbsteilnehmer, der eine höhere Bebauung entlang der Friedrichstraße und des Bahnhofs und eine Reduzierung der Bauhöhe entlang der Spree vorsieht. Die Gründe hierfür sind nur schwer einsichtig, zumal eine Verlagerung der Baumassen für die Häuser an der Friedrichstraße eine günstigere Beleuchtungssituation bedeuten würde.

3 Max Berg, Die formale Auffassung des Hochhausgedankens, in: BW 1922, 435.

4 Eine ähnliche Rhythmisierung der Fassaden läßt sich auch in der Studie, die im Gegensatz hierzu auf ein eindeutig vertikal betontes Erscheinungsbild ausgerichtet ist, ablesen. Hier übernehmen die expressionistisch anmutenden Erkervorbauten, die zum einen die Enden der Flügel betonen und zum anderen die langen Fassaden entlang der Straßenzüge rhythmisch unterbrechen, eine den hellen Putzabschnitten vergleichbare Funktion.

5 Von der Passage aus führen ein Zugang zur U-Bahn und entgegen der Beobachtungen Sabine Kremers zwei Aufgänge zum Kino. Vgl. Sabine Kremer, Hugo Häring (1882-1958) – Wohnungsbau: Theorie und Praxis, Diss., 1984, 175.

6 Adolf Behne, Der moderne Zweckbau, 1926, 45.

7 Unter dem Blickwinkel des meist üblichen, einseitigen und vereinfachenden Umganges mit dem Funktionalismusbegriff kann der Entwurf Härings, der auch unter Aspekten organischer oder expressionistischer Architektur diskutiert wurde, kaum mit seinem Motto in Verbindung gebracht werden. Die Erkenntnis allerdings, daß die Begriffe ‚funktional' und ‚organisch' im Frühwerk Härings untrennbar verbunden sind, macht den Zusammenhang von Entwurf und Motto nachvollziehbar. Vgl. dazu Norbert Huse, ‚Neues Bauen' 1918 bis 1933: Moderne Architektur in der Weimarer Republik, 1985, 59.

8 Hugo Häring, Wege zur Form, in: Die Form, 1, 1925.

9 Zur Begrifflichkeit bei Hugo Häring vgl. Eckehard Janofske, Der Architekturtheoretiker Hugo Häring, BW 1982, 780.

10 Eckehard Janofske, Der Architekturtheoretiker Häring, 780.

21.1. Schaubild vom Standpunkt A

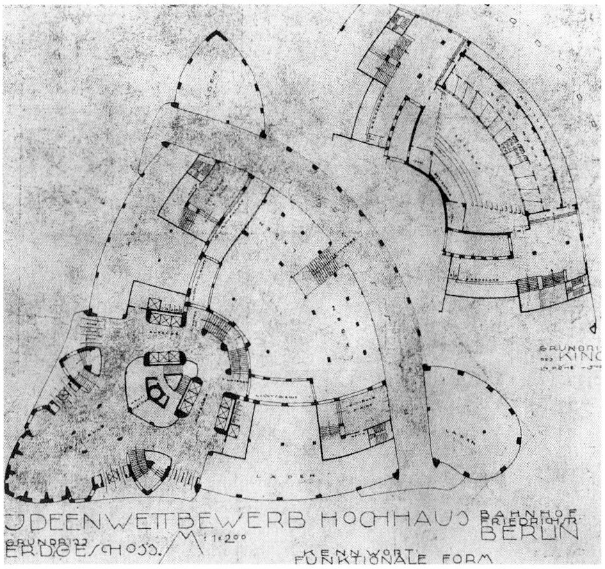

links oben: 21.2. Grundriß Erdgeschoß und Kino
links Mitte: 21.3. Grundriß 1. Obergeschoß, Schnitte
rechts Mitte: 21.4. Grundriß 4.-13. Obergeschoß
links unten: 21.5. Grundriß 14.-20. Obergeschoß
rechts unten: 21.6. Obergeschoßgrundriß mit Dachfaltung (Variante)

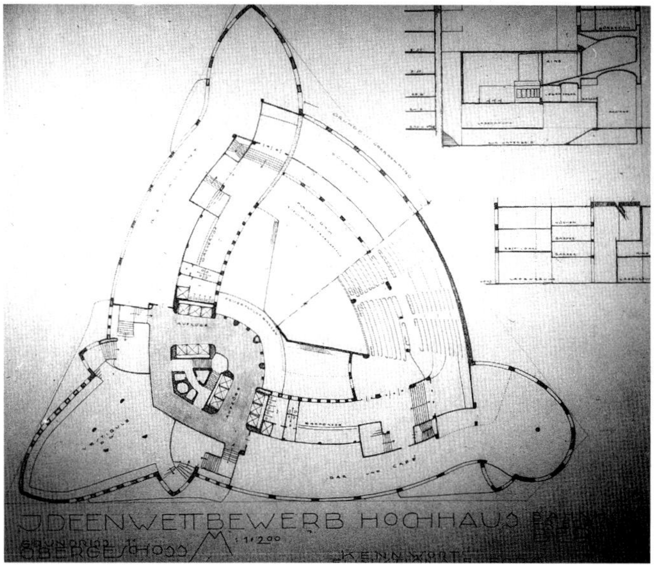

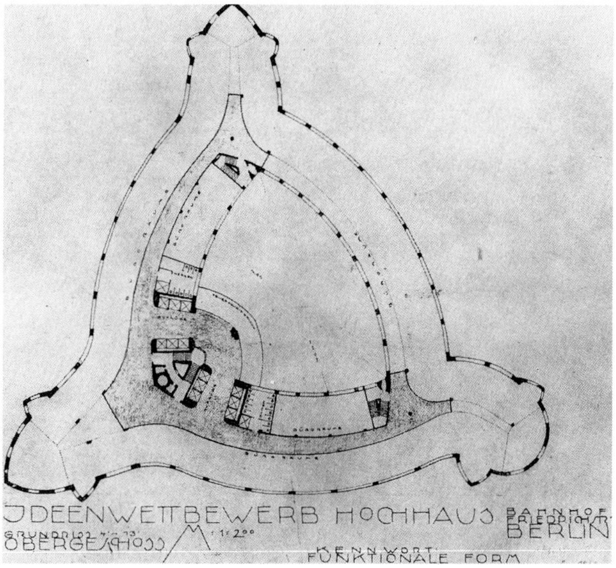

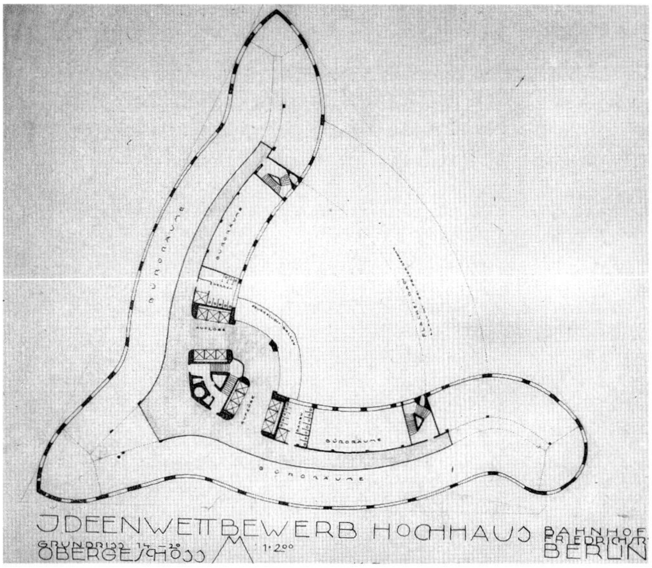

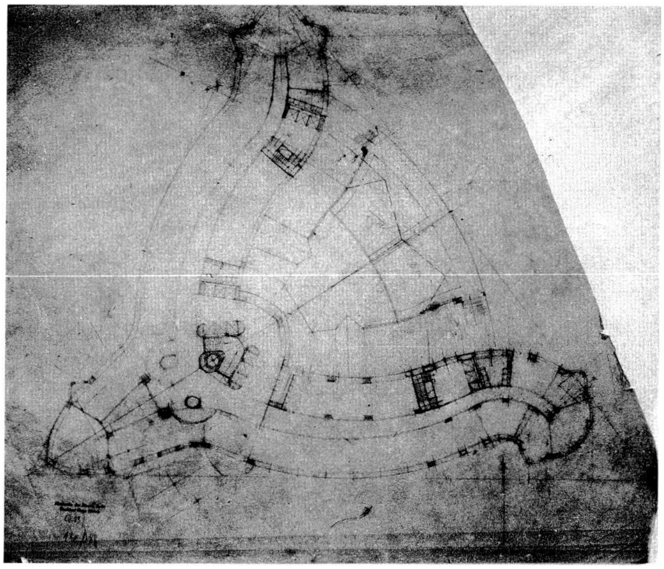

rechts oben: 21.7. Ansicht Front Friedrichstraße
rechts unten:
21.8. Ansicht Front Friedrichstraße (Variante)

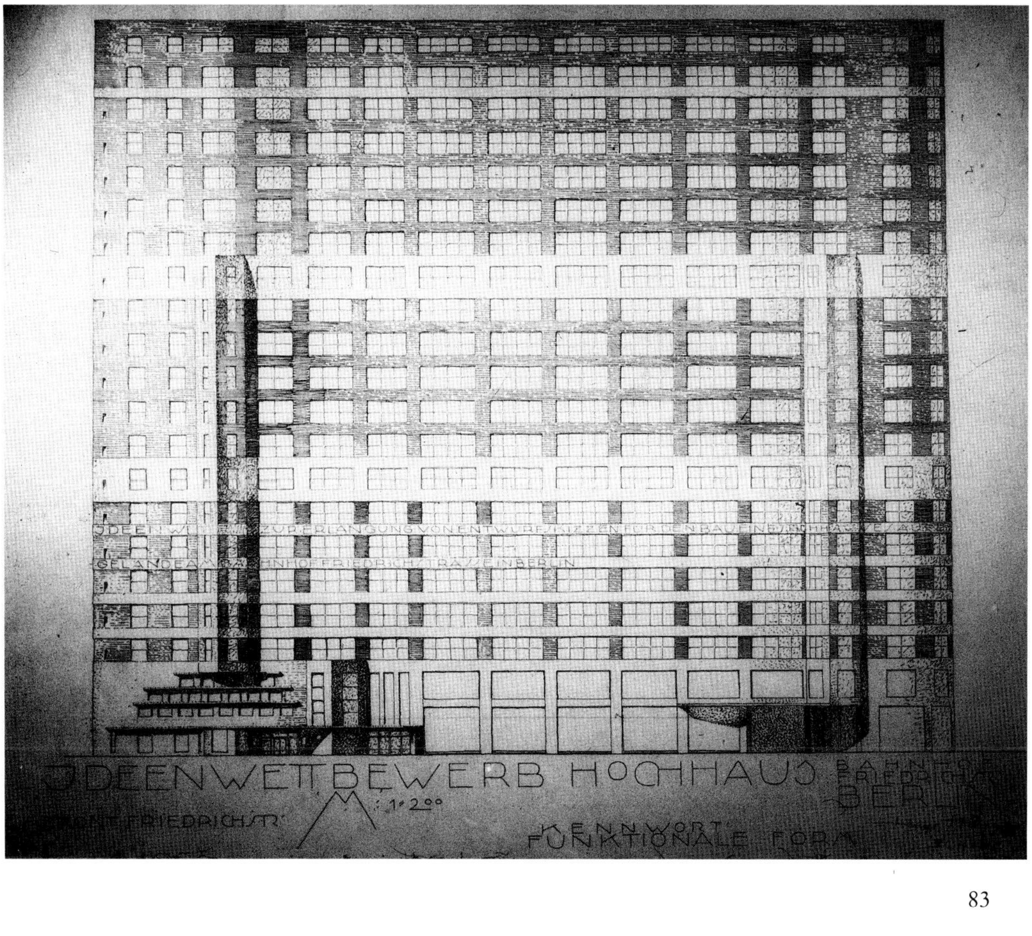

links: 21.9 Schaubild vom Standpunkt B
oben: 21.10 Schaubild vom Standpunkt A, Variante

oben: 21.11 Schaubild vom Standpunkt A, 2. Projekt
unten: 21.12 Grundriß 2.-20. Obergeschoß, 2. Projekt

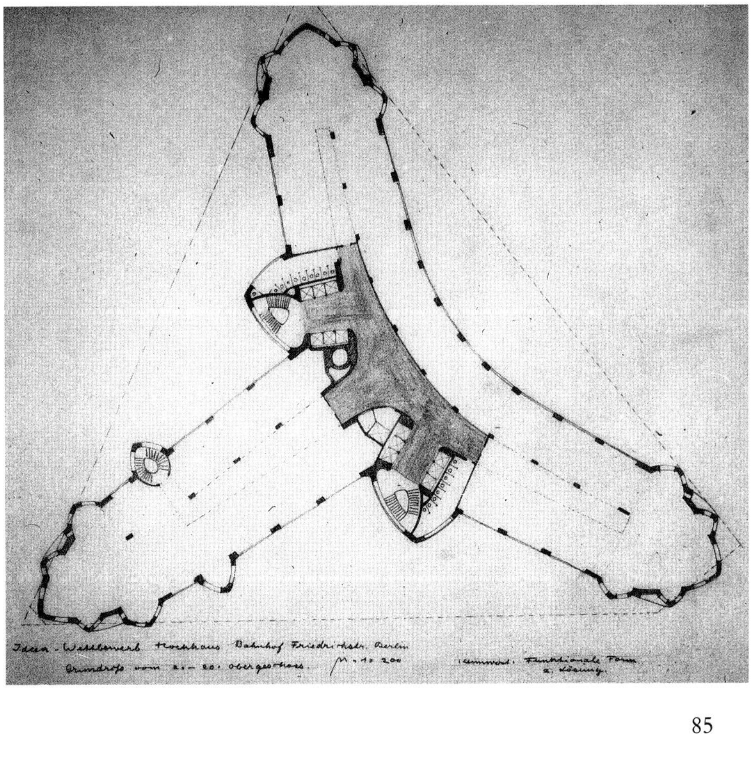

22 J. Klass
Erfurt

Kennwort: Stabil

Der Entwurf „Stabil"[1] des Magistratsbaurats J. Klass aus Erfurt sollte ursprünglich mit einem dritten Preis ausgezeichnet werden[2]. Da die Wettbewerbsausschreibung eine Mitgliedschaft der Teilnehmer im BDA voraussetzte und Klass ihm als Beamter nicht mehr angehörte, wurde stattdessen der Entwurf des Architekten Koch an die dritte Stelle gesetzt. Das Manko der Beschränkung auf BDA-Architekten wurde in der Fachpresse einhellig bedauert, vor allem, da Klass' Entwurf als „entschieden zu den beachtenswertesten Lösungen der Aufgabe"[3] gewertet wurde. Im Hinblick darauf wandte er sich an den Reichskunstwart Edwin Redslob mit der Bitte, dafür zu sorgen, daß er mit der Weiterbearbeitung des Projektes betraut würde.[4]

Der neunzehngeschossige, in der Höhenentwicklung gestaffelte Kernbau mit drei Flügeln wächst in mehreren Rücksprüngen aus einer fünfgeschossigen Blockrandbebauung und kulminiert über der Mitte des Grundstücks. „Die gleichmäßige Entwicklung nach allen Seiten sichert die notwendige Klarheit und Übersichtlichkeit und zeigt zur Orientierung im Stadtbild von überall her. . . (den) charakteristischen gleichen Aufbau" des Komplexes, dessen Symmetrie vor allem aber auch symbolhaft für die Bedeutung des Ortes „als Mittelpunkt eines Geschäftszentrums von ganz Deutschland"[5] stehen soll. Der rhythmischen Fältelung der Wände liegen konstruktive Überlegungen zugrunde: „Die Anordnung der Strebepfeiler, wie sie bei gotischen Turmbauten üblich, übertrug ich in die Technik des Eisenbetons, durch Brechen der Flächen in einem stumpfen Winkel um die Ausladung des Strebepfeilers. Es entsteht dadurch wie bei der Gotik eine Verlegung der Schwerpunktslinie, wodurch die Stabilität u. die Knickfestigkeit der hohen Fassaden ganz wesentlich erhöht werden".[6] Der dramatische Effekt, der durch die Höherführung der kantig schwingenden Wand an ihren Spitzen erreicht wird, intensiviert noch den nach oben strebenden Charakter des Komplexes. „Nichts liegt näher als die vertikale Bewegungsrichtung zu steigern und sie zusammengefasst in einem Akkord ins Unendliche ausklingen zu lassen, der zusammenharmoniert mit dem bewegten Leben der Straße, das den Bau umbrandet und in ihm selbst pulsiert."[7]

Der erstaunlich progressive Eindruck, den Klass' Entwurf hervorruft und der ihn zweifellos über die unbefriedigenden Versuche vieler anderer Architekten stellt, die lediglich traditionelle Bauformen auf die neue Bauaufgabe übertragen wollten, findet im funktionalen Bereich nur ansatzweise Entsprechung. Während die dekorative Schrägstellung der Wände im Gebäudeinnern sicher einen eindrucksvollen Raum vermittelt hätte, darf die Mündung der Passage zum abgeschiedenen Reichstagsufer hin als unpraktikabel bezeichnet werden. Dennoch gehört dieser Entwurf, wie von der Fachpresse hervorgehoben wurde[8], zu den entwicklungsfähigsten des gesamten Wettbewerbs. JTK/JMa

1 Das Motto wurde in zwei Fällen falsch wiedergegeben. Bei Max Berg, Die formale Auffassung des Hochhausgedankens – Charakteristische Entwürfe des Berliner Wettbewerbs, in: BW 1922, 359, lautet das Motto irrtümlich „Statistik", im 2. Teil des Aufsatzes (S. 434) ist von „Stahl" die Rede.
2 Vgl. Berg, formale Auffassung, 363; Ma., Der ausgeschiedene Entwurf des Wettbewerbs für das Hochhaus am Bahnhof Friedrichstraße in Berlin, in: ZdB 1922, 140.
3 Berg, formale Auffassung, 363
4 Brief vom 9.3.1922 an E. Redslob, BA Koblenz, Nachlass Reichskunstwart, J. M. 783/22, 31f.
5 BA Koblenz, Nachlass Reichskunstwart, J. M. 783/22, 31.
6 BA Koblenz, Nachlass Reichskunstwart, J. M. 783/22, 32; vgl. auch Ma., Der ausgeschiedene Entwurf, 140
7 BA Koblenz, Nachlass Reichskunstwart, J. M. 783/22, 32.
8 Berg, formale Auffassung, 363.

oben: 22.1. Schaubild vom Standpunkt A
rechts unten: 22.2. Grundriß Erdgeschoß

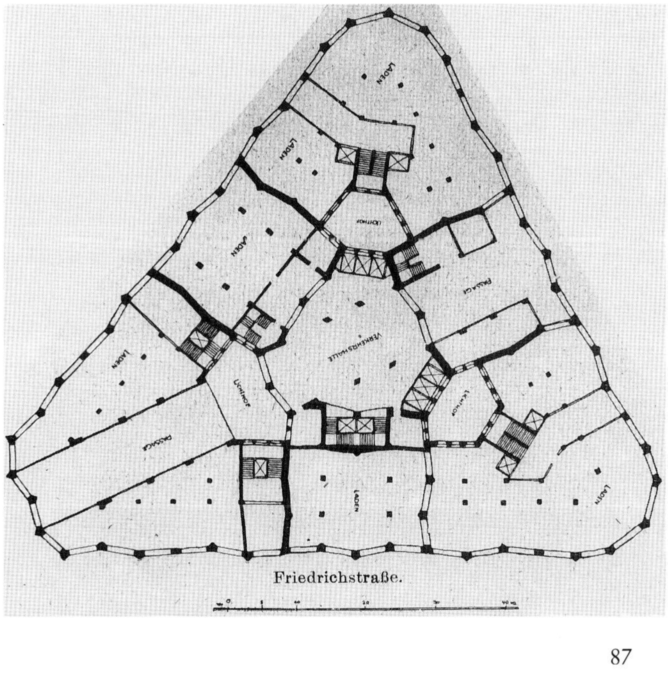

23 Walter Gottfried Koch
Stuttgart

Kennwort: Facies non omnibus una
3. Preis

Der Beitrag des Stuttgarter Architekten erweckt zunächst - belehrte nicht die Kenntnis der dem Wettbewerb vorausgehenden Grundstückssituation eines Besseren - den Eindruck, als sei die Aufgabenstellung die der Einbindung eines Hochhauses in eine bereits vorhandene Blockrandbebauung gewesen. Die kompromißhaften Verbindungen zwischen dem exzentrisch gegen die Spree verschobenen, in seiner linearen Durchgestaltung an sich konsequenten 22geschossigen Hochhaus und dem niedrigen „Hausgürtel" sind wohl das unglückliche Ergebnis der Bemühungen des Architekten, der in der Ausschreibung geforderten städtebaulichen Einbindung Folge zu leisten und das Hochhaus besonders im Bereich der vier unteren Geschosse dem architektonischen Charakter der Friedrichstraße anzunähern. Dabei scheinen die an der fünfgeschossigen Blockrandbebauung eklektizistisch verwendeten dekorativen Einzelformen weniger der repräsentativen Architektur des Berliner Historismus als vielmehr der handwerklich orientierten Stuttgarter Bautradition entlehnt und sind in willkürlicher Auswahl teilweise funktionslos verstreut auf die Fassade appliziert, wie etwa die dem Dachgeschoß wie Blumenkästen vorgehängten Balkons. An Kochs Entwurf, von dem Friedrich Huth meinte, er sähe aus, „als ob man auf ein Berliner Eckhaus zahlreiche Stockwerke aufgesetzt hätte"[1], vermißt man die Courage eines Max Berg, der den Hochhausblock als gut und charakteristisch gestaltet ansah und den rigorosen Vorschlag machte, die niedrigen Teile vollständig wegfallen zu lassen, wodurch „architektonisch Einheitlichkeit und größe erreicht würden".[2] Zwar läßt der Hochhausblock nicht an direkte Vorbilder älterer amerikanischer Bürohäuser denken[3] - der Vergleich mit der Struktur der Baukörper des Pennsylvania Hotel in New York gibt lediglich auf assoziativer Ebene Ähnlichkeiten zu erkennen -, doch trägt der Bau etwa in der Verwendung der vertikalen Gliederungselemente grundsätzlich deren Charakterzüge.

Den vorgeschlagenen Innenhof betreffend ist eine über den Wunsch nach Gestaltungs- und Belichtungsmöglichkeit hinausgehende Auseinandersetzung des planenden Architekten nicht nachzuvollziehen. Die Funktion des Hofes ist auf Grund der zu geringen Abmessungen genausowenig gewährleistet, wie bei allen vergleichbaren Wettbewerbsentwürfen. Der detailliert ausgearbeitete Grundriß des Erdgeschosses zeigt die Führung der Passagen zum zentralen Lichthof, die Zuordnung der Erschließungsbereiche zu den drei Seiten des Hochhauses und zahlreiche Ladenräume. Offen muß bleiben, was für die Jury den Ausschlag gab, diesem Entwurf den dritten Preis zu verleihen. Befriedigende Grundrißlösung, geschickte Verteilung der Baumassen, Berücksichtigung der Belichtung von Friedrich- und Bahnhofstraße sowie die gute Grundstücksausnutzung werden in der Beurteilung des Preisgerichts genannt.[4] Wie der Vergleich mit den anderen preisgekrönten Einsendungen zeigt, ist es jedoch wohl der akademische Charakter des Entwurfes gewesen, der den Auffassungen der Jurymitglieder weitgehend entsprochen hat.

GMD

1 Friedrich Huth, Der Hochhaus-Ideen-Wettbewerb in Berlin, in: Deutsche Bauhütte 1922, 60.
2 Max Berg, Der Berliner Hochhauswettbewerb, in: BW 1922, 125.
3 Vgl. Huth, Hochhaus-Ideen-Wettbewerb, 60.
4 Vgl. Ideenwettbewerb Hochhaus am Bahnhof Friedrichstraße, in: Stbk, SH 2, 1922, 10.

rechts: 23.1 Schaubild vom Standpunkt A
unten: 23.2 Grundriß Erdgeschoß

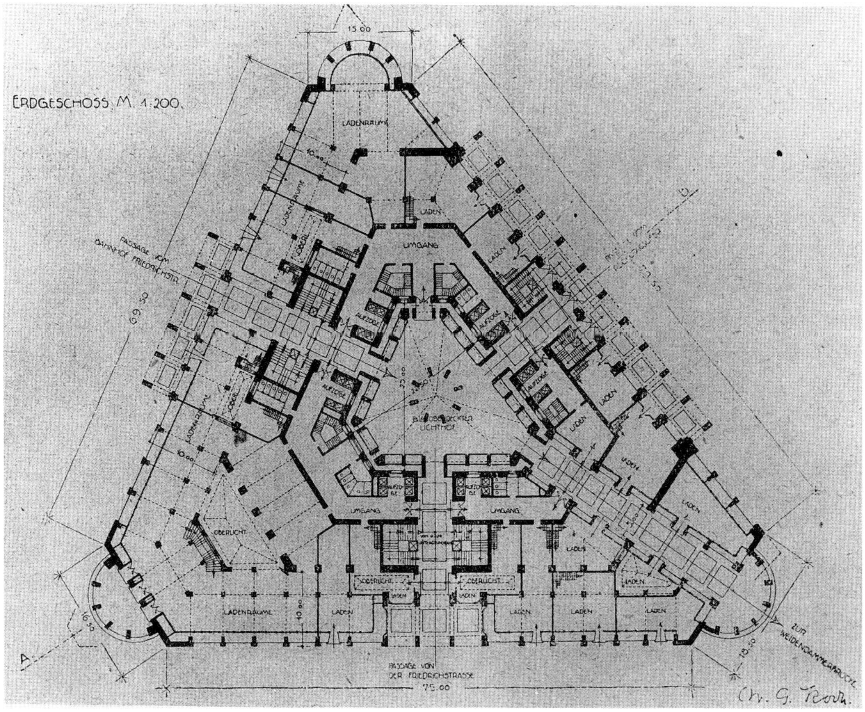

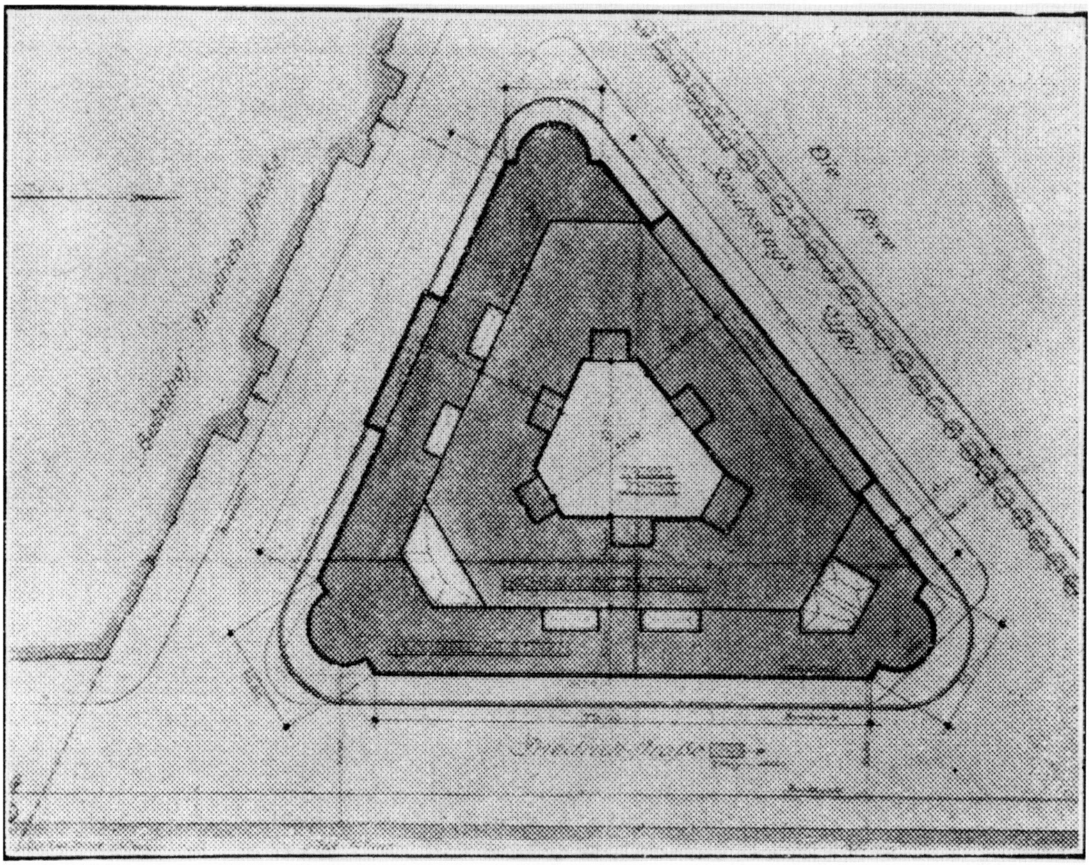

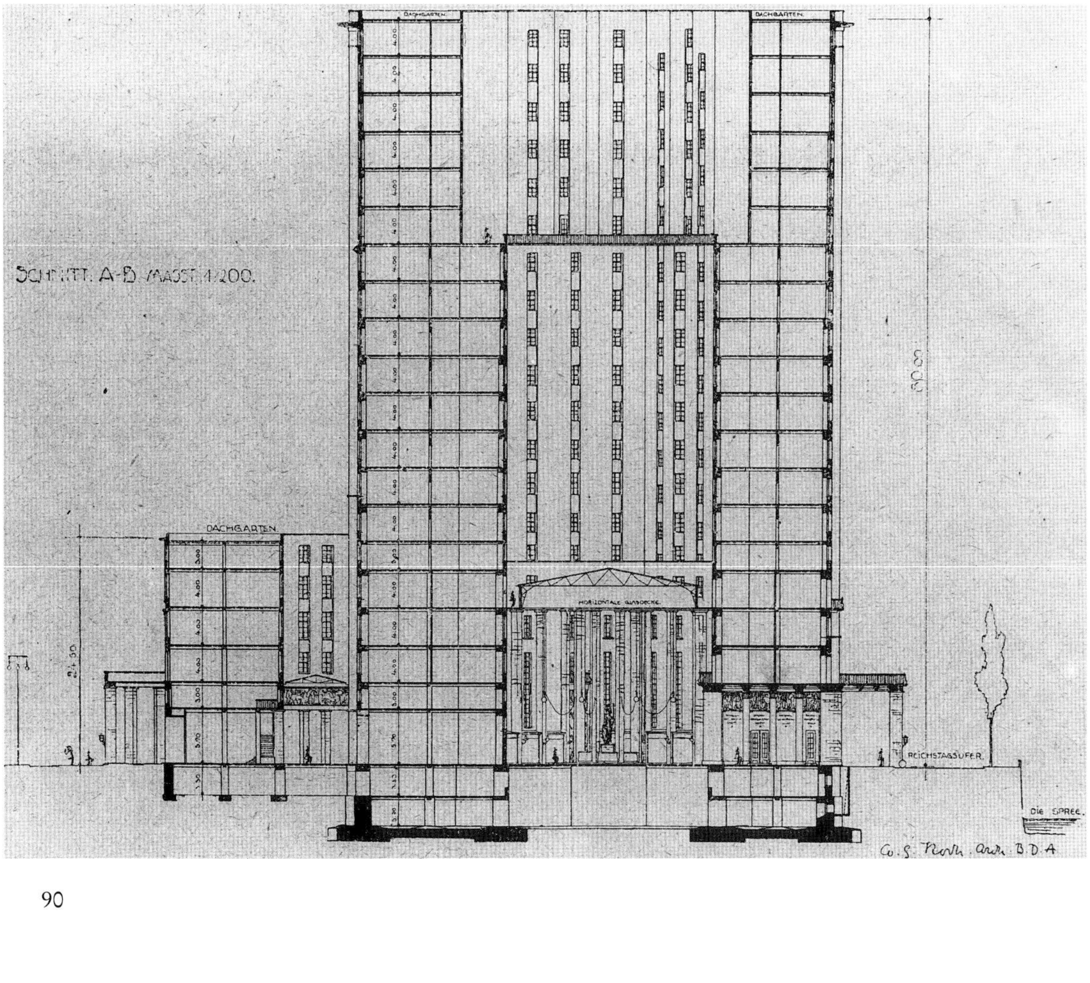

oben: 23.3. Lageplan
unten: 23.4. Schnitt A-B

oben: 23.5. Schaubild vom Standpunkt B
unten: 23.6. Ansicht gegen das Reichstagsufer

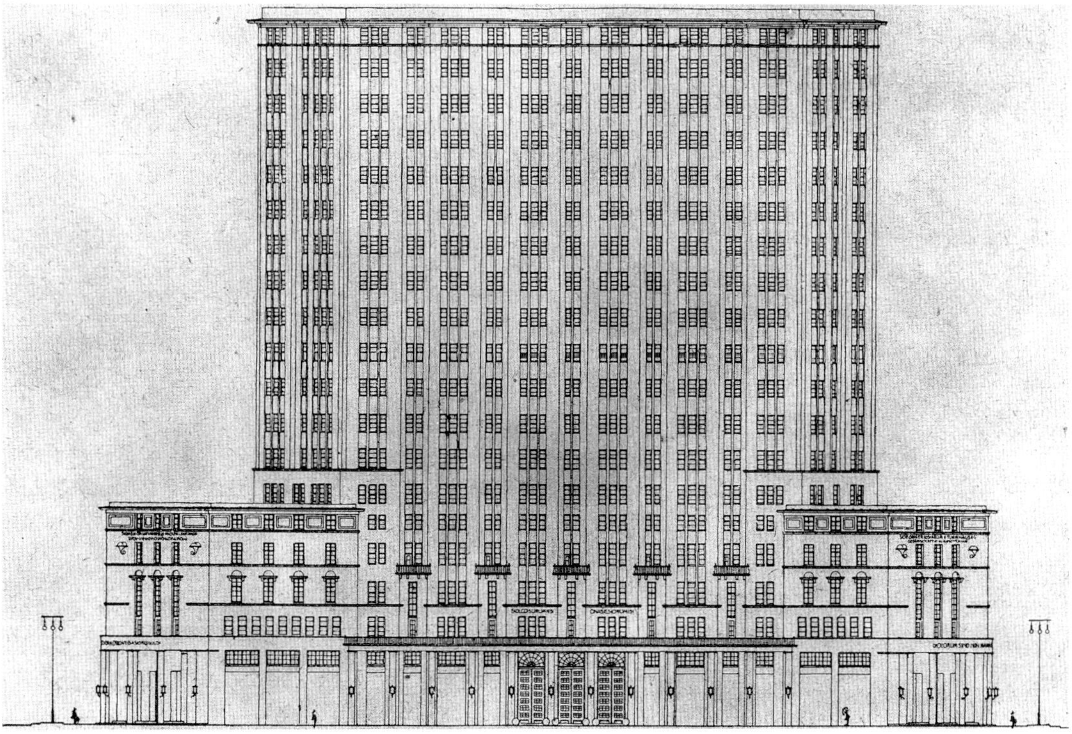

24 Otto Kohtz
Berlin Friedenau

Kennwort: Rot ist Trumpf
Ein 4. Preis

„Otto Kohtz, der sich ja schon lange eingehend mit dem Problem des weltstädtischen Turmhausbaus befaßt hat . . ., hat fünf Arbeiten eingereicht . . ."[1], von denen lediglich der mit einem 4. Preis ausgezeichnete Entwurf „Rot ist Trumpf" überliefert ist.[2] Das als „Wasserfront"-Typus gegen die Spree gerückte 22geschossige Hochhaus erhebt sich, flankiert von vier 16geschossigen Ecktürmen, über streng gerasterter rechteckiger Grundfläche. Halbrund geschlossene Anbauten setzen Akzente in den Hauptblickachsen und vermitteln von der ebenerdigen, die Restflächen des dreieckigen Grundstückes füllenden Ladenzone zum hochaufragenden Hauptbaukörper. Während in den Vorbauten Anklänge an Messels Warenhausfassaden (vgl. Abb. 28) spürbar sind, beziehen sich die nüchternen Fassaden des Hochhauses offensichtlich auf amerikanische Vorbilder, in erster Linie auf Bauten Louis Sullivans, der sich bei der Gliederung vor allem vertikaler Bänder und eines betonten horizontalen, oberen Gebäudeabschlusses bedient. Die Anordnung der Baumassen ist in ihrer Wirkung der des Shelton Hotels (Kat. Nr. 48.14) vergleichbar, geht auf das Schema wenig früherer New Yorker Hochhäuser zurück[3], und ist zeitgleichen und wenig späteren Bauten sehr ähnlich, deren Großformen aus dem Umgang mit den Set-Back-Bestimmungen der New Yorker Bauordnung resultieren. Die äußere Gestaltung des Entwurfes wurde sehr unterschiedlich beurteilt: Die Jury meinte, die Architektur treffe „den Hochhauscharakter in ansprechender Art"[4], für Max Berg war der Entwurf „trotz ehrlichen Strebens, dem Hochhauscharakter gerecht zu werden, noch zu stark vom Empfinden des Denkmalartigen beeinflußt"[5] und Hans Soeder sah in „Rot ist Trumpf mit einer Reihe von Versuchen des gleichen Verfassers dessen absolute Grundsatzlosigkeit"[6] bewiesen. Dagegen war man sich in der negativen Bewertung des Grundrisses einig. Die relativ hohe Nutzfläche ließ sich bei der angestrebten Baukörperverteilung nur durch entsprechende Bautiefen erreichen, was außerordentlich schlechte Belichtungsverhältnisse der Büroräume nach sich gezogen hätte. Auch Walter Lehwess konnte sich in diesem Punkt kritischer Bemerkungen in der von Bruno Möhring mitherausgegebenen „Stadtbaukunst" nicht enthalten[7], stellte aber zugleich fest, daß – im Gegensatz zu dem von der Jury unverständlicherweise mit einem 4. Preis bedachten Entwurf – die anderen Arbeiten von Kohtz, die laut Preisgericht alle „auf einem hohen künstlerischen Niveau" stünden, diese Fehler zu vermeiden scheinen. Damit leistete Lehwess wohl bereits einen publizistischen Beitrag zur Rechtfertigung einer späteren Auftragserteilung für den Ausführungsentwurf an die Architektengruppe Möhring / Kohtz / Kraffert, die ja durch Kohtz bereits im Mai 1921 Vorentwürfe für eine Hochhausbebauung des Grundstückes in ganz ähnlicher Grundhaltung geliefert hatte (Kat. Nr. 3.1). Carl Oettinger, Heinrich Mendelssohn und die übrigen Mitglieder der Turmhaus AG, die auch der Jury angehörten, kannten natürlich diesen Vorentwurf, so daß eine Preisvergabe an Kohtz gerade für „Rot ist Trumpf" fast selbstverständlich erscheint, auch wenn die Ausschreibungsforderungen nach einer Passage zwischen Weidendammer Brücke und Bahnhof sowie nach städtebaulicher Einbindung des Hochhauses nur unzureichend berücksichtigt wurden.

FZ

1 Walter Lehwess, Der Wettbewerb um ein Turmhaus am Bahnhof Friedrichstraße in Berlin, in: Stbk 1922, 342.
2 Im umfangreichen Nachlaß von Otto Kohtz, TU Berlin, UB Planslg., sind weder Blätter des preisgekrönten Entwurfes „Rot ist Trumpf" noch andere, dem Wettbewerb zuzuordnende Zeichnungen überliefert, während das Umfeld gut dokumentiert ist (vgl. Kat. Nr. 3. , Kat. Nr. 46 und Kat. Nr. 54).
3 vgl. die Schemazeichnungen zum Liggett-Winchester-Ley Gebäude oder zum Haus der Cunard-Line, beide New York, in: Hochhausbaukunst, in: Bauwelt 1921, 694.
4 Stbk, SH 2, 1922, 10.
5 Max Berg, Der Berliner Hochhauswettbewerb, in: BW 1922, 126.
6 Hans Soeder, Turmhausepilog, in: Die Volkswohnung – Zeitschrift für Wohnungsbau und Siedlungswesen 1922, 51f.
7 Lehwess, Wettbewerb, 342.

oben: 24.1. Schaubild vom Standpunkt A
rechts: 24.2. Grundriß 1. Obergeschoß(?)

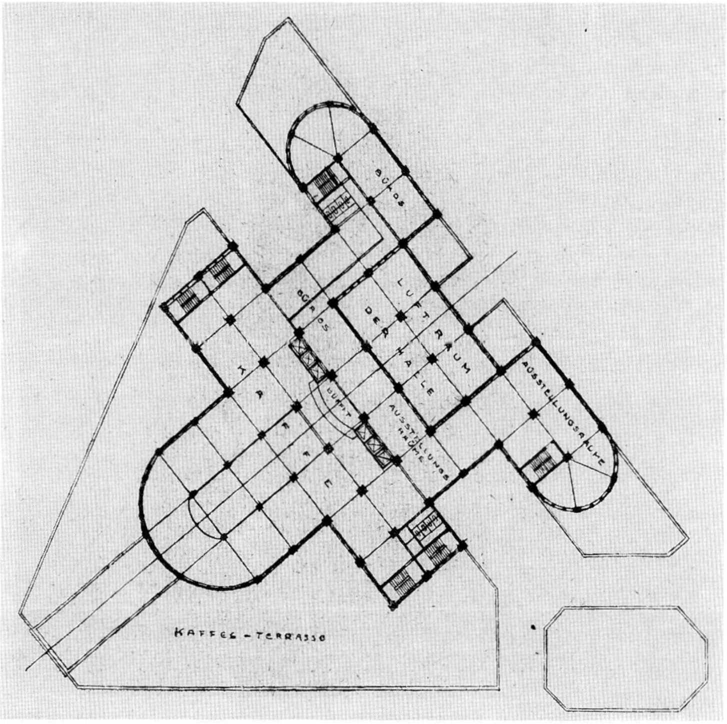

25 Georg Krekel / Fritz Leykauf Düsseldorf

Kennwort: unbekannt

Der Entwurf der Düsseldorfer Architektengemeinschaft Georg Krekel und Fritz Leykauf wurde zwar in der zeitgenössischen Berichterstattung veröffentlicht[1], aber nicht weitergehend besprochen.

Das Projekt sieht über einem kreissegmentförmigem Grundriß einen bis an die Grundstücksgrenzen geführten, gestaffelten Baublock vor, dessen dem Bahnhof zugewandte Fassade mit der Krümmung der südlichen Bahnhofsfront korrespondiert.[2] Aus der elfgeschossigen Randbebauung wird in zweifacher Abtreppung in der Blockmitte eine etwa 21geschossige Scheibe entwickelt, die, analog zur Südfront, von der Friedrichstraße zum Reichstagsufer schwingt.

Demonstrativ setzen die Architekten eine dreigeschossige Sockelzone, die die waagerechte Linienführung im Tiefenzug der Friedrichstraße aufnimmt, durch ihre Farbwertigkeit, die Fensterform und ein umlaufendes Gesims gegen die Struktur des darüberliegenden, vertikal gegliederten Bereiches. Dieser dunkler gehaltene Teil der Fassade bezieht seine Wirkung aus der engen Reihung von in der Flucht liegenden Lisenen, die die Ableitung der vertikalen Kräfte verdeutlichen. Die eigentliche Wand tritt etwas zurück, wobei die hochrechteckigen Fenster, die außerdem noch eine kleinteiligere Sprossung als am ‚Sockel' aufweisen, die straffende Wirkung noch unterstreichen. Der gezackte obere Abschluß des Hochhauses nimmt die Formen der Erdgeschoßarkaden wieder auf.

Der bahnhofseitige Eingang der zur Weidendammer Brücke führenden Passage wird durch einen Risalit betont. Zentrum des Gebäudes und Bindeglied zwischen dem Hochhausbauteil, den Lichthöfen und der Passage bildet eine Verteilerhalle die, über schmalere Gänge, an denen die Erschließungskerne des Hochhauses liegen, auch direkt von der Friedrichstraße und dem Reichstagsufer aus zu erreichen ist.

Auch wenn man die Aufnahme des Straßenzuges durch die horizontale Sockelzone gutheißt und die expressionistische, letztlich die Dienste der gotischen Kathedrale rezipierende Lisenengliederung als brauchbare Lösung für das Hochhaus empfindet, so ist die hier gewählte Kombination beider Prinzipien doch problematisch. Führt schon allein das radikale Gegeneinandersetzen von Horizontal- und Vertikalgliederung zu einem Bruch, so wird dieser in der Detaillösung noch verstärkt: Da die Achsweite an der Sockelzone nicht mit dem Abstand der Hochhauslisenen übereinstimmt, endet jede zweite Lisene über einem Fenstersturz. Dies führt dazu, daß die vertikalen Kräfte des Baues zumindest optisch vom Betrachter nicht logisch abgeleitet werden können.

Diese Widersprüche haben ihre Ursache in der unreflektierten Übernahme von Versatzstücken anderer Architektenentwürfe dieser Zeit. So geht das System der Höhenstaffelung auf publizierte Hochhausentwürfe von Max Berg, z. B. Hochhaus am Lessingplatz und Hochhäuser am Ring in Breslau, zurück.[3] Für die Fassadengliederung greifen Krekel und Leykauf auf den Entwurf der Architekten Breuer und Bähr[4] zurück, der im Wettbewerb für ein Bürohochhaus am Hindenburgwall in Düsseldorf 1921 einen 3. Preis erhielt. Durch die Kombination mit der leicht modifizierten Sockelzone ihres eigenen, dort eingereichten Vorschlages[5], geben Krekel und Leykauf allerdings die Stringenz auf, die dem Entwurf „Große Wand" von Breuer und Bähr die eindrucksvolle Wucht verliehen hatte.

JTK/JMa

1 Vgl. Ideenwettbewerb Hochhaus Bahnhof Friedrichstraße, Stbk, SH 2, 1922, 36.

2 Da das der Ausschreibung beigegebene Fliegerbild den Bahnhof in unfertigem Zustand zeigt, mögen die ortsfremden Architekten die Krümmung der Südseite überbewertet haben.

3 So spiegelt die generelle Disposition des Entwurfs publizierte Hochhausentwürfe von Max Berg in Teilaspekten wieder, wie z. B. Hochhäuser am Ring in Breslau und Hochhaus am Lessingplatz (vgl. Abb. 8, 9, 13-15).

4 Hermann Sörgel, Wettbewerbsentwürfe zu einem Düsseldorfer Bürohaus, in: BRS 1922, 27.

5 in H. de Fries, Düsseldorf, in: WMB 1922/23, 214-16.

oben: 25.1. Schaubild vom Standpunkt B
rechts: 25.2. Grundriß Erdgeschoß

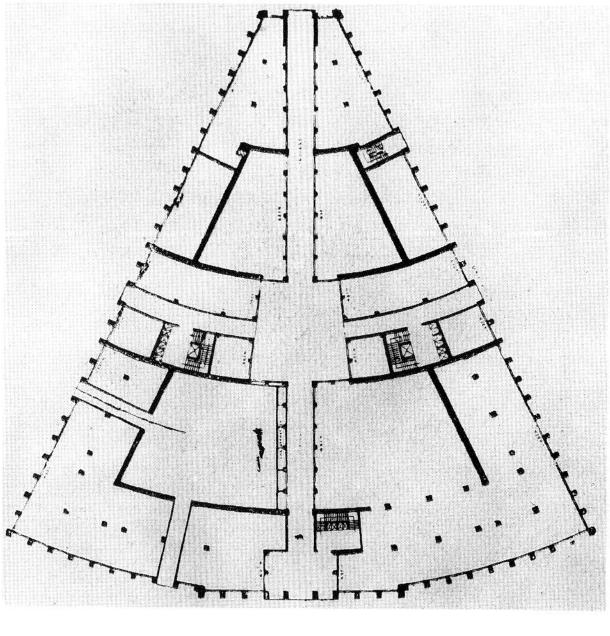

26 Albert H. W. Krüger / Hermann Zess Hamburg

Kennwort: Organisation und Bewegung

Bereits auf den ersten Blick entsteht bei diesem Entwurf der Eindruck einer gewissen Uneinheitlichkeit in der äußeren Erscheinung, hervorgerufen durch die Diskrepanz zwischen der auffallenden Sachlichkeit der Obergeschosse und der unruhigen und bewegten Erdgeschoßzone. Schon Max Berg als aufmerksamer Rezensent des Wettbewerbs hatte diesen Grundzug festgestellt und in seiner knappen Stellungnahme kritisch angemerkt: „Der Entwurf (. . .) nähert sich in seiner fast asketischen formalen Zurückhaltung dem reinen Zweckbau. Die verschiedenartig ausgebildeten, herumgelagerten unteren Geschosse stehen nicht in organischem Zusammenklang mit dem riesig und groß aufstrebenden Hauptbau."[1] Offensichtlich war aber diese Heterogenität beabsichtigt, denn sie resultiert aus einer Auffassung, nach welcher den verschiedenen Funktionen und den städtebaulichen Gegebenheiten durch die separate, deutlich ablesbare Gestaltung der einzelnen Bereiche Ausdruck verliehen werden sollte. In diesem Sinne enthält das Kennwort „Organisation und Bewegung" die Leitmotive für die funktionale und architektonische Konzeption des Gebäudes. Dem Erdgeschoßbereich, der die öffentlichen Nutzungen, Passage, Läden, Restaurant und Café aufnimmt, entspricht demnach der Begriff „Bewegung" – hier wird auf geschäftiges großstädtisches Treiben angespielt – und die dynamische Gestaltung der in konventionellen expressionistischen Formen gehaltenen mehrgeschossigen Vorbauten an der Bahnhofseite sowie die hintereinandergestaffelten, mit abgerundeten Ecken schwungvoll den Straßenraum flankierenden Ladenfronten entlang der Friedrich- und der Uferstraße. Dagegen bezieht sich der für Wirtschaft und Verwaltung kennzeichnende Begriff „Organisation" auf die hochaufragenden Flügel mit den Bürogeschossen und erfährt durch die gleichförmige Abfolge horizontaler Fensterbänder eine charakteristische Umsetzung.

Die Anordnung der drei Flügel entspricht etwa der Form eines Y. Im Unterschied zu ähnlichen Typenlösungen fehlt jedoch ein als eigenständiger Baukörper hervortretender Kern. Die Übergänge werden durch zweifache Abstufungen, hinter denen sich Treppen und Aufzüge befinden, und durch eine vorschwingende Wandfläche an der Bahnhofseite gestaltet. Der längere, zur Weidendammer Brücke ausgerichtete Flügel überragt die anderen um drei Geschosse; seinem Verlauf folgt die gleichsam als Symmetrieachse für die Grundrißaufteilung dienende Passage im Erdgeschoß. Neben der Passage liegende, aber nur von der sich an den Eingangsbereich anschließenden zentralen Halle aus zugängliche Aufzüge übernehmen die vertikale Erschließung. Die Büroräume in den Obergeschossen sind nach dem Mittelgangsystem angelegt. Diese Anordnung bildet die Grundlage für die Gestaltung der Fassaden. Während die durch horizontale Fensterbänder gegliederten Längsseiten der Flügel die Aneinanderreihung gleichförmiger Büroräume im Inneren zu erkennen geben, zeigen die Schmalseiten mit ihren durch die übereinanderliegenden Fenster geteilten großen Wandflächen die Lage der an den Mittelgang anschließenden Treppenhäuser.[2] Der Kontrast zwischen den Längs- und Schmalseiten und das völlige Fehlen weiterer Gliederungselemente betont die Wirkung der Wände als Flächen. Die Konzentration der Gestaltungsmittel auf Fenster und Wand und die Reduktion der Baukörper zu einheitlichen Blöcken, die als Großformen ohne Sockel auf der Erde stehen – die übrigen Bauteile sind vor oder zwischen sie gelegt –, macht verständlich, warum Max Berg den Entwurf mit einem „Zweckbau" in Verbindung brachte. Trotz der fortschrittlichen Züge in den Flügeln – hier zeigt sich die Nähe zu radikal modernen Lösungen wie etwa den Hochhausentwürfen Ludwig Hilberseimers – ist die Konzeption des Beitrages im Ganzen uneinheitlich und inkonsequent. Liegt der Gestaltung der Flügel eine aus der inneren Struktur der Baukörper entwickelte Formensprache und damit eine konsequente funktionalistische Vorgehensweise zugrunde, so ist der Rückgriff auf die gängigen Stilformen des Expressionismus an den unteren Geschossen nur scheinbar funktional begründet, denn die kulissenhaft und dekorativ anmutende Architektur der Vorbauten an der Bahnhofsseite vermittelt keinen tatsächlichen Aufschluß über die in diesen Bereichen untergebrachten Nutzungen.

JMe

1 Max Berg, Die formale Auffassung des Hochhausgedankens, in: BW 1922, 434-435.

2 Halbrunde Okuli und Balkone an den Schmalseiten beeinträchtigen die sachliche Gesamtwirkung nicht.

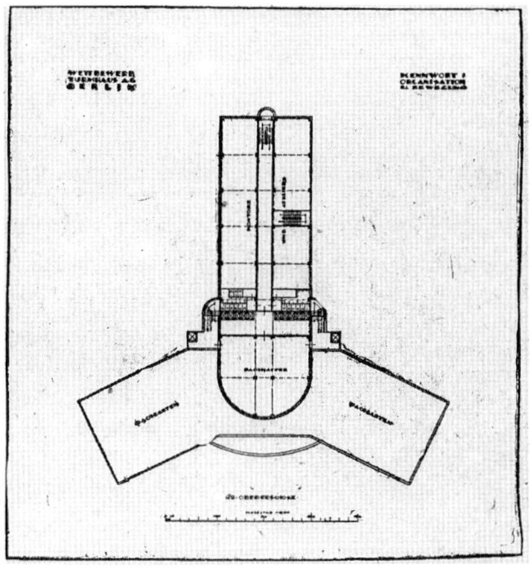

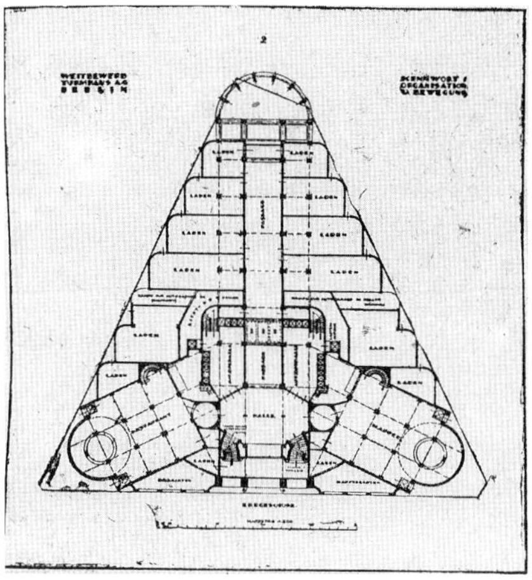

links oben: 26.1. Grundriß 19. Obergeschoß
links Mitte: 26.2. Grundriß Erdgeschoß

rechts oben:
26.3. Schaubild vom Standpunkt A
rechts unten:
26.4. Ansicht Weidendammer Brücke

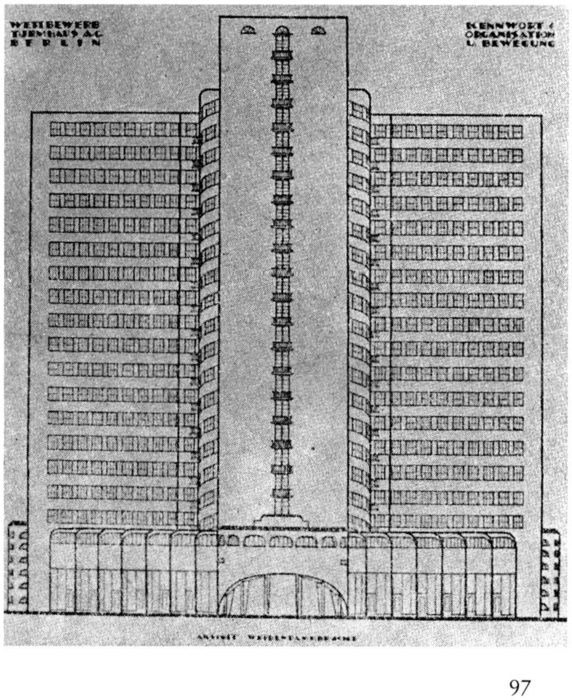

27 Otto Kuhlmann
Berlin

Kennwort: unbekannt

Der Geheime Hofrat Otto Kuhlmann, Berliner Architekt und Professor an der Technischen Hochschule Charlottenburg, entwarf einen Rundbau.[1] Das Schaubild zeigt einen etwa 15geschossigen Turm, welcher dreifach in Sockel, Mittelteil und Abschlußzone geteilt und im Mittelbereich ebenfalls dreifach untergliedert ist. Über einem sechseckigen, zur Straße vermittelnden Sockel verjüngt sich der Turm durch leichte Rücksprünge.

Die Manier der feinen Umrißzeichnung verrät bereits die akademische Prägung des Entwurfes, die an der Baumassenverteilung und der Fassadengliederung deutlich abzulesen ist. Unter Einbeziehung klassischer Reglements werden die einzelnen Abschnitte höchst formal verklammert. Ein Wechsel zwischen Pilastern und Fensterflächen bzw. Halbsäulenvorlagen und Wand rhythmisiert die Fassaden des Sockelbereiches und des oberen Turmdrittels. Dabei nehmen die drei vorstehenden Eingangsbereiche in den Grundstücksecken den Rhythmus auf. Übergeordnete Gliederungsprinzipien werden hier angewendet: Säulen oder Halbsäulenvorlagen ersetzen die schlichteren Pilaster, Rundbogenarkaden die raumhohen Schaufenster, Okuli über den Türen die rechteckigen Sproseenfenster. Zusätzliche Steigerung und Feierlichkeit der Entrees sollten die rechteckigen Aufbauten mit ‚piano nobile' und vasenbesetzter Attika bewirken. Sie vermitteln formal zwischen dem Sockelbereich (der Rhythmus wird beispielsweise in der Attika aufgenommen) und dem unteren schmucklosen Mittelbereich, und verdeutlichen ebenso, wie die kleineren, kubischen Aufbauten mittig über den Sockellängsseiten und vor dem Dachgeschoß, Kuhlmanns Bemühen um eine Ponderation der Architektur. Das Ausgleichen zwischen horizontaler und vertikaler Gliederung, zwischen runden und eckigen Formen und das übervorsichtige Abstufen der Baumassen sind betont gemäßigte, ja konservative Formulierungen. Die verwendeten Gliederungs- und Schmuckelemente, Versatzstücke einer wilhelministischen Architektur, hatte Kuhlmann beispielsweise bei Ludwig Hoffmann kennenlernen können, für den er vor 1900 tätig war.[2]

Aus dem das Hochhaus auf einen Ring reduzierenden Lageplan geht hervor, daß ein schlotartiger Innenhof vorgesehen wurde. Diese Unbekümmertheit gegenüber der Feuersicherheit deutet an, daß sich Kuhlmann – gewiß nicht als einziger Teilnehmer des Wettbewerbs – nur sehr oberflächlich mit der Hochhausproblematik auseinandergesetzt hatte. Seine Unerfahrenheit in dieser neuen Bauaufgabe, die vielleicht sogar mit Desinteresse gepaart war, bestätigt sich darin, daß er weniger eine eigene Lösung suchte, sondern seinen Entwurf vielmehr eng an Carl James Bührings Rundturmentwurf für denselben Bauplatz von 1915 (vgl. Kat. Nr. 2.8) anlehnte, gegen den er sich außerdem geradezu provinziell ausnimmt. Kuhlmanns Gebiet waren neben Landhäusern vorwiegend Sakral- und Kommunalbauten. Seine Aufträge erhielt er primär durch seine übereifrige Teilnahme an „Wettbewerbsausschreibungen verschiedenster Art".[3] Der Entwurf zum Ideenwettbewerb Hochhaus am Bahnhof Friedrichstraße blieb vermutlich sein einziger Versuch in der Bauaufgabe Hochhaus, welcher er als Vertreter einer veralteten Berliner Schule auch nicht mehr gewachsen war.

HL

1 Karsten Falkenau betrieb die ersten Recherchen für diese Katalognummer, sein Manuskript lag der Weiterbearbeitung vor.

2 „Nach beendetem Studium trat er (Kuhlmann, HL) bei der Berliner Hochbauverwaltung als Architekt und Hilfsarbeiter Ludwig Hoffmanns ein, dessen subtiles Formgefühl und abgeklärte Harmonik nun für den im ‚Gotischen' gegen alle äußerlichen Stilausschweifungen Gefeiten von glücklichstem Einfluß auf das Reifen seines ästhetischen Feingefühls (. . .) sein mußte.", Hans Schliepmann, Otto Kuhlmann, in: Berliner Architekturwelt 1919, 301.

3 Schliepmann, Kuhlmann, 301.

oben: 27.1. Schaubild vom Standpunkt A
rechts unten: 27.2. Lageplan

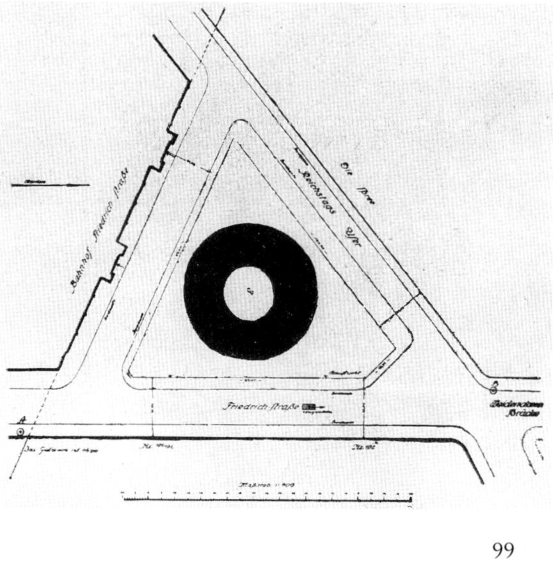

28 Wilhelm Langstein Karlsruhe i. Br.

Kennwort: Zentral
Ein 4. Preis

Der Kritiker Brix bewies unfreiwillige Treffsicherheit, als er bei der Aufzählung der sechs vierten Preise dem Rundturm Langsteins das Motto „Neutral" verlieh[1]: Neutral in der Bedeutung von indifferent, neutral wie die Rezensenten, die völlig unberührt von diesem preisgekrönten Entwurf blieben. Weil sie eine nähere Beschäftigung mit Langsteins Konzeption nicht interessierte, übernahmen sie in ihren Texten die Beurteilung der Jury oder ließen selbst diese weg. Max Berg beispielsweise bemerkte zu diesem Entwurf lediglich: „Der vierte Preis von W. Langstein zeigt eine zentrale Rundlösung."[2]

In krassem Gegensatz zum Desinteresse der Kritiker steht die positive offizielle Beurteilung.[3] Ausschlaggebend für die Jury war der ruhige, klare Gesamteindruck sowie der „(. . .) Vorteil, die Belichtung für die Nachbargrundstücke am wenigsten zu beeinträchtigen, (. . .)". Die Jury bemängelte zwar „(. . .) den Nachteil unvorteilhafterer Grundrißlösung in praktischer und wirtschaftlicher Hinsicht, (. . .)", bemerkte aber andere Schwächen des Entwurfes nicht, welche vor allem im formalen Bereich liegen.

In dem sauber und akademisch gezeichneten Schaubild präsentierte Langstein einen zylindrischen Baukörper, der dreiteilig in eine ausladend polygonale Sockelzone, einen runden Mittelbereich und einen zurückgesetzten Abschluß mit Kuppel[4] gegliedert ist. Der Karlsruher Architekt, der sich vorher wahrscheinlich noch nie aktiv mit dem Hochhausproblem auseinandergesetzt hatte, schöpfte wesentliche Anregungen für die typengeschichtliche Grundform aus früheren Entwürfen, vor allem aus dem Entwurf für einen 30stöckigen Leipziger Messeturm von Haimovici, Tschammer und Caroli[5] (vgl. Abb. 7). Auf deren Aufriß lassen sich u. a. die beiden vorgelagerten, rechteckigen Anbauten zurückführen. Während die Leipziger Architekten ein logisches Konzept für die Fassadengestaltung ausarbeiteten, vermißt man dieses an der Fassade von Langsteins Entwurf „Zentral". Hier werden beispielsweise in Gruppierung und Form heterogene Fenster lediglich zur dekorativ - kunstgewerblerischen Fassadenauflockerung benutzt. Die Vertikalentwicklung demonstriert Unentschlossenheit. Langstein umspannte den Zylinder mit Gesimsen, als würde es sich hier um ein niedriges Wohnhaus handeln, und kaschierte damit die ohnehin recht geringe Höhenentwicklung des Turmes.[6]

Diese Unsicherheiten setzen sich in der Grundrißdisposition fort, soweit sich diese aus dem einzigen überlieferten, zudem schwer lesbaren Grundriß des ersten Obergeschosses rekonstruieren läßt. Langstein gruppierte in den beiden unteren Stockwerken zweigeschossige Läden, Kino und Gaststätte um eine den Innenhof einbeziehende schmale Passage, die vom Bahnhof und der Weidendammer Brücke zugänglich ist. Die innere Raum- und Funktionsaufteilung geschieht schematisch und ist an der Fassade nicht ablesbar. Indem Langstein die Verkehrsanlagen nach dem Vorbild des Leipziger Messeturms an die Hofinnenseiten legte, dezimierte er zumindest die Anzahl von lichtarmen Räumen. Eine befriedigende Lösung für das generelle Problem von Rundbauten in Bezug auf Licht und Raumform gelang ihm nicht.

Wir finden in Langsteins Entwurf das Bemühen, möglichst alle Vorgaben der Ausschreibung zu berücksichtigen. Vorherrschend aber ist hier Unfähigkeit oder Unwillen, neue Ideen für die Gestaltung und Funktionstüchtigkeit des Hochhauses zu liefern, so daß dieser Entwurf nichts zur faktischen Entwicklung des Hochhauses beitrug. Richard Döcker als ein Architekt, der auf konventionelles Formenrepertoir verzichtete und von Grund auf neue Lösungen zu entwickeln suchte, hatte für die Architektur in der Art des Entwurfes „Zentral" nur noch Verachtung übrig: „(. . .) auf jeden Fall ein altes Kleid für einen neuen Körper (. . .).[7]

HL

1 Brix, Der Ideenwettbewerb für die Bebauung des Geländes am Bhf. Friedrichstraße in Berlin mit einem Hochhaus, in: ZdB 1922, 71.
2 Max Berg, Der Berliner Hochhauswettbewerb, in: BW 1922, 126.
3 Auszugsweise abgedruckt in: Ideenwettbewerb Hochhaus Bahnhof Friedrichstraße, in: Stbk, SH 2, 1922, 10.
4 Es handelt sich hier wahrscheinlich um eine durchfensterte Kuppel und nicht um einen Arkadenkranz, wie ihn Otto Firle in seinem Wettbewerbsbeitrag als krönenden Abschluß des Hochhausturmes verwendete (vgl. Kat. Nr. 15).
5 Dieser Entwurf wurde ausführlich in etlichen deutschen Fachzeitschriften publiziert. Vgl.: Em. Haimovici, Ein Leipziger Messe-Turm, in: Beton und Eisen, H. IV/V, 1920, 54-57.
6 Rendschmidt, Das Hochhaus am Bhf. Friedrichstr., in: WAVB 1922, 35, zitiert aus der Jurykritik: „Der Entwurf nützt den Bauplatz nicht genügend aus, so daß trotz Erstellung von 18 Stockwerken sich eine Nutzfläche von nur 17200 m² ergibt. Innenhof von 25 m Durchmesser bei 64 m Gebäudehöhe." Die maximale Höhe lag bei 80 Metern.
7 Vgl. Richard Döcker, Ein Beitrag zum städtebaulichen Weiterschaffen, in: DS, 3/4, 1920, 37.

oben: 28.1. Schaubild vom Standpunkt A
rechts unten: 28.2. Grundriß 1. Obergeschoß

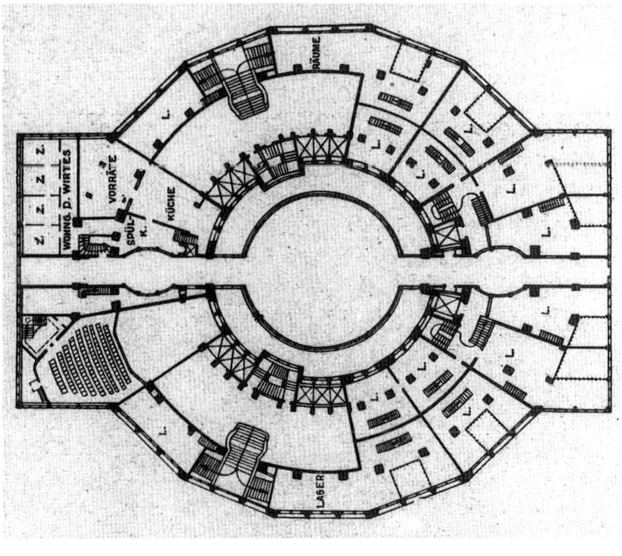

29 Albert Lindhorst / Chr. Zaulek / Franz Hormann Hamburg

Kennwort: unbekannt

Der Entwurf der Hamburger Architektengemeinschaft wurde zwar in einer zeitgenössischen Publikation abgedruckt[1], aber nicht weitergehend besprochen. Eine bis an die Grundstücksgrenzen geführte neunzehngeschossige Blockrandbebauung, die von dreiundzwanziggeschossigen „Ecktürmen“ gefaßt wird, bietet wohl maximale Flächenausnutzung, ist aber städtebaulich höchst bedenklich. Der für den Wettbewerb ungewöhnliche Lösungsvorschlag rezipiert in der Baumassendisposition amerikanische Hochhausbauten des späten 19. Jahrhunderts, die eben durch ihre Rücksichtslosigkeit gegenüber der Umgebung in Verruf geraten waren und selbst in den Großstädten Amerikas um 1920 nicht mehr realisierbar gewesen wären.[2]

Alle drei Fassaden sind im Prinzip gleich behandelt. Bereits an den Langseiten des Komplexes erscheint die klassische Dreiteilung der Fassade - hier mit dreigeschossigem Sockel, einer sich über dreizehn Geschosse erstreckenden Normalgeschoßzone und einer drei Geschosse umfassenden Attikazone - allzu bemüht. Die Eckrisalite mit ihren schweren Aufsätzen, die Assoziationen zum obersten Turmgeschoß verschiedener französischer Kathedralen herstellen[3], sollen den Bau festigen und Blickpunkte für die wichtigsten Betrachterstandpunkte liefern. Hier vor allem wird das Dilemma der Architekten, ihre Unsicherheit im Umgang mit Vorbildern, den Proportionen der klassischen Gliederung und den Einzelformen evident. Die Auflösung der Normalgeschoßzone in eine textilhafte Fläche, die an den Seiten durch pfeilerartige Wandteile in den Gesamtzusammenhang der Fassaden eingebunden wird, zeigt jedoch, daß die Architekten die in der Adaption der klassischen Gliederung enthaltene Problematik durchaus erkannt haben. Die Aufrißdisposition des bahnhofseitigen Einganges der zur Weidendammer Brücke führenden Passage mit skulpturalem Schmuck und flachem, mehrgeschossigem Erker wird an der Friedrichstraße und am Reichstagsufer wiederholt, hier freilich nur Hofeinfahrten betonend. Deutlich wird das vordergründige Interesse der Architekten, einer in ihren Augen reizvollen strengen Symmetrie jegliche funktionalen Aspekte bei der Fassadengestaltung unterzuordnen. JTK/JMa

1 Stbk, SH 2, 1922, Ideenwettbewerb Hochhaus Bahnhof Friedrichstraße, 38.

2 In New York wurden Höhe und Disposition des Hochhauses durch das Zoning-Law von 1916 beschränkt, in Chicago waren restriktive Bestimmungen bereits in den 80er Jahren des 19. Jahrhunderts in die Bauordnung aufgenommen worden. Vgl. C. H. Krinsky, D. van Zanten, J. Zukowsky, Chicago and New York - Architectural Interactions, Chicago 1984; S. Toll, Zoned America, New York 1969.

3 Dies gilt etwa für die ohne Turmspitzen errichteten Bauten von Notre-Dame in Paris, von Notre-Dame in Amiens, vor allem aber für Notre-Dame in Reims, wo die Wimperge der Lanzettfenster - ähnlich den Zackengiebeln des hier besprochenen Entwurfes - vor dem Himmel stehen.

oben: 29.1. Schaubild vom Standpunkt A
rechts unten: 29. 2. Grundriß Erdgeschoß

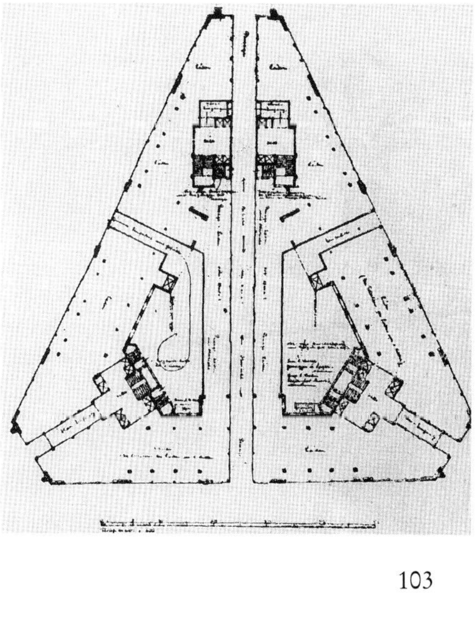

30 Hans Luckhardt / Wassili Luckhardt / Franz Hoffmann[1]
Berlin

Kennwort: Ladenausnutzung
2. Preis

Die Architekten wählten eine Grundrißlösung mit parallel zur Spree stehendem Hochhausmassiv, diegleiche, die Max Berg favorisierte, ja später selbst vorschlug.[2] Sie gewährleistete optimale Belichtung für das Hochhaus und eine möglichst geringe Verschattung der umliegenden Gebäude. Der langgestreckte Baukörper ohne Innenhof mit zwei voneinander unabhängigen Treppen- und Aufzuganlagen berücksichtigte zudem feuerpolizeiliche Erfordernisse. Dem 13 geschossigen Hochhausblock[3] lagerten die Architekten einen eingeschossigen, freistehenden Cafe-Ladenbau mit kaskadenartiger Glas – Eisen – Bedachung vor, dessen lichtdurchfluteter Raum zusammen mit der Dachterrasse für das Cafe genutzt werden sollte.[4] Diese von der Jury als „(. . .) zu aufwendig und zum Teil lediglich dekorativ (. . .)" bewertete Architektur, die auch Max Berg am liebsten zugunsten eines Bahnhofvorplatzes eliminieren wollte, hätte in ihrer Extravaganz sicherlich bestens die Funktion eines prominenten Citycafes erfüllt.[5]
Der Pfeilerkonstruktion des Hochhauses ist eine horizontal gegliederte Fassade vorgeblendet. Umlaufende Fensterbänder alternieren mit „. . . vorkragenden Verstärkungen in Höhe der Geschoßfußböden".[6] Die Architektur wirkt durch die Fassadengestaltung auch ohne den Rückgriff auf Zierelemente und Ornamente dekorativ. Mit diesem modernen, eleganten Design formulierten die Luckhardts hier erstmals ansatzweise den Stil, mit dem sie zu maßgeblichen Vertretern der neuen Sachlichkeit in Berlin werden sollten.[7] Während sie später die schweifende Horizontale vor allem bei ihren Berliner Geschäftshausfassaden (Telschowhaus am Potsdamer Platz, 1928) zum dominierenden Gestaltungsmittel machten, bemühten sie sich hier noch, durch Staffelung des Baukörpers zur Mitte und Abtreppung der Seitenrisalite Vertikale und Horizontale auszubalancieren. Diesem Ausdruck der Ruhe widerspricht auf den ersten Blick das durchaus ‚reißerische' Schaubild, welches ein Rezensent als „verfremdend" kritisierte.[8] Tatsächlich lassen sich die beiden inneren Achsen der Seitenrisalitfronten mit den schräg ansteigenden, ansteigenden, dem Lauf der Treppen folgenden Fensterbändern als in der zeichnerischen Perspektive unrichtig verkürzte, tiefe Seitenflügel mißverstehen.
Das Motto „Ladenausnutzung" ist unverständlich, wenn man es auf den vorgesehenen Raum für Läden bezieht. Das Hochhaus birgt eine leere, nicht weiter durchgeplante Eingangshalle. Als Läden definiert sind lediglich sechs kleinere Räume im Vorgebäude. Es fehlt außerdem eine Ladenpassage, die ausdrücklich im Ausschreibungstext empfohlen wurde.[9] Das Motto ließe sich eher als eine allgemeine und rein formale Anspielung auf Geschäftshausarchitektur verstehen. In diesem Zusammenhang ist der Vergleich mit einer ähnlichen Fassade Bernhard Sehrings für das Warenhaus Tietz in der Leipziger Straße 46-49 (1899-1900, zerstört) aufschlußreich.[10] Die Ähnlichkeiten resultieren nicht nur aus der vorgeblendeten Fassade[11], sondern vor allem aus Sehrings Glastonnendach als oberem Fassadenabschluß, welches das Luckhardtsche Atelierdach vorwegzunehmen scheint. Während aber die Glastonne auf dem Warenhaus Tietz von den meisten Standpunkten nicht wahrgenommen werden konnte[12], sollte man das Luckhardtsche Atelierdach schon von weitem sehen. Ihm käme damit die ‚moderne' Funktion einer Stadtkrone zu.[13]
Dem großstädtischen Treiben im Cityzentrum ist in der mit abgerundeten Ecken und rundbogigen Glasdächern gewissermaßen dynamisierten Formensprache, welche in der zeichnerischen Präsentation noch gesteigert scheint, ein architektonisches Äquivalent geschaffen. Diese Architektur funktionierte in formaler wie in technischer Hinsicht und hatte zudem den großen Vorteil, daß in ihr typische, allgemein bekannte Elemente der städtischen Architektur: das Geschäftshaus, der Verwaltungsbau und das Cafehaus aufgegriffen und moderat verarbeitet wurden. Die Luckhardts offerierten sowohl der akademischen Jury wie auch den Avantgardisten unter den Kritikern mit modernen Formulierungen eine akzeptable Lösung für das in Deutschland noch so umstrittene Hochhaus.[14]

HL

1 Der Anteil Hoffmanns ist nicht auszumachen. Wahrscheinlich wurde die Leistung der Luckhardts berechtigt hervorgehoben. Hoffmanns Zusammenarbeit mit ihnen scheint sich auf diesen Wettbewerb beschränkt zu haben.
2 Max Berg, Grundsätzliches zur Hochhausfrage, in: BW 1922, 37.
3 Vgl. Rendschmidt, Das Hochhaus am Bahnhof Friedrichstraße, in: WAVB 1922, 31:" Die Nutzfläche einschließlich Ladenhaus beträgt 16 750 + 3560 qm bei einem umbauten Raum von 113 800 + 14 750 = 128 550 cbm. Das Hochhaus hat Erdgeschoß und 13 Obergeschosse, also eine Höhe von rd. 55 m."
4 Das geht deutlich aus dem Schaubild hervor. Die im Grundriß angegebenen Treppen im Cafe dienten also zur Erschließung sowohl des Glasdaches wie auch der Terrasse.
5 Zitiert aus der Beurteilung der Jury in: Ideenwettbewerb Hochhaus Bahnhof Friedrichstraße, Stbk, SH 2, 1922, 9-10. Vgl. Max Berg, Der Berliner Hochhauswettbewerb, in: BW 1922, 121: „Würde der vor diesem Bau angelegte Kaffeehausbau wegfallen, so würde ein kleinerer Platz gewonnen, (. . .)."
6 Vgl. Walter Lehwess, Der Wettbewerb um ein Turmhaus am Bhf. Friedrichstraße in Berlin, in: Stbk 1922, 342.
7 Es wäre natürlich zu prüfen, ob der eher ‚expressionistisch' orientierte Wassili Luckhardt oder der ‚klassischere' Hans Luckhardt den entscheidenden Anteil an diesem Entwurf hatte. Eine Untersuchung des Frühwerks der Luckhardts steht bislang noch aus.
8 Hooge Huizen, in: De Bouwereld 1922, 181 (Dok. XV) „Aber die Architekten hielten sich nicht daran (an den vorgegebenen Blickpunkt für die Perspektive, HL), sie verwischten absichtlich oder aus Unwissen die Transparenz der Zeichnung. Da sie sich auch wenig um den Schattenwurf kümmerten, war eine verfremdet dargestellte Situation die Folge." Der Verfasser benutzte die Ungenauigkeit der Zeichnung, um den gegenwärtig herrschenden Geist in Deutschland zu kritisieren: „Von der Tüchtigkeit, (. . .), will man nichts mehr wissen. (. . .). Für Nuancen und Takt haben unsere östlichen Nachbarn nun mal kein Gefühl."
9 In der Ausschreibung heißt es: „Für die bessere Aufschließung des Ladengeschosses durch Gewinnung größerer Ladenfronten ist durch eine Passage oder sonstige Innenentwicklung des Gebäudes Sorge zu tragen."
10 Vgl.: Klaus Konrad Weber, Peter Güttler, Die Architektur der Warenhäuser, in: Berlin und seine Bauten, Teil VIII, Bd. A, Berlin, München, Düsseldorf 1980, 39f.
11 Sehring legte zwei nur mit dünnem Metall gerahmte, je 460 qm messende Glasfenster, die an den weit vorkragenden Eisenträgern der Decken befestigt wurden, zwei Meter vor die Pfeilerkonstruktion. Ähnliche technische Lösungen finden sich in den zwanziger Jahren häufig, neben den Luckhardts bei Mies van der Rohe, Mendelsohn u. a.
12 Vgl.: H. Schliepmann, Geschäfts- und Warenhäuser, Berlin, Leipzig 1913, Bd. 2, 64.
13 Die Luckhardts waren Mitglieder der gläsernen Kette, der Novembergruppe und des Arbeitsrates für Kunst, partizipierten an den Diskussionen der Avantgarde und standen in engster Verbindung zu Bruno Taut.
14 Im Anschluß an den Wettbewerb arbeiteten die Luckhardts im Auftrag der Turmbau-Gesellschaft einen zweiten Entwurf aus. Vgl. Kat. Nr. 46.

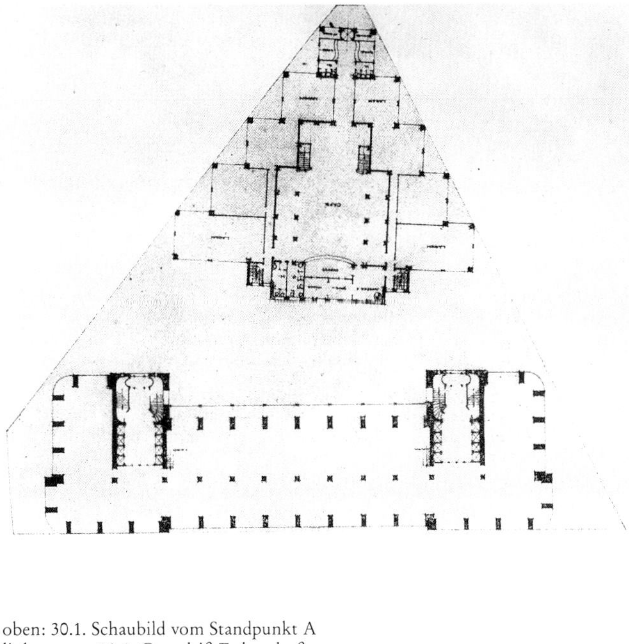

oben: 30.1. Schaubild vom Standpunkt A
links unten: 30.2. Grundriß Erdgeschoß
rechts unten: 30.3. Schaubild vom Standpunkt B

31 Ludwig Mies van der Rohe
Berlin

Kennwort: Wabe

Der aus heutiger Sicht berühmteste aller aus dem Wettbewerb hervorgegangenen Entwürfe verdankt seine Bekanntheit der unkonventionellen Herangehensweise seines Verfassers, der die Vorgaben der Ausschreibung großzügig ignorierte, weil es ihm wichtiger erschien, für das Hochhaus eine grundsätzliche Lösung im Sinne eines allgemeingültigen Typus zu entwickeln.[1] Ausgehend von der konsequenten Ablehnung der akademischen Architektur amerikanischer Wolkenkratzer übernahm er lediglich deren konstruktives Gerüst, das er jedoch nicht mit einer konventionellen Fassade verkleidete, sondern mit einer transparenten Glaswand umgab, damit der überwältigende „Eindruck der hochaufragenden Stahlskelette" erhalten bleiben, der „konstruktive Gedanke" die „notwendige Grundlage für die künstlerische Gestaltung" bilden und das „neuartige konstruktive Prinzip dieser Bauten" klar hervortreten könne.[2]

Die Absicht, Wahrheit in der Konstruktion als Möglichkeit unverhüllter Einsichtnahme in die statischen Verhältnisse des Gebäudes[3] und architektonische Schönheit als Entfaltung der ästhetischen Wirkung der Konstruktion gleichzusetzen, steht allerdings im Widerspruch zu den Bemühungen, den stofflichen Qualitäten des Glases gerecht zu werden, denn „um der Gefahr der toten Wirkung auszuweichen, die sich oft bei der Verwendung von Glas in großen Flächen ergibt"[4], wurden die Fassaden durch tiefe Fronteinschnitte gegliedert und die Außenwände leicht gegeneinander abgewinkelt, somit neue, von der Grundkonzeption unabhängige Kriterien zur Gestaltung der Baukörper eingeführt.

Das durchgehend zwanziggeschossige Gebäude erhebt sich als „Kernbau mit Flügeln" auf einem dem dreieckigen Bauplatz angepaßten Grundriß von prismatischer Form. Die Innenaufteilung der Geschosse bestimmt eine klare Trennung der Funktionen. Eine runde Mittelhalle erschließt die den drei Flügeln zugeordneten Bereiche mit Fahrstühlen, Treppenhäusern und Versorgungsräumen; Korridore führen zu jeweils drei unregelmäßigen Großraumbüros. Da jede weitere Differenzierung für die geforderten Nutzungen fehlt und keine anderen Aufteilungsvorschläge bekannt geworden sind, war diese Lösung wahrscheinlich als eine Grundstruktur konzipiert, in der verschiedene Funktionen untergebracht werden sollten.[5]

Es ist unklar, welche Zeichnungen Mies van der Rohe zum Wettbewerb eingereicht hat und welche Beurteilungsgrundlage der Jury damit gegeben war[6] – auf keinem Blatt ist das Motto „Wabe" zu erkennen – zumal aus den überlieferten Zeichnungen unterschiedliche Fassungen des Entwurfs hervorgehen. Zwei damals publizierte Grundrißversionen lassen verschiedene Stadien der Ausarbeitung erkennen.[7] Die großformatigen, teils als Kohlezeichnung, teils in aufwendiger Collagetechnik angefertigten Schaubilder zeigen wider Erwarten nicht das Stahlskelett hinter den transparenten Glasfassaden, sondern das Spiel des Lichts auf der Oberfläche unterschiedlich beleuchteter und im Schatten liegender Partien, wodurch die Plastiziät der Baukörper hervorgehoben wird. Erst im Zuge der bei Erarbeitung des zweiten Projekts unternommenen Modellstudien habe Mies van der Rohe erkannt, daß es bei der Verwendung von Glas „auf ein reiches Spiel von Lichtreflexen ankam".[8] Ein Vergleich mit dem Grundriß ergibt, daß abgesehen von Kat. Nr. 31.6 alle Schaubilder das Gebäude von einer falschen Seite zeigen, indem eine dem jeweiligen Standpunkt nicht entsprechende Eckansicht dargestellt ist. Diese bewußte Täuschung des Betrachters zielt darauf, das Gebäude dynamischer wirken zu lassen, denn nur so erscheint es, obwohl im Kontrast zur Umgebung, nicht als kolossaler Maßstabsbruch. Tatsächlich hätte es sich, sehr viel breiter als hoch, als ein voluminöser, fast die gesamte Grundstücksfläche einnehmender Block auf dem Bahnhofsvorplatz erhoben; trotz der rhythmisierten Fassaden hätte sich niemals der Eindruck der vertikal aufstrebenden Baukörper eingestellt, den die Schaubilder vermitteln.

Für Mies van der Rohe war der Ideenwettbewerb Anlaß zu einer von den Vorgaben unabhängigen Auseinandersetzung mit der Aufgabe. Der so entstandene Entwurf gewann in der konsequenten Anwendung des Curtain-Wall grundlegende Bedeutung für die Bürohausachitektur dieses Jahrhunderts und sicherte dem Architekten einen Platz unter den führenden Vertretern der Avantgarde. JMe

1 Zu Mies van der Rohe vgl. Franz Schulze, Mies van der Rohe, Leben und Werk, Berlin, 1986; Fritz Neumeyer, Mies van der Rohe, Das kunstlose Wort, Berlin, 1986. Der Entwurf blieb im Wettbewerb unbeachtet, wurde jedoch in verschiedenen Artikeln besprochen. Vgl. Max Berg, Die formale Auffassung des Hochhausgedankens, in: BW 1922, 363 (Dok. XIV) Walter Curt Behrendt, Skyscrapers in Germany, in: Journal of the American Institute of Architects 1923, 365-370; Carl Gotfrid, Hochhäuser, in: Qualität 5/12, 1922/23, 63-66 (Dok. XX).

2 Vgl. Mies van der Rohes erläuternden Text in Frühlicht 4, 1922, 122-124, ohne Titel. Zitiert nach Bruno Taut, Frühlicht, Eine Folge für die Verwirklichung des neuen Baugedankens, Berlin, Frankfurt/M, Wien, 1963, 213-214.

3 Vgl. meinen Beitrag in diesem Band: Aspekte – Kontroversen – Tendenzen. Offensichtlich hat Mies van der Rohe die Bewältigung technischer Probleme nicht interessiert. Auf keiner Grundrißzeichnung finden sich Angaben über die Konstruktion des Hochhauses. Ob er damit rechnete, daß die ästhetische Wirkung der Stahlskelte, die auf zahlreichen damals publizierten Abbildungen von Wolkenkratzern im Rohbau vermittelt wurde, sich in seinem Projekt nur bedingt hätte entfalten können, weil die mit feuerfesten Materialien verkleideten Stützen und Decken nach der Fertigstellung des Gebäudes wesentlich massiver erschienen wären, muß offen bleiben.

4 Frühlicht, 213-214.

5 Vgl. die Äußerungen zum zweiten Projekt für ein Glashochhaus in Frühlicht, 213-214.

6 Nur wenige Zeichnungen wurden unmittelbar nach dem Wettbewerb publiziert. Da einige der in der Ausschreibung geforderten Zeichnungen nicht bekannt geworden sind (z. B. die Schnitte), andere dagegen kaum beim Wettbewerb eingereicht worden sein können (so die Schaubilder, die nicht dem geforderten Maßstab entsprechen und vermutlich zu Ausstellungszwecken angefertigt worden sind, vgl. Führer durch die Abteilung Novembergruppe, Kunstausstellung Berlin 1922, Berlin, 1922, 14), ist denkbar, daß der Beitrag schon die formalen Voraussetzungen des Wettbewerbs nicht erfüllte.

7 Beim früher publizierten Grundriß (Kat. Nr. 31.2) sind die einzelnen Flügel als asymmetrische Gebilde in die Grundstücksfläche hineinkonstruiert, in der zweiten Fassung (Kat. Nr. 31.3) dagegen durch Symmetrieachsen zu einer einheitlichen geometrischen Struktur zusammengefaßt und regularisiert. Gegenüber der früheren Fassung sind die Fronteinschnitte weniger ausladend, die Anlage der Treppenläufe ist differenzierter, die Form der Büroräume regelmäßiger. Der Entstehungskontext einer sicher in den USA entstandenen dritten Grundrißfassung ist unbekannt.

8 Frühlicht, 213-214.

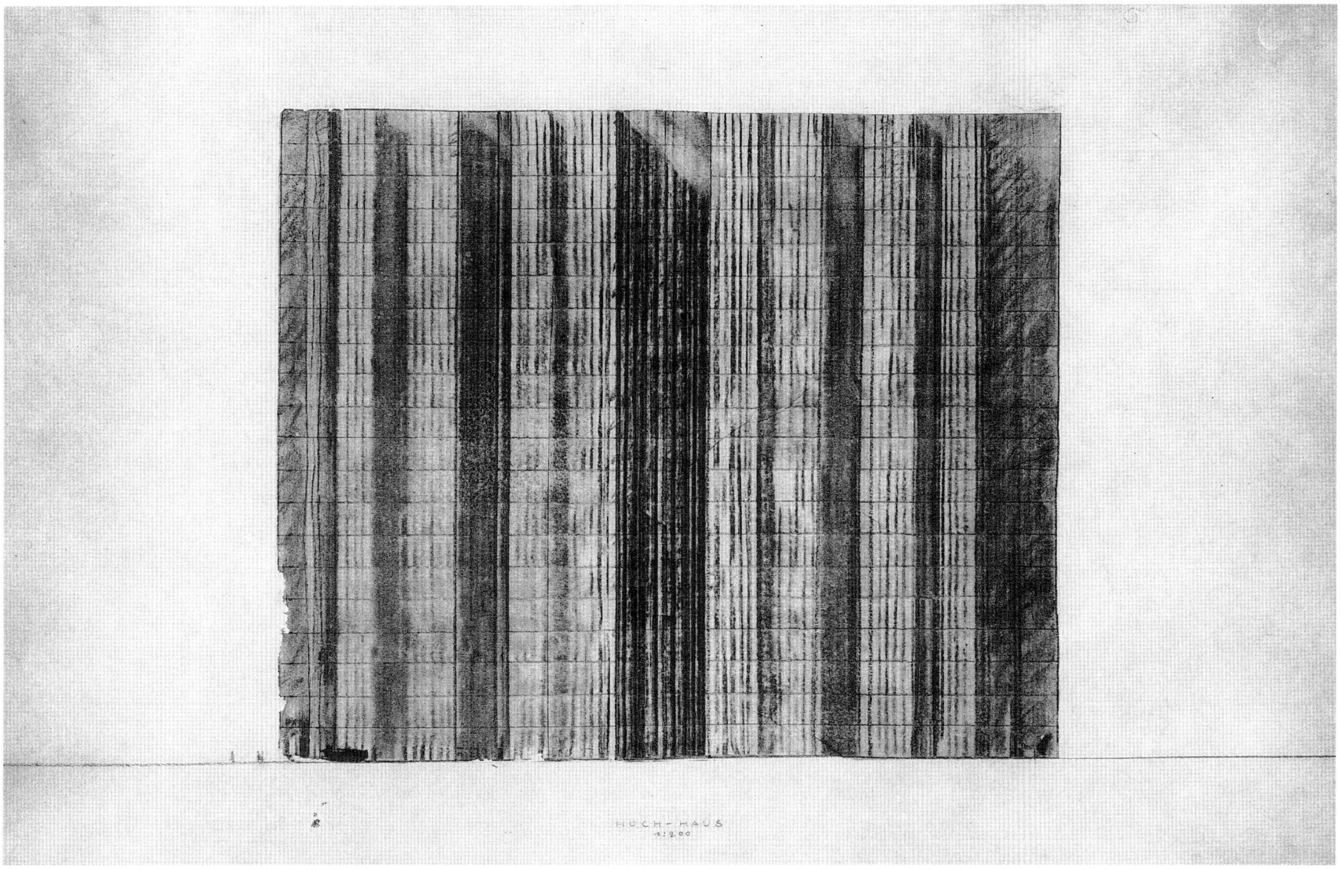

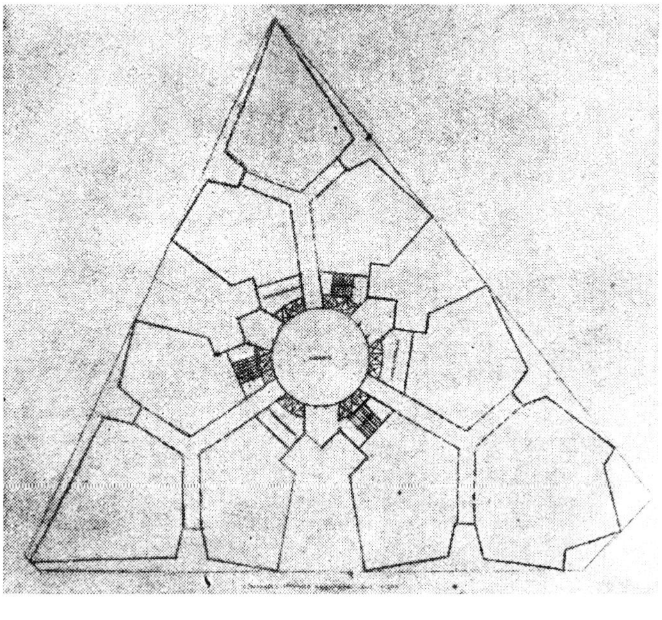

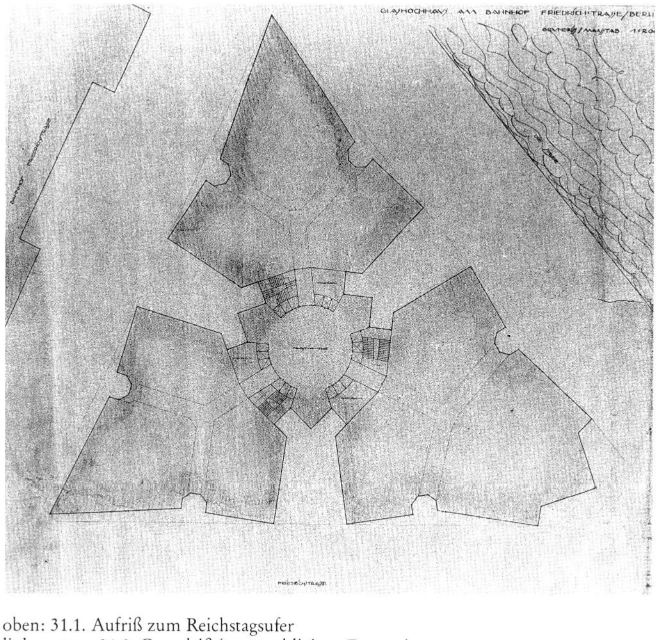

oben: 31.1. Aufriß zum Reichstagsufer
links unten: 31.2. Grundriß (erste publizierte Fassung)
rechts unten: 31.3. Grundriß (nachträglich überarbeitete Fassung)

31.4. Schaubild von Süden

31.5. Schaubild vom Standpunkt B

31.6. Schaubild von Norden (erste publizierte Fassung)

31.7. Schaubild von Norden

31.8. Schaubild von Norden

32 Ludwig Moshamer / Wilhelm Brix
Breslau

Kennwort: Moloch

Der Beitrag, eine Gemeinschaftsarbeit von Wilhelm Brix und einem Mitarbeiter von Max Berg, dem Architekten Ludwig Moshamer, ist ein Beispiel für den weitreichenden Einfluß, den der Breslauer Stadtbaurat mit seinen Vorstellungen vom Hochhausbau auch außerhalb seines Tätigkeitsbereiches ausüben konnte. Sowohl in der Staffelung der Baukörper als auch in der Gestaltung des Äußeren geht dieser Entwurf auf schon 1920 entstandene Projekte von Max Berg für Breslau zurück, an deren Entstehung Moshamer beteiligt gewesen war.[1]
Das parallel zum Reichstagsufer gestellte zwanziggeschossige Hochhaus, das durch dreifache Stufung der oberen Geschosse einen pyramidalen Umriß erhält, ist in eine die gesamte Grundstücksfläche ausfüllende, nach einem Rücksprung von sechs auf zehn Stockwerke ansteigende Blockrandbebauung eingebunden, die den Komplex mit ihren abgerundeten Ecken im Bereich des Straßenraumes zusammenfaßt. Bis auf die beiden unteren Geschosse mit großen Fensteröffnungen ist das gesamte Gebäude entsprechend der Forderung Max Bergs nach größtmöglicher Vereinheitlichung des Äußeren[2] mit einer durch vertikale und horizontale Gliederungselemente ausgewogen gestalteten Fassade versehen. Dabei entsteht durch die vor die Wandflächen tretenden, unterschiedlich starken vertikalen Stützen und die zwischen den ebenfalls nur vertikal geteilten Fenstern liegenden horizontalen Brüstungen der Eindruck einer unmittelbar aus der Konstruktion abgeleiteten Gerüststruktur, in der Max Berg den einem Geschäftshaus angemessenen „einheitlichen Magazincharakter" verwirklicht sah.[3]
In Beziehung zu den jeweils zwei Fensterachsen einfassenden durchlaufenden Stützen steht der rhythmisierte Dachabschluß, der – auf allen Baukörpern einheitlich – aus mehrfach gezackten, eine unruhige Umrißlinie erzeugenden Brüstungen zusammengesetzt ist. Kennzeichnend für die Arbeitsweise von Max Berg ist auch die Tatsache, daß aus dem Schaubild Einzelformen – wie etwa bei den Dachabschlüssen – und auch das vorgesehene Material zugunsten einer Betonung des Eindrucks der Einheitlichkeit des Gebäudes nicht hervorgehen. So steht der hochaufragende Bau inmitten einer reich bevölkerten Umgebung und scheint auch in der Darstellung einer Vision von Max Berg zu folgen: „Über diesem auf und an der Straße wirbelnden Strom des geschäftlichen Lebens müssen sich in steinerner, ewiger Ruhe die Wände der Hochhäuser erheben, einschließend und herabblickend, wie die Felsen auf den zu ihren Füßen rauschenden Gebirgsbach."[4] Wie ein Moloch, an den man angesichts dieser Worte durchaus denken möchte, erscheint dieser Entwurf indessen doch nicht so recht.
Der einzige überlieferte Grundriß vom Erdgeschoß zeigt mit sechs in dem runden Innenhof zusammenlaufenden Passagen, die in den Ecken des Gebäudes mit seitlichen Erschließungsbereichen in Verbindung stehen, reichlich bemessene Verkehrsflächen. Eine weitere Aufteilung der übrigen Flächen im Hinblick auf die gemäß der Ausschreibung unterzubringenden Nutzungen ist nicht getroffen, lediglich die Stellung der in gleichen Abständen verteilten Stützen ist angegeben.
Die angesichts der Nähe des Entwurfes zu Projekten von Max Berg berechtigt erscheinende Vermutung, dieser habe bei der Erarbeitung selbst aktiv mitgewirkt und über den Umweg eines als freien Architekten angestellten Mitarbeiters versucht, ein seinen Vorstellungen entsprechendes Hochhaus am Bahnhof Friedrichstraße zu verwirklichen, kann wohl ausgeschlossen werden. Als Rezensent des Wettbewerbs kritisierte er nämlich den Entwurf von Moshamer und Brix, da nach seiner Ansicht „das Hochhaus nicht in besonders gutem Verhältnis zu den niedrigen Bauten steht und selbst etwas schwächlich nach oben abgeschlossen ist."[5] SM

1 Vgl. z. B. das Projekt für ein Hochhaus am Ring in Breslau, in: Max Berg, Hochhäuser im Stadtbild, in: WMB 1921/22, 105.
2 Max Berg, Hochhäuser im Stadtbild, 103-104.
3 Max Berg, Die formale Auffassung des Hochhausgedankens (. . .), in: BW 1922, 363.
4 Max Berg, Hochhäuser im Stadtbild, 104.
5 Max Berg, Die formale Auffassung des Hochhausgedankens, 363.

oben: 32.1. Schaubild vom Standpunkt B
rechts unten: 32.2. Grundriß Erdgeschoß

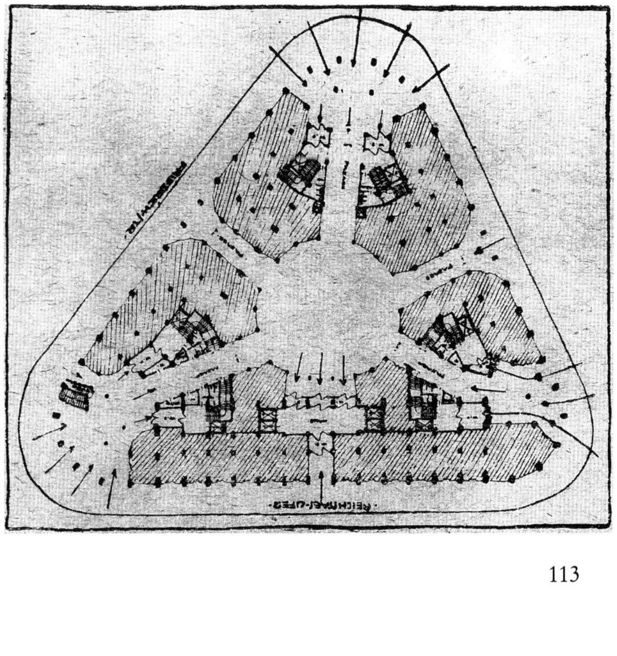

33 Hans Poelzig
Berlin

Kennwort: Zentral

Hans Poelzigs Entwurf wird bereits nach der ersten Sichtung der eingereichten Wettbewerbsarbeiten ausgeschieden; „aus äußeren Gründen", da er mehr eingereicht hat, als gefordert war.[1] Obwohl alle Wettbewerbsbeiträge im Roten Rathaus der Öffentlichkeit zugänglich gemacht werden, wird seine Arbeit ignoriert und findet nahezu keine Erwähnung in den Publikationen zum Wettbewerb. Die Veröffentlichung eines von Poelzig nach dem Wettbewerb überarbeiteten Schaubildes ist möglicherweise auf sein Bestreben zurückzuführen, wenigstens einmal eine Abbildung seines Lösungsvorschlages zu gewährleisten.[2] Einzig Ludwig Hilberseimer wählt Poelzigs Entwurf neben dem der Brüder Luckhardt aus, um ihn vor allen anderen besonders herauszuheben: „Lösungen im Sinne der Zusammenfassung (...) Zweifellos die besten des ganzen Wettbewerbs (...) Organische Gestaltungen von konsequenter Durchführung. Der Entwurf Hans Poelzigs stellt einen hoflosen Dreifonten-Bau dar von straffem Aufbau. Die ausgeschwungenen konkaven Fronten ergeben energievolle Kurven, lebensvolle Überschneidungen, bringen äußerste Bewegtheit hervor. Die aneinandergereihten Senkrechten der Fronten schnellen ungehemmt empor (...) Ein vollkommener Organismus von dominierender Architektonik."[3] Damit setzt er Poelzigs Wettbewerbsbeitrag in Gegensatz zu anderen, seiner Meinung nach nur künstlerischen Arbeiten. Auffallend an Poelzigs Arbeiten (er reichte zwei Lösungsvorschläge ein)[4] ist zunächst die einprägsame Massengliederung. „Ein netzartiges Gitter überzieht die einbuchtenden Fronten, bildet den Rahmen der jeweils 475 Fenster und zeichnet deutlich, aber ohne plastisch dekoratives Eigengewicht zu beanspruchen, die Rasterstruktur des Traggerüsts nach."[5] Die Ansicht besticht durch die Dominante der Vertikale, die sich infolge der Betonung der Stützen ergibt und zusätzlich durch blinde Stützen forciert wird. Dagegen erfolgt eine horizontale Gliederung eher verhalten mittels unterschiedlich robust ausgebildeter Gesimse, wobei die kräftigeren der Basis und des Daches die schmaleren der Stockwerke einspannen, deren Abstand sich voneinander mit zunehmender Höhe vergrößert. In dem nachträglich überarbeiteten Schaubild beschränkt Poelzig sich dann auf nurmehr zwei Zwischengesimse. Beide Entwurfsvarianten lassen innere Funktionen auch an der Fassade ablesbar werden. Die erwähnten Gesimse sind an den Stellen unterbrochen und um ein halbes Geschoß angehoben, wo sich die Treppenhäuser befinden und folgen damit betonend dem durch die Treppen bedingten Versatz der Fenster. So geben auch die vertikalen Fensterbänder der ansonsten geschlossenen, aber gegliederten Stirnseiten der Flügel einen Hinweis auf die Erschließungsanlage, in diesem Fall der Etagengänge. Auf den Schaubildern der Lösung B sind die Fensterstürze abgerundet und konsequent in die Elemente der Horizontalgliederung aufgenommen. Die vertikale Gliederung tritt plastisch aus dem Dachgesims heraus, wobei die Zwischenräume durch halbhohe ‚Verlängerungen' ergänzt werden. In der überarbeiteten Fassung entfallen diese Zwischenstücke. Lösung A ist bei grundsätzlich identischer Fassadenstruktur und Grundrißdisposition durch stringente Rechtwinkligkeit gekennzeichnet und verzichtet auf jede expressionistisch anmutende Form. Konkrete Aussagen über den Werkstoff der Fassade sind nicht überliefert. Als Vertreter der rationalen Richtung in der deutschen Architektur setzt sich Poelzig für den Materialstil ein; eine Bestrebung, die Form bzw. Gestaltung der Architektur auf das Material abzustimmen.[6] Rückschlüsse auf eine Backsteinfassade liegen daher in Anbetracht der vorgeschlagenen Massengliederung und insbesondere unter Berücksichtigung des in der ‚Berliner Illustrierten' veröffentlichten Schaubildes nahe.

Die Ausgangsform des Grundrisses ist ein Dreieck, welches achsensymmetrisch in die Hilfskonstruktion eines Kreises einbeschrieben ist. „Das Zentrum der Baumasse, das auf künstliche Belichtung angewiesen ist, nimmt die Fahrstuhlanlagen auf, so daß alle Räume die denkbar beste Beleuchtung haben."[7] Unter Berücksichtigung der Wettbewerbsvorgaben sieht Poelzig das Erdgeschoß als Ladenzone, die beiden darüberliegenden Geschosse zur Nutzung durch Restaurationsbetriebe mit allen zugehörigen Wirtschaftsräumen vor. Besonders attraktiv ist in diesem Zusammenhang die nahezu umlaufende Terrasse der 2. Etage. Die weiteren Stockwerke erfolgen in einfacher Addition und zeichnen sich ebenfalls durch eine besonders gute Übersichtlichkeit und Rationalisierung aus. GMD

1 P. W. (Paul Westheim?), Berliner Kunst-Chronik, in: Frankfurter Zeitung, 2. 3. 1922.
2 Vgl. Berliner Illustrierte Zeitung 11, 1922, 204. (ohne Fließtext, lediglich mit knapper Bildunterschrift; untergebracht zwischen Fußballnachrichten, wobei ein Mannschaftsfoto das Poelzig-Schaubild links oben überlappt.)
3 Ludwig Hilberseimer, Architektur, in: Das Kunstblatt 6, 1922, 132.
4 Während von Lösung B zwei Schaubilder existieren, sind es von Lösung A nur zwei Ansichten (technische Zeichnungen) und ein Querschnitt. Es mag aber von Poelzig intendiert gewesen sein, die beiden Lösungsvorschläge in dieser Kombination einzureichen.
5 Vgl. Birgit Mayer, Studien zu Hans Poelzig – Bauten und Projekte der zwanziger Jahre, Diss. masch., 1986, 160.
6 Vgl. Materialstil, in: Lexikon der Kunst, Leipzig 1975, Bd. 3, 210.
7 P. W., Kunst-Chronik.

oben: 33.1 Schaubild von Nordwesten, Lösung B
rechts: 33.2 Grundriß Erdgeschoß

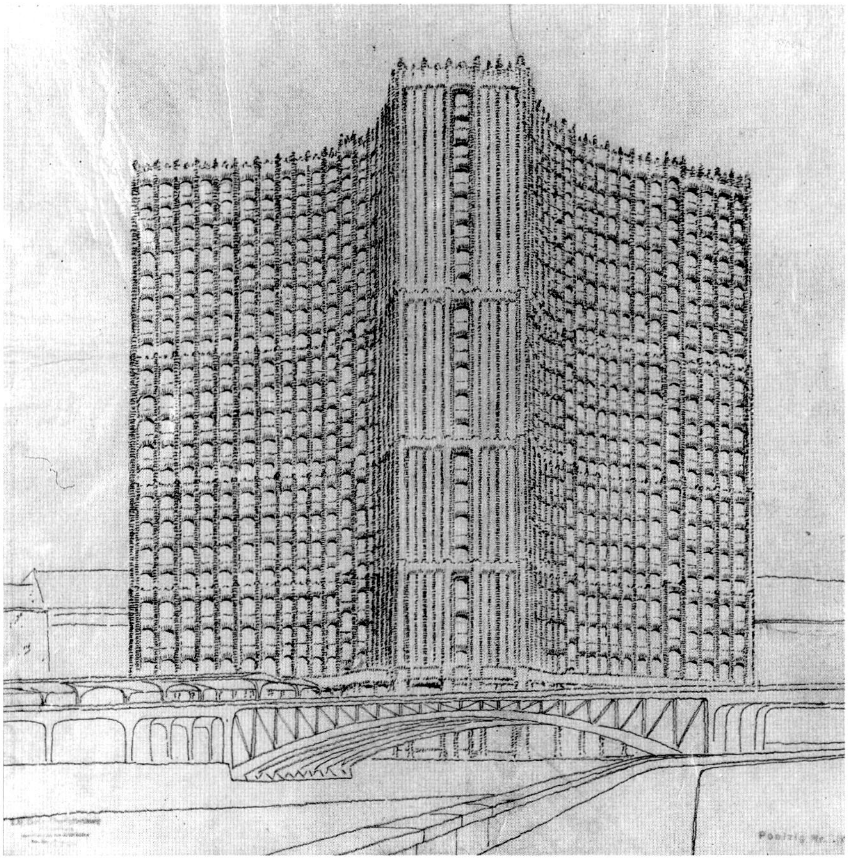

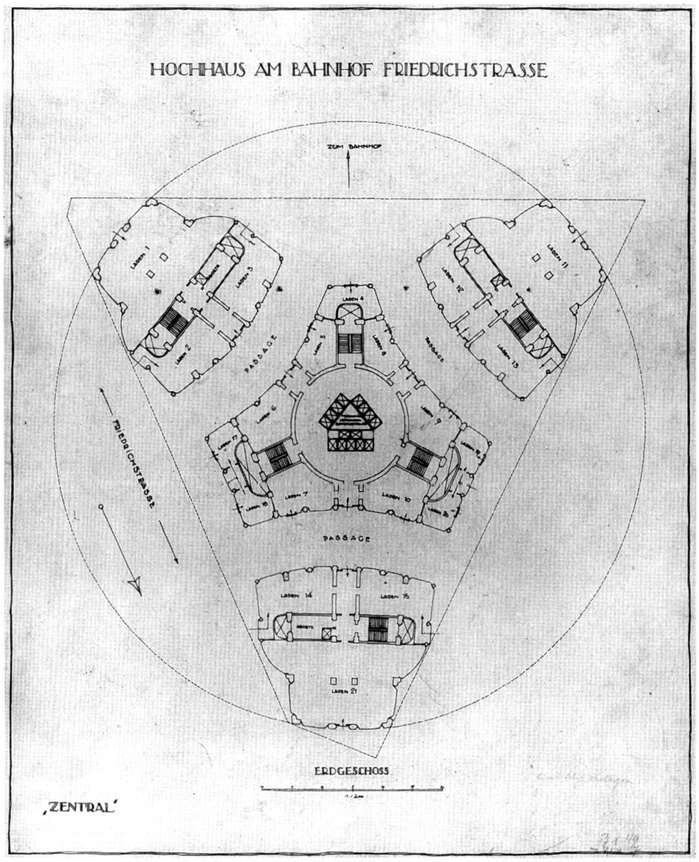

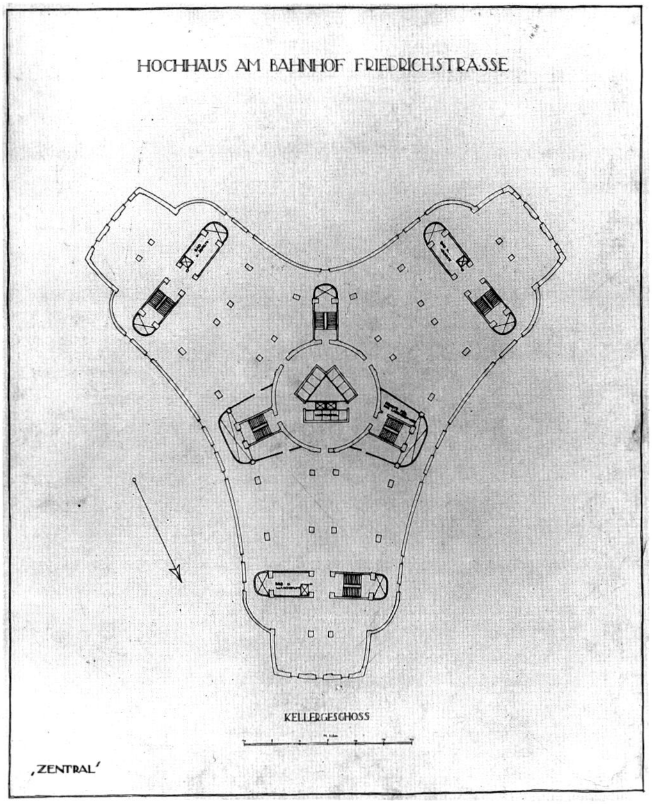

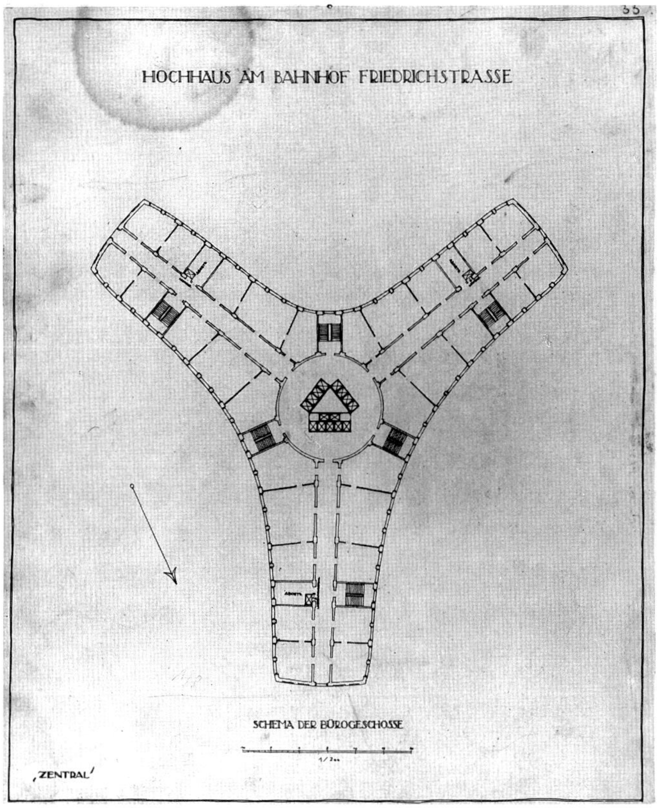

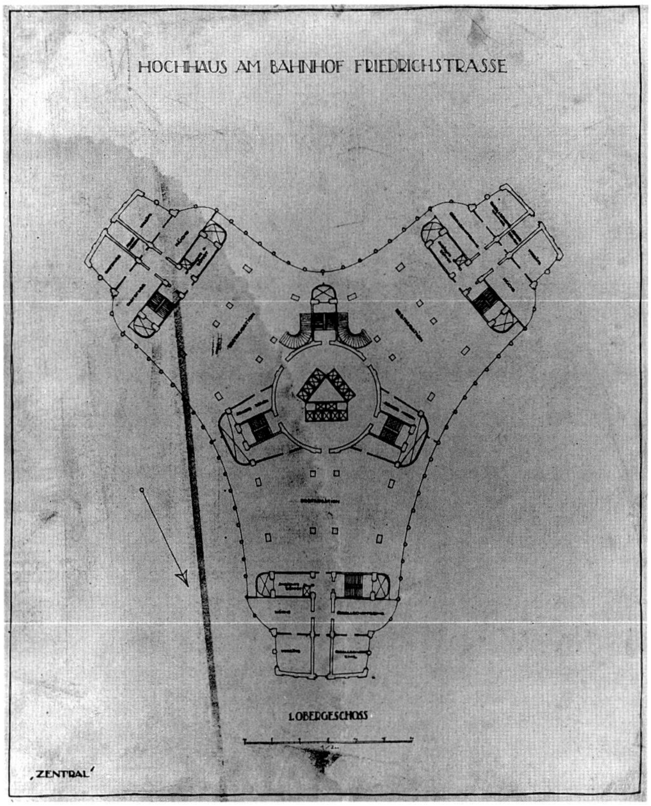

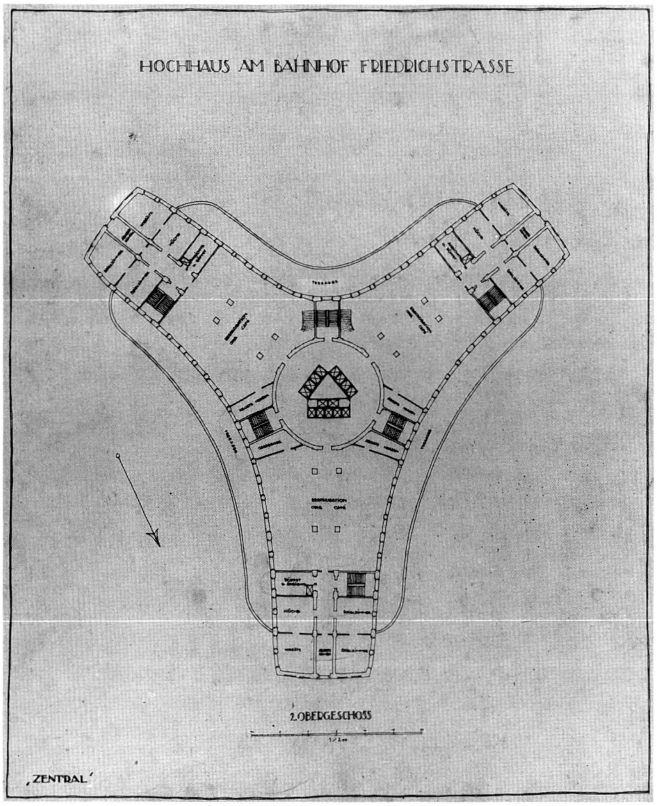

links oben: 33.3. Grundriß Kellergeschoß
rechts oben: 33.4. Grundriß C, Schema der Bürogeschosse

links unten: 33.5. Grundriß 1. Obergeschoß
rechts unten: 33.6. Grundriß 2. Obergeschoß

rechts oben: 33.7. Ansicht von der Weidendammer Brücke
rechts unten: 33.8. Abgewinkelte Ansicht Friedrichstraße bzw. Reichstagsufer: Querschnitt

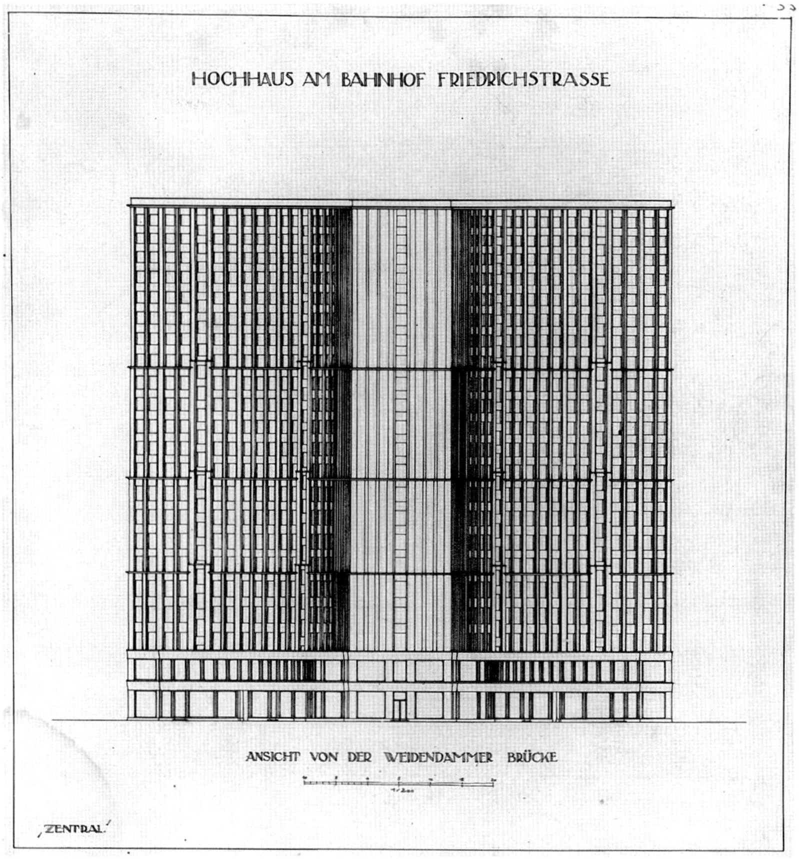

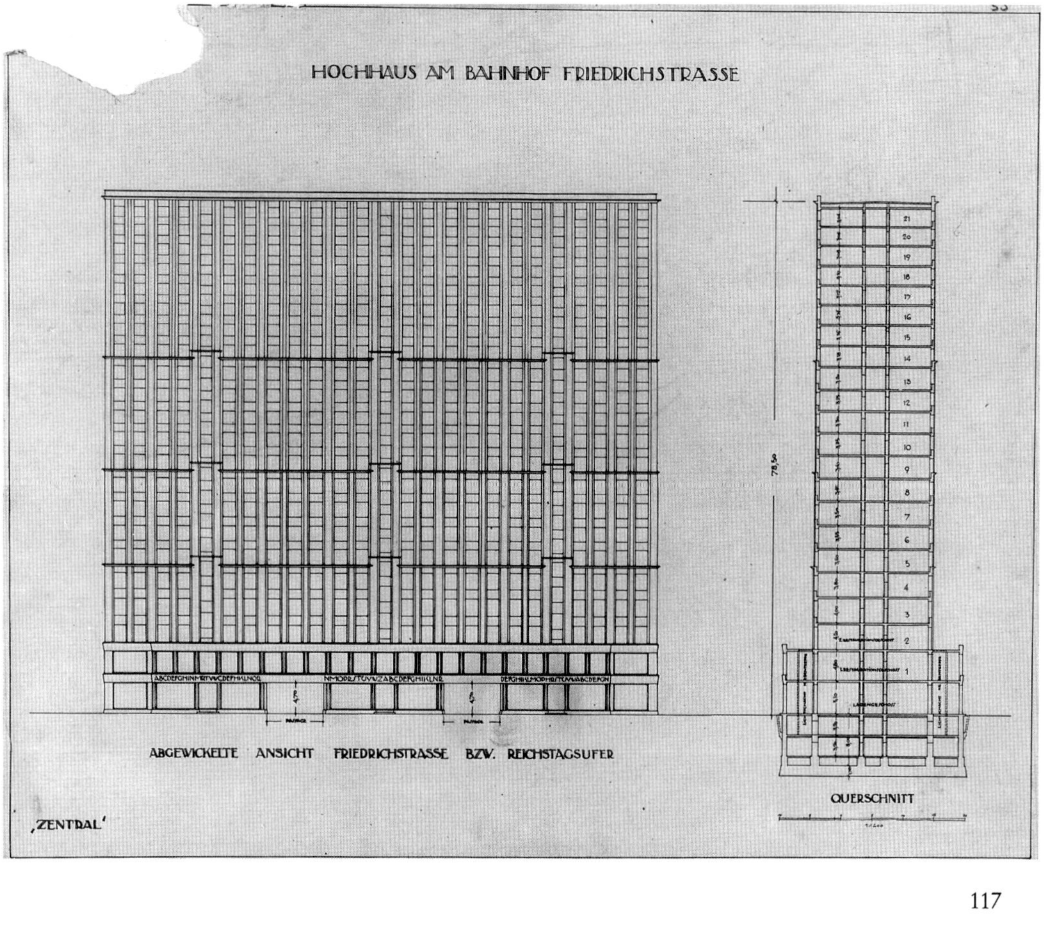

33.9. Schaubild vom Standpunkt B, Lösung B

33.10. Schaubild von Norden

34 Peter Schade & Sohn / Gottlob Schaupp
Arnstadt / Frankfurt a. M.

Kennwort: Skorpion

Zu den wegen der städtebaulichen Stellung des Hochhauses fragwürdigen Einsendungen zählt auch dieser Beitrag mit dem Kennwort „Skorpion", das sich auf die im Grundriß deutlich werdende Anordnung der Baukörper bezieht. Beherrschend ist der auf die Längsachse des Grundstücks zwischen Bahnhof und Weidendammer Brücke gestellte zwanziggeschossige Baukörper, der auf der Seite zum Bahnhof mit seitlich ansetzenden, halbrund vorschwingenden und so den Zangen eines Skorpions vergleichbaren zehngeschossigen Flügeln in Verbindung steht. Zwischen diesen befindet sich ein ‚Vorhof', der von einem vorgezogenen und dem Bahnhof gegenüberliegenden (am gesamten Gebäude als viergeschossige Sockelzone weitergeführten) Trakt abgeschlossen wird. Der Gedanke, mit den vorschwingenden Flügeln den Raum vor dem Bahnhof städtebaulich einzufassen, wird durch diese dem Blockrand folgende Bebauung trotz mehrerer Durchgänge wieder aufgegeben, ein räumlich wirkungsvoller Vorplatz entsteht nicht.[1]
Dieser Ausrichtung des Hochhauses auf die Bahnhofseite vergleichbar ist das Bemühen des Architekten, zur Weidendammer Brücke hin eine weitere Schauseite auszubilden. Die von hier aus sichtbare Schmalseite des Hauptbaukörpers steht, so suggeriert es das die Dimensionen des Gebäudes und der Umgebung stark verzerrende Schaubild, wie ein mächtiger Kathedralturm vor den niedrigeren Anbauten. Der Eindruck des Sakral-Weihevollen entsteht auch durch den halbrunden Vorbau mit Arkadenöffnungen und Portalfiguren[2], der als Eingang zu der zum Bahnhof führenden Passage dient und der an ein gotisches Westwerk erinnernden Fassade mit Maßwerkfenster, Rosette und Galerie sowie dem als Turmhelm lesbaren Abschluß. Von der Sockelzone und dem mehrfach leicht zurückgestuften, viergeschossigen Gebäudeaufsatz abgesehen, ist die Betonung der Vertikale durch die einförmige Lisenengliederung und die filigrane Gitterstruktur auf dem Aufsatz, hinter der die höhergeführten Erschließungsbereiche sichtbar sind, konsequent durchgeführt. Im Zusammenhang mit den weitläufigen Diskussionen über die Wiedergewinnung „gotischer Prinzipien" in der Architektur im Sinne der Überwindung des „internationalen Historismus" und des Anschließens an eine nationale Bautradition, die am Anfang der zwanziger Jahre geführt wurden[3], gelangten viele konservative Architekten zu einer gemäßigt-expressionistischen Formensprache.[4] Die Absicht von Peter Schade und seinen Mitarbeitern, das Hochhaus in „moderner Übertragung" der „geistigen Haltung des Mittelalters" als „Verherrlichung des Gedankens der Arbeit", wie Gerhard Wohler die Bemühungen der sich an der Gotik orientierenden Architekten 1924 treffend beschrieb[5], sozial wie formal erträglich erscheinen zu lassen, müssen allerdings als mißlungen gelten. Weder geht der zweifelhafte Versuch, dem Gebäude durch die sakralisierenden Motive eine seine Bestimmung idealisierende Bedeutung zu verleihen, über die dekorative Verwendung bestimmter Einzelformen hinaus noch kann die vielgliedrige, aber uneinheitliche Gestaltung des Äußeren über die wahre Monumentalität der hier vorgesehenen Baumassen hinwegtäuschen. SM

1 Dies wird besonders im Vergleich mit dem Projekt der 1. Preisträger Baecker/Brahm/Kasteleiner deutlich. Vgl. Kat. Nr. 7.
2 Eine ähnliche Eingangssituation zeigt auch der Entwurf von Otto Firle. Vgl. Kat. Nr. 15.
3 Vgl. Aspekte – Kontroversen – Tendenzen: Die Hochhausdiskussion in Deutschland am Anfang der zwanziger Jahre.
4 Vgl. etwa die beiden ersten in Deutschland ausgeführten Hochhäuser von Wilhelm Kreis (Wilhelm-Marx-Haus) vgl. Abb. 43 und Paul Bonatz (Hochhaus des Stumm-Konzerns), die ab 1921/22 in Düsseldorf entstanden.
5 Gerhard Wohler, Das Hochhaus im Wettbewerb der Chicago Tribune, in: DBZ 1924, 328-329.

34.1. Schaubild vom Standpunkt A

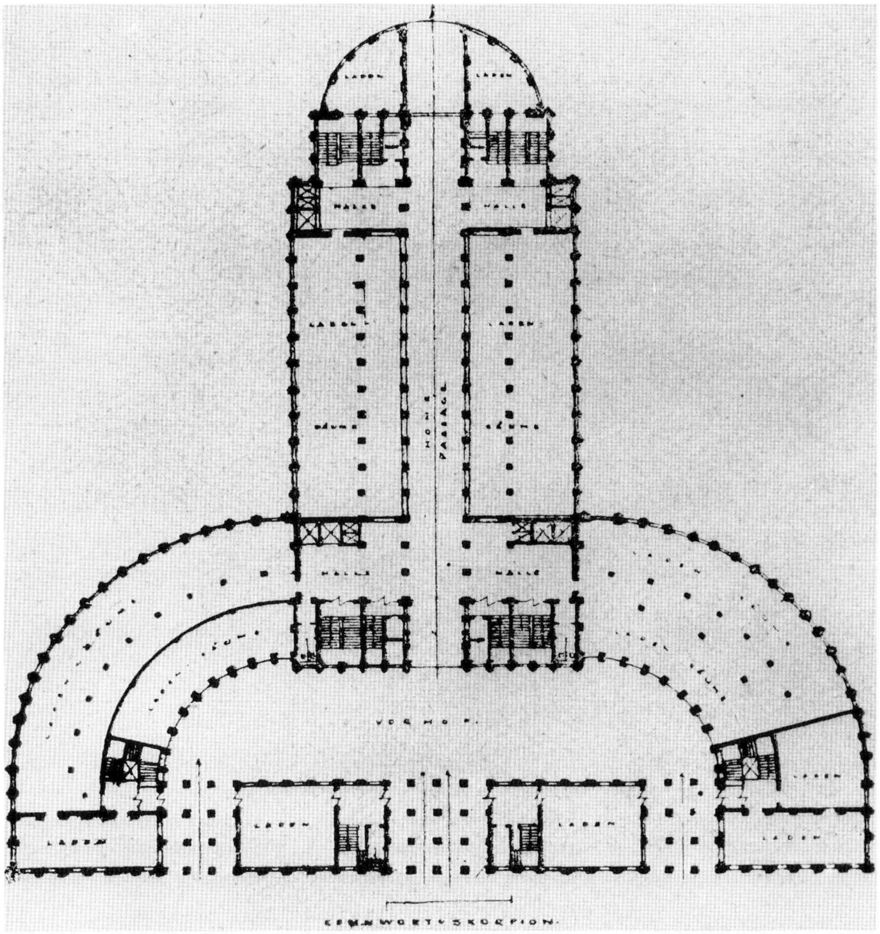

34.2. Grundriß Erdgeschoß

34.3. Schaubild vom Standpunkt B

35 Hans Scharoun
Insterburg

Kennwort: Innen und Außen
Ankauf

Dank seiner überzeugenden Konzeption, seiner ungewöhnlichen Formensprache und seiner eigenwilligen zeichnerischen Präsentation zählt der Entwurf zu den bedeutendsten Beiträgen des Wettbewerbes. Scharouns Arbeit, in allen Punkten auffallend genau die Ausschreibungsforderungen erfüllend und von der „reichlich akademischen"[1] Jury immerhin mit dem einzigen zusätzlichen Ankauf ausgezeichnet, wurde von Max Berg und Adolf Behne in längeren Passagen enthusiastisch rezensiert[2], von der Mehrzahl der Fachzeitschriften aber nicht einmal erwähnt. Den Qualitäten des dreieckigen Grundstückes ist durch drei unterschiedliche Schauseiten entsprochen, wobei der Baukörper in Stufen zum eigentlichen Hochhaus aufsteigt, das gegen die Spree gerückt ist, und so der umgebenden Bebauung kaum Licht nimmt. Der an der Traufhöhe der Friedrichstraße orientierte niedrigste Bauteil bildet eine Art Sockel für nahezu den gesamten Komplex. Er umgreift die dem Bahnhof zugewandte, mit einem Doppelknick auf dessen beide Eingänge reagierende Front nur an den Kanten, bindet sie so aber ebenfalls in den Gesamtzusammenhang ein. Neben den genannten städtebaulichen Aspekten spielten für die differenzierte Gestaltung des heterogenen Baues wohl vor allem funktionale Bezüge eine Rolle. So treten die Treppenhäuser als Verweis auf die vertikale Erschließung – tatsächlich zwar primär von Lifts bewerkstelligt – an den Fassaden als senkrechte Glasprismen in Erscheinung. Sie sind aus der eher richtungsneutralen, nüchternen Fensteranordnung des Bürohaustraktes ebenso markant herausgehoben, wie der Sockel mit Laden- und Geschäftsräumen durch seine kräftigen horizontalen Strukturen abgesetzt ist. Auch die Rundung des Kopfbaues gegen die Bahnhofsbögen – hier sollte ein Café untergebracht werden – oder der fensterlos gebliebene Sockelbereich gegen den Bahnhof – Scharoun hatte hier einen Kinosaal vorgesehen – verweisen auf Vielfalt und Besonderheit der Nutzung. Den formalen Zusammenhalt garantieren die an allen Bauteilen in mehreren Varianten und in unterschiedlichem Rhythmus gegebenen Brechungen der Wandflächen, die sich vor allem in den Konturlinien der Perspektiven abzeichnen. Aus der konsequenten Einbeziehung der topographischen Gegebenheiten und durch die Berücksichtigung „aller Mittel der Reklame"[3] sind eindrucksvolle Ansichten für die Hauptblickachsen entwickelt, die auch bei Nacht durch die erleuchteten Treppenhäuser und die hohe, filigrane Glasüberbauung der Passage von außerordentlicher Wirkung gewesen wären.[4] Die suggestiven Schaubilder charakterisieren in der zeichnerischen Übersteigerung der Silhouette, durch die Dynamik im Tiefenzug der Friedrichstraße oder die offensichtlich intendierte Sogwirkung des Passagenschlundes[5] den Komplex als Zentrum weltstädtisch bewegten Lebens. Zugleich unterstützen der – etwas modische – Gloriolenschein[6] und die Lichtaura den sakralen Anspruch des Baues, der sich in der Ansicht von der Weidendammer Brücke wie „ ... eine Kathedrale mit deutscher Einturmfassade vom Typ Straßburg ..."[7] liest und der Scharouns Beitrag in die Nähe der utopisch-revolutionären Entwürfe zum „großen Bau"[8] rücken ließ. Bei aller assoziativen Verwandtschaft zu gotischer Architektur, die etwa auch der spitze Passageneingang evoziert, vermeidet Scharoun Historismen, wie sie bei vielen amerikanischen Wolkenkratzern, allen voran dem berühmten Woolworth-Building[9], als eine dem Bautypus adäquate „Bekleidung" gesucht wurde. Auch mit den gotisierenden modischen Expressionismen hat die an sich klare und eigenständige Formensprache, die allerdings durch die dramatische Inszenierung der Zeichnung verunklärt wird[10], nichts gemein. Der skizzenhafte, einem „Ideenwettbewerb" durchaus angemessene Charakter der Blätter darf nicht den Blick für die Ernsthaftigkeit von Scharouns Entwurf trüben. Er ist nur „scheinbar romantisch und in Wirklichkeit ... ganz realpolitisch"[11], außerdem „architektonisch-technisch gut durchdacht"[12] und bietet trotz der vielfältigen Rücksichtnahmen wohl eine vergleichsweise hohe Nutzungsfläche.[13] Der Grundriß wirkt auf den ersten Blick kompliziert, ist aber in seiner Disposition sehr vernünftig. Für den Benutzer wäre die Ordnung durch signifikante Eindrücke im Erleben der räumlichen Zusammenhänge sinnlich erfahrbar.[14] Ausgewogen berücksichtigt Scharoun die wesentlichen Faktoren des Ortes, der Aufgabe und des Programms. Als Schlüssel zum Verständnis dient das Motto seines Beitrages, das die Gleichgewichtung von „Innen und Außen" ausdrücklich betont. FZ

1 Adolf Behne, Hochhauspläne, in: SM 1922, 759.
2 Max Berg, Der Berliner Hochhauswettbewerb, in: BW 1922, 128 (vgl. Dok. X); Adolf Behne, Der Wettbewerb der Turmhausgesellschaft, in: WMB 1922, 59 (vgl. Dok.XVIII); einzelne Formulierungen aus der Beurteilung durch die Jury bei Joseph Brix, Der Ideenwettbewerb für die Bebauung des Geländes am Bahnhof Friedrichstraße in Berlin mit einem Hochhaus, in: ZdB 1922, 84 (vgl.Dok.XI).
3 vgl. Behne, Wettbewerb, 59; kaum ein anderer Architekt hatte sich hier dieses Problems angenommen. Ansätze finden sich bei Hugo Häring.
4 Zwar ist nicht, wie etwa bei Walter Fischer, die Nachtansicht zum Thema einer Zeichnung gemacht (vgl. Kat. Nr. 16), doch verweist die pointierte Verwendung von Glas darauf, daß auch die Möglichkeiten des künstlichen Lichtes bei Scharoun zu einem vergleichsweise frühen Zeitpunkt einen hohen Stellenwert besaßen.
5 Scharoun wählte zur Verdeutlichung seiner Architekturvorstellungen Begrifflichkeiten, die einzelne Elemente im Nutzungsablauf von Gebäuden mit den Funktionen des (menschlichen) Organismus vergleichen. Siehe dazu den Briefwechsel mit Adolf Behne von 1922, in: Peter Pfankuch, Hans Scharoun – Bauten, Entwürfe, Texte, Berlin 1974, 38; kritische Bemerkungen dazu in: Adolf Behne, Der moderne Zweckbau, Reprint der Ausgabe von 1925, Berlin/Frankfurt/Wien 1974, 45.
6 Vgl. dazu Florian Zimmermann, Wettbewerbsmoden der 20er Jahre, in: Winfried Nerdinger (Hg.), Die Architekturzeichnung, München 1986, 170.
7 Norbert Huse, ‚Neues Bauen'1918-1933, München 1975, 40.
8 Vgl. Kurt Junghanns, Die Idee des „Großen Baues", in: Bauhaus Kolloquium, Weimar 1979, Wissenschaftliche Zeitschrift der Hochschule für Architektur und Bauwesen, Weimar 1979, Heft 4/5, 307ff.
9 Kat. Nr. 48.11; der Vergleich zeigt – bei entfernten Analogien in der Umrißfigur – auf das Deutlichste die große Entfernung Scharouns zur Neugotik amerikanischer Ausprägung.
10 An einem anderen Beispiel hat Behne die Darstellungsweise Scharouns in ähnlichem Sinne massiv kritisiert: „Es ärgert mich durchaus, daß ... sogar der Himmel die Bewegung mitmachen muß! Meiner Ansicht nach muß gerade die dynamische Architektur unbedingt rationell, bis von Kälte einer Hundeschnauze sein – sonst gerät sie in Dramatik." zit.nach: Pfankuch, Scharoun, 38.
11 Behne, Wettbewerb, 59.
12 Adolf Behne, Hochhausproblem, in: SM 1922, 327.
13 Auf die überlieferten Pläne gestützte Berechnungen ergaben eine Nutz- und Verkehrsfläche von ca. 32 000 qm (ohne Passage). Der Entwurf liegt damit zwar deutlich unter der Maximalausnutzung von 37 000 qm bei W. G. Koch (Kat. Nr. 23), aber doch weit über dem Durchschnitt der Einsendungen (vgl. die Jurybeurteilungen, Dok.II).
14 Zu den Grundrissen vgl. Wolfgang Pehnt, Die Architektur des Expressionismus, Stuttgart, 1981, 106. Pehnts Gleichsetzung der „labyrinthischen" Grundrisse mit denen Finsterlins geht fehl. Die Sachlichkeit bei Scharoun hat mit „der romantischen Willkür Finsterlins" (Behne, Zweckbau, 42) gerade nichts zu tun.

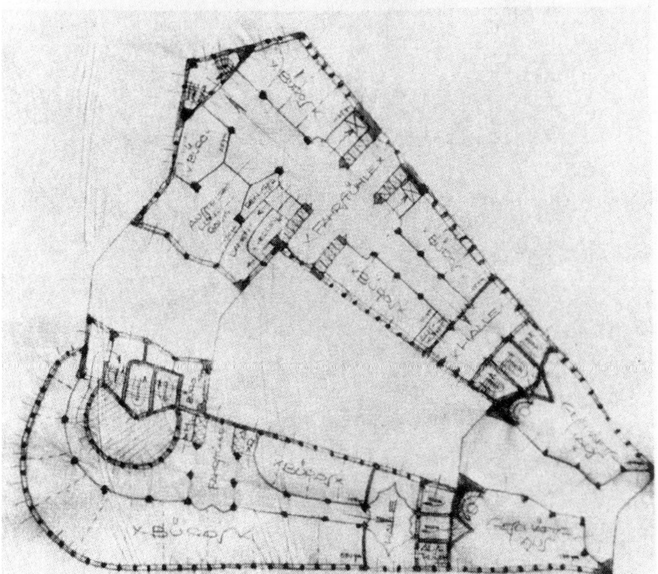

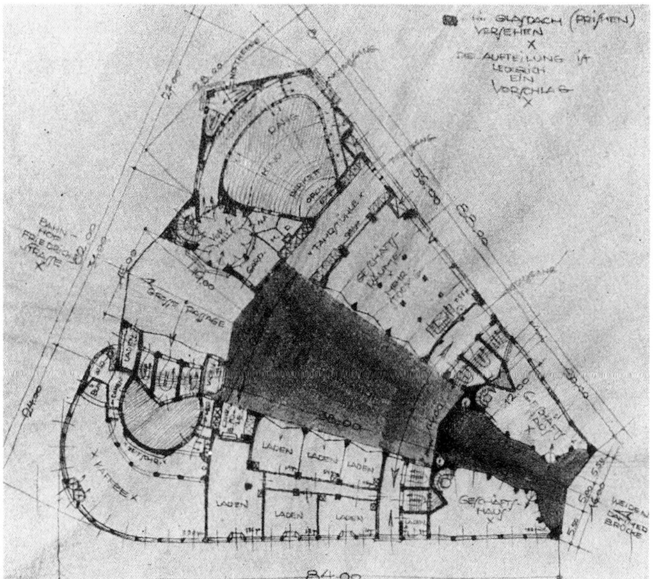

oben: 35.1. Ansicht vom Standpunkt A
rechts unten: 35.2. Grundriß Erdgeschoß
links unten: 35.3. Grundriß 1.-4. Obergeschoß

oben: 35.4. Ansicht gegen den Bahnhof
unten: 35.5. Schaubild vom Standpunkt A (Variante)

35.6. Schaubild vom Standpunkt B

36 Johann Emil Schaudt
Berlin

Kennwort: unbekannt

Schaudts Schaubild erinnert an expressonistische Kulissen: Ein in sich abgestufter, monumentaler Block mit klaren geraden Konturen hebt sich aus den niedrigen Straßenfluchten empor.[1] Die Friedrichstraßenfront reflektiert das Abendlicht glatt, die verschatteten Ostseiten hingegen wirken als kolossale schwarze Masse: ein Monolith in der Großstadt.

Das etwa 20stöckige Hochhaus zeigt eine hufeisenförmige Blockrandbebauung zur Eisenbahnfiskalischen Privatstraße und dem Reichstagsufer. Ein vorgeschobener Unterbau, der sich in drei Stufen gegen den U-förmigen Block erhebt und in der dritten Stufe mit achtachsigem Riegel selbst zum ca. 12geschossigen Hochhaus entwickelt ist, schließt das Gebäude zur Friedrichstraße ab. Schaudts Ansicht vermittelt den Eindruck eines symmetrischen Bauwerkes mit einer eindeutigen Vorderseite zur Friedrichstraße, was sicher nicht dem Entwurf entspricht.[2] Erstens ist das Gebäude nicht symmetrisch. Die dem Bahnhof zugewandte Fassade ist kürzer als die zum Ufer, die in der Ansicht vorgestellte Symmetrie primär durch die reißbrettmäßig eingeschnittenen Fenster und die „Messelsche" Pfeilergliederung im Unterbau[3] erzielt wird. Auch der schmale, nur durch die hochgezogene Rahmung herausgehobene Mitteleingang und – in der gleichen Linie – die „Projektion des Treppenhauses auf die Fassade als (...) ‚Reißverschluß'"[4] mittig der Rückseite des symmetrisch gegliederten, aber keineswegs spiegelbildlich geknickten Innenhofes, tragen Wesentliches zur Vortäuschung von Symmetrie bei. Zweitens hätte die Fassade zur Friedrichstraße niemals aus diesem Blickwinkel wahrgenommen werden können, sondern war, wie im Schaubild wiedergegeben, nur aus der Seitenansicht zu sehen. Dazu kommt, daß der Grundriß eine leicht zurückgesetzte, von den Risalitkanten gefaßte Wand zum Bahnhof markiert, welche wahrscheinlich als zweite repräsentative Ansichtsseite gestaltet war, während das Gebäude zum Ufer hin wohl glatt abschließen sollte. Insgesamt wirkt die ornamentlose, schlichte Fassade, die durch Schaudts gewandten Umgang mit edlen Materialien[5] möglicherweise einen repräsentativen Zug erhalten sollte, vor allem in der klaren Umrißzeichnung der Ansicht betont, blockhaft streng. Schaudts materialbetonte Monumentalarchitektur fand noch im Nationalsozialismus Anerkennung (Dänisches Gesandtschaftshaus Berlin, Tiergartenstr. 48, 1940).[6]

Über die Innenentwicklung des Hochhauses läßt sich aus dem überlieferten Grundriß nicht viel entnehmen. Büroräume liegen beidseitig eines das U umziehenden Ganges, in dessen ungefährer Mitte sich das Haupterschließungssystem (vier Aufzüge, ein Treppenhaus und Toiletten) vor einem Eingangsraum[7] befindet. Das Grundrißschema erinnert an etliche Lösungen, vor allem für Kernbauten mit Flügeln, nur, daß hier ein Flügel durch einen polygonal abschließenden Großraum für Ateliers (Nordlicht) quasi ersetzt ist.

Ein sachlich-funktionaler Grundriß, ein monumentales Erscheinungsbild, eine sicherlich befriedigende Nutzfläche und wegen der vielen Fenster eine zufriedenstellende Belichtung zumindest für das Hochhaus selbst; trotzdem überrascht weder, daß die Jury diesen Entwurf nicht auszeichnete, noch, daß er in der Presse keine Erwähnung fand. Zwar spiegelt das Interesse Schaudts, der sich auf Geschäfts- und Verwaltungsbauten spezialisiert hatte, an dieser Bauaufgabe wider und zeigt auch eine Auseinandersetzung mit der neueren Hochhausdiskussion. Zudem setzte sich Schaudt weiterhin aktiv mit dem Hochhausproblem auseinander.[8] Nach dem Wettbewerb fertigte er auf Betreiben der Turmhaus A.-G. sogar einen Ausführungsentwurf als vermeintlich ‚entgültiges', letztlich ebenfalls gescheitertes Konzept an (vgl. Kat. Nr. 46). Aber in einer Zeit, als der Anblick eines Hochhauses (in Deutschland) ungewöhnlicher als heute war, mußte sein Entwurf noch abschreckender und brutaler wirken. Wie sollte ein so dicht umbautes Grundstück solch ein massives, alles verschattendes Monument auch aufnehmen?

HL

1 Karsten Falkenau betrieb die ersten Recherchen für diese Katalognummer, sein Manuskript lag der Weiterbearbeitung zugrunde.

2 Andere, in formaler Hinsicht vergleichbare Entwürfe mit Blockrandbebauungen und Abstufungen oder Einschneidungen von Blöcken wie ‚Skorpion', Kat. Nr. 34, ‚Turhag', Kat. Nr. 37, ‚Contenti estote', Kat. Nr. 38, richten die Hauptansichtsseiten gegen den Bahnhof.

3 Schaudt verwendete dieses seit Alfred Messels Kaufhaus Wertheim, Berlin, für den Berliner Geschäftshausbau fast kanonische Schema bereits im 1906/07 errichteten „KaDeWe" am Wittenbergplatz (vgl. M. Creutz, Das Kaufhaus des Westens, in: Berliner Architekturwelt 10, 1908, S. 81ff.), jedoch nicht als System oder gar Leitmotiv, sondern lediglich als Pfeiler-Lisenen Gliederung von besonders hervorgehobenen Fenstern. In unserem Beitrag findet sich der Messelsche Pfeilerbau im Vorbau, Schaudt versachlichte ihn aber durch kubische Formengebung und gedrückte Proportionierung.

4 Max Osborn, Johann Emil Schaudt, Berlin, Leipzig, Wien 1930 (Neue Werkkunst), XIX.

5 Die Sicherheit, mit der Schaudt seine Bau- und Verkleidungsmaterialien auswählte, betont Osborn/Schaudt wiederholt.

6 „Der Schöpfer des Baues, (...) Schaudt, (...), hat durch Einfachheit der Formgebung und sparsamste ornamentale Ausgestaltung ein Bauwerk von starker Wirkungskraft geschaffen, das auch in der Aufteilung der Innenräume seinen repräsentativen Zweck vorbildlich erfüllt", Die repräsentativen Bauwerke im Städtebau. Neues Haus der dänischen Gesandtschaft in Berlin. in: BuG 1940, 211.

7 Es handelt sich bei den drei eingezeichneten Quadraten um einen Verteiler für die Ateliers, die Gänge und das vertikale Erschließungssystem.

8 Schaudt errichtete 1930 eines der sechs ersten „Hochhäuser" Berlins, vgl.: Gustav Lampmann, Berliner Hochhäuser, in: ZdB, 1932, 541-542., das nur achtstöckige Hochhaus Salamander A.G., Königstraße, vgl.: Osborn, Schaudt, XX-XXI.

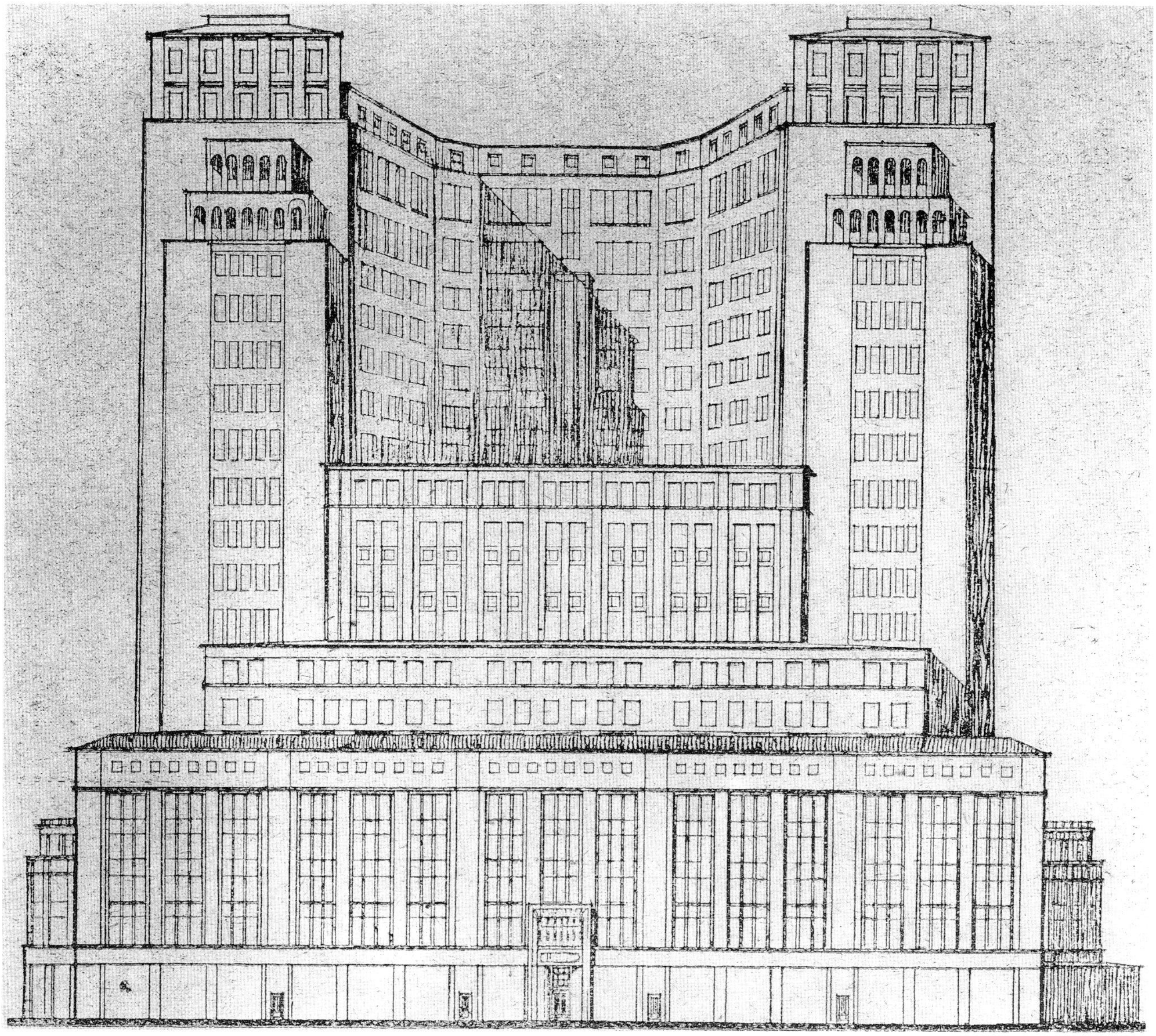

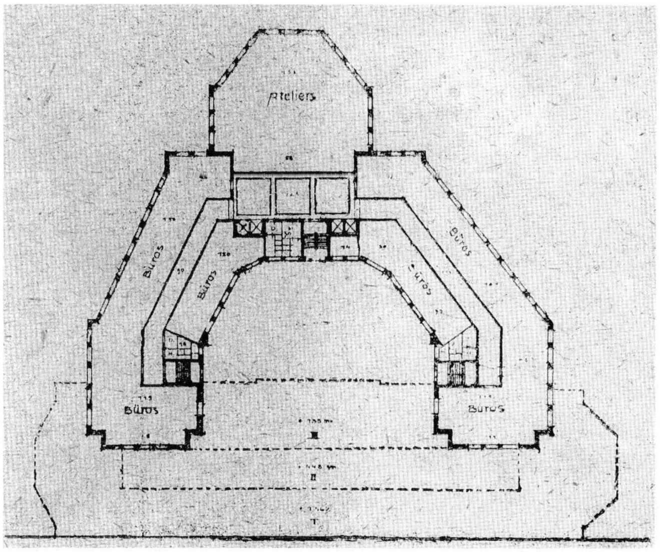

oben: 36.1. Aufriß zur Friedrichstraße
rechts unten: 36.2. Grundriß ca. 13.-17. Obergeschoß

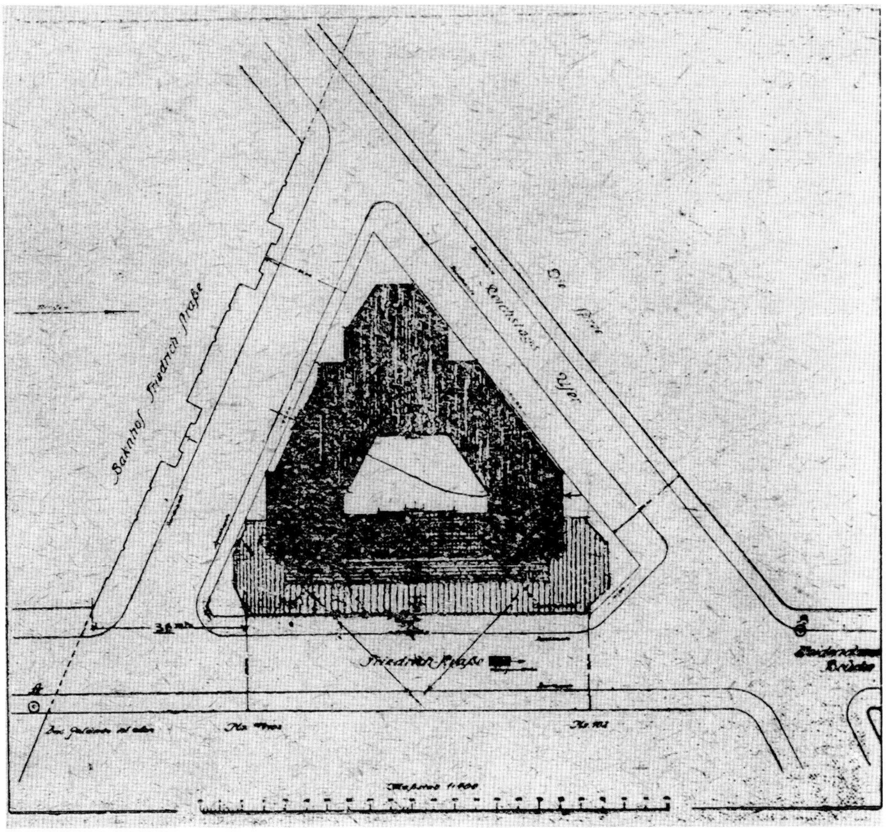

36.3. Lageplan

36.4 Schaubild vom Standpunkt B

37 Joseph Scherer / Alfred Langöhrig / Heinrich Aeppli Berlin

Kennwort: Turhag

Innerhalb des Wettbewerbes muß dieser Entwurf als das beste Beispiel für eine direkte und konsequente Auseinandersetzung mit der akademischen Hochhausarchitektur Amerikas angesehen werden. Man wird dies auf die Erfahrung von Alfred Langöhrig zurückführen dürfen, der sich während seines Aufenthaltes in Amerika mit der Problematik von Hochhäusern vertraut gemacht hatte und seine dabei gewonnenen Erkenntnisse in dem Entwurf zur Anwendung bringen wollte.[1]

Auf Grund der von den Architekten gewählten, auf eine maximale Ausnutzung des Baugrundes zielenden Blockrandbebauung wurden die Fronten der Sockelzone bis an die Grundstücksgrenzen gerückt. Der nach einem geringfügigen Rücksprung unvermutet aufragende, einen dreieckigen Innenhof umschließende Baukörper wird nur auf der südlichen Seite durch einen niedriger gehaltenen Bereich aufgebrochen.

Auch im Aufbau orientierten sich die Architekten an amerikanischen Vorbildern, indem sie die Fassade in Sockel, Mittelteil und Abschluß gliederten und diese Dreiteilung durch die Verwendung von unterschiedlichen Materialien noch zusätzlich akzentuierten.[2] Die Gestaltung des Mittelteils durch gleichmäßig angeordnete Sprossenfenster unter Verzicht von schmückendem Beiwerk steht im Zusammenhang mit der damals in Deutschland geführten Diskussion über die nach den Prinzipien der Ecole des Beaux-Arts konzipierten amerikanischen Hochhäuser, deren Eklektizismus abgelehnt wurde. Statt dessen forderte man die Reduzierung der architektonischen Dekorationsmittel sowie die Behandlung der Wand als Fläche.[3] Eine ähnliche, gemäßigtere Auffassung vertraten aber auch die Architekten des Fisk-Buildings[4] (Kat. Nr. 48.13) oder des Pennsylvania-Hotels[5] (Kat. Nr. 48.4) in New York, die bei der Gestaltung des Mittelteils ebenfalls auf dekorative Formen verzichteten. Die Unterschiede liegen in der formalen Reduktion der in Deutschland scharf kritisierten Dachaufsätze[6] dieser Gebäude. Statt der selbständigen, palast- oder tempelartigen Baukörper wird der Abschluß hier nur noch durch eine Attikazone gebildet.

Diese Auseinandersetzung mit dem Vorbild des amerikanischen Wolkenkratzers liegt auch den Ecklösungen zugrunde, bei deren formaler Gestaltung auf die Berliner Architekturtradition zurückgegriffen wurde. Die zylinderförmigen Eckbebauungen sind durch unterschiedliche Aufsätze hervorgehoben: Während sie auf der Südseite durch kleine Pavillons abgeschlossen werden, bekrönt eine getreppte Kuppel, die eng an die des Potsdamer Rathauses angelehnt ist, den Baukörper zur Weidendammer Brücke. Durch das auch über dem Eingangsbereich wiederholte Motiv der Kuppel wird diese Ecke gemäß der städtebaulichen Situation als Blickfang im Sinne eines reklamehaften Eindruckes, der das Schaubild im ganzen vermittelt, ausgewiesen.

Ungünstig in der Organisation des Grundrisses ist die Führung der Passage, bei der die Hauptverkehrsachse zur Weidendammer Brücke nicht berücksichtigt wurde. Die Lage der unterschiedlich großen Verteilersysteme ist auf die Anordnung der Baukörper bezogen, dementsprechend liegt das Hauptverteilersystem im nördlichen Abschnitt. Die mitunter unsystematische Aufteilung der Räume läßt einen Zusammenhang mit deren Nutzung als Restaurants oder Läden nicht deutlich werden.

Von größerer Bedeutung für eine Beurteilung v. a. durch die Rezensenten des Wettbewerbes war die fehlende städtebauliche Eingliederung des Gebäudes.[7] Die Blockrandbebauung gewährt zwar eine kaum mehr zu steigernde wirtschaftliche Ausnutzung des Grundstückes, doch ist sie für diesen Standort nicht geeignet, da den benachbarten Häusern zuviel Licht genommen würde. Zudem steht das massive Gebäude in keinerlei Beziehung zur umliegenden Bebauung. Auch die Fassade auf der Bahnhofsseite mit dem niedrigen, von einem durchfensterten Geschoß abgeschlossenen Bereich zwischen den Ecktürmen entbehrt jeder Bezugnahme auf den Bahnhof oder den Betrachterstandpunkt der Passanten.

HH

1 Vgl. Alfred Langöhrig, Zur Lösung der Wohnungsfrage, Beispiele aus den Vereinigten Staaten von Nordamerika, in: Stbk 1920, 18.

2 Während diese verschiedenen Materialien in der Ansicht durch den Kontrast Hell/Dunkel und die unterschiedliche Schraffur betont werden, sind sie im Schaubild nicht nachzuvollziehen.

3 Vgl. Max Berg, Deutsche und amerikanische Hochhäuser, in: BT 413, 14. 09. 1922; Max Berg, Hochhausbaukunst, in: BW 1921, 691 ff.; Max Osborn, Wolkenkratzer, in: Qualität 1920, 119.

4 Vgl. Wirkung der New Yorker Bauordnung, in: WMB 1924, Abb. Nr. 1, 310; vgl. auch: Berg, Hochhausbaukunst, 692.

5 Martin Mächler, Zum Problem des Wolkenkratzers, in: WMB 1920/21, 191; vgl. Ludwig Hilberseimer, Das Hochhaus, in: Das Kunstblatt 1922, 527.

6 Vgl. Max Berg, Hochhäuser im Stadtbild, in: WMB 1920/21, 101.

7 Vgl. Walter Curt Behrendt, Das erste Turmhaus in Berlin, in: Die Woche 1922, 104; Joseph Brix, Der Ideenwettbewerb für die Bebauung des Geländes am Bahnhof Friedrichstraße in Berlin mit einem Hochhaus, in: ZdB 1922, 82; Walter Lehwess, Der Wettbewerb um ein Turmhaus am Bahnhof Friedrichstraße in Berlin, in: Stbk 1922, 338; Adolf Behne, Der Wettbewerb der Turmhaus-Gesellschaft, in: WMB 1922/23, 58.

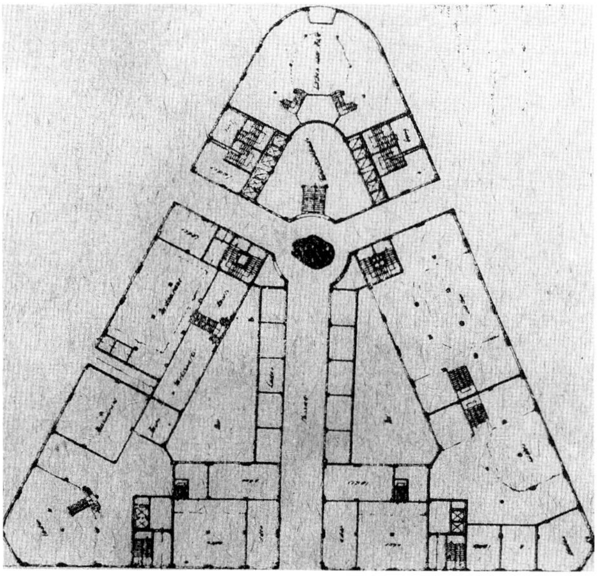

rechts oben: 37.1. Schaubild vom Standpunkt A
links unten: 37.2. Aufriß zum Bahnhof
rechts unten: 37.3. Grundriß Erdgeschoß

38 Karl Schneider
Hamburg

Kennwort: Contenti estote

Nur kurz nach seiner Niederlassung als selbständiger Architekt in Hamburg ist Karl Schneider mit seinem Beitrag zum Berliner Hochhauswettbewerb an die Öffentlichkeit getreten. Trotz seiner außergewöhnlichen und dynamischen Erscheinung ist der Entwurf in seiner Konzeption problematisch und steckt voller Widersprüche. Ungünstig ist bereits die Stellung des Gebäudes auf dem Grundstück. Wie eine monumentale Doppelturmanlage steigt der parallel zum Bahnhofsgebäude an die Südseite des Bauplatzes gestellte Riegel auf, der den anschließenden, zur Weidendammer Brücke hin ausgerichteten Anbau überragt und zumindest teilweise verschattet. Diese Anordnung stellt eine unter den bekannten Einsendungen selten vertretene Lösung dar[1] und wurde in den Rezensionen einhellig als unvorteilhaft erkannt, da die Gegenüberstellung des Hochhauses zum Bahnhof die städtebaulich günstigere Schaffung eines Vorplatzes verhinderte.[2] Wenig überzeugend ist auch der Versuch, dem Gebäude durch gegeneinandergesetzte Großformen ein repräsentatives Aussehen zu geben. So flankieren die beiden „Ecktürme" den zurückgesetzten, hochgezogenen Eingangsbereich, in der Dachzone sind sie jedoch durch das vorstehende massive Gesims und die zurückspringenden Geschosse fast wie durch eine über den Mittelteil hinweggeführte Brücke miteinander verbunden. Die beiden auffälligsten Motive, die starken Abstufungen im Dachbereich und die Rundungen der „Ecktürme", die der Kontur des Gebäudes ihre Dynamik verleihen, stehen im Widerspruch zu funktionalen Anforderungen. In der Grundrißzeichnung angegebene Aufzüge und Treppenhäuser können wegen dieser Abstufungen gar nicht bis zur vollen Höhe des Gebäudes durchgeführt werden, die verbleibenden halbkreisförmigen Restflächen lassen sich für Bürozwecke kaum nutzen. Die vertikalen Fensterbänder über dem sehr niedrig gehaltenen Eingang zur Passage dienen weniger der Verdeutlichung der dahinterliegenden Ausstellungsräume als vielmehr der Gliederung des Gebäudes durch den auffälligen formalen Kontrast zu den horizontal verlaufenden Fenstern und Gesimsen der übrigen Gebäudeteile. Auch der U-förmige, einen engen Lichthof umschließende Anbau mit den Bürogeschossen ist in konstruktiver und funktionaler Hinsicht zu allgemein gehalten, um eine planungsfähige Grundlage zu bilden.

Auf der gleichen Ebene wie das Schaubild, das nur einen allgemeinen Eindruck von dem Gebäude vermittelt, ohne aber einzelne Motive, wie etwa die Form der Fenster, genauer festzulegen, steht das erst 1924 publizierte Tonmodell, das einen Einblick in die Arbeitsweise des Architekten gibt.[3] Da beim Wettbewerb keine Modelle gefordert waren, ist es vermutlich nur zu Studienzwecken angefertigt worden und zeigt, daß sich Karl Schneider nicht nur zeichnerisch mit dem Problem der räumlichen Anordnung der Baukörper befaßt hat. Begreift man den Entwurf als einen Ideenbeitrag, in welchem die Wirkung der Baumassen und die Oberflächenstruktur verschiedener Fassadentypen studiert wird, dann läßt sich dem Projekt trotz vieler unausgereifter Details eine gewisse Originalität nicht absprechen.[4] Es zeigt sich nämlich, daß Karl Schneider, der wenige Jahre später zu den fortschrittlichen Vertretern des „Neuen Bauen" zählte, schon in dieser frühen Arbeit auf traditionelle architektonische Gestaltungsmittel völlig verzichtete und eine formale Sprache entwickelte, die bereits typische Motive der „modernen" Architektur benutzte[5], so etwa in dem durch Pfeilerstellungen aufgelockerten Sockelbereich und in den zurückspringenden Dachgeschossen, noch bevor sich ein feststehendes, mit dem Begriff der Moderne verbundenes Formenrepertoire etabliert hatte.

JMe

1 Von einem vergleichbaren Grundgedanken geht lediglich der Beitrag Martin Elsässers „Geöffneter Lichthof" (Kat.Nr.12) aus.

2 Die Bemerkung Adolf Behnes: „Das Projekt Schneider-Hamburg, das sich dem Bahnhof gegenüber repräsentativ aufbaut, nutzt die Möglichkeit am Reichstagsufer nicht aus", stellt die einzige direkt auf den Beitrag von Karl Schneider bezogene Äußerung im Zusammenhang mit den Rezensionen des Wettbewerbs dar. Adolf Behne, Der Wettbewerb der Turmhaus-Gesellschaft, in: WMB 1922/23, 60. Die Anlage eines Bahnhofsvorplatzes durch ein ans Ufer gerücktes Hochhaus wurde wiederholt gefordert.

3 Das Modell wurde auf dem Titelblatt der Baugilde 16, 1924, 293 und bei Heinrich de Fries, Junge Baukunst in Deutschland, Berlin 1926, 95, abgebildet. Der Vergleich mit dem Schaubild zeigt vereinzelte Abweichungen des Modells, z. B. in der Geschoßzahl und der Anordnung der Fenster.

4 Im Hinblick darauf ist das Kennwort „contenti estote" (lat., „seid zufrieden!"), von dem sich die Jury unmißverständlich angesprochen fühlen mußte, recht prätentiös gewählt.

5 Manche Einzelmotive erinnern entfernt an spätere Bauten Erich Mendelsohns, ohne daß deren Dynamik auch nur annähernd erreicht wird.

oben: 38.1. Schaubild vom Standpunkt A
rechts unten: 38.2. Grundriß 3.-16. Stockwerk

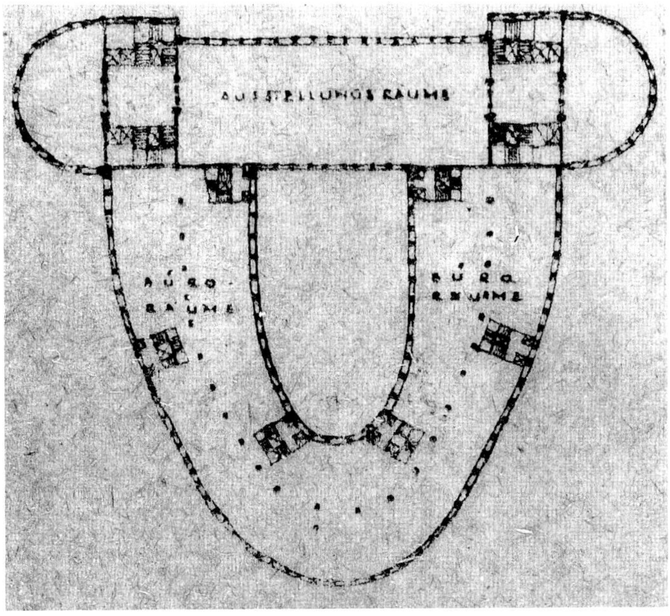

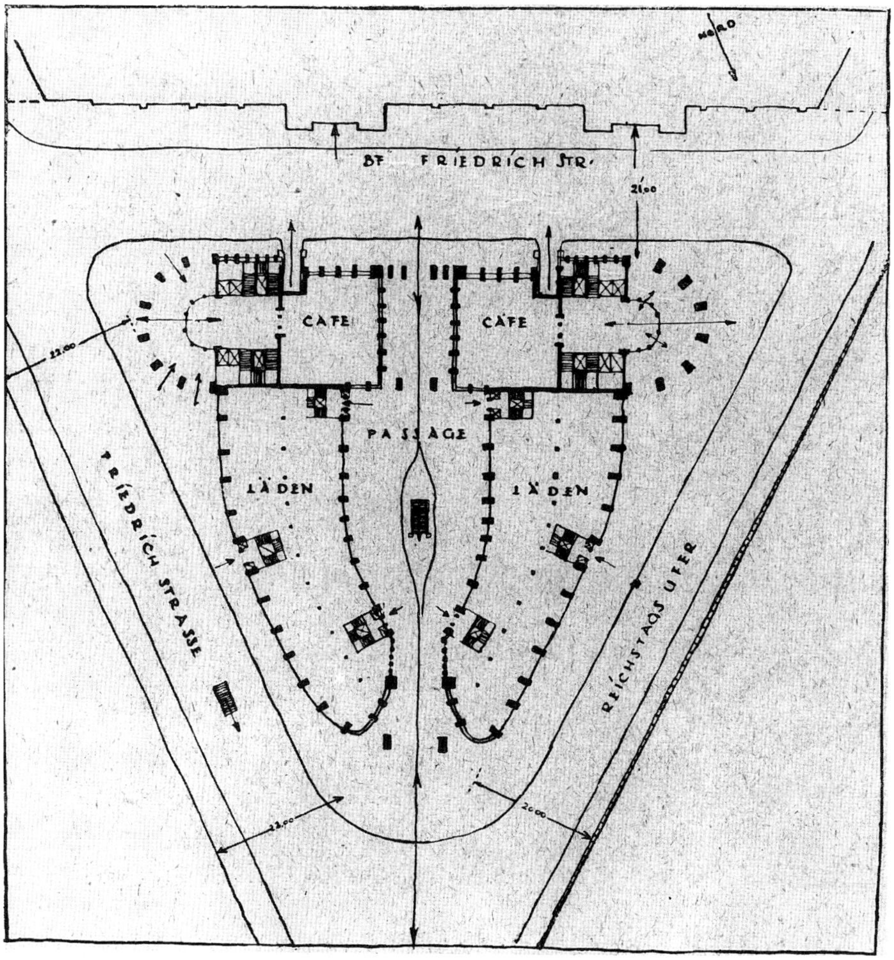

38.3. Lageplan und Grundriß Erdgeschoß

38.4. Modellansicht von Nordosten

39 Otto Schubert
Dresden

Kennwort: Semiramis
Ein 4. Preis

Semiramis, die sagenumwobene Königin Babylons, war berühmt für ihre kühnen Bauvorhaben. Für den Dresdener Architekten Otto Schubert konnte der geheimnisvolle Name wohl deshalb als Kennwort seines Entwurfes dienen. Vielleicht dachte der vielseitig gebildete Schubert[1] bei der Wahl des Mottos aber auch an Semiramis' Palast am Ufer des Euphrat, von dem aus man, nach Dioderus von Sizilien, „die ganze Stadt überschauen konnte" und der innerhalb eines Jahres vollendet wurde.[2]
Ein runder Kernbau mit drei Flügeln erhebt sich aus einer fünfgeschossigen Blockrandbebauung. Während der niedrigere Bauteil in der Aufrißdisposition traditioneller Einteilung folgt, scheint das Hochhaus unabhängig davon zu existieren, was auch die Jury bemängelte.[3] Der sehr flächig aufgefaßte Sockelbau mit vier, allerdings recht hohen Hauptgeschossen, die durch ihre als Kaufhaus ausgewiesene Nutzung erklärbar sind, überschreitet die übliche Bauhöhe nicht wesentlich. Bestimmend für die an allen Seiten gleichbehandelte Fassade, die strukturell Messels Wertheim-Gebäude[4] aufgreift, ist die strenge, engstehende Reihe von überhohen Kolossalpilastern, zwischen denen die großen Schau- und Geschoßfenster liegen. Der sehr kompakte und einheitliche Bau wird im Detail einzig durch Eingänge akzentuiert, die nach ihrer Funktion voneinander unterschieden werden. Die von Figurenschmuck bekrönten doppelgeschossigen Zugänge an den Langseiten führen zur Passage, von der aus das Hochhaus erschlossen wird. Die in den Exedren der abgekanteten Ecken des Baues liegenden Eingänge des Kaufhauses werden durch kleine, die Stockwerkshöhe respektierende Triumphbögen gefaßt.
Der Formenapparat, den Schubert für seinen Sockelbau gewählt hat, findet im Hochhaus keine Entsprechung. In der perspektivischen Zeichnung gibt er den Fassaden durch reduzierende Darstellung und ausgeprägten Schattenwurf einen stark flächigen Charakter und verunklart damit bewußt den zwischen Sockel und Dachbekrönung liegenden Bereich, der als additive Zusammensetzung geometrischer Grundformen erscheint. Ein gläserner Diamant, wohl ein oberflächlicher Bezug auf die Stadtkrone[5], sitzt als Bekrönung auf dem im oberen Bereich in mehreren Rücksprüngen abgetreppten Turmhaus. Vorbild hierfür war möglicherweise Poelzigs[6] Haus der Freundschaft in Konstantinopel, dessen Terrassenanlage Theodor Heuss seinerzeit zum Vergleich mit den „Gärten der Semiramis" beflügelte.[7]
Wahrscheinlich im Zusammenhang mit einer monographischen Veröffentlichung im Jahre 1928[8] entschloß sich Schubert, seinen Entwurf nochmals zu bearbeiten, wobei er das Turmhaus seines expressionistischen Diamanten beraubte – der ihm wohl nicht mehr zeitgemäß erschien – und, die Jurykritik aufnehmend, den Sockelbau durch chinoise Aufsätze mit dem Hochhaus zu verbinden suchte, was ihm jedoch gänzlich mißlang. JTK/JMa

1 Er promovierte 1908 über die Geschichte des Barock in Spanien und äußerte sich später in einer Vielzahl von theoretischen Abhandlungen zu Problemen der Baukunst in der jungen Demokratie. Otto Schubert, Geschichte des Barock in Spanien, Esslingen a. N. 1908; Otto Schubert, Revolution und Kunst, in: Der Profanbau, 1920, 133-137; Otto Schubert, Architektur und Weltanschauung, Berlin 1931.
2 Dioderus von Sizilien, Universalgeschichte 2,8.
3 „Eine besonders gute übersichtliche Grundrißlösung ist dem Verfasser geglückt; in wirtschaftlicher Hinsicht sind die Vorschläge für die verschiedenartige Ausnützung nicht ohne Wert. In architektonischer Hinsicht erscheint die Lösung weniger glücklich, namentlich ist ein künstlerischer Zusammenhang zwischen Front- und Turmbau nicht gelungen. Die Ausnützung ist mit etwa 27 000 qm noch ausreichend in Rücksicht auf die Baumassen." Ideenwettbewerb Hochhaus Bahnhof Friedrichstraße, Stbk, SH 2, 1922, 10.
4 Wertheim, Leipziger Straße, 1896/97, Architekt: Alfred Messel, BusB VIII A, 77.
5 Vgl. Bruno Taut: Die Stadtkrone, Jena 1919.
6 Schubert war sicher mit Hans Poelzig bekannt, da dieser von 1916-20 Stadtbaurat in Dresden war.
7 Vgl. Das Haus der Freundschaft in Konstantinopel, ein Wettbewerb deutscher Architekten, München 1917.
8 Vgl. Erich Haenel: Otto Schubert, Leipzig/Wien 1928.

rechts oben: 39.1. Schaubild von Norden
rechts unten: 39.2. Grundriß Erdgeschoß
links unten: 39.3. Schaubild von Norden; korrigierte Fassung von 1928

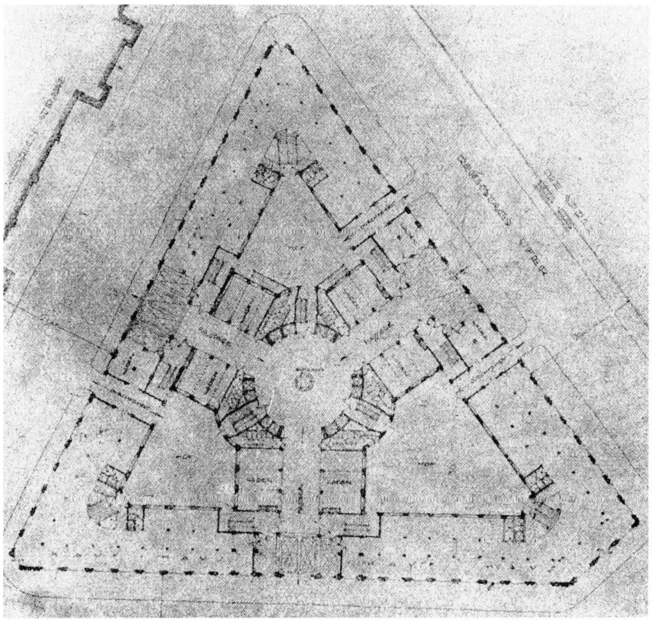

40 Otto Ernst Schweizer / Albert Feifel Schwäbisch Gmünd

Kennwort: Gute Nutzflächen

Auf den ersten Blick erweckt der von Otto Ernst Schweizer und Albert Feifel[1] eingereichte Entwurf einen gefälligen und wenig spektakulären Eindruck. Ein Kernbau mit drei auf die Längsseiten des Grundstücks gerichteten Flügeln erhebt sich über einer viergeschossigen Blockrandbebauung. Ein hoher, zeltartiger Glasaufbau bekrönt den 18geschossigen, sechseckigen Kern. Die einheitliche Rasterfassade stellt die Verbindung zwischen den einzelnen Bauteilen her. Befremdlich erscheint in Zusammenhang mit der sachlichen Struktur des Gebäudekomplexes das schwere, in klassischer Form gehaltene Kranzgesims.
Schaubilder und Ansicht suggerieren eine Vollverglasung sämtlicher Fassaden. Der Verzicht auf jegliche Binnenzeichnung, die verschiedene Materialien, also Wand und Fenster, unterscheidet, und der Vergleich des zeichnerischen Duktus mit der Sicherheit großflächig verglasten Bereiche, wie der Ladenzone oder der Lichtkuppel, mit den übrigen Fassadenteilen läßt eigentlich keinen anderen Schluß zu. Dies würde bedeuten, daß der Entwurf von Schweizer und Feifel in diesem Punkt zu den richtungsweisenden Beiträgen des Wettbewerbs zu rechnen wäre. Der Blick auf das Œuvre Schweizers[2], das zwar durch gediegene Qualität und solide Gestaltung, kaum aber durch bahnbrechende Innovation gekennzeichnet ist, und auch die Tatsache, daß der Entwurf bei den „fortschrittlichen" Kritikern gänzlich ohne Resonanz geblieben ist, läßt an einer solchen Interpretation zweifeln. Viele Unstimmigkeiten und Ungeschicklichkeiten weisen den Entwurf als allzu flüchtig und unausgegoren aus. So müßten die an den ‚Nahtstellen' zwischen Kernbau und Flügeln installierten Aufzugsanlagen entweder mit diesen im etwa 15. Geschoß enden, oder an der Außenwand des Kerns weitergeführt werden. Die hohen, glasgedeckten Passagen in der Tradition der berühmten Anlagen des 19. Jahrhunderts[3] und die weitläufige Verteilerhalle wären mit Sicherheit von großem Reiz und repräsentativer Wirkung gewesen, mit dem Motto „gute Nutzflächen" sind sie aber schwer in Einklang zu bringen, zumal die Nutzung des gesamten Kernbaus auch in den oberen Geschossen ebenfalls nur der Erschließung bzw. für nahezu unbelichtete Räume oder mehrgeschossige Hallen hätte dienen können. Naheliegend ist die Vermutung, daß sich die Architekten an dem bedeutenden Entwurf des Stuttgarters Richard Döcker von 1921 für ein Messehaus anlehnten, der für die Organisation des Baus aber auch für die Lichtkuppel als Vorbild dienen konnte.[4] Die sechsflügelige Anlage bei Döcker gewährleistete jedoch erheblich mehr Nutzraum, der unbelichtete Kern rechtfertigte sich hier problemlos aus der Nutzung der Hallen für Ausstellungszwecke. Der besondere Wert, den Schweizer und Feifel auf den repräsentativen Charakter des Baus gelegt hatten, zeigt sich in der bereits erwähnten Lichtkuppel oder den oberen Flügelabschlüssen, deren Gestaltung nur eine Sondernutzung im Sinne der Ausschreibung, etwa als Café oder als Ateliers zuläßt. GMD

1 Der Entwurf war unter dem Namen Albert Feifel, Mitarbeit Schweizer, eingereicht; die Originale der wichtigsten Zeichnungen befinden sich aber im Nachlaß Otto Ernst Schweizers im IfB der TH Karlsruhe. Man wird davon ausgehen dürfen, daß er die federführende Kraft war, aber zusammen mit Feifel auftreten mußte, da er als Baumeister im Staatsdienst nicht Mitglied des BDA sein konnte. (Frdl. Mitteilung Dr. Ing. Immo Boyken). Herrn Boyken und vor allem Prof. Wulf Schirmer ist für die Erlaubnis zu einer kurzen Einsichtnahme in die im Nachlaß Schweizers aufbewahrten Pläne zu danken. Leider wurde allerdings die dokumentierende Veröffentlichung des unpublizierten Materials, das allerdings keine Klärung der vielen offenen Fragen bringt, nicht ermöglicht.

2 Vgl. die Auswahl bei: Otto Ernst Schweizer, in: W. Schrmer, J. Göricke, Architekten der Fridericiana, Karlsruhe 1975, 116-120.

3 Vgl. die umfassende Zusammenstellung in: Johann Friedrich Geist, Passagen - ein Bautyp des 19. Jahrhunderts, München ³1979

4 Vgl. Richard Döcker, Ein Beitrag zu städtebaulichem Weiterschaffen, in: DS 3/4, 1921, 37ff und Taf. 20.

unten: 40.1. Grundriß Untergeschoß
rechts: 40.2. Ansicht von Nordosten

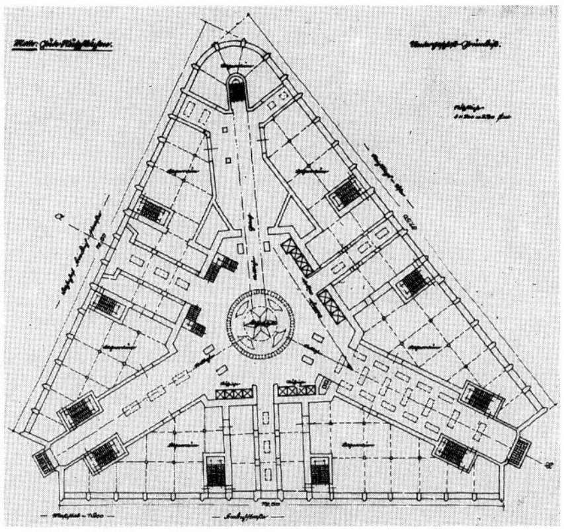

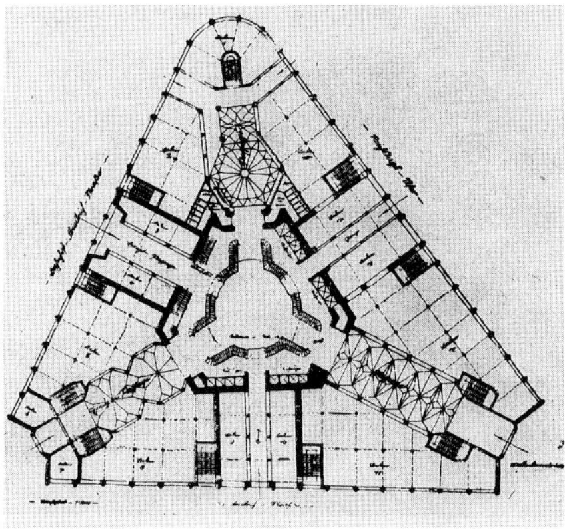

oben: 40.3. Grundriß Erdgeschoß
rechts: 40.4. Schaubild vom Standpunkt B

41 Hans Soeder
Berlin

Kennwort: Spreestern

Bereits in frühen Rezensionen zum Turmhauswettbewerb am Bahnhof Friedrichstraße wurde der Entwurf Hans Soeders wegen seiner klaren Konzeption hervorgehoben und als konsequente, allein aus dem Zweck entstandene Architektur bewertet, die nach außen das reine, konstruktive Gerüst sichtbar macht und auf jede herkömmliche Fassadendekoration verzichtet.[1] Grundlage dieser bis heute allgemein anerkannten Beurteilung, die zudem auch von einer großflächigen Verglasung des Gebäudes ausgeht[2], waren in erster Linie seinerzeit publizierte, in programmatischer Reduktion gehaltene Schaubilder. Wiederentdeckte Aufrisse und Schnitte[3] zeigen jedoch, daß Soeder an seinem Gebäude kleinteilige Sprossenfenster vorgesehen hat und der Raster nicht tatsächlich das konstruktive Gerüst bezeichnet, sondern Verweis auf dessen Struktur ist.[4] Auch wenn der Entwurf in letzter Konsequenz nicht die Radikalität des Glaswolkenkratzer-Projektes von Mies van der Rohe erreicht, deutet die Art der Darstellung in den Perspektiven doch die ähnlichen Zielvorstellungen des Architekten an. Klar ist die Form des prismatisch in die Höhe geführten Gebäudes entwickelt: Von einem sechseckigen Kern strahlen sternförmig sechs, an ihrem Ende spitz zulaufende Flügel aus.[5] Achteckige, viergeschossige Vorbauten in den Grundstücksecken und winklig eingefügte Eingangsbereiche an den Straßenzügen vervollständigen die Anlage. Mit diesem konsequent konzentrisch aufgebauten Entwurf verfolgt Soeder offenbar ähnliche Intentionen wie sein Konkurrent J. Klass (Kat. Nr. 22), der in seinem eigenen Beitrag die Bedeutung des Ortes als Mittelpunkt der Geschäftswelt thematisiert und durch die Symmetrie und die nach allen Seiten gleichmäßige Entwicklung des Gebäudes zum Ausdruck bringen möchte.[6] Doch im Gegensatz zu den vergleichbaren Wettbewerbsteilnehmern, die sich in der Dreizahl der Flügel eindeutig auf die Dreizahl der Grundstücksseiten bzw. -ecken und damit auf die unmittelbare Umgebung beziehen, erreicht Soeder die städtebauliche Einbindung allein durch die Gebäudehöhe der drei Eckbauten und entwickelt darüberhinaus im Sechsstern eine Hochhausform im Sinne eines allgemeingültigen Typus. Evident wird dieser Gedanke in den Schaubildern, in denen Soeder seinen Entwurf ohne die umgebende Bebauung prägnant umrahmt in die Mitte eines verhältnismäßig großen Blattes setzt und ihn quasi zum Idealtypus erhebt. Denn auf diese Weise konzentriert er die Aufmerksamkeit des Betrachters allein auf das Gebäude und verdeutlicht gleichzeitig dessen erweiterten, nicht unmittelbar auf die nächste Umgebung bezogenen Wirkungsraum.

Die Entwicklung des sternförmigen Typus basierte in erster Linie auf funktionalen Anforderungen an ein Bürohochhaus.[7] Zunächst ermöglicht das im Kern befindliche Erschließungssystem eine schnelle Erfaßbarkeit der Situation und eine gute Orientierung. Fenster in den Treppenhäusern unterstützen dies, indem sie durch Ausblicke Bezüge zu Außen herstellen. Weiterhin schaffen die direkte und vor allem vielseitige Tageslicht-Beleuchtung und die Belüftbarkeit der Büroräume in den einzelnen Flügeln günstige Arbeitsbedingungen. Neben der Bewältigung von Beleuchtungsproblemen läßt sich auch ein phantasievoller Umgang mit den vielseitigen Einsatzmöglichkeiten des Materials Glas beobachten. Die Passage ist netzartig überglast, eine Art Glaskuppel unterstreicht die besondere Bedeutung der großen Orientierungshalle im Erdgeschoß, Wände aus Glasbausteinen umschließen die zweigeschossigen, im Kern befindlichen Säle, und schließlich werden die Ateliers und Ausstellungsräume sowie der zentrale Glassaal des obersten Geschosses durch Oberlichter beleuchtet. Auch in diesem Fall sind Glasbausteine vorgesehen, um das Dach des Hochhauses als Dachterrasse nutzen zu können. Im Zusammenspiel dieser vielfältigen, innovativen Ideen erweist sich der Entwurf Hans Soeders insbesondere als Beitrag eines Ideenwettbewerbs als beispielhafte und eigenständige Arbeit, die ohne Reminiszenzen an traditionelle Architekturformen sowohl aus der Aufgabe als auch aus der Bedeutung des Ortes konsequent entwickelt ist. SK

1 Vgl. Adolf Behne, Der Wettbewerb der Turmhaus-Gesellschaft, in: WMB 1922/23, 58; Walter Curt Behrendt, Das Hochhaus, in: Kunst und Künstler 1923/24, 174.

2 Wolfgang Pehnt, Die Architektur des Expressionismus, 1973, 41.

3 Der Text geht auf Recherchen von Karsten Falkenau zurück, der im Bauhaus-Archiv Berlin auf die Pläne Soeders stieß.

4 Auch ein aufmerksames Lesen der schon früher bekannten Grundrisse hätte darüber bereits Aufschluß geben können.

4 Wegen der unregelmäßigen Grundstücksform ergeben sich für die einzelnen Flügel fast unmerkliche Längenunterschiede, die jedoch für das Entwurfskonzept nicht relevant sind.

5 Klaß äußerte sich diesbezüglich zu seinem Entwurf: „Die Lage und Form des Bauplatzes zwischen drei Straßen, ohne sog. ‚point de vue', als Mittelpunkt eines Geschäftszentrums von ganz Deutschland, fordert geradezu heraus eine nach allen Seiten gleichmäßige Entwicklung des Gebäudes anzustreben. Ohne zwingenden Grund eine gewisse Symmetrie bei einem Gebäude von dieser Bedeutung und Größe aufzugeben, halte ich für bedenklich. Die gleichmäßige Entwicklung nach allen Seiten sichert die notwendige Klarheit und Übersichtlichkeit und zeigt zur Orientierung im Stadtbild von überall her seinen charakteristischen gleichen Aufbau." BA Koblenz, Nachlaß Reichskunstwart, J. M. 783/22, 31 verso.

7 Hans Soeder, Turmhaus-Epilog für Berlin, in: Die Volkswohnung – Zeitschrift für Wohnungsbau und Siedlungswesen 1922, 56. Bereits 1920 hat sich der Stuttgarter Architekt Richard Döcker in seinem Entwurf für den Messeturm in Leipzig mit der Bildung eines geeigneten Gebäudetypus beschäftigt (Abb. VIII, IX), wobei er aus organisatorischen Überlegungen zu einer ganz ähnlichen Sternbau-Lösung gekommen ist. Vgl. Richard Döcker, Ein Beitrag zu städtebaulichem Weiterschaffen, in: DS 1921, 36.

oben: 41.1. Schaubild vom Standpunkt B
unten: 41.2. Grundriß Erdgeschoß

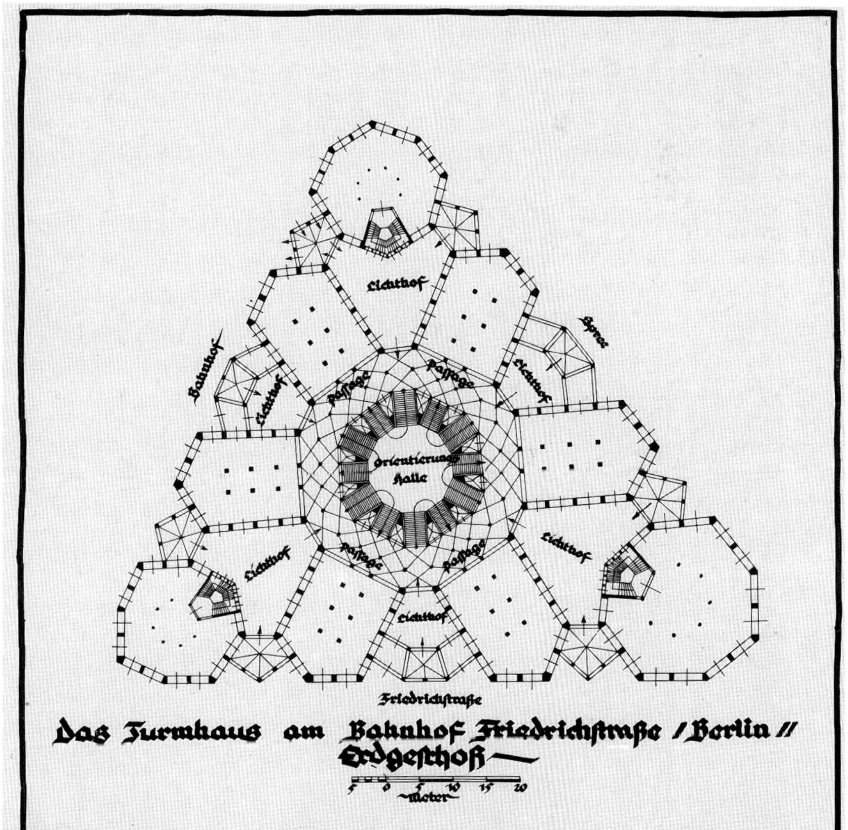

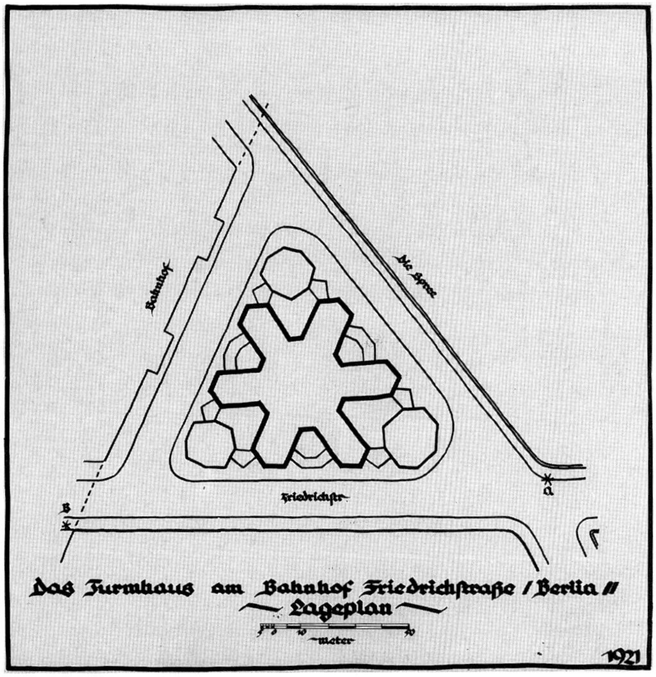

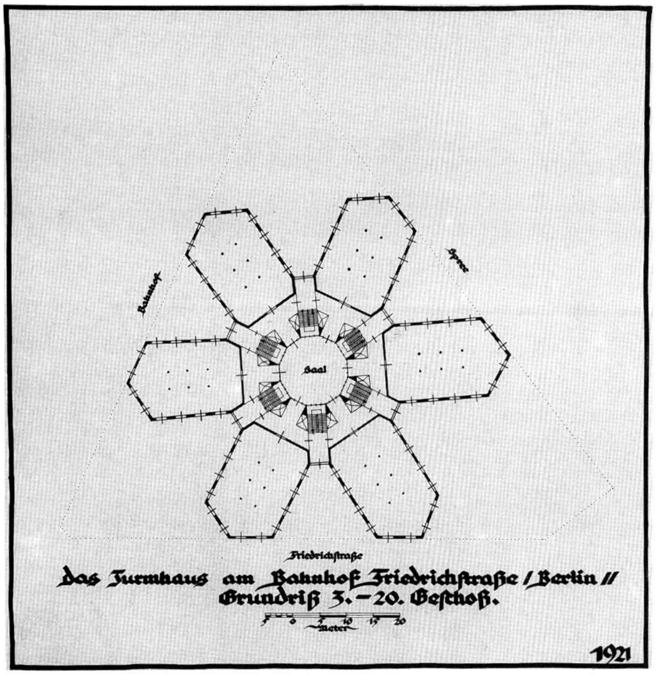

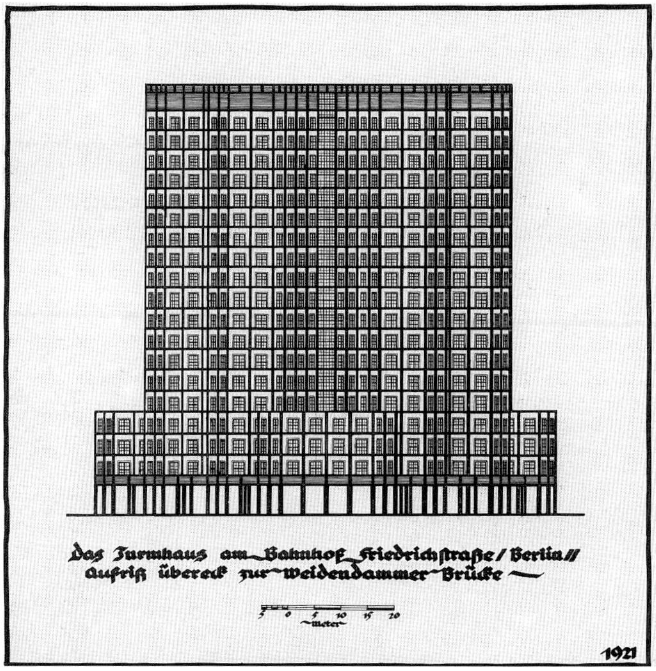

links oben: 41.3. Lageplan
links unten: 41.4. Grundriß 3.-20. Geschoß

rechts oben: 41.5 Schaubild vom Standpunkt A
rechts unten: 41.6. Aufriß übereck zur Weidendammer Brücke

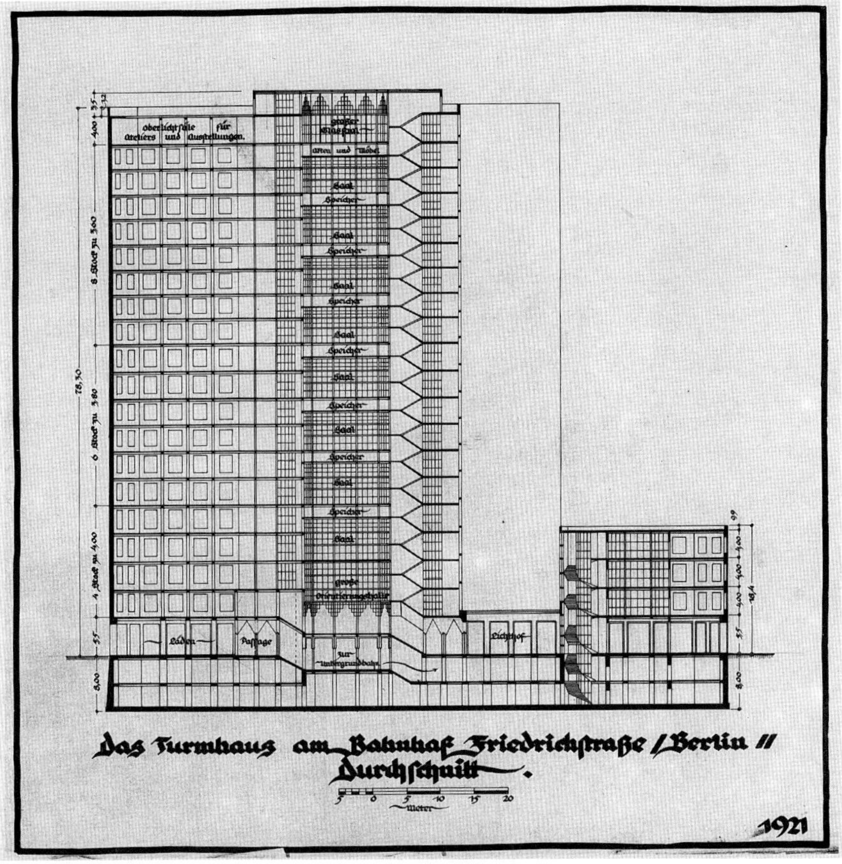

oben: 41.7. Schnitt
unten: 41.8. Aufriß seitlich nach der Friedrichstraße

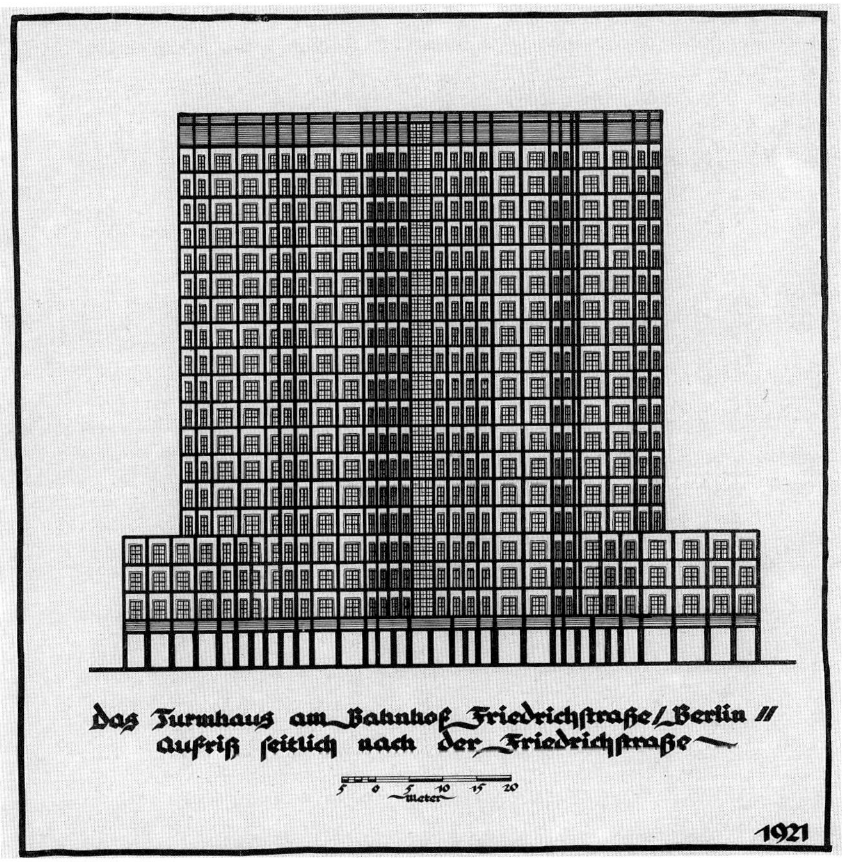

42 Hans Spitzner
Berlin

Kennwort: unbekannt

Der in Berlin ansässige Architekt Hans Spitzner setzte sich mit der städtebaulichen Situation intensiver auseinander als die meisten anderen Architekten.[1] Neben der Wirkung des Baukörpers im Straßenraum beschäftigte ihn auch die großräumige topographische Situation an der Spree.[2] Mit einem Schaubild und einem Sichtlinienplan stellt Spitzner als einziger eine optische Verbindung zum Reichstagsgebäude her.
Neben dieser gewichtigen Überlegung zur stadträumlichen, im Zusammenhang mit dem Parlamentsgebäude aber auch ideellen Wirkung seines Gebäudes, fällt die architektonische Ausformung des Entwurfes eher enttäuschend aus.
Über einer sechsgeschossigen Blockrandbebauung, deren gleichförmige Fassaden durch überhöhte Mittelteile betont werden, erheben sich weitere 13 Geschosse als Kernbau mit drei Flügeln. Die schwierige neue Aufgabe, einen Hochhausbaukörper in die Straßenfront einzubinden, wird auch von Spitzner nicht schlüssig gelöst. Zwar bereitet er die Höherentwicklung des Hochhausbaukörpers durch den betonten Mittelteil vor, zerstört die angestrebte Verbindung aber wieder, indem er den „Sockel" mit einer figurenbekrönten Attika abschließt und so die Gebäudeteile klar trennt. Das vermittelnd gemeinte Element wird ins Gegenteil verkehrt. Während der niedrigere Bauteil dank seiner Proportionierung noch einen geschlossenen Eindruck vermittelt, erscheint der Hochbau aufgesetzt. Auch die Abfolge relativ schlichter Lisenen, die die einzelnen Fassadenteile ausgeglichen gliedert, kann zwischen ihnen keine adäquate Verbindung schaffen.
Die Ecken des Baublocks werden weder durch besondere architektonische Behandlung, noch durch spezielle Funktionen, etwa Passagenzugänge, ausdrücklich betont. Das leicht konkave Zurückschwingen in den Obergeschossen und der runde Vorbau in der Ladenzone soll hier vielmehr die drei gleichen Fassaden zu einem geschlossenen Baukörper zusammenfügen. Spitzner verwirft zugunsten einer vom Straßenraum aus nur schwer wahrnehmbaren Achsensymmetrie der Einzelfronten, die sich anbietende Betonung der Ecken, was durchaus im Widerspruch zu seinen übergeordneten städtebaulichen Überlegungen steht.

JTK/JMa

1 Spitzner erarbeitete im Rahmen des Bebauungsplanes für die Cäciliengärten in Berlin-Schöneberg im gleichen Jahr ebenfalls einen Hochhausentwurf unter Berücksichtigung der besonderen städtebaulichen Situation. Vgl. Stbk 1922, 54 ff., vgl. Kat. Nr. 59).
2 Stbk SH 2, 1922, 46.

oben: 42.1 Schaubild vom Standtpunkt A
rechts unten: 42.2 Lageplan und Schaubild:
Blick vom Reichstagsufer

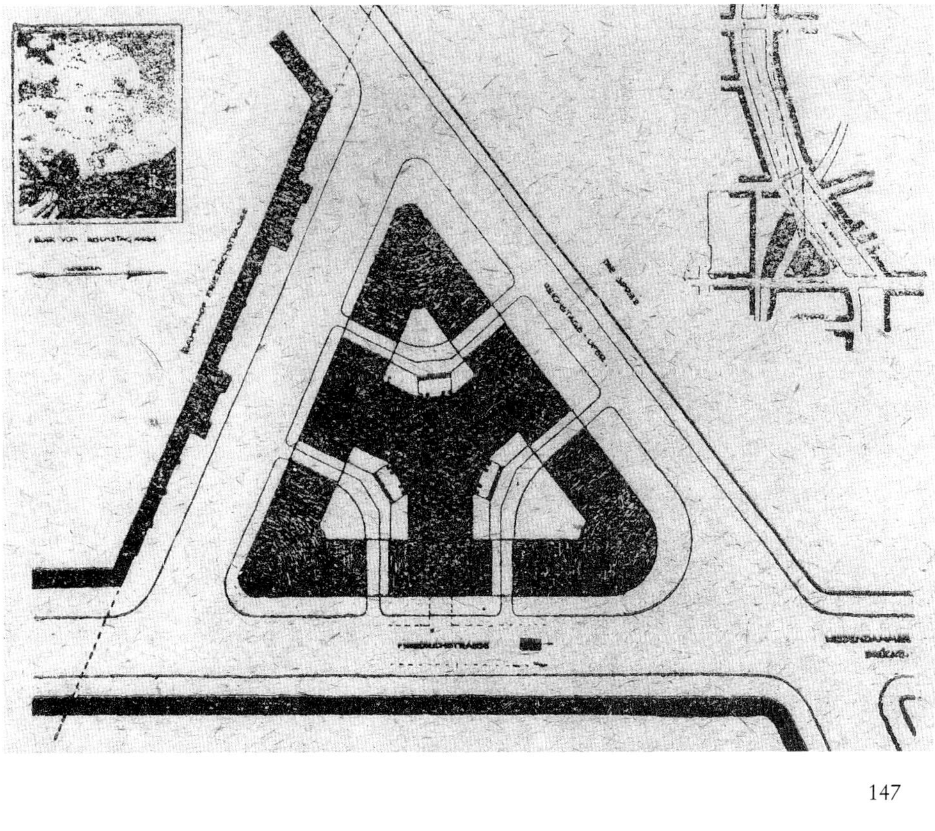

43 Theodor Suhnel
Mühlheim / Ruhr

Kennwort: Stadtkrone

Der Entwurf ist als eine Variante des häufiger verwendeten Typus „Kernbau mit Flügeln" konzipiert: Von einer viergeschossigen Blockrandbebauung ausgehend werden die an den Längsseiten des Grundstückes liegenden Baukörper stufenweise bis zu dem 23geschossigen sternförmigen Kernbau, der allerdings nicht als eigenständiger Bauteil in Erscheinung tritt, in die Höhe geführt. In der Diskussion über die Wettbewerbsbeiträge wurde dieser Typus zwar grundsätzlich begrüßt, zugleich jedoch wurde auf dessen für das Stadtbild unvorteilhaften Eindruck hingewiesen.[1] Anhand des Schaubildes, das die 18geschossigen Anbauten in perspektivischer Verkürzung wiedergibt, lassen sich die von Walter Lehwess geäußerten Bedenken über die eher „ungünstige" Wirkung der Flügel durchaus nachvollziehen.

Die konventionelle Fassadengestaltung durch kleinteilige Sprossenfenster sowie die Absetzung des jeweils letzten Geschosses durch ein Gesims geht auf frühere Bauten Theodor Suhnels, der als Architekt von Wohnsiedlungen und Privathäusern auf lokaler Ebene in Mühlheim/Ruhr bekannt war, zurück.[2] Ohne sich um die veränderten Anforderungen der neuen Bauaufgabe zu bemühen, übertrug er die für seinen bisherigen Aufgabenbereich entwickelte Formensprache auf das Hochhaus. Dabei wird die Hilflosigkeit dieser Verfahrensweise besonders in den verschiedenartigen Dachlösungen deutlich. Die möglicherweise nicht eingereichte Vogelperspektive zeigt, daß die viergeschossigen Bauteile entsprechend der von dem Architekten als kleinstädtisch dargestellten Umgebung mit flachen Walmdächern abschließen, während auf die folgenden Baukörper Glocken- und Flachdächer aufgesetzt sind. Der eigentliche Kernbau wird von einem vieleckigen stumpfen Helm bekrönt, der zwar mit dem letzten Geschoß in Verbindung steht, zu dem übrigen Bauwerk aber in keinerlei Beziehung gesetzt ist. Mit dieser Dachform sollte der Bezug zum Motto ‚Stadtkrone' hergestellt werden. Theodor Suhnel folgte somit einer damals gängigen Interpretation des von Bruno Taut geprägten Begriffes[4], nach welcher die ‚Stadtkrone' nicht mehr als ein „Träger eines kosmischen Empfindens, (...) einer Religiösität"[5] betrachtet wurde, dessen Grundlage der „soziale Gedanke"[6] ist, sondern in rein profaner Bedeutung als ein das Stadtbild weithin überragendes Hochhaus verstanden wurde.

Der Grundriß des Erdgeschosses wird durch die Passage, die beiden Innenhöfe und die überdachte Garage bestimmt. Mit Ausnahme des im Kernbau gelegenen Hauptverteilersystems ist die übrige Erschließung des Gebäudes unübersichtlich gestaltet. Die einzelnen Büros sind durch das ein- bzw. zweibündige System geräumig angeordnet und erhalten genügend Tageslicht; gleichzeitig entstehen jedoch Resträume, die vermutlich als Versorgungsräume genutzt werden sollten.

Der Entwurf läßt erkennen, daß Theodor Suhnel sich bis zu diesem Zeitpunkt nicht mit Hochhäusern auseinandergesetzt hat. Vielmehr behielt er die traditionalistische Formensprache seiner früheren Bauten bei und versuchte dadurch, das monumentale Erscheinungsbild eines solchen Gebäudes zurückzunehmen. HH

1 Vgl. Walter Lehwess, Der Wettbewerb um ein Turmhaus am Bahnhof Friedrichstraße in Berlin, in: Stbk 1922, 341.
2 Vgl. Jobst A. Kissenkoetter, Zu den Arbeiten des Architekten B. D. A. Theodor Suhnel, Mühlheim-Ruhr, Neue Baukunst 1925, SH.
3 Die Lösung ist auf dem Schaubild nicht zu erkennen; es ist dennoch davon auszugehen, daß sie ein fester Bestandteil des Entwurfes war, da sie stilistisch mit dem Gebäude in Einklang steht.
4 Vgl. Bruno Möhring, Über die Vorzüge der Turmhäuser und die Voraussetzungen unter denen sie in Berlin gebaut werden können, in: Stbk 1922, 371; Hermann Sörgel, Das Turmhausproblem in München, in: BRS 1922, 13; Max Berg, Hochhäuser im Stadtbild, in: WMB 1922, 104.
5 Bruno Taut, Die Stadtkrone, Jena 1919, 69.
6 Taut, Stadtkrone, 59.

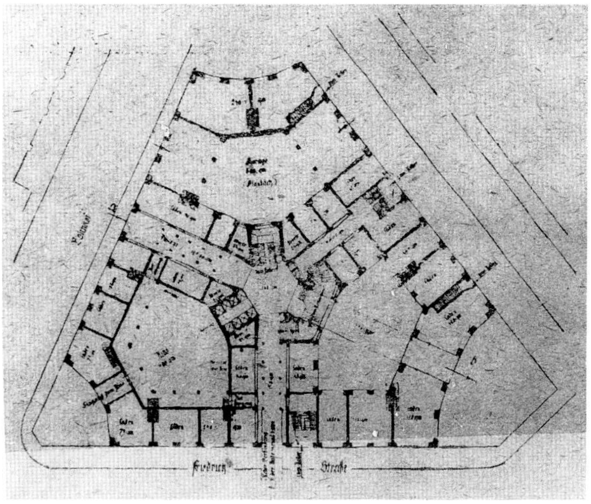

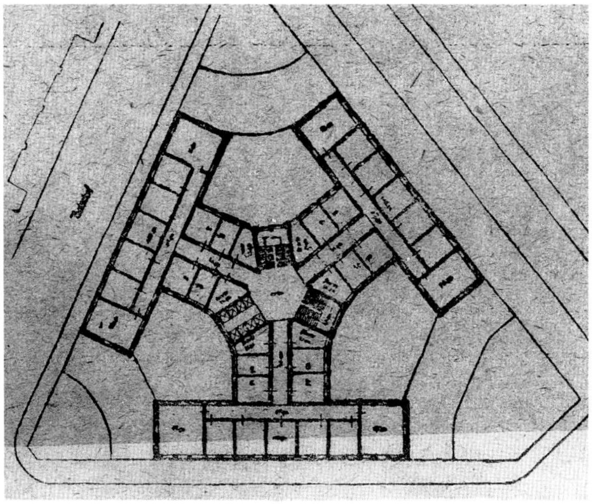

links oben: 43.1. Grundriß Erdgeschoß
links unten: 43.2 Grundriß 5.-8. Obergeschoß
rechts oben: 43.3. Vogelperspektive von Westen
rechts unten: 43.4. Schaubild vom Standpunkt A

44 Joseph Tiedemann
Berlin

Kennwort: Im Dreieck
Ein 4. Preis

Als Gesichtspunkt einer positiven Bewertung von zylindrischen Lösungen für das Hochhaus auf dem dreieckigen Grundstück wurde die Möglichkeit, den Rundbau „zu imposanter und guter städtebaulicher Wirkung"[1] ausreifen zu lassen mehrfach angeführt, da diese Bauform „ohne ausgesprochene Front, ... von jedem Standpunkt aus, zum Beispiel auch innerhalb des Engpasses der Friedrichstraße, als räumliches Gebilde, als Körper empfunden wird."[2] Tiedemann „gliedert und belebt"[3] durch sechs, der zylindrischen Grundform aufgelegte Risalite den ca. 18geschossigen Baukörper und entwickelt so auf die Hauptblickachsen gerichtete Schauseiten. Abgesehen von der Jury konnte der Entwurf in formaler Hinsicht keinerlei Begeisterung auslösen. „Wir müssen zugeben, nicht zu wissen, warum dieses Gebäude einen Preis erhielt ... Die Fassade zeigt ein Aufeinanderstapeln von drei gleichen Gebäuden, bis ins Unendliche wiederholte Bogenfenster mit runden Fenstern darüber, alles ohne einen angenehmen Eindruck zu hinterlassen."[4] Die Einzelausbildung der dem klassizistischen Repertoire entstammenden Motive, vor allem der Giebel sowie des monumenthaft aufgefaßten Kuppelgebildes[5], sind Ausdruck eines „falschen Formalismus"[6], der Tiedemann zu Recht angelastet wurde. Der klotzige, grob strukturierte und „wenig anziehend dargestellte"[7] Turm erscheint in unglücklichem Widerspruch über dem kleinteiligen Neobarock der arkadenartigen Kulissenarchitektur der Vorbauten, die offensichtlich den Bezug zur Berliner Bautradition der späten Friedrichszeit suchen.[8] Als ähnlich problematisch empfand die zeitgenössische Kritik bei Tiedemanns Entwurf den „akademischen Charakter ... besonders in der Grundrißbildung".[9] Die wie nachträglich angesetzt wirkenden Ladenarkaden sollten die Einbindung des Rundbaues in das Grundstück gewährleisten, doch kollidiert das Bemühen um eine symmetrische Gesamtanlage mit den Unregelmäßigkeiten des dreieckigen Bauplatzes, so daß die Baufluchten – mit ungünstigen optischen Konsequenzen – die vorgegebene Bebauungsfläche überschreiten. Dieser Formfehler beeinflußte die Juryentscheidung jedoch ebensowenig wie die – allerdings im Urteil monierte – zu geringe Nutzfläche oder die offensichtlichen Mängel bei der Belichtung der zum Gebäudekern ausgerichteten Räume.

Vermutlich zum ersten Mal hatte sich Tiedemann im Rahmen des Wettbewerbs mit dem Hochhaus auseinandergesetzt. Dabei erwies sich der Architekt weder in der formalen Gestaltung noch in der Grundrißorganisation seines Entwurfes als innovativ, sondern orientierte sich unter Beibehaltung seines auch ansonsten verwendeten Formenrepertoirs im wesentlichen an einem wohlbekannten Projekt der Architekten Haimovici, Tschammer und Caroli für einen Messeturm in Leipzig[10] (vgl. Abb. 7, VII).

EF

1 Joseph Brix, Der Ideenwettbewerb für die Bebauung des Geländes am Bahnhof Friedrichstraße in Berlin mit einem Hochhaus, in: ZdB 1922, 81 (Dok. VI).
2 Walter Curt Behrend, Das erste Turmhaus in Berlin, in: Die Woche 9, 4. 3. 1922, 104 (Dok. XIII).
3 Friedrich Huth, Der Hochhaus-Ideen-Wettbewerb in Berlin, in: BuG 1922, 46; in Paraphrasierug des Jury-Urteils.
4 Hooge Huizen (Hochhäuser), in: De Bouwwereld 1922, 189 (Dok. XV).
5 Hooge Huizen, 189; der Rezensent sah die Kuppel der Hagia Sophia übernommen.
6 Max Berg, Der Berliner Hochhauswettbewerb, in: BW 1922, 126.
7 Hooge Huizen, 189.
8 Formale Zusammenhänge bestehen vor allem zu den verschiedenen Kollonadenanlagen der Zeit Friedrichs des Großen; vgl. die Abb. bei Hermann Schmitz, Berliner Baumeister vom Ausgang des 18. Jahrhunderts, Berlin 2 1925, 98 ff.
9 Ideenwettbewerb Hochhaus Bahnhof Friedrichstraße, Stbk, SH 2, 1922, 10.
10 E. Haimovici, Ein Leipziger Messeturm, in: Beton und Eisen, 1920, 54; Em. Haimovici/Rich. Tschammer/Arno Caroli, Entwurf zu einem 30stöckigen Messeturm für die Leipziger Messe, in: DBZ 1920, Mitteilungen über Zement, Beton und Eisenbetonbau, 101, 103

oben: 44.1. Schaubild vom Standpunkt A
unten: 44.2. Lageplan

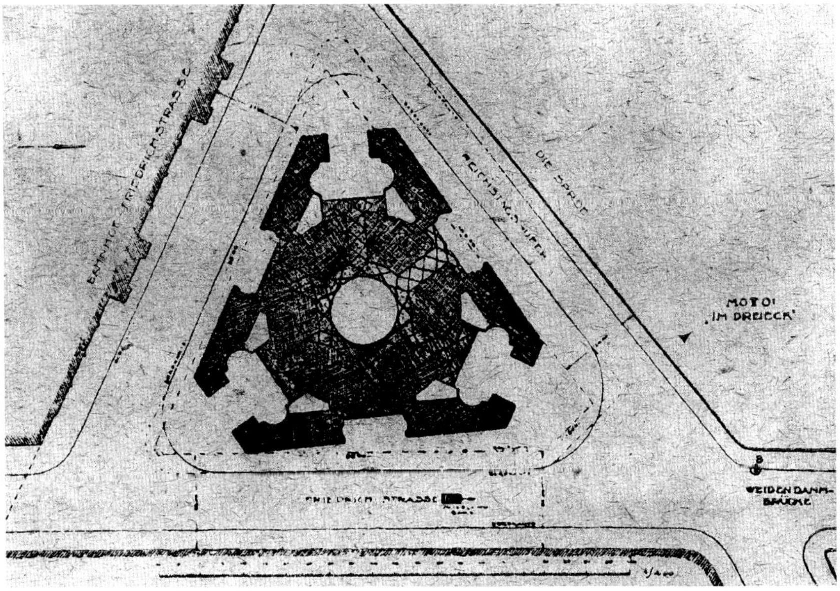

45 David Werner

Kennwort: Passage

David Werner interpretiert das Hochhaus als ein Bindeglied zwischen den Bezirken nördlich und südlich der Spree. Denn die trapezförmig angelegte, neungeschossige Blockrandbebauung, deren obere drei Etagen zur Friedrichstraße und zur Spree weit zurückgesetzt sind, wird im Nordabschnitt von einem Turm um weitere 10 Geschosse überragt und erhält durch diese Anordnung der Baumassen eine eindeutige Richtung. Die Hauptansichtsseite des überschaubaren Komplexes begrüßt sozusagen den über die Weidendammer Brücke kommenden Passanten. Lage und formale Betonung des Haupteinganges sowie das Kennwort verweisen auf die Bedeutung, die Werner der in der Wettbewerbsausschreibung geforderten Passage beimißt. Auch die nicht überlieferte ‚Lösung I' hat - bei möglicher anderer Fassadengestaltung oder anderer Baumassenverteilung - mit Sicherheit diesem Aspekt die Priorität eingeräumt.

Um dem Gebäudetypus ‚Hochhaus' gestalterisch gerecht zu werden, arbeitet Werner mittels breiter Pilaster die Vertikale als bestimmendes Gliederungsmittel der Fassade heraus und macht damit gleichzeitig das Stützensystem anschaulich. Bei der Gestaltung der jeweils dreigeschossigen Abschlußbereiche geht Werner differenzierter vor. Die paarweise angeordneten Sprossenfenster sind vertikal zusammengezogen und vermitteln so dem Betrachter den Eindruck einer noch größeren Distanz, wodurch die Höhenbetonung des Gebäudes gesteigert wird. Ob die Strukturveränderung der Fassadengestaltung neben dem formalen Aspekt auch als Verweis auf die Funktion dieser Gebäudeteile zu verstehen ist, läßt sich nicht beantworten. Während das Erdgeschoß eindeutig als Ladenzone definiert ist, und die Obergeschosse sicherlich der Nutzung als Büroraum dienen sollten, weisen vor allem die oberen drei Etagen der Blockrandbebauung Unstimmigkeiten in Konstruktion und Raumaufteilung auf. Die Gliederung des Erdgeschosses folgerichtig auf das 7. bis 9. Geschoß übertragen, wären bei einhüftiger Erschließung nicht nur die Räume zum dunklen Innenhof orientiert, auch wären die Stützen im Erdgeschoßinneren wohl kaum ausreichend bemessen, die Außenwände der zurückgesetzten Obergeschosse zu tragen. Ähnlich unausgereift erscheint auch das vertikale Erschließungssystem des Komplexes. Die erforderlichen Auszüge sind offenbar nicht vorgesehen, und die geringe Anzahl der Treppen könnte den Publikumsverkehr kaum bequem bewältigen. Abgesehen von der doch recht eigenständigen, städtebaulichen Lösung zeigt der unsichere Umgang David Werners mit der Bauaufgabe Hochhaus in Verbindung mit den konstruktiven und technischen Ungereimtheiten die Unerfahrenheit des auch ansonsten kaum hervorgetretenen Architekten.

S. K.

oben: 45.1. Schaubild vom Standpunkt B
unten: 45.2. Grundriß Erdgeschoß

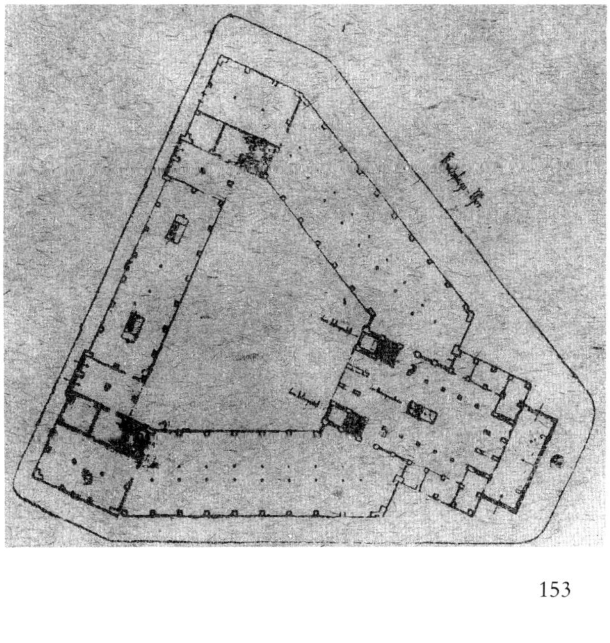

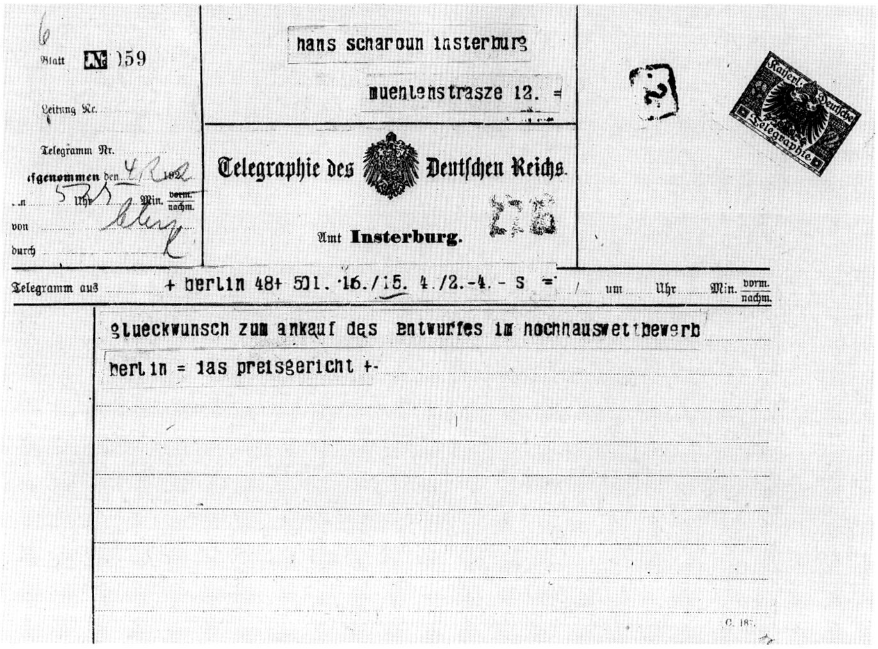
Blatt Nr. 159
Leitung Nr.
Telegramm Nr.
Aufgenommen den
von
durch

hans scharoun insterburg
muehlenstrasze 12. =

Telegraphie des Deutschen Reichs.
Amt Insterburg.

Telegramm aus + berlin 48+ 501. 16./15. 4./2.-4. - s = um Uhr Min. vorm. nachm.

glueckwunsch zum ankauf des entwurfes im hochhauswettbewerb
berlin = das preisgericht +-

46.1 Glückwunschtelegramm der Jury an Hans Scharoun zum Auftakt seines Entwurfes durch die Turmhaus-AG

Abbildung rechte Seite:
46.2 H. und W. Luckhardt, A. Hoffmann, „Ladenausnutzung", 2. Preis. Aus der Ausstellung der Wettbewerbsbeiträge im Festsaal des Rathauses, 1922.

Zum Bau eines ersten Berliner Hochhauses am Bahnhof Friedrichstraße durch die Turmhaus AG kam es schließlich nicht. Das Projekt, aus der Sicht der Wettbewerbsteilnehmer von der ‚Tag' auf äußerst problematische Art und Weise weitergetrieben, scheiterte trotz intensiver Bemühungen und zahlreicher Zugeständnisse seitens der Bauherrin im wesentlichen an drei Faktoren: zum einen an der Verweigerung der Baugenehmigung durch die Behörden, zum anderen an der niemals tatsächlich gegebenen Verfügbarkeit des zu bebauenden Grundstücks und daneben auch an im Laufe der Zeit aufgetretenen finanziellen Schwierigkeiten.

Bald nach dem Wettbewerb und der Präsentation sämtlicher 144 Entwürfe im Festsaal des roten Rathauses[1] wurden Einzelheiten über das geplante weitere Vorgehen der ‚Tag' bekannt, die in der Presse allenthalben Kopfschütteln und Verärgerung auslösten.[2] „Es ist offenbar unmöglich, daß in Berlin eine architektonische Aufgabe großen Stils auf ruhigem und geradem Wege gelöst wird, ohne daß es zu erstaunlichen Zwischenfällen, Streit und Unbehaglichkeiten kommt. Auch die Angelegenheit des ersten Berliner Wolkenkratzers, die sich zuerst ganz vernünftig zu entwickeln schien, ist nun in dieses Stadium getreten."[3] Allgemein hatte man „im Hinblick auf die künstlerische Bedeutung dieser großen Aufgabe"[4] erwartet, daß „das wertvolle Ergebnis des Preisausschreibens mindestens zu einem engeren Wettbewerb"[5] führen würde. Doch es geschah „genau dasselbe, was seit Jahr und Tag nach allen Konkurrenzen geschieht. Man bedankt sich bei den beteiligten Künstlern, verteilt mit höflichem Lächeln die Preise und – wendet sich an einen Anderen, dem man den Auftrag gibt . . . Es erschien also auch hier eine neue Größe auf dem Plan. Plötzlich meldete sich ein bisher unbekannter ‚Bund der Turmhausfreunde' zu Wort, ins Leben gerufen von Bruno Möhring und den Regierungsbaumeistern Kohtz und Kraffert."[6] Eben diese drei Architekten waren bereits im Frühjahr 1921 von der ‚Gemeinschaft zur Errichtung von Turmhäusern zu Groß-Berlin', der Vorgängerorganisation der ‚Tag' mit der Planfertigung für ein Hochhaus am Bahnhof Friedrichstraße beauftragt worden.[7] Die später von Adolf Behne geäußerte Vermutung, „die Übertragung des Auftrages an jene 3 Herren (sei) von Anfang an beschlossene Sache gewesen"[8], galt in der Berliner Architekturszene anscheinend als offenenes Geheimnis – wurde doch im Zusammenhang mit einem Kostümfest des Architektenvereins von Berlin, das am 22. 1. 1922, also noch vor den Sitzungen des Preisgerichtes, unter dem Motto „Grundsteinlegung zum Turmbau

1 Neben den Entwürfen für das Hochhaus am Bahnhof Friedrichstraße, die vom 5. 2. bis 19. 2. täglich zu besichtigen waren (vgl. Ideenwettbewerb Hochhaus Bahnhof Friedrichstraße, in: BW 1922, 95), stellte die ‚Widag', die Schwestergesellschaft der ‚Tag' die Ergebnisse des 2. eingeschränkten Wettbewerbs für ein Bürohaus am Kemperplatz (Kat. Nr. 60) aus (vgl. Adolf Behne, Hochhausproblem, in: SM 1922, 326/327).
2 Vgl. Das Turmhaus Friedrichstraße, in: BT, 25. 4. 1922; Das erste Berliner Turmhaus, in: BT 23. Mai 1922; Das Schicksal des ersten Berliner Turmhaues, in: Berliner Börsenzeitung, 25. 4. 1922.
3 Max Osborn, Das Turmhaus am Friedrichsbahnhof, in: Voss. Ztg. 27. 5. 1922.
4 Turmhaus, BT, 23. 5. 1922.
5 Schicksal, Berliner Börsenzeitung, 25. 4. 1922.
6 Osborn, Turmhaus.
7 Vgl. Brief an das Landesfinanzamt vom Februar 1921, BA Koblenz, R 2/6928, Akten des Reichsfinanzministeriums betreffend die Kaiser-Wilhelm-Akademie.
8 Adolf Behne, Chronik der Deutschen Baukunst seit Kriegsende II, in: Bouwkundig Weekblad 1923, 194/195.

9 R. W., Grundsteinlegung am 22. Januar 1922, in: WAVB 1922, 16.

10 Das erste Turmhaus in Berlin, in: Kölnische Zeitung, 30. Mai 1922.

11 Adolf Behne, Hochhauspläne, in: SM 1922, 759.

12 Vgl. z. B. Osborn, Turmhaus

am Bahnhof Friedrichstraße" stattfand, voller Ironie vermerkt, daß man hier „Männer des Wolkenkratzens wie Bruno Möhring, Kotz, Kraffert in ipsissima persona wie gewöhnliche Fachgenossen (. . .) wandeln sehen durfte."[9]

Bereits im Februar 1922 war Kohtz mit Fassadenstudien zu einem jetzt 17geschossigen Hochhaus beschäftigt, die sich als Zwischenstufen zwischen seinen ca. 22geschossigen Wettbewerbsentwurf (der seinerseits auf einen ca. 25geschossigen Vorentwurf vom Mai 1921 zurückgeht) und dem 12geschossigen späteren Ausführungsentwurf einordnen lassen. Diese Zusammenhänge sowie die Neuartigkeit und die abzusehenden Ausmaße des gesamten Konzeptes in finanzieller wie städtebaulicher Hinsicht warfen ein eher negatives Licht auf die ‚Tag'; es schien klar, daß in einer wirtschaftlichen Krisenzeit nur ‚Spekulanten' in der Lage sein würden, eine solche Planung durchzuführen. Der Wettbewerb selbst und die durch ihn ausgelöste Diskussion des „für die ganze Gattung der Wolkenkratzer und ihrer Eignung für das Weichbild von Berlin"[10] so bedeutsamen Projektes hatte noch eine gewisse öffentliche Kontrolle und Beteiligung an der Angelegenheit bedeutet, und selbst diese drohte nun durch das weitere Verfahren der Ausloberin aufgegeben zu werden.

Taktisch hatte sich die „Turmhaus AG" bei der Durchsetzung ihrer ureigensten Interessen zunächst außerordentlich geschickt verhalten. Erst das Vorgehen nach Abschluß der Konkurrenz, das „die Arbeit der Wettbewerbsteilnehmer, der Preisrichter, der Kritiker einfach zur Farce gemacht" hatte, offenbarte, daß „der Wettbewerb in der Hauptsache Reklamezwecken dienen" sollte.[11] Dabei gab die gewählte Ausschreibung als ‚Ideenwettbewerb' der Ausloberin die denkbar größte Freiheit im Umgang mit dem Ergebnis. Die ‚Ideen', in Hinblick auf Durchführbarkeit und Stimmigkeit in der Konstruktion meist zu skizzenhaft und idealtypisch gedacht, hatten erst in weiteren Schritten in baureife Pläne umgesetzt werden können. Zwar hatte der Wettbewerb in seinem Ergebnis von der Fachpresse insgesamt eher zwiespältig beurteilt – nach einhelliger Meinung wenigstens Grundlagen für die Auseinandersetzung mit der neuen Bauaufgabe geschaffen, die es im weiteren zu berücksichtigen gelte[12], doch war eine Auftragsvergabe an einen der teilnehmenden Architekten von vornherein nicht vorgesehen. In der Wettbewerbsausschreibung hieß es ausdrücklich, „betreffs einer Inanspruchnahme der weiteren künstlerischen Bearbeitung durch einen der Preisträger behält sich die Turmhaus-Aktiengesellschaft (. . .) volle Freiheit vor."[13] Dies rief

oben:
46.3 H. und W. Luckhardt, Überarbeitung des Wettbewerbsentwurfs, 1922, Modell, Foto von Westen
links:
46.4 H. und W. Luckhardt, Überarbeitung des Wettbewerbsentwurfs, 1922, Modell, Foto von Osten

umso lautere Kritik hervor, als den Architekten in einer Zeit, in der sich für sie hauptsächlich durch das Mitwirken an Wettbewerben Aufträge ergaben, eben diese Chance genommen wurde.
Neben dem zu nichts verpflichtenden publicity-trächtigen Wettbewerb und seiner Präsentation an äußerst prominentem Ort gehörte zu den schwer durchschaubaren und deshalb sehr wirkungsvollen Schachzügen in der ‚Öffentlichkeitsarbeit' der ‚Tag' auch der wohlkalkulierte Einfluß auf die Presse. Über Bruno Möhring, den Mitherausgeber der „Stadtbaukunst", hatte die Turmhaus-AG direkten Zugriff auf eine bedeutende Fachzeitschrift, die in einem für die damalige Zeit aufwendig aufgemachten Sonderdruck das Unternehmen scheinbar objektiv würdigte.[14] Während hier frühere Überlegungen und Vorschläge Bruno Möhrings für ein Hochhaus am Bahnhof Friedrichstraße nochmals ausführlich vorgestellt wurden, lobte Walter Lehwess in seiner Wettbewerbsbesprechung die Arbeiten von Otto Kohtz, vor allem die nicht preisgekrönten (vgl. Kat. Nr. 24).[15] Aber auch die Tagespresse wurde mit geschickt lancierten Nachrichten versorgt. So fand sich unter anderem am 11. März 1922 in der Mehrzahl der wichtigen Berliner Tageszeitungen die Meldung vom bevorstehenden Vertragsabschluß zwischen dem Magistrat der Stadt und der ‚Tag' über den Grundstücksverkauf, der das letzte Hindernis für die

13 Text der Wettbewerbsausschreibung, 3 AdK Berlin, Slg. Baukunst, Nachlaß Scharoun.
14 Vgl. Wettbewerb Turmhaus Bahnhof Friedrichstraße, Stbk, SH 2, Berlin 1922.
15 Vgl. Walter Lehwess, Der Wettbewerb um ein Turmhaus am Bahnhof Friedrichstraße in Berlin, in: Stbk 1922, 337.

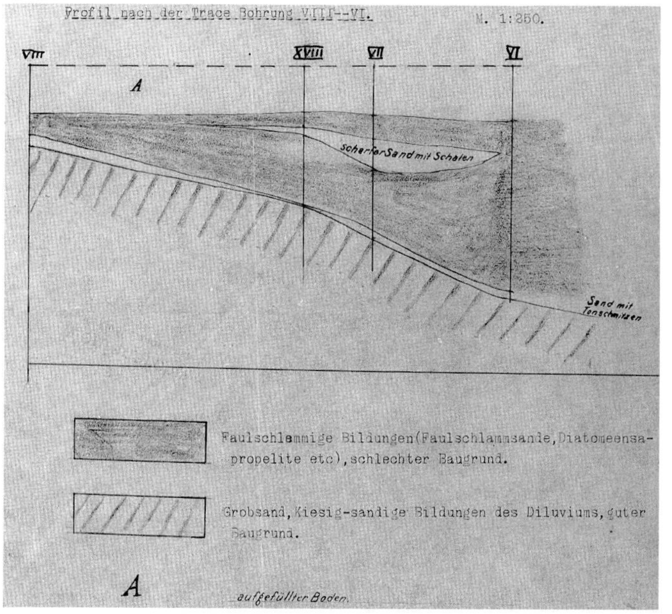

46.5 Probebohrungen der Geologischen Landesanstalt 1922, Profil der Bohrungstrasse

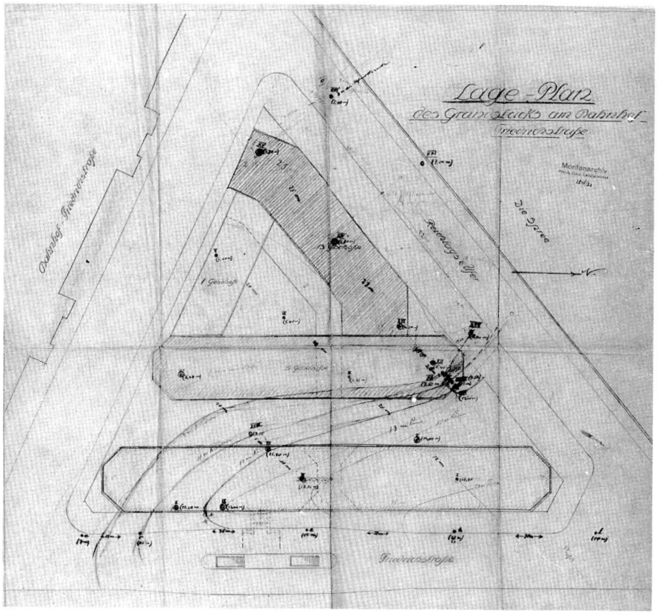

46.6 Probebohrungen der Geologischen Landesanstalt 1922, Lageplan des Grundstücks mit Bohrungsstellen

Ausführung eines Hochhauses mit 50 000 qm Bürofläche – eine zwar beeindruckende aber absolut utopische Größenordnung – aus dem Weg räumen sollte.[16] Auch die Lobeshymnen auf den zur Ausführung vorgesehenen Entwurf, die im Mai allenthalben in den Tageszeitungen zu lesen waren, gehen mit Sicherheit auf ein und dieselbe Pressenotiz der ‚Tag' zurück.[17]

Nicht gerechnet hatte man offensichtlich damit, daß sich in der Lokal- und Fachpresse eine Gegenposition aufbauen würde, in erster Linie getragen vom hartnäckigen Widerstand Adolf Behnes, der von Max Osborn in seinen Bemühungen unterstützt wurde.[18] Behne hatte der Bauherrin wohl die Ausschreibung eines zweiten, engeren Wettbewerbes abgezwungen, eine Zusage, die man aber kaum im Sinne des Kritikers einlöste. Die Turmhaus-AG „gab den Trägern des 2. Preises, den Brüdern Luckhardt, Gelegenheit ein 2., besseres Projekt auszuarbeiten (. . .) Sollte sie jetzt als ‚engeren Wettbewerb' etwa die streng private Auswahl zwischen dem 2. Projekt Luckhardt und dem Möhring-Kraffert Kohtz-Plan ausgeben wollen?"[19] Bei der Wahl der Architekten für einen Alternativentwurf – die ‚Tag' versuchte auf diese Weise wohl das Gesicht zu wahren – folgte man dem Grundtenor der Wettbewerbsbeurteilungen und sämtlicher Fachleute, die übereinstimmend im Entwurf der Luckhardts eine glückliche Lösung für die Stellung und Gestaltung des Hochhauses sahen, den niedrigen Vorbau allerdings für mißglückt hielten. (vgl. Kat. Nr. 30).

Die Neubearbeitung behielt zwar die Grundstruktur der Baukörperverteilung des Wettbewerbsbeitrages bei, verbesserte aber die Nutzungsmöglichkeiten des Komplexes durch Erhöhung des zweigeschossigen Cafe-Pavillons auf sechs Geschosse. Der von der Kritik zunächst vermißte gestalterische Zusammenhang der Gebäude wurde nun fast demonstrativ hergestellt. Mehr noch als beim ersten Entwurf ist die horizontale Schichtung der Geschosse durch die scharfen Kanten der als Träger für Reklameschriften gedachten schräg gestellten waagerechten Wandflächen zwischen den Fensterbändern betont. Aus der Verwandlung sämtlicher runder Formen des Wettbewerbsbeitrages in die kantigen des überarbeiteten Projektes resultiert im Zusammenspiel mit der Böschung und mehrfachen Brechung der ‚Ecktürme' die nunmehr fast ‚expressionistische' Wirkung. Letzlich geriet die Arbeit wohl auf Grund des offensichtlichen Desinteresses seitens der ‚Tag' so gut wie nicht ins öffentliche Bewußtsein, und auch die Präsentation auf der ‚Großen Berliner Kunstausstellung' 1922[20] konnte ihr zu keiner größeren Resonanz verhelfen. Für ihre endgültige Entscheidung, an der Auftragsvergabe an Möhring/Kraffert/Kohtz festzuhalten, und auf den Protest der Öffentlichkeit hin schob die Turmhaus-AG zwei höchst fragwürdige Erklärungen vor. In Zusammenhang mit der öffentlichen Ausstellung des Ausführungsmodells in den Räumen der Schwestergesellschaft ‚Widag' ließ sie wissen, daß der Entwurf auf den Wettbewerbsergebnissen basiere[21]; zusätzlich hieß es, die Planung sei unter Berücksichtigung der Probebohrungen der Geologischen Landesanstalt am vorgesehenen Bauplatz verändert worden[22], was ein letz-

16 Vgl. u. a. Der erste Berliner Wolkenkratzer, in: Voss. Ztg., 11. 3. 1922; Der Wolkenkratzer am Reichstagsufer, in: DAZ, 11. 3. 1922; Berlins erster Wolkenkratzer, in: Berliner Börsen-Courier, 11. 3. 1922.

17 So veröffentlichte die Deutsche Tageszeitung unter dem Titel „Der Kampf um das Friedrichstraßen-Turmhaus" einen in weiten Passagen mit Meldungen anderer Tageszeitungen und Fachzeitschriften identischen Artikel mit der Bemerkung: „Man schreibt uns".

18 Vgl. ein Schreiben Max Osborns an Adolf Behne vom 4. 5. 1922, Staatsbibliothek Preussischer Kulturbesitz, Berlin (West), Nachlaß Behne 25: „Ich habe mich sofort mit Mendelssohn in Verbindung gesetzt und von ihm die feste Zusage erhalten, daß nichts entschieden werden würde, bevor die Kritik abermals geladen worden sei. Er sagt, alle anderen Versionen seien erfunden. Ob das aufrichtig gemeint ist oder nicht, kann ich nicht entscheiden (. . .) Immerhin wird man die Sache im Auge behalten müssen, damit nicht wirklich unkorrigierbarer Unfug gemacht wird."

19 Adolf Behne, Hochhauspläne, SM 1922, 759.

20 Vgl. Katalog der Großen Berliner Kunstausstellung 1922, 63 und Abb. 68.

21 Vgl. Das erste Berliner Turmhaus, in: BT, 23. März 1922.

22 Vgl. ZdB, 29. 7. 1922 sowie Gutachten der Geologischen Landesanstalt vom 6. 6. 1922 im Archiv der Bundesanstalt für Geowissenschaften und Rohstoffe, Nr. 53312.

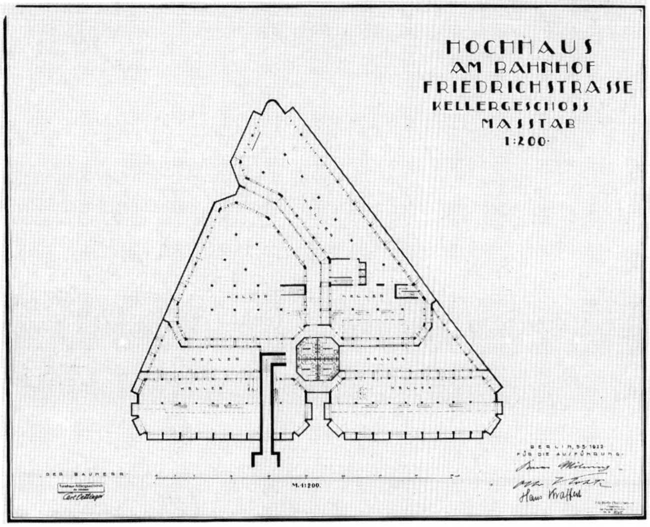

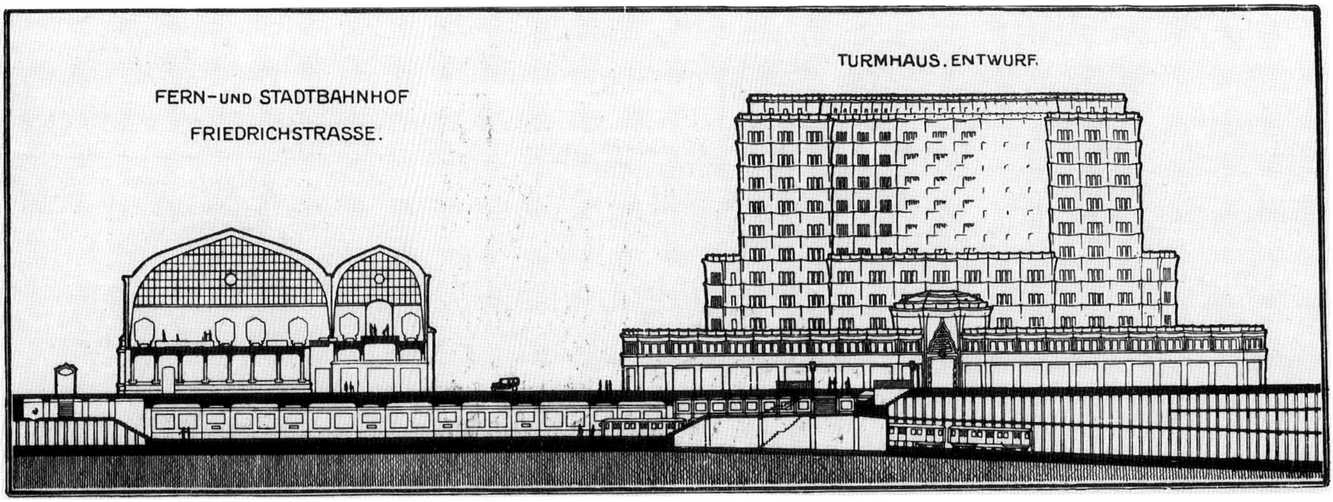

oben: 46.7 B. Möhring / O. Kohtz / H. Kraffert, Hochhaus Bahnhof Friedrichstraße, Ausführungsentwurf, Modell, Foto von Südosten.
mitte: 46.9 B. Möhring / O. Kohtz / H. Kraffert, Hochhaus Bahnhof Friedrichstraße, Ausführungsentwurf, Grundriß des Kellergeschosses.
unten: 46.11 B. Möhring / O. Kohtz / H. Kraffert, Hochhaus Bahnhof Friedrichstraße, Ausführungsentwurf, Verkehrsanbindung an Fern- und Untergrundbahn 1922, Längsschnitt in der Flucht der Friedrichstraße.

oben: 46.8 B. Möhring / O. Kohtz / H. Kraffert, Hochhaus Bahnhof Friedrichstraße, Ausführungsentwurf, Ansicht von Süden.
unten: 46.10 B. Möhring / O. Kohtz / H. Kraffert, Hochhaus Bahnhof Friedrichstraße, Ausführungsentwurf, Ansicht von Nordost.

46.12-15 O. Kohtz, Hochhaus Bahnhof Friedrichstraße, Ansicht von Süden, Fassadenstudien.

tes Mal die Zweifel an der Ernsthaftigkeit des Wettbewerbs bestätigte.

Der Kerngedanke der vom „Bund der Turmhausfreunde“ zur Baureife gebrachten Planungen bestand in der Aufteilung des Bauvolumens in drei, im Prinzip voneinander unabhängige Baukörper. Längs der Friedrichstraße, getrennt durch einen in der Pressenotiz als ‚Entlastungsstraße‘ gepriesenen Fahrweg[23], sollten zwei- bzw. fünfgeschossige Vorbauten entstehen, überragt von dem an der Fluchtlinie des Reichstagsufers orientierten Hochhaus. Ein niedriger Verbindungsbau schloß den vom mittleren Trakt und dem Hochbau gebildeten dreieckigen Hof gegen den Bahnhof. Situierung des nurmehr 14geschossigen Hochhauses und Höhenstaffelung der Baukörper gehen wohl weniger auf Erkenntnisse aus dem Wettbewerb zurück, auch wenn einzelne Elemente sich dort bereits begegneten. Sie sind im wesentlichen vielmehr Folge der genaueren Bohrproben, die lediglich eine Bebauung des Grundstücks in etwa dieser Massenverteilung zuließen.

Die gleichartige Gestaltung sollte den formalen Zusammenhang der einzelnen Baukörper gewährleisten und den Komplex von der umgebenden Bebauung absetzen, wie auch der „Flachbau“ an der Friedrichstraße nicht den in den Wettbewerbsbeiträgen so oft gesuchten Bezug zur Bauhöhe der Nachbargebäude herstellt. Der formale Akzent ist auf die unruhige Kontur und das Fassadenrelief gelegt, das seinen modischen Expressionismus der Überlagerung bzw. Unterschneidung von senkrechten Dreieckslisenen und waagerechten vor- und zurückschwingenden Gesimsen und dem daraus resultierenden reichen Schattenspiel verdankt. Nicht nur der eigentümliche Umgang mit dem Wettbewerbsergebnis und die entweder fahrlässig oder vorsätzlich unterlassenen genauen Bodenuntersuchungen waren auf Unverständnis und Widerstand gestoßen. Auch gegen den vorgestellten Entwurf selbst wurde – zu Recht – polemisiert. Das „im stillen Kämmerlein erzeugte und geborene Projekt“ sei „ein etwas verkrüppeltes Geschöpf“[24], das „hinter einer ganzen Reihe von Wettbewerbsarbeiten künstlerisch und auch technisch weit zurück“[25] bleibe. Vor allem das „unorganische Zusammenstoßen“ der einzelnen Bauteile, das ein

23 Vgl. z. B. Hochhaus am Bahnhof Friedrichstraße, in: ZdB 1922, 360.
24 Osborn, Turmhaus.
25 Behne, Hochhauspläne, 759.

46.16-21 O. Kohtz, Hochhaus Bahnhof Friedrichstraße, Ansicht von Süden, Fassadenstudien.

46.22 Johann Emil Schandt, Hochhaus Bahnhof Friedrichstraße, Ausführungsentwurf, 1924, Vogelperspektive von Osten.

„zusammenhängendes und monumental wirkendes Gebäude"[26] verhindere, wurde bemängelt. Adolf Behne stellte angesichts der Verschleppung des Genehmigungsverfahrens erleichtert fest, daß „es vom künstlerischen Standpunkt aus sehr willkommen wäre, wenn das Gebäude an der Friedrichstraße nicht ausgeführt würde", da „der Entwurf von Möhring-Kraffert-Kohtz (...) sehr schwach ist."[27] Der jeweilige Anteil der drei Architekten am Entwurf ist kaum festzulegen, doch lassen eine ganze Reihe von Studien, in denen sich Otto Kohtz ausschließlich mit der Gestaltung der Fassaden des Ausführungstyps beschäftigte, vermuten, daß er hier wohl die Rolle des ‚Baukünstlers' übernommen hatte.[28] Eine zweite Serie von z. T. sehr skizzenhaft wiedergegebenen Varianten, die seinem beim Wettbewerb mit einem vierten Preis ausgezeichneten Entwurf nahestehen, zeigt nahezu identische formale Zwischenstufen.[29] Zwei Problembereiche der Gestaltung beschäftigten Kohtz in erster Linie: Auf der Suche nach einer dem Hochhaus angemessenen Struktur – vertikal oder horizontal –, die er im gesamten Spektrum der Möglichkeiten von der Gliederung durch senkrechte Lisenen bis zur ausdrücklichen Betonung der Stockwerksschichtung mittels durchlaufender Gesimse durchspielte, fiel die Entscheidung hier letztlich zugunsten einer Überlagerung beider Prinzipien. Nach eher nüchternen, die blockige Monumentalität des Hochhauses unterstreichenden Varianten, die auch eine gewisse Verwandtschaft mit Hans Krafferts Entwurf zu einem Hochhaus am Blücherplatz aufweisen (Kat. Nr. 55), und diversen Versuchen, dem Bau durch lebhaft gebrochene, aufgesplitterte Fassadenelemente – ähnlich einem früheren Vorschlag Bruno Möhrings für das Hochhaus am Bahnhof Friedrichstraße (Kat. Nr. 2.) – ausdrucksstarke Dramatik zu verleihen, fand Kohtz auch in der Frage nach der formalen Durchbildung zum verhaltenen Expressionismus des Ausführungsentwurfes. Das weitere Schicksal der Hochhausplanung für die Zeit nach der Veröffentlichung des Ausführungsmodells im Sommer 1922 ist nurmehr in groben Umrissen rekonstruierbar. Auffallend ist die Politik der Stadtbehörden, die – bewußt Kompetenzen hin- und herschiebend – der Turmhaus-AG immer wieder neue Hindernisse in den Weg legten, wenn auch die Motive hierfür nicht klar ersichtlich sind. Die mit der Sache befaßten, noch im Aufbau

26 Das erste Turmhaus, Kölnische Zeitung, 30. 5. 1922.
27 Adolf Behne, De Duitsche torenhuisbouw (Der Deutsche Turmhaus-Bau), in: Wendingen 3, 1923, 16.
28 TU Berlin Planslg. UB, Otto Kohtz, Inv.-Nr. 8977-8983, Fassadenstudien, 14geschossig.
29 TU Berlin, Planslg. UB, Otto Kohtz, Inv. Nr. 8968, 8971, 8974-8976, Fassadenstudien, 17geschossig. Die Blätter Inv.-Nr. 8968 und 8971 (14. 2. 1921) tragen Datierungen, die, geht man von ihrer Korrektheit aus, Schwierigkeiten bereiten. Korrigiert man das Datum von Inv.-Nr. 8968 auf 14. 2. 1922, ergibt sich eine logische Entwicklungsreihe von Inv.-Nr. 9019, Mai 1921, als 24geschossiger Bau, über den Wettbewerbsentwurf (Kat. Nr. 24) 22geschossig, und dem Wettbewerbsentwurf sehr nahe stehend, zu Inv.-Nr. 8977-8983, 14geschossig und dem Ausführungsentwurf nahestehend. Als Bindeglied zwischen beiden Studienserien ist Inv.-Nr. 8973, 14geschossig, anzusehen, das Elemente beider Entwürfe vereinigt.

Abb. linke Seite: 46.16-21 Kohtz, Hochhaus Bahnhof Friedrichstraße, Ansicht von Süden, Fassadenstudien

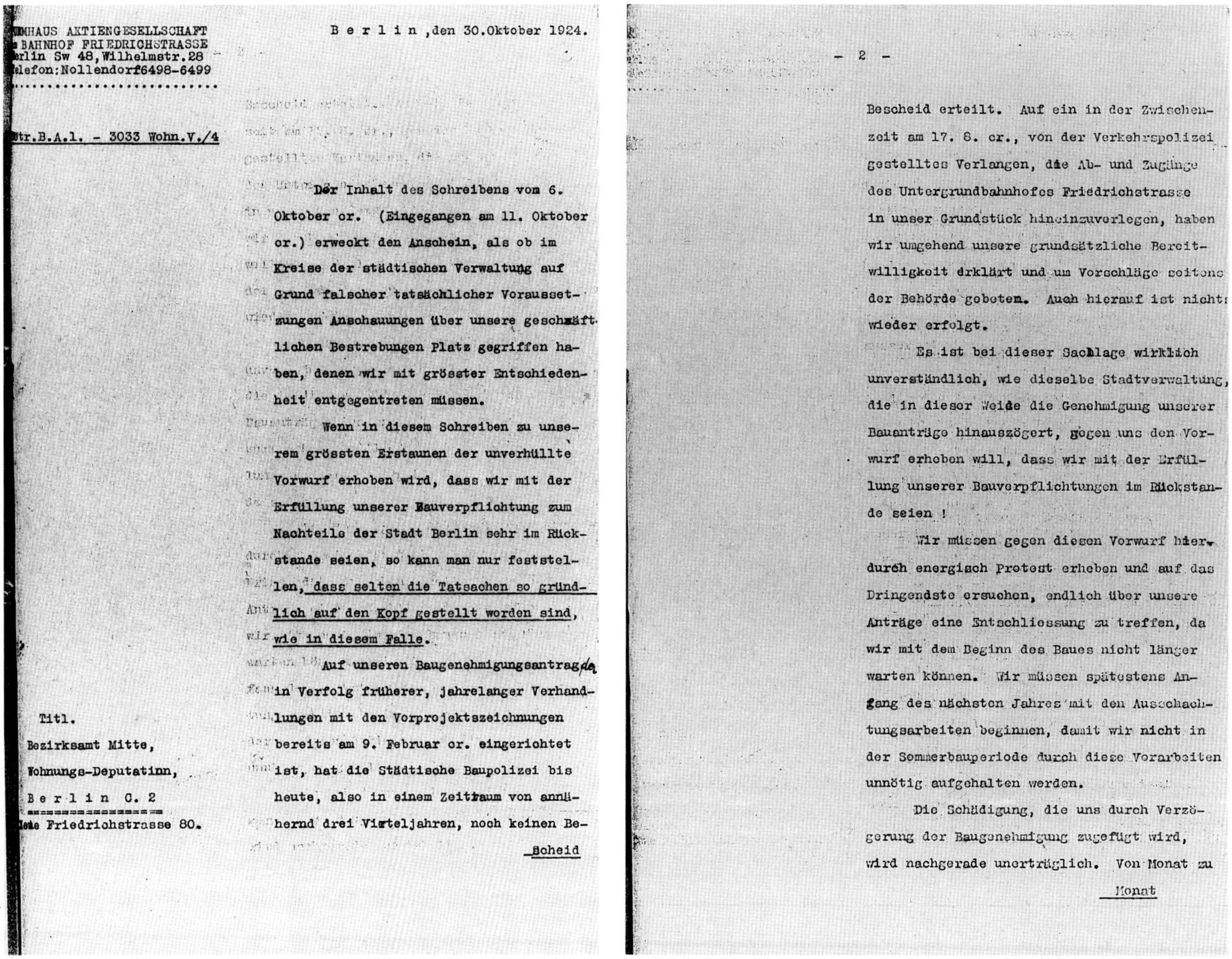

MHAUS AKTIENGESELLSCHAFT
BAHNHOF FRIEDRICHSTRASSE
rlin Sw 48, Wilhelmstr. 28
lefon: Nollendorf6498-6499

Berlin, den 30. Oktober 1924.

tr.B.A.1. - 3033 Wohn.V./4

Titl.
Bezirksamt Mitte,
Wohnungs-Deputatinn,
Berlin C. 2
Friedrichstrasse 80.

Der Inhalt des Schreibens vom 6. Oktober cr. (Eingegangen am 11. Oktober cr.) erweckt den Anschein, als ob im Kreise der städtischen Verwaltung auf Grund falscher tatsächlicher Voraussetzungen Anschauungen über unsere geschäftlichen Bestrebungen Platz gegriffen haben, denen wir mit grösster Entschiedenheit entgegentreten müssen.

Wenn in diesem Schreiben zu unserem grössten Erstaunen der unverhüllte Vorwurf erhoben wird, dass wir mit der Erfüllung unserer Bauverpflichtung zum Nachteile der Stadt Berlin sehr im Rückstande seien, so kann man nur feststellen, dass selten die Tatsachen so gründlich auf den Kopf gestellt worden sind, wie in diesem Falle.

Auf unseren Baugenehmigungsantrag, der in Verfolg früherer, jahrelanger Verhandlungen mit den Vorprojektszeichnungen bereits am 9. Februar cr. eingerichtet ist, hat die Städtische Baupolizei bis heute, also in einem Zeitraum von annähernd drei Vierteljahren, noch keinen Bescheid

- 2 -

Bescheid erteilt. Auf ein in der Zwischenzeit am 17. 8. cr., von der Verkehrspolizei gestelltes Verlangen, die Ab- und Zugänge des Untergrundbahnhofes Friedrichstrasse in unser Grundstück hineinzuverlegen, haben wir umgehend unsere grundsätzliche Bereitwilligkeit erklärt und um Vorschläge seitens der Behörde gebeten. Auch hierauf ist nichts wieder erfolgt.

Es ist bei dieser Sachlage wirklich unverständlich, wie dieselbe Stadtverwaltung, die in dieser Weise die Genehmigung unserer Bauanträge hinauszögert, gegen uns den Vorwurf erheben will, dass wir mit der Erfüllung unserer Bauverpflichtungen im Rückstande seien !

Wir müssen gegen diesen Vorwurf hierdurch energisch Protest erheben und auf das Dringendste ersuchen, endlich über unsere Anträge eine Entschliessung zu treffen, da wir mit dem Beginn des Baues nicht länger warten können. Wir müssen spätestens Anfang des nächsten Jahres mit den Ausschachtungsarbeiten beginnen, damit wir nicht in der Sommerbauperiode durch diese Vorarbeiten unnötig aufgehalten werden.

Die Schädigung, die uns durch Verzögerung der Baugenehmigung zugefügt wird, wird nachgerade unerträglich. Von Monat zu Monat

46.23 Beschwerdebrief der Turmhaus-AG an das Bezirksamt Berlin Mitte vom 30. 10. 1924

befindlichen unterschiedlichen Verwaltungen[30] konnten und wollten offensichtlich dem städtebaulichen ‚Sonderfall' Hochhaus den Dispens nicht erteilen, zumindest nicht im vorliegenden Fall: nach umstrittenen Plänen, finanziert von einer ins Zwielicht geratenen Gesellschaft.

Nachdem im Oktober 1922 der größte Teil des zu bebauenden Areals aus dem Besitz des Reichsfiskus an die ‚Tag' übergegangen war, besaß einen kleineren Teil noch immer die Stadt Berlin (Vgl. Kat. Nr. 11.3), die schon im März dem Verkauf dieses Gebietes zugestimmt hatte. Auch nach der Auflassung infolge eines gerichtlichen Vergleichs im April 1923 befand sich auf der sogenannten ‚Baumaske' am Reichstagsufer noch ein Pächter, der sich einem Abriß seines Hauses widersetzte und auf indirekte Weise von den Behörden unterstützt wurde, obwohl die Stadt der Baugesellschaft die Verfügbarkeit über dieses Grundstück bis zum Herbst 1923 vertraglich zugesichert hatte.[31] Zugleich wurde der ‚Tag' eine Baugenehmigung mit der Begründung vorenthalten, sie müsse erst über das gesamte Gelände verfügen. Auf diese Weise hinderte man die Gesellschaft an einem praktischen Baubeginn und dies letztlich über Jahre hinweg.

Ähnlich langwierig verlief die Genehmigungsphase der baulichen Planung. Ein im November 1922 eingereichtes ‚Vorprojekt', an dem der Architekt Emil Schaudt – der bereits Wettbewerbsteilnehmer gewesen war – mitgearbeitet hatte, wurde zwar im Laufe des Jahres 1923 genehmigt. Doch im Februar 1924 reichte die ‚Tag' aufgrund der „veränderten wirtschaftlichen Lage" ein neues Bauprojekt nach alleinigem Entwurf von Johann Emil Schaudt ein[32], und hatte damit stillschweigend von der Architektengruppe Möhring/Kraffert/Kohtz und deren Projekt Abstand genommen. Der neue Plan ging nach wie vor von einem an die Spree gerückten Hochhaus aus, das an der Friedrichstraße und an der Bahnhofstraße

30 Vgl. Erster Verwaltungsbericht der neuen Stadtgemeinde Berlin für die Zeit vom 1. 10. 1920 bis 31. 3. 1924, Berlin o. J. (1925/26), H. 1, Einleitung und Allgemeine Entwicklung, 29-41 und H. 6, Bau- und Wohnungswesen, 5-11.

31 Vgl. Gemeindeblatt der Stadt Berlin, 19. 3. 1922, 147/148 und 9. 4. 1922, 187; außerdem Brief der ‚Tag' an das Bezirksamt Mitte vom 30. 10. 1924, BA Koblenz, R 2/6229.

32 ‚Tag' an Landesfinanzamt Groß-Berlin am 19. 2. 1924, BA Koblenz, R 2/6229. Zum Vorprojekt vgl. Geschäftsbericht der ‚Tag' für 1922 und 1923 im AG Charlottenburg, HRB 52 169/+39.

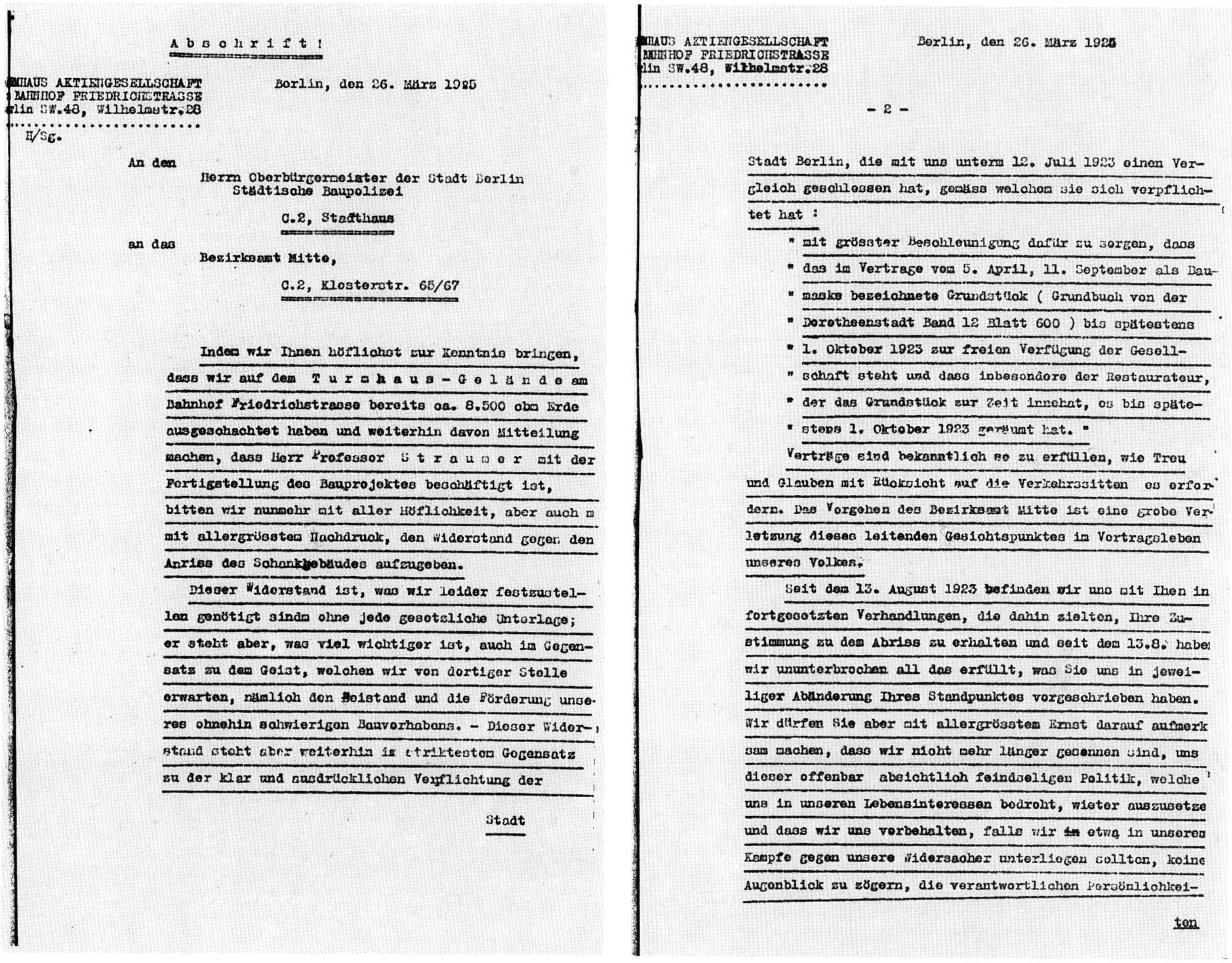

Abschrift!

...HAUS AKTIENGESELLSCHAFT
BAHNHOF FRIEDRICHSTRASSE
...lin SW.48, Wilhelmstr.28
....
H/Sg.

Berlin, den 26. März 1925

An den
Herrn Oberbürgermeister der Stadt Berlin
Städtische Baupolizei
C.2, Stadthaus

an das
Bezirksamt Mitte,
C.2, Klosterstr. 65/67

Indem wir Ihnen höflichst zur Kenntnis bringen, dass wir auf dem T u r m h a u s - G e l ä n d e am Bahnhof Friedrichstrasse bereits ca. 8.500 cbm Erde ausgeschachtet haben und weiterhin davon Mitteilung machen, dass Herr Professor S t r a u m e r mit der Fertigstellung des Bauprojektes beschäftigt ist, bitten wir nunmehr mit aller Höflichkeit, aber auch m mit allergrösstem Nachdruck, den Widerstand gegen den Anriss des Schankgebäudes aufzugeben.

Dieser Widerstand ist, was wir leider festzustellen genötigt sindm ohne jede gesetzliche Unterlage; er steht aber, was viel wichtiger ist, auch im Gegensatz zu dem Geist, welchen wir von dortiger Stelle erwarten, nämlich den Beistand und die Förderung unseres ohnehin schwierigen Bauvorhabens. - Dieser Widerstand steht aber weiterhin im striktesten Gegensatz zu der klar und ausdrücklichen Verpflichtung der

Stadt

...HAUS AKTIENGESELLSCHAFT
BAHNHOF FRIEDRICHSTRASSE
...lin SW.48, Wilhelmstr.28
....

Berlin, den 26. März 1925

- 2 -

Stadt Berlin, die mit uns unterm 12. Juli 1923 einen Vergleich geschlossen hat, gemäss welchem sie sich verpflichtet hat :

" mit grösster Beschleunigung dafür zu sorgen, dass
" das im Vertrage vom 5. April, 11. September als Bau-
" maske bezeichnete Grundstück (Grundbuch von der
" Dorotheenstadt Band 12 Blatt 600) bis spätestens
" 1. Oktober 1923 zur freien Verfügung der Gesell-
" schaft steht und dass insbesondere der Restaurateur,
" der das Grundstück zur Zeit innehat, es bis späte-
" stens 1. Oktober 1923 geräumt hat. "

Verträge sind bekanntlich so zu erfüllen, wie Treu und Glauben mit Rücksicht auf die Verkehrssitten es erfordern. Das Vorgehen des Bezirksamt Mitte ist eine grobe Verletzung dieses leitenden Gesichtspunktes im Vertragsleben unseres Volkes.

Seit dem 13. August 1923 befinden wir uns mit Ihnen in fortgesetzten Verhandlungen, die dahin zielten, Ihre Zustimmung zu dem Abriss zu erhalten und seit dem 13.8. habe wir ununterbrochen all das erfüllt, was Sie uns in jeweiliger Abänderung Ihres Standpunktes vorgeschrieben haben. Wir dürfen Sie aber mit allergrösstem Ernst darauf aufmerksam machen, dass wir nicht mehr länger gesonnen sind, uns dieser offenbar absichtlich feindseligen Politik, welche uns in unseren Lebensinteressen bedroht, wieter auszusetze und dass wir uns vorbehalten, falls wir im etwa in unserem Kampfe gegen unsere Widersacher unterliegen sollten, keine Augenblick zu zögern, die verantwortlichen Persönlichkei-

ten

46.24 Protestbrief der Turmhaus-AG an den Berliner Oberbürgermeister, die Baupolizei und das Bezirksamt Berlin Mitte vom 26. 3. 1925.

durch etwa fünfgeschossige Anbauten gefaßt werden sollte. Im Gegensatz zu dem asymmetrischen Gesamtkonzept des ‚Bundes der Turmhausfreunde' war nun eine spiegelbildliche Anordnung der Baukörper gegeben: Ein auf das Dreieck gegen die Bahnhofsbögen gesetzter Vorbau schließt mit Arkaden, die einen Hofraum im Inneren der Anlage ausgrenzen, an den Hochhaustrakt. Formal ist der mächtige Komplex in seinen niedrigeren Bereichen einem langweilig-monumentalen Traditionalismus verpflichtet, während den Hochbau hohe Vertikalvorlagen nach einem denkbar banalen Schema gliedern.[33]

Dieses endgültige Bauprojekt erfuhr allerdings eine ungleich langsamere Behandlung als die vorangegangenen Entwürfe. Im September antwortete die Baupolizei auf eine Anfrage des Landesfinanzamtes, bei dem sich die ‚Tag' beschwert hatte, daß eine Prüfung des Unternehmens nicht stattfinden könne, weil verschiedene Stellen wie die Straßenbau- und Verkehrspolizei und der Sachverständigenbeirat noch Einzelbeurteilungen vorlegen müßten. Letzterer kam unter Stadtbaurat Ludwig Hoffmann dann nach eigener Abänderung des Entwurfes zur Genehmigung des Projektes, die Verkehrspolizei verlangte die Verlegung eines U-Bahn-Einganges in das Gebäude.[34]

Die ‚Tag' warf der Stadt eine bewußte Verzögerung ihrer Unternehmung vor; sie hatte allerdings kaum Möglichkeiten, deren Behördeninstanzen zu umgehen, wenn sie ihr Konzept realisieren wollte. So wurde der Architekt Heinrich Straumer mit einer Abänderung der Planung beauftragt, und im Januar 1925 begannen die Ausschachtungsarbeiten auf dem Grundstück in der Hoffnung, nun bald eine Baugenehmigung zu erhalten.[35]

Die Räumung des ehemals stadteigenen Grundstücksteils am Reichstagsufer war jedoch noch immer nicht erfolgt, die ‚Tag' hingegen zur Instandsetzung des darauf be-

33 Auch die Fachpresse sparte nicht mit Kritik: „Schaudts Ausführungsentwurf zum Hochhaus vor dem Bahnhof Friedrichstraße vermag nicht zu überzeugen. Vielleicht wäre besser gewesen, das in den Massen nicht sonderlich geglückte Einzelmodell dieses Entwurfes in die städtebauliche Gesamtsituation hineinzustellen, vor allem mit ihm zusammen den Bahnhof Friedrichstraße zu zeigen." Epilog zur großen Berliner Kunstausstellung, in: DBZ 1924, 434.

34 Vgl. Schreiben der Baupolizei Berlin Mitte an Landesfinanzamt Groß-Berlin, Sta Berlin (DDR), Nr. 16596, Akte der städtischen Baupolizei betreffend Wolkenkratzer, 220/221. Außerdem DBZ 1924, 136 und 270.

35 Vgl. Geschäftsbericht der ‚Tag' für 1925 im AG Chlbg., HRB 52 169/ +39; außerdem Brief der ‚Tag' an das Bezirksamt Mitte vom 30. 10. 1924, BA Koblenz, R 2/6229.

BERLIN IST BILLIGER ALS DIE WELT / **10 PFENNIG**

BERLIN

WOCHENSPIEGEL

FÜR LEBEN · WIRTSCHAFT U. VERKEHR
DER REICHSHAUPTSTADT

SCALA Die Varieté Bühne Wiedereröffnung 1. VIII. 8 Uhr

HERAUSGEGEBEN VOM BERLINER MESSE-AMT

JAHRGANG 1925 **4.—10. JULI** **NUMMER 3**

Berlins höchstes Turmhaus

soll auf diesem See am Bahnhof Friedrichstraße errichtet werden

Photo — Messe-Amt

Heinrich Mendelsohn, der großzügige Überwinder der 4. Etage in Berlin, wird auf diesem Grund(wasser) den höchsten Turmhausbau der Reichshauptstadt errichten

46.25 Grundstück am Bahnhof Friedrichstraße, Zeitfoto aus: BERLIN Wochenspiegel 3, Juli 1925.

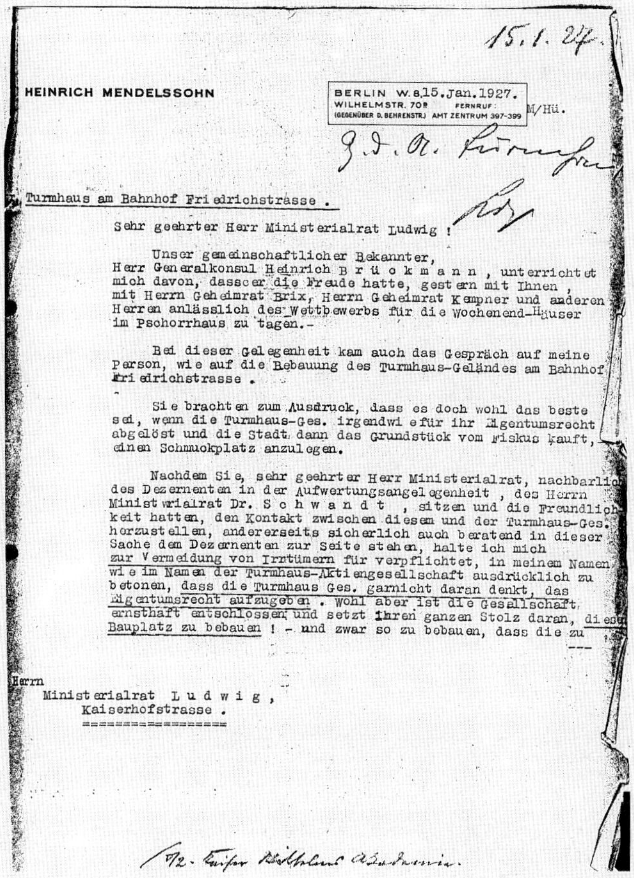

HEINRICH MENDELSSOHN

BERLIN W. 8, 15. Jan. 1927.
WILHELMSTR. 70a FERNRUF:
(GEGENÜBER D. BEHRENSTR.) AMT ZENTRUM 397-399

M/Hü.

Turmhaus am Bahnhof Friedrichstrasse.

Sehr geehrter Herr Ministerialrat Ludwig!

Unser gemeinschaftlicher Bekannter, Herr Generalkonsul Heinrich Brückmann, unterrichtet mich davon, dass er die Freude hatte, gestern mit Ihnen, mit Herrn Geheimrat Brix, Herrn Geheimrat Kempner und anderen Herren anlässlich des Wettbewerbs für die Wochenend-Häuser im Pschorrhaus zu tagen.-

Bei dieser Gelegenheit kam auch das Gespräch auf meine Person, wie auf die Bebauung des Turmhaus-Geländes am Bahnhof Friedrichstrasse.

Sie brachten zum Ausdruck, dass es doch wohl das beste sei, wenn die Turmhaus-Ges. irgendwie für ihr Eigentumsrecht abgelöst und die Stadt dann das Grundstück vom Fiskus kauft, einen Schmuckplatz anzulegen.

Nachdem Sie, sehr geehrter Herr Ministerialrat, nachbarlich des Dezernenten in der Aufwertungsangelegenheit, des Herrn Ministerialrat Dr. Schwandt, sitzen und die Freundlichkeit hatten, den Kontakt zwischen diesem und der Turmhaus-Ges. herzustellen, andererseits sicherlich auch beratend in dieser Sache dem Dezernenten zur Seite stehen, halte ich mich zur Vermeidung von Irrtümern für verpflichtet, in meinem Namen wie im Namen der Turmhaus-Aktiengesellschaft ausdrücklich zu betonen, dass die Turmhaus Ges. garnicht daran denkt, das Eigentumsrecht aufzugeben. Wohl aber ist die Gesellschaft ernsthaft entschlossen und setzt ihren ganzen Stolz daran, diesen Bauplatz zu bebauen! – und zwar so zu bebauen, dass die zu

---

Herrn
Ministerialrat Ludwig,
Kaiserhofstrasse.

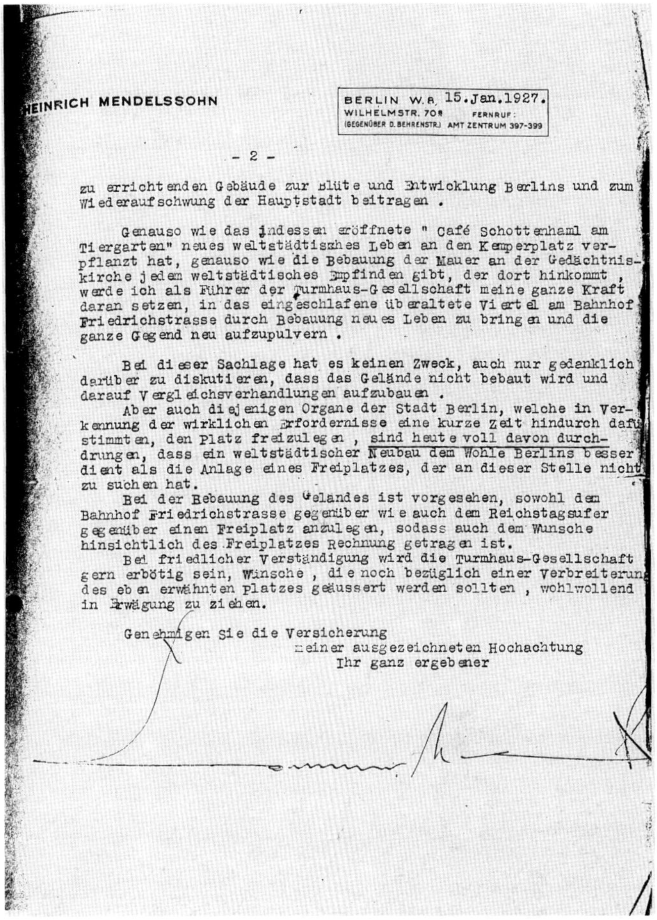

HEINRICH MENDELSSOHN

BERLIN W. 8, 15. Jan. 1927.
WILHELMSTR. 70a FERNRUF:
(GEGENÜBER D. BEHRENSTR.) AMT ZENTRUM 397-399

– 2 –

zu errichtenden Gebäude zur Blüte und Entwicklung Berlins und zum Wiederaufschwung der Hauptstadt beitragen.

Genauso wie das indessen eröffnete "Café Schottenhaml am Tiergarten" neues weltstädtisches Leben an den Kemperplatz verpflanzt hat, genauso wie die Bebauung der Mauer an der Gedächtniskirche jedem weltstädtisches Empfinden gibt, der dort hinkommt, werde ich als Führer der Turmhaus-Gesellschaft meine ganze Kraft daran setzen, in das eingeschlafene überaltete Viertel am Bahnhof Friedrichstrasse durch Bebauung neues Leben zu bringen und die ganze Gegend neu aufzupulvern.

Bei dieser Sachlage hat es keinen Zweck, auch nur gedanklich darüber zu diskutieren, dass das Gelände nicht bebaut wird und darauf Vergleichsverhandlungen aufzubauen.

Aber auch diejenigen Organe der Stadt Berlin, welche in Verkennung der wirklichen Erfordernisse eine kurze Zeit hindurch dafür stimmten, den Platz freizulegen, sind heute voll davon durchdrungen, dass ein weltstädtischer Neubau dem Wohle Berlins besser dient als die Anlage eines Freiplatzes, der an dieser Stelle nichts zu suchen hat.

Bei der Bebauung des Geländes ist vorgesehen, sowohl dem Bahnhof Friedrichstrasse gegenüber wie auch dem Reichstagsufer gegenüber einen Freiplatz anzulegen, sodass auch dem Wunsche hinsichtlich des Freiplatzes Rechnung getragen ist.

Bei friedlicher Verständigung wird die Turmhaus-Gesellschaft gern erbötig sein, Wünsche, die noch bezüglich einer Verbreiterung des eben erwähnten Platzes geäussert werden sollten, wohlwollend in Erwägung zu ziehen.

Genehmigen Sie die Versicherung
meiner ausgezeichneten Hochachtung
Ihr ganz ergebener

46.26 Brief H. Mendelssohns an Ministerialrat Ludwig vom 15. 1. 1927

findlichen Gebäudes verpflichtet worden. In einem wütenden Brief bezichtigte die Gesellschaft nun die Stadt Berlin des Vertragsbruchs und teilte mit, sie sei nicht länger willens, sich „dieser offenbar absichtlich feindseligen Politik“[36] weiterhin auszusetzen. Konkrete Gegenmaßnahmen ließen sich aber kaum ergreifen, so daß sich durch den Verlust des goodwills beider Parteien die Auseinandersetzungen in eine Sackgasse bewegten. Die Stadtbehörden waren nach wie vor der Meinung, die ‚Tag‘ wolle mit dem Grundstück nur spekulieren und nicht wirklich darauf bauen; die stadteigene Messe-Zeitschrift BERLIN-Wochenspiegel veröffentlichte im Sommer 1925 ein Foto des Bauplatzes mit dem Text: „Berlins höchstes Turmhaus soll auf diesem See am Bahnhof Friedrichstraße errichtet werden. Heinrich Mendelssohn, der großzügige Überwinder der 4. Etage in Berlin, wird auf diesem Grund (wasser) den höchsten Turmhausbau der Reichshauptstadt errichten.“[37] Die Baugesellschaft sandte dieses Bild als Illustration der „Tendenz der Stadt Berlin, die seit Jahren stets mit neuen Mitteln unser Bauvorhaben sabotiert hat“[38], an das Reichsfinanzministerium. Dieses war seinerzeit als Vertreter des Militärfiskus für die Veräußerung des größten Grundstückteils zuständig gewesen; es hatte sich ein Wiederkaufsrecht für den Fall der Nichtbebauung gesichert und schon früh ein Rückkaufinteresse bekundet[39], so daß die ‚Tag‘ auch ihm gegenüber in Zugzwang war. Die ‚Entschuldigung‘ der Gesellschaft für die Verzögerung des Baubeginns sollte so einerseits die eigene Unschuld an den Ereignissen darlegen, andererseits aber auch eine Unterstützung seitens des Ministeriums bewirken. Tatsächlich schien sich noch 1925 ein Besserung der Unterhandlungen mit der Stadt anzubahnen.[40]

Im gleichen Jahr allerdings geriet die ‚Tag‘ durch die Aufwertungsgesetzgebung in finanzielle Schwierigkeiten. Die im Sommer verabschiedeten Gesetze beinhalteten die Aufwertung von Ansprüchen, insbesondere für veräußerte Sachwerte und Geldeinlagen, die während der Inflationszeit entwertet worden waren; dabei wurde im Gegensatz zum sonst geübten Verfahren individueller

36 Brief der ‚Tag‘ an Baupolizei und Bezirksamt Mitte vom 23. 3. 1925, BA Koblenz, R 2/6229.
37 Zit. n. Brief der ‚Tag‘ an das Reichsfinanzministerium vom 7. 7. 1925, BA Koblenz, R 2/6229.
38 Brief der ‚Tag‘ an Reichsfinanzministeriums vom 7. 7. 1925, BA Koblenz, R 2/6229.
39 Vgl. Kaufvertrag 1921 und Brief des Landesfinanzamtes Groß-Berlin an das Reichsfinanzministerium vom 5. 2. 1924, BA Koblenz, R 2/6229.
40 Vgl. Geschäftsbericht der ‚Tag‘ für 1925 im AG Chlbg., HRB 52 169/ +39.

Absprachen eine nominelle Wertanhebung bei Hypotheken, Grundschulden u. a. bis zu 25% festgesetzt. Aufgrund dieser Gesetze erhob nun Ende 1925 der Reichsfiskus auf die während der Inflation von der ‚Tag' abgelöste Restkaufgeldhypothek (vgl. Kat. Nr. 3) für das Friedrichstraßengrundstück Aufwertungsansprüche in Höhe von 2,5 Mio. Reichsmark. Die ‚Tag' nahm diese ihrer Meinung nach „unsinnig hohe"[41] Forderung nicht widerspruchslos hin - nach mehreren ergebnislosen Vergleichsverhandlungen bahnte sich ein endloser Rechtsstreit an. Mit der Bekanntgabe des schwebenden Verfahrens an die zuständigen Behörden stellten diese „selbstverständlich die Prüfung des Bauvorhabens so lange zurück (. . .), bis der Rechtsstreit ausgetragen"[42] sei. Damit war 1926, fünf Jahre, nachdem die ‚Tag' ihren Ideenwettbewerb ausgeschrieben hatte, keine Genehmigung des Hochhausprojektes abzusehen.
Trotzdem gab die Gesellschaft noch nicht auf, Heinrich Mendelssohn kämpfte weiterhin um sein erstes ‚Turmhaus' und hatte nach wie vor das Ziel, „in das eingeschlafene Viertel am Bahnhof Friedrichstraße durch Bebauung neues Leben zu bringen und die ganze Gegend neu aufzupulvern."[43]
Erst nach zwei weiteren Jahren, in denen sowohl die Aufwertungsangelegenheit als auch die behördliche Genehmigung des Projektes um keinen Schritt vorankamen, wurde das Unternehmen aufgegeben. 1928 nahm die Turmhaus-AG Verkaufsverhandlungen mit der neugegründeten Berliner-Verkehrs-AG auf, die diese angeregt hatte; im Mai 1929 wechselte das Bauland seinen Besitzer.[44]
Eine Einlösung der Aufwertungsforderung schien für die ‚Tag' nicht zur Debatte gestanden zu haben; letzten Endes war sie doch nicht so vermögend, wie es der Kauf des Grundstücks und die Ausmaße des Projektes suggeriert hatten - hinter der BVG mit 400 Mio. Reichsmark Kapital mußte sie jedenfalls weit zurückstehen.
Dies und die Politik der Stadtbehörden verhinderte die Realisierung einer Hochhausplanung für Berlin, die in einer wirtschaftlich schwierigen und politisch konfliktreichen Zeit von der ‚Tag' unermüdlich mit der Schaffung von dringend benötigtem Raum, Arbeitsplätzen und den Maßstäben einer ‚Weltstadt' begründet worden war und immer wieder das Interesse der Öffentlichkeit und Beachtung der Tagespresse gefunden hatte. In den nächsten Jahren wandte sich die ‚Tag' unter anderem Namen neuen Bauaufgaben zu; die BVG schrieb Ende 1929 einen zweiten Wettbewerb zum Friedrichstraßengrundstück aus. KK/FZ

41 Geschäftsbericht der ‚Tag' für 1927; vgl. den für 1926, beide AG Chlbg., HRB 52 169/ +39. Zur Aufwertungsgesetzgebung vgl. Claus-Dieter Krohn, Stabilisierung und ökonomische Interessen. Die Finanzpolitik des Deutschen Reiches 1923-1927, Hamburg 1974, 164-173.
42 Geschäftsbericht der ‚Tag' für 1926 im AG Chlbg., HRB 52 169/+39.
43 Brief Mendelssohns vom Januar 1927, BA Koblenz, R 2/6229.
44 Vgl. Vorgänge zum Aufwertungsstreit, BA Koblenz, R 2/6229 und Geschäftsbericht der ‚Tag' für 1928 im AG Chlbg., HRB 52 169/+39.

47 Wettbewerb der BVG 1929

Als sich im Jahre 1928 für die Turmhaus-AG abzeichnete, daß die Bebauung ihres Grundstückes wegen eines seit 1926 anhaltenden gerichtlichen Streites mit dem Reichsfiskus trotz ständiger Bemühungen sich noch um viele Jahre verzögern würde, „entschloß sich die Geschäftsleitung, die von der Berliner Verkehrs-Aktiengesellschaft (BVG) angeregten Verkaufsverhandlungen aufzunehmen. Dieselben sind im Mai dieses Jahres (1929) zum Abschluß gelangt."[1] Auf dem erworbenen Grundstück plante die BVG, die nach jahrelangen Bemühungen des Magistrats von Berlin zur Zusammenfassung der konkurrierenden Nahverkehrsunternehmen am 1. Januar 1929 ihren Betrieb aufnahm[2], die Errichtung eines Bürohauses für die neu entstandene Verwaltung. Nachdem sie mehrere Vorentwürfe hatte ausarbeiten lassen[3], entschloß sie sich, einen in zwei zeitgenössischen Artikeln ausführlich dokumentierten[4] engeren Wettbewerb unter fünf in Berlin arrivierten Architekten auszuschreiben.

Neben dem BVG-Hausarchitekten Alfred Grenander[5], der seit 1900 für den Großteil der modernen Hoch- und Untergrundbahnbauten verantwortlich zeichnete, wurde Heinrich Straumer[6] berücksichtigt. Er hatte dem Preisgericht des ersten Wettbewerbs angehört, wurde dann mit der Weiterbearbeitung des Projekts beauftragt[7] und führte für den Vorsitzenden der Turmhaus-AG, Heinrich Mendelssohn, mit dem er in engster Zusammenarbeit stand, mehrere Großbauten aus. Der erfolgreiche Architekt, der, vor allem in Berlin, an vielen Wettbewerben teilnahm, ist jedoch bei einer Auftragserteilung „wegen eines (...) Verstoßes gegen alle Standesgrundsätze vor ein Ehrengericht gestellt worden und hat deshalb seinen Vorsitz im BDA niederlegen müssen."[8] Paul Mebel[9], der mit seinem Schwager Paul Emmerich ein gemeinsames Büro führte, zählte seit Jahrzehnten vor allem durch seine zahlreichen Wohnbauten zu den bekanntesten Architekten Berlins. Er beteiligte sich mit geschicktem Gespür für die jeweils verlangte Form erfolgreich an vielen Wettbewerben, so daß ihn Gropius auch als „altes Schlachtroß"[10] bezeichnete. Ludwig Mies van der Rohe[11] hatte sich bereits am ersten Wettbewerb beteiligt. Die Innovativität seines Entwurfes war in der Zwischenzeit auch einer breiteren Öffentlichkeit bekannt gemacht worden.[12] Zu höchsten Ehren gelangte er durch den Barcelona-Pavillon, der das Deutsche Reich auf der Weltausstellung 1929 repräsentierte. Erich Mendelsohn[13], der beträchtliche Erfahrung mit dem Bauen im innerstädtischen Bereich hatte, wurde besonders für seine Lösungen in städtebaulich schwierigen Bereichen gepriesen. Alle eingeladenen Architekten spielten in Berlin eine wichtige Rolle und galten als Anhänger oder Repräsentanten der modernen Architekturbewegung, innerhalb derer ihre Auswahl die Gewähr für ein möglichst breites Spektrum zu erwartender Entwürfe bot.

In der Ausschreibung[14] wurden insgesamt mindestens 10 000 qm nutzbarer Büroraum über dem ersten Obergeschoß verlangt. Dabei durfte die Bebauung den damals für Berlin gültigen Index von 16,8 Kubikmetern umbauten Raumes pro Quadratmeter Gesamtgrundstücksfläche nicht überschreiten (16,8 cbm/qm). Notwendige baupolizeiliche Dispense[15] wurden aber in Aussicht gestellt. Außerdem sollte ein geplanter quer über das Grundstück laufender Verbindungsgang zwischen der Nord-Süd-U-Bahnlinie C, heute Linie 6, und einer geplanten U-Bahnlinie, die der heutigen S-Bahnlinie 2 entspricht, im Keller des Grundstückes eingearbeitet werden[16], sowie auf eine günstige Anbindung des Hauses an die U-Bahnhöfe, die Stadtbahn und die Fernbahn geachtet werden.

Am 14. Dezember 1929 trat die siebenköpfige Jury zusammen. Neben Ob.-Reg.-Rat Fahlbusch und Min.-Direktor Kießling aus der Verwaltung und Stadtrat Zangemeister[17] wirkten Baurat Dr.-Ing. Johannes Bousset[18], im Direktorium der Hoch- und Untergrundbahngesellschaft und als Kollege Grenanders bei vielen seiner Bauten für den technischen Teil verantwortlich, Prof. Dr. Otto Bartning[19], damals Professor an der Staatlichen Hochschule für Handwerk und Baukunst in Weimar, Stadtrat Ernst Reuter[20], der maßgeblich an der Gründung der BVG beteiligt war, und Stadtbaurat Dr.-Ing. Martin Wagner[21] mit. Gobler, der den Wettbewerb auch in der Deutschen Bauzeitung besprach, übernahm die Vorprüfung, wobei er zu der Überzeugung kam, daß es zwecklos sei, bei engeren Wettbewerben Anonymität zu fordern, denn „jeder einigermaßen im Leben stehende künstlerisch befähigte Architekt wird die Handschrift des betreffenden Künstlers sofort aus den

1 Geschäftsbericht der Turmhaus AG für das Geschäftsjahr 1928, AG Chlbg., HRB 52. 169/39.

2 Die BVG wurde im September 1928 in das Handelsregister aufgenommen und nahm am 1. 1. 1929 ihren Betrieb auf; vgl. Festschrift 50 Jahre BVG, Berlin 1979, 20+22.

3 Vgl. Johannes Grobler, Hochhaus am Bahnhof Friedrichstraße in Berlin, in: Wettbewerbe für Baukunst und Schwesterkünste = Beilage zur DBZ 1930, 12. Die Vorentwürfe ließen sich nicht ermitteln, da die Planungsabteilung der BVG, die sich in der Köthener Straße 12 befand, 1943 durch Bombentreffer Totalschaden erlitt, ebenso wie die spätere Hauptverwaltung am Leipziger Platz (BusB, X B 1, 329).

4 Vgl. Grobler, Hochhaus, 9-16; Werner Hegemann, Das Hochhaus am Bahnhof Friedrichstraße, in: WMB 1930, 125-128, 191-195; Vorstellung der Preisträger in: BW 1929, 1329.
Johannes Grobler leitet seinen Aufsatz in der Deutschen Bauzeitung mit kurzen Erörterungen zur städtebaulichen Situation, zu verkehrstechnischen Fragen und zur Vorbildfunktion Amerikas ein und weist dann auf den ersten Wettbewerb 1921/22 hin. Der Artikel Hegemanns in Wasmuths Monatsheften läßt sich als Antwort darauf verstehen. Er greift Passagen des Groblerschen Artikels kommentierend auf und läßt dann den Architekten Charles du Vinage (Charles du Vinage war zu der Zeit erster Assistent von Erich Mendelsohn und seit gemeinsamen Schultagen sein bester Freund. Trotzdem baute er 1939 das ARAL-Haus am Hohenzollerndamm in den üblichen zeitgebundenen Formen.) zu Wort kommen, der die beiden ersten Preisträger miteinander vergleicht.

5 Alfred Frederik Elias Grenander, geb. 26. 6. 1863 in Sköfde (Schweden), gest. 14. 7. 1931 in Berlin, Lit.: Gustav Lampmann, Alfred Grenander, in: ZdB 1931, 453 ff.; Martin Richard Möbius, Alfred Grenander, Berlin - Leipzig - Wien 1930 (Neue Werkkunst); R. Breuer, Alfred Grenander, in: Moderne Bauformen, 1913, 273 f.; H. Schliepmann, Alfred S. Grenander, in: Berliner Architekturwelt 1910, 407-444; E. Schur: Alfred Grenander, in: Moderne Bauformen 1909, 193-206; G. Swarzenski, Alfred Grenander, in: Moderne Bauformen, 1905, 131-141; M. Rapsilber, Berliner Kunst. Alfred Grenander, Berlin 1904 (= Berliner Architekturwelt, SH 4); Nachruf: Gustav Lampmann, in: ZdB 1931, 453.

6 Heinrich Straumer, geb. 1876 in Chemnitz, gest. 21. 11. 1937 in Berlin; Lit.: Fritz Stahl, Heinrich Straumer, Berlin - Leipzig - Wien 1927 (Neue Werkkunst); Ehrendoktor Heinrich Straumer, in: WMB, 1928, 469; Verwaltungsgebäude des Lenzkonzerns, in: DBZ, 1929, 8-12; Heinrich Straumer: Reichskanzlerplatz (...), in: Moderne Bauformen, 1931, 281-289; Wasmuths Lexikon der Baukunst, Bd. IV, 479; Nachrufe in: BDZ 1937, B1077 und BW 1937, 1077.

7 Vgl.: Das Turmhaus in der Friedrichstraße, in: DAZ 3.2.1926; Das Turmhaus in der Friedrichstraße - Baubeginn in 3 Wochen, in: Börsen Zeitung, 3. 2. 1926.

8 Aus: Die Bedenken des Stadtbaurats Dr. Wagner gegen die Person des Herrn Prof. Straumer in einem Brief des Beamten Schick an den Berliner Oberbürgermeister Böss, in: Handakte Oberbürgermeister Böss, betr. Verkehr - Meßamt, Sta Berlin (DDR) Rep. 01/GB 50.

B V G
BERLINER VERKEHRS-AKTIENGESELLSCHAFT

BERLIN W9, LEIPZIGER PLATZ 14 FERNRUF: A 4, ZENTRUM 10611-21 BERLINER STADTBANK, GIRO-K. 8, BERLIN W 9 POSTSCHECKAMT: BERLIN NW 7, KONTO 496

Herrn

Architekt Mies van der ROHE

Berlin W.35.,
Am Karlsbad 24

IHRE ZEICHEN IHRE NACHRICHTEN VOM UNSERE ZEICHEN TAG

27.September 1929

BETREFF

Anbei übersenden wir ergebenst drei Zeichnungen, Programm und Bedingungen für die Ausschreibung eines beschränkten Wettbewerbes zur Bebauung des Platzes am Bahnhof Friedrichstrasse in Berlin mit der Bitte, sich an diesem Wettbewerb zu beteiligen.

Der Termin zur gemeinsamen Besprechung wird auf

Montag, den 7. Oktober 1929, mittags 12 Uhr,

festgesetzt und findet im Dienstzimmer des Herrn Stadtbaurat WAGNER, Stadthaus, Eingang Klosterstrasse, statt.

Wir bitten Sie, uns Ihre Bereitwilligkeit zur Teilnahme an dem Wettbewerb zu erklären.

Hochachtungsvoll

BERLINER VERKEHRS-AKTIENGESELLSCHAFT

Zangemeister

6 Anlagen!

Einschreiben!

Termin 30 November 1 Uhr.

- 2 -

Das Preisrichteramt haben übernommen:

Preisrichter	Stellvertreter
1) Stadtrat Reuter, Deputation für das Verkehrswesen, Rathaus Berlin C, Stadtrat Zangemeister, Direktor der Berliner Verkehrs-A.G., Berlin W. 9, Leipziger Platz 14 Bürgermeister Schneider, Bezirksamt Mitte, Berlin C 2, Klosterstr.68 Stadtbaurat Dr. Ing. Wagner, Städt. Hochbaudeputation, Berlin C 2, Stadthaus	Baurat Dr. Ing. Bousset, Direktor der Berliner Nord-südbahn-A.G., Berlin W. 9, Köthenerstr.12
2) Oberbaudirektor Kiessling, Preuss. Finanzministerium, Berlin C 2, Hinter dem Giesshause 2 Oberregierungsrat Fahlbusch, Ministerium für Volkswohlfahrt Professor Dr. Bartning, Berlin-W. 10, Friedrich-Wilhelmstr.6a	Ministerialrat Dr.Behrendt, Preuss.Finanzministerium, Berlin C 2, Am Festungsgraben 1

Zum Vorprüfer wird Magistratsbaurat Grobler bestellt.

Soweit in den Unterlagen der Ausschreibung nichts anderes bestimmt ist, gelten für diese die Wettbewerbsbedingungen des Verbandes Deutscher Architekten- und Ingenieurvereine vom Jahre 1927.

Es bleibt den Wettbewerbern überlassen, mehrere Entwürfe und Ideen einzureichen.

Für die Darstellung des Wettbewerbes werden verlangt:

1.) 1 Lageplan i. M. 1 : 500
2.) Die wichtigsten Grundrisse i. M. 1 : 200
3.) Sämtliche Fronten i. M. 1 : 200
4.) Die dazugehörigen Schnitte
5.) Zwei Schaubilder, von der Weidendammer Brücke und vom Reichstagsufer aus gesehen.
6.) Ein kurzer Erläuterungsbericht mit einem prüfungsfähigen Raum- und Nutzflächenverzeichnis.

- 3 -

7.) Es wird den Wettbewerbern anheimgestellt, ein Modell im Maßstab 1 : 200 anfertigen zu lassen unter Einschluss der an den Platz grenzenden vorhandenen Baulichkeiten. Die Kosten für das Modell sollen mit 750.-- Mk. vergütet werden.

Wettbewerbsarbeiten, die nicht rechtzeitig eingehen, oder einen abweichenden Maßstab als den geforderten zeigen, oder die wesentlich gegen die Forderungen der Wettbewerbsunterlagen verstossen, müssen von der Beurteilung ausgeschlossen werden.

Die Arbeiten sind, spätestens bis zum ~~15.~~ 30. [1 Uhr] November 1929, die Zeichnungen nicht gerollt, gegen Empfangsbescheinigung bei der Hochbaudeputation des Magistrats, Stadthaus, Eingang Klosterstrasse, Zimmer 145, abzuliefern oder müssen bis zu diesem Termin porto- und bestellgeldfrei, sowie eingeschrieben zur Post gegeben sein. Später eingehende oder zur Post gegebene Entwürfe werden zur Beurteilung nicht zugelassen, auch nicht nach Massgabe der vorstehenden Bestimmungen abgegolten.

Den Entwürfen ist in verschlossenem Umschlag der Name und die Adresse beizufügen, ebenso das gewählte Kennwort.

Berlin, den 24. September 1929
Berliner Verkehrs-Aktiengesellschaft.

(gez.) Zangemeister

P r o g r a m m

für die Ausschreibung eines Wettbewerbes zur Bebauung des Platzes am Bahnhof Friedrichstrasse.

Auf dem Gelände am Bahnhof Friedrichstrasse soll ein Gebäude mit mindestens 10 000 qm nutzbarer Bürofläche über Erd- und 1. Obergeschoss errichtet werden. Der Bebauung soll der anliegende Fluchtlinienplan (Anlage 2) zu Grunde gelegt werden. Die nicht bebauten Grundstücksteile sollen zu Park- und Verkehrsflächen dienen.

Die Ausnutzung des Grundstücks soll im allgemeinen nicht die im § 31 der Berliner Bauordnung für Geschäftshausbauten gegebene kubische Bebaubarkeit überschreiten. Hierbei kann mit der Grundstücksfläche von 4914 qm innerhalb der bestehenden Fluchtlinien gerechnet werden. Es kann angenommen werden, dass notwendige baupolizeiliche Dispense erteilt werden. - Die Aufgabe des Wettbewerbes besteht darin, unter Beobachtung der vorstehenden Angaben eine künstlerisch und städtebaulich hochwertige Bebauung des Platzes am Bahnhof Friedrichstrasse zu entwerfen. Bei der Aufstellung der Entwürfe hierfür werden folgende Gesichtspunkte besonders zu berücksichtigen sein:

a) Bestimmte Nutzzwecke können für den Neubau noch nicht angegeben werden. Die Fassadengestaltung wird darum nur typische Formen zeigen können mit einer bewussten Einstellung auf Laden- und Geschäftszwecke in den beiden Untergeschossen und auf Bürozwecke in den Obergeschossen. Es rants oder Cafés gedacht. – Im übrigen bleibt es den Bewerbern überlassen, für die beiden unteren Geschosse besondere Nutzzwecke in Vorschlag zu bringen.

b) Es ist zu beachten, dass künftig der Untergrund= bahnhof Stadtbahn der Nordsüdbahn mit dem am Reichstagsufer geplanten Untergrundbahnhof der Verbindung Stettiner-Anhalter Bahnhof durch einen Verbindungsgang verbunden wird (s. Anlage 1) und dass von diesem Gang aus eine bequeme Verbindung zu den Aufzügen des Gebäudes herzustellen ist.

c) Der in anliegendem Strasseneinteilungsplan (Anlage 3) dargestellte westliche Eingang zur Nordsüdbahn in der Friedrichstrasse kann in seiner Lage verändert werden, doch muss er von dem Haupt= eingang zum Stadtbahnhof Friedrichstrasse bequem zu erreichen sein.

d) Auf die aus den Plänen ersichtliche Lage der Haupt= eingänge des Bahnhofs Friedrichstrasse und auf dem Bahnhof selber ist in städtebaulicher Hinsicht Rücksicht zu nehmen.

e) Die notwendige Ausschachtung zwecks Erlangung sicheren Baugrundes auf rd. 8 m verlangt die An= lage eines doppelgeschossigen Kellers. Auf den schlechten Baugrund nach der Weidendammer Brücke zu (s. Bohrlöcher 1 – 6 – 7 – 12) ist möglichst Rücksicht zu nehmen.

f) Soweit das Gebäude auf dem Untergrundbahnhof am Reichstagsufer steht, wird es durch Abfangekon= struktionen gegen die durch den Bahnbetrieb ent= stehenden Erschütterungen gesichert.

Sonderfragen und Auskünfte werden in gemein= samer Besprechung geklärt, die in Gegenwart der Preis= richter vor Beginn der Bearbeitung der Aufgabe abge=

-3-

- 3 -

halten werden soll. Später eingehende Auskünfte werden entweder nicht beantwortet oder aber sämtlichen anderen Wettbewerbern gleichfalls mitgeteilt.

Berlin, den 24. September 1929

Berliner Verkehrs-Aktiengesellschaft.

(gez.) Zangemeister

B V G
BERLINER VERKEHRS-AKTIENGESELLSCHAFT

BERLIN W9, LEIPZIGER PLATZ 14 — FERNRUF: A 4, ZENTRUM 10611-21 — BERLINER STADTBANK, GIRO-K. 2, BERLIN W 9 POSTSCHECKAMT: BERLIN NW 7, KONTO 691

Herrn
Architekt Mies van der ROHE,
B e r l i n W. 35.,
=====================
Am Karlsbad 24.

IHRE ZEICHEN — IHRE NACHRICHTEN VOM — UNSERE ZEICHEN — TAG 10. Oktober 1929

BETREFF **Wettbewerb zur Bebauung des Platzes am Bahnhof Friedrichstr.**

Unter Bezugnahme auf die gemeinsame Besprechung bei Herrn Stadtbaurat Dr.-Ing. WAGNER am 7.d.Mts., betreffend Wettbewerb zur Bebauung des Platzes am Bahnhof Friedrichstrasse, übersenden wir in der Anlage die gewünschten Unterlagen, und zwar:

Anlage 4 : Querschnitt durch Reichsbahn Friedrichstrasse und Neubaugelände,

Anlage 5 : Schnitt durch Nordsüdbahn, Verbindungsgang und projektierten Bahnhof am Reichstagsufer,

Anlage 6 : Längenschnitt durch die projektierte Verbindungsbahn Anhalter – Stettiner Bahnhof,

Anlage 7 : Schnitt e-f (Verbindung U.-Bahn Reichstagsufer – Stadtbahn) ,

Anlage 8 : Photographische Ansicht gegen den Stadtbahnhof Friedrichstrasse von der Weidendammer Brücke aus,

Anlage 9 : Photographische Ansicht gegen den Stadtbahnhof Friedrichstrasse und die Friedrichstrasse vom Reichstagsufer aus,

Anlage 10: Veröffentlichung über den Ideenwettbewerb Hochhaus Bahnhof Friedrichstrasse vom Jahre 1922,

Anlage 11: Verkehrszählungen zwischen Dorotheenstrasse und Weidendammer Brücke, den Oberflächenverkehr betreffend. –

Der Bahnverkehr ergibt folgende Verkehrszahlen:

a)

A 30 (A 4 DIN 676). 40000. 6. 29.

BERLINER VERKEHRS-AKTIENGESELLSCHAFT

Blatt 2 an Herrn Architekt Mies van der ROHE, Berlin W.35., Am Karlsbad 24

a) Stadt-, Vorort- und Fernverkehr der Reichsbahn:

Täglicher Zugang gegenwärtig etwa . . .	47 000 Fahrgäste
täglicher Abgang gegenwärtig etwa . . .	47 000 Fahrgäste
	94 000 Fahrgäste

b) Verkehr des Untergrundbahnhofes Stadtbahn:

1928	Gesamter Zugang 1928 einschl. Zeit- u.Monatskarten . . .	5 018 000
	Gesamter Abgang 1928 einschl. Zeit- u.Monatskarten . . .	5 384 000
	Höchster Monatszugang 1928 im Dezember	470 000
	Höchster Monatsabgang 1928 im Dezember	504 000
	Höchster Tageszugang 1928 am 22. Dezember	17 860
	Höchster Tagesabgang 1928 am 22. Dezember	19 150
1929	Gesamter Zugang 1. Halbjahr 1929	2 720 000
	Gesamter Abgang 1. Halbjahr 1929	2 918 000
	Tagesabgang am 24. April 1929	14 375
	Stundenabgang am 24. April 1929, 7 – 8 Uhr	1 669
	Stundenabgang am 24. April 1929, 19 – 20 Uhr	1 332

Von vorstehenden Zahlen entfallen jeweils etwa 24% auf die nördliche Sperre (Richtung Weidendammer Brücke) und etwa 76% auf die südliche Sperre (Richtung Georgenstrasse). –

Ueber die von Herrn Professor Straumer angeregte Erhöhung der Entschädigung von 3000.– auf 6000.– RM . konnte bisher noch keine Entscheidung vom Aufsichtsrat der BVG, herbeigeführt werden.

Hochachtungsvoll
BERLINER VERKEHRS-AKTIENGESELLSCHAFT

Zangemeister

Vdr. A 30 (A 4 DIN 676). 00. 2. 29.

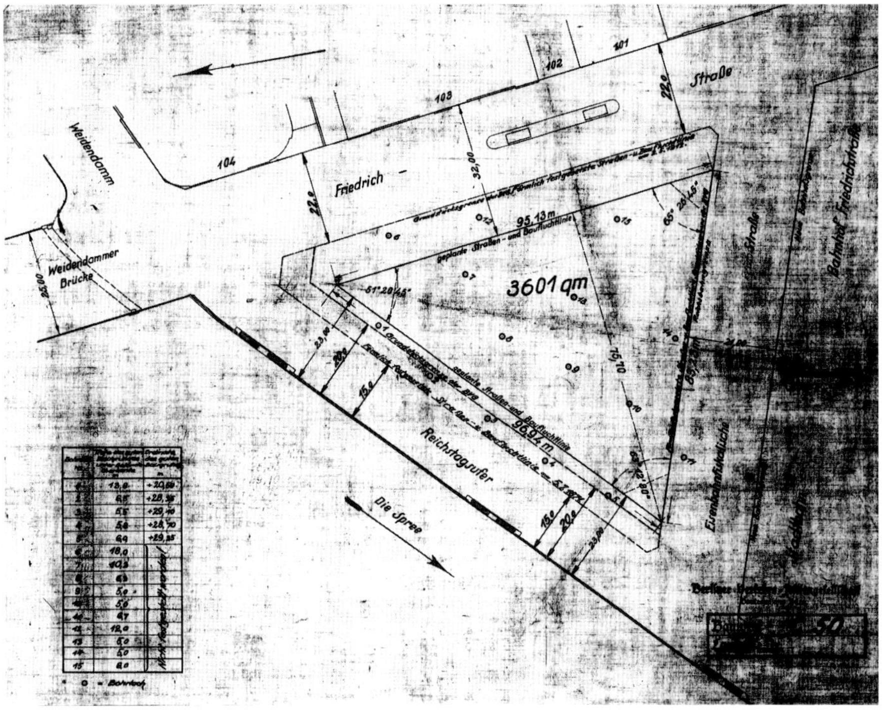

Abbildungen Seite 168/169:
47.1 Wettbewerbsunterlagen: Ausschreibung, Bedingungen, Programm

47.2 Lageplan mit Eintragungen der Bohrergebnisse, 1929

Zeichnungen erkennen."[22] Insgesamt erbrachte der Wettbewerb acht Entwürfe. Ein Sieger wurde nicht bestimmt, zwei gleiche erste Preise gingen an das Büro Paul Mebes/Paul Emmerich sowie an Erich Mendelsohn.
Die preisgekrönten Entwürfe besitzen insofern eine gewisse Ähnlichkeit, als bei ihnen, wie auch bei Straumers Vorschlag, das Grundstück mit Bauten verschiedener Höhe besetzt wird. Eine niedrigere Bebauung, die die Fluchtlinie der Friedrichstraße nachzeichnet, bewirkt auf unproblematische Weise die Einbindung des Hochhauses in den Straßenraum. Dieses Prinzip findet sich schon in vielen Beiträgen des ersten Wettbewerbs. Trotz der offensichtlichen Ähnlichkeiten gibt es doch entscheidende Unterschiede in bezug auf die Gebäudemassierung, die Auffassung von Organisation und vor allem bei der Verbindung zwischen Hoch- und Flachbau sowie der architektonischen Gestaltung.
Der Wettbewerbsentwurf von Mebes und Emmerich unter Mitarbeit von Paul Baumgarten[23] mit der Bezeichnung ‚Zwillinge' sieht zwei gleiche 14geschossige Scheiben vor, die parallel gegeneinander versetzt durch einen gemeinsamen Erschließungskern verbunden werden. Zwischen dem östlichen Eingangsrisalit des Bahnhofs und der Friedrichstraße vermittelt eine Passage, die, wie auch die anliegenden Läden, durch Oberlichter beleuchtet wird. Den senkrecht zur Friedrichstraße stehenden Scheiben ist ein niedriger Bauteil vorgelagert, der mit durchgehenden Fensterbändern, die um die abgerundeten Gebäudeecken herumgezogen werden, den Verlauf der Friedrichstraße nachzeichnet. Die klare dynamische Ausrichtung wird durch die Weiterführung der Front zur Spree gesteigert und endet in der runden Bastei[24], die diese Horizontalität bremst und gleichzeitig einfühlsam den Einstieg von der Weidendamer Brücke in die geschäftige Friedrichstraße vermittelt. Die Fassaden der Hochbauten setzen sich auf den Ansichtszeichnungen aus vorkragenden Umgängen und zurückgesetzten Fensterflächen zusammen, während die Fassade in den Modellphotos Fensterbänder und Putzbänder aufweist, die durch die in gleicher Ebene liegenden Stützen über die Fenster verbunden werden. Durch die einheitliche Horizontalgliederung werden beide Bauteile in den Zeichnungen zu einem geschlossenen Ganzen zusammengefaßt, im Modell führt die Sichtbarmachung der vertikalen Kräfte zu einer stärkeren Differenzierung von Hoch- und Flachbau. Wenn du Vinage meint, daß „die hohen Trakte (...) willkürlich auf das Tablett des zweigeschossigen Unterbaues aufgepfropft"[25] sind, verkennt er die tektonischen Zusammenhänge des Baus. Ihm mißfällt, daß „ein Flügel (des Hochbaus) in ganzer Höhe unmittelbar an der Friedrichstraße steht"[26], doch ist gerade hier das Gelenk der Gesamtanlage zu sehen, die Verknüpfung von Vertikale und Horizontale. Neben der eher oberflächlichen Verschmelzung der Fassaden werden hier auch die

9 Paul Louis Adolf Mebes, geb. 23. 1. 1872 in Magdeburg, gest. 9. 4. 1938 in Berlin; Lit.: Edina Meyer, Paul Mebes – Miethausbau in Berlin 1906-38, Berlin 1972.

10 Zit. nach R. R. Isaacs, Walter Gropius – Der Mensch und sein Werk, Berlin 1984, Bd. 2, 526.

11 Ludwig Mies van der Rohe, geb. 27. 3. 1886 in Aachen, gest. 17. 8. 1969 in Chicago; Lit.: P. C. Johnsen, Ludwig Mies van der Rohe, New York ^{3}1978; Franz Schulze, Mies van der Rohe, Berlin 1986.

12 Vgl. z. B. Veröffentlichung in der Illustrierten „Zeitbilder" 1, 1927.

13 Erich Mendelsohn, geb. 21. 3. 1887 in Allenstein, gest. 15. 9. 1953 in San Francisco; Lit.: Bruno Zevi, Erich Mendelsohn – Opera Completa, Milano 1970.

14 Vgl. Ausschreibungsunterlagen im Mies van der Rohe-Archiv im Museum of Modern Art.

15 Mit der neuen Bauordnung von 3. November 1925 wurde die Dispenserteilung auf Fälle beschränkt, bei denen die Bauordnung „zu einer offenbar nicht beabsichtigten Härte führen würde und das Gemeinwohl eine Abweichung gestattet oder sogar erfordert", also eigentlich unterbunden, denn die mögliche Höherführung eines Geschäftshauses bedeutete grundsätzlich immer einen wirtschaftlichen Vorteil und keinesfalls Härte für den Bauherrn (Bauordnung für die Stadt Berlin vom 3. November 1925, § 3,2).

16 Diese von Grobler U-Bahnlinie genannte Strecke wurde bereits in der Planung der BVG von 1929 als Reichsbahnlinie bezeichnet. Außerdem wird in dieser Planung eine weitere Reichsbahnlinie erwähnt, die ebenfalls über den Bahnhof Friedrichstraße führend den Görlitzer Bahnhof mit dem Lehrter Bahnhof verbinden sollte (Denkschrift über das künftige Berliner Schnellbahnnetz, Berlin 1929, Plan 2).

17 Oberbaurat bei der BVG. Zangemeister unterzeichnete die Ausschreibungsunterlagen.

18 Johannes Bousset (geb. 1865, gest. 1945) arbeitete zunächst bei Siemens & Halske im U-Bahnbau und war dann bei der Hochbahngesellschaft, schließlich bei der Nordsüdbahn-AG tätig. Er ist Verfasser des Standardwerks über die Berliner U-Bahn (Die Berliner U-Bahn, Berlin 1935).

Paul Mebes, Paul Emmerich
Kennwort: Zwillinge
rechts: 47.3 Modell, Foto von Osten
unten: 47.4 Modell, Foto von Norden

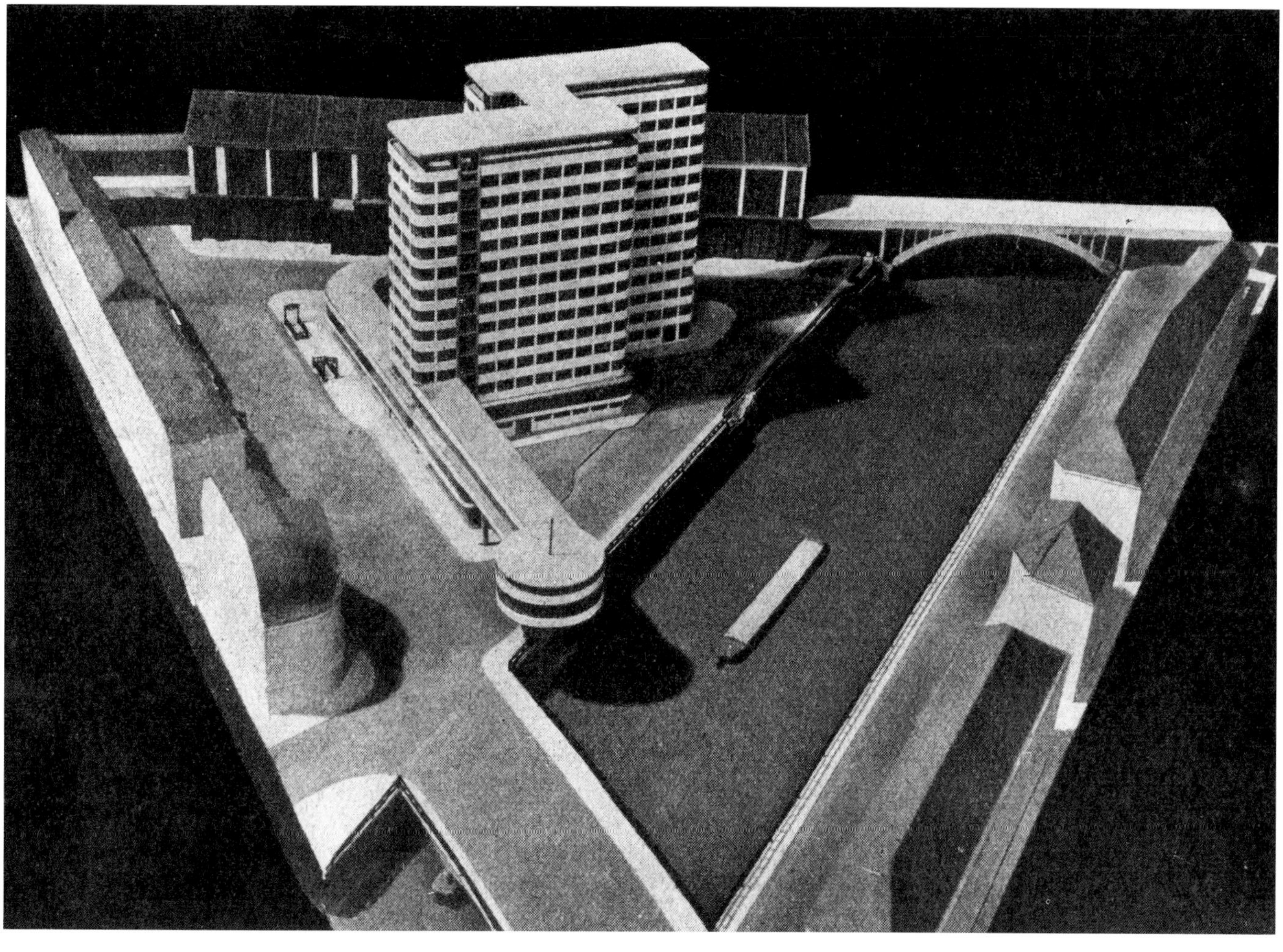

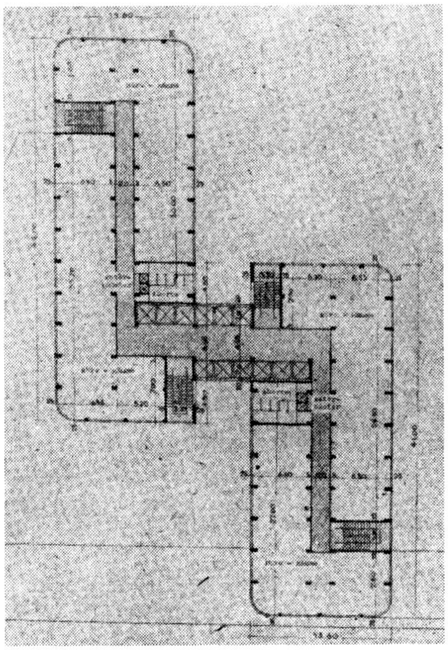

Paul Mebes, Paul Emmerich
Kennwort: Zwillinge
links: 47.5 Schaubild von Südosten
oben: 47.6 Grundriß eines Bürogeschosses
unten: 47.7 Schaubild von Norden

47.8 Erich Mendelsohn, Kennwort: NA 24, NB 24, Schaubild von der Bahnhofsbrücke am Reichstagsufer

Bauvolumina, die schmale niedrige Ladenzone und das freistehende Zwillingshochhaus, miteinander verzahnt.
Insgesamt zeigt der Entwurf städtebauliche und gestalterische Ansätze, die Mebes und Emmerich in dieser Zeit für das Bauen in der Innenstadt entwickelten. So wird der Brückenbau zur räumlichen Fassung des Straßenraumes, ebenso wie die Horizontalgliederung zur Verknüpfung verschiedener Bauvolumina von den Architekten bei den Wettbewerben für den Alexanderplatz und den Magdeburger Domplatz als Element fast typologisch verwandt wurde.[27] Es bleibt zu fragen, ob diese „formale Striktheit (...) auf Paul Baumgarten zurückgeht“[28], dessen ausdrückliche Nennung als Auszeichnung zu verstehen ist.
Der Entwurf von Erich Mendelsohn, der die Bezeichnung ‚N.A 24 – N.B 24‘ trägt, sieht einen sechsgeschossigen Bauteil an der Friedrichstraße und ein 18geschossiges Hochhaus an der Spree vor. Die Richtigkeit der Stellung des Hochhauses versucht Mendelsohn anhand von acht Modellen zu demonstrieren. Mit fast wissenschaftlicher Genauigkeit untersucht er unterschiedliche Lösungsmöglichkeiten, die alle auch im ersten Wettbewerb eine Rolle gespielt haben, in bezug auf Rentabilität, Wirkung auf die Umgebung und vor allem auf Placierung und Schattenwurf des Hochhauses. Aus den Ergebnissen dieser Untersuchung entwickelte er seine Lösung, die er folgendermaßen charakterisierte: „Keine Nordzimmer, günstige ruhige Lage des Hochhauses am Wasser. Geringer Schattenkegel auf der Friedrichstraße, verkehrstechnisch-städtebaulich einwandfrei.“[29]
Das zwischen dem Hochhaus und der Bebauung an der Friedrichstraße gelegene Schwimmbad[30], das mit seinen Nebenräu-

19 Otto Bartning, geb. 12. 4. 1883 in Karlsruhe, gest. 20. 2. 1959 in Darmstadt. Lit.: H.K.F. Meyer, Der Baumeister Otto Bartning, Heidelberg 1951; Julius Posener, Otto Bartning, Berlin 1983.
20 Ernst Reuter, geb. 29. 7. 1889 in Apenrade, gest. 29. 9. 1953 in Berlin; Lit.: Ernst Reuter, dargestellt von W. G. Oschilewski u. a., 1954; Willy Brandt und Richard Löwenthal, Ernst Reuter – Ein Leben für die Freiheit, 1957; Ernst Reuter, Aus Reden und Schriften, hg. v. H. E. Hirschfeld u. H. J. Reichhardt, 1963.
21 Martin Wagner, geb. 5. 11. 1885 in Königsberg, gest. 28. 5. 1957 in Boston; Lit.: Ludovica Scarpa, Martin Wagner und Berlin, Braunschweig 1985; Martin Wagner, Ausst.-Kat. AdK, Berlin 1985.
22 Grobler: Hochhaus, 15.
23 Paul G. R. Baumgarten, geb. 9. 5. 1900 in Tilsit, gest. 8. 10. 1984 in Berlin; Lit.: Paul Baumgarten, Schriftenreihe der AdK Bd. 19, Berlin 1988.
24 Die Bezeichnung Bastei stammt wohl von dem Restaurant „Die Bastei“ in Köln, 1924 von Wilhelm Riphan, dem Ausbau eines mittelalterlichen Befestigungsturms, Müller-Wulkow, Bauten der Gemeinschaft, 58.
25 Hegemann, Hochhaus, 195.
26 Charles du Vinage, in: Hegemann, Hochhaus, 191.

REKLAME-KORONALATLANTIKFGEROLD
KENNWORT N.A. 24

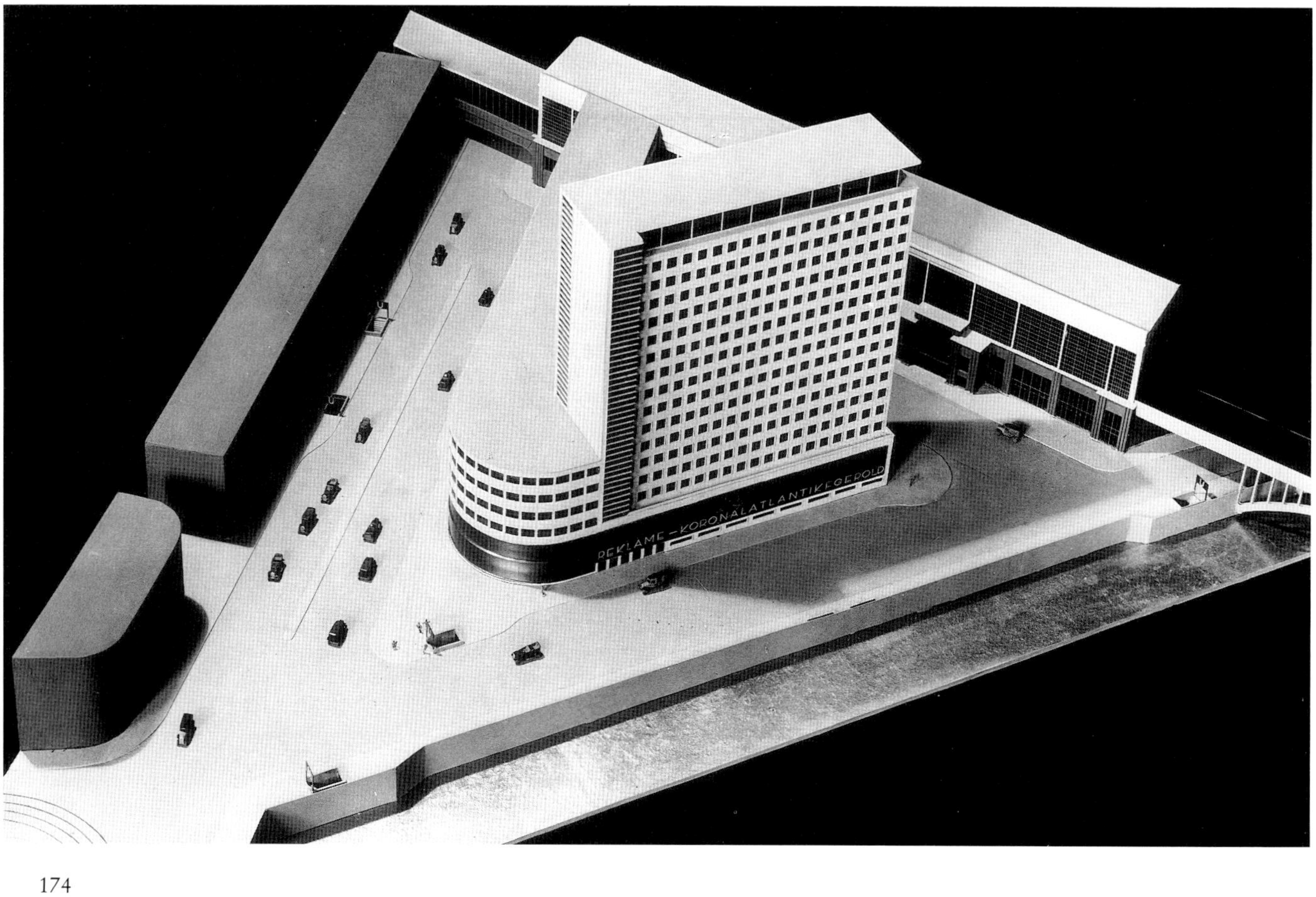
REKLAME-KORONALATLANTIKFGEROLD

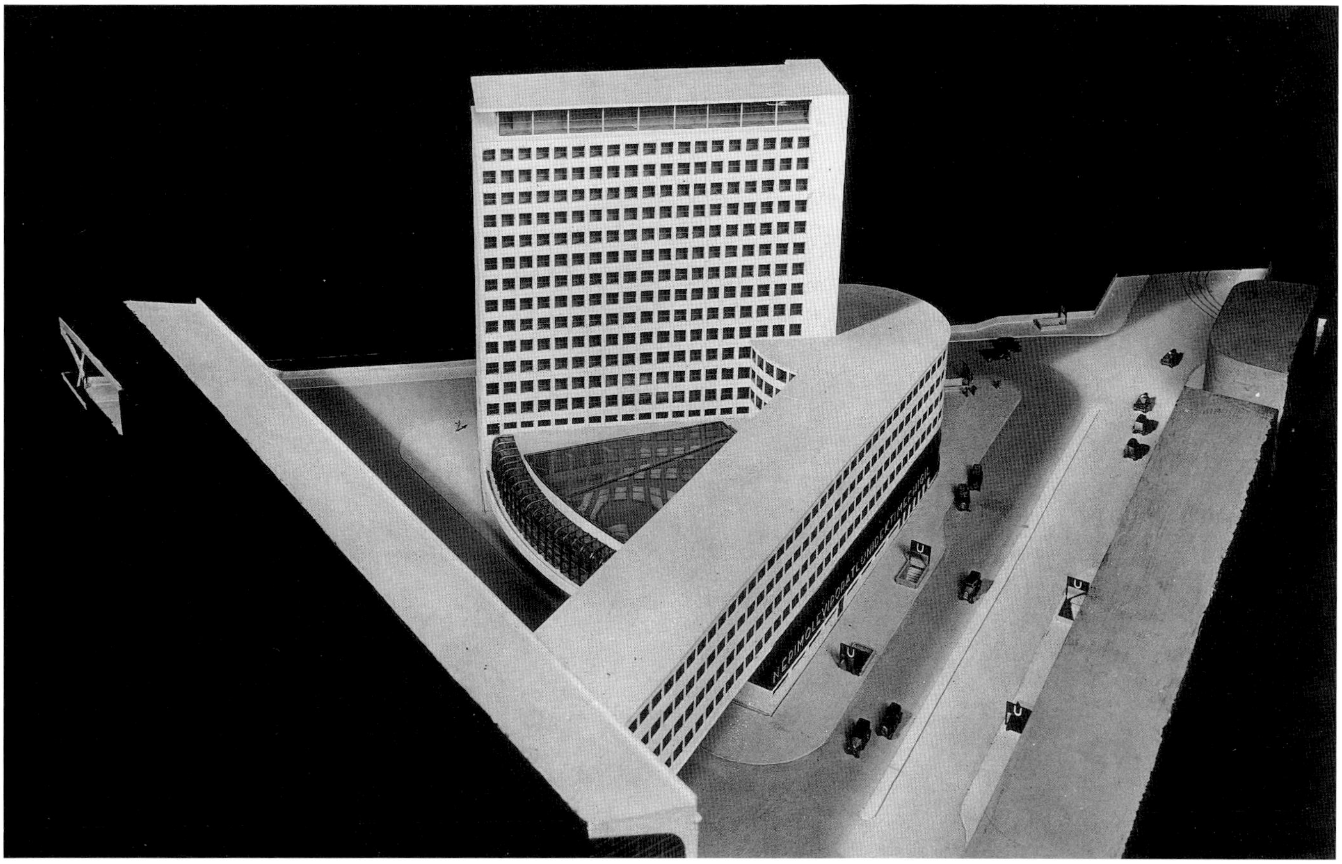

Abbildungen linke Seite und oben: 47.9-11, Erich Mendelsohn, Kennwort NA 24, NB 24, Modellfotos von Norden, Nordwesten und Südosten

men fast das gesamte Grundstück einnimmt, wird an der Fassade ablesbar ausgeschieden. Die zweigeschossige achsensymmetrische Zone von horizontaler Ausrichtung wird den strengen Lochfassungen der Obergeschosse demonstrativ entgegengesetzt. Sie bildet den Sockel für das Hochhaus und den niedrigeren Bauteil, der aus der Rundung an der Weidendammer Brücke den Verlauf der Friedrichstraße nachzeichnend, die kleine Fiskalische Straße überbrückend, bis an die Bahnhofshalle geführt wird. Die Übernahme der Traufhöhe des Bahnhofs folgt einzig städtebaulichen Erwägungen, der suggerierte Übergang zu den Gleisen ist nicht möglich.[31]

Der Entwurf für die BVG nimmt in Mendelsohns Werk eine besondere Stellung ein. In seinem Oeuvre lassen sich gleichberechtigt rein kubische Bauten und solche mit dynamischen Rundformen finden. Beim Wettbewerbsentwurf verknüpft er erstmals beide Prinzipien miteinander. Wenn Mendelsohn beim Bau des Schocken-Kaufhauses in Stuttgart kubische und runde Elemente nebeneinander benutzt und sie in Konkurrenz zueinander treten läßt, so werden sie beim Entwurf für die BVG enger verknüpft. So schneidet das Hochhaus in eine Rundung ein, die man aus der Vogelschau zu einem vollen Kreis ergänzt, in den aber wiederum der lange Baukörper an der Friedrichstraße hineinläuft. Auch das Treppenhaus mit seiner engen Horizontalsprossung erfüllt eine ambivalente Funktion als trennendes, zugleich aber auch überleitendes Element zwischen Hoch- und Flachbau. Diese Vielschichtigkeit bei der Verknüpfung einzelner Bauteile ist auch aus dem Grundriß und der Tektonik des Baus ersichtlich. Julius Posener versuchte 1932 anhand dieses Projekts den schöpferischen Entwurfsprozeß bei Mendelsohn nachzuzeichnen. Wenn er den Bau mit bildhafter Sprache als industrielles Produkt beschreibt, das mit Hebekränen auf Silos gesetzt ist und sich über eine Rampe von der Spree zu den Bahngleisen ergießt, und feststellt, daß dessen schräggestellte Füße mit ihren kontinuierlichen Linien den Inhalt der wirkenden Kräfte der modernen Konstruktion repräsentieren, charakterisiert er die Ambivalenz zwischen Technik und Kreativität in Mendelsohns Werk.[32]

Durch dezidierte Analyse der Grundstücksverhältnisse und der jeweiligen stadträumlichen Situation findet Mendelsohn mit seiner Architektursprache die ortsspezifisch „richtige" Lösung. So ist es möglich, daß er fast gleichzeitig mit dem Entwurf der Galerie Lafayette (1928–1930) zu einer ganz

27 Vgl. Edina Meyer, Paul Mebes, Werkverz. Nr. 167 Wettbewerb Alexanderplatz 1929, Werkverz. Nr. 169 Wettbewerb für den Magdeburger Domplatz 1931.

28 Edina Meyer, Paul Baumgarten und das Büro Mebes & Emmerich, in: Paul Baumgarten, 25.

29 In: Hegemann, Hochhaus, 125.

30 Du Vinage bezeichnet die Nutzung dieses Raumes als variabel: „Mendelsohns Entwurf schafft eine ausgezeichnete, wirtschaftlich errechnete Anlage, die im Erläuterungsbericht für die verschiedensten Verwendungsmöglichkeiten beschrieben ist. (Nicht nur für ein ‚Bad', wie Herr Grobler sehr einseitig bespricht.)", Charles du Vinage in: Hegemann, Hochhaus, 194.

31 Du Vinage bezeichnet in diesem Zusammenhang den einzig faßbaren Entwurf als Variante, in: Hegemann, Hochhaus, 195.

32 „Concours pour un gratte-ciel sur le terrain devant la gare Friedrichstraße (entre la gare et la Sprée) Berlin 1929 (...) un produit est monté par des élévateurs sur des silos, se répand dans les bâtiments d'usines, est émpi par une rampe qui aborde de chemin de fer ou le canal. Voici la base pour le groupement. Des imaginations constructives (quoi que parfois fausse) déterminent les formes. Les substructures d'un silo montent en avant obliquement, pour compenser l'attaque des élévateurs. Les formes ont des pieds obliques qui cenvergent vers un point. Elles se balancent en elles-mêmes; leurs lignes continuelles représentent le continue des forces dans la construction moderne. Çela ne veut pas dire que Mendelsohn est constructeur, homme à chiffres statiques. Ces fantasies ne sont que son point de départ, mais celuici reste essentiel pour toute son ouevre.", Julius Posener, Mendelsohn, in: L'Architecture d'aujourd hui 1932/33, 12.

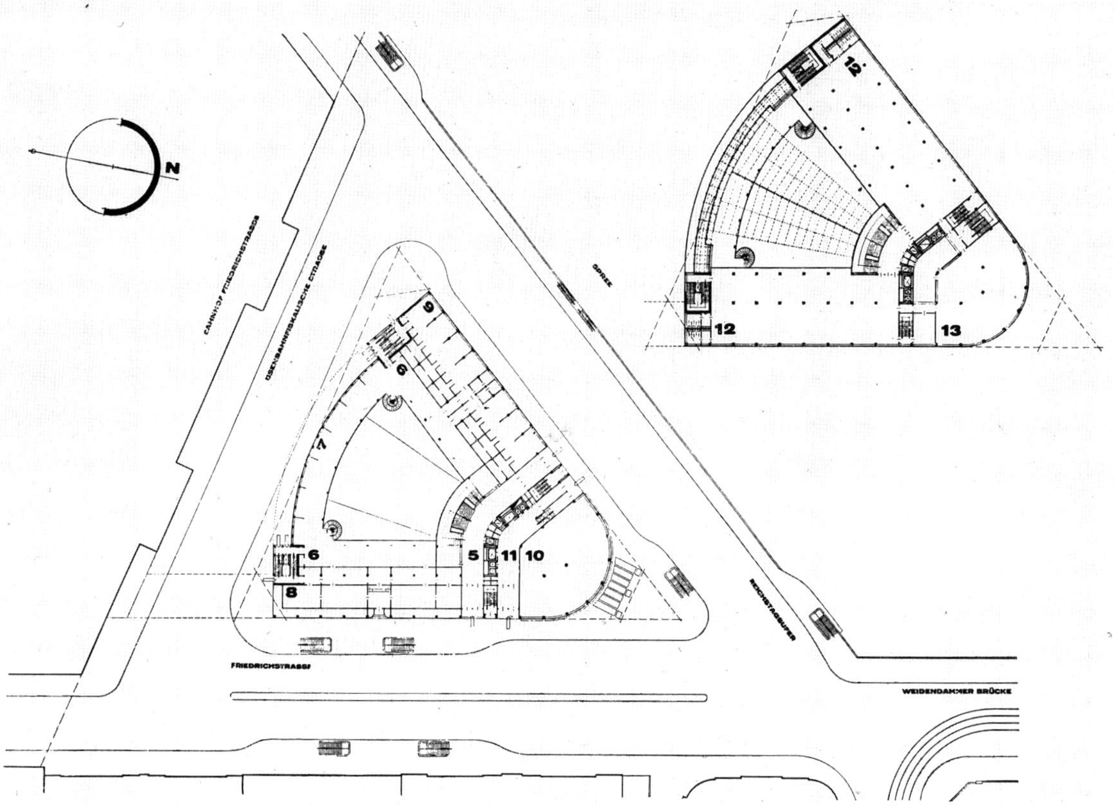

Erich Mendelsohn
Kennwort: NA 24,
NB 24
links: 47.12 Grundriß Erdgeschoß und Obergeschoß
unten: 47.13 Acht Massenmodelle zur Darstellung von Vor- und Nachteilen unterschiedlicher Typenlösungen

A_1 / Falsch / Gleichmäßig hohe Bebauung von 45 m Höhe. Übersichtlicher Grundriß. Großraum-Möglichkeit, daher bessere Rentabilität. Wenig Nordzimmer. Herkömmliche architektonische Ecklösung, aber zu hohe Baumasse an der Friedrichstraße mit störendem Schattenkegel.

A_2 / Falsch / Gleichmäßig hohe Bebauung von 45 m Höhe. Übersichtlicher Grundriß. Keine Großraum-Möglichkeit, daher geringere Rentabilität. Zwei Nordseiten. Unruhige architektonische Wirkung und zerrissene Straßenwände, zu hohe Baumasse an der Friedrichstraße mit störendem Schattenkegel.

B_1 / Falsch / Massierung des Baukörpers bis 58 m Höhe. Übersichtlicher Grundriß, aber keine Großraum-Möglichkeit, daher geringere Rentabilität. Eine Nordfront, schlotartiger Hof, daher Licht- und Luftverhältnisse ungünstig, außerdem zu hohe Baumasse an der Friedrichstraße mit störendem Schattenkegel.

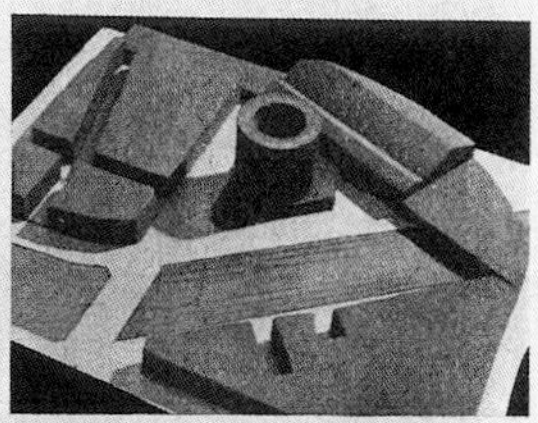

B_2 / Falsch / Massierung des Baukörpers bis 58 m Höhe. Grundrisse und Konstruktion ungünstig wegen radialer Aufteilung. Zahlreiche Nordzimmer. Schlotwirkung des Hofes bei Feuer, schwerfällige Wirkung ohne Beziehung zur Straßenwand, außerdem zu hohe Baumasse an der Friedrichstraße mit störendem Schattenkegel.

C_1 / Falsch / Gestaffelte Bebauung: 1 Trakt 22 m, 1 Trakt 60 m Höhe. Übersichtlicher Grundriß, aber Grundfläche ungenügend ausgenutzt. Keine Großraum-Möglichkeit, daher geringere Rentabilität, zahlreiche Nordzimmer. Architektonisch keine Beziehung zu den Straßenwänden.

C_2 / Falsch / Gestaffelte Bebauung: 1 Trakt 22 m, 1 Trakt 60 m Höhe. Übersichtlicher Grundriß. Großraum-Möglichkeit, aber viele Nordzimmer. Hochhauslage gegenüber Bahnhof verkehrstechnisch und städtebaulich ungünstig. Schlechte Belichtung des niedrigen Traktes.

C_3 / Falsch / Gestaffelte Bebauung: 1 Trakt 22 m, 1 Trakt 60 m Höhe. Übersichtlicher Grundriß. Großraum-Möglichkeit, gute Rentabilität, wenig Nordzimmer. Architektonisch brauchbar, aber besonders ungünstiger Schattenkegel auf der Friedrichstraße.

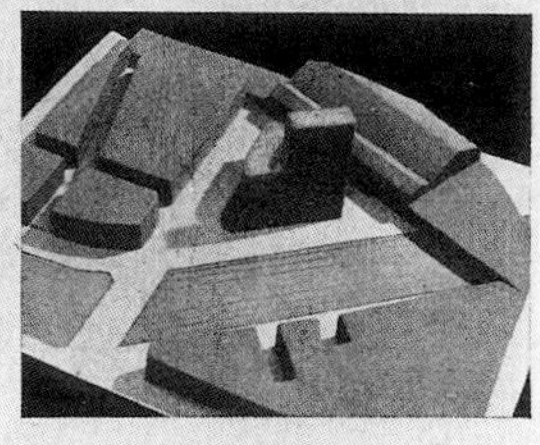

C_4 / Richtig. / Gestaffelte Bebauung: 1 Trakt 22 m, 1 Trakt 60 m Höhe. Übersichtlicher Grundriß. Großraum-Möglichkeit. Keine Nordzimmer, günstige ruhige Lage des Hochhauses am Wasser. Geringer Schattenkegel auf der Friedrichstraße, verkehrstechnisch - städtebaulich einwandfrei.

Heinrich Straumer
Kennwort: City
links oben: 47.14 Modell, Foto von Südosten
rechts oben: 47.15 Vogelperspektive von Osten
mitte: 47.16 Grundrisse Erdgeschoß und 2. Obergeschoß, Schnitt Ost-West

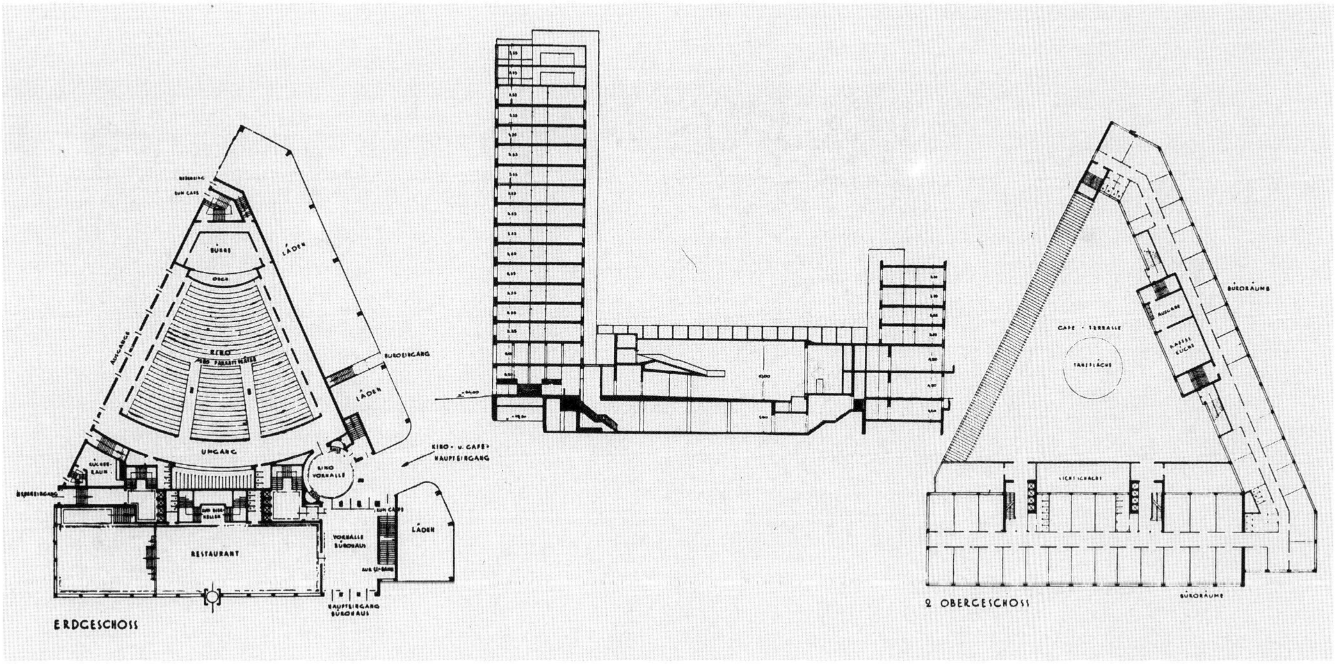

anders gearteten Lösung kommt, die eine Symbiose zwischen Kubus und Rundung in einer geschlossenen Großform darstellt.
Der Entwurf von Heinrich Straumer mit dem Titel ‚City' ist zwar in der Gebäudegruppierung ähnlich organisiert wie der Entwurf von Mendelsohn, jedoch ist das 18geschossige Hochhaus mit den von Mendelsohn beschriebenen Nachteilen vor den Bahnhof plaziert. Über einer abgesetzten Ladenzone erhebt sich an der Friedrichstraße eine sechsgeschossige Bebauung, der verbleibende Platz an der Spree nimmt einen großen Kinosaal auf. Das für den Wettbewerb untypische altmodische Massenmodell und die Schwere der Zeichnung stehen im Gegensatz zur sachlichen Einfachheit des Baus. Die Trennung der Bauelemente in Erschließungs-, Geschäfts- und Bürobereiche ist am Außenbau ablesbar. Doch wird

dieser gestalterische Ansatz durch fragwürdige Binnensymmetrien der einzelnen Bauteile leider verunklärt, die hier durch Verlust an Funktionalität erkauft werden müssen.
Straumer, der sich zunächst durch seine Landhausbauten in Berlin einen Namen erwarb, entwarf auch das Lenz-Haus, das erste Hochhaus im innerstädtischen Bereich.[33] Zur gleichen Zeit baut er in Chemnitz ein Bankgebäude mit kleinstädtischer Werksteinverkleidung, während er in Berlin Lochfassade, Horizontal- und Vertikalgliederung mit unterschiedlicher Materialität fast beliebig nebeneinander verwendet.[34] Das große Spektrum von Straumers Fassadengestaltungen läßt eine klare Einordnung seines Entwurfes für die BVG schwierig erscheinen. Er schließt an sein dominierendes Hochhaus einen flachen Annex an, jedoch wirken beide Bauteile stark voneinander getrennt, fast so, als ständen sie als Einzelbauten nebeneinander. Auch applizierte Baudetails, wie ein um die Hauptansichtsseite gezogenes, vorkragendes Dach können keine harmonischen Verbindungen herstellen. Straumers Entwurf bleibt damit deutlich hinter den beiden preisgekrönten Arbeiten zurück.
Hier stellt sich die Frage, ob diese Arbeit wegen ihrer altmodischen Präsentation aus Straumers nur schriftlich überliefertem Ausführungsprojekt für die Turmhausgesellschaft von 1926 entstanden ist, das „längs der Friedrichstraße nur ein einstöckiges Gebäude für Lädchen und dergleichen (vorsah). Das eigentliche Turmhaus, das sechzehn Stockwerke hoch werden soll, wird sich an der spitzen Ecke des Reichskanzler-Ufers und des Bahnhofsvorplatzes erheben. Ein Kino mit zweitausend Plätzen mit der Front nach der Friedrichstraße, ein Café gegenüber dem Bahnhof und ein größeres Restaurant nach der Weidendammer Brücke zu werden in dem Gebäude untergebracht werden."[35]
Gegenüber den drei Hochhausentwürfen, die grundsätzlich eine Blockrandbebauung vorsehen, kommt bei Alfred Grenander, der gleich drei verschiedene Entwürfe einreichte, ein völlig andersgeartetes Verständnis von Architektur zum Tragen. Er faßt das Hochhaus grundsätzlich als Solitär auf. Der Entwurf ‚Strahl', den er unter Mitarbeit von Dipl.-Ing. Zschimmer erarbeitet hat, besteht aus drei gleichen 19geschossigen Scheiben mit zentralem Erschließungskern, eine Konzeption, die schon im ersten

33 Vgl. Verwaltungsgebäude des Lenz-Konzerns, in: DBZ 1929, 8-12.
34 Vgl. Dresdner Bank in Chemnitz, in: WMB 1928, 467; Geschäftshäuser am Reichskanzlerplatz, Entwürfe für Geschäftshaus Adam, Salamander und Esders & Dyckhoff, in: Moderne Bauformen 1931, 281-289.
35 Das Turmhaus in der Friedrichstraße, in: DAZ., 3. 2. 1926; das erwähnte Projekt ist nicht weitergehend überliefert, für einen o. g. Zusammenhang spricht jedoch, daß Straumer seine Projekte um 1930 normalerweise mit sehr aufwendigen modernen Modellen präsentiert.

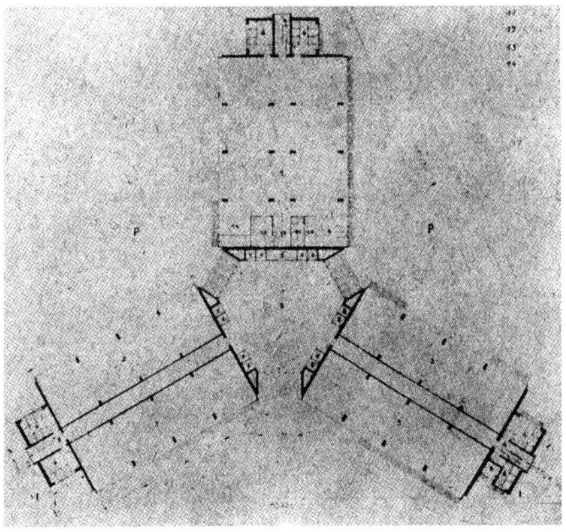

Alfreder Grenander
Kennwort: Strahl
links: Schaubild von der Weidendammer Brücke
oben: Grundriß Erdgeschoß

Wettbewerb bei den Entwürfen von Poelzig (vgl. Kat. Nr. 33) und Dietz (vgl. Kat. Nr. 9) zu finden ist. Das Schaubild zeigt eine Nachtansicht, wobei im Hintergrund der beleuchtete Bahnhof erscheint. Im Gegensatz dazu steht das Gebäude selbst im Tageslicht. Während die horizontal gegliederten Langseiten flächig aufgefaßt werden, sind die Spitzen der „Strahlen“ formal gegenteilig in expressiver Weise durch Staffelung der wenigen klaren kubischen Elemente äußerst streng vertikal ausgebildet.
Der zweite Entwurf, den Grenander unter Mitarbeit von Zschimmer erarbeitet hat, trägt den Titel ‚Turm‘ und sieht ein 14geschossiges, an den Schmalseiten halbkreisförmig abgerundetes Scheibenhochhaus vor, das mit seiner Lage parallel zum Reichstagsufer die Lösung der Gebrüder Luckhardt aus dem ersten Wettbewerb rezipiert (vgl. Kat. Nr. 30). Die rund um das Gebäude gezogenen Putzbänder wechseln sich mit leicht zurückgesetzten Fensterbändern ab. Dadurch wird die Stützenkonstruktion an der Fassade ablesbar. Völlig anders behandelt Grenander den massigen und sehr hohen, vom Hochhaus abgesetzten Erschließungsturm, dessen große, übereinander gestaffelte Glasflächen mit ihren vorkragenden schmalen Fensterbänken in keinem Verhältnis zur Horizontalgliederung der Fassade des Hochhauses stehen. Der Einsicht, daß „der Entwurf (Turm) vom Bahnhof Friedrichstraße aus gesehen mit der in der Mittelachse aufstrebenen Nadel eine städtebauliche sehr gute Wirkung ergeben könnte“[36], darf entgegengehalten werden, daß hier eher der gewonnene Vorplatz verstellt wird, die städtebauliche Wirkung also eher fatal ist.
Der dritte von Grenander unter Mitarbeit von Architekt Lörincz erarbeitete Entwurf mit dem Kennwort ‚Nord-Süd‘, sieht ein 17geschossiges nord-süd-orientiertes Gebäude vor, daß aus zwei parallel gestellten Scheiben besteht, dem zur Spree hin ein halbrundes Restaurant vorgelagert ist. Damit der Betrachter das verwandte „Dampfermotiv“ erkennt, plaziert Grenander plakativ ein Schiff in das Modell. Auf die Eingangsrisalite des Bahnhofs nimmt das Gebäude lediglich aus ästhetischen Gründen Bezug, da eine Anbindung des Passageneingangs nicht erfolgt. Das hell verputzte Gebäude weist an den Langseiten einander abwechselnde Putz- und Fensterbänder mit dunkler, dicht aneinandergesetzter vertikaler Sprossung auf, die im Modell wesentlich größere Ab-

36 Grobler, Hochhaus, 14.
37 Vgl.: H. Gescheit/K. Wittmann, Neuzeitlicher Verkehrsbau, Potsdam 1931, 25; Möbius, Alfred Grenander.

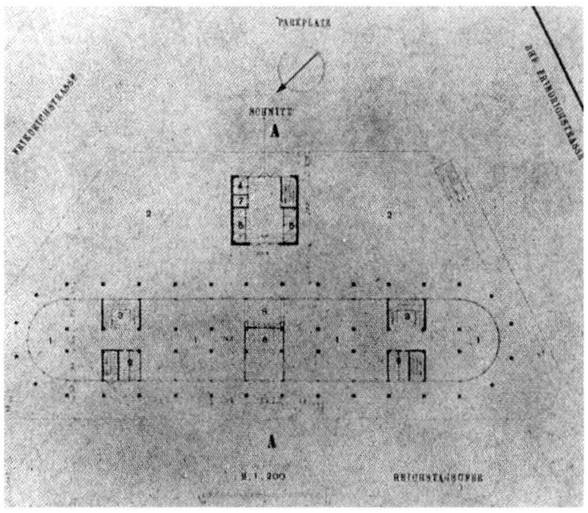

Alfred Grenander
Kennwort: Turm
47.19 Modell, Foto von Osten
47.20 Grundriß Erdgeschoß

größere Abstände aufzeigt. Die Flächigkeit der Fassade wird nur durch das weit in den Straßenraum hervorspringende, grazile Vordach belebt.
Der mit dem Motto ‚Nord-Süd' intendierten kompromißlosen Modernität steht die Vernachlässigung wichtiger funktionaler Zusammenhänge gegenüber, die einer fragwürdigen Achsensymmetrie geopfert werden. Die Abgabe dreier verschiedener Entwürfe zeigt, daß Grenander bei seinen Überlegungen nicht zu einer verbindlichen Lösung für diesen Ort gekommen ist. Gemeinsam ist allen Entwürfen die moderne Formensprache, vor allem die Verwendung überwiegend horizontaler Fassadengliederungen, und die städtebauliche Wirkung, der radikale Verzicht auf jegliche Einbindung des Hochhauses in den Straßenraum. Die Tatsache, daß Grenander bei Veröffentlichungen nur den Entwurf ‚Nord-Süd' präsentierte[37], zeigt jedoch, daß die beiden anderen, Ideen des ersten Wettbewerbs rezipierende Projekte, für ihn nicht von gleicher Wichtigkeit waren.

Alfred Grenander
Kennwort: Nord-Süd

Ludwig Mies van der Rohe reichte sein Projekt unter dem Kennwort ‚Roter Kreis' ein, und lieferte dazu eine Variante, die jedoch so stark vom Hauptentwurf abweicht, daß man eigentlich von einem zweiten Projekt sprechen muß.
Beim Hauptentwurf nehmen drei gleiche neungeschossige Scheiben das gesamte Grundstück ein. Sie werden durch einen sphärischen dreieckigen Erschließungskern verbunden. Ihre Fassaden folgen den Fluchtlinien in leicht konvexer Form. Nur zwei der drei Hochhausscheiben sind für Büros vorgesehen, deren Variabilität im Grundriß beispielhaft vorgeführt wird, während die dritte, zur Friedrichstraße gelegene, klar als Hotel[38] mit „offenem Grundriß" in den Gesellschaftsräumen definiert wird. Trotzdem werden alle drei Baublöcke gleich behandelt, an den Fassaden wechseln sich umlaufende Putzstreifen und Fensterbänder mit fast quadratischen Fenstern ab.
Der als Variante bezeichnete Entwurf sieht drei hintereinander gestellte Scheiben vor, die zur Weidendammer Brücke hin ausge-

rechts: 47.21 Grundriß 2. Obergeschoß
unten: 47.22 Modell, Foto von Norden

Abbildung rechte Seite: 47.23 Ludwig Mies van der Rohe (?), Glaswolkenkratzer (1922) auf dem Grundstück am Bahnhof Friedrichstraße, Schaubild (Fotomontage) von Norden, 1928 (?)

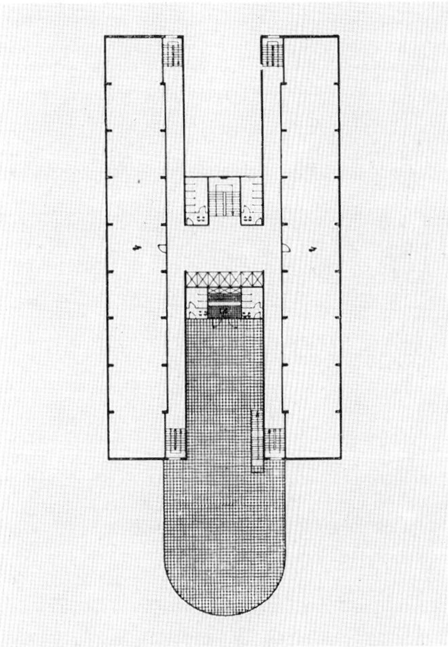

HALLER-REVUE

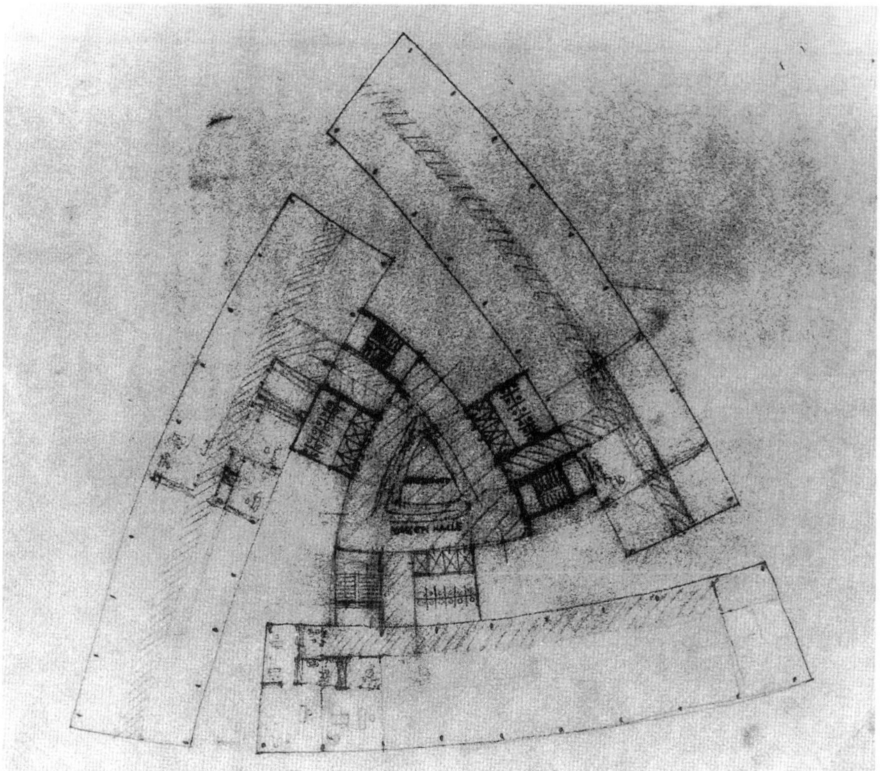

Ludwig Mies van der Rohe
Kennwort: Roter Kreis
oben: 47.24 Schaubild (überzeichnetes Foto) von der Weidendammer Brücke
links: 47.25 Grundriß Obergeschoß

rechte Seite oben: 47.26 Schaubild (überzeichnetes Foto) vom Reichstag

richtet sind. Hier bildet Mies die Fassade als Curtain Wall aus.
Während alle anderen Architekten eine wie auch immer geartetete Lösung mit einem deutlich ausgeschiedenen oder frei im Grundstück stehenden Hochhaus vorschlagen, faßt Mies den Bau als Block auf, der einheitlich nach oben hin abgeschlossen wird. Er greift hier die Disposition seines berühmt gewordenen Entwurfes ‚Wabe' aus dem ersten Wettbewerb auf, der zu seiner Zeit wenig beachtet und auch im Zusammenhang mit dem zweiten Wettbewerb nicht erwähnt wurde. Mies van der Rohe schrieb 1922, daß ihm „für das Hochhaus am Friedrichsbahnhof in Berlin, (...) eine dem Dreieck angepaßte prismatische Form die richtige zu sein"[39] schien. Eine bislang in das Jahr 1928 datierte Photocollage[40] zeigt seinen gekurvten Glaswolkenkratzer des Jahres 1922, für dessen Form „die Belichtung des Gebäudeinnern, die Wirkung der Gebäudemasse im Straßenbild und zuletzt das Spiel der erstrebten Lichtreflexe"[41] ausschlaggebend waren, auf dem Wettbewerbsgrundstück, wobei zu fragen ist, ob hier die idealtypische Weiterentwicklung der ‚Wabe' an einer konkreten Bauaufgabe überprüft werden sollte. Die Idee von einem das Grundstück ausfüllenden, unregelmäßigen, monolithischen Baukörper auf freiem Grundriß erfährt aber eine entscheidende Wandlung. Die charakteristische Leichtigkeit ist in den Entwürfen für den BVG-Wettbewerb nicht mehr zu finden.
In seinem Hauptentwurf konzipiert er einen großen Block, der vor allem in der Fernwirkung, die in den Collagen gezeigt wird, von gewaltiger Höhe und Kantenlänge zu sein scheint. Diese Wirkung der Großform wird erst gemildert, wenn man dem Gebäude näher tritt und die ‚Schlitze' wahrnimmt, die durch die verzahnende Anordnung der konvexen Scheiben entstehen. Die Verwandschaft zu seinem klassischen Entwurf ist zwar noch erkennbar, aber die expressiven Elemente werden zugunsten einer strengeren Wirkung aufgegeben, die vor allem durch die Krümmung der völlig glatten Fassaden erzielt wird. Der als Variante bezeichnete Entwurf dagegen stellt sich gänzlich anders dar. Das gerundete Grundelement bleibt zwar erhalten, jedoch werden hier die Scheiben hintereinander gestaffelt. Die vordere, der ins Konkave gekehrten Scheiben suggeriert eine größere Platzan-

38 Schulzes vage Vermutung, daß eine Etage als Hotel dient, läßt sich im Grundriß des Erdgeschosses anhand der Beschriftung beweisen; Franz Schulze in: An Illustrated Catalogue of the Mies van der Rohe Drawings in The Museum of Modern Art, edited by A. Drexler, Part I.2, 540.

39 Ludwig Mies van der Rohe, Hochhäuser, in: Frühlicht 1922, 122-124.

40 Die Photocollage setzt sich aus einem Umgebungsfoto und – untypisch für Mies – aus dem Modellphoto des Glaswolkenkratzers zusammen, wobei das durchscheinende Hintergrund-Massenmodell nicht wegretouschiert wurde. Außerdem weist der Glaswolkenkratzer nur 29 anstatt 30 Geschosse auf. Das Erdgeschoß und die Grundstücksecke sind von der Interimsbebauung für die Haller-Revue überlagert. Die Collage wird in den Publikationen Mies van der Rohe zugeschrieben, obwohl weder der Zeitpunkt der Entstehung noch der Urheber genau feststellbar sind und einiges o. g. dies zweifelhaft erscheinen lassen. Vgl. Sandra Honey, Mies in Germany, in: Mies van der Rohe – European Works, Hg. Frank Russell, London 1986; Anna Teut, Zwei Städte. Eine Studie zur Problematik des Städtebaus, in: Daidalos 4, 1982, 74.

41 Mies van der Rohe, Hochhäuser, 122-124.

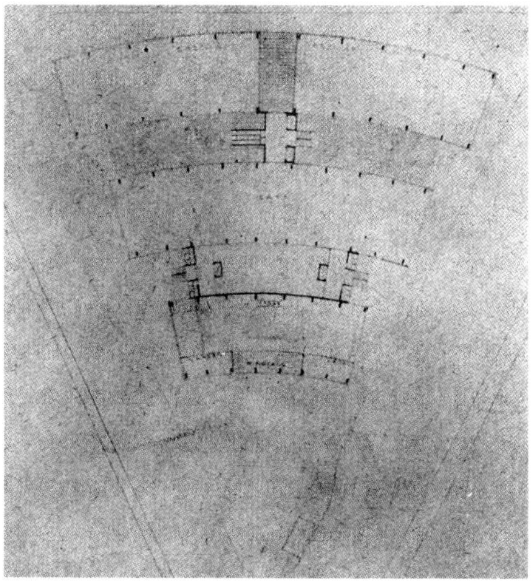

Ludwig Mies van der Rohe
Kennwort: Roter Kreis, Variante
links: 47.27 Schaubild über die Weidendammer Brücke
oben: 47.28 Grundriß Erdgeschoß

lage. Die theatralische Abfolge der weiteren Bauglieder verstärkt diesen Eindruck, obwohl der ausgeschiedene Vorplatz nur klein ist. Grobler spricht hier von „einer außergewöhnlich großen städtebaulichen Wirkung", gibt aber zu bedenken, daß beide Entwürfe von Mies „gegen den heiligen Geist der Bauordnung, der sich in der Forderung nach Licht und Luft für jeden von Menschen bewohnten Raum ausdrückt"[42], verstößt.

Mies kommt es in der Tat nur auf die städtebauliche Wirkung an. Er baut seine engen unbelichteten ‚Höfe' nicht aus Unvermögen, sondern ordnet die funktionalen Gesichtspunkte bewußt repräsentativen Absichten unter. Im Gegensatz zu seinen Entwürfen von 1921/2, dem etwas späteren Glaswolkenkratzer, sowie den liegenden Projekten des Jahres 1928, dem Geschäftshaus ‚Adam' in Berlin, dem Bankhaus in Stuttgart und der Umgestaltung des Alexanderplatzes, wo Mies schlichte, kubische Baukörper mit vollverglasten Fassaden verwendet, schafft er hier eine neuartige Verbindung zwischen moderner Formensprache und traditioneller Architekturauffassung. Bei seinem ‚Variantenentwurf' zum ‚Roten Kreis' kommt Mies aus der Verwendung moderner Formensprache und der eindeutigen Inszenierung einer achsensymmetrischen Anlage zu einem Komplex von klassisch monumentaler Wirkung. Sein nächstes Bürohausprojekt, der Entwurf für die Reichsbank in Berlin 1933, zeigt deutlich, daß er den Gedanken der gesteigerten Repräsentativität weiter verfolgt hat.

Alle fünf Architekten, die am Wettbewerb teilgenommen haben, reichten Entwürfe ein, die sich stark voneinander unterschieden. Die Vielfalt von Formen und Stilmitteln, die noch den ersten Wettbewerb bestimmt hatte, ist zwar nicht mehr vorhanden, die grundsätzlich moderne Formensprache entspricht, wie zu erwarten war, dem Spektrum des Teilnehmerkreises. Auch zeitigte der Wettbewerb im Gegensatz zu 1921 keine die Architekturgeschichte revolutionierenden Entwürfe. Allenfalls Mies van der Rohes Variantenentwurf birgt in seiner Wirkung Anstöße für neue Ideen innerhalb der modernen Architektur. Wenn man hier zu erkennen glaubte, „daß die heutige Flächenarchitektur der Gebäude an einer Uniformierung leidet[43], so sollte man aber beachten, daß dieser Einladungswettbewerb unter fünf modernen Architekten nur zustande kommen konnte, weil die Akzeptanz der modernen Architektur um 1930 bereits relativ groß war.

Prinzipiell unterschiedlich waren die Vorstellungen von stadträumlicher Wirkung, aber vor allem die Auffassung der Bauaufgabe „Hochhaus". So entwickelt Mies van der Rohe gleichförmige, sockellose Bauten von gewaltigen Dimensionen, die er in bewußten Kontrast zur Umgebung setzt. Grenander entwirft Solitärbauten, die nur Teile der Dreiecksform des Grundstücks einnehmen und so zusätzlich isoliert erscheinen.

42 Grobler: Hochhaus, 15.
43 Grobler: Hochaus, 16.

47.29 Grundstück am Bahnhof Friedrichstraße, 1934

44 Hier sei vor allem auf die Konzepte von Walter Gropius für den Wettbewerb für das Marie-von-Boschan-Aschrott-Altersheim (1929/30) und die Reichsforschungssiedlung Haselhorst (1928/29) verwiesen, in: H. Probst/C. Schädlich, Walter Gropius - Werkverzeichnis Bd. 1 + 2, Berlin 1985 + 1986, Nr. 158, Nr. 26.

45 Grobler, Hochhaus, 16.

46 Vgl. Geschäftsbericht der BVG für 1929, 5, Archiv der BVG.

47 Vgl. Vorlage für die Stadtverordnetenversammlung der Stadt Berlin, Nr. 15 (342) 1930, 280.

48 Vgl. Akten des Magistrats zu Berlin, Stadtverkehrsamt, Vertragsangelegenheiten 1930/1944, 2-3, Sta-Berlin (DDR) Nr. 32 248.

49 Geschäftsbericht der BVG für 1930, 10, Archiv der BVG.

50 In: UHU, 9, 1934, 84.

Mebes verzahnt seine Z-förmige Hochhausscheibe mit einer energischen Horizontalen. Straumer verstellt mit seinem Hochhaus, alle Erfahrungen des ersten Wettbewerbs ignorierend, den Bahnhof, wohingegen Mendelsohn alles tut, um eine gute Belichtung aller Räume und der Straßen zu erreichen. Er spielt verschiedene Ansätze durch, um zum Schluß nur einen einzigen Entwurf zuzulassen und folgt damit der Tendenz maßgeblicher moderner Architekten, durch Verwissenschaftlichung zu einer ultimativen Lösung zu kommen.[44] Bei Grenander führt die Beschäftigung mit dem ersten Wettbewerb zur Abgabe dreier verschiedener Entwürfe, worin eine gewisse Beliebigkeit gesehen werden kann, während Mies zwei adäquate Lösungen entwickelt, die ihm beide wert sind, eingereicht zu werden, wobei er durch die Bezeichnung ‚Variante' eindeutig über die Wertigkeit entscheidet.

In künstlerischer Hinsicht bilden die Entwürfe von Erich Mendelsohn und Ludwig Mies van der Rohe die Höhepunkte des Wettbewerbs. Exemplarisch spiegeln sich in ihnen zwei grundverschiedene Auffassungen von moderner Architektur. Mendelsohn erarbeitet Entwürfe, die dezidiert auf die jeweiligen Verhältnisse zugeschnitten sind, während Mies' dominierende, typhafte Lösungen sucht.

Die Jury folgte mit ihrer pragmatischen Entscheidung der inneren Logik von Erich Mendelsohns Argumentation und lehnte die fremde, radikale und innovative Arbeit von Mies van der Rohe ab. Mit den Entwürfen ‚N. A. 24 - N. B. 24' von Erich Mendelsohn und ‚Zwillinge' von Mebes und Emmerich wurden Arbeiten prämiert, deren „Sachlichkeit kaum noch übertroffen werden" konnte und in denen - folgt man weiter der Meinung des Vorprüfers - sich „schon eine leise Umkehr zur Romantik (...) anbahnte.[45]

Das Projekt stand von Anfang an unter keinem guten Stern, denn bereits 1929 stellte die Stadt Berlin im Zeichen der beginnenden Wirtschaftskrise die Zahlung von Darlehen für Bauvorhaben der BVG ein.[46] Da sich ein baldiger Baubeginn nicht abzeichnete, erlaubte die BVG der Engelhardt-Brauerei provisorische Ladenbauten zu errichten.[47] Auch die kurzfristige Aufnahme von Krediten über 35 Millionen US Dollar von einem internationalen Bankenkonsortium unter Führung der Danatbank bedeutete für den Hochhausbau keine neue Perspektive, auch kam die geplante ‚Verkehrsanleihe' zur Ablösung dieser Kredite nicht zustande.[48] Im Geschäftsbericht für 1930 heißt es lapidar: „Im Hochbau wurden im verflossenen Jahr keine neue Bauten in Angriff genommen."[49] Ein Photo aus dem Jahre 1934 zeigt das Grundstück unverändert[50], aber jetzt standen der Realisierung wohl auch noch politische Gründe entgegen.

JTK/JMa

Abb. 1, Berlins dritte Dimension, Umschlag einer Broschüre des Ullstein-Verlages, 1912

Aspekte - Kontroversen - Tendenzen: Die Hochhausdiskussion in Deutschland am Anfang der zwanziger Jahre

Als im September 1923 wohl zum ersten Mal in einer amerikanischen Architekturzeitung über die Bemühungen um den Hochhausbau in Deutschland berichtet wurde, gab der Autor des Beitrages, der deutsche Architekturkritiker Walter Curt Behrendt, einleitend einen Überblick über die zentralen Themen der seit 1920 in Deutschland geführten Auseinandersetzung um Hochhäuser, die wir im folgenden als Hochhausdiskussion bezeichnen.[1] Walter Curt Behrendt führte aus, daß die Ursache des seit dem Ersten Weltkrieg zunehmenden Interesses für Hochhäuser in der durch die stillstehende Bautätigkeit bedingten Wohnungsnot in den Industrie- und Großstädten läge. Mit der Errichtung von Hochhäusern hoffe man durch Geschäftszwecke genutzten Wohnraum wieder frei zu machen. Für die Mehrheit der deutschen Architekten, die sich für die Einführung dieses Bautyps ausgesprochen habe, erscheine das Hochhaus als ein neues, attraktives Problem monumentaler Architektur. Allerdings werde die Begeisterung durch die ungünstigen wirtschaftlichen Bedingungen gedämpft, wegen der ansteigenden Baukosten sei nirgends mit der Konstruktion von Hochhäusern begonnen worden. In fast allen deutschen Großstädten seien im Laufe der letzten Jahre Hochhauswettbewerbe durchgeführt worden, an denen sich viele führende Architekten beteiligt hätten. Dabei habe man ausgezeichnete und sehr originelle Ergebnisse erzielt. Bei Übernahme der im amerikanischen Hochhausbau bewährten Stahlskelettkonstruktion hätten die deutschen Architekten das amerikanische Vorbild in der Behandlung der Grundrisse und der architektonischen Gestaltung übertroffen.

Daß es zu einer derartigen, im Entstehungsland der Wolkenkratzer verständlicherweise als prätentiös empfundenen Selbsteinschätzung kommen konnte, beruhte nicht allein auf der Aktualität des Hochhauses nach dem Ersten Weltkrieg, sondern auch auf einer schon lange vor 1914 verbreiteten Beschäftigung deutscher Architekten mit den amerikanischen Wolkenkratzern. Seit 1890 läßt sich das wachsende Interesse an diesen Bauten anhand zahlreicher Artikel und der ausführlichen journalistischen Berichterstattung über Studienreisen und Ausstellungen in den Bauzeitschriften verfolgen. Aber erst im Zuge der Erörterung der Frage, ob der Bau von Hochhäusern auch in Deutschland sinnvoll sei, etablierten sich die Argumente für oder gegen den neuen Bautyp, die in der Hochhausdiskussion der zwanziger Jahre eine wichtige Rolle spielten.

1907 hatte der Verein der Deutschen Industriellen die „Frage der hohen Häuser" aufgeworfen.[2] Doch als wirklich bedeutende Beiträge können wohl erst die frühesten, 1910 im Zusammenhang mit dem Groß-Berlin Wettbewerb und der allerdings erst 1918 veröffentlichten Studie Paul Wittigs[3] in Berlin entstandenen Hochhausprojekte angesehen werden. Hierbei handelt es sich um vorwiegend auf städtebauliche Probleme bezogene Entwürfe. Mit der Auseinandersetzung um die Ausführung des Hotelprojektes am Bahnhof Friedrichstraße als Hochhaus seit 1914 wurde eine anhaltende Diskussion um bestimmte geeignete Standorte ausgelöst. Darüber hinaus entstanden auch Vorschläge utopischen Charakters wie die von K. Paul Andrae unter dem Titel „Das größere Berlin VIII" veröffentlichte Skizze einer Hochhausstadt. Schließlich wurde in verschiedenen Publikationen zu Fragen des Hochhauses Stellung genommen. Namhafte Architekten, Geschäftsleute und Politiker traten in der 1912 von der Berliner Morgenpost initiierten Umfrage, die in einer verheißungsvoll „Berlins dritte Dimension" genannten Broschüre (Abb. 1) publiziert wurde, für die Einführung der damals baupolizeilich nicht zulässigen Hochhäuser und Gebäudeaufstockungen ein.[4] Otto Rappolds Buch „Der Bau der Wolkenkratzer" von 1913 erläuterte die technische Seite des Hochhausbaus am Beispiel amerikanischer Wolkenkratzer und vermittelte durch Fotografien einen Einblick in die aktuelle amerikanische Hochhausarchitektur.

Die politische, wirtschaftliche und soziale Funktion der Hochhäuser

Erst 1920 kam es in Deutschland wieder zu einer Diskussion auf breiterer Basis über den Bau von Hochhäusern, die sich offensichtlich von einzelnen Problemstellungen auf allgemeine Fragen ausdehnte. Im Auftrag der Preußischen Akademie des Bauwesens erarbeitete Bruno Möhring seit Anfang 1920 eine Studie für ein Hochhaus am Bahnhof Friedrichstraße, die aber erst im Dezember des gleichen Jahres in einer Artikelfolge vorgelegt worden ist.[5] Im Mai 1920 wurde der erste Hochhauswettbewerb in Danzig ausgeschrieben (Abb. 2-6).[6] Dabei sollte geklärt werden, ob sich Hochhäuser in das Stadtbild einfügen ließen. Der für die Ausschreibung des Wettbewerbs verantwortliche Danziger Professor Kohnke hielt Ende Mai einen Vortrag über „Hochhäuser als Mittel zur Linderung der Wohnungsnot".[7] Damit ging er den im Juli und August 1920 erschienenen Artikeln von Max Berg voran, in denen das Wohnungsnotproblem untersucht wurde, und die als eigentliche Auslöser der Hochhausdiskussion nach dem Ersten Weltkrieg gelten müssen, weil sie eine nicht mehr abreißende Folge von in den Bauzeitschriften veröffentlichten Projekten und Beiträgen veranlaßt haben.[8] Aus einzelnen Ansätzen war von nun an eine weite Kreise der Öffentlichkeit bewegende Diskussion entstanden. Ein Hochhausentwurf von Max Berg und seinem Mitarbeiter Richard Konwiarz und das Projekt für den Messeturm in Leipzig (Abb. 7, VII), beide bereits 1919 bzw. Anfang 1920 entstanden, belegen, daß schon eine ganze Weile vor den ersten Veröffentlichungen an Hochhausprojekten gearbeitet worden war.[9] Als ein erster Erfolg der Bewegung kann die 1921 erlassene Genehmigung zur Errichtung von Hochhäusern auf dem Dispensweg, also durch eine baupolizeiliche Ausnahmeregelung, angesehen worden.

Durch die Verbindung des Wohnungsnotproblems mit der Frage des Hochhauses war es den Architekten gelungen, ein neues, vor allem aber ein soziales Argument für die auch nach dem Ersten Weltkrieg von weiten Kreisen abgelehnte Zulassung von Hochhäusern in die Diskussion einzuführen.[10] Dies war weniger ein rein strategisches Vorgehen als vielmehr der ernst gemeinte Versuch, die gravierenden Probleme der Zeit durch eigene Initiative zu überwinden. Viele Artikel in Tages-, aber auch Bauzeitschriften dokumentieren die katastrophalen Zustände auf dem Wohnungsmarkt am Anfang der zwanziger Jahre in Berlin und in anderen Großstädten. Die Unterbringung der großen Zahl an Wohnungssuchenden wurde durch die vielen überfüllten und sanitär unzureichend ausgestatteten Wohnungen erschwert.[11] In engem Zusammenhang mit der Wohnungsnot stand der Mangel an Geschäftsräumen, denn durch geschäftliche Nutzung waren zahllose Wohnungen fehlbelegt. Demgegenüber war es den staatlichen und städtischen Behörden trotz gesetzlicher Verordnungen nicht gelungen, den Bedarf an Wohnungen auszugleichen und die daniederliegende Bauwirtschaft zu mobilisieren. Unternehmer und Interessenvertreter der Wirtschaft kritisierten die

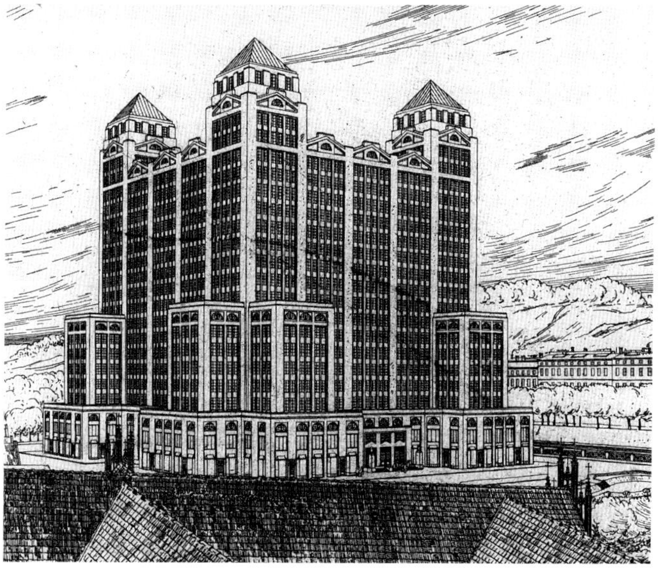

Wolkenkratzer-Wettbewerb Danzig, 1920
links oben: Abb. 2, E. Haarmann, Kennwort: „Kraft“, Schaubild
rechts oben: Abb. 3, Paul Engler, Kennwort: „Hugin“, Schaubild
links mitte: Abb. 4, Phleps, Kennwort: „Rechenexempel“, Schaubild
rechts mitte: Abb. 5, A. Karsten, Kennwort: „Hochburg“, Schaubild
links unten: Abb. 6, Urban, Kennwort: „Auf daß mein Haus voll werde“, Schaubild

Abb. 7 Haimovici/Tschammer/Caroli/, Entwurf Leipziger Messeturm, 1920, Schaubild

staatlichen Maßnahmen: Die Mieterschutzgesetzgebung mache die Errichtung von Neubauten unrentabel[12], durch hohe Materialkosten und Stundenlöhne, niedrige Bodenpreise, gesetzlich geregelte Mieten und vor allem durch die inflationäre Geldentwertung würden Investitionen im Siedlungs- und Wohnungsbau riskant, da keine Aussicht auf Gewinn bestünde. Nachdem viele Architekten zu der Ansicht gelangt waren, daß in den kommenden Jahren eine wirkliche Verbessserung der Lage nicht zu erwarten sei und daß die staatlichen Maßnahmen versagten[13], erschien der Bau von Geschäftshochhäusern als eine Möglichkeit, die Probleme von einer anderen Seite her anzugehen. Durch den Bau von Hochhäusern sollte zunächst der Bedarf an Raum für geschäftliche Nutzungen gedeckt werden, um dann die zweckentfremdeten Wohnungen freizumachen und dem Wohnungsmarkt wieder zur Verfügung zu stellen. Da man beim Hochhausbau von anderen Wirtschaftlichkeitsberechnungen ausging als beim Wohnungsbau, konnte beispielsweise das Verhältnis von Investitionskosten und Mieteinnahmen aufgrund der angenommenen großen Nachfrage in der Geschäftswelt als rentabel eingeschätzt werden.[14] Man spekulierte, daß die Errichtung von Hochhäusern preiswerter und schneller durchgeführt werden könne als die von Siedlungen, da keine neue Infrastruktur erforderlich sei und die Baukosten durch Rationalisierung und Baumaterialersparnis gesenkt werden könnten.[15]

Neben dem Wohnungsnotproblem wurde die bereits vor dem Ersten Weltkrieg ausführlich erörterte Ausgestaltung Berlins zur Reichshauptstadt, vordringlich der Ausbau der Innenstadt zu einem Geschäftszentrum des Welthandels, als ein weiteres Argument für die Errichtung von Hochhäusern angeführt.[16] Wirtschaft, Industrie und Handel sollten eine führende Rolle bei der Gestaltung der modernen Zivilisation einnehmen.[17] Schon 1910 war das Hochhaus als der dieser Entwicklung entsprechende Bautyp befürwortet worden.[18] Für Martin Mächler sollte es neben der Kirche als religiösem, dem Rathaus als kommunalem und dem Ministerium als staatlichem Zentrum der „wirtschaftliche Mittelpunkt einer ganz bestimmten und ganz natürlich gegliederten Lebens- und Arbeitsgemeinschaft“ werden.[19] Wenn man von einer ungebrochenen Fortsetzung der Großstadtentwicklung Berlins nach dem Krieg ausging[20], war die Ausarbeitung vielfältiger Nutzungsvorschläge für Hochhäuser naheliegend. Die neutrale, flexible Struktur, die mit fast jeder denkbaren Funktion gefüllt werden kann, war als charakteristisches Merkmal des amerikanischen Wolkenkratzers bekannt und wurde von denjenigen, die diese Bauten aufgrund eigener Reiseerfahrungen kennengelernt hatten, euphorisch beschrieben.[21] Im Zuge der Hochhausdiskussion gab es wohl nur wenige Nutzungsformen, für die das Hochhaus nicht in Frage gekommen wäre.[22] Vorrang hatten öffentliche und halböffentliche Nutzungen des Hochhauses als Rathaus, Verwaltungsbau, Hotel, Warenhaus, Geschäftshaus und Messebau. Wohnhochhäuser wurden zwar vereinzelt vorgeschlagen, stießen aber auf so fundamentale Einwände, daß nie ernsthaft an eine Ausführung zu denken war.[23] Mehrfach betont wurde der Gedanke, daß der Bau von Hochhäusern in Deutschland nur aufgrund eines tatsächlichen volkswirtschaftlichen Bedürfnisses erfolgen werde.[24] Dies sollte jedoch keine planlose Einführung der Hochhäuser bedeuten, denn eine Entwicklung auf der Grundlage ungehemmter wirtschaftlicher Machtentfaltung, wie sie in Amerika stattgefunden hatte, wollte man durch die Kontrolle der Wirtschaft

von Anfang an verhindern[25]: „Das Hochhaus ist entschiedenes Wahrzeichen des Kapitalismus in zwar kühner, aber auch brutal selbstsüchtiger Prägung, auch wer nicht Sozialdemokrat und Schwärmer für die neue Zeit ist, wird ihm erst dann ohne Vorbehalte und der Not gehorchend Daseinsrecht zugestehen, wenn Staat oder Gemeinde seine Vorteile völlig für die Allgemeinheit ausnutzen.“[26] Zahlreiche vorgeschlagene Kontrollmaßnahmen dokumentieren das Bedürfnis nach einer neuen administrativen, wirtschaftlichen und sozialen Ordnung des Staates. Die wichtigsten in der Hochhausdiskussion erhobenen Forderungen waren die Zulassungsbeschränkung von Hochhäusern[27], die Beschäftigung von unter staatlicher Kontrolle stehenden Baugesellschaften bei der Ausführung[28], das Abführen der durch Mieteinnahmen und Bodenwertsteigerung erwirtschafteten Überschüsse durch die privaten Investoren an den Staat[29], die Ausführung von Hochhäusern als öffentliche Bauten durch die Städte als Bauherren oder für weitgehend öffentliche Zwecke[30], die Errichtung von Hochhäusern ausschließlich auf öffentlichem Baugrund zur Verhinderung der Bodenspekulation[31], daneben die Revision der Bauordnung[32], die Neuordnung der Baupolizei und die Einrichtung einer öffentlichen Prüfungsstelle für Hochhäuser.[33] Architekten und Behörden verstanden sich folglich als korrigierend eingreifende „Vertreter der Forderungen der Allgemeinheit“ gegen die einseitigen Ausnutzungsinteressen der Wirtschaft.[34]
Im Zusammenhang mit diesen Überlegungen versuchten manche Architekten, das Hochhaus zu einem Symbol der Gemeinschaft zu erheben. Das Projekt eines Hochhauses von Otto Kohtz für die Reichsbehörden auf dem Königsplatz in Berlin (vgl. Kat. Nr. 54) sah die Zentralisierung der Verwaltung vor, um ein engeres Zusammenarbeiten der einzelnen Stellen zu ermöglichen. Gleichzeitig sollte es nach dem Vorbild der gotischen Dombauhütte in kollektiver Zusammenarbeit von vielen Künstlern geschaffen werden, um „dem ganzen Volke später als Reichsarbeitsstätte für Wohlfahrt, Gesundheit, Sitte, Gesetz, Kraft, Geist und Schönheit“ zu dienen.[35] Daß der von Otto Kohtz aufgebrachte Gedanke der Planung eines Hochhauses für die Reichsbehörden im Hauptausschuß des Reichstages einstimmig gebilligt wurde, während man sich jedoch über die Frage des Standortes nicht verständigen konnte[36], macht deutlich, daß die Beschäftigung mit dem Hochhaus weit mehr als eine rein auf den Kreis der Architekten beschränkte Angelegenheit war, und daß es leichter fiel, grundsätzliche als konkrete Entscheidungen zu treffen. Der Aspekt der Öffentlichkeitsbezogenheit wurde auch im Fall der privatwirtschaftlichen Nutzung von Hochhäusern in den Vordergrund gestellt. So konnte ein Hotel als Zubehör zu einem Bahnhof betrachtet werden, die Zusammenfassung der beiden Funktionen in einem Hochhaus wie beim Hudson Terminal in New York fand Bewunderung.[37]

Einen zentralen Stellenwert nahm die Auseinandersetzung mit dem amerikanischen Wolkenkratzer in der deutschen Hochhausdiskussion ein. Viele Projekte und Diskussionsbeiträge sind nur aus dem Bedürfnis nach Abgrenzung von den amerikanischen Hochhäusern zu verstehen. Der Wolkenkratzer wurde jedoch nicht als Bautyp abgelehnt, sondern als Symbol der amerikanischen Zivilisation und ihres kapitalistischen Wirtschaftssystems. Die grundsätzliche und oftmals polemisch vorgebrachte Kritik daran gibt ihrerseits Einblick in das rivalisierende Verhältnis der beiden Staaten. Obwohl viele Anregungen direkt auf Erfahrungen mit amerikanischen Hochhäusern zurückgingen und man möglichst viele positive Eigenschaften von dem als pragmatisch, geschäftstüchtig und leistungsorientiert geltenden Amerikaner übernehmen wollte, blickte man doch voller Verachtung auf die amerikanischen Wolkenkratzer. Es hieß, sie seien aus der Notwendigkeit der wirtschaftlichen Entwicklung geboren worden, hätten nicht „übersinnlichen Idealen, sondern dem profanen Zweck“ zu dienen[38] und stellten folglich keine Verkörperung der „Idee der Gemeinschaft“ dar.[39] Ein Hauptkritikpunkt war der ungezügelte Materialismus, der in den Wolkenkratzern zum Ausdruck komme. Dementsprechend wurden sie als „steingewordener Gedanke des rücksichtslosen allkapitalistischen Unternehmers, dessen Streben nur auf ungeheuren Gewinn von materiellen Gütern gerichtet ist,“ bezeichnet.[40] In diesem zum Klischee erstarrten Bild von Amerika mischen sich einerseits Bewunderung der technischen und organisatorischen Leistungen und andererseits Ablehnung der als unsozial und entindividualisierend empfundenen Verhältnisse, auf deren Grundlage der Bau von Wolkenkratzern möglich wurde. Diese schon vor dem Ersten Weltkrieg etablierten Positionen wurden auch von denjenigen, die Amerika aus eigener Anschauung kannten, nicht relativiert.[41] Die Abgrenzung von Amerika wurde als feststehender Grundzug der Hochhausdiskussion von Befürwortern und Gegnern des Hochhauses in seltener Übereinstimmung immer wieder betont.
Die grundsätzliche Ablehnung des Hochhauses von weiten Kreisen der Architekten und vor allem der Bürokratie hatte allerdings sehr vielschichtige Gründe. Neben technischen, feuerpolizeilichen und verkehrstechnischen Einwänden[42] wurde die wirtschaftliche Notwendigkeit der Einführung von Hochhäusern[43] ebenso wie der Zusammenhang mit dem Wohnungsnotproblem häufig bestritten.[44] Sogar von ihren Befürwortern wurde die Hochhausbewegung als bloße Modeerscheinung abgetan.[45] Die Zentralisierung der staatlichen Verwaltung im Hochhaus wurde aus strategischen Gründen abgelehnt, da die erleichterte Angreifbarkeit der Regierung im Falle eines Umsturzversuches in der unsicheren Zeit nach dem Krieg als Risiko angesehen wurde.[46] Die zur Genehmigung der Hochhäuser erforderliche Gesetzgebung erschien als notwendigerweise autoritär und willkürlich[47], man mißtraute den Kontrollmechanismen der Verwaltung und befürchtete, Spekulation und Rücksichtslosigkeit würden sich gegen sie durchsetzen.[48]
Aufschlußreich ist das Verhalten der staatlichen Behörden im Fall des Projektes für das Hochhaus am Ring in Breslau von Max Berg (Abb. 8, 9). Kurz nach der Veröffentlichung des Entwurfes kam es zu einem Schriftwechsel zwischen dem Ministerium für Wissenschaft, Kunst und Volksbildung und dem Regierungspräsidenten in Breslau.[49] In den Schreiben wurde ein wirtschaftlicher Grund für die Errichtung von „Geschäftshochhäusern nach amerikanischem Muster“ nicht anerkannt und das Projekt aus Gründen des Städtebaus und des Heimatschutzes abgelehnt. Ohne daß eine Ausführung wahrscheinlich erschien, wurde der Regierungspräsident angehalten, „gegebenenfalls rechtzeitig die geeigneten Schritte zu tun.“ Vor diesem Hintergrund verwundert die Ablehnung einer auf Veranlassung von Max Berg im August 1920 beim Ministerium für Volkswohlfahrt vorgeschlagenen Konferenz „zur Besprechung der Frage der Hochhäuser“ nicht.[50]

Polemisierende Angriffe mußten die Vertreter der Hochhausbewegung von Verfechtern reaktionärer, nationalistischer und rassistischer Standpunkte hinnehmen. Eine „gewisse Schicht eingewanderter Großstädter“[51], das „internationale Großkapital“ als Kriegsgewinnler[52], Spekulanten, Imperialisten und nicht zuletzt auch Juden drohten sich angeblich an einem neuen Turmbau von Babel zu versündigen.[53] Mögen die Ansichten vieler Gegner des Hochhauses auch in einem berechtigten Mißtrauen gegenüber den allzu optimistisch vorgebrachten Vorschlägen der Befürworter begründet sein, so darf jedoch nicht übersehen werden, daß sie meist nicht über den Stand der in der Hochhausdiskussion bereits geklärten Probleme informiert waren und ihre Haltung vielmehr durch emotionale, reaktionäre oder volkstümelnde Auffassungen bestimmt war. Selbstverständlich lehnten sie auch die gesellschaftspolitischen Vorstellungen der wohl überwiegend aus dem Bürgertum stammenden Vertreter der Hochhausbewegung ab.
Nationalistisches Gedankengut durchzieht allerdings nicht nur die Argumente der Gegner, sondern auch der Befürworter des Hochhauses. Mit markanten Sprüchen wie: „Ein Volk, das nicht baut,

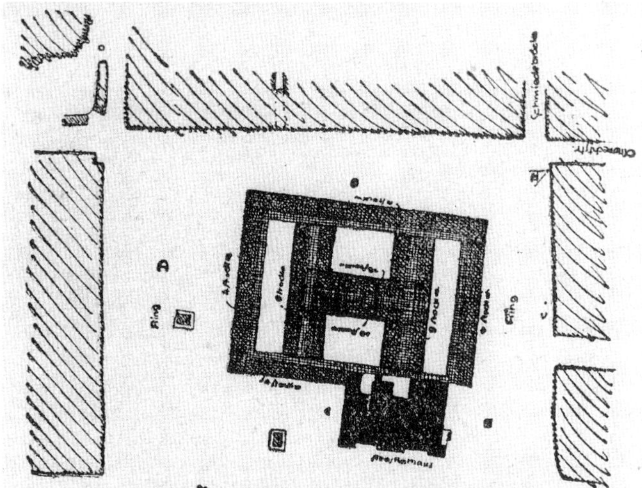

oben: Abb. 8, Max Berg, Hochhaus am Ring, Breslau 1920, Schaubild bei Nacht
unten: Abb. 9, Max Berg, Hochhaus am Ring, Breslau, 1920, Lageplan

stirbt“ oder „Bauen bringt Leben, Mut und Vertrauen“[54] und dem Verweis auf alte preußische Tugenden – heftige Bautätigkeit nach einer Niederlage sei schon eine „fritzsche Weisheit“ gewesen[55] – sollte auf die soziale Rolle des Architekten als Verantwortlichem für das Wohlergehen des Volkes und auf die gesellschaftsstabilisierende Funktion der Architektur im nachrevolutionären Zeitalter hingewiesen werden.[56] Ganz in diesem Sinne würde die Linderung der Wohnungsnot und Förderung der Bauwirtschaft durch den Bau von Hochhäusern die „Hebung der Arbeitslust und -kraft“ bewirken, von der das ganze wirtschaftliche und kulturelle Leben Deutschlands abhinge.[57] Der Hochhausbau wurde in einer unsicheren Zeit als Mittel zur Überwindung der Niederlage des Ersten Weltkrieges präsentiert und es schien, „als würden Hochhäuser das Dokument wiederbeginnender Arbeit und Regsamkeit, Symbol des Aufbaues Deutschlands“ werden.[58] In diesen, von ganz unterschiedlichen Architekten vertretenen Auffassungen zeigt sich das Weiterleben von Vorstellungen der Zeit vor dem Ersten Weltkrieg in der Weimarer Republik. Die Unsicherheit der politischen Lage und die Tatsache, daß die Konsolidierung des Staates noch nicht abgeschlossen war, ließ es offen erscheinen, welche Bauherren den Architekten die nächsten größeren Aufträge geben würden und erschwerte eine Identifizierung mit den politischen Zielen der Republik. So vermag es nicht zu überraschen, daß die Suche nach einem Symbol für den neuen, demokratischen deutschen Staat in der Hochhausdiskussion überhaupt keine Rolle spielte. Vielmehr gestatten die verschiedenen Stellungnahmen Einblick in die Auseinandersetzungen zwischen einzelnen Interessengruppen der Architektenschaft. Zur Zeit der Verwaltungsreform am Anfang der zwanziger Jahre herrschte völlige Unklarheit über die gültige Bestimmung der Aufgaben und das Berufsbild des Architekten. Kennzeichnend waren polemisch geführte Debatten um die zur Verteilung anstehenden Kompetenzen einzelner Berufsgruppen, so etwa die Forderung, die Genehmigung von Hochhausprojekten der Baupolizei zu entziehen und neuen Gremien zu übertragen.[59] In einer Situation, in der der BDA (Bund Deutscher Architekten) als Interessenvertretung der freien Architektenschaft die Übergabe aller öffentlichen Bauaufgaben an private Architekten und eine Beschränkung der staatlichen Bauverwaltung auf reine Verwaltungstätigkeit forderte[60], umgekehrt aber die städtischen Baubeamten den Vorbehalt sämtlicher kommunaler Bauaufgaben und eine Beschränkung der privaten Architekten auf den Wohnungsbau und einzelne spezialisierte Zweige verlangten,[61] mußten die Architekten um ihre berufliche Zukunft besorgt sein. Die Aktualität dieses Konfliktes zwischen freien und in der Verwaltung tätigen Architekten wurde zudem noch durch die Auseinandersetzungen um den Neubau der Reichsschuldenverwaltung und des Gebäudes der Eisenbahndirektion in Berlin bestätigt, als in beiden Fällen Hochhausentwürfe zweier Privatarchitekten zugunsten konventioneller Ausführungsentwürfe von Architekten der Verwaltung zurückgezogen werden mußten.[62]

Die Architekten, die sich in der Hochhausdiskussion engagierten, rechneten durchaus mit Chancen für die Realisierung ihrer Projekte und mußten deshalb bestrebt sein, dem diagnostizierten wirtschaftlichen Bedürfnis durch eigene Vorschläge entgegenzukommen. Auf diese Tätigkeit ohne unmittelbaren Auftraggeber anspielend, sagte Richard Herre am Beispiel der Stuttgarter Hochhausprojekte von Richard Döcker und Hugo Keuerleber, Aufgabe der Architekten sei es, „die Ziele aufzustellen, die in der Verquickung der für uns praktischen Zwecke mit der für uns künstlerisch städtebaulich schönen Form liegen (. . .). Ist dies gelungen, so mögen sich die Praktiker des sozialen Idealismus finden (. . .), die sich die soziale Seite der Angelegenheit verantwortungsbewußt beschauen, die gerechte Regelungen der entstehenden ökonomisch-sozialen Fragen finden (. . .)“.[63] Ihrem Selbstverständnis nach „sozial denkende Städtebauer“[64], nahmen die in der Hochhausdiskussion engagierten Architekten die Rolle des gesellschaftliche Zielvorstellungen entwickelnden Künstlers in Anspruch. Die daraus resultierenden Versuche, bestimmte politische, wirtschaftliche und soziale Veränderungen mit dem Hochhausbau durchzusetzen, sollten nicht allein eine Verbesserung der allgemeinen gesellschaftlichen und aktuellen privaten Lage der Architekten mit sich bringen, sondern dokumentieren darüber hinaus deren Anspruch, eine führende Position in der sich konstituierenden Gesellschaft der Weimarer Republik einzunehmen.

Abb. 10, Geschäftsviertel von New York vom East River aus, um 1910

Hochhaus und Stadt

Wenn das Hochhaus in Deutschland nach dem Ersten Weltkrieg nicht Ausdruck, sondern Instrument einer bestimmten Wirtschaftspolitik sein sollte,[65] so galt für seine Bedeutung im Bereich des Städtebaus ganz ähnliches. Der Hochhausbau erschien als Mittel der Stadtplanung, er sollte der sich planlos vollziehenden Entwicklung zur überhandnehmenden kommerziellen Ausnutzung der Innenstädte Einhalt gebieten und ihr, verbunden mit entsprechenden gesetzlichen Maßnahmen, eine nicht allein wirtschaftliche, sondern auch öffentliche Interessen berücksichtigende Entwicklung entgegensetzen, der durch eine einheitliche architektonisch-städtebauliche Gestaltung Ausdruck verliehen werden sollte.

Die Kritik an den amerikanischen Hochhausstädten, vor allem an New York und Chicago, und die Auseinandersetzung mit dem Städtebau der Zeit vor dem Ersten Weltkrieg bildeten die Ausgangslage für die neu entstehenden Vorschläge. Die amerikanischen Wolkenkratzer erfuhren konsequente Ablehnung, da sie nicht nach städtebaulichen Gesichtspunkten entstanden waren.[66] Auf der Grundlage des kapitalistischen Wirtschaftssystems war die Entstehung der Wolkenkratzerstädte durch Rücksichtslosigkeit, Planlosigkeit und Zufälligkeit gekennzeichnet.[67] Diese Aspekte bestimmten die Einschätzung amerikanischer Städte durch deutsche Architekten: „Es ist zuzugeben, daß die amerikanischen Citystädte architektonisch künstlerisch vollständige Versager sind. Die Stadtbaukunst hat keine Bereicherung durch sie erfahren. (. . .) Ohne Rücksicht auf Nachbarschaft und Umgebung, brutal sich allein vor- und aufdrängend, in sinnloser Anordnung und Ausbildung, wachsen diese Wolkenkratzer wie ein Haufen beliebig durcheinander gestellter Riesenklötze gen Himmel . . .".[68] Auch aus verkehrstechnischen und hygienischen Gründen wurden die Wolkenkratzer rigoros abgelehnt. Die Probleme der Belüftung und Beleuchtung der Gebäude, der Staub- und Rauchentwicklung sowie der Verstopfung in den vom Verkehr überlasteten, dicht mit Hochhäusern bebauten Straßen erschienen als Vervielfachung der schon in den europäischen Großstädten bekämpften Mißstände.[69]

Trotz all dieser Kritikpunkte wurde das Stadtbild von Manhattan vor allem in seiner Ansicht für den vom Ozean her in den Hafen Einfahrenden bewundert und häufig beschrieben (Abb. 10). Die für seine Reize empfänglichen Architekten und Kritiker sahen sich zu verschiedenen Erklärungsversuchen genötigt. Für Adolf Behne war das nahe Aneinanderstellen der Türme das „stärkste ästhetische Mittel" der Hochhausgruppen. „Denn wahrscheinlich kommen die Amerikaner mit ihrer Auffassung, die keinerlei soziale Rücksichten nimmt, gerade zur Ausprägung einer neuen, unerhört mächtigen Stadtschönheit (. . .)".[70] Auch Peter Behrens bewunderte „durch Zufall entstandene Gruppierungen in der großen Anzahl von Hochhäusern, (. . .) die uns überhaupt erst ein höheres künstlerisches Prinzip der Stadtbaukunst ahnen lassen". Durch die terrassenartige Bildung verschiedener Höhenschichten „entstanden über dem Straßenniveau und den niedrigen Häusern Raumwirkungen, (. . .) die bei ihrer enormen Ausdehnung verschiedene Stadtteile für das Auge zueinander in Beziehung brachten".[71] Im Gegensatz zu Peter Behrens warnte Adolf Behne jedoch vor der Nachahmung solcher Effekte: „Wir müssen gewisse architektonische Gesamtwirkungen von stärkster Vitalität bewußt opfern".[72]

Das starke Interesse für den Wolkenkratzer resultierte auch aus einer grundsätzlichen Unzufriedenheit mit der jüngeren Entwicklung der deutschen Großstädte, wobei Berlin als das abschreckendste Beispiel galt. Durch die Ausdehnung der Großstadt bis zur Unübersichtlichkeit[73] waren „Stadtgegenden von großer Eintönigkeit" entstanden[74], neue öffentliche Bauten, Parkanlagen und Denkmäler waren schlecht und willkürlich plaziert[75], die alten Dominanten im Stadtbild, Rathaus und Kirche, ihrer ehemaligen Wirkung enthoben.[76] Die von den Architekten ausgearbeiteten Lösungsvorschläge standen in engem Zusammenhang mit den allgemeinen gültigen Prinzipien des zeitgenössischen Städtebaus. Dementsprechend sollte die weitere Entwicklung der Städte durch eine klare Trennung von Geschäfts- und Wohnstadt in den Bereichen der ehemaligen Altstadt und der Vororte bestimmt werden. Die Konzentration der Innenstadt durch funktionale Verdichtung und architektonische Monumentalisierung wurde als Voraussetzung für gartenstadtähnliche Wohnviertel begriffen.[77] Schon früh glaubten manche Architekten, mit der Errichtung von Hochhäusern seien die städtebaulichen Probleme der Großstadt zu lösen. Durch die gezielte Einfügung von Hochhäusern sollte die „Durchführung eines einheitlichen Charakters und Stilgedankens in einer ganzen Stadt" möglich werden, so ließe sie sich „im städtebaulichen Sinn als ein geschlossenes Architekturgebilde" auffassen.[78] Bereits 1910 hatte Bruno Schmitz sein im Rahmen des Groß-Berlin Wettbewerbs vorgeschlagenes Projekt für ein Hochhaus am Leipziger Platz mit dem Argument zu rechtfertigen gesucht, daß man „mit den im Mittelalter und Renaissancestil üblichen Türmemaßen" nicht mehr auskomme, da breitere Straßen und Plätze eine höhere Bebauung erforderten.[79] Als man erkannte, daß die traditionellen städtebaulichen Prinzipien und Gestaltungsmittel aufgrund der zunehmenden Ausdehnung der Großstädte in ihrer Wirkung für das Gesamtbild der Stadt versagen mußten, konnten nur noch Hochhäuser die stadtbildgliedernde Funktion von Plätzen und Kirchen übernehmen, denn „die nur ins Horizontale geführte Anlage (der Stadt) verlangt nach Körperlichkeit, die nur in der Zufügung von kompakten, vertikalen Massen gefunden werden kann".[80] Analog zu der ihnen zugedachten herausragenden Stellung als Wirtschaft, Industrie und Handel repräsentierende Bauten sollten die Hochhäuser als neue Stadtdominanten die alten Dome und Kathedralen im Rückbezug auf das idealisierte Vorbild eines rein ästhetisch aufgefaßten mittelalterlichen Städtebaues ersetzen. Dabei wollte man die „Stadtproportionalität" des Mittelalters[81] auf die Gegenwart übertragen und das Verhältnis der Dome zur mittelalterlichen Stadt als Sinnbild für das Verhältnis der Geschäftsstadt zur Großstadt übernehmen.[82] Für das Hochhaus, das sich an der Umgebung zu messen hatte, sollte das normale Geschäftshaus den Maßstab abgeben.[83] Erst mit dieser „Weiterentwicklung des Stadtaufbaugedankens des Mittelalters"[84] durch das Hochhaus konnte an eine aus vorindustrieller Zeit stammende Tradition angeknüpft werden, womit die Fehler der unmittelbar zurückliegenden Vergangenheit und die gerade nach dem Ersten Weltkrieg stark empfundene Entfremdung überwunden werden sollten. Der Anspruch der Architekten, sich in eine historische Kontinuität einzugliedern, oder mehr noch, diese überhaupt erst wieder herzustellen, war ein wichtiges Argument in der Auseinandersetzung mit den Gegnern der Hochhausbewegung, die vor der Zerstörung des Stadtbildes durch Hochhäuser warnten.

Mehrfach erfuhr der von Bruno Taut geprägte Begriff der „Stadtkrone" in der Hochhausdiskussion Verwendung. Max Berg und auch Bruno Möhring betrachteten die mit Hochhäusern ausgebauten Innenstädte als „Stadtkronen", ohne sich jedoch direkt auf den Ursprung des Wortes zu beziehen.[85] Auch einzelne Hochhausprojekte wurden mit diesem Titel versehen.[86] In den Bauzeitschriften verwahrte man sich allerdings gegen eine Verflachung des Begriffes, denn seine Adaption für einen allen Zwecken dienenden Nutzbau entspräche nicht der von Bruno Taut intendierten Funktion der Stadtkrone. Diese sei vielmehr „ein Heiligtum, das der gesammelte Bauwille einer städtischen Gemeinschaft zur Ehre Gottes oder zur Freude der Menschheit oder um seiner selbst willen auftürmt (...)."[87] Da seine Absichten hier im Grunde richtig interpretiert wurden, mag es erstaunen, daß es Bruno Taut selber war, der in seiner Publikation einer freien, assoziativen Anwendung des Begriffes die Richtung wies. Im Abbildungsteil erscheinen dort unter den „Neueren Versuchen zu Stadtbekrönungen" das Gebäude der städtischen Verwaltung von New York (Municipal Building), in welchem sich die „Tendenz zur Verkörperung des Bürgerstolzes" manifestiere, und eine Gesamtansicht der Wolkenkratzer Manhattans.[88] Schon hier wurden also einzelne Hochhäuser wie auch die Hochhausstadt in Beziehung zu dem Begriff „Stadtkrone" gebracht.

Nach Ansicht der Architekten war es die Aufgabe der Behörden, sich für die Realisierung ihrer Vorschläge einzusetzen und zu verhindern, daß der Bau von Hochhäusern, „statt einen Fortschritt in sozialer und ästhetischer Richtung einzuleiten, zu einer Schädigung sich auswächst".[89] Die vielfach verlangte Reform der Baugesetzgebung sollte dafür sorgen, daß der Hochhausbau „eine Sanierungsunterlage der schlecht bebauten Teile der Großstädte Deutschlands" werde.[90] Die alte Forderung, der Höhengliederung der Stadt müsse auch durch die Bauordnung entsprochen werden[91], wurde nun durch konkrete Vorschläge aktualisiert. Um die Einheitlichkeit des Stadtbildes zu gewährleisten, wurde ein blockweises Festsetzen der Gebäudehöhen[92] oder die im Sinne eines Fluchtlinienplanes gesetzlich festzulegende „Höhenkurve für die vertikale Silhouette der Städte" gefordert.[93] Außerdem sollten im Zuge der Einführung von Hochhausbauten Straßenverbreiterungen und Durchbrüche, neue Platzanlagen und „andere Vorteile für die Allgemeinheit" durchgesetzt werden.[94] Daß aber eine solche als autoritär empfunden würde und überdies noch auf einem naiven Vertrauen in die Wirksamkeit staatlicher Kontrollmittel beruhte, wurde von vielen Architekten übersehen, von den Gegnern des Hochhauses aber als Problem erkannt.

Offen blieb die mehrfach erörterte Frage, für welche Städte der neue Bautyp überhaupt in Betracht kommen solle. Berlin hatte schon wegen seiner Funktion als Reichshauptstadt sozusagen Anspruch auf Hochhausbauten, die das Stadtbild bereichern und ihm ein weltstädtisches Gepräge verleihen sollten.[95] Neben dem vereinzelten Vorschlag, das Hochhaus nicht der Großstadt, sondern nur der Millionenstadt vorzubehalten[96], war die Einfügung von Hochhäusern in kleinere Städte und in historische Altstädte sehr umstritten. Die Architekten sahen jedoch im Bau von Hochhäusern keine Gefahr für das Stadtbild und setzten sie bewußt in Konkurrenz zu historischen Bauten, wie die Entwürfe für Stuttgart und Breslau zeigen.[97] Provozierend mußte das Projekt für ein Hochhaus am Ring in Breslau von Max Berg wirken, das – an zentraler Stelle inmitten der Altstadt gelegen – mit dem Abbruch eines ganzen Blockes rechnete, wobei nicht nur der neugotische Rathausbau von August Stüler, sondern auch eine ganze Reihe stattlicher Bürgerhäuser hätte geopfert werden müssen (Abb. 8, 9). Max Berg wollte mit diesem Vorschlag jedoch gerade auf die Möglichkeit der Einfügung des neuen Bautyps in eine historische Umgebung hinweisen, weswegen er den Hochhausbau unmittelbar an das alte Rathaus anschließen ließ, das erst in seiner Verbindung mit dem monumentalen Neubau als altehrwürdiges Denkmal zur Geltung kommen sollte. Tatsächlich blieb das alte Rathaus aber wie zufällig neben der dominierenden Struktur des neuen Gebäudekomplexes stehen, und Max Berg hat seiner Wertschätzung des Alten gegenüber dem Neuen offen Ausdruck verliehen, wenn er von dem alten Rathaus sagte: „Dieses, ein Juwel gotischer Profanbaukunst, erscheint in seiner malerischen Gestaltung wohl geeignet, einem solchen Hochhausbau angegliedert (!) zu werden".[98]

Gemäßigtere Stimmen überlegten, die Hochhäuser zum Schutz der historischen Altstädte hauptsächlich in neueren Städten und Stadtteilen oder zumindest außerhalb des alten Stadtkerns zu errichten.[99] Eine besonders heftige Auseinandersetzung entspann sich in München. Hier war der Vorschlag bekannt geworden, „die Bauten in einem Abstand von ungefähr ein bis anderthalb Kilometer von der Frauenkirche als Mittelpunkt ringförmig zu verteilen und zu einem rhythmischen Kranz zu gruppieren. Der hundert Meter hohe Dom würde so durch einen Kreis fünfzig bis sechzig Meter hoher Trabanten in seiner beherrschenden Stellung als Stadtdominante nicht geschmälert, sondern im Gegenteil noch gesteigert werden. Es ist keine Utopie, dabei auch schon an den zukünftigen Luftverkehr zu denken; in Zukunft wird man bei architektonischen Gestaltungen auch an die Ansicht aus der Vogelperspektive denken müssen."[100] Diese städtebauliche Konzeption und auch der vergleichbare Vorschlag Adolf Muesmanns für Dresden[101] vermitteln den Eindruck einer direkten Umsetzung der von dem französischen Architekten Hénard entwickelten „Stadt der Zukunft" (Abb. 11) in die gegebene topographische Situation. Dieses Idealmodell für eine Großstadt war 1910 in der Bauwelt veröffentlicht worden.[102] Die Idee der von Türmen umgebenen Innenstadt war hier bereits verwirklicht, die universale Anwendbarkeit des Modells ist in der synoptischen Zusammenstellung verschiedener Stadtwahrzeichen (Campanile, Eiffelturm usw.) impliziert.

Visionäre Gedanken, die in der Hochhausdiskussion relativ selten blieben, entwickelte Max Berg, indem er zwischen dem Realfall des Stadterweiterungsbaues und dem Idealfall der Anlage neuer Städte differenzierte. Hierbei könne die gesamte innere Geschäftsstadt als pyramidal ansteigendes, erweiterbares, durch horizontale und vertikale Verkehrswege erschlossenes Hochhaus errichtet werden.[103] Das Hochhaus wird dabei zu einer Alternative zur Stadt, indem es alle ihre Funktionen in sich aufnimmt und als ein dominierendes Gebilde auftritt, das nicht auf Eingliederung angelegt ist.[104] Im Gegensatz zu dieser „Stadt als Hochhaus" stehen einige Ansätze zur Bildung einer „Hochhausstadt". In den Turmhausstudien von K. Paul Andrae – vergleichbar mit dem Entwurf Auguste und Gustave

Abb. 11, Eugene Henard, „Stadt der Zukunft"

Perrets[105] - stellen die in gradliniger Abfolge die Straßenachsen flankierenden Wolkenkratzer den vorherrschenden Bautyp dar (Kat. Nr. 52, Abb. 11). Weniger radikal sind die Skizzen zu den „Turmhäusern an Straßenecken" von Bruno Möhring (Kat. Nr. 53), in denen eine bei der Beschäftigung mit städtebaulichen Problemstellungen entwickelte Lösung zur Idealstruktur erhoben wird. Eine ebenso konkrete Aufgabe, die Versorgung der Straßen mit Licht und Luft, hat der Architekt Kemnitz in seinem „Turmschwebehaus" (Kat. Nr. 58) verfolgt.
Ausführlich wurde über die Fragen diskutiert, in welchen Stadtvierteln Hochhäuser sinnvollerweise errichtet werden sollten und ob sie einzeln oder auch mehrfach auftreten dürften. Vorherrschend war die Meinung, daß Hochhäuser überwiegend oder ausschließlich in der Geschäftsstadt Platz finden sollten. Einzelnen Vierteln des Geschäftszentrums könne durch Turmhäuser ein Wahrzeichen verliehen werden.[106] Es wurden aber auch Standorte im Stadteingangsbereich[107], an Radial- und Ausfallstraßen[108], in Industrie[109] - und selbst in Wohnvierteln[110] ins Auge gefaßt. Bruno Möhring, Max Berg, Peter Behrens und Ludwig Hilberseimer waren sich einig, daß sie an verschiedenen Stellen der Innenstadt errichtet werden müßten, da wenige Hochhäuser nicht ausreichen würden, um dem Stadtbild „den bestimmten Anblick einer modernen Stadt" zu geben.[111] Dagegen wurde aber auch die Forderung gesetzt, das Hochhaus müsse eine Ausnahmeerscheinung bleiben[112], oder es dürfe im Stadtbild nur einmal vorkommen.[113] Durchaus unterschiedliche Auffassungen bestanden auch darüber, wie die Hochhäuser in das Stadtbild integriert werden könnten. Sie sollten nur an Stellen errichtet werden, „wo das Herausschnellen einer energischen Vertikale für das Stadtbild künstlerisch notwendig ist".[114] Traten einige für die Gruppierung und Konzentration von Hochhäusern in bestimmten Bereichen ein, so meinten andere, durch Verteilung und Auseinanderziehen der Standpunkte könnten der Verkehr besser bewältigt und „ästhetisch günstigere Städtebilder" erzielt werden.[115] Unaufgelöst blieb dabei der Widerspruch zwischen ästhetischen Forderungen und wirtschaftlichen Erfordernissen.
Als geeignete Standorte wurden freie Plätze, breite Straßen, zurückspringende Straßenecken und Flußufer angesehen, da hier eine gute Beleuchtung der Nachbarschaft gewährleistet war. Ganze mit Hochhäusern bebaute Straßenzüge wie in New York und Chicago lehnte man dagegen durchweg ab.[116] Dennoch gab es keine einheitlichen Vorstellungen darüber, wie das Hochhaus mit seiner Umgebung in Verbindung treten müsse. Der Anschluß an die vorhandene (historische) Bebauung durch Übernahme der Bauhöhe und allmähliche Staffelung der Baukörper[117] und das Zurücksetzen der Turmbauten von der Straßenfront hinter die Blockrandbebauung[118] wurden als verschiedene Möglichkeiten der Einbindung vorgeschlagen. Darauf zielte auch die Forderung, keine selbständigen eurhythmischen Grundrißfiguren zu verwenden.[119] Doch wurde solchen Vorstellungen auch rigoros widersprochen. Max Osborn schrieb: „Auch um eine Einfügung in geschlossene architektonische Stadtbilder kann es sich nicht handeln. Ein Turmgebäude schießt mit solcher Gewalt aus dem Meer der niedrigen Häuser gen Himmel, es führt durch seine Existenz einen solchen Riß in jeden früheren Stadtanblick herbei, daß diese Gewaltsamkeit seines Auftretens sich auch in der völlig selbständigen architektonischen Haltung ausdrücken muß".[120] Adolf Behne trat gegen Versuche der Einbindung von Hochhäusern ein und forderte, sie sollten in klarer Spannung zu ihrer Umgebung stehen.[121] Hilberseimer propagierte in Abgrenzung von den amerikanischen Wolkenkratzern das freistehende, auf Einzelwirkung berechnete Hochhaus als Solitär.[122]

Abb. 12, Auguste Perret, Turmhäuser, 1922

Die Bedeutung der städtebaulichen Stellung des Hochhauses zeigt sich an den zahlreichen Entwürfen und Diskussionsbeiträgen, die es im Zusammenhang mit Platzanlagen behandelten. Die allgemeine Forderung, Hochhäuser müßten die Plätze beherrschen und ihnen eine Richtung geben[123], war Gegenstand der unterschiedlichsten Lösungsvorschläge. In ihnen wird deutlich, daß die meisten Architekten formale Prinzipien des Städtebaus des 19. Jahrhunderts lediglich in gesteigerten Dimensionen und auf monumentale Wirkungen zielend zur Anwendung bringen wollten. Schon Bruno Schmitz hatte das Hochhaus in seinem Projekt für die Umgestaltung des Leipziger Platzes 1910 als point-de-vue am Ende einer Straßenachse und gleichzeitig als Platzabschluß eingesetzt (Kat. Nr. 50). Der von Bruno Schmitz angeführte Hinweis auf Karl Friedrich Schinkel[124], der die Errichtung eines Nationaldomes zur Erinnerung an die Befreiungskriege auf dem Leipziger Platz vorgeschlagen hatte, macht deutlich, wie bei der Einführung eines neuen Bautypus versucht wurde, ein berühmtes historisches Beispiel für die eigene Argumentation nutzbar zu machen, auch wenn sich bei einem unmittelbaren Vergleich der Projekte in der städtebaulichen Konzeption nur wenige Gemeinsamkeiten feststellen ließen. In enger Anlehnung an die Projekte für einen Hochhausbau am Halleschen Tor von Paul Wittig, Hans Kraffert und Otto Kohtz entstanden (Kat. Nr. 51, 54, 55). Otto Kohtz war es auch, der in seinen „Turmhausgruppen" in der Prinz-Albrecht-Straße (Kat. Nr. 54) auf ein anderes städtebaulich bedeutendes Berliner Vorbild Bezug nahm, auf den Gendarmenmarkt mit dem von den seitlich hochaufragenden Kuppelaufbauten der Dome flankierten Schauspielhaus. Das größte im Zusammenhang mit einer hier allerdings neuzuschaffenden Platzanlage entstandene Projekt war Bruno Möhrings Hochhaus für die Reichsbehörden in den Ministergärten, mit dessen Realisierung zusätzlich auch noch ein Straßendurchbruch einhergegangen wäre (Abb. 24). Die neue Straße sollte dabei unter der Gebäudemitte hindurchgeführt werden, das an dieser Stelle hervortretende Motiv des Triumphbogens auf die Stadteingangssituation hinweisen. Der Vergleich dieser Lösung mit dem von Möhring, Eberstadt und Petersen ausgearbeiteten Projekt für einen Opernplatz an dieser Stelle aus dem Groß-Berlin Wettbewerb[125], aber auch mit dem ebenfalls über eine Straße gebauten Municipal Building in New York von McKim, Mead und White (Abb. 25) macht die konservative Haltung des Architekten deutlich, das Hochhaus ganz im Sinne der im 19. Jahrhundert gültigen Lehre der Monumentalbaukunst durch den Kontext der einzelnen, als Versatzstücke verwendeten Elemente - Vorplatz, Portiken, flankierende Randbebauung, Triumphbogen, Denkmal - bei strikter Beachtung der Symmetrie in die Stadt zu integrieren.

Nicht wenige Architekten empfanden damals die Unzulänglichkeit und wohl auch Undurchführbarkeit solch übersteigerter Lösungen. Bei der Suche nach neuen Möglichkeiten der städtebaulichen Einbindung des Hochhauses gelangten sie zu neuen formalen Lösungen und auch zu einer veränderten Sichtweise der Stadt. Max Berg und sein Mitarbeiter Richard Konwiarz entwickelten, ohne das Prinzip des symmetrisch durchgebildeten Baukörpers aufzugeben, bei ihren Entwürfen für das Hochhaus am Lessingplatz in Breslau unregelmäßige Grundrißfiguren, indem sie die Biegung des Oderufers in den gekrümmten Längsseiten des Gebäudes aufnahmen (Abb. 33-35).[126]

Auf eine viel radikalere Weise hat Hans Scharoun das Eingehen auf die topografische Situation zur Grundlage seiner Entwürfe für die Wettbewerbe Hochhaus am Bahnhof Friedrichstraße in Berlin und Börsenhof in Königsberg (Abb. 16) gemacht.[127] Was hier jedoch nur auf ein einzelnes Gebäude bezogen ist, wurde von Richard Döcker und Hugo Keuerleber in ihrem Vorschlag für Stuttgart, dem innerhalb der Hochhausdiskussion bedeutendsten städtebaulichen Projekt, auf den Umgang mit der gesamten Stadt übertragen (Abb. 17, 18). Das Stadtbild von Stuttgart in seiner einzigartigen landschaftlichen Lage sollte angesichts der „Gefahr, an seinen Hügeln gestaltlos zu zerfließen"[128] und seine Einheitlichkeit zu verlieren, durch im Talkessel errichtete Hochhäuser und auf den umliegenden Hängen hinzugefügte Bekrönungen zusammengefaßt und akzentuiert werden: „Durch Häufung hochgestellter Formen im Mittelpunkt, die sich je nach der Blickrichtung von der Ferne und den Höhen als ein mehr gelockertes oder mehr gedrängtes Pfeilerbündel darstellen, durch Freilassen der indifferenten Zwischenzone und durch gegensätzliche Betonung der wichtigen Höhen - nicht durch hochgestellte, sondern durch breitgelagerte Baumassen - ergibt sich ein Gesamtbild von besten Kontrasten".[129] Auch hier sollte, Möhring und Kohtz vergleichbar, den wichtigen Hauptstraßen durch Hochhausbauten ein Abschluß gegeben werden, jedoch aufgrund einer völlig anderen Vorgehensweise. Richard Döcker und Hugo Keuerleber versuchten nicht, der Stadt als unregelmäßigem, gewachsenem Gebilde mit monumentalen, regularisierten Strukturen korrigierend gegenüberzutreten, sondern die Grundlagen für ihre Arbeit aus den Bedingungen des Ortes zu gewinnen und die vorhandenen Qualitäten durch architektonische Gestaltung bewußt zu machen. Ihre Hochhäuser übernehmen die meist asymmetrischen Konturen des Bauplatzes und treten durch Aufgeben von starrer Axialität und Symmetrie auch untereinander in vielfältige Beziehungen. Auf die Gesamtplanung der Stuttgarter Hochhausprojekte läßt sich ausweiten, was Richard Herre über die architektonische Gestaltung der einzelnen Entwürfe gesagt hat: „Architektur erscheint hier nicht mehr als klassizistische Symmetrie in der Fläche, sondern als ein freies Ausbalancieren im Raum (. . .)."[130] Wenn auch das Ziel, das Stadtbild „(. . .) für die Dauer zur Einheit, zur Form zu zwingen (. . .)"[131] noch nichts an Aktualität verloren hat, so ist hier eine von anderen auch weiterhin für gültig betrachtete Tradition nicht nur verlassen, sondern bereits ein neuer Standpunkt erreicht worden.

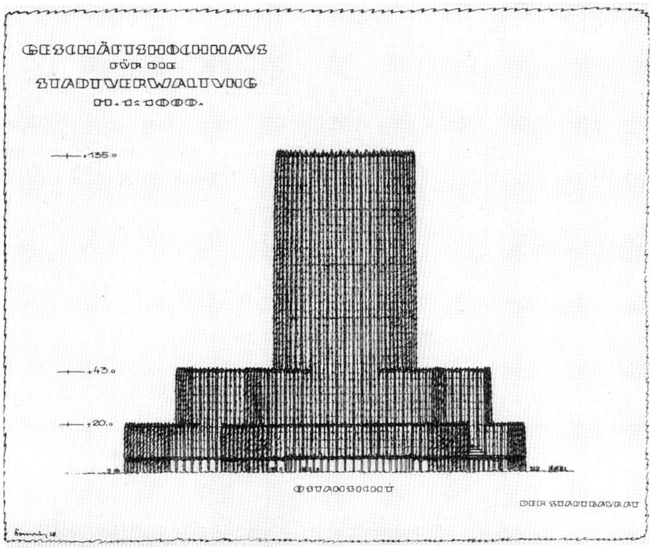

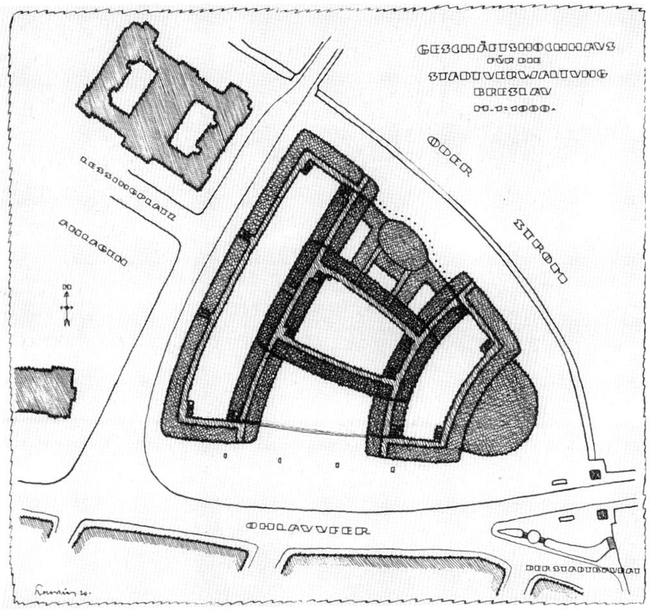

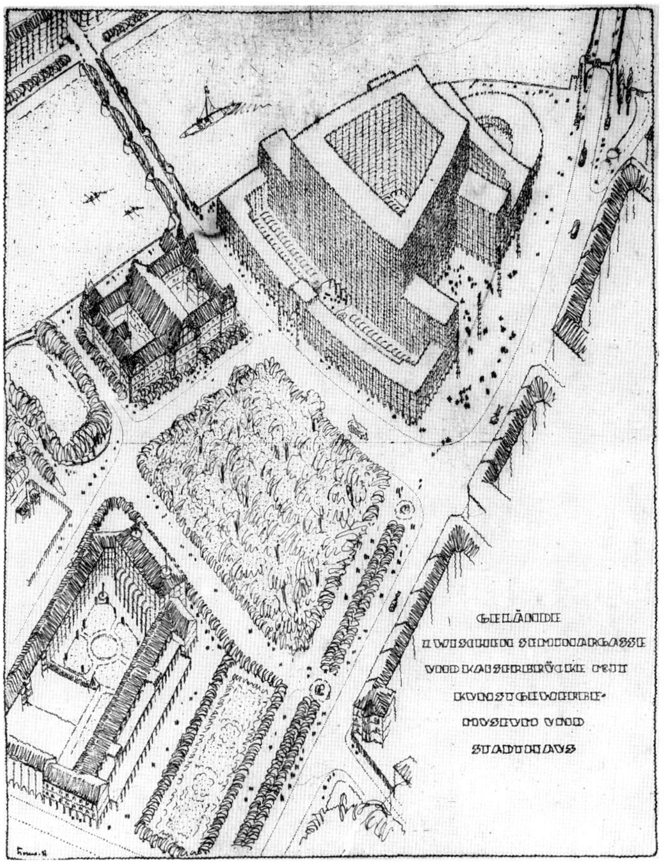

Max Berg, Geschäftshochhaus für die Stadtverwaltung am Lessingplatz, Breslau 1920-1921
links oben: Abb. 13, Ostansicht
links mitte: Abb. 14, Lageplan
rechts oben: Abb. 15, Vogelperspektive

links unten: Abb. 16, Wettbewerb Börsenhof Königsberg, 1922
Hans Scharoun, Kennwort: „Zeittakt", Schaubild

Die formale Auffassung des Hochhausgedankens

In dieser von Max Berg als Titel einer Rezension des Friedrichstraßenwettbewerbs gebrauchten Formulierung wird der eigentliche Tätigkeitsbereich des Architekten als Gestalter von bestimmten Bauaufgaben angesprochen.[132] Zwei für die Hochhausdiskussion charakteristische Motive werden dabei angedeutet: Einerseits haben tatsächlich die meisten Architekten das Problem des Hochhauses als ein formales, als ein Formproblem, aufgefaßt, andererseits äußert sich in dieser distanzierten Formulierung Skepsis, denn eine „formale Auffassung", so ist der hier die Rolle eines Architekturkritikers einnehmende Max Berg zu verstehen, bedeutet noch keine angemessene künstlerische Bewältigung der Aufgabe. Nimmt man dies als ein Zeichen für die Unsicherheit, die von den Architekten angesichts der neuen Bauaufgabe empfunden wurde, dann wird begreiflich, daß auch unter den Befürwortern des neuen Bautyps die gegensätzlichsten Vorstellungen darüber existierten, wie die vielfach geforderte angemessene architektonische Gestaltung des Hochhauses[133] auszusehen hätte.

oben: Abb. 17, Richard Döcker, Hugo Keuerleber, Ansicht von Stuttgart, 1921
rechts: Abb. 18, Richard Döcker, Bürohausprojekt Königsstraße, Stuttgart, 1922, Grundriß, Ansicht

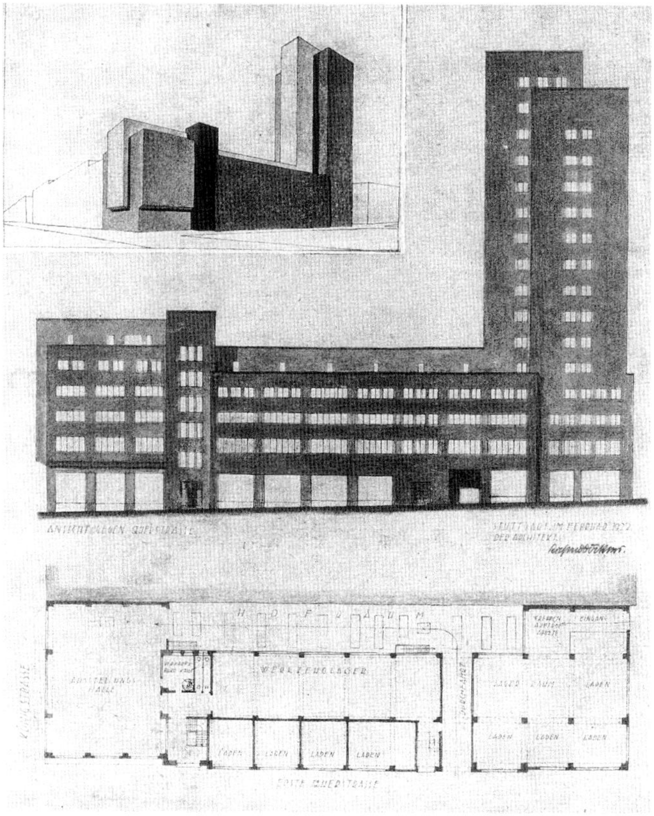

Auch im Bereich der formalen Gestaltung war die Auseinandersetzung mit der amerikanischen Architektur grundlegend für die Ansätze, die damals in Deutschland entwickelt wurden. Aufgrund der ausführlichen Berichterstattung in den Bauzeitschriften waren wohl die meisten deutschen Architekten mit den vielfältigen Gestaltungsformen der neueren amerikanischen Hochhausarchitektur vertraut.[134] Insgesamt sind drei Richtungen zu unterscheiden: Seit der Weltausstellung von 1893 in Chicago stand die amerikanische Architektur unter dem vorherrschenden Einfluß der Ecole des Beaux-Arts in Paris, nach deren Lehre sich Entwurfsmethode und -praxis richteten. Nach dem Inkrafttreten der Zoning Resolution (Staffelbauordnung) in New York 1916 wurden neue formale Lösungen entwickelt, deren Ausführung erst in die Zeit nach dem Ersten Weltkrieg fiel, wobei die Lehre der Ecole des Beaux-Arts weiterhin unumschränkt gültig blieb. Im Gegensatz dazu steht die ältere und damals weitaus weniger bekannte Architektur der Chicago School, die jedoch nach 1893 keinen bedeutenden Einfluß mehr ausüben konnte. Hier waren konstruktivistische und funktionalistische Tendenzen bestimmend.
In Deutschland gab es allerdings keine einheitliche Rezeption amerikanischer Hochhäuser, obwohl die Beschäftigung der deutschen Architekten mit der amerikanischen Architektur als Grundzug bei noch so kontroversen Standpunkten und Lösungsansätzen festzuhalten ist. Je nach Auffassung des Architekten konnte auf völlig unterschiedliche Elemente Bezug genommen werden. Aber auch bestimmte Änderungen und neue Gestaltungsansätze wurden aus einer kritischen Einstellung dem amerikanischen Hochhausbau gegenüber für notwendig gehalten. Die Analyse der deutschen Hochhausprojekte in ihrem Verhältnis zu den amerikanischen Wolkenkratzern bedeutet demnach die Rekonstruktion des historischen Kontextes. Dabei soll es nicht um die Frage der Abhängigkeit oder Eigenständigkeit der deutschen Beiträge gehen, sondern um die Beschreibung einer Situation, in der verschiedene Konzeptionen von Architektur nebeneinander existierten, die sich in ihrer jeweils spezifischen Art der Auseinandersetzung mit der amerikanischen Architektur präzise darstellen lassen.
Nur auf den ersten Blick wirkt die radikale Ablehnung der architektonischen Gestaltung amerikanischer Hochhäuser von Seiten der deutschen Architekten erstaunlich. Die für verfehlt gehaltenen künstlerischen Lösungen[135] wurden mit den gleichen Gründen wie die städtebauliche Stellung der Hochhäuser kritisiert. In vielen Texten klingen zudem starke revanchistische Züge als Ausdruck des immensen Kompensationsbedürfnisses im von der Niederlage erschütterten Deutschland an. Eine Feststellung wie die von Peter Behrens, die amerikanischen Geschäftshäuser trügen den Keim einer neuen Architektur in sich[136], wurde nach 1918 nicht mehr wiederholt. Dagegen versuchten deutsche Architekten, den Führungsanspruch für sich zu reklamieren, so etwa Paul Wolf, der im Hinblick auf die abgelehnten amerikanischen Hochhäuser meinte: „Wieder einmal erscheint es Deutschland vorbehalten zu sein, ein neues Problem mit deutscher Gründlichkeit und Gestaltungskraft zu lösen."[137] Für Max Berg war das Geschäftshochhaus ein „Lehrmeister" bei der Überwindung der herkömmlichen Monumentalarchitektur[138] und er behauptete, „daß der Deutsche, ohne Hochhäuser ausgeführt zu haben, dem organisch-charakteristischen Ausdruck dieser Bauweise näher gekommen ist als der Amerikaner, trotz seiner Unmengen bereits ausgeführter Bauten auf diesem Gebiet."[139]
Die amerikanische Architektur unter dem vorherrschenden Einfluß der Ecole des Beaux-Arts[140] wurde in Deutschland nach dem Ersten Weltkrieg ähnlich wie die Architektur der Wilhelminischen Ära grundsätzlich abgelehnt. Der Eklektizismus der beliebig ausgewählten Stile[141], die das „struktive Skelett" mit „irgendeiner Architekturattrappe" bekleideten[142], war ebenso wie die als uneinheitlich und beziehungslos empfundene Gliederung des gesamten Baukörpers,[143] dessen einzelne Teile als Sockel, Mittelteil und Bekrönung unabhängig voneinander gestaltet werden konnten, wiederholt Gegenstand der Kritik. Außerdem nahm man Anstoß an der sozusagen sinnverfremdenden Anwendung und „Entweihung" von sakralen

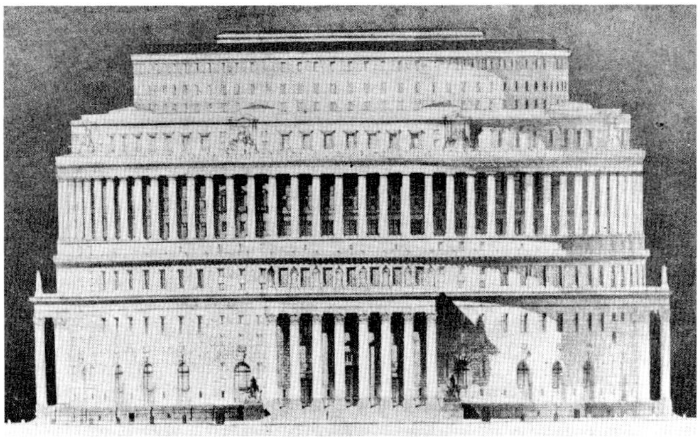

links oben: Abb. 19, Carl James Bühring, Hotel-Hochhausprojekt am Bahnhof Friedrichstraße, 1915, Ansicht
links mitte: Abb. 20, Wettbewerb Justizpalast in New York, 1913, Guy Lowell, Ansicht

rechts: Abb. 21, Wettbewerb Justizpalast in New York, 1912, H. van Buren, Ansicht

gotischen oder dem barocken Palastbau entlehnten Formen an einem Nutzbau wie dem Hochhaus[144] und an der falschen Maßstäblichkeit bei der Verwendung der Einzelformen.[145] Kritik wurde auch grundsätzlich an der Vorgehensweise der amerikanischen Architekten geübt. Ludwig Hilberseimer nannte sie schlicht „Formaddition statt Formung".[146] Entsprach die Ablehnung der amerikanischen Hochhausarchitektur dem Grundtenor in den zeitgenössischen Artikeln, so ist dennoch nicht zu übersehen, daß sich viele deutsche Architekten unmittelbar an den Prinzipien der Ecole des Beaux-Arts orientiert haben. Die Vermittlung dieser Grundsätze hatte in der Zeit vor dem Ersten Weltkrieg stattgefunden, als durch die Ecole des Beaux-Arts ein direkter Einfluß auf die Architektur in Berlin ausgeübt worden war.[147] Allerdings haben die sich an ihr orientierenden konservativen Architekten nach 1920 keine Versuche unternommen, ihren Standpunkt innerhalb der Hochhausdiskussion darzustellen oder gar zu verteidigen, und man muß auf vor 1914 publizierte Texte zurückgreifen, um Äußerungen zu finden, in denen die Argumentation im Sinne der akademischen Tradition auf den Hochhausbau angewendet wurde.
Einer solchen Argumentation entsprach die Ansicht, „daß die ästhetische Bewältigung des Wolkenkratzers nur eine dekorative, nicht eine tektonische Aufgabe sein konnte"[148] und daß das „Fassadenproblem" als die neue „Kunstaufgabe des Wolkenkratzers" betrachtet werden müsse.[149] Wie bei jeder Entwicklung neuer Bautypen werde versucht, die Formen der Vergangenheit der neuen Aufgabe anzupassen.[150] Die Architekten der Ecole des Beaux-Arts hätten bewiesen, „daß die Bauformen der Antike, die sich bisher jedem Wechsel anpaßten, oder umgekehrt bisher immer Herr jeder Wandlung wurden, sich auch als dekoratives Element für das Hochhaus eignen."[151] Diese Äußerungen beziehen sich auf die Grundlehre der Ecole des Beaux-Arts, nach der sich durch die rationale Anwendung der grundsätzlichen Entwurfsprinzipien jedes Problem, jede Bauaufgabe lösen läßt. Von vergleichsweise zweitrangiger Bedeutung war dagegen die „Grammatik" und die Herkunft der Formen, also das Problem der Stilwahl.[152] Am Beispiel der Geschäfts- und Warenhäuser erläuterte Hans Schliepmann, die Aufgabe der Fassadengestaltung bestünde darin, „eine Fläche derartig zu gliedern, daß alle Geschosse entsprechend der inneren Achsenteilung des Gebäudes weite Öffnungen erhalten und daß dabei ein sinnfälliger, rhythmisch befriedigender Eindruck geschaffen wird. Was darüber hinaus getan wird, um das Ganze abwechslungsreicher, gegliederter zu gestalten, sei es durch Vor- oder Rücksprünge, Unterbrechungen des Systems oder Wechsel in ihm, oder durch Portalvorbauten, Dachaufbauten, Türme u. dgl., ist nicht mehr das Problem selbst, sondern dessen Erweiterung im Sinne allgemeinen Architekturaufbaues, ist oft genug nur Dekoration, berechtigte Dekoration, um der Eintönigkeit des Systems vorzubeugen, gerade so wie es nur eine Dekorationsfrage ist, ob man die Einzelformen nun aus irgendeinem geschichtlichen Stilformenvorrat entlehnen oder in freier Behandlung ableiten oder sie in eigenwilliger Weise vorbildlos gestalten will."[153] In der Adaption der althergebrachten Formen an den neuen Kontext erweisen sich demnach die Fähigkeiten des Architek-

ten, hier kann er die erlernten Gesetze von Komposition, Proportionierung und Decorum zum Einsatz bringen. In diesem Sinne bemühten sich auch nach dem Ersten Weltkrieg viele deutsche Architekten um die „künstlerische" Bewältigung des Hochhauses. Dabei kam es zu vielfältigen Bezugnahmen auf die amerikanische Hochhausarchitektur unter dem Einfluß der Lehre der Ecole des Beaux-Arts.

Mit dem Entwurf von Carl James Bühring für ein Hochhaus am Bahnhof Friedrichstraße in Berlin von 1915 (Kat. Nr. 2. 8, 9, Abb. 19)[154] ist das konsequenteste Beispiel für die Übernahme des architektonischen Typus, der Gliederungsprinzipien und des verwendeten Stiles aus der amerikanischen Architektur überliefert. Allerdings handelt es sich bei dem zugrundeliegenden Vorbild nicht um einen Wolkenkratzer, sondern um einen monumentalen Verwaltungsbau: Das Wettbewerbsprojekt von Guy Lowell für einen Justizpalast in New York von 1913 (Abb. 20), der mehrfach in deutschen Bauzeitungen publiziert worden war.[155] Oblgleich Carl James Bühring eine Beeinflussung durch das Projekt von Lowell, die bereits damals konstatiert wurde, abstritt[156], sprechen die vielfachen Beziehungen zwischen den beiden Projekten dafür. Der Typus des Rundbaus, die horizontale Gliederung in einzelne, klar voneinander getrennte Geschoßzonen in traditioneller Abfolge und die Dekorationselemente der Säulenordnungen, Portiken, der Statuenschmuck und die Balkone werden an beiden Projekten in auffallend ähnlicher Weise verwendet. Einzelne Gliederungsmittel - wie das Zusammenfassen der Stockwerke durch übergreifende Ordnungen oder das horizontale Aufeinanderfolgen von Geschoßzonen - bildeten ein bei der Gestaltung der in Deutschland häufiger vorgeschlagenen Zylindertypen vielfach variiertes Repertoire und eröffneten schon für sich eine große Variationsbreite, bedeuteten aber noch keine Entscheidung über die stilistische Formwahl.[157]

Eine besondere Bedeutung erhielt die Auseinandersetzung der deutschen Architekten mit dem in Amerika am häufigsten verwendeten Hochhaustypus, dem sogenannten „Blockrandtypus". Er beruht auf einer maximalen Ausnutzung des vorhandenen Baugrundes, weswegen die Fronten des Gebäudes an die Grundstücksgrenzen gerückt werden. Seitlich angeordnete Lichthöfe sind in die unvermittelt aufsteigenden Gebäudemassen eingeschnitten. Diese Lösungsform galt in Amerika aus wirtschaftlichen Gründen als unvermeidbar und war ein wichtiger Grund für die Schwierigkeit einer architektonischen Gestaltung des Hochhauses: „Es ist wahrscheinlich, daß kein amerikanischer Architekt jemals Gelegenheit hatte, die Außenwände seines Gebäudes sehr weit von den Fluchtlinien abzurücken und dadurch seinem Gebäude eine interessantere Form oder Kontur zu geben."[158] Im Friedrichstraßenwettbewerb griffen einige Teilnehmer auf diesen Typus zurück und schlugen eine völlige oder zumindest partiell an die Grenzen des unregelmäßigen Grundstücks stoßende massive Überbauung vor.[159] Diese Übernahme stieß jedoch nicht nur in den Rezensionen des Wettbewerbs, sondern grundsätzlich auf Ablehnung[160], da bei einer derartigen Lösung keine Rücksichten auf städtebauliche Bezüge und auf das Bedürfnis der Umgebung nach Licht und Luft genommen werden könnten. Außerhalb des Friedrichstraßenwettbewerbs hat dieser Typus keine Verwendung mehr gefunden.

Vor dem Hintergrund der Ablehnung der amerikanischen Hochhaustypen entstanden in Deutschland zahlreiche Ansätze zur Entwicklung neuer Typenlösungen. Darin liegt ein wichtiger Beitrag der Hochhausdiskussion und ein Grund für die formale Vielfalt der deutschen Hochhausprojekte. Der Versuch Walter Curt Behrendts, deutsche von amerikanischen Hochhaustypen abzugrenzen - dem amerikanischen Blockrandtyp setzte er den sternförmig entwickelten „Kernbau mit Flügeln" ohne zentralen Lichthof als deutschen Typus entgegen[161] - entsprach nicht den wirklichen Verhältnissen. Zwar bedienten sich viele deutsche Architekten dieser Grundform und entwickelten eine bemerkenswerte Vielfalt in der Anwendungs-

Abb. 22, Dankmar Adler, Louis Sullivan, Entwurf: Odd Fellow Temple Building, 1891

möglichkeit dieses Typus, jedoch fand er auch im Zuge der zwanziger Jahre in Amerika Verbreitung[162], und außerdem liegt ihm ein amerikanisches Vorbild zugrunde: Das bereits 1891 publizierte Projekt Louis H. Sullivans für das Odd Fellow's Temple Building in Chicago (Abb. 22), das den gleichmäßig durchgebildeten, auf regelmäßigem Baublock allseitig freistehenden Idealtypus des Hochhauses darstellt.[163] Mit seiner Gegenüberstellung ignorierte Walter Curt Behrendt die an anderer Stelle hervorgehobene Vielfalt der Typenlösungen in den deutschen Hochhausvorschlägen.[164] Er wollte damit den Typus des „Kernbaus mit Flügeln" als die für das Hochhaus am besten geeignete Form erscheinen lassen. Die Entwicklung zahlreicher verschiedener Typen resultierte aus der Bestrebung, das Hochhaus in den städtebaulichen Kontext einzubinden und aus der Voraussetzung, daß wirtschaftliche Erwägungen bei der Konzeption der Hochhausbauten weitgehend vernachlässigt wurden. Auch in Amerika gab es neben dem Blockrandtypus weitere Hochhaustypen, die von deutschen Architekten nicht unbedingt abgelehnt wurden. Das Equitable Life Insurance Building und das Pennsylvania Hotel in New York etwa zeigen Flügelanlagen, die ungenau, aber sinngemäß als „Doppelflügeligkeit" und „Mäanderform" bezeichnet worden sind.[165] Beim Wettbewerb für ein Gerichtsgebäude in New York hatte der Architekt H. van Buren ein Hochhaus auf

Abb. 23, Carl James Bühring, Entwurf Messehaus Leipzig, 1920/1921, Schaubild

Abb. 24, Bruno Möhring, Hochhaus in den Wintergärten, Berlin, 1920, Schaubild

T-förmigem Grundriß als Kernbau mit drei angehängten Flügeln konzipiert (Abb. 21).[166] Den vielen deutschen Vorschlägen, vielflügelige Anlagen für den Hochhausbau zu entwickeln, lassen sich diese wenigen amerikanischen Bauten und Projekte gegenüberstellen.

Weitere Möglichkeiten der Auseinandersetzung mit dem amerikanischen Hochhaus bestanden in der Übernahme und auch Veränderung verschiedener Einzelelemente, die scheinbar beliebig herausgegriffen wurden, so daß man an eine Umkehrung zu dem Prozeß der Assimilation europäischer Stilformen im amerikanischen Hochhausbau denken möchte. Ein Beispiel liefert der Entwurf für einen Messepalast in Leipzig von Carl James Bühring (1920/21, Abb. 23).[167] Bei unabhäniger Typenlösung[168] und Massengliederung adaptierte Carl James Bühring in der Fassadengestaltung Elemente des von H. H. Richardson und auch Adler/Sullivan speziell bei Warenhäusern verwendeten „Rundbogenstiles", der beispielsweise beim Marshall Field Wholesale Store von Richardson (1885-1887) und beim Walker Warehouse von Adler und Sullivan (1888-1889) in Chicago einmal an romanische, das anderemal entfernt an klassizistische Stilformen erinnernd, typische Ausprägung gefunden hat.[169] Er übernahm nicht die ohnehin heterogenen Stilformen, sondern bestimmte, bei diesen Bauten verwendete typologische Einzelelemente, so die horizontale Gliederung des Baukörpers und die Bündelung der Fenster in vertikal übereinandergeordnete, durch Bogenstellungen zusammengefaßte Gruppen.[170] Neben dem Prinzip der horizontalen und vertikalen Ordnung der Fassade wurde auch durch die inhaltliche Verbindung dieses Formenrepertoires mit der Funktion des Warenhauses der Versuch unternommen, dem Messepalast eine seiner Bestimmung entsprechende sinnvolle Gestaltung zu geben.

Besonders häufig griffen deutsche Architekten in ihren Entwürfen auf das in Amerika weit verbreitete Gliederungsmodell des Wolkenkratzers nach dem Vorbild einer Säule zurück.[171] Die einzelnen Gebäudeteile, Sockel, Mittelteil und Abschluß wurden dabei in Analogie zu der Abfolge von Basis, Schaft und Kapitell betrachtet. Dieses Schema führte zur Ausbildung besonders auffälliger Erdgeschoßzonen und Dachabschlüsse, die auch unabhängig voneinander gestaltet werden konnten. Im Vergleich der amerikanischen mit den deutschen Lösungen fällt bei diesen als entscheidendes Merkmal die Reduktion der architektonischen Gestaltung durch gezielte Vereinfachung oder durch Weglassen ganzer Partien und Einzelformen auf. Die Gegenüberstellung des Municipal Building in New York mit dem Projekt von Bruno Möhring für ein Hochhaus für die Reichsbehörden in Berlin von 1920 (Abb. 24, 25) macht dies deutlich.[172] Dort zeigt der hochaufragende Mittelteil die Gemeinsamkeit der verwendeten Gliederungselemente. Auf einen mit Portalmotiven gestalteten Sockelbereich folgen ein langgedehnter, durch vertikale Bänder strukturierter Mittelteil und ein Gebäudeabschluß mit einer von seitlichen Abschnitten flankierten Hallenarchitektur mit bekrönendem Aufsatz. Bruno Möhring hat das amerikanische Vorbild nicht einfach kopiert, sondern bestimmte typologische Grundelemente übernommen, dabei aber eine Reduktion innerhalb deren Abfolge und Anordnung und eine Transformation in der formalen Ausbildung der Details vollzogen. Die architektonische Gliederung des Municipal Building ist fest in der akademischen Tradition der Ecole des Beaux-Arts verankert, die Stilformen der Antike und der Renaissance sind klar ablesbar. Bruno Möhring verwendete dagegen kein identifizierbares historisierendes Formenvokabular, sondern bildete die einzelnen Gliederungselemente zu strukturgebenden Motiven um. In der Gestaltung des Dachabschlusses verfuhr er völlig frei. Die gleiche Vorgehensweise liegt auch einer Variante des Hochhausvorschlags von Otto Orlando Kurz für den Viktualienmarkt in München (Abb. 26) zugrunde.[173] Der auf den einheitlich hochgeführten Gebäudeblock aufgesetzte Bereich ist in seiner Struktur eindeutig auf die an dieser Stelle bei vielen amerikanischen Hochhausbauten erscheinenden Säulenhallen oder Pilastergliederungen zurückzuführen, formal aber dergestalt vereinfacht und aus einer vermittelnden architektonischen Einbindung gelöst, daß er zwar nicht mehr als Bestandteil einer feststehenden formalen Stilsprache verstanden werden kann, wohl aber in seiner Funktion als das Gebäude abschließendes Element im Sinne eines Gebälks erhalten bleibt.[174] Auch wenn historische Stilformen bei vielen deutschen Hochhausprojekten nicht mehr verwendet wurden, blieben die grundsätzlichen akademischen Gestaltungsprinzipien in rudimentärer und reduzierter Form gültig. Gerade in der Abgrenzung zu den in Amerika gebräuchlichen Stilformen versuchten viele konservative Architekten, ihre Entwürfe als deutsche Lösungen erkennbar zu machen. Werner Hegemann verlieh dieser Tatsache Ausdruck, wenn er davon sprach, daß viele Hochhausprojekte nach amerikanischem Muster entworfen, die Dächer aber vorzugsweise im Sinne deutscher Traditionen behandelt worden seien.[175]

Die Reduktion der architektonischen Mittel ist ein mit der Entwicklung der Hochhausarchitektur eng verbundenes Phänomen. In den unterschiedlichen Ansätzen der deutschen Architekten ist es ebenso nachweisbar wie in der amerikanischen Hochhausarchitektur, wo es freilich schon sehr viel früher festgestellt werden kann.[176] Ursache ist die Erschwerung der dem akademischen Begriff nach architektonischen Bewältigung des Gebäudes durch die zunehmenden Dimen-

Abb. 25, McKim, Mead & White, Municipal Building, New York, 1908-1913

Abb. 26, Otto Orlando Kurz, Hochhaus am Viktualienmarkt (Variante), München, 1921

sionen im Hochhausbau. Daraus erklärt sich die Tendenz zur Beschränkung der architektonischen Gestaltung auf Sockel- und Dachbereiche. Anstelle einer einheitlichen Behandlung des Baukörpers treten wirkungsvolle Dachaufsätze, die durch „ikonografische Anleihen"[177] den Bedeutungsverlust der Architektur, deren traditionelle Mittel nicht mehr ausreichen, dem Gebäude eine zufriedenstellende Gestalt zu geben, auffangen sollen.[178] Im Vergleich zum Municipal oder Woolworth Building wirken die Versuche deutscher Architekten in dieser Richtung zaghaft und hilflos. Dachaufsätze mit Zitaten der Berlin-Potsdamer Bautradition,[179] Motive mittelalterlicher Architektur wie die an eine Handelsstadt erinnernde Giebelfront in den Formen norddeutscher Backsteingotik[180] oder der an die Dächer der Danziger Marienkirche angelehnte Gebäudeabschluß[181] sind als vereinzelte Beispiele überliefert.
Die beschriebene Orientierung an der „amerikanischen Art der formalen Ausbildung"[182] und der Vorgang der formalen Reduktion wurden innerhalb der deutschen Hochhausdiskussion kritisch betrachtet. Für Friedrich Paulsen war es fraglich, „ob der rücksichtslos nach Grundrißform herausgeschnittene Baublock lediglich eines Sockels und eines oberen Gesimses bedarf, um ein Gegenstand der Baukunst zu werden."[183] Einen ähnlichen Standpunkt vertrat Adolf Behne: „Unsere Architekten (...) wissen sehr genau, daß sich antike Säulen nicht für einen Wolkenkratzer des 20. Jahrhunderts schicken. Aber ihre garantiert „modernen" Lösungen haben fast durchweg etwas unlebendig Kunstgewerbliches. (...) Die historischen Dekorationen fortzulassen ist an sich leicht. Aber dadurch wird das Hochhaus zunächst eben nur theoretisch ‚richtiger'."[184]
Daß der Vorgang der formalen Reduktion ein Aufgeben akademischer Prinzipien bedeutete, wurde von den Architekten erkannt, aber durchaus unterschiedlich eingeschätzt. Max Berg sah darin eine positive Entwicklung zu einer neuen, sachlichen Architekturauffassung, „denn ohne Anwendung von Monumentalarchitekturmotiven wird das Hochhaus schon allein durch seine Abmessungen die ihm gemäße Monumentalität erreichen, und es bleibt für die Architekten nach der Anordnung im Großen nicht mehr viel übrig, als durch fein abgestimmte Gliederung und Einzeldurchbildung dieser Monumentalität den richtigen Maßstab zu verleihen."[185] C. Heymann dagegen machte die „nüchterne Feststellung, daß die Architektur des Hochhauses keiner Architektur bedarf, aus der Absicht heraus, die kompakte Masse einzig als solche wirken zu lassen."[186]
Wie auch in diesen Äußerungen schon anklingt, galt das vordringliche Interesse nun der Gestaltung der Massen. Durch die Gruppierung der Baukörper, rhythmische Gliederung, einprägsame Umrißlinien und harmonische Proportionierung sollte der Verlust an architektonischen Ausdrucksmöglichkeiten ausgeglichen werden. Die Forderung nach Massengestaltung wurde wie ein neues Rezept präsentiert, war jedoch schon sehr früh in amerikanischen Texten über den Hochhausbau[187] sowie in Deutschland bereits in der Zeit vor dem Ersten Weltkrieg erhoben worden. Der Gedanke der Massengestaltung wurde als ein in Amerika feststellbarer deutscher Einfluß,[188] aber auch als charakteristisches Merkmal der deutschen Hochhausentwürfe betrachtet.[189] Mittelalterliche „Nutzbauten" wie etwa Kornspeicher und Stadttore, oder aber moderne Industriebauten konnten in diesem Zusammenhang als vorbildliche Beispiele für eine moderne Architekturauffassung genannt werden.[190] Der Allgemeinheitsgrad dieser Begriffe brachte es mit sich, daß die eigentliche Intention einiger Architekten, sich mittels der neuen Prinzipien von der akademischen Tradition abzugrenzen, hinfällig

Abb. 27, William S. Eames, Thomas C. Young, Geschäftshaus, St. Louis, 1903-1908

wurde. Dennoch stellt auch die Diskussion um die Massengliederung ein Symptom für den Bedeutungsverlust der akademischen Architekturtradition dar. Es wurde damals deutlich empfunden, „daß auch ohne Hochhäuser künstlerisch der Boden erschöpft ist, auf dem wir erwuchsen."[191] In dem Moment, in dem es zur Auflösung der gültigen akademischen Prinzipien kam, mußte eine Neuorientierung beginnen. Insofern kann diese Situation als Erfahrungshintergrund und Voraussetzung für diejenigen Architekten verstanden werden, die sich weit radikaler um neue, nun nicht mehr der akademischen Tradition verpflichtete Gestaltungsansätze bemühten.

Architekten wie Max Berg, Hans Poelzig und Bruno Taut versuchten, konstruktive und funktionale Erwägungen zu einer neuen Grundlage der Architektur zu machen und das Problem der Gestaltung dadurch zu lösen, daß sie die Gerüststruktur des Tragskeletts an der Fassade des Hochhauses zum Erscheinen brachten oder die Höhenentwicklung des Gebäudes durch einheitliche vertikale Gliederungen verdeutlichten. Um diese Bemühungen entspann sich eine eigene Diskussion mit vielfältigen Grundlagen, die durch das Verarbeiten der in Deutschland geführten Auseinandersetzungen und den gleichzeitigen Rückgriff auf Gedanken der Chicago School charakterisiert ist. Ein Grundsatz von Max Berg war die gegen die Anhänger der Dreiteilung des Hochhauses nach dem Säulenschema gerichtete Forderung nach Einheitlichkeit der äußeren Erscheinung des Hochhauses, das von Karl Scheffler übernommene Prinzip der Uniformität.[192] Im Zusammenhang mit dem großstädtischen Mietshausbau hatte Scheffler gefordert, der einheitlichen Grundrißlösung der „modernen Stadthauswohnung" müsse eine ebenso einheitlich gestaltete Fassade entsprechen.[193] Im Sinne eines Gestaltens von innen nach außen als Ausdruck der schlichten funktionalen Bedürfnisse übertrug Max Berg diese Forderung auf den Hochhausbau. Auf das Hochhaus angewendet wurde dieser Gedanke allerdings bereits sehr viel früher von Louis H. Sullivan in seinem Aufsatz „The Tall Office Building, artistically considered", auf den in Deutschland zwar nicht namentlich Bezug genommen wurde, dessen Kerngedanken jedoch wiederholt rezipiert worden sind. Das einzelne Büro sollte in seinen Standardabmessungen zur grundlegenden Maßeinheit des Gebäudes werden.[194] Durch den Vorgang des Vervielfältigens und Aufeinanderschichtens der Büroräume[195] wird das Gebäude zu einem „Magazin von Raumzellen für Geschäftszwecke."[196] Die von Louis H. Sullivan zur Veranschaulichung des modernen Bürogebäudes gebrauchten Begriffe „Zelle", „Wabe" und auch „Bienenstock" haben sich in Deutschland in zahlreichen Texten und auch Wettbewerbskennwörtern niedergeschlagen. Die Gestaltung des Äußeren sollte durch die gleichmäßige Anordnung der Büroräume bestimmt werden. Am Format der Fenster sollte sich die Breite der Büroräume ablesen lassen, hervortretende vertikale Stützen an der Fassade die Aufgabe übernehmen, das wichtigste konstruktive Grundelement zu betonen und zugleich der Höhenentwicklung des Hochhauses als seinem wesentlichen charakteristischen Merkmal Ausdruck zu verleihen.[197] Offensichtlich waren diese funktionalistischen Gedanken Sullivans, die auch 1918 wieder als Alternative zur Architekturlehre der Ecole des Beaux-Arts propagiert worden waren[198], in Deutschland bekannt. George C. Nimmons setzte beispielsweise den Berliner Hochhausentwurf von Hans Poelzig (vgl. Kat. Nr. 33) unmittelbar in Beziehung zur alten Tradition der frühzeitigen amerikanischen Bemühungen um das Hochhaus – gemeint ist die Architektur der Chicago School –, wo die Stahlkonstruktion der Gebäude am Äußeren zum Ausdruck kommen sollte.[199] Als „gute Vorarbeit" wurden die Versuche von Max Berg, den „Gerüstcharakter" in seinen Projekten zum leitenden Motiv zu erheben, aufgenommen.[200]

Die Forderung nach Sachlichkeit und Einheitlichkeit der äußeren Erscheinung war eng verbunden mit der Diskussion um den Repräsentationscharakter der Hochhäuser. Die Vertreter der akademischen wie der expressionistischen Architektur waren gleichermaßen angesprochen, wenn Max Berg konstatierte: „Das Hochhaus ist weder ein Sakralbau noch Kultbau, noch mit Repräsentation behaftet wie ein Parlamentsgebäude (. . .)."[201] Die Gestaltung eines Geschäftshochhauses biete keinen „Anlaß zu irgendwelchem Pathos"[202], man dürfe ihm keinen „sakralen Nimbus" verleihen.[203] Max Berg und Adolf Behne griffen die akademisch orientierten Architekten polemisch an, indem sie das Hochhaus aus dem bedeutendsten traditionellen Bereich, der Monumentalbaukunst, herausgenommen wissen wollten. Folgerichtig hielt Adolf Behne auch einen Ingenieur eher als einen Architekten zur Errichtung eines modernen Hochhauses befähigt.[204] Industriebauten, Geschäfts- und Warenhäuser wurden zu Vorbildern für den Hochhausbau; die zeitgenössischen Diskussionen über funktions- und materialgerechtes Bauen, über Zweckmäßigkeit und künstlerische Gestaltung auf der Grundlage der Konstruktion waren gegenwärtig und deshalb ebenso grundlegend wie der Blick auf die amerikanische Hochhausarchitektur. Gerade an die Architektur der vor dem Ersten Weltkrieg in Berlin entstandenen Geschäfts- und Warenhäuser konnte nun beim Entwerfen von Hochhäusern angeknüpft werden. Bauten wie das Geschäftshaus in der Lindenstraße von Hans Bernoulli (1911) und das Modehaus Tuteur von Hermann Muthesius (1912) zeigen aus der Stahlskelettkonstruktion konsequent abgeleitete vertikale Gliederungssysteme an ihren mit Werkstein verkleideten Fassaden, die sich problemlos auch auf eine zwanziggeschossige Hochhausfront ausdehnen ließen. Wenn Hochhäuser damals im Zusammenhang mit Geschäfts- und Warenhäusern oder „Bauten des Welthandels und des Weltverkehrs"[205] behandelt wurden, so geschah dies nicht allein aufgrund einer nach Funktionen getroffenen Zuweisung in diese Gruppen, sondern bedeutete gleichzeitig eine bewußte Einbeziehung in einen Bereich, der auf die Entwicklung der modernen Architektur einen besonderen Einfluß hatte.

Der Rückgriff auf das idealisierte Mittelalter und vor allem auf die Architektur der Gotik erhielt für die Frage der formalen Gestaltung der Hochhäuser gleich auf mehreren Ebenen eine besondere Bedeutung. Ausgehend vom Warenhaus, und hier vor allem bei den Bauten Alfred Messels für das Kaufhaus Wertheim in Berlin (Abb. 28), wurde das Verhältnis von Stütze und Wand als Folge neuartiger konstruktiver Systeme im Sinne eines Wiederauflebens von Prinzipien gotischer Sakralarchitektur interpretiert: Die Stützen haben die tragende Funktion der Wand übernommen, dazwischen sind große Fensterflächen eingespannt, die das Gebäudeinnere mit Licht versorgen.[206] Im Sinne dieser konstruktiven Analogien zur gotischen Architektur wurde nun auch der Wolkenkratzer betrachtet, denn „seine Ausführung setzte die gleiche Wandlung wie beim Kirchenbau von dem frühromanischen Massivbau zum luftigen spätgotischen Skelettbau voraus."[207]

Naheliegend war natürlich die assoziative Verbindung vertikal ausgerichteter Fassadengliederungen mit der Architektur der Gotik. Nachdem schon der amerikanische „Geschäftshausbaustil" als „moderne Gotik" bezeichnet worden war[208], konnte in der Betonung der vertikalen und der Unterordnung der horizontalen Linien wiederum am Beispiel des Kaufhauses Wertheim eine „neue Offenbarung gotischen Formenwillens" entdeckt werden.[209] Hans Schliepmann hatte, ohne allerdings einen Bezug zur Gotik herzustellen, schon 1901 das Hervortreten des Vertikalismus als „das wesentliche, gesundeste Moment der ästhetischen Entwicklung des Geschäftshausstiles" bezeichnet und die „Verringerung der Hauptgesimsausladung und die Einführung der aufwärtsstrebenden Endigung" empfohlen.[210] Auf die Gestaltung der Dachabschlüsse im Hochhausbau übertragen, wurde dieses Motiv an Projekten von Max Berg und Bruno Taut (Abb. 29), „deren Lotrechte im Sinne der Gotik nach oben frei enden," als fruchtbarer Baugedanke begrüßt[211], und damit in formaler Analogie zur gotischen Architektur betrachtet.

links oben: Abb. 28, Alfred Messel, Warenhaus Wertheim, Berlin, 1896/7-1906 (1.-3. Bauabschnitt), Ansicht in der Vossstraße
unten: Abb. 29, Bruno Taut, Hochhaus Kaiser-Wilhelm-Platz, Magdeburg, 1921?, Modellphoto

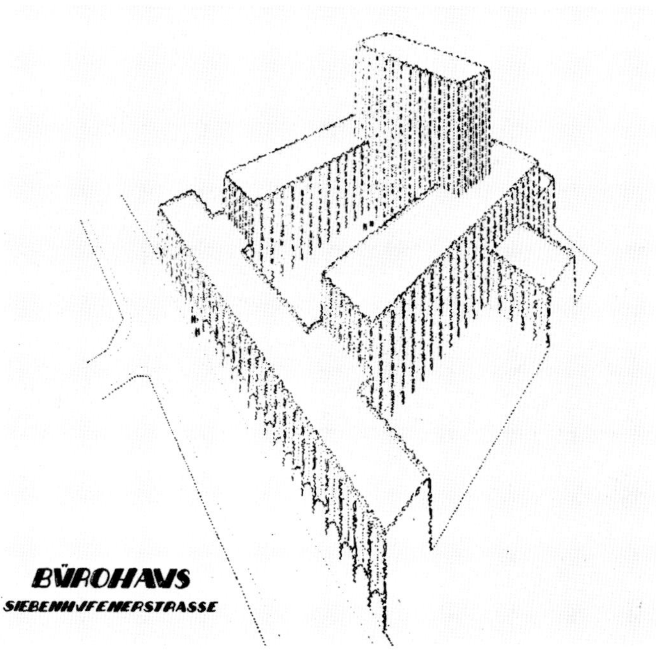

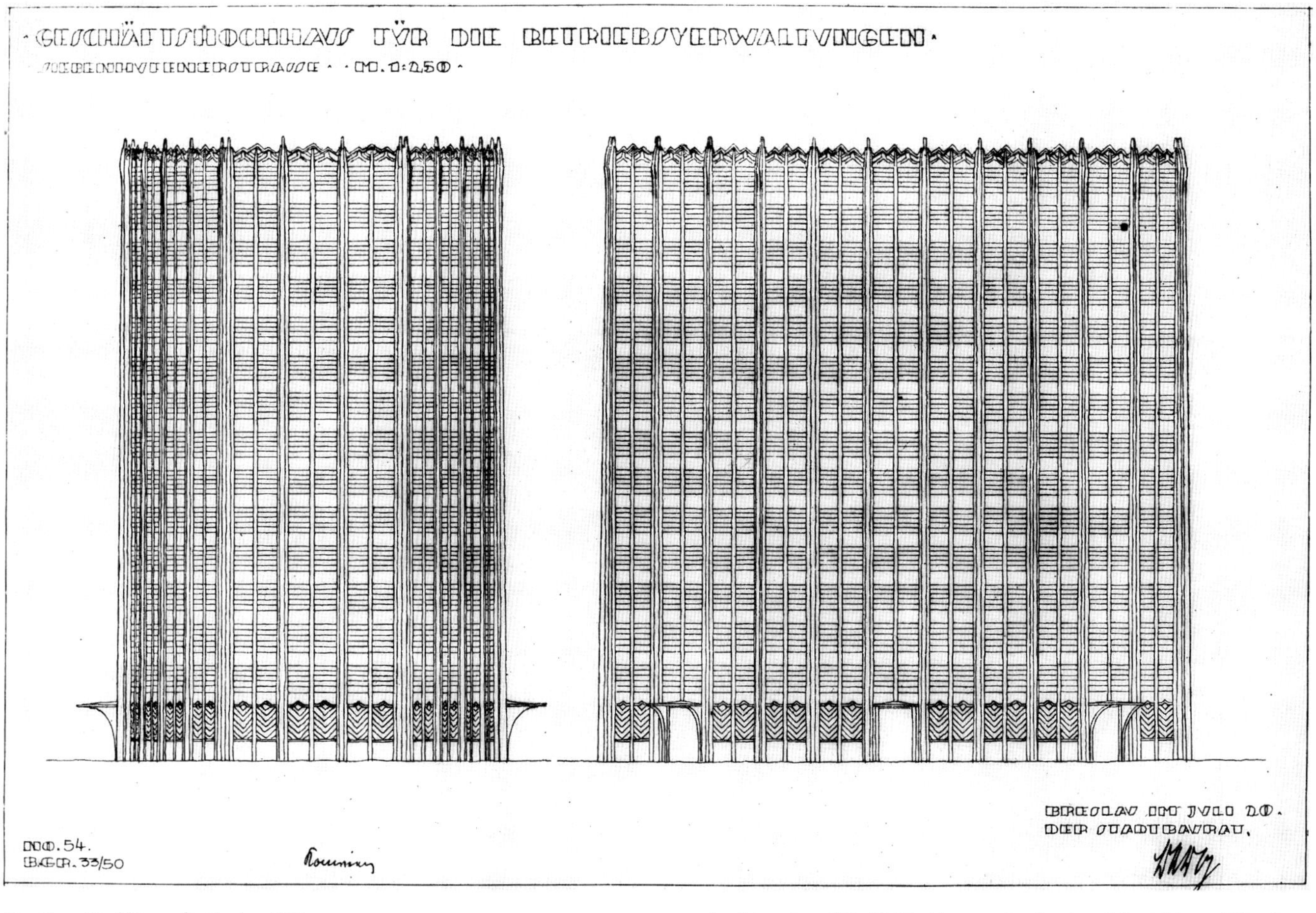

Max Berg, Hochhäuser für Breslau, 1920
links oben: Abb. 30, Hochhaus Schweidnitzer Stadtgraben, Schaubild
rechts oben: Abb. 31, Bürohaus Siebenhufer Straße, Schaubild
unten: Abb. 32, Geschäftshaus für die Betriebsverwaltungen, Siebenhufer Straße, Aufrisse

rechte Seite, oben: Abb. 33, Hochhaus am Lessingplatz, Schaubild vom Oderufer
rechte Seite, mitte: Abb. 34, Hochhaus am Lessingplatz, Schaubild vom Ohlauufer
rechte Seite, unten: Abb. 35, Hochhaus am Lessingplatz, Schaubild vom Nordosten

Abb. 36, Cass Gilbert, West Street Building, New York, 1905

Die ideologischen Konnotationen der Gotik wurden vor allem durch Karl Scheffler vermittelt. Er hatte in seinem weit verbreiteten Buch „Der Geist der Gotik" mit dem Hinweis auf den germanischen und fränkischen Ursprung der Gotik eine Verbindung mit nationalistischen Gedanken hergestellt. Aber auch für Vorstellungen vom Sozialismus, wie sie beispielsweise Max Berg oder Martin Mächler entwickelten, waren Argumente zu finden: „Der Stil, der Gotik heißt, ist recht eigentlich ein Volksstil, er ist demokratisch, er hat den Rhythmus eines erregten Kollektivwillens und die Linie des Freiheitsdranges."[212] Karl Scheffler gab ein Beispiel dafür, wie sich durch eine flexible Verwendung des Begriffes Beziehungen zwischen Gotik und neuerer Baukunst knüpfen ließen: „Auch in der Baukunst ist dem Klassizismus und Renaissancismus des neunzehnten Jahrhunderts eine neue Gotik gefolgt. Sie äußert sich in dem Interesse für groß begriffene und symbolhaft gesteigerte Zweckbauten, die den Zug zum Weltwirtschaftlichen, der unserer Zeit eigen ist, verkörpern (. . .)."[213] Nicht etwa rein formale Analogien, sondern eine assoziative Verwandtschaft zwischen den Bauten der neuen Epoche und dem Mittelalter wurde festgestellt: „Und die profanen Zweckbauten nehmen, wo sie ins Monumentale geraten, wie von selbst oft Formen an, daß man an Fortifikationsbauten des Mittelalters denkt. Ein unruhiger Drang nach Mächtigkeit (. . .) gewinnt in den Speicherbauten, Geschäftshäusern und Wolkenkratzern, in den Industriebauten, Bahnhöfen und Brücken Gestalt (. . .)."[214] In einigen expressionistischen Hochhausentwürfen von Architekten wie Bruno Taut und Walter Fischer (vgl. Kat. Nr. 16 und 61) wurden diese Gedanken verarbeitet. Durch die Übernahme sakralisierender Formen und die unmittelbare Erinnerung an gotische Kathedralen wie im Projekt Walter Fischers für den Wettbewerb der Chicago Tribune sollte die Idee der Gemeinschaft, ähnlich wie in den von Bruno Taut wenige Jahre zuvor entwickelten Volkshausprojekten, zum Ausdruck kommen und das Hochhaus zu einem weihevollen Kultbau, zu einer „Kathedrale der Arbeit"[215] erhöht werden: „Was hier anklingt und nach Wiederbelebung drängt, ist der mittelalterliche Dombaugedanke. Die Rolle des Domes, der (. . .) Symbol für das metaphysische Verlangen und die geistige Haltung des Mittelalters war, will das Hochhaus in moderner Übertragung fortführen, indem es sich gewissermaßen als Verherrlichung des Gedankens der Arbeit darstellt".[216] Daß aber derartige Auffassungen nicht zwangsläufig mit bestimmten Formen verbunden sein mußten und sich auch in andere Argumentationszusammenhänge einbinden ließen, wird deutlich, wenn Max Berg die „modernen Riesengeschäftshäuser als Tempel der menschlichen Arbeit" bezeichnete,[217] obwohl er eine andere Vorstellung von der formalen Gestaltung des Hochhauses hatte als etwa Bruno Taut. Er und Hans Poelzig waren weniger an den ideologischen Bezügen als vielmehr an dem Problem der Darstellung der konstruktiven Verhältnisse des Gebäudes an der Fassade im Sinne der konstruktiven Analogien zur gotischen Sakralarchitektur interessiert. Auf diese Weise sollte die skelettartige Struktur der Konstruktion und der Zellen- bzw. Magazincharakter der räumlichen Anordnung sichtbar gemacht werden (Abb. 30-35).[218] Dabei wurden auch für das Verhältnis von vertikalen und horizontalen Konstruktionselementen des Hochhauses Lösungen entwickelt,[219] die sich deutlich von einer schematischen Übertragung vertikaler Stützfolgen, wie sie an gotischen Kathedralen zu sehen sind, abhoben.

Gotische Stilformen und die Betonung der vertikalen Gliederungselemente konnten aber auch von akademisch orientierten Architekten vereinnahmt werden. Aus der Position des Eklektizismus betrachtet, war der gotische Stil eine Alternative zu den übrigen und galt vielen als der für den Hochhausbau am besten geeignete.[220] In der amerikanischen Hochhausarchitektur nach dem Ersten Weltkrieg blieb die konsequente stilgetreue Anwendung gotischer Formen auf den Hochhausbau aktuell. Nachdem sich durch so markante Vorbilder wie das West Street Building (1906-07, Abb. 36) und das Woolworth Building (1910-13) von Cass Gilbert der „Reklamewert" dieses Stiles etabliert hatte, überrascht 1922 die Prämierung des gotisierenden Entwurfs für das Hochhaus der Chicago Tribune von Howells und Hood nicht. Im Unterschied zu der intendierten Umsetzung „gotischer Prinzipien" in den deutschen Hochhausprojekten war jedoch in allen amerikanischen Beispielen Gotik als historischer Stil gemeint.[221] Auch für die Gliederung des Hochhauses durch vertikale Lisenen und Mauerbänder, besonders am langgedehnten Mittelteil zwischen Sockel- und Abschlußzone, finden sich viele Beispiele in der amerikanischen Hochhausarchitektur - sowohl unter dem Einfluß der Ecole des Beaux Arts wie der Chicago School.

In Deutschland läßt sich die flexible Anwendung vertikaler Gliederungselemente an den Varianten zur Studie für ein Hochhaus am Bahnhof Friedrichstraße von Bruno Möhring (1921, Kat. Nr. 2) und an den Skizzen für den Ausführungsentwurf des Friedrichstraßenwettbewerbs von Otto Kohtz (1922, Kat. Nr. 46) nachvollziehen. Das Spektrum der Vorschläge reicht von Anklängen an mittelalterliche Backsteingotik über die „Geschäftshaus-Gotik" in der Art der Wertheim-Fassaden, von unterschiedlichen Fassungen des Gerüstcharakters - einmal an eine stählern filigrane, ein andermal an eine in Stahlbeton plastisch geformte konstruktive Struktur erinnernd - bis zu einer durch schwere, auf der vertikalen Gliederung aufliegende Dachabschlüsse monumentalisierten Lösung. „Gerüststil" und vertikale Gliederung wurden als anpassungsfähige Strukturen verstanden, die auf jeden beliebig hohen Baukörper übertragen werden konnten[222] und eine freie Gestaltung der Massen gestatteten. Solange die Architekten gotisierende oder vertikale Gliederungen als Lösungen bei der Suche nach dem richtigen „Stil" ansahen, wie es die häufig gebrauchten Begriffe „Gerüststil", „Geschäftshaus-

und Hochhausstil" und ebenso der für die neue Sachlichkeit geprägte Begriff der „Zweckmäßigkeitsform"[223] zeigen, wurden diese Formen lediglich rein dekorativ als Mittel der Fassadengestaltung verwendet, ohne den Zusammenhang mit der Funktion und Konstruktion des Gebäudes neu zu begründen. Das Prinzip der vertikalen Gliederung steht in engem Zusammenhang mit dem Vorgang der formalen Reduktion. Im Unterschied zu einer Gestaltung durch horizontal aufeinanderfolgende Geschoßzonen erleichterte die Ausdehnung einer einheitlichen vertikalen Gliederung auf den gesamten Baukörper den Verzicht auf auffällige Sockel- und Dachzonen. Damit wurde das traditionelle Schema der Fassadengestaltung aufgegeben. Der weit verbreitete Gebrauch vertikaler Gliederungssysteme wurde außer von den Vertretern der akademisch-klassizistischen Position, die wie Werner Hegemann für eine horizontale Gliederung des Hochhauses eintraten[224], nur von wenigen kritisiert. Adolf Behne bemängelte die „Neigung zu einseitigem Vertikalismus" in der deutschen Baukunst und die Beziehungslosigkeit der verwendeten Formen zueinander.[225]

Ebenso waren es nur wenige Architekten, die sich um 1920/22 von traditionellen Auffassungen ganz lösen konnten. In ihren Hochhausprojekten und -studien wurden jedoch einige neue, für die Architektur des „Neuen Bauens" bedeutende Ansätze entwickelt; hier vollzog sich die völlige Abkehr von einer auf akademische Grundsätze rückführbaren Architektur, wie es sich etwa am Beispiel des Begriffes „Fassade" zeigen läßt. Die Etablierung neuer architektonischer Prinzipien und neuer methodischer Vorgehensweisen geschah in weit radikalerem Sinne als bei Max Berg und Hans Poelzig. Wiederum bildet die Auseinandersetzung mit der amerikanischen Architektur den Hintergrund für diese Bemühungen.
Ludwig Hilberseimer, dessen Beitrag innerhalb der deutschen Hochhausdiskussion einzigartig ist, war wohl der erste, der einige Hochhausbauten der Chicago School durch seine Publikationen in deutschen Bauzeitschriften bekannt gemacht und als Beispiele einer neuen Architekturauffassung präsentiert hat.[226] Als konstituierende, wesentliche Elemente für die Gestaltung der Hochhäuser betrachtete er die Konstruktion, das Tragsystem und die neuen Materialien Beton, Eisen und Glas.[227] Konsequenter als andere Architekten setzte Hilberseimer sich mit dem Prinzip der formalen Reduktion auseinander und machte es zu einem grundlegenden Bestandteil seiner Vorgehensweise: „Die Notwendigkeit, eine ungeheure, oft heterogene Materialmasse nach einem für jedes Element gleichermaßen gültigen Formengesetz zu bilden, fordert eine Reduktion der architektonischen Form auf das Knappste, Notwendigste, Allgemeinste. Eine Beschränkung auf die geometrisch kubischen Formen: Die Grundelemente aller Architektur."[228] Hilberseimer sah diese Prinzipien in dem 1891 von John Root und Daniel Burnham erbauten Monadnock Building in Chicago (Abb. 37) verwirklicht, weswegen er dieses Gebäude als einen Gründungsbau der eigenständigen, vom „Europäismus" losgelösten amerikanischen Architektur bezeichnete.[229] Seine am Monadnock Building exemplifizierten Bemerkungen zum Verhältnis von Wandfläche und Fenster stellen eine scharfsinnige Analyse des architektonischen Reduktionsvorganges dar und lenken den Blick auf diejenigen Elemente, denen von nun an ein völlig neuer Wert bei der architektonischen Gestaltung zugemessen wurde: „In der historischen Architektur ist das Fenster immer ein selbständiges Element: Teilungsfaktor, Akzent oder Achsenträger. Es war eine Durchlöcherung der Wand. Hatte als solche eine negative Flächenfunktion zu erfüllen. Stand in Kontrast zur umgebenden Körperlichkeit der Gebäudemasse. Dieser Bedeutung als eines selbständigen Bauteils wird das Fenster bei einem Hochhause wie auch bei einem Mietshause völlig entkleidet. Es kontrastiert nicht mehr zur Fläche, sondern nimmt an deren positiven Funktionen teil. Ist nur noch Stück und Bestandteil der Fläche selber. Das Fenster unterbricht nicht mehr die Wandfläche, sondern belebt sie gleichmäßig."[230] Hilberseimer bezog sich hier offensichtlich auf

Abb. 37, Daniel H. Burnham, John W. Root, Monadnock Building, Chicago, 1981

Äußerungen Hans Schliepmanns, der schon 1901 die veränderte Stellung des Fensters beim Geschäftshaus festgestellt und auf die konstruktiven Grundlagen, den „Systemwechsel" in der Architektur vom Wandbau zum Pfeilerbau, zurückgeführt hatte. Am Beispiel der amerikanischen „Himmelskratzer" vollziehe sich das Herabdrücken des einzelnen Fensters „zu einem Motiv vom Maßstabswert einer Bosse."[231] 1913 beschrieb Schliepmann erneut die „Entthronung" des Fensters als wesentliches architekturbildendes Motiv und versuchte anhand von Beispielen amerikanischer Wolkenkratzer zu zeigen, wie sich das Fenster zu einem „bedeutsamen Motiv der Flächengestaltung" bzw. „Flächenbelebung" herausgebildet hat.[232] Er sah darin einen der wenigen neuen baukünstlerischen Gedanken der Neuzeit[233] und es mag der Eindruck entstehen, er habe mit seinen Überlegungen zum Prinzip der Reduktion an Lösungen gedacht, wie sie Hilberseimer und Mies van der Rohe erst später in ihren Hochhausentwürfen realisiert haben, wenn er schrieb, „daß mit der bloßen Zwecklichkeits-Darstellung beim Geschäfts- und Warenhaus keine andere Kunstgestaltung zu gewinnen ist als der Fensterwabenblock oder das Skeletthaus."[234] Schliepmann war selbst der Architekturauffassung der Wilhelminischen Zeit zu sehr

Abb. 38, Ludwig Hilberseimer, nicht eingereichter Beitrag für den Wettbewerb Chicago Tribune, 1922, Schaubild

Abb. 39, Mies van der Rohe, Entwurf zu einem Hochhaus, 1922?, Modellansicht

verpflichtet, um wirkliche Konsequenzen aus seinen Beobachtungen ziehen zu können. Bezeichnenderweise lehnte er das Monadnock Building, das auch ihm als Beispiel gedient hatte, mit einer aufschlußreichen Begründung ab: „Es gibt kaum einen besseren Beweis, daß Logik und Zweckerfüllung noch keine Kunst sind, als ihn dieses Haus darbietet, es ist geradezu monumentalisierte Unverschämtheit geschäftlichen Raffsinnes, denn selbst das einzige künstlerische Motiv der Komposition, die Erker, lassen nicht sowohl Kunstabsicht als das Streben erkennen, auch noch vom Straßenterrain einige Quadratmeter für die Raumausnutzung zu gewinnen."[235] Ludwig Hilberseimer, der die Beobachtungen Schliepmanns und seine Argumentation teilweise übernahm, kam jedoch zu völlig anderen Schlußfolgerungen. Empfand Schliepmann die „Zusammenfassung einzelner Geschosse oder Fenstergruppen zu höheren Motiveinheiten" bereits als Willkür - ohne sie deswegen abzulehnen -, so erhob Hilberseimer den Verzicht auf die „Zusammenfassung einzelner Teile zu Formskalen höherer Ordnung" zu einer grundsätzlichen Forderung.[236] Das Fenster selbst wird nun als „ein neues zusammenfassendes Element gerade aus dem Zwecklichen gewonnen."[237] In seinem Hochhausentwurf für den Wettbewerb der Chicago Tribune (Abb. 38) hat Ludwig Hilberseimer seine theoretischen Vorstellungen zur Anwendung gebracht. Nur die Baukörper und die Fenster- bzw. Wandflächen werden noch als gestalterische Elemente benutzt. Seine Vorgehensweise ist radikal: Hilberseimer sucht nicht nach neuen architektonischen Ausdrucksformen, sondern betreibt die Reduzierung auf ihre konstitutiven Elemente. Es geht ihm nicht um die Ablesbarkeit der tektonischen und statischen Verhältnisse des Gebäudes an der Fassade. Die Errichtung einer Abfolge gleicher Räume wird durch das Verhältnis von Wand- und Fensterfläche deutlich gemacht, die verwendeten Elemente erhalten Zeichencharakter: Fenster und Wand verweisen aufeinander, könnnen ohne einander nicht sinnvoll bestehen, zugleich verweisen sie indirekt auf die einheitliche Skelettkonstruktion als Grundlage für die Funktion des Gebäudes wie als Voraussetzung für ihre Existenz. So wird die sinn-

liche durch eine rein intellektuelle Erfahrbarkeit des Gebäudes ersetzt.
Auch die beiden Glashochhausprojekte Ludwig Mies van der Rohes (Kat. Nr. 31, Abb. 39), das erste davon als Einsendung zum Wettbewerb Hochhaus am Bahnhof Friedrichstraße entstanden, können als Beiträge zum Problem der Mitteilungsfunktion von Architektur verstanden werden. Wie bei Hilberseimer scheint die Auseinandersetzung mit dem amerikanischen Wolkenkratzer wenn nicht der Auslöser, so doch zumindest der Vorwand für die unternommenen Studien zu sein.[238] Das Ziel Mies van der Rohes, die Konstruktion des Gebäudes sichtbar zu machen, stellte eine radikale Ablehnung der Vertreter der eklektizistischen Fassadenkunst als auch der Anhänger des „Gerüststiles" dar, denn die konstruktiven Verhältnisse werden nicht am Äußeren des Gebäudes formal umgesetzt, sondern im Inneren in situ gezeigt. Um dies zu gewährleisten, unternimmt Mies van der Rohe, darin Hilberseimer vergleichbar, eine Transformation der Außenwand des Gebäudes. Durch die völlige Auflösung der Wände in Glas wird die Grenze zwischen Fenster und Wand aufgehoben, Funktionen und Begriffe der einzelnen Bestandteile fallen zusammen.
Mies van der Rohe und Hilberseimer sind in der Verfolgung des Reduktionsprinzips am weitesten gegangen. Die fortschreitende Aufhebung kommunikativer Fähigkeiten der Architektur findet ihr Ziel in der Reduzierung des Gebäudes zum Zeichen seiner Konstruktion und Funktion.[239]

Hier ist der Endpunkt eines wichtigen theoretischen und methodischen Ansatzes erreicht, jedoch nicht in der Auseinandersetzung um die formale Gestaltung der Hochhäuser. Die Möglichkeiten des Fensters als Gestaltungselement setzten Walter Gropius und Max Taut in ihren Entwürfen für den Wettbewerb der Chicago Tribune (Kat. Nr. 61) im Sinne der Erweiterung, nicht der Reduktion des formalen Vokabulars ein. Eine auf ganz andersartigen Kriterien basierende Konzeption vertraten Hugo Häring und Hans Scharoun mit ihren Hochhausentwürfen. Von festgelegten Funktionen des Gebäudes und dem dafür bestimmten Ort ausgehend, entwickelten sie individuelle, auf die einzelnen Bedürfnisse exakt zugeschnittene Lösungen. Als Vertreter eines „organischen Funktionalismus" vom „konstruktiven Funktionalismus" Mies van der Rohes und Hilberseimers zu unterscheiden, betrieben auch sie keine Reduktion der architektonischen Ausdrucksmittel, sondern versuchten, neue, der Bauaufgabe entsprechende Formen zu finden.
In Deutschland blieb es hauptsächlich aufgrund der Inflation beim „Schrei nach dem Turmhaus". In allen wesentlichen Forderungen muß die Hochhaus-Bewegung als gescheitert gelten: Bedeutende Hochhäuser konnten nicht ausgeführt werden[240], alle damit verbundenen erhofften sozialen Verbesserungen blieben aus, das Ziel, einen einheitlichen Stil und einen allgemeingültigen Typus für diese Bauaufgabe zu entwickeln, wurde nicht erreicht. Wird die Situation der Architektur in Deutschland am Anfang der zwanziger Jahre im allgemeinen als ein Umbruch zwischen Expressionismus und Neuem Bauen beschrieben, so muß doch als wesentlicher Eindruck die Gleichzeitigkeit und Uneinheitlichkeit der unterschiedlichsten Positionen auch innerhalb der erkennbaren einzelnen Richtungen festgehalten werden, wie sie am Beispiel der Hochhausdiskussion nachvollzogen werden können. JMe

Abb. 40, Wettbewerb Chicago Tribune Tower, 1922, Vorentwurf des Beitrages von Walter Gropius/Adolf Meyer und unter Mitarbeit von Karl Fieger

Anmerkungen:

1 Vgl. Walter Curt Behrendt, Skyscrapers in Germany, in: Journal of the American Institute of Architects 1923, 365f.
Der Begriff „Hochhausdiskussion" kann treffend den Charakter dieser Auseinandersetzung beschreiben, Licht auf die wichtigsten Medien, Bauzeitschriften und Wettbewerbsverfahren werfen und auch für das Ergebnis stehen, das weniger in ausgeführten Bauten als vielmehr - einer Diskussion entsprechend - in der Klärung einzelner Positionen zur Architektur beruht. Eine fundierte Einführung, die sich im wesentlichen auf die politischen und sozialen Aspekte beschränkt, bietet Rainer Stommer, „Germanisierung des Wolkenkratzers". Die Hochhausdebatte in Deutschland bis 1921, in: Kritische Berichte 3, 1982, 36-53. Vgl. auch Joachim Schulz, Hochhäuser und Citygedanke in Deutschland 1920 bis 1923, in: Deutsche Architektur 1964, 750-755. Neuerdings: Karl Heinz Hüter, Architektur in Berlin 1900-1933, Dresden 1987, 298ff, der die Bauaufgaben Bürohaus und Hochhaus verdienstvoll in einem eigenen Kapitel behandelt, ohne aber zu einer umfassenden Darstellung der Hochhausdiskussion zu gelangen.
2 Vgl. Hohe Eisengebäude in Nordamerika. Nach einem Vortrag von Prof. Siegmund Müller vor dem Architekten-Verein, in: WAVB 1907, 241.
3 Paul Wittig, Über die ausnahmsweise Zulassung einzelner Turmhäuser in Berlin, Berlin 1918; vgl. Kat. Nr. 51.
4 Berlins dritte Dimension, redigiert von Alfred Dambitsch, Berlin o. J. (1912).
5 Bruno Möhring, Über die Vorzüge der Turmhäuser und die Voraussetzungen, unter denen sie in Berlin gebaut werden können, in: Stbk 1920, 353-357, 370-376, 385-391.
6 Zum Danziger Wettbewerb vgl. Adolf Behne, Danzig: Wolkenkratzer, in: SM 1921, 862-864; Wolkenkratzer-Wettbewerb in Danzig, in: BM 4, 1921, 27-28; Der Kampf um den Danziger Wolkenkratzer, in: BW 1921, 491; Das Danziger Hochhaus, in: ZdB 1921, 412; Das Danziger Hochhaus. Eine „Germanisierung" des Wolkenkratzers, in: Voss. Ztg. 40, 7.10.1921, Umschau in Technik und Wirtschaft, 2. Beilage.
7 Vgl. Der erste Wolkenkratzer in Europa?, in: BGZ 1920, 188.
8 Max Berg, Der Bau von Geschäftshochhäusern in Breslau zur Linderung der Wohnungsnot, in: Stbk 1920, 99-104, 116-118; in leicht veränderter Fassung als: Der Bau von Geschäfts-Hochhäusern in den Großstädten als Mittel zur Linderung der Wohnungsnot, mit Beispielen für Breslau, in: ODBZ 1920, 173-177.
9 Vgl. den Entwurf für das Hochhaus am Lessingplatz in Breslau von Max Berg und Richard Konwiarz, Zeichnung im Bauarchiv Wroclav, VIII-9, datiert „10.12.19". Die Kenntnis der Planunterlagen verdanken wir Dr. Janusz Dobesz, Wroclav. Ihm und Jerzy Ilkosz MA. verdanken wir die Möglichkeit zur Einsichtnahme und die Erlaubnis zur Publikation einiger unbekannter Zeichnungen von Max Berg. Eine fundierte Auseinandersetzung mit den Breslauer Hochhausprojekten von Max Berg darf von der in Arbeit befindlichen Dissertation Jerzy Ilkosz': „Max Berg - Leben und Werk" erwartet werden. Zum Leipziger Messeturm: Entwurf zu einem Leipziger Messeturm, in: NDBZ 1920, 184. Aus einer Notiz in BRS, 15.4.1920, 58, geht hervor, daß das Projekt bereits zu diesem Zeitpunkt dem Leipziger Stadtrat zur Genehmigung vorgelegt worden ist.
10 Dazu ausführlich Stommer, Germanisierung, 43f.
11 Ein anschauliches Bild der Lage zeichnete Oberbürgermeister Gustav Böß in seiner Broschüre „Die Not in Berlin", Berlin 1923, 14.
12 Vgl. R. Lion, Zur Wohnungsnot in Groß-Berlin, in: BT 581, 1920, 5. Blatt; auch Alfred Dörre, Entwicklung und Ergebnisse des sozialen Wohnungsbaues, in: D.R. Frank/D. Rentschler, BusB IV, Wohnungsbau, Bd. A, Berlin, München, Düsseldorf 1970, 26-27.
13 Vgl. Berg, Geschäftshochhäuser (Stbk), 101.
14 Vgl. A. Gut, Richtpunkte für die Errichtung von Hochhäusern. Hochhäuser für München?, in: BW 1921, 307; Hermann Sörgel, Das Turmbauproblem in München, in: BRS 1922, 29.
15 Vgl. Berg, Geschäftshochhäuser (Stbk), 104; Max Berg, Hochhäuser im Stadtbild, in: WMB 1921/22, 104; F. Rudolf Vogel, Können uns Wolkenkratzer bei der Beseitigung der Wohnungsnot helfen? in: BuG 1920, 239, 252.
16 Vgl. Walter Curt Behrendt, Der Kampf um den Stil im Kunstgewerbe und in der Architektur, Stuttgart/Berlin 1920, 227ff. Schon Peter Behrens in: Berlins dritte Dimension, 9.
17 Vgl.Peter Behrens, Über die Beziehungen der künstlerischen und technischen Probleme, Berlin 1917, 21; Zizler, Berechtigung und Bedeutung des Hochhausgedankens, in: Stbk 1922, 354.
18 Vgl. Franz Jaffé, Das sechste bis achte Geschoß. Eine Forderung für die City, in: BW 1910, 6.
19 Martin Mächler, Zum Problem des Wolkenkratzers, in: WMB 1920/21, 191-205, 260-273; hier: 260.
20 Vgl. Peter Behrens, Zur Frage des Hochhauses, in: Stbk 1922, 369.
21 Vgl. Bruno Möhring u. a. in: Berlins dritte Dimension; Wittig, Zulassung, 13; Möhring, Vorzüge, 354, 387.
22 Schon früh in: Amerikanische Wolkenkratzer, Arbeiten zwischen Himmel und Erde, in: BW 44, 1910, 11; vgl. auch das extreme Beispiel des Hochhausprojektes für Ludwigshafen von Karl Latteyer, der in seinem Projekt nicht weniger als zehn verschiedene Funktionen unterbringen wollte: Ein Hochhaus für Ludwigshafen, in: Stbk 1920, 327.
23 Vgl. Klaus Wegner-Roemmich, nach einer Zuschrift in: BW 1910, 35. Die dort als Quelle genannte Broschüre „Wohnungsfrage und Antikapitalismus", Berlin 1910, konnte über Fernleihe nicht beschafft werden; Möhring, Vorzüge, 388-390; Bruno Möhring, Zonenbebauung oder gemischte Bebauung? Ein Beitrag zur Lösung der Wohnungsfrage, in: Stbk 1920, 209-220.
24 Vgl. Hans von Poellnitz, Der Schrei nach dem Turmhaus, in: BW 1921, 690; Max Berg, Deutsche und amerikanische Hochhäuser. Gegen einen sozialen und ästhetischen Rückschritt im Hochhausbau, in: BT 413, 4.9.1922, 1. Beiblatt.
25 Vgl. Max Osborn, Wolkenkratzer, in: Qualität 1920, 117.
26 Hans Schliepmann, „Wolkenkratzer", in: Tägliche Rundschau 49, 30.1.1921, 5. Beilage.
27 Vgl. Wittig, Zulassung, 16.
28 Vgl. Berg, Geschäftshochhäuser (Stbk), 117.
29 Schon Franz Jaffé, Das sechste bis achte Geschoß, 5 und Walter Rathenau in: Berlins Dritte Dimension, 21-22; Berg, Geschäftshochhäuser (Stbk) 117; Berg, Hochhäuser im Stadtbild, 104; Max Berg, Grundsätzliches zur Hochhausfrage. Beispiel Berliner Hochhaus Friedrichstraße, in: BW 1922, 35.
30 Vgl. Wittig, Zulassung, 13; Vogel, Wolkenkratzer, 252; Richard Herre, Hochhäuser für Stuttgart. Zu den Entwürfen der Regierungsbaumeister Richard Döcker und Hugo Keuerleber, Stuttgart, in : WMB 1921/22, 375; vgl. dazu A. Wolff, Zur Entwicklung des Hoch- oder Turmhauses in Deutschland, in: WAVB 1921, 53-54.
31 Vgl. Wagner, Zum Bau von Hochhäusern, in: BuG 1921, 23.
32 Vgl. Wittig, Zulassung, 16; Möhring, Vorzüge, 386.
33 Schon in: Berlins dritte Dimension, Einführung, 7; vgl. Möhring, Vorzüge, 386; Max Berg, Die Deutsche Hochhausbauweise, in: BuG 1922, 79; auch in: Deutsche Bauhütte, 1922, 58; Max Berg, Deutsche und amerikanische Hochhäuser.
34 Berg, Grundsätzliches, 36; vgl. auch Berg, Deutsche und amerikanische Hochhäuser.
35 Otto Kohtz, Das Reichshaus am Königsplatz in Berlin, ein Vorschlag zur Verringerung der Wohnungsnot und der Arbeitslosigkeit, in: Stbk 1920, 241, 245.
36 Vgl. die Meldung in: DS 1921, 124.
37 Vgl. Wittig, Zulassung, 13-14; Paul Wittig, Die europäischen und amerikanischen Weltstädte unter dem Einfluß des elektrischen Schnellverkehrs, in: WAVB 1910, 206.
38 Möhring, Vorzüge, 353.
39 Carl Gotfrid, Hochhäuser, in: Qualität 5, 1922/23, 65.
40 Mächler, Wolkenkratzer, 192.
41 Vgl. dazu Werner Hegemann, in: Die Wolkenkratzer. Städtebau in Deutschland und Amerika, in: BT 211, 1913, 1. Beiblatt. Aber auch Peter Behrens, Bruno Möhring und Martin Mächler müssen in diesem Zusammenhang genannt werden.
42 Grundlegend in diesem Zusammenhang waren die mehrfach publizierten und rezipierten Berichte des beim Generalkonsulat in New York tätigen Wasserbauinspektors Quedefeld. Vgl. Die Wirtschaftlichkeit der amerikanischen Wolkenkratzer, in: ZdB 1912, 633-635; ähnlich in: Die Bauhütte 1913, 41; Die Feuergefährlichkeit der Wolkenkratzer, in: ZdB 1912, 673-675. Vgl. dagegen: Vorteile und Nachteile der amerikanischen Wolkenkratzer, in: BW 6, 1913, 11-12.
43 Vgl. Wolkenkratzer? in: Die Volkswohnung 1921, 47; Hans von Poellnitz, Der Schrei nach dem Turmhaus, 689-690.
44 Vgl. Georg Krahl, Die Hochhausfrage in Deutschland, in: BGZ 14, 1921, Spalte 217.
45 Vgl. Paul Wolf, Hochhäuser, in: BuG 1922, 43; Adolf Behne, Zuschrift, in: Herre, Hochhäuser für Stuttgart, 377.
46 Vgl. Krahl, Hochhausfrage, Spalte 218; Vorschlag zu einem Reichshaus in Berlin, in: BuG 1920, 232.
47 Vgl. August Venitz, Der Wolkenkratzer-Rummel, in: NDBZ 1922, 11; Hans von Poellnitz in: Für und wider das Hochhaus, in: BRS 1922, 34.
48 Vgl. Poellnitz, Der Schrei nach dem Turmhaus, 690; Poellnitz in: Für und wider das Hochhaus, 34.
49 Deutsches Museum München, Teilnachlaß Max Berg, Briefe (Abschrift) vom 8.7. bzw. 26.7.1920.
50 Berg, Grundsätzliches, 35. Vgl. dazu auch Stommer, „Germanisierung", 51-52.
51 Hans Martin Elster, Wolkenkratzer?!, in: Deutsche Tageszeitung 305, 1914, 1. Blatt.
52 O. Kloeppel, Der Bau vielgeschossiger Häuser und die Wohnungsfrage, in: ZdB 1921, 261.
53 Vgl. Venitz, Wolkenkratzer-Rummel, 13, 17-18.
54 Möhring, Vorzüge, 353; ähnlich Sörgel, Turmbauproblem, 29.
55 Möhring, Vorzüge, 372.
56 Vgl. Wolff, Entwicklung, 54, wo Turmhäuser mit den großen Bismarck- und Kaiserdenkmalen verglichen werden, deren „große Anziehungskraft auch auf den einfachen Volksgenossen in erster Linie durch den in ihnen verkörperten großen Gedanken" zum Ausdruck kommt.
57 Berg, Geschäftshochhäuser (Stbk) 118; auch Berg, Geschäftshochhäuser (ODBZ), 177; ähnlich E. G. Friedrich, Sollen wir Wolkenkratzer bauen?, in: BW 1920, 554.
58 Sörgel, Turmbauproblem, 29; ähnliche Äußerungen von Mächler, Wolkenkratzer, 260; Möhring, Vorzüge, 371-372; Zizler, Berechtigung, 356.
59 Angedeutet bei Wittig, Zulassung, 16; Möhring, Vorzüge, 386, 391.
60 Vgl. Kunst- und Bauverwaltung, in: Die Volkswohnung 1920, 20.
61 Vgl. Der Wettbewerb für ein Bürohaus am Bahnhof Friedrichstraße in Berlin, in: Stbk 1922, 282-283.
62 Vgl. Zur Reichsschuldenverwaltung: Reichsschuldenturm und Berliner Baupolizei, in: Die Baugilde 48/49, 1920, 4; Bruno Möhring, Wer entscheidet über deutsche Baukunst, in: Stbk 1920, 193-198; vgl. dagegen Friedrich, Wolkenkratzer, 554. Zur Eisenbahndirektion: Friedrich Paulsen, Neue Baugedanken im öffentlichen Bauwesen, in: BW 1921, 253-255.

63 Herre, Hochhäuser für Stuttgart, 375.
34 Cornelius Gurlitt, Handbuch des Städtebaues, Berlin 1920, 275.
65 Vgl. Manfredo Tafuri, La dialectique de l'absurde: Europe-USA, Les Avatars de l'idéologie du gratte-ciel (1918-1974), in: Architecture d'Aujourd'hui 178, 1975, 2.
66 Vgl. Ludwig Hilberseimer, Das Hochhaus, in: Das Kunstblatt 1922, 525.
67 Vgl. Osborn, Wolkenkratzer, 120.
68 Berg, Geschäftshochhäuser (ODBZ), 176; ähnlich Berg, Hochhäuser im Stadtbild, 101-102. Die gleichen Standpunkte bestimmten schon die Beschäftigung mit den amerikanischen Städten vor dem Ersten Weltkrieg, vgl. Hegemann, in: Die Wolkenkratzer.
69 Vgl. Elster, Wolkenkratzer!?; Josef Stübben, New York's Bauordnung und Stadtbauplan, Artikelserie in: DBZ 1915; Gurlitt, Handbuch, 275ff.
70 Adolf Behne, Der Wettbewerb der Turmhaus-Gesellschaft, in: WMB 1922/23, 59.
71 Behrens, Zur Frage der Hochhäuser, 369, 370.
72 Behne, Wettbewerb, 59.
73 Vgl. Behrens, in: Berlins dritte Dimension, 11.
74 Wittig, Zulassung, 3; auch Möhring, Vorzüge, 371.
75 Vgl. Möhring, Vorzüge, 371; Möhring, Das bessere Berlin, 6.
76 Vgl. Wolff, Entwicklung, 53.
77 In Berlin wurden diese Prinzipien bereits bei der Auslobung des Wettbewerbs Groß-Berlin verfolgt. Vgl. Albert Hofmann, Groß-Berlin als wirtschaftspolitischer, verkehrstechnischer und baukünstlerischer Organismus, in: Anregung zur Erlangung eines Grundplanes für (. . .) Groß-Berlin (. . .), Berlin 1907, 23; Albert Erich Brinckmann, Der Wettbewerb Groß-Berlin, in: BW 10, 1910, 9; Berlins dritte Dimension, Einführung, 8; Bruno Möhring, Hochhäuser für Großstädte, in: Stbk 1920, 139; Peter Behrens, Einfluß von Zeit- und Raumausnutzung auf moderne Formentwicklung, in: Jahrbuch des Deutschen Werkbunds 1914, 9; Behrens, Zur Frage des Hochhauses, 369.
78 Behrens, in: Berlins dritte Dimension, 9, 11.
79 Bruno Schmitz, Phantastisch oder in den Grenzen der Möglichkeit?, in: BW 19, 1910, 4.
80 Behrens in: Berlins dritte Dimension, 11; ähnlich: Behrens, Einfluß, 9; vgl. Behrens, Zur Frage des Hochhauses, 370; Sörgel, Turmbauproblem, 30; Paul Wolf, Städtebau. Das Formproblem der Stadt in Vergangenheit und Zukunft, Leipzig 1919, 149-150.
81 Behrens, Zur Frage des Hochhauses, 370.
82 Vgl. zu dieser Diskussion auch Vogel, Wolkenkratzer, 252; Wolf, Hochhäuser, 43.
83 Vgl. Berg, Hochhäuser im Stadtbild, 104.
84 Berg, Hochhäuser im Stadtbild, 104.
85 Vgl. Berg, Hochhäuser im Stadtbild, 104; relativierend verstanden in: Berg, Deutsche und amerikanische Hochhäuser; Möhring, Vorzüge, 371.
86 Vor den zwei Einsendungen im Wettbewerb Hochhaus am Bahnhof Friedrichstraße, die mit dem Kennwort „Stadtkrone" eingereicht wurden, hatte schon Karl Latteyer sein Hochhausprojekt für Ludwigshafen mit diesem Titel bezeichnet. Vgl. Ein Hochhaus für Ludwigshafen, 326.
87 Ein Hochhaus für Ludwigshafen, 326-327. Ähnlich argumentiert Sörgel, Turmbauproblem, 31.
88 Bruno Taut, Die Stadtkrone, Jena 1919, 82ff., Abb. 60, 61.
89 Berg, Deutsche und amerikanische Hochhäuser; auch Berg, Grundsätzliches, 36.
90 Berg, Grundsätzliches, 35-36.
91 Vgl. Theodor Goecke, in: Berlins dritte Dimension, 14.
92 Vgl. Möhring, Hochhäuser für Großstädte, 139.
93 Behrens, Zur Frage des Hochhauses, 370.
94 Möhring, Hochhäuser für Großstädte, 139.
95 Vgl. Jaffé, Das sechste bis achte Geschoß, 6; Möhring, Vorzüge, 371.
96 Vgl. C. Heymann, Der Schrei nach dem Wolkenkratzer, in: WAVB 1921, 54.
97 Vgl. das Projekt für ein Hochhaus am Schloßplatz in Suttgart von Richard Döcker und Hugo Keuerleber, in: Herre, Hochhäuser für Stuttgart, 388-389.
98 Berg, Geschäftshochhäuser (ODBZ), 177.
99 Wagner, Zum Bau von Hochhäusern, 23; Behrendt, Skyscrapers, 369.
100 Sörgel, Turmbauproblem, 30.
101 Vgl. Adolf Muesmann, Hochhaus und Städtebau, in: Städtebau-Vorträge der Dresdener Städtebauwoche 1924, Berlin 1924, 194-196.
102 Vgl. Albert Erich Brinckmann, Die Stadt der Zukunft, in: BW 70, 1910, 3-4; BW 71, 1910, 12-13.
103 Vgl. Berg, Hochhäuser im Stadtbild, 102.
104 Vgl. François Laisney, Place nette, pour une typologie du gratte-ciel, in: Architecture d'Aujourd'hui 178, 1975, 20.
105 Vgl. „Turmhäuser für die Umgebung von Paris" von Auguste und Gustave Perret, veröffentlicht in: Wendingen 3, 1923, 20; Junge Baukunst in Frankreich, in: WMB 1924, 315.
106 Vgl. Behrendt, Der Kampf um den Stil, 262.
107 Vgl. Möhring, Vorzüge, 388-390.
108 Vgl. Behrendt, Der Kampf um den Stil, 258; B. Dernburg, in: Berlins dritte Dimension, 17.
109 Vgl. Heinrich Straumer, in: Für und wider das Hochhaus, 32; Wolf, Hochhäuser, 43.
110 Vgl. Möhring, Vorzüge, 388-390; Möhring, Zonenbebauung, 209-220.
111 Möhring, Vorzüge, 1920, 371. Vgl. Berg, Hochhäuser im Stadtbild, 104; Behrens, Zur Frage des Hochhauses, 369-370; Hilberseimer, Das Hochhaus, 526.
112 Vgl. Wittig, Zulassung, 9.
113 Vgl. Heymann, Der Schrei nach dem Wolkenkratzer, 54; Werner Hegemann, Das Hochhaus als Verkehrsstörer und der Wettbewerb der Chicago Tribune. Mittelalterliche Enge und neuzeitliche Gotik, in: WMB 1924, 299-301.
114 Behrens, Zur Frage des Hochhauses, 370.
115 Berg, Deutsche und amerikanische Hochhäuser.
116 Vgl. Hilberseimer, Das Hochhaus, 526. Schon Werner Hegemann, in: Berlins dritte Dimension, 15.
117 Vgl. Berg, Geschäftshochhäuser (ODBZ), 177.
118 Vgl. Behrendt, Der Kampf um den Stil, 259; schon Werner Hegemann, in: Berlins dritte Dimension, 16.
119 Vgl. Behrens, Zur Frage des Hochhauses, 370.
120 Osborn, Wolkenkratzer, 118-119.
121 Vgl. Adolf Behne, Wolkenkratzer, in: SM 1922, 148.
122 Vgl. Hilberseimer, Das Hochhaus, 526.
123 Vgl. Hilberseimer, Das Hochhaus, 526; Ludwig Hilberseimer, Hochhäuser im Straßenbild, in: BW 1921, 109.
124 Vgl. Schmitz, Phantastisch oder in den Grenzen der Möglichkeit?, 4.
125 Vgl. Bruno Möhring, Die neue Großstadt, in: BW 14, 1910, 17-20.
126 Vgl. dazu Friedrich Paulsen, Hochhaus-Entwürfe, in: BW 1920, 597. Die Erlaubnis zur Reproduktion der Originale aus dem Bauarchiv Wroclav verdanken wir Dr. Janusz Dobesz und Jerzy Ilkosz MA., vgl. Anm. 9.
127 Vgl. Heinrich de Fries, Wettbewerb der Börsenhof A. G. Königsberg i. Pr., in: WMB 1922/23, 292-294.
128 Behne, Zuschrift in: Herre, Hochhäuser für Stuttgart, 377.
129 Paul Bonatz, Zuschrift in: Herre, Hochhäuser für Stuttgart, 377.
130 Herre, Hochhäuser für Stuttgart, 376.
131 Behne, Zuschrift in: Herre, Hochhäuser für Stuttgart, 377.
132 Max Berg, Die formale Auffassung des Hochhausgedankens. Charakteristische Entwürfe des Berliner Wettbewerbs, in: BW 1922, 359-363, 434-435.
133 Vgl. Osborn, Wolkenkratzer, 118; Berg, Formale Auffassung, 362; Zizler, Der Mannheimer Handelshof, in: Stbk 1922, 356.
134 Vgl. Kat. Nr. 48.
135 Vgl. Behrendt, Der Kampf um den Stil, 225; Hochhausbaukunst 1921, in: BW 1921, 691ff.
136 Vgl. Behrens, in: Berlins dritte Dimension, 10; auch: Behrens, Einfluß, 9.
137 Wolf, Hochhäuser, 43.
138 Berg, Formale Auffassung, 362; vgl. Zizler, Handelshof, 356.
139 Berg, Deutsche und amerikanische Hochhäuser.
140 Vgl. Albert Bencke, Betrachtungen über die Entwicklung amerikanischer Stadt-Architektur, in: NDBZ 1912, 241; Behrendt, Der Kampf um den Stil, 225.
141 Vgl. Berg, Deutsche und amerikanische Hochhäuser.
142 Hilberseimer, Das Hochhaus, 527.
143 Vgl. Berg, Hochhäuser im Stadtbild, 101.
144 Vgl. Mächler, Wolkenkratzer, 262; auch: Hochhausbaukunst, 693.
145 Vgl. Berg, Hochhäuser im Stadtbild, 101; Behrendt, Skyscrapers, 368.
146 Hilberseimer, Das Hochhaus, 526.
147 Vgl. Mohamed Scharabi, Einfluß der Pariser Ecole des Beaux-Arts auf die Berliner Architektur in der zweiten Hälfte des 19. Jhs., Diss., Berlin 1968. Daß Hans Schliepmann in den Bauten der Weltausstellung von 1893 in Chicago seinerseits „talentvolle Berliner Baumeisterexamenarbeiten" sehen konnte, ist ein Hinweis für die universelle Gültigkeit der akademischen Architekturlehre. Vgl. Hans Schliepmann, Amerikanische Architektur, in: Der Kunstwart 1894, 393.
148 Hans Schliepmann, Geschäfts- und Warenhäuser, Bd. 2, Berlin/Leipzig 1913, 109.
149 Schliepmann, Geschäfts- und Warenhäuser, 98.
150 Vgl. Schliepmann, Geschäfts- und Warenhäuser, 98.
151 Hilberseimer, Das Hochhaus, 527.
152 Vgl. H. Toler Booraem, The Significance of Architectural Form, in: The Architectural Record 3, 1909, 202; Werner Oechslin, Deperthes „Maison genre New York" 1892 oder der Mißerfolg des Skyscraper à l'européenne, in: Archithese 20, 1976, 45.
153 Schliepmann, Geschäfts- und Warenhäuser, 24.
154 Vgl. Ein Vorschlag für die Bebauung des Geländes am Bahnhof Friedrichstraße in Berlin, in: DBZ 1915, 233-236.
155 Vgl. Der engere Wettbewerb zur Erlangung von Entwürfen für ein neues Gerichtsgebäude für New York, in: DBZ 1913, 729-734, 741-742; Ein monumentaler Justizpalast für New York, in: BW 43, 1913, 24-25.
156 Vgl. Ein Vorschlag, 236.
157 Vgl. das Projekt von E. Haarmann, Hochhauswettbewerb Danzig (Abb. 2), in: Wolkenkratzer-Wettbewerb in Danzig, 14; den Hochhausvorschlag (Variante) von Otto Orlando Kurz für den Viktualienmarkt in München, in: Sörgel, Turmbauproblem, 31; und die Einsendungen beim Wettbewerb Hochhaus am Bahnhof Friedrichstraße von Otto Kuhlmann (Kat. Nr. 27), Wilhelm Langstein (Kat Nr. 28) und Josef Tiedemann (Kat. Nr. 44).
158 George C. Nimmons. Skyscrapers in America, in: Journal of the American Institute of Architects 1923, 370.
159 Vgl. die Einsendungen von Scherer/Aeppli/Langöhrig (Kat. Nr. 37), Koch (Kat. Nr. 23), Graf (Kat. Nr. 20) und Lindhorst/Zauleck/Hormann (Kat. Nr. 29).
160 Vgl. Behrendt, Skyscrapers, 367.
161 Vgl. Behrendt, Skyscrapers, 367.
162 Vgl. das Shelton Hotel, 1922-23, und das Standard Oil Building, 1922-26, in New York, die als frühe Beispiele der Verwendung dieses Typus in Erich Mendelsohn, Amerika. Bilderbuch eines Architekten, Berlin 1925, 34, 68, 71, 72 abgebildet wurden.

Abb. 41, Wettbewerb Bürohaus Düsseldorf, 1921, Wilhelm Kreis, C. Jungst, 1. Preis, Schaubild

163 Das Projekt wurde im Zusammenhang mit dem Artikel „The High Building Question“ von Sullivan in The Graphic V, 19.12.1891, 404, publiziert. Vgl. Donald Hoffmann, The Setback Skyscraper City of 1891: An Unknown Essay by Louis H. Sullivan, in: Journal of the Society of Architectural Historians, Bd. XXIV, Nr. 2, 1970, 181-187. Ob das Projekt zur fraglichen Zeit in Deutschland bekannt war, läßt sich nicht mit Sicherheit sagen.

164 Vgl. Walter Curt Behrendt, Das erste Turmhaus in Berlin, in: Die Woche 1922, 194.

165 Wolkenkratzer, in: Berliner Morgenpost 25, 1921, 1. Blatt.

166 Das Projekt wurde veröffentlicht in: Der engere Wettbewerb zur Erlangung von Entwürfen für ein neues Gerichtsgebäude für New York, in: DBZ 1914, 833-837.

167 Vgl. Zur Entwicklung des Hochhauses in Deutschland, in: DBZ 1921, 89-92; 93-95; Jakob Detlef Peters, Neue Leipziger Meßhaus-Projekte, in: BRS 1921, 87-92.

168 Es handelt sich hier um eine mit den Messehöfen Hamburgs vergleichbare Anordnung der Gebäudeteile um einen zentralen Hof.

169 Vgl. Carl W. Condit, The Chicago School, Chicago/London 1964, Abb. 20 und 14. Das Marshall Field Wholesale Store wurde abgebildet bei Ludwig Hilberseimer/Udo Rusker, Amerikanische Architektur, in: Kunst und Künstler 1920, 540. Zum Einfluß H. H. Richardsons auf die Architektur der deutschen Warenhäuser vgl. Dimitri Tselos, Richardson's Influence on European Architecture, in: Journal of the Society of Architectural Historians, Bd. XXIV, 1970, Nr. 2, 159-160.

170 Eine scharfsinnige Analyse dieser Gestaltungsmittel am amerikanischen Wolkenkratzer findet sich schon bei Leopold Gmelin, Architektonisches aus Nordamerika, in: DBZ 1894, 520.

171 Im Sinne der Anlehnung an das klassische Modell der Säule bei Montgomery Schuyler, The Skyscraper up-to-date, in: Architectural Record 8, 1899, 231-257. Vgl. W. H. Jordy/R. Coe (Hg.), Montgomery Schuyler. American Architecture and other Writings, Cambridge Ma. 1961, Bd. 2, 437-441. Vgl. auch Louis H. Sullivan, The Tall Office Building, vgl. Anm. 194. Auch in Deutschland war man mit dieser Vorstellung vom Hochhaus vertraut; vgl. Kat. Nr. 48.

172 Vgl. die Abb. des Projektes von Bruno Möhring in: Möhring, Vorzüge, 373; auf die weite Verbreitung des hier analysierten Fassadenschemas in der amerikanischen Hochhausarchitektur sei ausdrücklich hingewiesen.

173 Abb. bei Sörgel, Turmbauproblem, 30.

174 Eine ähnliche Auffassung weist auch der Beitrag von Block und Hochfeld (Kat. Nr. 8) im Wettbewerb Hochhaus am Bahnhof Friedrichstraße auf.

175 Vgl. Werner Hegemann, Elbert Peets. The American Vitruvius. An Architects Handbook of Civic Art, New York 1972 (Reprint der Ausgabe von 1922), 142, zu Abb. 598.

176 Vgl. Oechslin, Deperthes, 48f.

177 Oechslin, Deperthes, 49.

178 Auch in deutschen Bauzeitschriften wurde über den „Reklamecharakter“ der Architektur der amerikanischen Wolkenkratzer diskutiert, wobei das Woolworth Building als herausragender Exponent kommerzialisierter Architekturauffassung am häufigsten kritisiert wurde.

179 Vgl. die Einsendungen von Gracher (Kat. Nr. 19) und Scherer/Langöhrig/Aeppli (Kat. Nr. 37).

180 Vgl. die Studie für ein Hochhaus am Bahnhof Friedrichstraße in Berlin von Bruno Möhring, in: Ideenwettbewerb Hochhaus Bahnhof Friedrichstraße, StbK SH 2, Berlin 1922, 13. (Kat. Nr. 2.15).

181 Vgl. die Einsendung von Urban im Danziger Hochhauswettbewerb 1920 (Abb. 3), in: Wolkenratzer-Wettbewerb in Danzig, Tafel 19.

182 Berg, Hochhäuser im Stadtbild, 103; Berg, Deutsche und amerikanische Hochhäuser.

183 Ideenwettbewerb, 6.

184 Behne, Wolkenkratzer (1922), 147. Als „unsere Architekten“ führt Behne hier namentlich „Möhring, Schumacher, Kurz, Kraffert, Kemnitz und andere“ an.

185 Berg, Formale Auffassung, 362.

186 Heymann, Der Schrei nach dem Wolkenkratzer, 58.

187 Für die Architektur der Chicago School vgl. die Äußerungen John Roots 1890, in: Leonardo Benevolo, Geschichte der Architektur des 19. und 20. Jahrhunderts, München 1964, Bd. 2, 279. Nach der Zoning Resolution in New York vgl. John Taylor Boyd, The New York Zoning Resolution and its Influence upon Design, in: The Architectural Record 3, 1920, 206. Dieser Artikel wurde in Auszügen wiedergegeben in: Möhring, Vorzüge, 351, 356-357.

188 Vgl. Karl Fritz Stöhr, Die amerikanischen Turmbauten, München/Berlin 1921, 21.

Abb. 42, Wettbewerb Bürohaus Düsseldorf, 1921, Breker, Bähr, Kennwort: „große Wand", 3. Preis

Abb. 43, Wilhelm Kreis, Wilhelm Marx-Haus, Düsseldorf, 1924

189 Vgl. Behrendt, Skyscrapers, 368.
190 Vgl. Behrendt, Der Kampf um den Stil, 216-217.
191 Ideenwettbewerb, 6.
192 Berg, Hochhäuser im Stadtbild, 104.
193 Vgl. Karl Scheffler, Moderne Baukunst, Berlin 1907, 28-29.
194 Vgl. Louis H. Sullivan, The Tall Office Building, artistically considered, in: Lippincott's Magazine LVII, März 1896, 403-409, deutsche Übersetzung in: Ada Louise Huxtable, Zeit für Wolkenkratzer oder die Kunst, Hochhäuser zu bauen, Berlin 1986, 6-13, hier 7f. 1925 erschien die erste deutsche Übersetzung von Auszügen des Artikels bei Fiske Kimball, Alte und neue Baukunst in Amerika. Der Sieg des jungen Klassizismus über den Funktionalismus der neunziger Jahre, in: WMB 1925, 230-232. Zur Bedeutung der Chicago School für die Hochhausdiskussion in Deutschland vgl. auch Kat. Nr. 48. Zum Bürohausbau vgl. Behrendt, Der Kampf um den Stil, 223.
195 Vgl. Sullivan, Tall Office Building (Huxtable), 7; auch Behrendt, Der Kampf um den Stil, 223.
196 Berg, Hochhausbauweise (BuG), 76; (Deutsche Bauhütte), 54; vgl. auch Berg, Hochhäuser im Stadtbild, 103.
197 Vgl. Sullivan, Tall Office Building (Huxtable), 9.
198 Vgl. Claude Bragdon, Architecture and Democracy, in: The Architectural Review 1, Juli 1918, 80-81. Dieser Artikel wird erwähnt bei Möhring, Vorzüge, 357.
199 Vgl. Nimmons, Skyscrapers, 370.
200 Vgl. Paulsen, Hochhaus-Entwürfe, 569; Adolf Behne, Wolkenkratzer, in: SM 1920, 1041.
201 Berg, Hochhausbauweise (BuG), 76; (Deutsche Bauhütte), 54.
202 Behne, Wettbewerb, 59.
203 Behne, Wolkenkratzer (1920), 1041.
204 Vgl. Behne, Danzig: Wolkenkratzer, 864.
205 Schon Hans Schliepmann hatte den Wolkenkratzern in seinem Buch über Geschäfts- und Warenhäuser ein eigenes Kapitel gewidmet; Walter Curt Behrendt behandelte die Hochhäuser in dem Kapitel „Bauten des Welthandels und des Weltverkehrs", vgl. Der Kampf um den Stil, 201ff.
206 Vgl. Behrendt, Der Kampf um den Stil, 221.
207 Vgl. Vogel, Wolkenkratzer, 239.
208 Bencke, Betrachtungen, 277.
209 Behrendt, Der Kampf um den Stil, 221.
210 Hans Schliepmann, Das moderne Geschäftshaus, in: Berliner Architekturwelt 1901, 423-425, 1902, 52-59, zit. n. Julius Posener, Berlin auf dem Wege zu einer neuen Architektur, München 1979, 383.
211 Hochhausbaukunst, 695. Zu Bruno Tauts Projekt für ein Hochhaus am Kaiser-Wilhelm-Platz in Magdeburg vgl. Entwurf zu einem Bureau- und Geschäftshaus der Stadt Magdeburg, in: Deutsche Bauhütte 1922, 10; Bruno Taut und Landsberg, Büro- und Geschäftshaus auf dem Kaiser-Wilhelm-Platz in Magdeburg, in: Frühlicht. Eine Folge für die Verwirklichung des Neuen Baugedankens (Heft 1, 1921), Berlin, Frankfurt/M, Wien 1963, 80-85.
212 Karl Scheffler, Der Geist der Gotik, Leipzig 1917, 90-91.
213 Scheffler, Der Geist der Gotik, 106.
214 Scheffler, Der Geist der Gotik, 106-107; zur Bedeutung Karl Schefflers vgl. Wolfgang Pehnt, Die Architektur des Expressionismus, Stuttgart [2]1981, 50-52; Massimo Cacciari, Metropolis, Saggi sulle grande città di Sombart, Endell, Scheffler e Simmel, Rom 1973.
215 Tafuri, La dialectique, 3; Tafuri, La Montagna disincantata, 435-436.
216 Gerhard Wohler, Das Hochhaus im Wettbewerb der Chicago Tribune, in: DBZ 1924, 328-329.
217 Berg, Hochhäuser im Stadtbild, 103.
218 Die Erlaubnis zur Reproduktion von Originalen aus dem Bauarchiv Wroclav verdanken wir Dr. Janusz Dobesz und Jerzy Ilkosz MA., vgl. Anmerkung 9.
219 Vgl. Paulsen, Hochhaus-Entwürfe, 596.
220 Vgl. Stöhr, Turmbauten, 21; Wohler, Das Hochhaus, 329.
221 Vgl. die Gegenüberstellung des Beitrags von Walter Fischer mit dem ersten Preis des Chicago Tribune Wettbewerbs bei Wohler, Das Hochhaus, 347.
222 Vgl. Hermann Muthesius, Wolkenkratzer in Deutschland?, in: Neue Zürcher Zeitung 380, 22. 3. 1922; Hooge Huizen I, in: De Bouwwereld 23, 1922, 179 (vgl. Dok. 15).
223 Zizler, Berechtigung, 354.
224 Vgl. Hegemann, Das Hochhaus, 305.
225 Adolf Behne, Der moderne Zweckbau, München, Wien, Berlin 1926, 48-49. Eine Kritik mit ähnlicher Stoßrichtung in: Hooge Huizen I, 178 (vgl. Dok. 15).
226 Im Hinblick darauf hat Ludwig Hilberseimer die Bedeutung seines zusammen mit Udo Rusker veröffentlichten Artikels „Amerikanische Architektur", der in Berli-

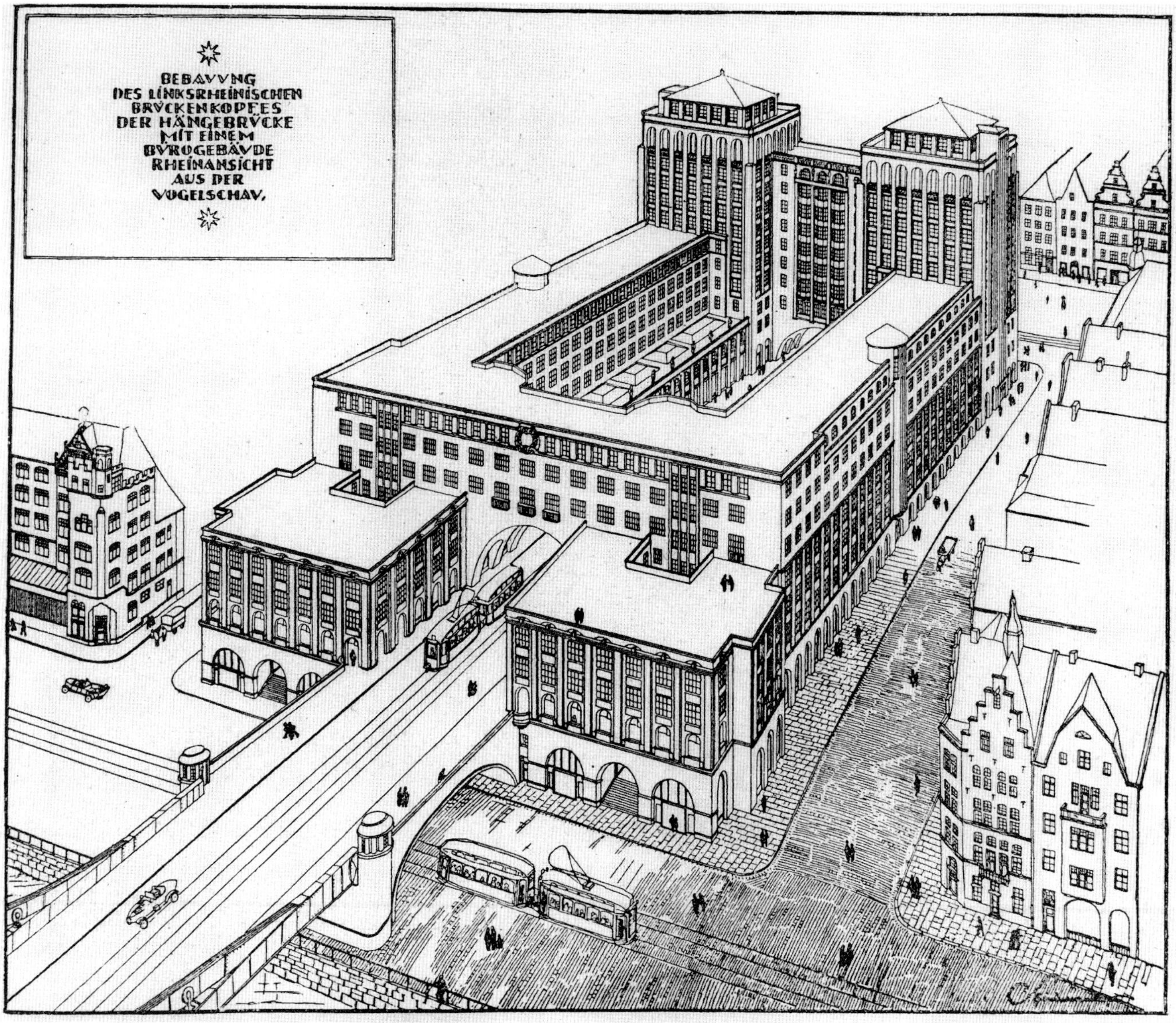

Abb. 44, Fritz Schumacher, Bebauung des linksrheinischen Brückenkopfes mit einem Bürogebäude, Köln, 1921, Vogelperspektive

ner Architektenkreisen Diskussionen ausgelöst haben soll, noch sehr viel später hervorgehoben. Vgl. Ludwig Hilberseimer, Berliner Architektur der zwanziger Jahre, Mainz/Berlin 1967, 39.

227 Vgl. Hilberseimer, Das Hochhaus, 526; auch: Ludwig Hilberseimer, Das Hochhaus, in: G (Zeitschrift für elementare Gestaltung) II, 1923, o. S.

228 Hilberseimer, Das Hochhaus, 528. Die Tendenz zur Vereinfachung der Formen läßt sich in der Entwicklung Hilberseimers in den Jahren seiner Ausbildung nachvollziehen und ist bereits in frühen Projekten vor dem Beginn seiner Beschäftigung mit dem Hochhausbau ersichtlich. Vgl. Marco De Michelis, Ritratto di un architetto come giovane artista, in: Rassegna 27, 1986, 8.

229 Vgl. Hilberseimer, Das Hochhaus, 528, 531.

230 Hilberseimer, Das Hochhaus, zit. nach G II, 1923, o. S.; ähnlich in: Hilberseimer, Das Hochhaus, 531; Hilberseimer/Rusker, Amerikanische Architektur, 541. In das Kapitel „Hochhausbauten" seines Buches „Groszstadtarchitektur" (Stuttgart 1927, S. 62ff.) hat Ludwig Hilberseimer ganze Passagen aus seinen Hochhaus-Artikeln von 1920-22 nahezu wörtlich übernommen. Daß die hier zitierte Stelle jedoch aus diesem Kontext herausgenommen und fast unverändert in das allgemeine, architektonische Prinzipien behandelnde, die Publikation abschließende Kapitel „Groszstadtarchitektur" integriert worden ist (S. 101), belegt die fundamentale Bedeutung der hier entwickelten Gedanken.

231 Hans Schliepmann, Das moderne Geschäftshaus, in: Julis Posener, Berlin, 383, 384.

232 Schliepmann, Geschäfts- und Warenhäuser, 102-103.

233 Vgl. Schliepmann, Geschäfts- und Warenhäuer, 102-103.

234 Schliepmann, Geschäfts- und Warenhäuser, 116.

235 Schliepmann, Geschäfts- und Warenhäuesr, 25.

236 Hilberseimer/Rusker, Amerikanische Architektur, 541; Hilberseimer, Das Hochhaus, 531.

237 Hilberseimer, Das Hochhaus, zit. nach G II, 1923, o. S.; vgl. Hilberseimer/Rusker, Amerikanische Architektur, 541; Hilberseimer, Das Hochhaus, 531.

238 Vgl. Mies van der Rohes Publikation in Frühlicht 4, 1922, 122-124.

239 Vgl. die Interpretationen von Laisney, Place Nette, 22; und Tafuri, La Montagna disincantata, 440.

240 Die einzigen in den frühen zwanziger Jahren realisierten Hochhausbauten sind die aus Wettbewerben hervorgegangenen Bauten in Düsseldorf, das Wilhelm-Marx-Haus von Wilhelm Kreis (Abb. 41, 43; Kat. Nr. 49. 8 – 10) und das Hochhaus für den Stumm-Konzern von Paul Bonatz. Vgl. Hermann Sörgel, Wettbewerbsentwürfe zu einem Düsseldorfer Bürohaus, in: BRS 1922, 22-27; Meyer, Der Wettbewerb für Entwürfe zu einem Verwaltungsgebäude für den Stumm-Konzern in Düsseldorf, in: ZdB 1922, 21-23.

48.1 New York, Luftaufnahme von Manhatten, Foto vor 1923

1 Vgl. die auf umfangreichen Quellenstudien beruhende Dissertation von Dudley Arnold Lewis, Evaluations of American Architecture by European Critics 1875-1900, University of Wisconsin, 1962, 370.

2 Da eine Untersuchung für diesen Zeitraum fehlt, können wir hier nicht mehr als eine Einschätzung geben.

3 Vgl. die Anmerkung der Schriftleitung im Anschluß an den Artikel: Hohe Eisengebäude in Nordamerika. Nach einem Vortrag von Prof. Siegmund Müller vor dem Architekten-Verein, in: WAVB 1907, 223.

Als 1920 im Zuge der Hochhausdiskussion in vielen deutschen Städten Hochhausprojekte entstanden, verfügte man in Nordamerika schon seit mehr als vier Jahrzehnten über Erfahrungen im Bau von Wolkenkratzern. Dies war in Deutschland nicht unbemerkt geblieben: Zu unterscheiden ist jedoch zwischen der durch ein allgemeines Interesse an der amerikanischen Architektur begründeten häufigen Erwähnung der Wolkenkratzer und einer spezialisierten Berichterstattung, die anläßlich der Bemühungen um die Errichtung von Hochhäusern seit 1910 in Berlin und nach dem Ersten Weltkrieg seit 1920 in ganz Deutschland geführt wurde.

Auch wenn sich schon 1890 die ersten Mitteilungen über Wolkenkratzer in den deutschen Bauzeitschriften finden, so kam es erst mit der Weltausstellung 1893 in Chicago zu einer verstärkten Anteilnahme an der amerikanischen Architekturentwicklung, die bis etwa 1900 nachvollzogen werden kann.[1] Während die folgenden Jahrgänge nur vereinzelt Nachrichten über Wolkenkratzer enthalten[2], läßt sich ab 1910 wieder eine ausführlichere, bis in den Ersten Weltkrieg hinein andauernde Berichterstattung feststellen, die möglicherweise durch die neu entstehenden Wolkenkratzer in New York angeregt wurde[3] und wegen der zunehmenden Aktualität der Hochhausfrage in Berlin eine neue Qualität erhielt. Denn von nun an wurden die amerikanischen „Riesengebäude" nicht länger nur als wegen ihrer superlativen Dimensionen Aufsehen erregende Kuriositäten, sondern als Vorbilder für die deutschen Pro-

48.2 New York, Blick vom Woolworth-Building, Foto von 1914

jekte betrachtet: „In den Zeitschriften und Fachwerken begegnen wir oft Äußerungen, die uns die Baupläne der Amerikaner als Beweise der Großzügigkeit ihres technischen Planens und Denkens und somit als Muster vorführen."[4] Mit Einsetzen der Hochhausdiskussion 1920 verschob sich der Blick auf die amerikanischen Wolkenkratzer, die von nun an in ihrem Verhältnis zu den deutschen Hochhausprojekten gesehen und als künstlerisch, städtebaulich und sozial rückschrittlich abgelehnt wurden, so daß ihre Vorbildfunktion nunmehr lediglich darin bestand, als negatives Gegenbeispiel herhalten zu müssen. Es erschienen nur noch gelegentlich Artikel über amerikanische Wolkenkratzer, dafür aber wurde um so mehr auf die Berichterstattung der Zeit von 1910 bis 1915 zurückgegriffen, die wegen des Stillstandes der Bautätigkeit während des Ersten Weltkrieges nichts an Aktualität verloren hatte. Die in dieser Zeitspanne verbreiteten Informationen über die Wolkenkratzer trugen zu einer frühzeitigen Meinungsbildung bei und müssen als Voraussetzung für die zwanziger Jahre verstanden werden.

Charakteristisch für diese Zeit ist das vorherrschende Interesse für die mit der Konstruktion der Wolkenkratzer verbundenen Ingenieurleistungen, die vielfältigen Nutzungsformen und die trotz hoher Bau- und Betriebskosten erreichte Wirtschaftlichkeit der Gebäude. Von noch größerer Bedeutung ist allerdings die selektive Wahrnehmung der amerikanischen Wolkenkratzer, die in der damals gängigen Unterscheidung dreier verschiedener Hochhaustypen zum Ausdruck kommt. Auf der einen Seite standen die für Fabrikbetriebe und zu Lagerzwecken erbauten „Loft Buildings" und die als Bürogebäude dienenden „Kastengebäude" als die große Mehrzahl der Wolkenkratzer; auf der anderen Seite die „Reklamegebäude", die nicht eigentlich wegen der Mieterträge gebaut wurden, „sondern um für die Firma, deren Namen sie tragen, Reklame zu machen".[5] Anders als „Loft Buildings" und „Kastengebäude" als reine Nutzbauten erhielten die „Reklamegebäude" durch aufwendige architektonische Gestaltung, häufig auch durch einen auffälligen Turmaufsatz, ein repräsentatives Aussehen. Veranlaßt durch die Fertigstellung des jeweils neuesten Wolkenkratzers mit stets sensationellen technischen Leistungen und Neuerungen, die gewöhnlich in einem Höhenrekord, aber auch in der sich vergrößernden Zahl der im Gebäude untergebrachten Büroräume und Aufzüge bestanden, fanden in der Regel nur wirklich spektakuläre Bauten in den Bauzeitschriften Beachtung.[6] Im Gegensatz zu der Ausführlichkeit, mit der immer wieder über technische Probleme berichtet wurde, spielte die Architektur der Wolkenkratzer hier kaum eine Rolle. Weil der Bautyp des Hochhauses in der deutschen Baupraxis nicht vorkam, war nur ein beschränktes Interesse, noch weniger aber ein ausgebildetes Bewußtsein für die speziellen gestalterischen Probleme dieser Aufgabe vorhanden. Die deutschen Bauzeitschriften waren auf ein überwiegend konservatives Architektempuplikum eingestellt, das sich an traditionellen Aufgaben der Monumentalbaukunst, nicht aber an

4 Cornelius Gurlitt, Das Wohnungswesen in New York, in: DBZ 1916, 80.

5 Quedefeld, Die Wirtschaftlichkeit der amerikanischen Wolkenkratzer, in: ZdB 1912, 633ff. Natürlich wurden auch die „Reklamegebäude" in erster Linie aus wirtschaftlichen Gründen erbaut. Die Firma, die das Gebäude errichtete und ihm ihren Namen gab, konnte die architektonische Gestalt als werbewirksames Mittel für ihr Image einsetzen, nahm aber häufig nur einen Teil der gesamten Bürofläche in Anspruch und vermietete die übrigbleibenden Stockwerke an andere Unternehmen.

6 Z. B. das Singer-Building, das Metropolitan-Life-Insurance-Building, das Municipal-Building und das Woolworth-Building.

48.3 New York, Blick vom Woolworth-Building, Nachtbild, Foto vor 1921

neuen, in der Hierarchie unten stehenden Bautypen wie Geschäfts- und Bürogebäuden orientierte.[7] So konnte das Hochhaus als ein in den Aufgabenbereich von Ingenieuren gehörendes Gebäude betrachtet werden und hatte damit für Architekten keine Bedeutung.[8]

Dieser weit verbreiteten und allgemeinen Form der Berichterstattung stehen einige längere, von Fachleuten veröffentlichte Artikel und Artikelfolgen gegenüber. Autoren wie Cornelius Gurlitt, Hans Schliepmann und Josef Stübben, die über eigene, auf Reisen erworbene Erfahrungen und über freundschaftliche Kontakte zu amerikanischen Architekten verfügten, äußerten sich hier mit erstaunlicher Sachkenntnis zu Problemen des Städtebaus, des Wohnungswesens und des Wolkenkratzers. Diese Artikel ermöglichen eine weitergehende Einschätzung der damals über die amerikanischen Wolkenkratzer verbreiteten Kenntnisse. Man kann davon ausgehen, daß sie sehr viel umfassender waren, als uns die nur einen Ausschnitt des Informationsaustausches zwischen Amerika und Europa wiedergebenden Bauzeitschriften heute vermuten lassen. In anderen Diskussionsforen, etwa bei den häufigen Lichtbildervorträgen von Fachleuten und Studienreisenden vor den Architekten-Vereinen, wurde eine noch sehr viel aktuellere Berichterstattung geliefert. Die führenden amerikanischen Architekturzeitschriften waren in den Fachbibliotheken der Architekten-Vereine, aber auch in großen Bibliotheken, wie z. B. in der Berliner Staatsbibliothek zugänglich. Die mehrfach aufgelegten Publikationen von Moses King mit ihren zahlreichen Abbildungen boten auf einen Schlag ein reiches Anschauungsmaterial älterer wie jüngerer Beispiele der Wolkenkratzerarchitektur, die man in deutschen Bauzeitungen nur vereinzelt finden konnte, zumal es hierbei keine Beschränkung auf die sogenannten „Reklamegebäude“ gab.[9]

Die Entwicklung der amerikanischen Architektur im Laufe des 19. Jahrhunderts wurde in Deutschland aufmerksam beobachtet. Bedingt durch den geographischen und zeitlichen Abstand ist dabei eine eindeutige Bevorzugung von New York gegenüber Chicago und der jüngeren gegenüber den älteren Strömungen zu verzeichnen.[10] Nach der knappen Darstellung einer Phase, in welcher sich unter Führung der Architekten Henry Hobson Richardson, Richard Morris Hunt, John Root und Daniel Burnham Ansätze zu einem „amerikanischen Nationalstil“ entwickelt hatten – womit auch die heute als ‚Chicago School‘ bezeichnete Richtung gemeint war –, wandte sich die Aufmerksamkeit gewöhnlich der seit der Weltausstellung 1893 dominierenden, von der Ecole des Beaux-Arts in Paris beeinflußten Richtung zu, in der vornehmlich die Formen der Antike und der Renaissance Verwendung fanden und als deren wichtigster Vertreter das Architekturbüro McKim, Mead & White galt (Kat. Nr. 48.4).[11]

Auch die Tatsache, daß der Wolkenkratzer sowohl hinsichtlich seiner Konstruktionsweise wie auch im Umgang mit dem Problem der architektonischen Gestaltung der Fassaden eine eigene Entwicklung durchlaufen hatte, war in Deutschland bekannt.

7 Gegenüber den insgesamt relativ knappen Mitteilungen über Wolkenkratzer spielte die Berichterstattung über große amerikanische Projekte, so etwa über den Wettbewerb für ein Justizgebäude in New York (vgl. Abb. 20 u. Abb. 21) und den Plan für Chicago von Daniel Burnham eine größere Rolle in den Fachzeitschriften. Offenbar haben diese traditionellen Aufgaben, in denen sich die öffentliche Selbstdarstellung amerikanischer Großstädte manifestierte, das deutsche Publikum stärker interessiert. Dies liegt in der unmittelbaren Vergleichsebene zum Baugeschehen in Deutschland und in der Konkurrenz zwischen den beiden Weltmächten auf diesem Gebiet begründet, wie die langanhaltenden Diskussionen um den Wettbewerb für ein Gebäude der Deutschen Botschaft in Washington deutlich zeigen.

8 Vgl. Lewis, Evaluations, 355-56.

9 Vgl. Moses King, King’s Handbook of New York, Boston Moses King, 1893, King’s Views of New York, die einzelnen Ausgaben erschienen 1896, 1905, 1908-09, 1911-12 und 1915. Ein Querschnitt in: Moses King, King’s Views of New York 1896-1915 and Brooklyn 1905. An extraordinary photographical Survey compiled by Moses King, New Introduction by A. E. Santaniello, New York 1977. Zu King’s Views of New York vgl. Adolf Behne, Buchkultur, in: SM 1922, 146.

10 Zur Entwicklung der amerikanischen Architektur vgl. Hans Schliepmann, Amerikanische Architektur, in: Der Kunstwart 1894, 339; F. Rudolf Vogel, Das amerikanische Haus Berlin, 1910; Albert Bencke, Betrachtungen über die Entwicklung amerikanischer Stadt-Architektur, in: NDBZ 1912, 232-242, 277-279; Walter Curt Behrendt, Der Kampf um den Stil im Kunstgewerbe und in der Architektur, Stuttgart-Berlin, 1920, 225.

11 Fiske Kimball beschrieb später den Einfluß der Weltausstellung von 1893 auf die Architekturentwicklung: „Die Wirkung auf die Praxis war elektrisch. Sozusagen über Nacht wurde die gesamte öffentliche Architektur des Landes in monumentale und klassische Bahnen geleitet.“ Fiske Kimball, Alte und neue Baukunst in Amerika: Der Sieg des jungen Klassizismus über den Funktionalismus der neunziger Jahre, in: WMB 1925, 235.

oben: 48.4 McKim, Mead & White, Pennsylvania Hotel, New York, 1915-1920

rechts: 48.5 R. H. Robertson, Park-Row-Building, New York, 1889

Hans Schliepmann faßte die unterschiedlichen Ansätze zur Gestaltung der Wolkenkatzer in Gruppen zusammen und beschrieb sie im Sinne einer chronologischen Entwicklung. Am Anfang stand der Versuch, „die ganze Front wie eine Art Zellenstaat von Fenstern streng logisch zu gestalten und (. . .) durch gute Verhältnisse und einige Gurtgesimse zu wirken, die aber hernach nur geschaffen scheinen, das Abzählen der Stockwerke zu erleichern".[12] Um gegen diese „Langeweile der einseitigen Ingenieur-Logik" vorzugehen, türmte man dann „mehrfach ‚Fassadensysteme' so oft übereinander, wie es die Notwendigkeit ergab, wobei denn natürlich die Gliederungen in ihrem Maßstab immer nur den einzelnen Systemen angemessen waren" (Kat. Nr. 48.5). Deshalb konnte dieses Gestaltungsprinzip nicht als zufriedenstellende Lösung der Aufgabe erscheinen. „Sehr bald ging man denn auch dazu über, die riesige Baumasse kühn als Ganzes zu gliedern und die Höhenentwicklung, auf die man ja stolz war, noch besonders zum Ausdruck zu bringen." Als Beispiel führte Schliepmann hier das von Burnham und Root in Chicago errichtete Masonic Temple Building an, das er wegen der „unbedingten Neuheit seiner nur mit Strukturmotiven – Pfeilern, Erkern, Bögen und Fenstern –, nicht durch bloße Zieraten bewirkten Gliederung" rühmte. (Kat. Nr. 48.6) Dies ist bezeichnend für die gängige Einschätzung der Chicago School. Die Hochhäuser Louis. H. Sullivans und anderer Architekten mit ihren konstruktivistischen und funktionalistischen Ansätzen waren vor 1900 in Europa weitgehend unbekannt geblieben.[13] Vereinzelt wurden prominente Gebäude wie das Auditorium Building, das Schiller-Theater, der Monadnock-Block (Abb. 37) und das Reliance Building (vgl. Kat. Nr. 48.7 u. 49.1) erwähnt[14], ansonsten war die Chicago School mit ihren für die moderne Architektur wichtigen theoretischen Grundlagen durch den „Sieg" der Beaux-Arts Tradition aus dem Bewußtsein verdrängt. Ihr Anteil an der Geschichte des Wolkenkratzers wurde lange übersehen und in Deutschland erst in den zwanziger Jahren entdeckt.[15] Die über die Chicago School in Deutschland verbreiteten Kenntnisse lassen sich nur schwer einschätzen; die theoretischen Gedanken Sullivans waren in Deutschland jedenfalls bekannt, bevor Auszüge aus seinem berühmten Aufsatz „The Tall Office Building artistically considered" 1925 in Wasmuth's Monatsheften veröffentlicht worden sind.[16] Hans Schliepmann erkannte

48.6 Burnham & Root, Masonic-Temple, Chicago, 1892

48.7 Burnham & Atwood, Reliance Building, Chicago, 1894

48.8 Cass Gilbert, Broadway-Chambers, New York, 1899-1900

12 Hans Schliepmann, Geschäfts- und Warenhäuser, Bd. 2, Leipzig 1913, 98. Hierher auch die nachfolgenden Zitate.
13 Vgl. Lewis, Evaluations, 382.
14 Abbildungen des Auditorium Building und des Schiller Theater von Louis H. Sullivan bei Heinrich Seeling, Der Brand des Iroquois-Theaters in Chicago und die notwendige Reform der modernen Bühne, in: DBZ 1904, 51 und 55, wo allerdings nur die Feuersicherheit der Theater behandelt wird; knappe Bemerkungen zum Monadnock Building und zum Reliance Building bei Otto Rappold, Der Bau der Wolkenkratzer, München/Berlin 1913, 21-22, Abb. 24 und 27.
15 Ludwig Hilberseimer, der in Deutschland wohl als erster bewußt für Hochhausbauten der Chicago School und gegen die akademische Architektur eintrat, schrieb 1922: „Es ist charakteristisch für die amerikanische Architektur, daß sie, von seltenen Ausnahmen abgesehen, das konstruktive Tragsystem bei der formalen Gestaltung völlig ignorierte."
Fiske Kimball, bereits besser informiert, sprach 1925 von der „vielumstrittene(n) Frage der neunziger Jahre, welchen Ausdruck das innere Stahlgerippe auf der äußeren Haut der Hochhäuser finden müsse."
Vgl. Ludwig Hilberseimer, Das Hochhaus, in: Das Kunstblatt 1922, 527; Kimball, Alte und neue Baukunst in Amerika, 236.
16 Innerhalb des Artikels von Kimball, Alte und neue Baukunst in Amerika, 230-232.
17 Schliepmann, Geschäfts- und Warenhäuser, 102.
18 Julius Meyer, Zwei New-Yorker Geschäftstürme, im: Über Land und Meer. Deutsche Illustrierte Zeitung 11, 1894, 246/247, sprach von einer Anlehnung an den Pilaster, da man ja keine runden (säulenförmigen) Häuser bauen könne. Neben Albert Bencke (1912) und Hans Schliepmann (1913) siehe auch Vogel, Das amerikanische Haus, 62. Zur Vorstellung des Hochhauses als Säule vgl. Lewis, Evaluations, 406ff.
19 Bencke, Betrachtungen, 278.
20 Etwa bei Winston Weismann, A new View of Skyscraper History, in: Edgar Kaufmann J. (Hg.), The Rise of American Architecture, London 1970.

zwar das Neue an der Gestaltung des Masonic Temple Building, bewertete es aber nicht als endgültige Lösung, da die Fassadengestaltung in seinen Augen eine Aufgabe der architektonischen Verkleidung durch die Übertragung einer feststehenden historischen Formensprache auf das Hochhaus war. Die letzte Stufe der Entwicklung bestand, so Schliepmann, in der Behandlung der hochaufragenden Fassadenfläche des Wolkenkratzers „nach den Gesetzen eines Turmes, ja eines Pfeilers, einer Stele (...). Ein Sockel, ein langer glatter Schaft und eine reiche Krönung: das war das natürliche Bildungsgesetz."[17] Nach dieser weit verbreiteten Vorstellung von Analogien zwischen dem Hochhaus und der klassischen Säule, die auch von vielen anderen Autoren beschrieben wurde[18], sind die „(...) unteren Stockwerke (...) zu einer einheitlichen Konstruktion vereinigt, die sichtbar als Träger einer säulenförmig angeordneten Serie von Stockwerken dient, über welche das Auge ohne Unterbrechung gleitet, bis es an einer oberen Reihe von Stockwerken, die wieder zu einer hervortretenden Einheit zusammengeführt sind und gewissermaßen das Kapitäl der ganzen Masse bildet, seinen Höhepunkt findet" (Kat. Nr. 48.8).[19]
Mit seiner auf formalen Kriterien beruhenden Einteilung der Entwicklung des Wolkenkratzers in zeitlich aufeinander folgende Phasen, einer Vorgehensweise, die auch in der modernen Architekturgeschichtsschreibung eine Rolle spielte[20], konnte Schliepmann die Komplexität der Entwicklung und die Vielfalt der ohnehin nicht einheitlich beurteilten Lösungen freilich nicht erfassen.[21] Er nahm jedoch auch zu anderen Problemen der Wolkenkratzerarchitektur Stellung und kritisierte die Verwendung europäischer Vorbilder in der amerikanischen Architektur als respektlos, erkannte aber gleichzeitig die Flexibilität im Umgang mit ihnen. So meinte er zum Projekt von Bruce Price für das Sun-Building (1890), „daß die „Aptierung" des Campanile zum Geschäftshaus geradezu vollendet zu nennen ist, daß man den Wolkenkratzer kaum graziöser und imposanter – maskieren kann."[22] Mit der Besprechung der damals aktuellsten, neue Rekorde setzenden Wolkenkratzer schloß Schliepmann sein Kapitel ab. Das 1908-13 erbaute Municipal Building (Abb. 25. Kat. Nr. 48.10) von McKim, Mead & White[23] sei allerdings in architektonischer Hinsicht nichts Neues: „Das ‚Turmhaus' ist reichlich nach den Seiten ausgebreitet; statt der Turmspitze ist auf dem durchlöcherten Stelenunterbau gleich ein ganzer Weltausstellungspalast gelagert, dessen Eckpavillons sogar noch etwas zurückhaltend behandelt scheinen."[24] Zwiespältig auch sein Kommentar zu dem im neogotischen Stil erbauten und mit einem markanten Turmaufsatz versehenen Woolworth Building (Kat. Nr. 48.11 u. 49.17): „Man wird zugestehen müssen, daß diese Formen nicht durchgehends nur aufgeschweißt sind und daß der Turm an sich eine ganz außerordentlich interessante und schöne Leistung werden kann (...). Trotzdem: auf der ungeheuren Bienenwabe – an

links: 48.9 Napoleon Le Brun & Sons, Metropolitan Life Tower, New York, 1909
links unten: 48.10 McKim, Mead & White, Municipal Building, New York, 1908-1913
rechts unten: 48.11 Cass Gilbert, Woolworth-Building, New York, 1911-1913

die der durchlöcherte Frontklotz unwillkürlich erinnert – wirkt der Turm doch noch viel äußerlicher als Dekoration (. . .)".[25] Das 58geschossige Woolworth Building entstand 1911-13 nach den Plänen des Architekten Cass Gilbert, bot Platz für 14000 Angestellte und blieb mit 260 m die nächsten siebzehn Jahre das höchste Gebäude der Welt.[26] In Amerika als „Cathedral of Commerce" bezeichnet, galt es auch in Deutschland als Symbol für den wirtschaftlichen Aufschwung des amerikanischen Unternehmertums und als das spektakulärste Beispiel für ein „Reklamegebäude". Von der deutschen Fachpresse wurde der Bau dieses Wolkenkratzers, mit dem die technische Entwicklung im Hochhausbau einen vorläufigen Höhepunkt erreicht hatte, mit großer Aufmerksamkeit verfolgt.[27] Das deutsche Standardwerk zur amerikanischen Bautechnik, Otto Rappolds „Bau der Wolkenkratzer" von 1913, und auch die gleichzeitig entstandene, aber erst 1921 erschienene Schrift von Karl Fritz Stöhr, „Die amerikanischen Turmbauten", schlossen ihre Darstellung mit dem Bau des Woolworth Building ab, waren demnach auch am Anfang der zwanziger Jahre noch nicht überholt.[28] Einen Höhepunkt in anderer Hinsicht stellte 1915 die Erbauung des Equitable Life Insurance Building in New York dar (Kat. Nr. 48.12). Es war zunächst als 62geschossiges Gebäude geplant, wurde von Ernest R. Graham neuprojektiert und schließlich um zwanzig Geschosse reduziert ausgeführt. Nicht in der Höhe, sondern in der radikalen Raumausnutzung übertraf das sich rücksichtslos über seine Umgebung erhebende Gebäude alle früheren Wolkenkratzer: „Das Haus repräsentiert die größte moderne Arbeitsstätte im Zentrum einer Stadt und führt (. . .) das Prinzip der möglichen Flächenausnutzung bis zum äußersten durch."[29] Auf einem mehrgeschossigen blockhaften Sockel erheben sich die Bürogeschosse über einem H-förmigen Grundriß ohne Rücksprünge in die Höhe, so daß man treffend von einem überdimensionalen „Kastengebäude" sprechen kann, dessen architektonische Gliederung den Eindruck der Maßstablosigkeit nicht lindert.

Angesichts dieser Entwicklung gewannen kritische Stimmen an Einfluß, die auf die zunehmenden Übelstände im Verkehr und in der Beschränkung von Licht und Luft bei unkontrolliertem Hochhausbau hinwiesen.[30] Trotz der enormen Kapitalinvestitionen in den Bau von Wolkenkratzern wurde es in New York zumindest kurz vor Beginn des Ersten Weltkrieges immer schwieriger, eine Baugenehmigung zu erhalten.[31] Bei sich verstärkendem Druck auf die Behörden[32] gründete der Bürgermeister von New York 1913 das „Heights of Building Committee" und berief die Vorsitzenden der betroffenen Stadtteile als Mitglieder. Im August 1916 wurde die von dem Ausschuß vorgeschlagene Staffelbauordnung, die „New York Building Zone Resolution" erlassen.[33] Sie sah eine Einteilung der City in Höhenklassen vor, um die Limitierung der Gebäudehöhen zu erreichen. Es wurde vorgeschrieben, daß sich die Hochhäuser mit steigender Höhe durch Rücksprünge, die sogenannten „set backs", progressiv verjüngen müssen. Zahl und Anordnung der Rücksprünge waren von der Straßenbreite abhängig – je schmaler die Straße, desto größer die Rücksprünge in den oberen Geschossen. Bei durchgehender Bebauung der Grundstücksfläche war die Gesamthöhe festgelegt, dagegen konnte bei nur fünfundzwanzigprozentiger Ausnutzung beliebig hoch gebaut werden. Die Auseinandersetzungen um die Zoning Resolution wurden in der deutschen Fachpresse aufmerksam verfolgt und insbesondere von Joseph Stübben detailliert geschildert.[34]

Die Anwendung der „Zoning Resolution" erfolgte erst zu Beginn der zwanziger Jahre, als eine neue Generation von Wolkenkratzern in New York entstand. Obwohl die neue Bauordnung keine Gestaltungsbestimmungen enthielt, wurden die Möglichkeiten freierer architektonischer Gestaltung als Fortschritt empfunden und euphorisch begrüßt.[35] Der Zwang zur Staffelung durch „set backs" ergab völlig neuartige Gruppierungen und Rhythmisierungen der Baumassen und enthob die Architekten von der Notwendigkeit, die Gebäude nach dem starren Säulenschema zu gliedern. Als Beispiele für diese, den aktuellsten Stand der amerikanischen Architekturentwicklung darstellenden Gebäude wurden in den deutschen Bauzeitungen das Cunard Building, das Liggett-Winchester-Ley Building und das Fisk Building (Kat. Nr. 48.13) besprochen.[36] Obwohl sich deutsche Architekten in der Gliederung ihrer Gebäude und auch in der Wahl der architektonischen Dekorationen an diesen Bauten orientierten, wurden sie von den Autoren wegen ihrer eklektizistischen Haltung verworfen: „Die ersten Arbeiten auf diesem Gebiete wirken noch, als seien verschiedene Gebäude übereinander gehäuft worden, indem an jeder Stelle, wo die Obergeschosse zurücktreten, sich etwas wie ein Schnitt einstellte. Diese nicht ganz befriedigende Wirkung bemerkt man zum Beispiel am Fisk-Gebäude. Die starken waagrechten Linien des klassischen Gesimses teilen den unteren Teil des Gebäudes vom oberen, als wenn beide nicht zusammen gehörten."[37] Ein typisches Beispiel ist auch das Shelton Hotel (Kat. Nr. 48.14), an dem die Tendenz zur Sachlichkeit in der architektonischen Gestaltung deutlich her-

21 So konnte beispielsweise das Zusammenfassen von mehreren Stockwerken mittels durchlaufender Pfeilerstellungen im gleichen Jahr als „unwahr" kritisiert und als richtige Vorgehensweise beschrieben werden. Vgl. Meyer, Zwei New-Yorker Geschäftstürme, 247, Leopold Gmelin, Architektonisches aus Nordamerika, in: DBZ 1894, 520.

22 Schliepmann, Geschäfts- und Warenhäuser, 112. Der Campanile von San Marco in Venedig wurde auch von Napoleon Le Brun beim Metropolitan Tower (1909) in New York als Vorbild verwendet (Kat. Nr. 48.9).

23 Vgl. Das Municipal Building in New York, in: BW 39, 1911, 27.

24 Schliepmann, Geschäfts- und Warenhäuser, 113.

25 Schliepmann, Geschäfts- und Warenhäuser, 113.

26 Die verbaute Gesamtfläche betrug 122 000 qm, es besaß über 5000 Fenster und war mit 27 Normal- und zwei Expressfahrstühlen und einer thermostatisch regulierten, automatisch schaltbaren Zentralheizung ausgestattet. Vgl. hierzu Paul Goldberger, Wolkenkratzer, Stuttgart 1984, 50-53.

27 Vgl. Das höchste Gebäude der Welt, in: NDBZ 1911, 444; Das höchste Haus der Welt, in: BW 1912, 19; M. Schinkel, Über eine Studienreise nach Nord-Amerika, in: WAVB 1913, 282. Eine ausführliche Beschreibung mit zahlreichen Abbildungen bei Martin Mächler, Zum Problem des Wolkenkratzers, in: WMB 1920/21, 260-273.

28 Otto Rappold, Der Bau der Wolkenkratzer, München/Berlin 1913. Dieses Buch hat bis auf eine kleine Anmerkung vor dem Kriege wenig Beachtung gefunden. Vgl. DBZ 1914, 162. Ausführliche Besprechungen in der Fachpresse erfolgten erst 1921. Vgl. Albert Gut, Wolkenkratzer, Turmbauten, Hochhäuser, in: ZdB 1921, 145. Bücherbesprechungen, in: BM 1921, Beilage, B 28. Karl F. Stöhr, Die amerikanischen Turmbauten, die Gründe für ihre Entstehung, ihre Finanzierung, Konstruktion und Rentabilität, München/Berlin 1921. Wie Rappold hatte sich Stöhr vor dem Kriege zwei Jahre in Amerika aufgehalten und dort im bekannten Chicagoer Architekturbüro Burnham & Co. gearbeitet.

29 Der neueste amerikanische Wolkenkratzer, in: Voss. Ztg. vom 14. 5. 1914, Beilage Zeitbilder Nr. 57; vgl. auch: Der neue Equitable-Bau in New York. Das größte Gebäude der Welt, in: BW 17, 1914, 27-28.

30 Die Opposition gegen Hochhäuser organisierte sich im „Committee of Congestion of Population" in New York. Diese Gruppe übte mächtigen Druck auf die „Building Code Revision Commission" (Baupolizei) aus und wollte damit den Bau von Hochhäusern erschweren. Bereits seit 1908 forderten Gegner des Wolkenkratzers eine Bauordnung mit Vorschriften zur Einschränkung von Hochhäusern, teilweise sogar deren völliges Verbot.

31 Vgl. Stöhr, Die amerikanischen Turmbauten, 12; Quedefeld, Die Wirtschaftlichkeit der amerikanischen Wolkenkratzer, in: Deutsche Bauhütte 1913, 41.

32 Werner Hegemann, Amerikanische Architektur und Stadtbaukunst, Berlin 1925, 310, berichtet, daß sogar die Grundbesitzer für allgemeine Beschränkungen im Hochhausbau eintraten.

48.12 Ernest R. Graham, Equitable Life Insurance Building, New York, 1915

48.13 Carrere & Hastings, Shreve & Lambs, Fisk Building, New York, 1920-1922

lich hervortritt. Das 1922-23 von Harmon & White erbaute Hochhaus galt als „eines der erfolgreichsten Gebäude der Stadt. Außer den beiden untersten Geschossen sind nur die beiden flankierenden Türme bis an die Straßenflucht geführt. Indem so die Hauptmasse des Gebäudes gleich von untenauf hinter die Bauflucht zurücktritt, war es möglich, sie zu einer größeren Höhe hinaufzuführen und dadurch einen einheitlichen Turm anstelle vieler Staffelungen zu schaffen."[38]

Erst zur Zeit der Entstehung der New Yorker „Zoning Resolution" entwickelte sich in Amerika ein Bewußtsein für die mit dem Bau der Wolkenkratzer verbundenen städtebaulichen Probleme.[39] So begann der Abschlußbericht des „Heights of Buildings Committee" mit der Formulierung eines stadtplanerischen Grundbedürfnisses, dem Zonenplan, wie er in Deutschland schon seit der Jahrhundertwende aufgestellt wurde.[40] Am Anfang der zwanziger Jahre folgten weitere amerikanische Städte dem Beispiel New Yorks.[41] „Die wichtigsten Teile eines Stadtbauplanes sind nicht die öffentlichen Gebäude, auch nicht die Eisenbahnen, Parkanlagen und Freiflächen, sondern das Straßennetz, die Fluchtlinien und die Bauplatzeinteilung."[42] Die städtebauliche Entwicklung der amerikanischen Großstädte wurde besonders wegen der Anhäufung der Wolkenkratzer in den Stadtzentren nach dem Ersten Weltkrieg in Deutschland massiv kritisiert. Die gängigen Forderungen nach der isolierten Stellung von Hochhäusern als Dominanten im Stadtbild sind vor dem Hintergrund einer ausführlichen Analyse und Kritik der amerikanischen Verhältnisse zu sehen. Als durch den planlosen Bau von Wolkenkratzern verursachte Mißstände wurden die

33 Vgl. dazu John T. Boyd Jr., The New York Zoning Resolution and its influence upon design, in: Architectural Record 1920, 193-217; Harvey W. Corbett, Effect of the New York Zoning Resolution on Commercial Buildings, in: The American Architect 1920, 547-551; Harvey W. Corbett, The Influence of Zoning on New York's Skyline, in: The American Architect and the Architectural Review 2410, 1923, 1-4; Harvey W. Corbett, Zoning and the Envelope of the Building, in: Pencil Points 4, 1923, 15-18; Cyril R. Knight, The Effect of Zoning on New York Architecture, in: Town Planning Review 1, Juli 1914, 3-12 (Reprint Vaduz 1965). Zwar gab es schon vorher in verschiedenen amerikanischen Großstädten Höhenbestimmungen, die in der Regel jedoch erst in Kraft traten, wenn die zulässige Normalhöhe stark überschritten wurde. Nur Chicago, Washington und Boston besaßen festgelegte „Größthöhen" (in Boston seit 1898 38 m). Vgl. Joseph Stübben, New York's Bauordnung und Stadtbauplan, in: DBZ 1915, 462. Die New Yorker „Zoning Resolution" wurde zum Vorbild für fast alle amerikanischen Großstädte.

34 Vgl. Stübben, New York's Bauordnung und Stadtbauplan, 449-451, 461-464, 481-484, 489-490; Joseph Stübben, Einführung der Staffel-Bauordnung in New-York, in: DBZ 1917, 11. Besondere Aufmerksamkeit galt der Tatsache, daß die „Zoning Resolution" auf einem gründlichen Studium europäischer Bauordnungen beruhte. 1920 ging Bruno Möhring in seiner Studie ‚Über die Vorzüge der Turmhäuser und die Voraussetzungen, unter denen sie in Berlin gebaut werden können', Berlin 1921, auf die Staffelbauordnung ein.

35 Vgl. Boyd Jr., The New York Zoning Resolution, und die Zusammenfassung seiner Äußerungen bei Möhring, Vorzüge, 4-6.

36 Vgl. Hochhausbaukunst, in: BW 1921, 691-695. Die Auswahl beschränkt sich offensichtlich auf einige der von John Taylor Boyd jr. in seinem Aufsatz über die „Zoning Resolution" publizierten Gebäude, die 1920 noch nicht fertiggestellt und nur von aus den amerikanischen Architekturzeitschriften entnommenen Zeichnungen bekannt waren. Nach der Fertigstellung dieser Gebäude erschienen ausführliche Besprechungen in den deutschen Fachzeitschriften. Vgl. Wirkungen der New Yorker Bauordnung von 1916, in: WMB 1924, 310-312; Edmund Schüler, Der Wolkenkratzer, in: Kunst und Künstler 1925, 228-239.

37 Wirkungen der New Yorker Bauordnung von 1916, 311, (Nach Cyril R. Knight in der Town Planning Review). Eine noch schärfer formulierte Kritik in: Hochhausbaukunst, in: BW 1921, 691-695. Das Fisk Building wurde von Carrère & Hastings und R. H. Shreve erbaut.

38 Wirkungen der New Yorker Bauordnung von 1916, 311.

39 Vgl. Joseph Stübben, Städtebau als Gegenstand des amerikanischen Hochschulunterrichts, in: ZdB 1917, 40. 27 Jahre nach Stübbens Standardwerk, dem Handbuch des Städtebaues, erschien das erste amerikanische Buch über Städtebau von Charles M. Robinson, City Planning, New York 1917. Vgl. Joseph Stübben, Amerikanischer Städtebau, in: ZdB 1918, 135.

40 Als einer der bekanntesten Zonenpläne galt der von Theodor Fischer um 1900 konzipierte Staffelbauplan für München.

41 Im Jahre 1922 gab es 55, im Jahre 1923 bereits 109 amerikanische Städte, die Zonenpläne eingeführt hatten. Vgl. Werner Hegemann, Amerikanische Architektur und Stadtbaukunst, Berlin 1925, 55.

42 Charles M. Robinson, City Planing, New York 1917. Vgl. Stübben, Amerikanischer Städtebau, 135. Typisch für die Stadtpläne der amerikanischen Großstädte ist eine regelmäßige Baublockaufteilung und ein starres, ohne Rücksicht auf Geländeverhältnisse angelegtes rasterartiges Straßennetz.

48.14 Harmon & White, Shelton Hotel, New York, 1924

schlechten Beleuchtungsverhältnisse in den engen, zum großen Teil verschatteten Straßen, die Beeinträchtigung des stadträumlichen Mikroklimas durch Hitzestaus im Sommer und eisige Winde im Winter, die drohende Gefahr von Großbränden und schließlich die starke Zunahme des Verkehrs vor allem in den „rush hours" angesehen (Kat. Nr. 48.15). All dies galt als Folge einer zutiefst unsozialen und allein auf wirtschaftliche Interessen ausgerichteten Auffassung vom Städtebau: „Vom Standpunkt des sozial denkenden Städtebauers bedeuten sie (die Wolkenkratzer) einen Rückfall in die Zeiten traurigster Rücksichtslosigkeit gegen das Wohl seiner Mitmenschen, in die ärgste Barbarei der Herrschaft des Geldbeutels."[43]

Zukunftsvisionen wie die berühmten Darstellungen von Moses King Kat. Nr. 48.16), in denen ein Gewirr von Straßen und Hochbahntrassen auf mehreren Ebenen die beängstigend neben- und übereinandergebauten Wolkenkatzer miteinander verbindet, wobei über den finsteren Zwischenräumen und Straßenschluchten auch noch Flugzeuge schwirren,[44] mögen die auch in Amerika an Einfluß gewinnenden Großstadtkritiker in ihren Ansichten nur noch bestärkt haben. In den zwanziger Jahren waren die mit der Konzentration der Wolkenkratzer in den Geschäftszentren verbundenen Probleme Gegenstand verschiedener Studien, über die Bruno Möhring und Werner Hegemann in Deutschland berichteten.[45] Der englische Architekt und Stadtplaner Raymond Unwin wies als Mitbegründer der Gartenstadtbewegung und entschiedener Gegner des Wolkenkratzers nachdrücklich auf die Nachteile dieses Bautyps hin.[46] So sollten seine Berechnungen zeigen, daß das Verkehrsaufkommen im Stadtzentrum zu hoch und die vorhandene Fläche nicht mehr ausreichend war, um alle erwerbstätigen Personen und deren Fahrzeuge aus den anliegenden Hochhäusern gleichzeitig aufzunehmen. Wegen der fehlenden Parkmöglichkeiten habe „der Selbstfahrer Mühe, seinen Wagen in der Nähe der Geschäftsstadt unterzubringen."[47] Der Bau

43 Cornelius Gurlitt, Handbuch des Städtebaues, Berlin 1920, 18.

44 Diese Darstellungen, „King's Dreams of New York", waren Bestandteil der „Views of New York" von Moses King (vgl. Anmerkung 10). Als Städtebauer kritisierte Cornelius Gurlitt diese Großstadtvisionen eines „phantasiebegabten Laien". Die moderne Technik müsse die Komplikationen vermeiden, die auf diesen Darstellungen als Ziel präsentiert würden. Handbuch des Städtebaues, 282ff., Fig. 395.

45 Vgl. den Bericht des Ingenieurs V. D. Allen in der Cleveland Enginering Society von 1919, den Möhring, Vorzüge, 4, erwähnte.

46 Vgl. Raymond Unwin, Higher Building in Relation to Town Planning, London 1924. Dazu ausführlich Werner Hegemann, Das Hochhaus als Verkehrsstörer und der Wettbewerb der Chicago Tribune, in: WMB 1924, 296ff.; Werner Hegemann, Amerikanische Architektur und Stadtbaukunst, Berlin 1925, dessen Kapitel „Das Hochhaus als Quelle von Verkehrsschwierigkeiten" eine leicht veränderte Fassung des vorstehenden Artikels ist. Hegemann berichtete auch über die Studie für den „Plan für New York", die von einem Architektenausschuß unter Leitung von Harwey W. Corbett erstellt worden war.

47 Hegemann, Amerikanische Architektur und Stadtbaukunst, 52.

48.15 Hochhäuser am Trinity Church Yard, New York, Equitable Life Insurance Building, American Surety Building, Bankers Trust Building

von Untergrundbahnen, durch den man sich Abhilfe versprochen hatte, schaffe im Gegenteil nur neue Verkehrsprobleme: „An jeder neuen Untergrundbahnhaltestelle schießen schnell genug Hochhäuser aus der Erde, um die neue Bahn während der Hauptfahrzeit zu füllen und zu überfüllen und die allgemeine Überfüllung der Geschäftsstadt zu steigern."[48]
Ein Grund für das gewaltige Verkehrsaufkommen lag in der Trennung von konzentriert bebautem Geschäftszentrum und ausgedehnten Wohngebieten in den Vorstädten, von wo aus die Mehrzahl der Beschäftigten zur Arbeit in die Stadt kam. Mit der Vergrößerung der Geschäftszentren und der Bodenspekulation ging die Verslumung der innerstädtischen Randbezirke einher, aus denen die Wohnbevölkerung verdrängt wurde.[49] Nach dem Ersten Weltkrieg war auch in Amerika die Wohnungsnot aufgrund der mangelnden Bautätigkeit und der gestiegenen Mieten so gravierend, daß man nicht länger ohne gesetzliche Maßnahmen auszukommen glaubte.[50] Im Unterschied zu Deutschland scheint aber das Hochhaus als „Mittel zur Linderung der Wohnungsnot" in der amerikanischen Diskussion keine Rolle gespielt zu haben. Während man in Amerika die extreme Anballung von Wolkenkratzern in den Innenstädten immer mehr als Nachteil empfand und durch gesetzliche Maßnahmen zu regulieren versuchte, glaubte man in Deutschland, der Zeitpunkt zur Einführung des neuen Bautyps sei nun endgültig gekommen. Der während des Krieges in den Vereinigten Staaten festgehaltene Architekt Alfred Langöhrig wies auf die Rolle des Hochhauses beim Wiederaufbau des 1906 durch ein Erdbeben zerstörten San Francisco hin und pries den amerikanischen Wolkenkratzer einmal mehr als Vorbild für Deutschland an.[51]
Die Einschätzung amerikanischer Wolkenkratzer aus deutscher Sicht ist dadurch charakterisiert, daß es zu keinem Zeitpunkt eine einheitliche Wahrnehmung und Überlieferung gegeben hat. Zu der durch wechselnde Umstände bestimmten ausschnitt-

48 Hegemann, Amerikanische Architektur & Stadtbaukunst, 50.
49 „Die hohe Bauweise im Geschäftszentrum, ‚die Citybildung' im Gebiete der Wolkenkratzer, hat keine Entlastung der Nachbargebiete herbeigeführt, im Gegenteil, die Überlastung des Baugrundes ist auch hier stetig gewachsen." Zitat aus Gurlitt, Das Wohnungswesen in New York, 78f.
50 Vgl. Die Wohnungsnot in New York, in: DBZ 1920, 232.
51 Vgl. Alfred Langöhrig, Zur Lösung der Wohnungsfrage - Beispiele aus den Vereinigten Staaten von Nordamerika, in: Stbk 1920, 198-201.

haften Blickweise kommen die jeweiligen unterschiedlichen persönlichen Voraussetzungen der Kritiker einschränkend hinzu. Einhellig vertraten sie allerdings die Meinung, „daß das Turmgebäude in der amerikanischen Form in Deutschland unmöglich ist. Gerade deshalb ist es wichtig, die Vorbedingungen und Voraussetzungen zu kennen, aus denen heraus das amerikanische Gebilde entstanden ist. Dann wird man hoffen dürfen (. . .), daß nicht nur ein sinnloses Übertragen amerikanischer Vorbilder, sondern überhaupt alles vermieden wird, was nicht in deutschen Verhältnissen und in deutscher Wesensart seine Begründung findet. Das Studium der amerikanischen Gebäuderiesen kann nämlich, wenn auch nur mittelbar, dazu dienen, die baukünstlerische Durchführung der Hochhäuser und die befriedigende städtebauliche Eingliederung, die diesen in Amerika vorenthalten geblieben ist, gerade in Deutschland zu fördern. Aber auch unmittelbaren Gewinn vermag die Kenntnis der amerikanischen Verhältnisse in der Hinsicht zu bringen, als die Bauweisen, die technische Ausführung im einzelnen, nicht zuletzt auch die bewundernswerte Großzügigkeit in der Organisation und Durchführung dieser einzigartigen Unternehmen anregend und befruchtend wirken müssen."[52] Damit blieb der Wolkenkratzer den veränderten Bedingungen nach dem Ersten Weltkrieg entsprechend trotz seiner Ablehnung als „amerikanisches Gebilde" Vorbild und Maßstab für die deutschen Architekten. BB/JMe

52 Gut, Wolkenkratzer, Turmbauten, Hochhäuser, 145.

48.16 Kings's Dream of New York, 1908

Die grundlegende Entwicklung des Hochhausbaues war in technischer Hinsicht längst abgeschlossen, als der Wettbewerb „Hochhaus am Bahnhof Friedrichstraße" ausgeschrieben wurde.[1] Über Kenntnisse in diesem Bereich verfügte wohl die Mehrzahl der am Wettbewerb beteiligten Architekten, denn in den Bibliotheken der Architekten-Vereine lagen nicht nur die führenden amerikanischen Architektur- und Ingenieurzeitschriften aus[2], sondern auch die einschlägigen amerikanischen Standardwerke zum Hochhausbau.

Die Hochhausdefinition

Die vermutlich erste deutsche, lexikalische Erwähnung fanden die „Hohen Häuser" in Meyers Konversations-Lexikon von 1898.[3] Unter diesem Begriff bemerkt das Lexikon: „Die Reklamesucht und die ungeheure Steigerung der Grundstückswerte in den Geschäftsvierteln der amerikanischen Weltstädte haben dort, namentlich in New York und Chicago, in neuerer Zeit Geschäftshäuser von riesiger Höhe entwickeln lassen." In der deutschen Fachliteratur tauchte in der Auseinandersetzung mit amerikanischen Bauten, aber auch im Zusammenhang mit der Diskussion über Hochhäuser in Deutschland eine Fülle von Begrifflichkeiten auf. Bisweilen unreflektiert, meist aber wohlüberlegt und je nach Zusammenhang verwendet, wurden die Bauten, deren Höhe spürbar oder erheblich über die von den deutschen Bauordnungen vorgeschriebenen Bauhöhen hinausgingen, als „Turmhäuser", „Riesenhäuser", „Himmelkratzer", „Wolkenkratzer", „Skyscrapers", „High Office Buildings", „Hochgebäude" oder „Hochhäuser" benannt. Bezeichnend für die Bemühungen um eine einheitliche und präzise Terminologie sind Zeitungsartikel wie „Turmhäuser, nicht Wolkenkratzer"[4] oder die vielen Aufsätze zur Hochhausproblematik, die jeweils einleitende Definitionen des besprochenen Gegenstandes unternahmen.[5] Zunehmend setzte sich hier der sachliche Begriff „Hochhaus" durch, lediglich für extrem hohe Bauten wurde in Anlehnung an die amerikanische Formulierung „Skyscraper" die deutsche Übertragung „Wolkenkratzer" gewählt, auch wenn die Bezeichnung bisweilen als „unsachlich"[6] galt oder lediglich als „Spottname"[7] empfunden wurde. Nach den bestehenden Baugesetzen war bis zum Jahre 1920 die Ausführung hoher Häuser in Deutschland nicht zulässig. Erst 1921 entschloß man sich, unter besonderen Bedingungen die Genehmigung zum Bau von Hochhäusern nicht zu versagen. Amtlich wird der Begriff „Hochhaus" zum ersten Mal in einem Runderlaß vom 3. Januar 1921 vom preußischen Minister für Volkswohlfahrt erläutert und am 29. September 1921 dahin ergänzt, daß Neubauten, die geschäftlichen Zwekken dienen – Fabriken, Speicher und ähnliche Gebäude ausgenommen –, wenn sie mehr als sechs Vollgeschosse erhalten, als Hochhäuser anzusehen sind. Bei der Zulassung solcher Bauten hielt man es nicht für ratsam, allgemein gültige Richtlinien in die Bauordnungen aufzunehmen, „vielmehr empfiehlt es sich, die Zulassung nur im Einzelfall auf dem Dispensweg zu ermöglichen".[8]

John Wellborn Root, einer der Theoretiker der ersten „Schule von Chicago" und Partner von Daniel H. Burnham im Büro Burnham & Root (1873 bis 1891) verfaßte vermutlich als erster um 1890 Thesen zum technischen Entwurf des Hochhausskelettbaues.[9] In seiner „Analyse des modernen Bürogebäudes" zeigte Root nicht nur die Schwierigkeiten beim Hochhausbau auf, sondern machte auch detaillierte Vorschläge zur Lösung der konstruktiven und technischen Probleme, die sich den Planern von Wolkenkratzern Ende des 19. Jahrhunderts stellten. Den technischen Entwurfsprozeß skizzierte er in neun Schritten:

1. „Kosten: Das Ziel ist, im Rahmen der vorgesehenen Mittel (einschließlich Grundstück) das wirtschaftlichste Gebäude hinsichtlich Funktionsfähigkeit und Raumausnutzung zu errichten.
2. Grundriß mit maximaler (natürlicher) Belichtung: Durch den L-förmigen Grundriß mit schmalem Seitenflügel erhalten alle Büroräume mindestens einen Zugang zum Tageslicht.
3. Aufzüge: Des bequemeren Zugangs wegen werden die Aufzüge in zwei zentralen Bereichen seitlich des Foyers konzentriert.
4. Versorgungseinrichtungen: Heizung und Lüftung, elektrische Leitungen und Anschlüsse (oder Gasleitungen) sowie Abstellräume werden so angeordnet, daß sie leicht zu nutzen, zu warten oder zu verändern sind.
5. Optimale Geschoßhöhe: 10 Fuß 6 In-

1 So blieb das 1913 errichtete Woolworth Building (New York, von Cass Gilbert), das in Bezug auf die Bautechnik als Bauwerk der Superlative galt, mit 260 m 17 Jahre das höchste Gebäude der Welt. Zwar ging die Entwicklung neuer technologischer Verfahren und neuer Bauprodukte für ein ökonomisches und schnelles Bauen ununterbrochen weiter, insbesondere was den Stahlbetonbau betraf, doch erst 1930 wurde der „Höhenrekord" vom Chrysler Building (New York, von William van Alen) gebrochen.

2 Die Bibliothek des Architekten-Vereins zu Berlin besaß die wichtigsten amerikanischen Architektur- und Ingenieurzeitschriften, wie z.B.: American Scientific, The American Architect and Building News, The American Engineer, American Engineer and Railroad Journal, Engineering News, Annual Report of the Chief of Engineers; vgl. Verzeichnis der Büchersammlung des Architekten-Vereins zu Berlin, Berlin 1909, 1-22, Nachtrag I (1910), Nachtrag II (1913).

3 Meyers Konversations-Lexikon, 18. Bd., Leipzig und Wien 1898, 468f.

4 Turmhäuser, nicht Wolkenkratzer, in: Berliner Morgenpost 29, 1921.

5 Vgl. etwa Friedrich Huth, Deutsche Hochhäuser, in: BGZ 1921, Sp. 83/84; A. Wolff, Zur Entwicklung des Hoch- oder Turmhauses in Deutschland, in: WAVB 1921, 53; Max Berg, Hochhäuser im Stadtbild, in: WMB 1921/22, 101ff.

6 Der Wettbewerb für die Bebauung des Geländes am Bahnhof Friedrichstraße in Berlin, in: DBZ 1921, 426.

7 Paul Wittig, Über die ausnahmsweise Zulassung einzelner Turmhäuser in Berlin, Berlin 1918, 9.

8 Die Errichtung von vielgeschossigen Häusern, in: DBZ 1921, 60.

9 John W. Root (1850-1891) und sein Sozius Daniel H. Burnham (1846-1912) errichteten in Chicago, Kansas City, Cleveland und San Francisco zahlreiche Gebäude. Am bekanntesten wurden aber die Bauten in Chicago, wie die Rookery (1885-88), Monadnock Block (1889-92) und Reliance Building (1889-91 und 1894/95).

49.1 Ernest R. Graham, Reliance Building in Bau, Chicago 1894

ches (= ca. 3,75 m).
6. Gebäuderahmen (Skelett): Die tragende Struktur und der Feuerschutz der Rahmenteile werden nicht nur durch die Lasten, sondern auch durch die Beschaffenheit des Baugrundes bestimmt.
7. Gründung: Die Art des Baugrundes in Chicago (bzw. jeder feuchte, sandige oder schwammige Boden) erfordert den Einsatz von Roots bedeutendster konstruktiver Innovation, einer durch Stahlschienen verstärkten Betonplatte, die abgestuft ist, um Wände und Lastplatten der Stützen aufzunehmen.
8. Außenwandkonstruktion: Die Wände sollten so offen wie möglich sein. Ihre Errichtung erfordert unter anderem das zeitweilige Abstützen seitlicher Brandwände.
9. Setzung: Alle Gebäudeteile werden gleichzeitig errichtet, um eine ungleichmäßige Setzung zu vermeiden.
Hat sich der Architekt mit diesen technischen Problemen ausreichend befaßt, so wendet er sich der endgültigen ästhetischen Gestaltung seines Gebäudes zu."[10]
Voraussetzung für den Bau von Hochhäusern war also eine wirtschaftliche Bautechnik. Weitere Bedingungen waren die Verbesserung der Baustoffe und damit verbunden die Feuersicherheit, neuartige Gründungsverfahren und die Erfindungen im Bereich der technischen Anlagen.

10 John W. Root, „A Great Architectural Problem", Inland Architect and News Record, XV (June 1890), 68 in: Carl W. Condit, The Chicago School of Architecture, Chicago und London 1964, 48f. Übersetzung BB.

49.2 Daniel H. Burnham & Co, Continental Commercial National Bank. Chicago 1913. Beginn des Ausmauerns des Stahlskeletts mit Terracottaziegeln

Vom Gußeisen zum Stahl

Stahl, ein für die Warmformung (schmiedbar) geeigneter, kohlenstoffarmer Eisenwerkstoff, und Gußeisen, eine Eisenkohlenstofflegierung, deren Formgebung durch Gießen erfolgt, waren bereits seit der Antike bekannt.[11] Während Stahl jedoch für Bauwerke lange Zeit keine Verwendung fand, wurde Gußeisen dagegen vor allem im Ingenieurbau seit dem 18. Jahrhundert verstärkt eingesetzt. Qualitätsverbesserung durch neue Herstellungsverfahren in Verbindung mit der Weiterentwicklung neuer Produktionsverfahren für Walzprofile ermöglichten die Verwendung des an sich für Belastung geeigneteren Materials Stahl anstelle des spröderen Gußeisens für das tragende Gerüst von Gebäuden.[12] Gewalzte Schmiedeeisenträger wurden in den USA ab 1875 in größeren Mengen hergestellt und 1885 durch den gewalzten Träger aus Flußstahl abgelöst, den die Carnegie Steel Co. in den Vereinigten Staaten zuerst anfertigte. Von diesem Zeitpunkt an geriet auch die Gußeisensäule rasch in den Hintergrund, ebenso die komplizierten, aus gebogenen oder abgekanteten Schmiedeeisenprofilen zusammengesetzten Spezialquerschnitte für Säulen, um genormten Profilen oder Kastenquerschnitten aus Walzstahl Platz zu machen.[13] Als Verbindungsmittel war

11 Vgl. hierzu Kurt Walczok, Lexikon der Begriffe und Bezeichnungen in der Eisen- und Stahlindustrie mit Definitionen und Erklärungen, Düsseldorf 1974, 36, 76f.

12 Grundlegend für die Entwicklung des Hochhauses war, daß Eisen als Baustoff in großen Mengen verfügbar wurde. Voraussetzung dafür war die Massenproduktion vor allem in England seit 1750. Einige Jahrzehnte später war man dann soweit, tragende Bauteile aus Eisen zuerst für den Brückenbau und für die Gebäudekonstruktion zu verwenden. Zu den eisernen Trägern wurden gußeiserne Stützen oder Säulen und Verstrebungen entwickelt, wobei vor allem England und Frankreich diesen Prozeß vorantrieben.

13 Vgl. William H. Birkmire, Skeleton Construction in Buildings, New York ²1894, 17-48; Joseph K. Freitag, Architectural Engineering, with Special Reference to High Building Construction, New York ²1901, 191-210; Otto Rappold, Der Bau der Wolkenkratzer, München und Berlin 1913, 140-155.

49.3 Ernest Flagg, Singer Building, New York, 1908, Montage des Stahlskeletts

schon vorher die Niete durch die Schraube verdrängt worden. So waren um die Jahrhundertwende alle wesentlichen Konstruktionselemente bereitgestellt, mit denen der Stahlskelettbau in den nächsten Jahrzehnten seine Entwicklung bestreiten konnte.

Eisengerippe, Stahlskelett und Stahlbetonbau

Einen wesentlichen Beitrag stellte die Anwendung und Weiterentwicklung des Stahlskeletts für Hochhausbauten dar. Bis in die zweite Hälfte des 19. Jahrhunderts war der Mauerwerksbau für Großbauten allgemein gebräuchlich, wobei die Dimensionen der Umfassungswände recht groß waren.[14] Mit dem Übergang zur Skelettbauweise benötigte man als tragende Struktur einen Gußeisen- und später einen Stahlrahmen, bestehend aus Stützen, Trägern, Bindern und Aussteifungen, so daß die Mauern keine Lasten mehr aufnahmen.[15] Sie dienten vielmehr lediglich als Füllung (Ausfachung) zwischen den tragenden Stützen der Konstruktion und hatten nur noch dekorative und schützende Funktionen. Deshalb konnten die Außenwände auch bedeutend dünner ausgeführt werden. Die verfügbare Nutzfläche wurde einerseits größer und ließ sich andererseits besser aufteilen, da man die Trennwände variabel aufstellen konnte. Weitere Vorteile lagen in der Möglichkeit der schnelleren Errichtung, wobei man mit dem Einbau der Füllwände an jeder beliebigen Stelle beginnen konnte, und in der enormen Gewichtseinsparung bei der Konstruktion[16], welche teilweise zu Kostenreduzierungen führte.[17]

In den achtziger Jahren des vorigen Jahrhunderts entstand in Chicago eine Reihe von Stahlskelettbauten. Es waren dies nicht die ersten Anwendungen des Stahlskeletts – vereinzelte Ansätze dazu sind anderswo schon früher aufgetreten[18] –, aber in dieser Stadt wurde die konsequente Entwicklung eingeleitet, und zwar nicht nur die des konstruktiven Systems, sondern auch, was das Geschäftshaus als Gebäudetyp betrifft. Über die Entwicklung der Stahlkonstruktion im einzelnen geben die erhaltenen Bauten nur wenig Aufschluß. Die zeitgenössischen Fachpublikationen, unter ihnen die in New York erschienenen Werke von William H. Birkmire und Joseph K. Freitag, sind ergiebiger.[19] Freitag stellt in der ersten Auflage seines Werkes, in der er sich vor allem auf die Hochhäuser von Chicago konzentrierte, zwei Entwicklungsstufen fest. Da ist zunächst die am „Home Insurance Building"[20] von William Le Baron Jenney begründete und am „Tacoma Building"[21] von William Holabird & Martin Roche ausgereifte „skeleton construction": Ein vollständiges, zusammenhängendes Traggerippe, das Dach- und Deckenlasten aufnimmt und in die Stützenfundamente ableitet, während die gemauerten Außenwände ihr Eigengewicht selbst tragen und

14 Bei Mauerwerksbauten ist die Stärke der tragenden Wände von der Höhe abhängig. Je höher ein Haus ist, desto stärker müssen die Mauern am Fuß des Gebäudes sein; sie können sich vom statischen Gesichtspunkt aus aber nach oben verjüngen. So hatten beispielsweise die Umfassungswände des 16stöckigen „Monadnock Building",(1891 von Burnham & Root konstruiert) eine Stärke von 1,80 m am Boden.

15 In den Jahren zwischen 1850-80 entstand in den Vereinigten Staaten eine größere Zahl von Lagerhäusern, Warenhäusern und Bürobauten, bei denen die Fassaden ganz in Tragglieder aus Gußeisen aufgelöst waren. Der Impuls scheint ausgegangen zu sein von James Bogardus, einem vielseitigen Erfinder, Konstrukteur und Fabrikanten. Aber auch das anonyme Bauen lieferte Anregungen dazu, wie am Beispiel der strengen Gußeisenfassaden an der River-Front in St. Louis ersichtlich wurde, die die Auffassungen der Chicagoer Schule vorwegzunehmen scheinen. Parallel dazu entstanden in jener Zeit auch in Europa bemerkenswerte Eisenfassaden, z.B. Gardner's Iron Building in Glasgow, 1856 und Oriel Chambers in Liverpool, 1864. Vgl. Giedion, Raum, Zeit, Architektur, 144f; Gerald R. Larson, Der Eisenskelettbau: Entwicklung in Europa und den Vereinigten Staaten, in: John Zukowsky, Chicago Architektur 1872-1922, München 1987, 39-57.

16 Der Stahl, der nötig ist, um ein Hochhaus zu tragen, hat nur ein Drittel des Gewichtes wie das Mauerwerk für ein Gebäude gleicher Höhe.

17 Die Einsparungen bei der Skelettkonstruktion gegenüber dem Mauerwerksbau betragen etwa 15 % der Bausumme. Vgl.: Francisco Mujica, History of the Scyscrapers, Paris 1929, New York ^{2}1977, 23.

18 Einen der ersten konsequent als Eisenskelett durchgebildeten Stockwerksbauten besaß die Schokoladenfabrik Menier in Noisiel-sur-Marne, 1871/72 von Jules Saulnier erstellt. Zur Geschichte des Stahlskelettbaues und zum Streit, wo und von wem das erste Stahlskeletthochhaus errichtet wurde, vgl. E. M. Upjohn, Buffington and the Skyscraper, Art Bulletin XVII, März 1935, 48-70; Mujica, History of the Skyscrapers, 25; Giedion, Raum, Zeit, Architektur, 152.

19 Vgl. William H. Birkmire, Architectural Iron and Steel and Its Application in the Construction of Buildings, New York 1892; W. H. Birkmire Skeleton Construction, New York 1893; Freitag, Architectural Engineering, New York 1869, ^{2}1901, ^{3}1912.

20 Das ursprünglich zehngeschossige „Home Life Insurance Company Building", 1884-1885 vom Architekten W. Le Baron Jenney erstellt (1931 in einem untersuchenden Sezierverfahren abgerissen), wurde von den meisten Autoren als das erste Hochhaus bezeichnet. N. D. Morgan stellte in seinem Aufsatz Steel Building Construction – A Historical Sketch of its Conception and Development fest: „The first outstanding iron-skeleton type building in the country was the Home Insurance Building (. . .)" (The Western Architect, 3, März 1926, 33ff).

21 Holabyrd & Roche, Schüler von W. Le Baron Jenney, bauten das zweite Hochhaus dieses Types, nämlich das 13geschossige „Tacoma Building" 1887-1889 (1929 abgerissen). So schrieb G. E. Pistor in „Traces Evolution of Skyscrapers": „The Tacoma Building (. . .) was supported entierly by a metal frame and the walls did not more than curtain off the elements" (T. E. Tallmadge, Architectural Record, August 1935, 115).

22 Vgl. Freitag, Architectural Engineering, ^{2}1910, 1-11.

23 Die ersten Anfänge der neuen Bauweise gehen bis in die Mitte des vorigen Jahrhunderts zurück. Die Franzosen haben die Verbindung von Beton und Eisen und teilweise sogar die richtige statische Wirkung mit dem Eisen auf der Zugseite erkannt, angewendet und ihre Beobachtungen veröffentlicht. Vgl. M. Foerster, Die geschichtliche Entwicklung des Eisenbetonbaues, in: F. Emperger (Hg.), Handbuch für Eisenbetonbau, Berlin 1930, Bd. 1, 1-30.

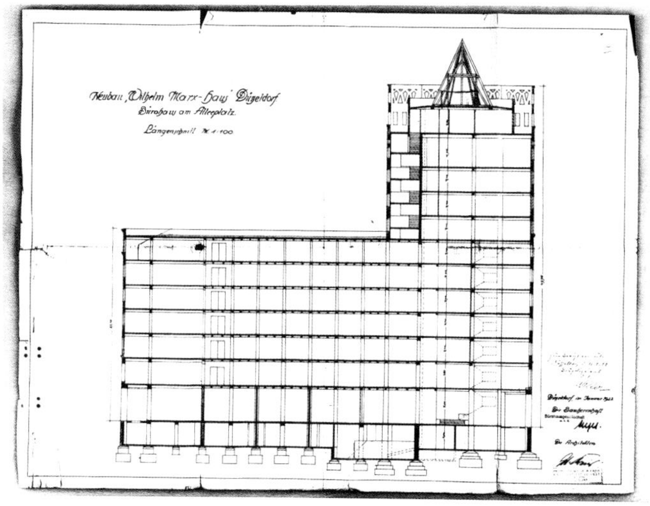

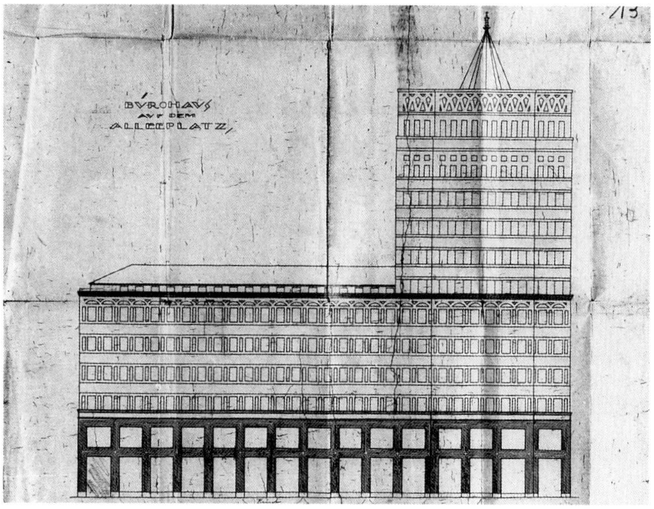

Wilhelm Kreis
Wilhelm-Marx Haus, Düsseldorf, 1922-24

rechts oben: 49.4 Schnitt
rechts mitte: 49.5 Ansicht Hindenburgwall
oben: 49.6 Wihlem-Marx-Haus, kurz vor Vollendung

zur Aussteifung und Ableitung der Windkräfte noch massive Wandscheiben notwendig sind. Das Prinzip der „skeleton construction" wurde in den neunziger Jahren nach und nach von der zweiten Konstruktionsweise, der „steel cage construction", verdrängt.[22] Hier ist das Traggeripppe in sich ausgesteift (wie ein Käfig, daher der Name) und trägt sämtliche Lasten. Vor allem ergibt sich eine erhebliche Beschleunigung des Baufortganges. Nunmehr konnte die Ausfachung oder Verkleidung der Außenwände in mehreren Stockwerken gleichzeitig in Angriff genommen werden.
Die Anfänge des Stahlbetonbaues und damit der nächste wichtige Impuls im neuzeitlichen Gerippebau gingen von Frankreich aus.[23] Im Jahre 1903 entstand das bekannte Wohnhaus Rue Franklin Nr. 5 von Auguste Perret in Paris[24], nicht der erste Stahlbetonbau überhaupt, wohl aber der erste, der eine konsequente Trennung von sichtbarem Traggerüst und Mauer- bzw. Fensterfüllung zeigt. Zwar entsprach die amerikanische Entwicklung des „Eisenbetonbaus"[25], wie er damals genannt wurde, der in Europa, doch bei der Hochhauskonstruktion wurden ausschließlich „Eisenskelettbauten" verwendet.[26] In Europa setzte sich dagegen der Gebrauch von „Eisenbeton" nach dem Ersten Weltkrieg durch, da alle diesbezüglichen Bestimmungen in den einzelnen Ländern schon vor Kriegsbeginn erlassen worden waren.[27] Bezeichnenderweise war das erste gebaute Hochhaus in Deutschland, das „Wilhelm Marx-Haus"[28] in Düsseldorf, ein „Eisenbetonskelett-Hochhaus".[29]
Neben der Weiterentwicklung statischer Berechnungsmethoden galt besonders für den Betonbau, aber auch für den Stahl- und Eisenbau eine weitgehende Mechanisierung, ja Rationalisierung (Bereitungs- und Mischgeräte, Förder-, Verteilungs- und Einbringanlagen) der Bauarbeiten als Grundvoraussetzung für den Bau von Hochhäusern.[30]

24 Vgl. hierzu Giedion, Raum, Zeit, Architektur, 220-26.
25 Eisenbeton (concrete steel) ist die auf konstruktiver und statischer Grundlage beruhende Vereinigung von Beton und Eisen zur Verbundbauweise im Eisenbetonbau. Beide Baustoffe wirken gegen äußere Beanspruchungen als Konstruktionseinheit statisch zusammen, da der Beton hauptsächlich die Druckspannungen aufnimmt und das Eisen die auftretenden Zugkräfte überträgt.
26 Rappold, Wolkenkratzer, 243.
27 Vgl. Hans Straub, Die Geschichte der Bauingenieurkunst, Basel 1949, 230f.
28 1921-24 nach den Plänen von Wilhelm Kreis erbaut. Vgl. Heinrich Krauss, Das erste Eisenbeton-Hochhaus Deutschlands, in DBZ 1924, 89-92. Nach Paul Müller war das erste Hochhaus ein 7geschossiges Industriehaus am Wehrhan in Düsseldorf, 1921–23 von den Architekten Tietmann und Haake gebaut. Vgl. Paul Müller, Das erste Eisenbeton-Hochhaus Deutschlands, in: DBZ 1924, 121-122.
29 Skelettbauten in Eisenbetonbauart sind Gebäude, errichtet aus einem Gerippe (Skelett) von Säulen, Balken und dazwischengespannten Decken aus Eisenbeton. Die Wände werden hierbei nur ausgefacht und üben keine tragende Funktion aus, sondern dienen lediglich als Raumabschluß mit wärmedämmender Wirkung.
30 Vgl. Straub, Geschichte der Bauingenieurkunst, 234.

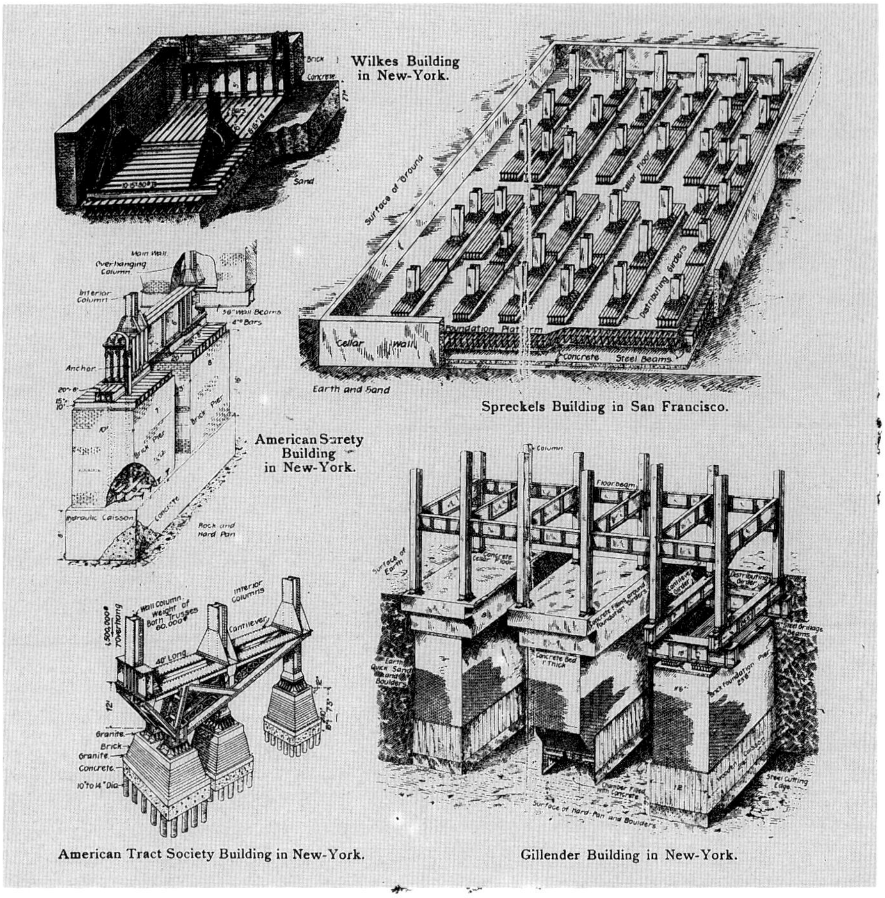

oben: 49.7 Fundierungen verschiedener amerikanischer Hochhäuser

Abbildungen rechte Seite:
links oben: 49.8 Gründungskörper aus Mauerwerk
links mitte: 49.9 Offener Schacht mit Holzumschließung, Höhenschnitt
links unten: 49.10 Knickerbocker Hotel, Säulenfundament

Die Fundamentierung der Wolkenkratzer

Gegenüber normal hohen Bauten war die Fundamentierung ein Problem für den Hochhausbau, da hier das Vielfache an Lasten in den Baugrund eingeleitet werden mußte.[31] Insbesondere beim Skelettbau, wo die Kräfte in der Stütze gebündelt wurden, strebte man neue Lösungen an, genauer gesagt, Abwandlungen der drei bekannten Grundtypen, Bankette, Pfahl- und Senkkastengründungen.

In der Entwicklung der „floating foundation", der Flachgründung[32], war Chicago führend, was sich aus der hier vorherrschenden Bodenbeschaffenheit ergab.[33]

Diese Gründung läßt bei richtiger Bemessung der Fundamentflächen gleichmässige Setzungen erwarten. Der bei den Massivbauten gebräuchliche Gründungstyp – breite und infolge der erforderlichen steilen Abtreppung sehr tiefe, gemauerte Bankette – ließ sich aus technischen und wirtschaftlichen Gründen[34] nicht auf die Einzelfundamente der Skeletthochhäuser übertragen. So ging John W. Root 1881/82 beim „Montauk Block" erstmals dazu über[35], auf einer Grundplatte aus Beton anstelle der Mauerwerksstufen Eisenbahnschienen in mehreren Lagen von wechselnden Richtungen zu legen, die zum Schutz gegen Rost schichtweise ausbetoniert wurden.[36] Auf diese Weise konnte gegenüber den bewährten Verfahren die Tiefe der Fundamentkörper um die Hälfte reduziert werden. Die Schienen wurden dann mit dem Aufkommen der Walzträger allmählich durch I-Träger ersetzt. Um Stahl zu sparen, wurde als weiteres Verfahren die „Gründung mit Eisenbetonplatten" entwickelt. Das Eisen wurde nur an den Stellen verwendet, wo statisch benötigt. In der Übergangsphase erfolgte die Ableitung der Kräfte noch mittels eines Eisenrostes auf das bewehrte Fundament, später wurde darauf verzichtet und statt dessen die Armierung verstärkt. Diese Gründungsart für Hochhäuser war in Chicago bis nach 1900 in Gebrauch. Mit der wachsenden Stockwerkszahl war bald der Fall erreicht, daß mehrere Stützen auf einen gemeinsamen Trägerrost gestellt wurden, unter Umständen sogar die ganze Grund-

31 Aufgabe der Fundierung ist, die Eigen- und Nutzlast des Bauwerks so auf den Baugrund zu übertragen, daß das Bauwerk ausreichend gegen Versinken, Kippen und Gleiten gesichert ist und die auftretenden Setzungen innerhalb einer Größenordnung bleiben, bei der Bestand und Nutzung des Bauwerks nicht beeinträchtigt sind.

32 Flachgründungen sind die technisch und wirtschaftlich günstigste Gründungsart, wenn tragfähiger Baugrund in der Nähe der Geländeoberfläche ansteht. Siehe Rappold, Wolkenkratzer, 62-75.

33 Chicago liegt auf einer ca. 20 Meter dicken Tonschicht, darunter befinden sich erst Lehm, dann felsiger Grund.

34 Die gewaltigen massiven Pyramiden, die hier notwendig gewesen wären, hätten entweder den dringend benötigten Raum in den Untergeschossen weggenommen, oder aber, wenn man sie tiefer gelegt hätte, zusätzliche Kosten und ein erhöhtes Risiko mit sich gebracht, denn die Setzungen im plastischen Ton werden um so größer und ungleichmäßiger, je weiter man in ihn eindringt.

35 Am „Montauk Block", 1881/82 von Burnham & Root erbaut (1902 zerstört), wurde die von Root entwickelte Methode der „floating raft foundation" zum erstenmal verwendet. Vgl. Carl W. Condit, The Chicago School of Architecture, Chicago 1964, 51ff.

36 Vgl. Rappold, Wolkenkratzer, 64.

37 Pfahlgründung ist die älteste und weitestverbreitete Form der Tiefgründung. Diese wird angewendet, wenn die tragfähige Schicht des Untergrundes nicht unmittelbar unter dem Bauwerk, sondern erst in größerer Tiefe ansteht. „Die Lastübertragung geschieht entweder durch Reibung der Pfahlmantelfläche am komprimierten Erdreich oder durch die Aufsitzfläche des Pfahles auf dem tragfähigen Boden." Rappold, Wolkenkratzer, 48-62.

38 Das „Pulitzer Building" in der Park Row, besser bekannt als „Park Row Building", 1892 von George B. Post erbaut, war um 1900 mit etwa 105 m das höchste Gebäude der Stadt.

39 Bei der Senkkasten- oder Druckluftgründung, einer weiteren Form der Tiefgründung, wird ein unten offener Senkkasten aus Holz, Stahl oder Stahlbeton verwendet und das Wasser aus der von ihm gebildeten Arbeitskammer mittels Druckluft durch die Kammersohle in den Gewässergrund gepreßt. Somit werden Fundierungsarbeiten auch unterhalb des Grundwasserspiegels möglich gemacht. Siehe Rappold, Wolkenkratzer, 90-130.

40 Die pneumatische Methode, so schildert Rappold, wurde in Europa nur für Ingenieurbauwerke (z. B. Brücken, Ufer und Wehrmauern, Schleußen u. a. m.) verwendet.

41 Das „Manhattan Life Insurance Building" in New York, von den Architekten Kimball & Thomson in Verbindung mit dem Bauingenieur C. O. Brown 1893 erbaut, war damals eines der höchsten Bürohochhäuser der Stadt. Vgl. Birkmire, Skeleton Constructions, ^{2}1894, 222.

42 Die Windverbände waren besondere, im Skelett angebrachte Vorkehrungen zur Verhinderung von Formveränderungen bei Einwirkung seitlicher Kräfte (wie Windkräfte oder Erdbebenstöße). Siehe Rappold, Wolkenkratzer, 165-181.

43 Vgl. Giedion, Raum, Zeit, Architektur, 166, 179ff.

44 Vgl. Freitag, Architectural Engineering, ^{2}1901, 258/59.

45 Wobei Kniestreben, „Knee-braces", nach Freitag nur partiell als Windaussteifung, z. B. bei einem Windrahmen, oder als aussteifender Zusatz der Tragstruktur Verwendung finden. Vgl. Freitag, Architectural Engineering, ^{2}1901, 259.

46 Die amerikanischen Städte sind von großen Bränden nicht verschont geblieben. In New York wurden 1835 fünfhundert Gebäude vernichtet, 1845 folgte die zweite große Feuersbrunst ähnlichen Ausmaßes. Der große Brand von Chicago 1871 kostete 250 Menschen das Leben und drei Jahre später brannte ein Gelände von neunzehn Hektar aus.

47 Vgl. Freitag, Architectural Engineering, ^{2}1901, 12-30.

48 Vgl. Freitag, Architectural Engineering, ^{2}1901, 14.

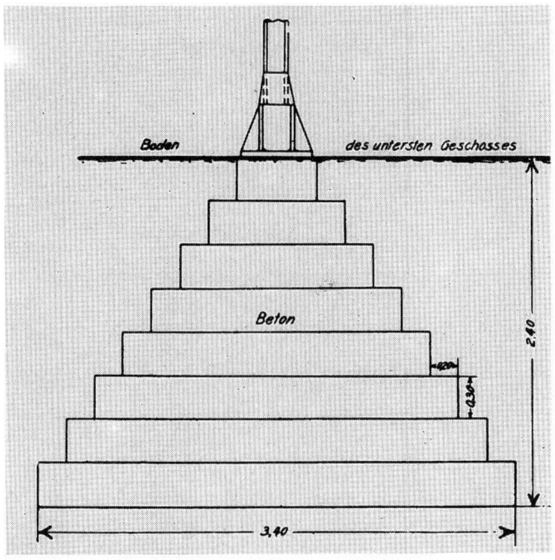

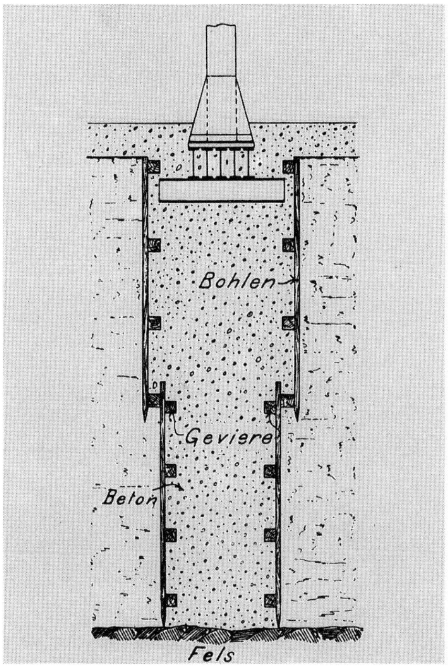

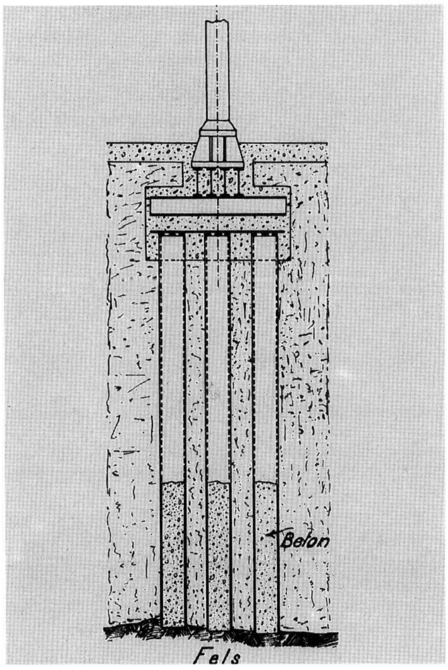

fläche als ein großer Fundamentrost ausgebildet wurde.
Die Pfahlgründung[37] machte in der Anfangszeit des Hochhausbaues verhältnismäßig geringe Fortschritte. In New York, wo der Untergrund des Geschäftsviertels aus einer mächtigen Sandschicht über gewachsenem Felsen bestand, wurde diese Art der Fundamentierung bevorzugt. Zunächst waren noch hölzerne Pfähle in Benutzung, so z.B. beim „Park Row“ Gebäude[38], doch wurden verschiedentlich durch Absenken des Grundwasserspiegels die Pfähle zerstört. So ging man dazu über, Eisenrohrpfähle oder Betonpfähle zu verwenden und die Verfahren immer weiter zu verbessern.

Die Senkkastengründung[39] in der fortgeschrittenen Form der pneumatischen Caissons aus Holz oder Stahl wurde bei besonders schwierigen Bodenverhältnissen und hohen Ansprüchen an die Sicherheit angewandt. Diese Gründungsart, die schon im Brückenbau erprobt war[40], wurde in den Vereinigten Staaten für die Fundamentierung von Hochhäusern verwendet und weiterentwickelt. Zum ersten Mal wurde 1893 die „foundation by the pneumatic process“ beim „Manhattan Building“[41] in New York eingesetzt. Um 1910 wurden im New Yorker Geschäftsviertel die Wolkenkratzer fast ausschließlich auf Pfeiler gesetzt, die auf diesem Wege hergestellt worden waren.

49.11 Windverband mit Kniestreben

Der Windverband

„Wind-bracings“ – Windaussteifungen oder Windverbände waren die anderen Vorraussetzungen fur ein funktionsfahiges Stahlskelett. Sie sollten Verformungen des Skeletts durch seitliche Kräfte insbesondere Wind verhindern.[42] Die ersten freistehenden Eisenrahmen lenkten die Aufmerksamkeit auf dieses statische Problem. Bereits 1835 beim Bau des „Hungerford Fish Market“ in London verwendete Charles Fowler Eckaussteifungen, um die Windkräfte aufzunehmen. Am „Cristal Palace“, 1851 von Joseph Paxton aus vorgefertigten Teilen erbaut, war die Aussteifungstechnik schon ausgereifter.[43] In den neunziger Jahren des letzten Jahrhunderts wurden die drei heute noch gebräuchlichen Hauptarten von Windversteifungen bei der Konstruktion der Hochhäuser mit Stahl verwendet[44]:

- „Diagonal struts“, diagonale Versteifung, Windverbände, meist in Form gekreuzter diagonaler Rundstäbe.
- „Portal arches“, biegungssteife Portale und Windrahmen[45], wurden dort angewendet, wo zur Unterbringung von Windverbänden keine geschlossenen Wandfelder zur Verfügung standen.
- „Lattice girders“, der sogenannte „Tischverband“, wo jede einzelne Geschoßdecke durch Gitter- oder Fachwerkträger, die durch biegungsfeste Anschlüsse mit den Stützen verbunden waren, zur starren Tafel wurde, ähnlich einer Tischplatte.

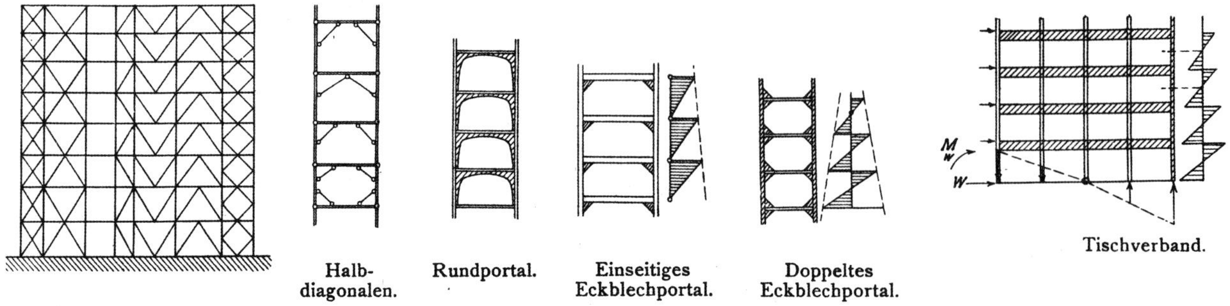

oben: 49.12 Systeme senkrechter Tragwerke
links: 49.13 Der Bau eines schwebenden Wolkenkratzers mit den 19 Stockwerk hohen stählernen Tragsäulen
unten: 49.14 Höhenvergleiche von Bauten mit senkrechtem Tragwerk

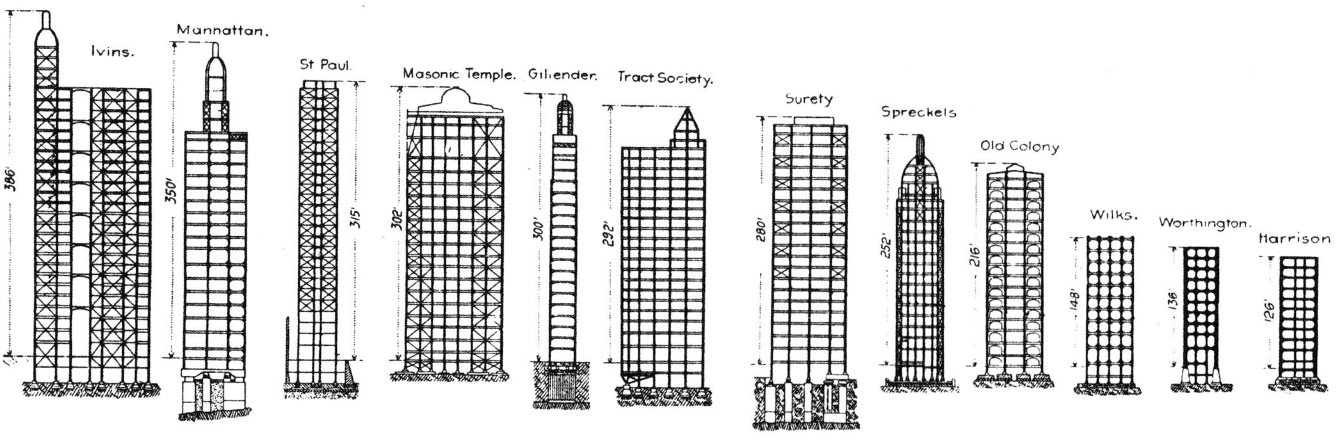

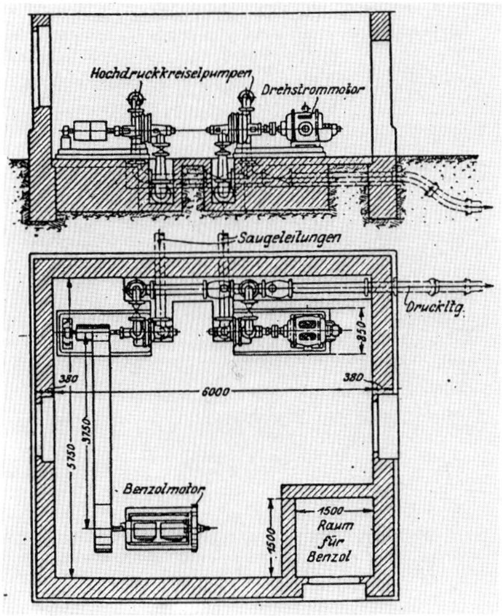

oben:
49.15 Pumpstation für Löschzwecke bei Hochhäusern
rechts:
49.16 Horne-Store Building, Pittsburgh, Innenansicht nach einem Brand

Feuersicherheit

Für die Ingenieure und Architekten von Chicago und New York war „fire proofing" nicht eine unerwünschte Auflage, sondern ihre besondere Sorge; der Schrecken der verschiedenen Brandkatastrophen in diesen beiden Städten muß nachhaltig gewesen sein.[46] Freitag brachte statistisches Material über Brandschäden[47], er beschrieb die Erfahrungen, die bei Bränden von Stahlskeletthochhäusern in den neunziger Jahren gesammelt worden waren und schilderte eingehend die Maßnahmen der Feuerschutzummantelung für alle tragenden Bauteile. Gußeisen und Stahl sind nicht hitzebeständig und machen daher eine feuerfeste Verkleidung erforderlich (beim Brand von 1871 bogen sich die nicht ummantelten gußeisernen Stützen und schmolzen). In diese Richtung zielte auch die einzige Baubestimmung in Chicago[48], die eine feuerfeste Hülle für alle tragenden Bauelemente zwingend vorschrieb. Häufig fanden für die Verkleidung Terracotta[49] oder Beton Verwendung. Später wurden dann für die Auswahl der Baustoffe, Einteilung der Brandabschnitte, Ausbildung der Brandwände und ihrer Öffnungen, Organisation der Fluchtwege, usw. Vorschriften erarbeitet, die zusammen mit dem Fortschreiten der Bautechnik und der Bautechnologie als geeignete Maßnahmen zur Verhütung und Bekämpfung von Bränden angesehen wurden.
Rappold beschrieb im letzten Kapitel seines Buches ausführlich die Vorkehrungen, welche in den amerikanischen Hochhäusern die Feuersicherheit verbessern halfen. Während er die Maßnahmen zur Verhinderung von Brandentstehung und -ausbreitung und zur Brandbekämpfung für ausreichend hielt, kritisierte er besonders die „Mangelhaftigkeit der Treppen".[50] Am Schluß stellte er fest, daß bei einer Nutzung der Hochhäuser als Wohngebäude („apartment house") oder als Hotel die Feuersicherheit noch viel zu wünschen übrig ließe: „Selbst eine kühne Fantasie (wird) kaum vermögen, sich die Folgen eines größeren Feuerausbruches bei Nacht in einem derartigen Gebäude auszumalen."[51]
Wie auch Rappold empfahl Dr.-Ing. Silomon in seiner 1922 erschienenen Dissertation „Sicherheit in Wolkenkratzern", die „Verwendung vielstöckiger Häuser zu Wohnzwecken auszuschließen".[52] Die Nutzung eines Hochhauses als Hotel hielt er dagegen für zulässig. Fabriken, Werkstätten und Warenlager lehnte er dort ebenso ab wie Theater- und Versammlungsräume. Außerdem stellte er die Frage: „Welche Maßnahmen sind möglich, um die Gefährlichkeit sehr hoher Bauten zu vermindern?" und beantwortete sie in den vier folgenden Abschnitten seiner Arbeit:
I. Beschränkung in der Art der Verwendung,
II. Bauliche Maßnahmen zur Förderung der Sicherheit,
III. Maschinentechnische Maßnahmen,
IV. Betriebstechnische Maßnahmen,
Neben diesen Vorstellungen, die in ihrer Ausführlichkeit mit den heutigen Hoch-

49 Terracotta, ein billiger, in großen Mengen verfügbarer, hitzebeständiger Ton, kann in genormten Formen in Massenproduktion hergestellt werden und belastet durch sein geringes Eigengewicht die Konstruktion nicht wesentlich; zusätzlich hat er den wichtigen Vorteil der Wetterbeständigkeit.
50 Rappold, Wolkenkratzer, 262.
51 Rappold, Wolkenkratzer, 263.
52 Dr.-Ing. Silomon, Sicherheit in Wolkenkratzern und anderen Gebäuden von größerer als der üblichen Bauhöhe, München und Berlin 1922, 9f.

hausrichtlinien durchaus vergleichbar sind, schlug Silomon „für hohe Gebäude" einen Treppenraum vor, der unserem heutigen Sicherheitstreppenraum entspricht.[53]
Abschließend wird von Silomon festgestellt: „Sicherheitliche Bedenken können damit als entscheidender Grund gegen die Zulassung vielstöckiger Gebäude beliebiger Höhe nicht angeführt werden. Ob bei Durchführung der vorgeschlagenen Maßnahmen die Gebäude wirtschaftlich bleiben und ob mit Rücksicht auf die Schönheit des Städtebildes, aus hygienischen Rücksichten oder aus Rücksicht auf die Anlieger ihr Verbot aufrechterhalten bleiben muß, mag dahingestellt bleiben."[54]

Haustechnische Anlagen

Auch bei der Haustechnik war die zweite Hälfte des 19. Jahrhunderts eine Zeit der Erneuerung. Von großer Bedeutung für die Inbetriebnahme eines Hochhauses waren die Fortschritte im Bereich der Versorgungs- und Kommunikationssysteme. Zu den üblichen Versorgungseinrichtungen eines Wolkenkratzers gehörten ein zentrales Heizungssystem[55], Wasser- und Abwasserversorgung, Anlagen zur Be- und Entlüftung, sogar zur Kühlung der Räume, und elektrischer Strom als Grundlage für optimale Raumbeleuchtung.[56] Auf dem Kommunikationssektor verdienen Bells 1872 erfundenes Telephon und ab 1853 die durch Druck- und Saugluft funktionierende Rohrpost besondere Beachtung. Beide Erfindungen erleichterten die Verständigung in- und außerhalb des Gebäudes und trugen somit zur Erhöhung der Wirtschaftlichkeit in großem Maße bei.
„Elektrizität, Gas, ja in manchen Städten (z. B. im Unterteile von New York) auch Dampf, könnte man ja aus den in den Straßen liegenden Leitungen entnehmen, man zieht jedoch fast immer vor, eigene Kraftanlagen einzurichten".[57] Ein Streben nach Autarkie (Unabhängigkeit von den Straßenleitungen) führte meist dazu, in den Untergeschossen zentrale Versorgungsanlagen einzurichten.[58] Auch die Wasserversorgung der Hochhäuser schuf viele neue Probleme, nicht nur, was die Wassermenge anbelangte, sondern speziell, was den Wasserdruck innerhalb der Leitung anging. Der Druck der städtischen Leitungen reichte nicht aus, die großen Höhen zu überwinden, insbesondere war die Spritzkraft für Löschzwecke überfordert. Deshalb wurden schließlich eigene Brunnen auf dem Grundstück angelegt, Pumpstationen eingebaut, Reservois im Keller oder im obersten Geschoß vorgesehen und getrennte Leitungssysteme (Brauch-, Trink- und Löschwassersysteme) geplant. In New York wurde die Entwicklung in der zweiten Dekade des 20. Jahrhunderts soweit vorangetrieben, daß „besonders weite Rohrleitungen mit höherem Druck stadtseitig für Hochbauviertel" entstanden.[59]

Aufzüge

Erst die Erfindung des Aufzugs sicherte die bequeme Erschließung und ermöglichte somit die Realisierung des Hochhauses; denn ein Problem weiterer Steigerung der Bauhöhe lag in der Frage einer mechanischen Einrichtung für den Vertikaltransport von Personen.[60] Der erste, einwandfrei funktionierende Personenfahrstuhl stammte von Elisha Graves Otis aus New York.[61] Im Kristallpalast der New Yorker Weltausstellung 1853 war der Aufzug zum ersten Mal der Öffentlichkeit vorgeführt worden. Danach ging die Entwicklung rasant weiter, schon 1854 vervollkommnete Otis seinen Aufzug und verkaufte davon mehrere als Lastenaufzüge. Drei Jahre später wurde einer seiner Fahrstühle im „Haughwout Store"[62], einem Warenhaus in New York, eingebaut. Ein Jahr später installierte die Firma Otis Tuft einen durch Dampf angetriebenen Personenaufzug im sechsstöckigen Fifth Avenue Hotel in New York. Cyrus W. Baldwin ließ sich 1872 die Erfindung des hydraulischen Aufzugs in den Vereinigten Staaten patentieren; es war aber ursprünglich eine europäische Erfindung. Der erste elektrisch angetriebene Aufzug der Welt wurde von Werner von Siemens 1880 in Mannheim der Öffentlichkeit vorgestellt. Der erste automatisch steuerbare Personenaufzug, bei dem die gewünschte Etage mittels Knopfdruck vorgewählt werden konnte, entstand 1894. Um die Jahrhundertwende setzten sich die heute noch üblichen und nach den Bewegungsmitteln unterschiedenen Typen durch – der hydraulische und der elektrische Aufzug (meist der sogenannte Seiltrommelaufzug). Dabei fuhren nicht alle mit derselben Geschwindigkeit und hielten an jeder Etage, sondern es wurde zwischen „Schnellzügen" (Express Elevators) und „gewöhnlichen Zügen" (Local Elevators) unterschieden.[63] So konnte 1896 Louis H. Sullivan im Zusammenhang mit diesem nun gelösten Problem feststellen: „Die Erfindung und Vervollkommnung des Expreßlifts macht die Vertikalbeförderung, die sonst schwierig und mühsam war, jetzt leicht und bequem".[64]

53 „Durch den Vorsprung von mindestens 1 m soll erreicht werden (verhindert werden; Anm. BB), daß die etwa aus den in den Nachbarwänden befindlichen Fenstern schlagenden Flammen das Treppenhaus irgendwie gefährden." Silomon, Sicherheit, 34/35.
54 Silomon, Sicherheit, 50.
55 Die Dampfheizung, 1836 durch Tregolds Abhandlung theoretisch in ihren Grundelementen dargelegt, brauchte mehr als fünfzig Jahre, um sich durchzusetzen.
56 Thomas Alwa Edison gelang es, ausgehend von Versuchen und Überlegungen Voltas, Davys und Franklins, in den siebziger Jahren die Glühbirne und die zentralen Stromerzeugungsanlagen zu vervollkommnen.
57 Rappold, Wolkenkratzer, 240.
58 Dies waren Kesselanlagen und Dampfmaschinen für die Heizung und die Warmwasserversorgung, aber auch zum Antrieb der Dynamos, die zur Erzeugung von elektrischem Strom für die Beleuchtung und für die Aufzüge dienten, zum Betrieb der Pumpen für Wasser, für die Eis- und Kühlmaschinen und für die Staubabsaugung. Vgl. Rappold, Wolkenkratzer, 240-42.
59 F. R. Vogel, Die Wasserversorgung der Hochhäuser, in: BuG 1922, 168.
60 Der Vertikalverkehr im Hochhaus wird durch die Aufzüge bewerkstelligt, die Treppen spielen hierbei keine Rolle (nur als Fluchtwege). Vgl. Rappold, Wolkenkratzer, 230-39.
61 Die technischen Grundlagen zu dieser Entwicklung wurden bereits im 17. Jahrhundert gelegt. Der „Fahrsessel" des Mathematikers Erhard Weigel (1625-1690) aus Jena, der in einer Nische glitt, kam konzeptionell dem späteren Aufzug schon sehr nahe. Der Franzose Velayer erfand zur selben Zeit eine Art Fahrstuhl mit Gegengewicht. 1743 wurde im Schloß von Versailles ein „fliegender Stuhl" eingebaut. Fast hundert Jahre später bauten die Engländer Frost und Strutt ein Sicherheitssystem für Lifte, „Teagle" – Flaschenzug genannt.
62 Das fünfgeschossig „Haughwout store building", 1857 von J. P. Gaynor erbaut, war so „New Yorks erstes Geschäft, das einen Personenlift besaß, der ausdrücklich für die Kunden bestimmt war". Vgl. Jeannot Simmen, Uwe Drepper, Der Fahrstuhl, 19/20.
63 Während die letzteren an jedem Stockwerk nach Bedarf halten, durchlaufen die Schnellzüge eine gewisse Anzahl von Stockwerken ohne Zwischenhalt.
64 Sherman Paul, Louis H. Sullivan – ein amerikanischer Architekt und Denker, Berlin 1963, 144; übersetzter Aufsatz von Louis H. Sullivan, „The Tall Office Building Artistically Considered" aus Lippincott's 57 (1896), 403-409.

49.18 ‚Otis'-Fahrstuhlreklame, 1922

49.17 Cass Gilbert, Woolworth Building, New York, 1911-1913
Verteilung der Aufzüge

„Was ermöglichte den Turmbau?"[65]

Über die Entwicklungsstufen, die zum Hochhaus führten, werden in der Fachwelt heute noch unterschiedliche Meinungen vertreten. Eines ist jedoch ohne Zweifel klar, die Geburtsstätte des Hochhauses lag in den Vereinigten Staaten.[66] J. Carson Webster hat die „notwendigen (technischen) Mittel"[67] als konstitutive Voraussetzungen zum Bau des amerikanischen Wolkenkratzers im Sinne einer Definition verstanden:

„1. Ein tragendes System, das geeignet ist, alle wesentlichen Merkmale (wie Größe, Höhe, Unterteilung in Stockwerke, maximaler Raum und Belichtung in jedem Stockwerk) zu erreichen. Heutzutage würde das eine Skelettkonstruktion bedeuten;

2. Notwendige Baustoffe für die tragende Struktur (Eisen und Stahlbeton als mögliche Alternative) und Baustoffe aus feuerschützenden und hitzebeständigen Materialien;

3. Personenaufzüge"[68]

Diese drei Punkte stammten größtenteils aus der „Alten Welt". Die Amerikaner wußten auf geschickte Weise diese Errungenschaften der Technik zum Bau des Wolkenkratzers auszunützen, oder, wie Stöhr es schon 1920 formulierte, „Amerika hat es verstanden, sich die großen europäischen Erfindungen zu eigen zu machen, auszubauen, zu verbessern und seinen veränderten Verhältnissen anzupassen."[69]

BB

65 Überschrift des dritten Abschnitts: Karl F. Stöhr, Die amerikanischen Turmbauten. Die Gründe ihrer Entstehung, ihre Finanzierung, Konstruktion und Rentabilität, München und Berlin 1921, 11.
66 Vgl. Rosemarie Haag Bletter, La possibile storia del grattacielo, Casabella 1980, 57-60, mit einer ausführlichen Bibliographie zum Gelehrtenstreit über die Geburtsstätte des Hochhauses.
67 J. Carson Webster, The Skyscraper: Logical and Historical Considerations, in: Journal of the Society of Architectural Historians 4, Dezember 1959, 126-139
68 Carson Webster, The Skyscraper, 127, Übersetzung BB.
69 Stöhr, Die amerikanischen Turmbauten, 11.

50 Hochhäuser im Rahmen des Groß-Berlin-Wettbewerbes 1910

Das Projekt für ein Hochhaus am Potsdamer Platz, der wohl erste Versuch, für die städtebauliche Stellung und die Gestaltung eines solchen Gebäudes in Berlin genauere Vorstellungen zu entwickeln, ist Bestandteil der Einsendung der Arbeitsgemeinschaft von Bruno Schmitz, Havestadt & Contag und Otto Blum zum Wettbewerb Groß-Berlin.[1] Dieser Wettbewerb, auf internationaler Ebene etwa den Großstadt-Planungen für Chicago und Canberra vergleichbar, wurde von dem 1906 durch die Vereinigung Berliner Achitekten und den Architekten-Verein zu Berlin gegründeten Ausschuß für Groß-Berlin initiiert. Um zu erreichen, „daß für Groß-Berlin ein einheitlicher Bebauungsplan aufgestellt werde, der den Forderungen des modernen Städtebaues gerecht werde"[2], und um für den in viele Einzelgemeinden zerfallenden Großraum Berlins eine verbindliche Gesamtplanung zu entwickeln, wurde 1906 der „Wettbewerb zum neuen Grundplan für die Bebauung von Groß-Berlin" ausgeschrieben, zu dem bis Dezember 1909 27 Einsendungen eingereicht wurden.[3] Während sich die ersten drei Preisträger, Joseph Brix und Felix Genzmer in Zusammenarbeit mit der Hochbahngesellschaft, Hermann Jansen sowie Bruno Möhring, Rudolf Eberstadt und Richard Petersen vordringlich mit der Bearbeitung verkehrstechnischer Fragen und der Siedlungsproblematik beschäftigten[4], wurde die Aufgabe darüberhinaus in dem mit dem 4. Preis prämierten Beitrag von Bruno Schmitz - der als Architekt für die gestalterische Bearbeitung wohl weitgehend allein verantwortlich war - und seinen Mitarbeitern im Sinne einer architektonischen Bewältigung aufgefaßt. Ihr Ziel, „die Umwandlung der Reichshauptstadt in eine monumentale Stadt"[5], sah den konsequenten Ausbau der Berliner Innenstadt zu einem Geschäfts- und Verwaltungszentrum vor, wobei die architektonische Neugestaltung der repräsentativen Stellung Berlins sowohl als Regierungssitz Kaiser Wilhelms II. wie auch als international bedeutender Wirtschaftsmetropole Ausdruck verleihen sollte.[6] Der damals mehrfach geforderten baupolizeilichen Genehmigung der Aufstockung von fünf auf acht Geschosse Rechnung tragend[7], sah der Entwurf vor allem an den großen Straßenachsen eine höhere Bebauung vor, „da es schon lediglich aus Gründen einfachster künstlerischer Erwägung richtig ist, daß in so außerordentlich breiten Straßen und Plätzen, wie sie die moderne Großstadt verlangt, auch entsprechend höhere Bauten errichtet werden müssen."[8] Ist hier der Zusammenhang mit einer funktionalen Verdichtung und Konzentration der Geschäftsstadt noch gegeben, so geschah die Herstellung des gesteigerten großstädtischen Gesamteindruckes durch die an städtebaulich hervorgehobenen Stellen angeordneten Platzanlagen mit Türmen, Triumphsäulen, Obelisken, Denkmälern und Kuppeln, wodurch das sich schier ins Endlose ausdehnende Stadtbild gegliedert werden sollte. In diesem Kontext steht auch der Entwurf für eine Vereinigung des Potsdamer und Leipziger Platzes mit einem Hochhaus als Point-de-vue in der Blickachse der Leipziger Straße. Entsprechend seiner Auffassung, daß die vergrößerten Dimensionen der Stadt eine insgesamt monumentalere Architektur erforderten, vertrat Bruno Schmitz die Ansicht, „daß man in einem solchen modern geführten Straßenbilde auch hin und wieder einen Wolkenkratzer als Turm sehen möchte."[9] So ist denn der etwa 14geschossige Hochhausentwurf auch nicht an die meist die Höhenausdehnung betonenden amerikanischen Wolkenkratzer angelehnt, sondern steht - mit der den mehrfach gestuften zylinderförmigen Baukörper in einzelne tambourartige Abschnitte zerlegenden horizontalen Gliederung und dem pavillonartigen Kuppelaufsatz kaum mehr als ein in die Höhe gezogener Rundbau - ganz in der klassizistischen Grundhaltung des Wettbewerbsbeitrages. Albert Erich Brinckmann beschrieb die Funktion des Hochhauses als eines architektonischen Denkmals und Orientierungspunktes, indem er treffend von einer „pharusartigen" Behandlung der Platzwand sprach.[10] Der in den Besprechungen des Wettbewerbs weitgehend unberücksichtigt gebliebene Entwurf hatte ungeachtet einer Auseinandersetzung zwischen Brinckmann und Bruno Schmitz, die sich vorwiegend auf die Erörterung der Ausführbarkeit einer solchen Konzeption beschränkte[11], offenbar keine unmittelbare Folgen für die Diskussion um die Errichtung von Hochhäusern. Max Berg, der sich mit vielen anderen für die Zulassung größerer Bauhöhen einsetzte, äußerte sich bereits damals, allerdings nur allgemein, zur Errichtung von Hochhäusern: „Es ist nicht nötig, dabei

1 Vgl. Die Umgestaltungen im Städtebild Berlins nach dem preisgekrönten Entwurf von Havestadt & Contag, Schmitz und Blum, in: BW 10, 1910, 24-26.
2 Albert Hofmann, Groß-Berlin, sein Verhältnis zur modernen Großstadtbewegung und der Wettbewerb zur Erlangung eines Grundplanes für die städtebauliche Entwicklung Berlins (...), in: DBZ 1910, 197.
3 Zum Wettbewerb und den Einsendungen vgl. Bodo Ebhart, Bericht über die Tätigkeit des Architektur-Ausschusses Groß-Berlin (...), Berlin 1912; Albert Hofmann, Groß-Berlin (...), in: DBZ 1910, 169-176, 181-188, 197-200, 213-216, 233-236, 261-263, 283-287, 325-328.
4 Zu den Einsendungen siehe neben Anmerkung 3: Wettbewerb Groß-Berlin. Die preisgekrönten Entwürfe mit Erläuterungsberichten, Berlin 1911.
5 Bruno Schmitz, Phantastisch oder in den Grenzen der Möglichkeit? in: BW 19, 1910, 4.
6 Vgl. Julius Posener, Berlin auf dem Wege zu einer neuen Architektur. Das Zeitalter Wilhelms II., München 1979, 245-250.
7 Vgl. Jaffé, Da sechste bis achte Stockwerk. Eine Forderung für die City, in: BW 1, 1910, 5-6 und die durch diesen Artikel ausgelöste Diskussion in der Bauwelt.
8 Schmitz, Phantastisch, 4.
9 Schmitz, Phantastisch, 4.
10 Albert Erich Brinckmann, Der Wettbewerb „Groß-Berlin", in: BW 10, 1910, 10.
11 Vgl. Brinckmann, Der Wettbewerb „Groß-Berlin"; Bruno Schmitz, Phantastisch.
12 Max Berg, Groß-Berlin. Gesichtspunkte für die Beurteilung des Wettbewerbs Groß-Berlin und seine Bedeutung für die Entwicklung des modernen Städtebaues überhaupt, in: Dürer Bund 63. Flugschrift zur ästhetischen Kultur, 1910, 7.
13 Vgl. Paul Wittig, Über die ausnahmsweise Zulassung einzelner Turmhäuser in Berlin, Berlin 1918, 4. Zu Paul Wittig siehe Kat. Nr. 51.

gleich an amerikanische Wolkenkratzer zu denken. (...) Durch entsprechende Straßen- und Hofbreiten lassen sich hohe Häuser ebenso hygienisch gestalten, wie niedere. Die Größe an und für sich braucht auch nicht notwendig ein Hindernis für ästhetische Wirkung zu sein."[12] Es ist vermutlich zum großen Teil ein Verdienst Paul Wittigs, der den Entwurf 1918 in seiner Studie erneut als Vorschlag präsentierte[13], daß er sowohl hinsichtlich seiner städtebaulichen Stellung – im Gegensatz zur amerikanischen Praxis in einem einheitlich geplanten Kontext[14] – als auch in seiner Gestaltung für viele später entstandene Hochhausprojekte, vor allem für die immer wieder vorgeschlagenen zylinderförmigen Lösungen richtungsweisend war.[15] GMD/JMe

14 Vgl. den Entwurf für ein Hochhaus am Potsdamer Platz von Otto Kohtz (Kat. Nr. 54.22) und vor allem die in ihrer Monumentalität vergleichbaren Projekte für die Reichsbehörden am Königsplatz und in den Ministergärten von Otto Kohtz (Kat. Nr. 54.19,20) und Bruno Möhring (Kat. Nr. 53.11,12). Vgl. auch Kontroversen – Tendenzen – Aspekte: Die Hochhausdiskussion in Deutschland am Anfang der zwanziger Jahre.

15 Vgl. die Entwürfe von Paul Wittig (Kat. Nr. 51), Josef Tiedemann (Kat. Nr. 44) und Haimovici/Tschammer mit ihrem Projekt für einen Messeturm in Leipzig (Abb. VII; 7).

50.1 Wettbewerb Groß-Berlin, 1910. Bruno Schmitz, Havestadt & Contag, Otto Blum, Hochhaus am Potsdamer Platz

51 Paul Wittig
Vorschläge und Studien zur Zulassung von Hochhäusern, 1910/18

Die von Paul Wittig während des Ersten Weltkrieges im Sommer 1918 publizierte Studie „Über die ausnahmsweise Zulassung einzelner Turmhäuser in Berlin" erschien zu einem Zeitpunkt, als die Diskussion über die Errichtung von Hochhäusern in Deutschland verstummt war. Paul Wittig, der nicht als Architekt, sondern als Direktor der Berliner Hochbahngesellschaft bekannt[1] und an städtebaulichen Fragen interessiert war, gab als Grund für die Veröffentlichung seiner an den „Ausschuß der Königlichen Akademie des Bauwesens zur Beratung über die künftige Gestaltung der Umgebung des Bahnhofs Friedrichstraße" gerichteten Schrift das Bekanntwerden der 1914-15 entstandenen Hochhausprojekte für eben diesen Bauplatz an, nachdem er bereits einige Jahre zuvor von einer Publikation seiner Überlegungen abgesehen hatte, weil ihm die Zustimmung „mehrerer maßgebender Stellen" nicht sicher war.[2] Damit wird deutlich, daß die Studie Wittigs aus dem Kontext der Hochhausdiskussion vor dem Ersten Weltkrieg hervorging. Obwohl er die Errichtung von Hochhäusern auch zum gegenwärtigen Zeitpunkt in Berlin für sinnvoll hielt, beschäftigte sich Wittig nicht mit der Frage, welche Bedeutung sie nach dem Krieg in wirtschaftlicher, sozialer und städtebaulicher Hinsicht einnehmen könnten. Den Schwerpunkten der Diskussion vor 1914 entsprechend vertrat er, wie Bruno Schmitz, der mit seinem spektakulären Entwurf im Groß-Berlin-Wettbewerb 1910 die Anregung dazu gegeben hatte[3], primär die Auffassung, Hochhäuser sollten aus künstlerischen Gründen „lediglich zu dem Zweck, die städtebauliche Schönheit in Weltstädten, also auch in Berlin, zu heben", errichtet werden.[4] Daneben plädierte er für eine der singulären Stellung der Hochhäuser im Stadtbild gemäße Nutzung weniger durch Bürogebäude als vielmehr durch Geschäfts- und Warenhäuser sowie durch - günstigerweise in Verbindung mit einem Bahnhof stehende - Hotels.[5] Seine schon 1910 bzw. 1912 entstandenen Vorschläge für die Ausführung der Warenhäuser Tietz auf dem Alexanderplatz und Wertheim auf dem Moritzplatz als Hochhäuser sowie auch der auf das New Yorker West Street Building (Abb. 36) zurückgehende Entwurf für ein Hochhaus am Halleschen Tor verleihen seinen Vorstellungen von axial auf Platzanlagen oder Straßenzüge ausgerichteten Turmhäusern Ausdruck und sind nach 1920 mehrfach als Anregungen aufgegriffen worden.[6] Viele seiner Vorschläge, so etwa die Forderung, die Genehmigung von Hochhäusern auf dem Dispensweg zu ermöglichen und zur Vermeidung von städtebaulichen Fehlern sachverständige Körperschaften in den Entscheidungsvorgang mit einzubeziehen, aber auch die Vorbehaltung von Turmhäusern zu öffentlichen Zwecken als Maßnahme gegen die willkürliche Bevorzugung einzelner Bauherren, gehen im einzelnen auf die Vorkriegszeit zurück, fanden aber in der 1920 wieder aufflammenden Auseinandersetzung um die Genehmigung von Hochhäusern Beachtung und wurden durch weitere Vorschläge aktualisiert.[7] Insofern ist der Beitrag Paul Wittigs nicht aufgrund besonders innovativer Ideen, sondern wegen seiner Vermittlerfunktion von grundsätzlicher Bedeutung für die Hochhausdiskussion. JMe

1 Vgl. Paul Wittig, Die europäischen und amerikanischen Weltstädte unter dem Einfluß des elektrischen Schnellverkehrs, in: WAVB 1910; Paul Wittig, Die Architektur der Hoch- und Untergrundbahn in Berlin, Berlin 1922.

2 Paul Wittig, Über die ausnahmsweise Zulassung einzelner Turmhäuser in Berlin, Berlin, 1918, Vorwort. Zu den frühen Projekten vgl. Kat. Nr. 2.

3 Vgl. Kat Nr. 50. Paul Wittig hat den Entwurf von Bruno Schmitz für ein Hochhaus am Potsdamer Platz in seiner Studie besprochen. Vgl. auch Bruno Schmitz, Phantastisch oder in den Grenzen der Möglichkeit? in: BW 19, 1910, 4.

4 Wittig, Zulassung, 14.

5 Vgl. Wittig, Zulassung, 12-13. Vgl. dazu auch die für die Diskussion in der Zeit vor dem Ersten Weltkrieg grundlegende Schrift Berlins dritte Dimension, redigiert von Alfred Dambitsch, Berlin o. J. (1912).

6 Vgl. Hochhäuser im Straßenbild, in: BW 1921, 108-109. Vgl. auch die Entwürfe für ein Hochhaus am Halleschen Tor von Hans Kraffert (Kat. Nr. 55) und Otto Kohtz (Kat. Nr. 54.16).

7 Auf die Studie Wittigs baute Bruno Möhring mit seiner Untersuchung „Über die Turmhäuser und die Voraussetzungen, unter denen sie in Berlin errichtet werden können" (Berlin 1921) auf.

51.1 Warenhaus Tietz als Hochhaus, Alexanderplatz, Berlin, 1910

51.2 Warenhaus Wertheim als Hochhaus, Moritzplatz, Berlin 1912

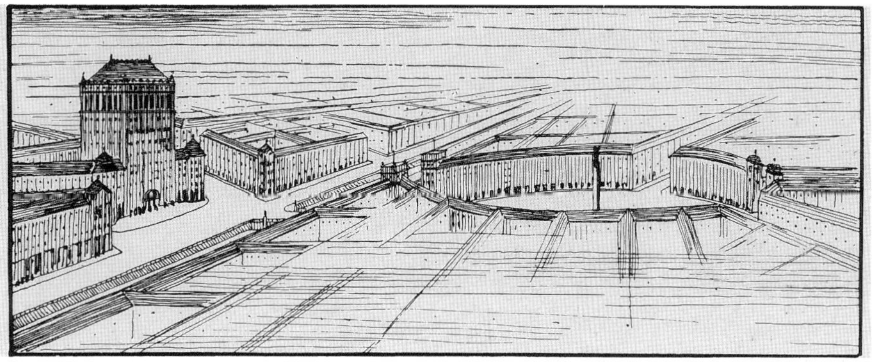

51.3 Hochhaus am Halleschen Tor, Berlin, vor 1918

52 K. Paul Andrae
Dresden
Hochhausstudien, 1913-1923(?)

Über einen längeren Zeitraum hinweg hat sich der Dresdener Architekt, Aquarellmaler und Architekturzeichner K. Paul Andrae in unterschiedlichen Zusammenhängen mit der städtebaulichen Funktion und der formalen Gestaltung von Hochhäusern auseinandergesetzt. In der Folge „Das größere Berlin" (1913-1916), der Einzelstudie für Dresden (1921)[1] und der „dynamischen Turmhausstudie" (1923 oder früher) zeigt er Hochhausentwürfe, die zwischen Architekturphantasien und architektonischen „Untersuchungen für Zukunftsziele"[2] anzusiedeln sind. „Das größere Berlin", eine in ihrem Umfang unbestimmte Folge von Studien zu Hochhäusern und Monumentalgebäuden, steht im Werk Andraes im engen Zusammenhang mit einer 1912/13 entstandenen Serie von Skizzen, in denen „architektonische Visionen (. . .) ins Musikalische umgedeutet sind".[3] Unter Titeln wie „Allegro tanto" oder „Andante maestoso" zeigen diese gewaltige, an Kathedralarchitekturen erinnernde Bauten, die - in der Nachfolge von Otto Rieth's damals berühmten Skizzenbüchern stehend - aus dem Nichtgebundensein an Bauaufgaben große Freiheit in der Form- und Ideenfindung beziehen.[4]

Vor diesem Hintergrund sind die Entwürfe des „größeren Berlin" aber in erster Linie als unmittelbare Auseinandersetzung mit dem Wettbewerb „Groß-Berlin" von 1910 und der von der Berliner Morgenpost unter dem Titel „Berlins dritte Dimension" 1912 initiierten und veröffentlichten Diskussion um die städtebauliche Entwicklung der expandierenden Geschäftsstadt Berlin zu begreifen, in der Hochhäuser in Bezug auf die City-Bildung der Stadt erstmals und vehement propagiert worden sind. Das Blatt „Das größere Berlin VIII" von 1913 zeigt so eine ganze Wolkenkratzerstadt und gibt Einblick in eine Straßenflucht, in der sich die Hochhäuser in rhythmischer Reihung ins Unendliche fortzusetzen scheinen. Etwa 40geschossige, von der Straße zurückgesetzte, riesige Bauten ragen aus dem Blockinneren einer der Berliner Situation entsprechenden Bebauung empor: „Großstadtarchitektur, ins Amerikanische gesteigert."[5] Die enge, vertikale Linienführung, die Skizzenhaftigkeit der Darstellung und die dramatische Inszenierung des Himmels unterstreichen den utopischen Charakter dieser Studie und erheben sie zur architektonischen Vision.' Aus der Kritik der verdichteten Strukturen amerikanischer Städte entwickelte Andrae hierbei, jedoch in Anlehnung an deren Höhenverhältnisse, Ideen für die Ordnung zukünftiger Hochhausstädte, um Entwicklungen, wie sie auf den satirisch gestalteten Titelseiten der „King's views of New York" (Kat. Nr. 48.16) präsentiert wurden, zu vermeiden. Auch im Vergleich mit der 1910 von Eugène Hénard entworfenen „Stadt der Zukunft" (Abb. 11), in der die Hochhausidee zwar präsent war, doch von der Fachpresse als „origineller, geistvoller Scherz"[6] nicht ernstgenommen worden ist, wird die Bedeutung des Andrae'schen Konzeptes im strukturellen wie im formalen Bereich evident. Hinsichtlich städtebaulicher Gesichtspunkte nimmt vor allem das 1913 entstandene, doch vermutlich erstmals 1923 publizierte Blatt „Das größere Berlin VIII" die berühmten Planungen Perrets zu einer Pariser Vorstadt (1922) (Abb. 12) sowie Le Corbusiers für seinen Idealstadtentwurf „Une ville contemporaine" (1922) in wesentlichen Aspekten vorweg.

Andrae's Hochhausstudien aus dieser Serie fanden, nachdem sie 1919 in der vom Arbeitsrat für Kunst organisierten „Ausstellung für unbekannte Architekten" gezeigt worden waren, Beachtung bei der Kritik. Getragen von der Aufbruchstimmung nach dem verlorenen 1. Weltkrieg, erkannte man in diesen Zeichnungen einen „klaren Willen zum Wesentlichen"[7] und einen „Weg, der in die freiere und stärkere Zukunft führt."[8] Für Andrae allerdings standen die Entwürfe wohl „für das größere Deutschland"[9], wie der Zusammenhang mit den anderen überlieferten Zeichnungen zum „größeren Berlin", die monumentale Architekturen imperialen Charakters zeigen, zu erkennen gibt.

Aber auch diese Zeichnungen verdeutlichen den Zusammenhang mit dem Wettbewerb „Groß-Berlin" (Kat. Nr. 50), bei dem unter anderem auch die Gestaltung monumentaler Bezirke von den Teilnehmern gefordert worden war. Mit dem Hochhaus hatten sich hier erstmals in Deutschland Havestadt & Contag, Otto Blum und Bruno Schmitz gestalterisch insofern auseinandergesetzt, als sie einen ca. 14geschossigen Rundbau als „point de vue" des umgestalteten Leipziger Platzes vorgesehen hatten. Auch über die Überlegungen Max Bergs, der in einem Kommentar zum Wett-

1 Eine Abbildung des Entwurfs findet sich ohne Quellenangabe bei: Anna Teut, Zwei Städte. Eine Studie zur Problematik des Städtebaus, in: Daidalos 1982, 74. Die Datierung ist der Bildunterschrift entnommen.
2 Conert, Dresdner Baukünstler, in: WMB 1922/23, 358.
3 Kurt Hager, Architekturskizzen des Architekten K. Paul Andrae, Dresden, in: Das Bild 1937, 243.
4 Kurt Hager, Architekturskizzen Andrae, 241, stellte im Zusammenhang mit der Zeichentechnik die Nähe K. Paul Andraes zu Otto Rieth fest. Andrae hatte bei Paul Wallot, in dessen Büro Rieth lange und erfolgreich gearbeitet hatte, studiert. Zur Bedeutung Otto Rieths für die Architekturzeichnung und zu seiner Stellung innerhalb der Architekturgeschichte vgl. Florian Zimmermann, Von der Architekturphantasie zur Jugendstilzeichnung, in: Winfried Nerdinger, Die Architekturzeichnung - Vom barocken Idealplan zur Axonometrie, 1986, 154. Winfried Nerdinger, Vom barocken Planriß zur Axonometrie - Stufen der Architekturzeichnung in Deutschland, in: Nerdinger (Hrsg.), Architekturzeichnung, 14ff.
5 Kurt Gerstenberg, Revolution in der Architektur, wiederveröffentlicht in: Arbeitsrat für Kunst, Berlin 1918-1921, 94.
6 Vgl. die Äußerungen in: U. E. Brinckmann, Die Stadt der Zukunft, in: BW 1910, 3.
7 Walter Riezler, Revolution und Baukunst, wiederveröffentlicht in: Arbeitsrat für Kunst, Berlin 1918-1921, 96.
8 Walter Riezler, Revolution und Baukunst, 96.
9 Vgl. die Äußerungen in: Kurt Gerstenberg, Revolution in der Architektur, 94.
Die Worte „Als noch Hoffnung bestand, den Weltkrieg zu gewinnen" vermerkte Andrae auf der Rückseite seines „Triumphbogen-Entwurfes" aus dem Jahre 1916. Nicht zuletzt verweist auch der Kontext, in dem die monumentalen Entwürfe Andraes 1937 wieder an Bedeutung gewinnen, auf den ideellen Wert seiner Architektur. Vgl. hierzu: Kurt Hager, Architekturskizzen Andrae, 241.

10 Max Berg, Groß-Berlin. Gesichtspunkte für die Beurteilung des Wettbewerbs Groß-Berlin und seine Bedeutung für die Entwicklung des modernen Städtebaues überhaupt, in: Dürer Bund, 63. Flugschrift zur ästhetischen Kultur, 1910, 7.

bewerb einen gemäßigten Einsatz von Hochhäusern im City-Bereich der Stadt nicht ausschließen wollte, gingen diese Projekte Andraes weit hinaus.[10] In seiner weiteren Beschäftigung mit dem Thema spielte das Prinzip der Hochhausstadt offenbar nicht mehr die bestimmende Rolle. Im Entwurf von 1921, aber auch in der „dynamischen Turmhausstudie", in der durch das Ineinandergreifen zweier nahezu dreieckiger Baukörper zwei sternförmige, über 150 m hohe, schlanke Gebäude entwickelt sind, die sich über einem breiten, schwungvoll gekurvten Unterbau erheben und deren Korrespondenz eine weite Platzanlage beherrscht, stellt Andrae die gestalterische Variabilität des Einzelbaus, die bereits in den frühen Zeichnungen angedeutet war, in den Vordergrund. Formal sind die Hochhausstudien Andraes dank ihrer Eigenständigkeit und der Stimmigkeit ihrer konsequenten Durchführung der Mehrzahl der Entwürfe ihrer Zeit erheblich überlegen.

SK

52.1 Das bessere Berlin VIII

links: 53.2 Hochhausentwurf Dresden, 1921
unten: 53.3 ‚Das größere Berlin', 1916 (?)
Abbildung rechte Seite:
53.4 Turmhaus, dynamische Studie, 1923 oder früher

53 Bruno Möhring
Studien und Projekte, 1920/21

In der Berliner Hochhausdiskussion der frühen 20er Jahre nimmt der 1864 geborene Bruno Möhring als einer der einflußreichsten älteren Architekten seiner Zeit eine Schlüsselstellung ein. In seinen auf einen Auftrag der Akademie des Bauwesens zurückgehenden Überlegungen - als Sonderdruck und in einer Artikelfolge mit einer Reihe von Zeichnungen veröffentlicht - sind die wesentlichen zeitgenössischen Argumente für die Errichtung von Turmhäusern zusammengefaßt.[1] Gestützt auf die eigene Anschauung, die er auf einer Nordamerika-Reise gewonnen hatte, hob er die strukturellen Qualitäten des Hochhauses, die aus der Konzentration des Wirtschaftslebens resultierende Ersparnis von „Kraft, Geld und Zeit" hervor. Den Bau von Hochhäusern empfahl er - hierin Max Berg folgend - als Mittel gegen die Wohnungsnot sowie - in Anlehnung an Otto Kohtz - gegen die Arbeitslosigkeit. Zugleich versuchte er, gestützt auf neueste Veröffentlichungen, die Argumente der Hochhausgegner, die sich vor allem auf die Rentabilität, die Feuersicherheit, aber auch die Ästhetik bezogen, zu widerlegen. Entscheidendes Gewicht jedoch legte Möhring, der sich bereits seit dem Wettbewerb ‚Groß-Berlin' von 1910 wiederholt mit städtebaulichen und verkehrstechnischen Problemen intensiv auseinandergesetzt hatte[2], auf die Bedeutung des Hochhauses im Städtebild. Aus einer Analyse Berlins, das er als „Steinwüste", „als flache Stadt" und als „träges Häusermeer, aus welchem hier und da spitze Kirchtürmlein herausragen"[3] beschreibt, formuliert er, da ihm der Bau von Turmhäusern „wirtschaftlich und schönheitlich für die Entwicklung einer Welthandelsstadt"[4] unerläßlich scheint, unter der schlagwortartigen Verwendung des berühmten Taut'schen Buchtitels die Forderung nach einer „Stadtkrone". Sowohl gegen die ungehemmte Konzentration von Wolkenkratzern nach amerikanischem Vorbild als auch gegen den vereinzelten Bau von Hochhäusern, durch die „das Stadtbild sicher wohl reizvoller wird, aber doch nicht den bestimmten Ausdruck einer modernen Stadt erhalten"[5] würde, sind Möhrings Vorschläge gerichtet, im Innenstadtbereich auf sorgfältig ausgewählten Standpunkten eine Kette von ca. 20 Hochhäusern zu errichten. Vor allem an bestehenden großen Plätzen, etwa dem Askanischen Platz am Anhalter Bahnhof, sowie nahe der Spree, so am Bahnhof Friedrichstraße oder am Lehrter Bahn-

1 Bruno Möhring, Über die Vorzüge der Turmhäuser und die Voraussetzungen, unter denen sie in Berlin gebaut werden können, in: Stbk 1921, 353-357; 370-376; 385-391; als Sonderdruck auch in Buchform unter dem selben Titel, Berlin 1921, erschienen. Bemerkenswert ist hier die ergänzende Bebilderung mit Beispielen aus Amerika sowie einigen graphischen Blättern nach Joseph Pennel.
2 Bruno Möhring war in Arbeitsgemeinschaft mit Rudolf Eberstadt und Richard Petersen beim Wettbewerb „Groß-Berlin" mit einer Arbeit unter dem Motto „et in terra pax" 3. Preisträger; vgl. dazu: Helge Pitz, Wolfgang Hofmann, Jürgen Tomisch, Berlin-W. Geschichte und Schicksal einer Stadtmitte. Von der preußischen Residenz zur geteilten Metropole, Bd. 1, Berlin 1984, 168ff. Außerdem verfaßte Möhring noch eine umfangreichere Studie: unter dem Titel: Das bessere Berlin, in: Stbk 1920, 5-7; 104-107; 118-119, 133-136.
3 Möhring, Vorzüge, 371.
4 Möhring, Vorzüge, 391.
5 Möhring, Vorzüge, 371.

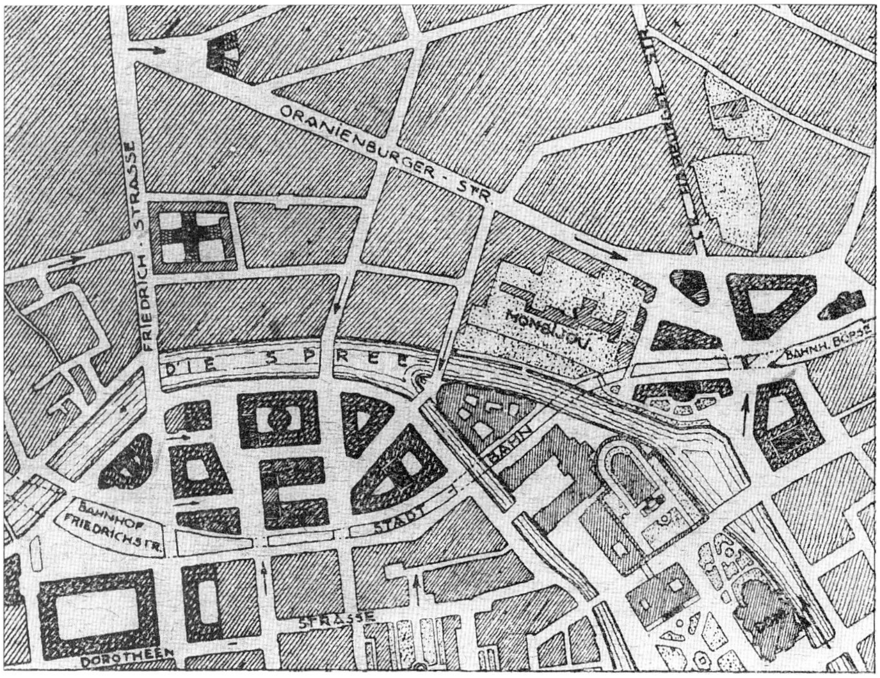

53.1 Hochhäuser zwischen Bahnhof Friedrichstraße und Bahnhof Börse, 1920, Lageplan hof oder dort, wo Platzanlagen geschaffen werden konnten, sollten Turmhäuser entstehen. So wäre einerseits verschiedenen Betrachterperspektiven, der Fernsicht, dem Blick aus der Halbdistanz sowie der Nahsicht gleichmäßig Rechnung getragen gewesen, andererseits würde nur wenigen Häusern in der Umgegend Licht genommen. Den Turmhäusern an der Spree wäre überdies, als zusätzliches Argument im Zusammenhang mit Rentabilitätsberechnungen, noch der billige Materialtransport auf den Berliner Wasserwegen zugute gekommen.

In Zusammenhang mit den Problemkreisen „Lichtverhältnisse" und „Stadtbildpflege" hatte Möhring in Auseinandersetzung mit der Bauordnung in seinen Studien zu „Turmhäusern an Straßenkreuzungen" auch allgemeingültige Überlegungen zum Hochhausbau entwickelt. Neben der Forderung, den in der Bauordnung festgelegten Bebauungsschlüssel Straßenbreite = Bebauungshöhe in einzelnen Quartieren zugunsten einer Höherzonung zu verschieben, schlug er auch eine Art Umgehung der Vorschriften vor: An Straßenkreuzungen könne man mit gutem Recht als Berechnungsgrundlage die Diagonale heranziehen, und diese durch Rücksetzen oder Brechen der Straßenecke strecken. Nach den Vorstellungen Möhrings hätte dies Turmhäuser von beträchtlicher Höhe erlaubt - seine Entwürfe zeigen ca. 20-25 Geschosse - die einzeln, paarweise und symmetrisch oder auch in rhythmischer Folge als „Künstlerische Einheiten"[6] Knotenpunkte bedeutender Verkehrsadern hätten markieren sollen.

Neben diesen Vorschlägen entwickelte Möhring aber auch Einzelprojekte für besonders geeignete Standorte, deren sich auch Hans Kraffert (vgl. Kat. Nr. 55) und Otto Kohtz (vgl. Kat. Nr. 54) etwa zur gleichen Zeit, im Gedankenaustausch oder in freundschaftlicher Konkurrenz zu ihm, angenommen hatten.[7] In Nutzungsfragen ging er allerdings weit über die von seinen Architektenkollegen entwickelten Vorstellungen, die das Hochhaus lediglich Büro-, Verwaltungs- oder bisweilen Hotelzwecken vorbehalten wissen wollten, hinaus. Möhring dachte dagegen durchaus auch an Wohnhochhäuser bzw. an Turmbauten mit Ledigenappartements. Die formale Gestaltung seiner Entwürfe stellt sich als außerordentlich uneinheitlich dar: In ihrem Wechsel zwischen der unmittelbaren Nachahmung Amerikanischer Vorbilder, der Propagierung ausgesprochener Rasterfassaden, der Verwendung eher konservativer Stilmittel oder „experssionistischer" Elemente zeigt sich der etwa 55jährige als ein „ständig Suchender nach neuem Ausdruck"[8] für die neue Bauaufgabe. Über allen bisher genannten Argumenten und Überlegungen und in der Aussage letztlich indifferent und unscharf, steht in Bruno Möhrings Denken die in konservativem Gedankengut wurzelnde Vorstellung vom ideellen und moralischen Wert der Hochhäuser. Seine Hochhausideen sind gegen die Depression des verlorenen Krieges gerichtet und beschwören darin den „Geist der Ordnung und Konzentration, der Besserung, den Geist, der sich gegen Verflachung und Verzweiflung auflehnt, den Geist, der mit schöpferischer Sehnsucht nach großem strebt und zu Arbeiten und zu Taten ruft, die auch die stumpfesten aufrütteln sollen. Ein Volk, das nicht baut, stirbt. Bauen bringt Leben, Mut und Vertrauen."[9] Darüberhinaus möchte er von der neuen Bauaufgabe aber auch eine moralische Kraft ausgehen sehen für den Aufbau eines in der Welt anerkannten Deutschland - das Hochhaus als ein Zeichen der Vitalität des deutschen Volkes. Dabei empfiehlt er die Hochhäuser als „Ausdruck einer neuen politischen Macht, die zwischen dem alten wilhelminischen und dem neuen sozialistischen System angesiedelt ist (. . .)."[10]

6 Hochhausbaukunst, in: BW 1921, 693.
7 In welchem Verhältnis die drei Architekten 1920/21 zueinander standen, läßt sich nicht genau bezeichnen; 1921 wurden sie gemeinsam von der „Gemeinschaft zur Errichtung von Turmhäusern zu Groß-Berlin" zu Vorentwürfen für ein Hochhaus am Bahnhof Friedrichstraße aufgefordert. 1922 gründeten sie den „Bund der Turmhausfreunde" und erhielten von der Turmhaus-AG den Auftrag zum Ausführungsentwurf für das Hochhaus am Bahnhof Friedrichstraße (vgl. Kat. Nr. 3 und Kat. Nr. 46).
8 Walter Lehwess, Zum Gedächtnis an Bruno Möhring, in: Stbk 1929, .
9 Möhring, Vorzüge, 353.
10 Rainer Stommer, „Germanisierung des Wolkenkratzers". Die Hochhausdebatte in Deutschland bis 1921, in: Kritische Berichte 3, 1982, 49.

53.2 Hochhäuser an Straßenecken, 1920, Varianten der Höhenberechnung

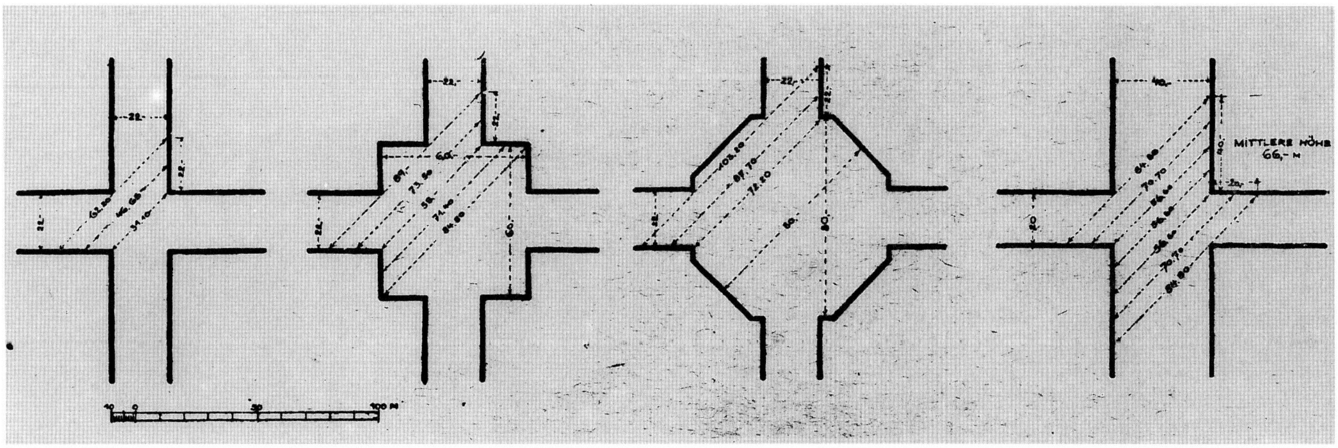

Hochhäuser an Straßenecken, 1920
53.3-5 Schaubilder

Hotelhochhaus mit Ledigenheim am Askanischen Platz, 1920

Im Rahmen einer großen Studie unter dem Titel „Das bessere Berlin"[11], die sich mit städtebaulichen, gestalterischen und sozialen Problemen im Bereich des Leipziger-/Potsdamer-Platzes und der Umgebung des Anhalter Bahnhofs beschäftigte, entwickelte Bruno Möhring sein erstes Turmhausprojekt. Eine von Möhring angestrebte Umgestaltung und Erschließung des Prinz-Albrecht-Gartens, die den Park der Öffentlichkeit zugänglich machen sollte und vorsah, den Schinkelschen Marstall in ein Gebäude für kunstgewerbliche Werkstätten umzubauen, hätte sich nur durch Erwerb des Gartens durch Stadt und Staat unter erheblichem finanziellen Einsatz bewerkstelligen lassen. Um bei Nichtbebauung des Grundstückes „für den Verlust dieser Grundwerte ein Entgelt zu schaffen, müßte man die Nutzflächen statt nebeneinander übereinander bauen, also ein Hochhaus (. . .) aufführen. Dieses Haus müßte, um gut verzinslich zu werden, besonderen Spezialzwecken dienen (. . .) Es könnte das Hotel für die weniger Begüterten werden mit einer Art Ledigenheim in den oberen Stockwerken mit besonderen, vom Hotelbetrieb getrennten Eingängen, Treppen und Aufzügen."[12]

Das sehr schematisch gezeichnete, vertikal gegliederte und an amerikanische Silobauten erinnernde Hochhaus, dessen etwa 18geschossiger Mittelteil von zwei wenig niedrigeren, mächtigen Rundtürmen umgriffen wird, sollte aus einer konventionellen, im Habitus an den Gebäuden der Nachbarschaft orientierten Bebauung an der Südost-Ecke des Prinz-Albrecht-Parkes emporsteigen. „Die Lage eines solchen Hochhauses an dieser Stelle, an einem großen Verkehrsplatze, in einem schönen Garten ist so ausgezeichnet, daß sie selten in einer Stadt wiedergefunden werden kann."[13]

11 Möhring, Das bessere Berlin, im folgenden besonders 134, 135; vgl. dazu auch Andreas Bekiers, Karl-Robert Schütze, Zwischen Leipziger Platz und Wilhelmstraße, Berlin 1981.
12 Möhring, Das bessere Berlin, 135.
13 Möhring, Das bessere Berlin, 135.

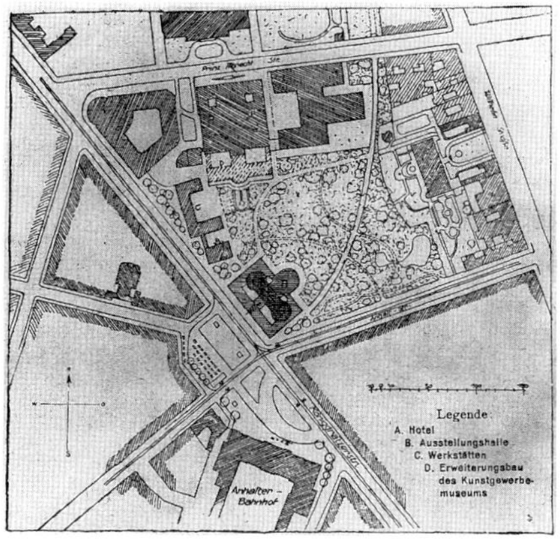

Hotelhochhaus am Askanischen Platz, 1920
oben: 53.6 Lageplan
rechts: 53.7 Schaubild vom Anhalter Bahnhof

Bürohochhaus am Askanischen Platz (Anhalter Bahnhof), 1920.

Ein zweiter Hochhausentwurf für den Standort an der Südost-Ecke des Prinz-Albrecht-Gartens ist einer Nutzung als Bürohaus zugedacht und völlig anders als das Hotelhochhaus geformt. Der mit der Hauptfront dem Askanischen Platz zugewandte Bau ist in seiner Breite zwar ebenfalls an den Baufluchten der Schönebergerstraße und der Einmündung der Königgrätzerstraße in den Platz ausgerichtet, doch entwickelt er sich über zwei hohen, weitgehend verglasten Ladengeschossen als konsequenter Gerüstbau mit einer gewissen Vertikaltendenz stufenweise zur vollen Höhe von 24 Geschossen. Sowohl die klare, für Möhring ungewöhnlich fortschrittliche Struktur der Gliederung als auch das System der Anordnung der Baukörper gehen wohl auf die auch ansonsten äußerst folgenreichen Entwürfe Max Bergs für Breslau zurück (vgl. Abb. 8, 9), die unter anderem kurz vorher auch in der ‚Stadtbaukunst' veröffentlicht worden waren.[14] Typisch für die Auffassung Möhrings allerdings ist der deutlich ausgeschiedene Kern des Komplexes mit seiner hier als offener Turmhelm vorgeschlagenen Bekrönung.

14 Max Berg, Der Bau von Geschäftshochhäusern in Breslau zur Linderung der Wohnungsnot, in: Stbk 1920, 99 ff.

53.8 Bürohochhaus am Askanischen Platz, 1920
Schaubild vom Anhalter Bahnhof

Bürohochhaus am Lehrter Bahnhof, 1920

Das Gelände zwischen Alt-Moabit und der Invalidenstraße nahe dem Lehrter Bahnhof, eine „tote Insel“ und ein „Schmutzwinkel“[15], mit dem sich Bruno Möhring bereits beim Wettbewerb „Groß-Berlin“ ausführlich beschäftigt hatte, und auf dem der äußerst unpopuläre Ausstellungspark untergebracht war, eignete sich nach seiner Meinung besonders für den Bau von Hochhäusern. Neben einem 12geschossigen Hotelbau, der sowohl für den von Hamburg kommenden Fremden als auch für den Stadtteil Moabit sehr wertvoll sein würde, sollten mehrere Wohn- und Geschäftshochhäuser entstehen, mit einem wohl annähernd 100 m hohen Bürohochhaus als weithin sichtbarer Dominante. Der Kernbau mit vier mehrfach zurückgestuften Flügeln sollte sich aus einer viergeschossigen Bebauung über achteckigem Grundriß erheben, und erweist sich in der flüchtigen Zeichnung mit seiner konsequenten Rasterstruktur – abgesehen vom Turmaufsatz – zusammen mit dem Bürohochhaus am Askanischen Platz als der „modernste“ Vorschlag Möhrings.

15 Möhring, Vorzüge, 374.

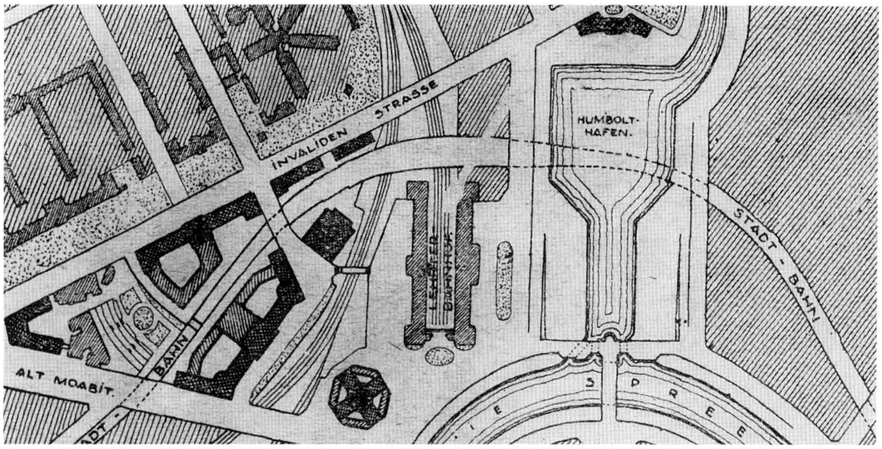

Bürohochhaus am Lehrter Bahnhof, 1920
rechts: 53.9 Lageplan
unten: 53.10 Schaubild von Osten

Turmhaus in den Ministergärten, 1920

Unter den von Bruno Möhring vorgeschlagenen Standorten für Turmhäuser war dem Areal innerhalb der alten Ministergärten an der Budapester Straße ein besonderer Rang zugewiesen. Am „beste(n) Platz (. . .) für die Errichtung des ersten Turmhauses (. . .) würde eine Lösung möglich sein, die von außerordentlicher Wichtigkeit für ganz Berlin wäre, eine Lösung des modernen Städtebaues von eigenem Reiz, wie sie ähnlich noch in keinem anderen Lande der Welt versucht ist (. . .)."[16] In Anschluß an seine Überlegungen aus dem Wettbewerb „Groß-Berlin" von 1910 sah er einen Straßendurchbruch von der Jäger- zur Budapester-/Lennéstraße vor. Dieser neue Zugang zum Regierungs- und Bankenviertel der Friedrichsstadt lag in der Folge repräsentativer Plätze zwischen Pariser- und Leipziger-Platz. Im Gegensatz zu deren geschlossener Figur sollte sich die neue Anlage mit dem Gestus weitgespannter Rondellflügel, die zur Erweiterung der Reichsämter dienen sollten, einladend öffnen. In dem hinter dieser viergeschossigen Bebauung als breite Wand mit mehr als zwanzig Geschossen aufragenden Hochhaus sollten „rund 100 000 qm vermietbare Büroflächen nach Abzug von Korridoren, Treppen und Aufzügen vorhanden" sein, wodurch „nach überschlägiger Berechnung (. . .) für Rente und Amortisation so viel übrig (ist), daß die Ausführung auch unter den heutigen Verhältnissen möglich"[17] erscheint. Möhrings Bau, der durch „Rücksprünge und die Abstufungen gegliedert (ist), zeigt sonst nur einfachste Formen"[18] und folgt in der Gesamtdisposition dem Vorbild des Hochhauses für die New Yorker Stadtverwaltung, dem Municipal Building (vgl. Abb. 25).[19] Dies schlägt sich u. a. in der Proportionierung in Verbindung mit der Straßenüberbauung nieder, die hier „in Höhe eines etwa sechsstöckigen Hauses einen triumphbogenartigen Bauteil"[20] zeigt. Gestaltungsvarianten beziehen sich vor allem auf die Kontur des Baues, auf die Details des Turmaufsatzes und des Tores, sowie vor allem offensichtlich auf eine farbliche Betonung einzelner Bauglieder (vgl. Abb. 24).

16 Möhring, Vorzüge, 385.
17 Möhring, Vorzüge, 385ff.
18 Hochhausbaukunst, in: BW 1921, 691.
19 Möhring, Vorzüge, 1921, Abb. 16, bildet diesen Bau ausdrücklich ab und macht so den Vorbildcharakter überdeutlich.
20 Hochhausbaukunst, 691.

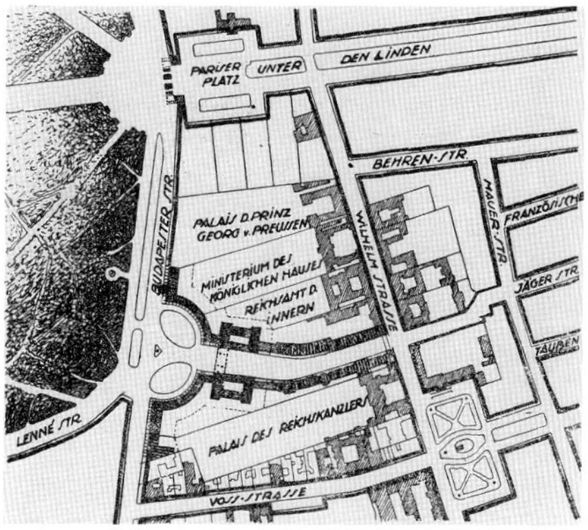

Turmhochhaus in den Ministergärten, 1920, oben: 53.11 Lageplan, unten: 53.12 Schaubild von Westen

Hochhäuser am Eingang der Kolonie Heerstraße, 1920

In Zusammenhang mit einem Bebauungsplan für eine Siedlung auf dem Gelände zwischen dem S-Bahnhof Heerstraße und der (heutigen) Waldschulallee entwickelte Möhring einen „Vorschlag, der großes Entsetzen erregt hat. Vorn am Eingang zur Siedlung sind zwei Hochhäuser gedacht als Ledigenheime mit Kasino und Läden.[21] Das Ledigenheim als Bauaufgabe wurde zwar nach dem 1. Weltkrieg immer wieder diskutiert[22], und auch Möhring hatte sich in Zusammenhang mit dem Hotelhochhaus am Askanischen Platz länger mit dem Problem auseinandergesetzt, der Gedanke jedoch, solche Heime in stattlichen Hochhäusern unterzubringen und dabei als eine Art Toranlage in Kontrast zu einer niedrigen Kleinhäuserbebauung in der Nachfolge der Gartenstadtbewegung zu setzen, mußte Befremden auslösen. Weitab großstädtischer Bebauung – und nur für den Citybereich wurden Hochhäuser ansonsten damals gefordert – sollten sich die auf Fernsicht berechneten, ca. 15-geschossigen Gebäude erheben und dabei als Symbol für ihren erzieherischen Wert stehen, den der in seiner schwämerischen Lyrik schwer erträgliche Begleittext Möhrings beschwört.[23] An einen realen Ort gebunden, sind die Hochhäuser der Kolonie Heerstraße eine Teilkonretisierung der „Idealpläne" Möhrings zu einer Lösung der Wohnungsfrage mittels der „gemischten Bebauung."

21 Möhring, Vorzüge, 388.
22 Bruno Taut, Ein Ledigenheim in Schöneberg, Stbk 1920, 136ff.
23 Möhring, Vorzüge, 388: „An diejenigen Leute, die erst eine Familie gründen wollen denkt niemand ... Wäre es nicht wunderbar, wenn es ihnen möglich wäre unmittelbar an einem Bahnhof und unmittelbar im Walde in solchen Hochhäusern zu leben ... Durch ihre Zimmer strömt der ozonreiche Duft der Kiefern. Von ihren Fenstern haben sie herrliche Fernblicke ... Ihre fröhlichen Augen folgen den wechselnden Wolkenspielen, deren Schatten über sonnige Weiten dahineilen. Wenn dann die Sonne sinkt und die Dämmerung in sanften, träumerischen Farben langsam verlischt, dann reden zu ihnen die Wunder des Sternenhimmels, dessen Rätsel uns erschüttern, dessen Unendlichkeit unsere stölzen Seelen in den Staub zwingt, dessen stummer, ewiger Ernst uns über alles Irdische erhebt, der uns mahnt, allen Wahn zu lassen, und das Bemühen in uns weckt, gütig zu werden und weise. Sollten die jungen Menschen da nicht gesunder, zufriedener und glücklicher leben als in den düsteren Stuben an engen Höfe, wo sich der Müll anhäuft und der Lärm der spielenden Kinder ihre Arbeit stört, bis der öde Abend sie in verqualmten Kneipen treibt ..."

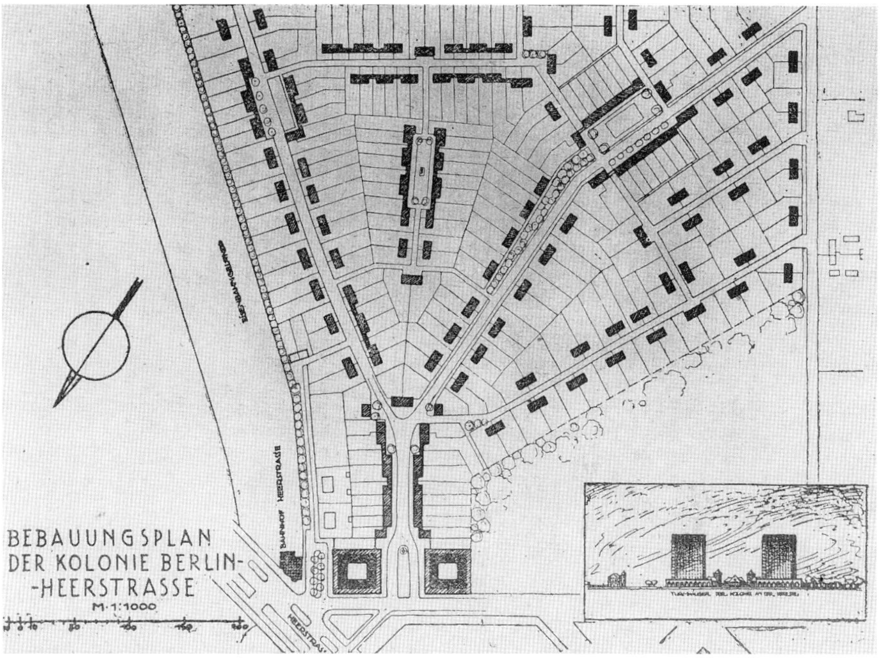

Hochhäuser am Eingang der Kolonie Heerstraße, 1920
rechts: 53.13 Lageplan mit Ansicht
unten: 53.14 Schaubild vom Grunewald

Siedlungshochhäuser (Ringhochhäuser), 1920/22

Die Beseitigung der Wohnungsnot war eines der Hauptargumente, die für die Errichtung von Turmhäusern in Deutschland angeführt wurden. Der Bau von Bürohochhäusern, so die seit Max Bergs Artikeln zu diesem Thema aus der Hochhausdiskussion nicht mehr wegzudenkende These[24], sollte den Bedarf an Büroräumen decken und so zweckentfremdeten Wohnraum wieder seiner eigentlichen Bestimmung zuführen. Im Gegensatz zu allen anderen Hochhausbefürwortern aber gab die drückende Wohnungsnot für Bruno Möhring bereits 1920 Anlaß, sich mit dem Problem des Wohnhochhauses eingehend zu beschäftigen.[25] Aus einer Analyse der typischen Berliner Mietskaserne, der verbesserten heruntergezonten Randbebauung sowie der Flachbausiedlungen des Gartenstadtkonzeptes, bei der verkehrstechnische, hygienische und wirtschaftliche Argumente im Vordergrund standen, entwickelte er zur „Unterbringung des Großstadtmenschen" den Vorschlag einer gemischten Bebauung für Vorstädte. Jeweils vier 10-12geschossige Wohninseln - in Form einer 8 oder eines Ovals mit je ca. 200 Kleinwohnungen von 70 qm sollten von weiten Grünflächen für Gärten und den Gemüseanbau umgeben werden. Ein System von mehreren solchen Vierergruppen im Abstand von jeweils 600 m errichtet und verbunden durch ein rasterförmiges, von einstöckigen Häuserzeilen gesäumtes Wegenetz, sollte an Stelle der Flachbausiedlungen treten. Die Fassaden der Ringhäuser waren bei beiden Entwurfsvarianten bestimmt von der großen Zahl der fortschrittlichen, auf Licht, Luft und Sonne bezogenen Balkons, Hauslauben oder Freiplätze und, der Not gehorchend, die Reduktion der formalen Gestaltung auf ein Minimum. Abgesehen von der ungewöhnlichen Ringform der Häuser, die sich wohl vom Oval des Bestelmeyer'schen Alternativentwurfes für die Reichsschuldenverwaltung und der dortigen Argumentation verbesserter Windversteifung bei konventioneller Mauertechnik ableitete (vgl. Kat. Nr. 56), war auffälligstes und umstrittenstes Element der Konzeption die Rampenanage, die an Stelle der zu teuren Aufzüge und der für alte oder kränkelnde Menschen oder solche mit Kinder- oder Hamsterwagen zu beschwerlichen Treppenhäuser der vertikalen Erschließung dienen sollten. Die angeblich wissenschaftliche Grundlage des „Rampenbergsteigens", wie Martin Wagner es polemisch ausdrückte[27], wurden von ihm wie auch in einer weitern „kritischen Stellungname"[28] ebenso ad absurdum geführt, wie ein Großteil der übrigen zugrunde gelegten Vorgaben und Berechnungen. Die Struktur eines Gesamtkonzeptes gemischter Bebauung spielte allerdings in späterer Zeit verschiedentlich, so etwa bei Ludwig Hilberseimer wieder eine wichtige Rolle. EF/FZ

24 Max Berg, Bau von Geschäftshochhäusern, 99ff.

25 Möhring, Vorzüge, 388ff. Die hier erstmalig geäußerten Gedanken vertiefte und systematisierte Möhring 1922: Bruno Möhring, Zonenbebauung oder gemischte Bebauung? Ein Beitrag zur Lösung der Wohnungsfrage in Großstädten, in: Stbk 1922, 209-220.

26 Das Ringhochhaus in Form einer 8 von 1920 erfuhr bis 1922 die Modifiktion in Richtung des Ovals.

27 Martin Wagner, Volkswohnung oder Ringhäuser, in: Die Volkswohnung 1923, 57.

28 Dr. Ing. Wolf, Das Turmhaus in der Wohnsiedlung. Eine kritische Stellungnahme zu den Vorschlägen des Architekten Bruno Möhring, in DS 9/10, 1922, 92.

53.15 Siedlungshochhäuser in gemischter Bebauung, 1922, Vogelschau

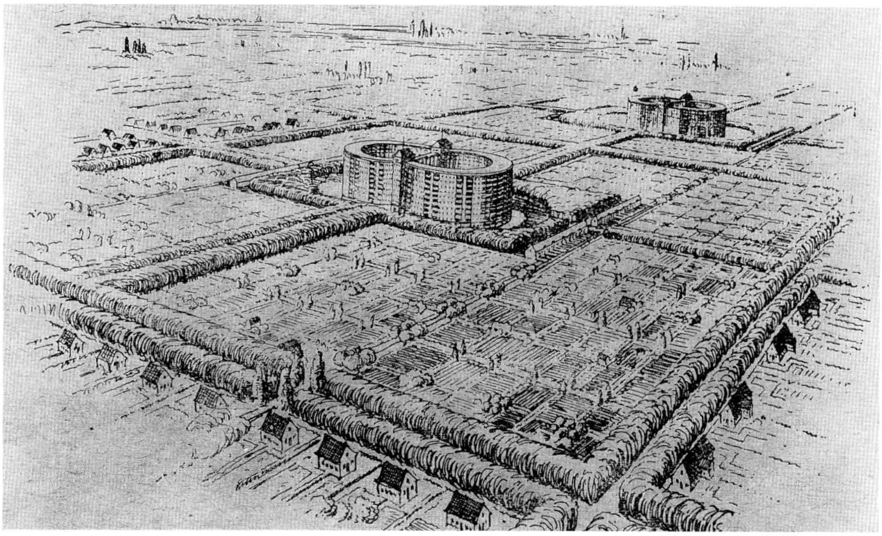

53.16 Siedlungshochhäuser, 1920
Vogelschau

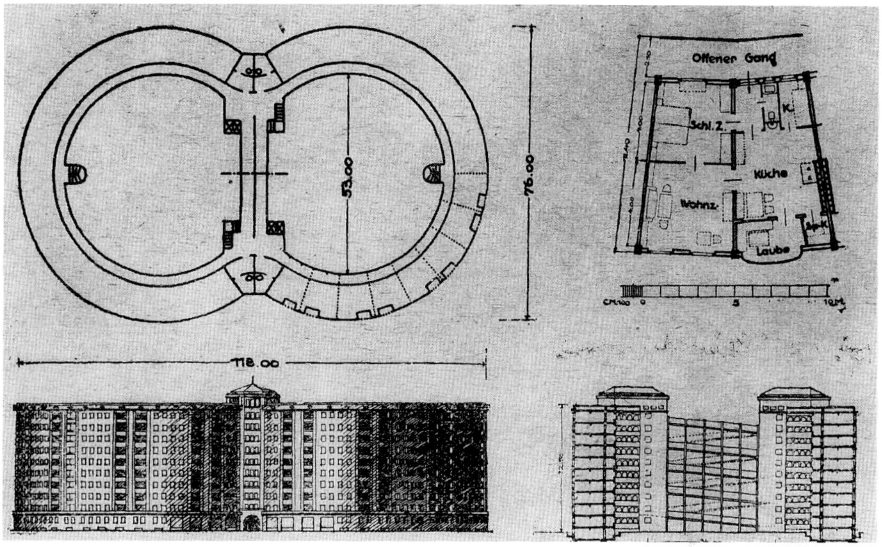

53.18 Siedlungshochhäuser, 1922
Stockwerksgrundriß

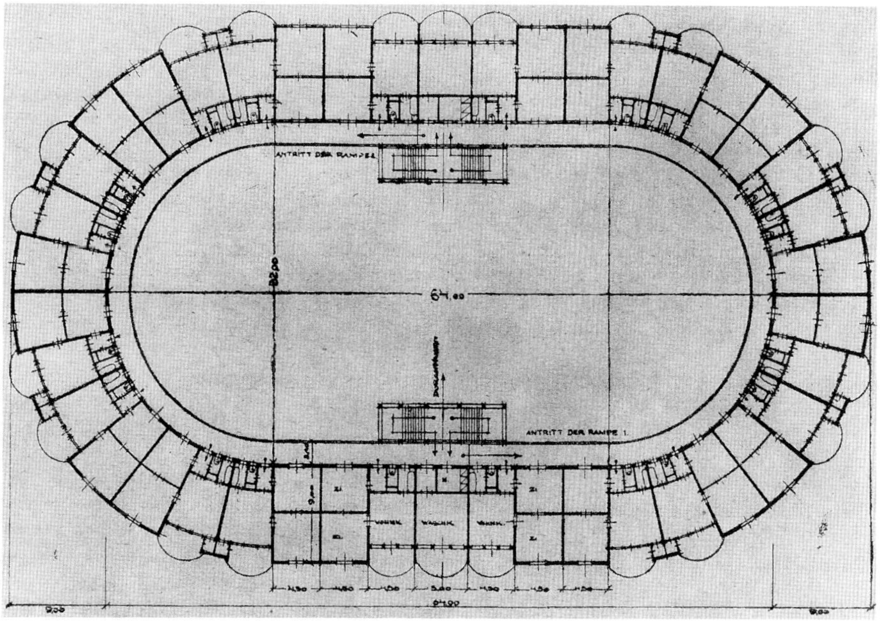

53.17 Siedlungshochhäuser,1920
Schemagrundriß der Anlage, Wohnungsgrundriß,
Ansicht, Schnitt

54 Otto Kohtz
Projekte 1920/1921

Neben Bruno Möhring muß Otto Kohtz als der vehementeste und ‚fleißigste' Hochhausprotagonist zu Beginn der 20er Jahre in Berlin gelten. Bereits um 1908 hatte ihn in Zusammenhang mit Architekturphantasien das Hochhaus als zukünftig-utoptische Bauaufgabe beschäftigt[1], doch lösten auch bei Kohtz erst die politisch-wirtschaftlichen Probleme nach dem Ersten Weltkrieg eine wirklich intensive Beschäftigung mit dem Thema aus. Abgesehen von den ab 1920 mit ausführlichen Kommentaren mehrfach publizierten Entwürfen zum Reichshaus am Königsplatz, die in der Fachwelt mit großem Interesse aufgenommen wurden, hatte er eine Reihe von Arbeiten in „Stadtbaukunst, Tag, Woche, Voß, Bilder zur Zeitgeschichte" veröffentlicht und diese dann 1921 in einer kleinen Schrift, mit kurzem Begleittext versehen, herausgegeben.[2] Viel knapper als Möhring faßte er einige Punkte der Diskussion zusammen, in der auch er als Schwerpunkte die Bekämpfung der Arbeitslosigkeit und der Wohnungsnot, die städtebauliche Verträglichkeit sowie die Frage der Rentabilität und der Materialwahl sah. Vor allem die Bemerkungen zum letzten Punkt sind vergleichsweise konkret, ohne allerdings die Probleme des wirtschaftlich darniederliegenden Deutschlands zu berücksichtigen. „Als Material für die Konstruktion der Turmhäuser kommt, wie in Amerika, auch bei uns im wesentlichen Eisen in Frage. Niedrigere Bauwerke bis zu 15 oder 20 Stockwerken können evtl. auch in Eisenbeton ausgeführt werden." Auf die Dauerhaftigkeit (Werkstein mit Eisenarmierung) und Feuersicherheit der Konstruktion wäre ebenso Bedacht zu nehmen wie auf die Wetterfestigkeit. Angebracht wäre daher „Werksteinmaterial, bearbeiteter Eisenbeton, Eisenklinker oder Ziegelrohbau und Terracotta, während Putzbau nicht in Frage käme." Aus der Ablehnung der amerikanischen Hochhäuser, deren „meist unschöne Wirkung" darauf zurückzuführen wäre, „daß ohne Rücksicht auf das Aussehen ein durch die vorhandene Grundstücksform sich ergebender Grundriß 20 oder auch 50 Stockwerke hoch aufgeführt

1 Vgl. Otto Kohtz, Gedanken über Architektur, Berlin 1909.

2 Otto Kohtz, Büroturmhäuser in Berlin, Berlin 1921; dort auch die im folgenden zusammengefaßten Thesen und die Zitate.

54.1 Architekturphantasie, vor 1909

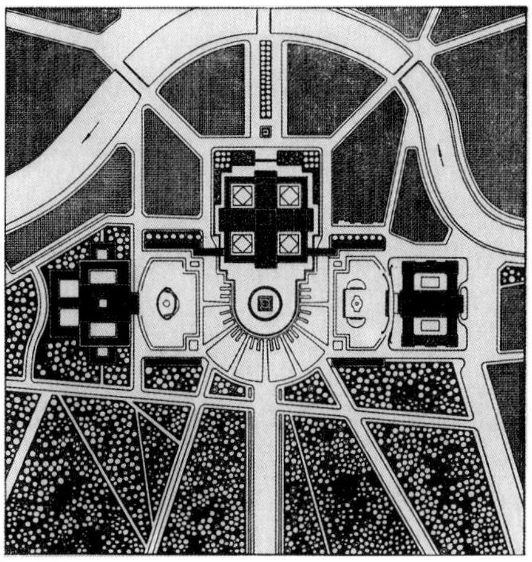

Reichshaus am Königsplatz, 1920
oben: 54.2 Lageplan
rechts: 54.3 Schaubild

3 Otto Riedrich, Zu einigen Entwürfen des Architekten B.D.A. Otto Kohtz, in: Moderne Bauformen 1924, 241-252, 254-256.
4 Vgl. TU Berlin, Planslg. UB, 9023.
5 Otto Kohtz, Das Reichshaus am Königsplatz in Berlin. Ein Vorschlag zur Verringerung der Wohnungsnot und der Arbeitslosigkeit, in: Stbk 1920, 241-245; in erweiterter Form als Buch, Berlin 1920.
6 Riedrich, Kohtz, 241.
7 Rainer Stommer, „Germanisierung des Wolkenkratzers". Die Hochhausdebatte in Deutschland bis 1921, in: Kritische Berichte 3, 1982, 47.
8 Vgl. Max Berg, Der Bau von Geschäftshochhäusern in Breslau zur Linderung der Wohnungsnot, in: Stbk 1920, 99-104, 115-118.
9 Kohtz, Reichshaus 1920, Vorwort.
Diese Überlegungen sind in der Presse nicht unwidersprochen geblieben: „Womit Kohtz nicht rechnet, ist der passive Widerstand, den die Arbeitslosen bei der Einstellung zu dieser Zwangsarbeit leisten werden." Auch am Kohtz'schen Grundgedanken wird massive Kritik geübt, „weil die Geschichte gezeigt hat, auf welche einfache Weise eine solche einzige Zentralstelle eines ganzen Volkes durch Massenüberfälle, Aufstände in die Hände der Minderheit geraten kann und bei Kämpfen jeder Art durch Sprengung und Beschießung der Zerstörung und damit dem tödlichen Verwaltungsruin ausgesetzt werden." Vorschlag zu einem Reichshaus in Berlin, BuG 1920, 232.

ist und die so entstandenen Gebäudefronten oft willkürlich mit antiken Säulenstellungen, Gesimsen usw. dekoriert sind", entwickelte Kohtz eine charakteristische Turmhausästhetik. „Der gesamte Bau muß in sich harmonisch durchgebildet werden, so daß er von allen Seiten ein in sich geschlossenes Bild" böte. Nahezu alle Entwürfe zeigen „eine Abstufung der Turmhäuser nach der Mitte zu, welche vorwiegend bezweckt, daß der Nachbarschaft Licht und Luft bleibt und im Hochbau selbst günstige Licht - und Luftverhältnisse erreicht werden. Der gesamte Baukörper muß in sich harmonisch durchgebildet werden, so daß er von allen Seiten ein in sich geschlossenes Bild zeigt". Unter städtebaulichem Gesichtspunkt sah Kohtz die Möglichkeit, „durch gut gestellte und harmonisch gestaltete Turmhäuser in dem langweiligen und dabei unruhigen Häusermeer Berlins einige architektonische Brennpunkte" zu schaffen, die „dem Auge Ziel und Richtung geben." Zusammen mit Prof. Bruno Möhring und Reg. Baumeister Kraffert führte Otto Kohtz auch eine „Studiengesellschaft für Hochhausbauten."[3] Von den drei Architekten wurden für einzelne ausgewählte Bauplätze Turmhausentwürfe gefertigt. So entwarf auch Kraffert für das Hochhaus am Blücherplatz Pläne, für das Hochhaus in den Ministergärten existieren auch Entwürfe von Bruno Möhring, Kohtz' Hochhaus in der Friedrichstraße war von Möhring ebenfalls als Standort ins Auge gefaßt, und für die Prinz-Albrecht-Gärten ist neben den bekannten Überlegungen Bruno Möhrings auch ein Rundturm-Projekt von Kohtz durch die Zeichnung eines Lageplans überliefert.[4]

Reichshaus am Königsplatz, 1920

Bestpubliziertes und aufgrund seiner Dimensionen und seines Anspruches auch auffälligstes und wichtigstes Projekt von Otto Kohtz ist ein erster Vorschlag zu einem Reichshaus am Königsplatz.[5] Bereits während des 1. Weltkrieges hatte sich Kohtz als Kriegsteilnehmer offenbar mit dem Gedanken an eine „stolze Siegeshalle" auf dem Königsplatz beschäftigt, „die ihm ein streng architektonisches Gepräge geben sollte".[6] Nach seiner Rückkehr aus der Kriegsgefangenschaft versuchte er „ein Sinnbild der Einheit und Stärke Deutschlands zu schaffen, indem er die einst erträumte Siegeshalle in ein Reichshaus umwandelte". Kohtz pries den gewaltigen Bau, der mit 50 Stockwerken bis zu einer Höhe von 200m aufsteigen sollte in einem „sich nach Außen sozial gebärdenden Bauprogramm"[7] als „Vorschlag zur Verringerung der Wohnungsnot und Arbeitslosigkeit", wobei er im ersten Punkt unmittelbar Max Bergs so bedeutsame Thesen aufnahm[8], die seiner Meinung nach auf Berlin in besonderem Maße zuträfen.[9] Er ging davon aus, durch die Zusammenfassung aller Reichsbehörden den Verwaltungsapparat effektiver und kostengünstiger zu gestalten und zugleich etwa 2000 zweckentfremdete Wohnungen ihrer eigentlichen Bestimmung wieder zuführen zu können. Der Bau sollte an dem für Materialtransport günstigen Ort nahe der Spree eine Art Modell für Kostenersparnis im Bauwesen durch „maschinelle konzentrierte Arbeitsweise" und durch materialsparende „sachgemäße Konstruktion" sein und bei einer Bausumme von 84 Millionen Mark gleichzeitig als gigantisches Arbeitsbeschaffungspro-

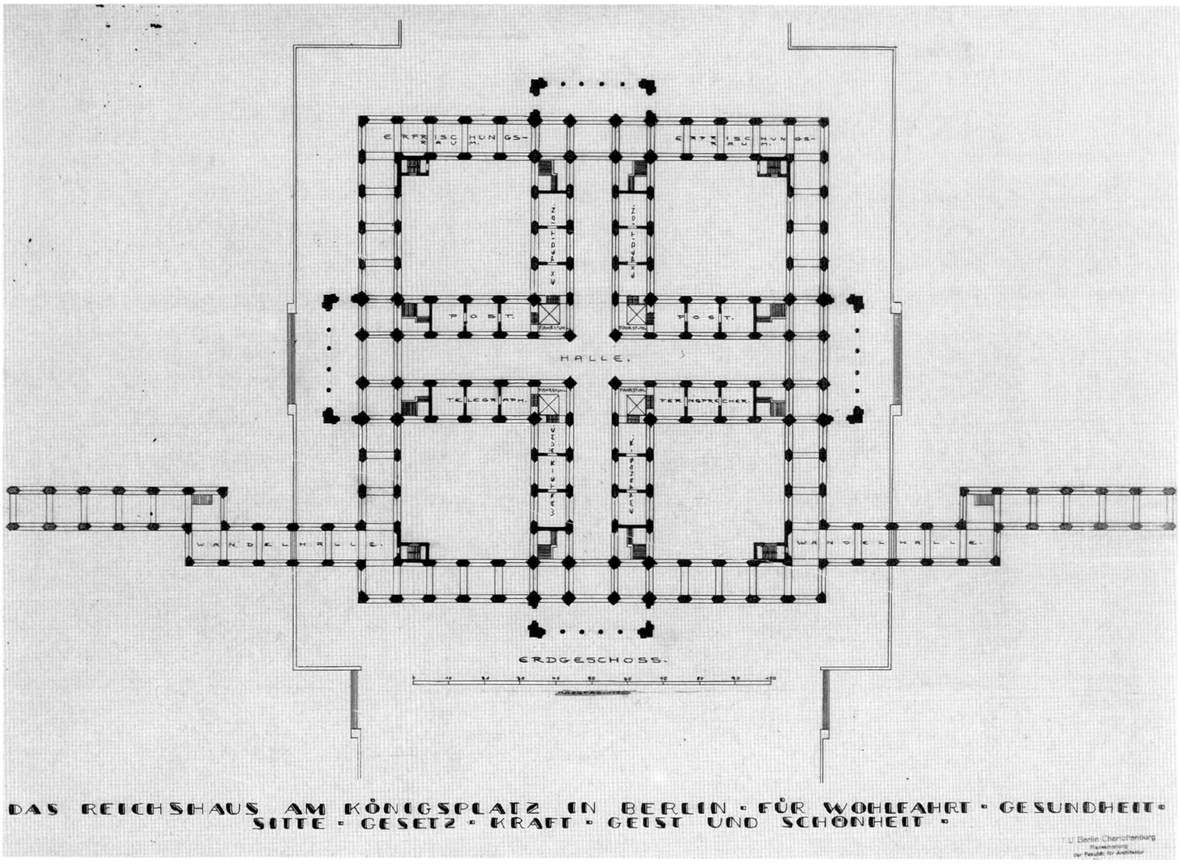
ERFRISCHUNGSRAUM.
POST.
HALLE.
TELEGRAPH.
FERNSPRECHER.
WANDELHALLE.
ERDGESCHOSS.
DAS REICHSHAUS AM KÖNIGSPLATZ IN BERLIN · FÜR WOHLFAHRT · GESUNDHEIT · SITTE · GESETZ · KRAFT · GEIST UND SCHÖNHEIT ·

DAS REICHSHAUS AM KÖNIGSPLATZ IN BERLIN ·

Reichshaus am Königsplatz, 1920
Abbildungen linke Seite
oben: 54.4 Grundriß Erdgeschoß
unten: 54.5 perspektivischer Schnitt
rechts: 54.6 Innenraumansicht

gramm für arbeitslose Handwerker, kaufmännisches und technisches Personal sowie für die notleidende Künstlerschaft dienen. In erster Linie aber war das Gebäude, dessen Gestaltungs- und Bauprozeß sich Kohtz auch vergleichbar den gotischen Domen in der Hand der verschiedensten Meister vorstellen konnte, „Variante altbekannter Pläne zur monumentalen Umgestaltung des Königsplatzes“[10] und Instrument zur inbesondere von Vertretern des Kapitals gewünschten Durchsetzung des Hochhausgedankens. Darüberhinaus aber sollte der gewaltige Bau als Reichshaus für „Wohlfahrt, Gesundheit, Sitte, Gesetz, Geist und Schönheit“ dienen. Wie diese im Untertitel zu den Entwürfen aufgezählten Begrifflichkeiten inhaltlich zu füllen sind, darüber geben die erwähnte Genese des Baugedankens und die bis in die 40er Jahre von Kohtz gezeichneten Großbauten für denselben Bauplatz[11], auf dem auch Hitlers ‚große Halle‘ stehen sollte, ebenso Auskunft wie die 1924 von Otto Riedrich aus offensichtlicher Kenntnis der Person heraus geschriebene Einführung zu einigen Entwürfen von Otto Kohtz.[12]

Der Architekt zeichnete und publizierte mehrere Varianten des Reichshauses, bei dessen erster Fassung das zum Prinzip erhobene Verfahren der „Abstufung der Turmhäuser nach der Mitte zu (...) in völlig systematischer Weise durchgeführt wurde“.[13] Über kreuzförmigem Grundriß, umschlossen von achtgeschossiger Randbebauung und begleitet von niedrigeren Flügeln und Wandelhallen, die den Königsplatz im Norden optisch abriegeln und eine Verbindung zu den beiden anderen Gebäuden am Platz herstellen, erhebt sich der riesige Bau. Der Entwurf ist auf der Rastereinheit von 10 x 10 m aufgebaut, so daß sich die Pyramide von 130 m Seitenlänge in sechs Rücksprüngen zur 10 x 10 m messenden Spitze verjüngt. Als Fassadeneinheit sind mit 10 m Achsbreite jeweils vertikal die Fensterbänder von sechs Geschossen zusammengefaßt. Aus diesem strengen System sind durch künstlerische Ausgestaltung lediglich eine zweigeschossige Erdgeschoßzone und die den Dimensionen des Baues angepaßten monumentalen Eingangsbereiche ausgenommen. In den Einzelformen klingen hier „persisch-orientalische Muster“ an, wie auch der architektonische Gesamtaufbau „ganz von ferne etwa an persische Treppentempel erinnert“.[14] Ebenfalls nicht im Modulsystem gehalten sind die Felder der Flügelmittelachsen als Verweis auf die riesige, den gesamten Bau kreuzförmig durchmessende Halle. Das in der Außenansicht angedeutete, vermutlich mit farbigem Glas gefüllte Maßwerk hätte die gigantischen Schluchten des Innenraumes in mystisches Licht getaucht und den pseudoreligiösen Charakter evoziert, der auf einzelnen Schaubildern auch durch eine den Bau umstrahlende Gloriole versinnbildlicht wird.

Varianten des Baus spielen verschiedene Möglichkeiten der Abtreppung, etwa in weniger regelmäßigen Sprüngen oder stockwerksweise durch, gehen von anderer Einbindung durch veränderte Flügelanlagen aus oder versuchen sich in abweichenden Formen. So wird etwa bei 54.7 die Abhängigkeit des vertikalen Gliederungssystems vom Schema Messelscher Warenhausfassaden in der Gestaltung der begleitenden Nebengebäude deutlich ablesbar (vgl. Abb. 28).

10 Stommer, Germanisierung, 47.
11 Vgl. die große Zahl von Entwürfen in der TU Berlin, Planslg. UB.
12 Vgl. Riedrich, Kohtz, 241ff.
13 Kohtz, Büroturmhäuser, Einführung, o. S.
14 Joseph Ponten, Architektur die nicht gebaut wurde, Bd. 1, Berlin 1925, 127.

Abbildungen rechte Seite
Reichshaus am Königsplatz, 1920
oben: 54.7 Variante, Schaubild
unten: 54.8 Variante, Schaubild

Reichshaus am Königsplatz, 1921

In vergleichbarer Form in den Platz eingebunden, in der Gestaltung aber völlig verschieden von den Varianten des Reichshauses von 1920 ist ein Projekt, das in engem Zusammenhang mit den Architekturphantasien von Otto Kohtz aus der Zeit vor dem Ersten Weltkrieg steht.[15] Auf einem zweigeschossigen Unterbau mit hohen Spitzbogenarkaden erhebt sich ein mächtiger, durch exotisch wirkende Säulenvorlagen gegliederter Baublock, dessen massiver oberer Abschluß mehrfach gestuft ist. Alle Bauglieder sind auf phantastische Art und Weise überformt, so daß der wohl über 100 m hoch gedachte Bau eher wie ein überdimensionierter kunstvoller Schrein wirkt denn als Hochhausarchitektur. In erster Linie stellen sich Assoziationen ein, die der sakral-weihevollen Stimmung der von Kohtz früher geplanten Siegeshalle entsprechen. Die Fenstereinteilung innerhalb der Säulengliederung macht dementgegen deutlich, daß es sich höchstens einem unbestimmten Symbolwert nach um ein Kultgebäude handeln kann, daß der Bau tatsächlich aber ebenso wie die früheren Entwürfe zur Unterbringung der Reichsbehörden dienen sollte. Das Urteil von Walter Lehwess, der den Entwurf im Kontext mit anderen Turmhausentwürfen, die er als Denkmäler „deutscher Tatkraft und deutschen Wagemuts“ bezeichnete, für „reifer und durchdachter als die erste Idee“[16] (von 1920) hielt, ist bezeichnend für die reaktionäre Geisteshaltung der Kreise um Möhring und Kohtz. Le Corbusier nahm unter der Überschrift: „curiosité? – non: anomalie!“[17] das „allerdings ausgesucht schlechte Hochhaus“[18] von Otto Kohtz zum Anlaß, „in einem Rundumschlag die gesamte deutsche Architektur“ zu verdammen, „natürlich um auf der tabula rasa seine eigenen Ideen besser verkünden zu können“.[19] So problematisch Le Corbusiers Äußerungen

15 Vgl. Kohtz, Gedanken.
16 Walter Lehwess, Architekturschau im Moabiter Ausstellungspalast, in: Stbk 1921, 109, 111.
17 Le Corbusier, curiosité? – non: anomalie!, in: L'Esprit Nouveau 9, Juni 1921, 1017.
18 Adolf Behne, Junge Französische Baukunst, in: SM 1922, 517. Nach Behnes Übersetzung sind die folgenden Äußerungen Le Corbusiers zitiert.
19 Winfried Nerdinger, Standard und Typ: Le Corbusier und Deutschland 1920-27, in: Stanislaus von Moos (Hg.), L'Esprit Nouveau – Le Corbusier und die Industrie 1920-1925, Katalog zur Ausstellung, Berlin 1987, 45.

in ihrer verallgemeinernden Aussage sind, so Recht hatte er zweifellos in bezug auf die Vorstellungen von Kohtz, wenn er feststellt, daß die „ganze deutsche Architektur auf einem Irrtum: Wirkung" beruhe. „Die systematische Verwendung der Vertikale in Deutschland ist ein Mystizismus (. . .). Die Deutschen wollten aus ihrer Baukunst eine der stärksten Waffen des Pangermanismus machen." Die neuere Architektur sei dazu „entworfen, um zu imponieren, zu vernichten, die ganze Macht hinauszutrompeten."

Reichshaus am Königsplatz, 1921
mitte: 54.9 Schaubild
links unten: 54.10 Lageplan
rechts unten: 54.11 Vogelschau

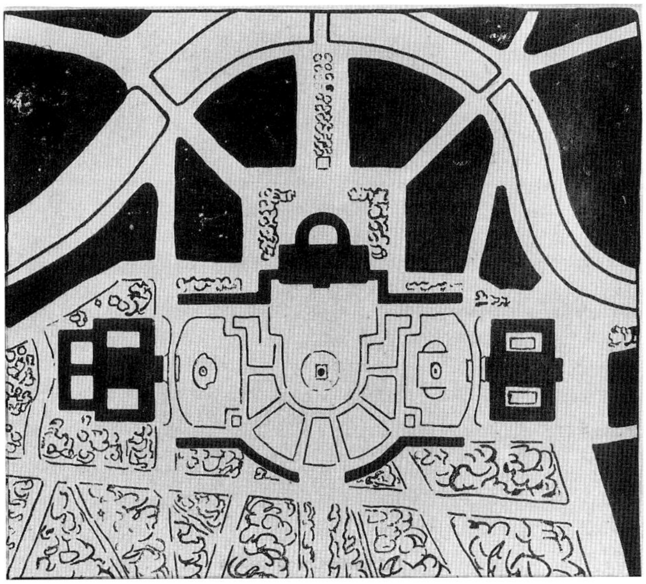

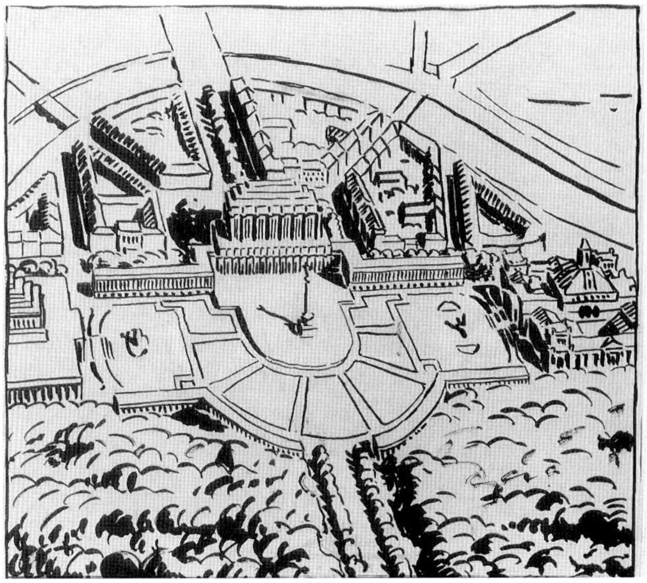

20 Bruno Möhring, Über die Vorzüge der Turmhäuser und die Voraussetzungen, unter denen sie in Berlin gebaut werden können, in: Stbk 1920, 385.
21 Zu Alfred Hugenberg vgl. Peter de Mendelssohn, Zeitungsstadt Berlin, [2]1982, besonders 233 ff und 290 ff; zur sonstigen Zusammenarbeit zwischen Hugenberg und Kohtz vgl. die umfangreichen Planunterlagen in Zusammenhang mit Bauvorhaben des Scherl-Konzerns in der TU Berlin, Planslg. UB.; 1935 erschien eine gemeinsame Publikation von Hugenberg und Kohtz zur Hochhausproblematik: Die Neue Stadt. Gesichtspunkte, Organisationsformen und Gesetzesvorschläge für die Umgestaltung deutscher Großstädte. Vorwort und Einleitung von A. Hugenberg, Berlin 1935; darin enthalten: Otto Kohtz, Für ein gesundes und schönes Berlin.
22 Kohtz, Büroturmhäuser, Einführung o. S.

Hochhaus auf einem Baublock in der Geschäftsstadt (Scherl-Konzern), 1920

Im Auftrage einer Gesellschaft fertigte Otto Kohtz wohl 1920 „für einen günstig gelegenen Block in der Geschäftsstadt eine Studie für einen Geschäftspalast".[20] Hinter der ‚Gesellschaft' verbarg sich das Scherl-Verlagshaus bzw. dessen Besitzer, der „alldeutsche Nationalist" Alfred Hugenberg, dem Kohtz gesinnungsgemäß sicher nahe stand und für den er später umfangreich Bauaufträge ausführte.[21] Das für einen Erweiterungsbau des Scherl-Konzerns zur Verfügung stehende Areal an der Jerusalemer-Zimmerstraße bot als größerer, von drei Straßen umgebener Block die Mindestvoraussetzungen, die Kohtz für die Errichtung von Turmhäusern forderte.[22] Nach dem bekannten Muster der Abstufung türmt er über der durchgehenden Ladenzone das als Kopfbau des Gesamtkomplexes gegen die Querstraße leicht zurückgesetzte Hochhaus auf. Die Unterschiede in den Lösungen liegen zum einen in der Ordnung der Verhältnisse der Hochhausflügel zur Blockrandbebauung, deren Tiefenzug Kohtz unberührt läßt oder durch Verschneidungen mit den Querflügeln bricht. Wichtiger allerdings sind ihm Aufbau und Schmuck des Turmhauses. Während die Varianten 54.14 und 54.15 mit ihren durch schwere Gesimse sorgsam getrennten Gebäudeabschnitten den Entwürfen für das Reichshaus am Königsplatz von 1920 nahestehen und sich voneinander durch die völlig unterschiedliche Auffassung der Binnengliederung – einmal sachlich-vertikal, einmal dekorativ flächig – unterscheiden, kann der Entwurf 54.12 als Vorläufer für die Lösung eines 1. Entwurfes für das Grundstück am Bahnhof Friedrichstraße vom Mai 1921 gelten (Kat. Nr. 3.1). Hier sind die einzelnen Bauglieder – der quadratische Kern und die die Höhenstaffelung bestimmenden Längs- und Quertrakte – durch unterschiedlichen Fensterrhythmus eigenständig behandelt. Der Zusammenhalt ist durch die jeweils ungebrochene vertikale Gliederung, durch ‚Umfassen' und ‚Durchdringen' der einzelnen Bauteile und durch die einheitliche formale Ausbildung im Detail gesichert.

Hochhaus für einen Baublock in der Geschäftsstadt, 1920,
54.12 Schaubild

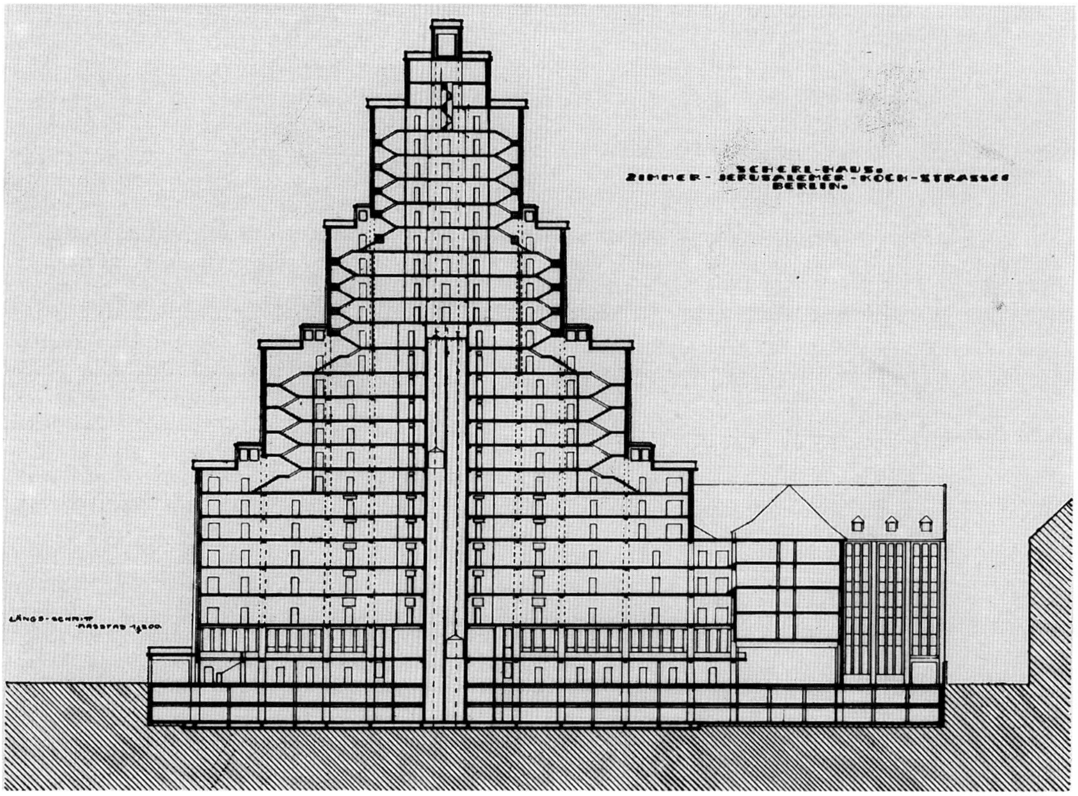

Hochhaus für einen Baublock
in der Geschäftsstadt, 1920
links: 54.13 Längsschnitt
unten: 54.14 Variante, Schaubild

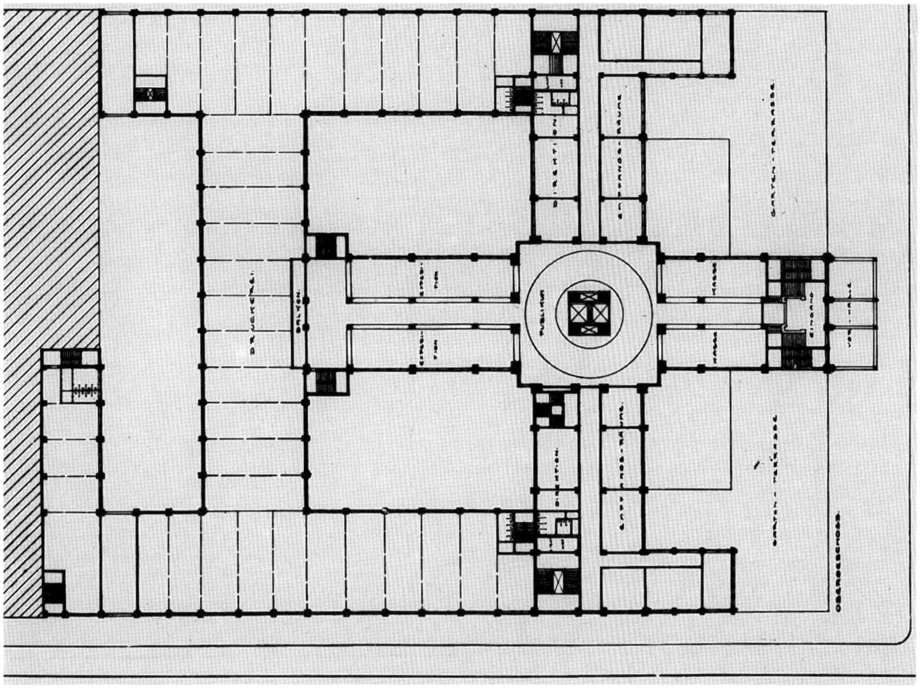

Hochhaus für einen Baublock in der Geschäftsstadt, 1920
rechts: 54.14 Grundriß erstes Obergeschoß
unten: 54.16 Variante, Schaubild

Hochhaus am Blücherplatz, 1921

Der Kohtzsche Entwurf ist, im Gegensatz zu den meisten anderen Turmhausprojekten dieses Architekten, nicht bestimmt vom Prinzip regelmäßiger, im Schema der Stufungen systematischer Abtreppung, sondern schließt relativ eng an einen wenig früheren Vorschlag von Hans Kraffert an (Kat. Nr. 55). Ebenso wie dieser wäre der Bau von Kohtz „ein bedeutender, der Kilometerlänge der schnurgerade darauf zustrebenden Friedrichstraße die Wage haltender Richtpunkt".[23] Die Zweiteilung des mehr als 20geschossigen Baues soll, „und dies ist vielleicht das Schwerste bei der Aufgabe, ein Turmhaus in ein bestehendes Stadtbild einzugliedern", den „Zusammenklang mit den 5geschossigen, unmittelbar anschließenden Nachbargebäuden"[24] herstellen. Für den zeitgenössischen Rezensenten hatte Kohtz diese Aufgabe recht gut „in ruhig würdiger Form" gelöst. Eine Reihe von sehr präzisen Zeichnungen im Nachlaß Otto Kohtz belegt[25], daß der Architekt sich, weit über das bloße Vorstellen einer Idee hinaus, mit dem Gelände und seiner Bebauung befaßt hat. Seine Überlegungen stehen möglicherweise im Zusammenhang mit dem 1922 bekannt gemachten Projekt einer „Berliner Großbank"[26], das unbebaute Gelände für ein Turmhaus zu nutzen.

23 Ponten, Architektur, 127.
24 W(alter) L(ehwess), Zwei Hochhausentwürfe, in: Stbk 1921, 234; dort auch die folgenden Zitate.
25 TU Berlin, Planslg. UB, u. a. 8993-8997.
26 Vgl. Ein Turmhaus am Blücherplatz, in: DAZ, 24. 4. 1922.

54.17 Hochhaus am Blücherplatz, 1921
Schaubild von Norden

Turmhausgruppen an der Prinz-Albrecht-Straße, 1921

Ein zwischen Leipziger, Wilhelm-, Prinz-Albrecht- und Königgrätzer Straße eingebundenes, bedeutendes innerstädtisches Areal beschäftigte Otto Kohtz im Jahre 1921.

Die dort befindlichen Gebäude, des Abgeordneten- und Herrenhauses und wichtiger Militärbehörden bedurften nach Kohtz Überzeugung einer städtebaulichen Strukturierung und Aufwertung gegen die jenseits der Prinz-Albrecht-Straße gelegenen Kunstgewerbe- und Völkerkundemuseen. Der Bau zweier nahezu identischer, über kreuzförmigem Grundriß emporgewachsener Hochhausgruppen und eine Einbindung der rechts und links des Abgeordnetenhauses gelegenenen Behörden durch eine ‚einheitliche' Blockrandbebauung sollten diesen neuralgischen Ort, der von Bruno Möhring als Musterbeispiel ungeschickter Aufstellung von Monumentalgebäuden bezeichnet worden war, neu gliedern.[27] Kohtz sah eine Einfügung der rechts des Abgeordnetenhauses vorgesehenen Hochhausgruppe in eine hufeisenförmige, geschlossene und Binnenräume schaffende Bebauung vor. Links sollte eine die Hochbauten umgreifende Bebauung die Baulücken zur Königgrätzer Straße und zum Leipziger Platz schließen. Durch die Anlage dreier schmaler Straßen versucht Kohtz die günstige Lage des Areals zur Leipziger Straße, zu zwei Hauptbahnhöfen sowie zum U-Bahnhof Leipziger Straße umfassend zu nutzen.

Die in der Grundstruktur identischen, doch bei der Einzelausbildung variierenden Turmgruppen über kreuzförmigem Grundriß sind bis ins 13. Geschoß durch einen Mitteltrakt miteinander verbunden. Die als einzelne Kreuztürme nach oben geführten Gebäudeteile werden ab dem 19. Geschoß von einem quadratischen Aufsatz abgeschlossen. Kohtz wollte durch eine Abtreppung der Baumassen den Komplex strukturieren und aus seiner fünfgeschossigen walmbedachten Blockstrukturierung harmonisch aufsteigen sehen. Die vertikale Betonung erfolgt durch Lisenen, umlaufende Gesimse schließen die Gebäudestufungen ab. Durch vasenartige Eckbekrönungen wird diese unterbrechende Tendenz zusätzlich verstärkt.

Ob die vergleichsweise unauffälligen formalen Varianten der beiden „charaktervollen" Turmhausgruppen – das Abgeordnetenhaus würde zum bloßen Verbindungsglied, „für das Ausdruckslosigkeit gerade das Richtige ist" degradiert – Alternativlösungen andeuten sollen, wofür der hier grundsätzlich angenommene Symmetriegedanke spricht, oder ob die Bauten durch ihre formalen Analogien zwar als zusammengehörig, aber doch auch unterscheidbar aufgefaßt werden sollen, ist kaum zu entscheiden. Die Anlage der Zeichnung, aber auch die ausführliche Besprechung durch Bruno Möhring, die in erster Linie von ästhetischen Kriterien ausgeht – einen „Platz als Auftakt zu der aufstrebenden Masse" begreift, bei den Türmen den Eindruck des „leichten, organischen Emporwachsens" hat und den „künstlerischen Reiz" beschwört – verdeutlichen hier die wichtige Funktion, die den Hochhäusern als Instrument der Stadtbildpflege beigemessen wird.

Turmhausgruppen in der Prinz-Albrecht-Straße, 1921
links mitte: 54.18 Lageplan
unten: 54.19 Schaubild

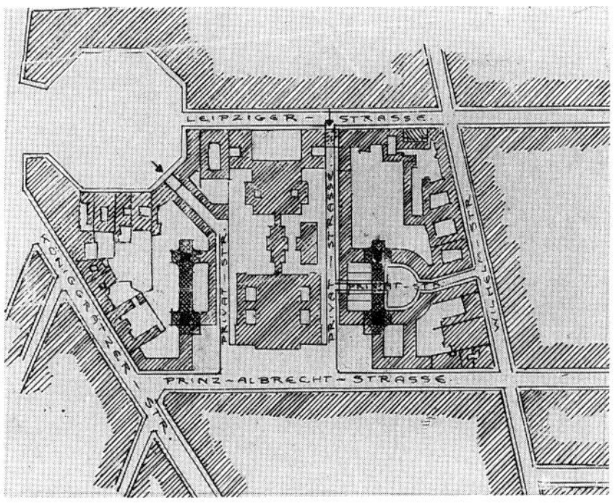

27 Vgl. Bruno Möhring, Turmhausgruppen an der Prinz-Albrecht-Straße in Berlin. Entwurf von Otto Kohtz, in: Stbk 2, 1921, 14. Dort auch die im folgenden wiedergegebenen Zitate.

Hochhaus in den Ministergärten, 1921

Kohtz entwickelte auf dem Areal der Ministergärten, das Bruno Möhring als besonders geeignet für den Bau eines Hochhauses beschrieb[28], im Rückraum einer Blockrandbebauung eine breit gespannte Hochhauswand, die in seinem Œuvre in Grundform und Gestaltung singulär ist und die sich aus der Auseinandersetzung mit Bruno Möhrings Entwurf für den selben Bauplatz erklärt (Kat. Nr. 53.11,12). In merkwürdigem Kontrast zur konsequenten Wiederholung der immer wieder gleichen Wand-Fenster-Einheit der Bürogeschosse stehen die gezwungen erscheinenden Schwünge und Kurven, vor allem aber die hinter dem orientalisierenden Eingangstempel aufsteigenden, rautenförmigen Treppenhausfenster.

28 Vgl. Möhring, Vorzüge, 385.

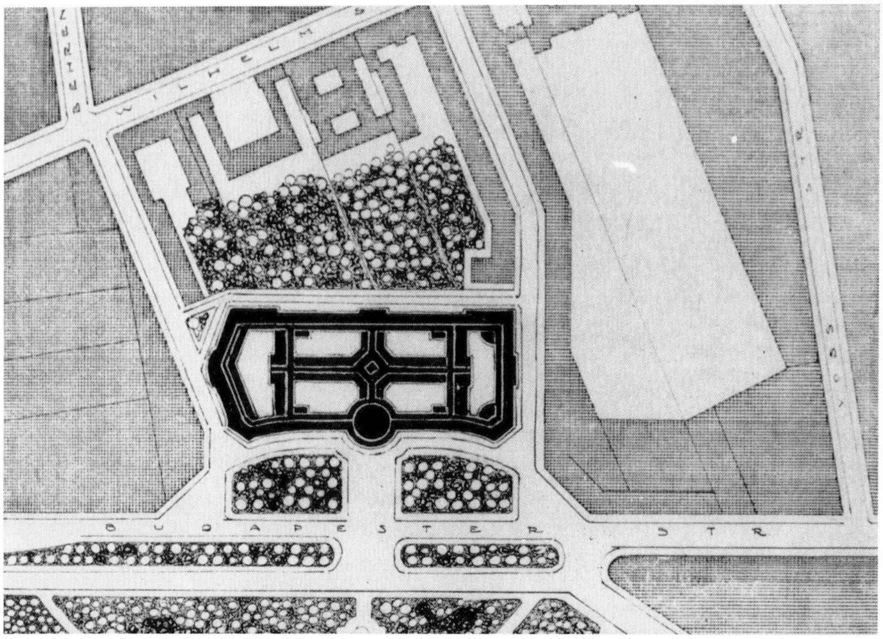

Hochhaus in den Ministergärten, 1921
links: 54.20 Lageplan
unten: 54.21 Schaubild von der Budapester Straße

Hochhaus am Potsdamer Platz, 1921

Der Entwurf ist insofern außergewöhnlich, als Kohtz das ca. 30geschossige Turmhochhaus tief im Rückraum auf dem Terrain des kgl. Kaiser-Wilhelm-Gymnasiums situiert, um die übrige Bebauung des Areals möglichst nicht zu beeinträchtigen. Aus der Blickachse der Leipziger Straße, die ja auch für den frühesten für Berlin bekannten, als Point de vue gedachten Hochhausentwurf von Bruno Schmitz aus dem Wettbewerb ‚Groß-Berlin' von 1910 (Kat. Nr. 50) bestimmend war, schließt sich das auf Fernsicht abzielende, streng vertikal gegliederte und in Höhenstaffelung zur Mitte aufgebaute Hochhaus mit der am Platz gelegenen Kopfbebauung zusammen. Die Synopse mit dem im rechten Vordergrund angeschnittenen Warenhaus Wertheim von 1896-1904 visualisiert höchst bewußt die strukturelle Anlehnung dieses für die meisten Kohtzschen Bürotürme repräsentativen Gebäudes an die berühmten Bauten Messels.

54.22 Hochhaus am Potsdamer Platz, 1921,
Schaubild von Osten

Büroturmhaus an der Friedrichstraße, 1921

Im Straßengeviert Friedrich-, Ziegel-, Kalkscheunen- und Johannisstraße, das Bruno Möhring für eine vermutlich ähnliche Bebauungsform vorgeschlagen hatte (Kat. Nr. 53.1), entwarf Otto Kohtz, bezogen auf die Sichtachse aus der Karlstraße, über kreuzförmigem Grundriß einen formal etwas grobschlächtigen Büroturm. Dabei versucht er offensichtlich, dem System kräftiger, die Vertikale betonender Lisenen mit den dazwischengeschobenen Wand- und Fensterelementen das Gewicht durch orientalisch-jugendstiligen Schmuck zu nehmen, doch wirken die einzelnen kunstgewerblich-dekorativen Zierelemente lediglich appliziert. SM/FZ

54.23 Büroturmhaus an der Friedrichstraße, 1921
Schaubild von Westen

55 Hans Kraffert
Bürohochhaus am Blücherplatz, 1920

Das Grundstück am Blücherplatz in der Achse der Friedrichstraße hatte bereits Paul Wittig (vgl. Kat. Nr. 51.3) „in früheren, bereits ein Jahrzehnt zurückliegenden Studien als passenden Platz für ein Turmhaus vorgeschlagen."[1] Ähnlich wie sein Kollege Otto Kohtz (Kat. Nr. 54.16) nahm sich Hans Kraffert des Areals zur Planung eines Hochhauses erneut an, da der Platz, seiner freien Lage am Landwehrkanal wegen, nach wie vor zu den für den Bau eines Hochhauses außerordentlich günstigen Orten zählte. Bei Kraffert „wird die städtebauliche Aufgabe im Anschluß des Hauses an die niedrigen Nachbarhäuser gesehen, sowie in der Einpassung in den Rahmen, den die Kopfbauten der Öffnung"[2] des Belle-Alliance-Platzes abgeben. In strenger Symmetrie hat Kraffert seinen „stattlichen Bürohaus-Entwurf"[3] auf die Sichtachse aus der Friedrichstraße bezogen. Die verschatteten Häuser des Mittelgrundes fassen den wohl ein Stück weit in den Rückraum des Grundstückes gelegten, nahezu 20geschossigen, in lichter Helligkeit aufragenden Bau ein. Sie entwickeln mit den dem Hochhaus vor- und angelagerten Bauteilen aus plastischer Wirkung und abwechselnden Traufhöhen ein bewegtes Bild. Mit Ausnahme des etwa 5geschossigen Querriegels, dessen Skulpturenreihe wohl Bezug zum plastischen Schmuck der Bebauung am Belle-Alliance-Platz nehmen soll, ist der Entwurf in seiner sachlichen Reduktion der Fassadengestaltung auf mächtige Lisenengliederungen, die jeweils drei enggestellte Fensterachsen zusammenfassen, ein Versuch, mit traditionellen Mitteln zu einer eigenständigen Ausdrucksform des Hochhauses zu gelangen.

EF

1 Bruno Möhring, Über die Vorzüge der Turmhäuser und die Voraussetzungen, unter denen sie in Berlin gebaut werden können, in: Stbk 1920, 385.
2 Hochhausbaukunst, in: BW 1921, 693.
3 Möhring, Vorzüge, 385.

56 German Bestelmeyer Ringhochhaus für die Reichsschuldenverwaltung, Projekt 1920

Zu den wenigen konkreten Vorschlägen für ein Hochhaus in Berlin anfangs der 20er Jahre gehört ein Gegenprojekt German Bestelmeyers zum Neubau der Reichsschuldenverwaltung an der Oranienstraße.[1] Der letztlich von der Baupolizei abgelehnte Entwurf eines 10geschossigen Ringhochhauses, der vor allem wegen seiner Konstruktion als „Hochhaus ohne Skelett“[2] lebhaftes Interesse in der Fachwelt fand, löste eine heftige Debatte über die Berliner Bauordnung (die damals mehr als 4 Obergeschosse nicht zuließ), die Kompetenzen der Behörden und die geistige Haltung ihrer Vertreter aus.[3]

Erheblicher Raumbedarf der Reichsschuldenverwaltung hatte eine äußerst verdichtete Bebauung des zur Verfügung stehenden Geländes zwischen Oranien-, Linden-, Alte-Jakob- und Feilnerstraße erfordert, was kaum lösbare Probleme für die Belichtung und Erschließung der Büroräume nach sich zog. German Bestelmeyer, der zur künstlerischen Weiterbearbeitung zweier Vorentwürfe der Bauverwaltung herangezogen worden war, lieferte neben Verbesserungsvorschlägen - die zwar die Kritiker auch nicht zufriedenstellen konnten, später aber zur Ausführung kamen - das Alternativprojekt des „Reichsschuldenturmes“. Die Vermehrung der Geschosse ermöglichte bei gleicher Nutzfläche eine bedeutende Vergrößerung des Freiraumes um das Gebäude und im Inneren des Areals, wodurch neben der allseitigen Verbesserung der Lichtverhältnisse im weiten Hof auch Platz für eine großzügige Kassenhalle geschaffen wurde. Die Ringform sollte dem Hochhaus, das wegen akutem Eisenmangel und hoher Zementpreise konventionell hätte aufgemauert werden müssen, die nötige Windversteifung gewährleisten.[4] Dabei hätte der kolossale Bau mit 90 m langer und 80 m kurzer Hauptachse trotz oder gerade wegen seiner konventionellen Detailgestaltung jeden Maßstab gesprengt. Ungewohnter Grundriß, gesteigerte Bauhöhe und riesige Dimensionierung waren für Bestelmeyer kein Anlaß, nach Gestaltungsmöglichkeiten zu suchen. Er betonte vielmehr im Verhältnis von Wand und Öffnung, in der monotonen Reihung der Fenster und der Gliederung durch Gesimse die von der traditionellen Bauweise bestimmte Addition der Geschosse, wobei er sich offensichtlich an nüchternen Zweckbauten des Klassizismus, wie etwa dem Wiener „Narrenturm“, orientierte.[5] Die formale Gestaltung des Ringhauses, dessen Vorzüge die nutznießende Behörde voll anerkannte und das von der Akademie der Künste als „bedeutsame Leistung und wertvolle Bereicherung des Stadtbildes“ gewürdigte wurde[6], fand in der Fachpresse so gut wie keine Erwähnung, auch wenn dort ausdrücklich immer vom „Baukünstler“ Bestelmeyer die Rede war. Diskutiert wurde ausschließlich die baurechtlich-technische Seite des Entwurfes, vor allem im Zusammenhang mit der Verweigerung der Baugenehmigung durch die Baupolizei, da der Umgebung zu viel Licht genomen werde.[7] Weder dies noch die „prinzipiellen Gründe“[8] der Bauvorschriften oder angebliche Schwierigkeiten in der Materialbeschaffung[9] ersparten den Behörden den Vorwurf, bei der Ablehnung des Projektes handle es sich um einen Akt „passionierter Rückschrittlichkeit“ oder „paragraphierter Rechthaberei“.[10] Cornelius Gurlitt sah „(...) Fragen von weitgehender kultureller Bedeutung angeschnitten, zu deren Beantwortung die Baupolizei in keiner Weise berufen und befähigt (...)“[11] erscheine, und Bruno Möhring, der sich wenig später bei seinen Entwürfen für 10geschossige Ringhäuser in entscheidenden Punkten am „Reichsschuldenturm“ orientierte, (vgl. Kat Nr. 53.15–18), empfand den „Fall Bestelmeyer“ als „so kraß, daß er vor das Parlament gehört (...). Wir können nicht dulden, daß wir in den Augen anderer Nationen lächerlich gemacht werden (...), daß durch veraltete Vorschriften, an denen nicht einmal praktische Künstler seinerzeit mitarbeiten durften, der Fortschritt der deutschen Baukunst gehemmt wird... Wir müsen in unserer Friedensarbeit beweisen, daß wir fähig sind, nach gesunden, wirtschaftlichen und künstlerischen Grundsätzen zu bauen. Dazu müssen wir uns von alten kleinlichen Vorschriften freimachen ...“.[12] So gab Bestelmeyers Alternativentwurf zur Reichsschuldenverwaltung den konkreten Anlaß zu einer neuerlichen Diskussion über die Zulassung von vielgeschossigen Häusern (Hochhäusern), an deren Ende ein Erlaß des preußischen Ministers für Volkswohlfahrt vom 3. Januar 1921 stand, mehr als fünfgeschossige Bauten von den Aufsichtsbehörden - allerdings nur auf dem Dispensweg - zuzulassen.[13]

FZ

1 Zur Baugeschichte der Reichsschuldenverwaltung, die laut Ministerialerlaß als „Gebäude einfachster Art im Typus des Kasernenstils nach den Grundsätzen altpreußischer Sparsamkeit“ aufgeführt werden sollte, vgl. BA Koblenz, Akten des Finanzministeriums, R2, 1840-1843; aus R2 1841 fehlen die Bände 3-4, die den Zeitraum April 1918-November 1920 und damit wohl die Diskussion um das „Hochhaus“ betreffen.

2 Karl Bernhard, Hochhäuser ohne Skelett, in: ZdB 1921, 41ff; F.R.V., Hochhäuser ohne Skelett, in: BuG 1921, 64ff.

3 Bruno Möhring, Wer entscheidet über Deutsche Baukunst, in: Stbk 1920, 193ff; E.G. Friedrich, Sollen wir Wolkenkratzer bauen, in: BW 1920, 554; (Cornelius Gurlitt), Reichsschuldenturm und Berliner Baupolizei, in: Baugilde 48/49, 1920, 4 (Abdruck eines Schreibens des BDA (Bundesvorsitzender C. Gurlitt) an Reichsfinanzminister, 17. Dez. 1920, BA Koblenz, R2 1842); Dr. C.W. (Pseudonym), Der Wolkenkratzer - Baukunst und berliner Baupolizei in: BT, 19. 1. 1921, Morgenausgabe.

4 Zu den Details der wirtschaftlichen und bautechnischen Überlegungen vgl. Bernhard, Hochhäuser, 41ff.

5 Narrentum in Wien, 1783 von Isidor Canevale; vgl. Renate Wagner-Rieger, Wiens Architektur im 19. Jahrhundert, Wien 1970, 52 und Tafel 23.

6 Möhring, Wer entscheidet, 197 u. 198.

7 Vgl. Gurlitt, Reichsschuldenturm, 4.

8 BA Koblenz, R2 1842, 27. Dez. 1920, Finanzministerium an BDA.

9 Vgl. Möhring, Wer entscheidet, 197.

10 Dr. C. W., Wolkenkratzer.

11 Gurlitt, Reichsschuldenturm, 4.

12 Möhring, Wer entscheidet, 198.

13 Vgl. ZdB 1922, 48.

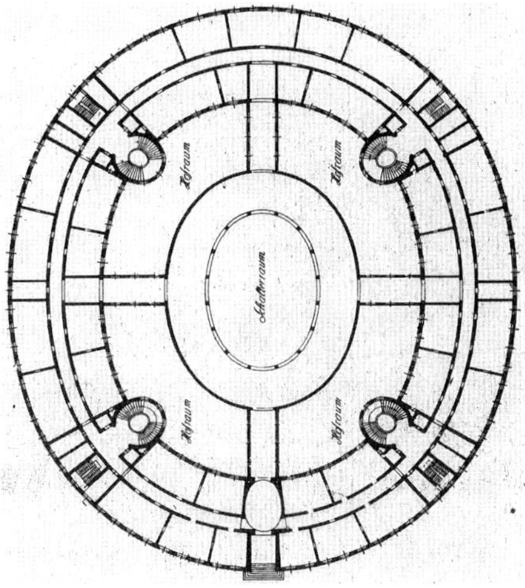

oben: 56.2 Reichsschuldenverwaltung Berlin, 1920, Schaubild
links mitte: 56.1 Reichsschuldenverwaltung Berlin, 1920, Grundriß Erdgeschoß
rechts mitte: 56.3 Reichsschuldenverwaltung Berlin, 1920 Schaubild, Schnitt

57 Joseph Reuters
Ein Hochhausprojekt für Charlottenburg, 1920

Der Charlottenburger Architekt Josef Reuters entwickelte 1920 „gelegentlich einer Bebauungsplanbearbeitung für einen Baublock in Charlottenburg“[1] ein Hochhaus von eigentümlicher Gestalt.
Auf einem nicht näher lokalisierbaren Grundstück von gewaltigen Ausmaßen erhebt sich auf einem von einer Kreisform überlagerten Rechteckgrundriß ein ca. fünfzehngeschossiger, über 100 m langer Baukörper, der von zwei 80 m hohen Türmen flankiert ist. Reuters kam es „weniger auf die Grundrißlösung an, als darauf, den Aufbau der gewaltigen Massen eines solchen Gebäudes künstlerisch zu bewältigen und rhythmisch zu gliedern.“[2]
Die Nutzung der unteren Etagen als Volksbibliothek geht wohl - als oberflächliche Übernahme - auf den Volkshausgedanken[3] oder die damals vielbeachtete Idee der Stadtkrone von Bruno Taut[4] zurück. Die architektonischen Formen entsprechen diesem Idealbild jedoch genausowenig wie die Nutzung der oberen Geschosse als Büroräume. Die Detailformen, die stark graphisch aufgefaßte Fassade und der Stil der feingliedrigen perspektivischen Ansicht, in der in der Hintergrundgestaltung die vertikalen und horizontalen Linien des Gebäudes verstärkend aufgegriffen werden, sind noch ganz den Formen des sogenannten Jugendstils verhaftet.[5]
Dem grazilen Ausdruck, den die Zeichnung vermittelt, widerspricht die monumentale Wirkung in städtebaulicher Hinsicht, die durch die Freistellung des Gebäudes erreicht wird. Eine Steigerung dieses Eindruckes wird bewirkt durch eine vorgelagerte riesige Platzanlage von strenger Axialität. Deren Anbindung an das Hochhaus erfolgt über eine 70 m breite, monumentale Freitreppe, die in ihren Ausmaßen zu gewaltig ist, um nur der Erschließung zu dienen.
Reuters Hochhausentwurf kann als ungewöhnlich für Berlin gelten, da es sich hier wohl eher um eine Idealplanung handelt. Er hatte auf eine vorhandene städtebauliche Situation, im Gegensatz zu den meisten anderen Turmhausplanungen der Nachkriegszeit, keine Rücksicht zu nehmen.

JTK/JMa

1 Stbk 1920, 376.
2 StbK 1920, 376.
3 Die Idee des Volkshauses geht auf die Arbeiterreformbewegung zurück und spielte in der Architekturdiskussion nach dem ersten Weltkrieg eine wichtige Rolle. Vgl. K. Junghanns / J. Schulz: Das Volkshaus in der Städtebautheorie 1918-1920, in: Deutsche Architektur, 1964.
4 Vgl. Bruno Taut: Die Stadtkrone, Jena 1919.
5 Reuters Entwurf für eine Gedächtniskirche mit Pfarrhaus von 1917 unterscheidet sich sowohl in den Detailformen, als auch in der zeichnerischen Darstellung nicht wesentlich von seinem Projekt für Charlottenburg (Vgl. Abb. in: Walter Lehwess: Der Gedanke des evangelischen Kirchenbaues, in: StBK 2.1921, 165).

Abbildung rechte Seite oben:
57.1 Hochhausprojekt für Charlottenburg, 1920, Schaubild

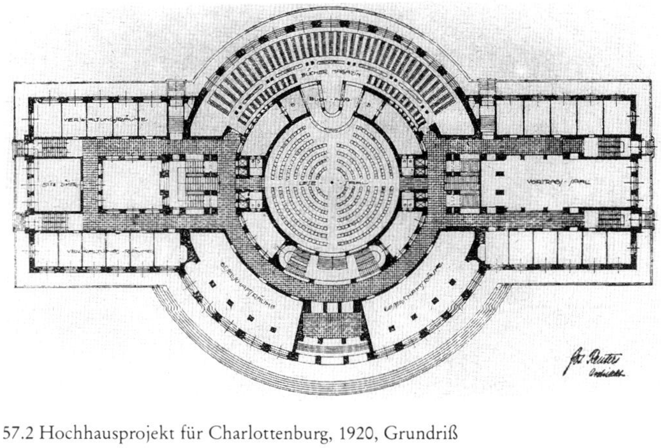

57.2 Hochhausprojekt für Charlottenburg, 1920, Grundriß

57.3 Hochhausprojekt für Charlottenburg, 1920, Ansicht

58 Kemnitz
Entwurf für ein Turm-Schwebehaus, Berlin 1921

Im Zusammenhang mit der Diskussion grundsätzlicher, insbesondere wirtschaftlicher und künstlerischer Probleme des Hochhausbaues, und in der Auseinandersetzung mit den als problematisch angesehenen amerikanischen Wolkenkratzern, ist 1921 der Entwurf des in Berlin tätigen Architekten Kemnitz für ein ‚Turm-Schwebehaus' veröffentlicht worden.[1] Kemnitz umgürtet ein in seiner Ausdehnung unbestimmtes, größeres Areal mit wehrturmartig aufgereihten Hochhäusern und verbindet diese mit scheinbar schwebenden Zwischentrakten. Das Hauptaugenmerk liegt hier in dem Versuch, aus der Kritik an den amerikanischen aber auch Berliner Mißständen heraus eine konkrete Lösung für die Beleuchtungs- und Belüftungsprobleme geschlossener Baublöcke unter Beibehaltung einer hohen Nutzungsdichte zu finden. Kemnitz' Idee besteht zunächst darin, durch die ‚schwebenden' Gebäudeteile die Licht- und Luftverhältnisse insbesondere in den unteren Geschossen des Komplexes sowie der benachbarten Bebauung zu verbessern und deren Wohnqualität aufzuwerten, wobei allerdings die Zeichnung schon recht deutlich zeigt, daß das Problem weniger gelöst als vielmehr verlagert ist. Sehr heterogen und in einzelnen Punkten durchaus fortschrittlich, erscheint die formale Durchbildung des gesamten Komplexes. Während der hohe Eckturm in Gliederung und Detailgestaltung eindeutig auf amerikanische Vorbilder Bezug nimmt, zeigen die übrigen Türme und die „schwebenden" Bauteile - abgesehen von den eigentümlichen Dachlösungen - sowie die Flachbauten der Ladenzone in der nüchternen Reduktion auf horizontal und vertikal gliedernde, konstruktive Elemente eine erstaunliche Sachlichkeit. Zumindest originell, und hierin der Dachlandschaft vergleichbar, sind die mächtigen, mit Balkonen und Fenstern versehenen Mittelstützen der „Brücken", die auch zu deren Erschließung dienen, und die zur Verdeutlichung ihrer tragenden Funktion an den Stirnseiten als überdimensionierte dorische Säulen gestaltet sind.

Zweifel äußerte der Kritiker des ‚geistreichen' und ‚kühnen' Versuchs an dessen Ausführbarkeit bzw. Wirtschaftlichkeit.[2] Zumindest was die technische Durchführung des Entwurfs betrifft, konnte sich Kemnitz jedoch auf in Amerika gemachte Erfahrungen stützen. Denn als ‚schwebender Wolkenkratzer' war bereits 1913 eine aus statischen Gründen in vergleichbarer Konstruktion durchgeführte Aufstockung eines New Yorker Geschäftshauses in der deutschen Fachpresse publiziert worden (Kat. Nr. 49.13).[3]

S. K.

1 Hochhausbaukunst, in: BW 1921, 695.
2 Vgl. Hochhausbaukunst, 694.
3 Damals hatte sich bei der Vergrößerung eines 12geschossigen Geschäftsgebäudes das Problem ergeben, daß die alten Fundamente die zusätzliche Last weiterer sieben Geschosse nicht mehr aufnehmen konnten, worauf man sich im weiteren Planungsverlauf entschlossen hatte, die neu hinzukommenden Obergeschosse mittels einer aufwendigen Stahlkonstruktion brückenartig zwischen die beiden flankierenden weiteren Anbauten aufzuhängen. Vgl. hierzu: A.M.N., Der schwebende Wolkenkratzer, in: BW 1913, 26.

Abbildung rechte Seite:
58.1 Entwurf im Turmschwebe-Haus, 1921

59 Hochhäuser im Rahmen eines Wettbewerbs um einen Bebauungsplan für die Cäciliengärten in Schöneberg, 1921/1922

Die Erstellung eines Bebauungsplanes für die Cäciliengärten in Schöneberg wurde als Teilaufgabe aus einem zunächst ausgeschriebenen weiterreichenden Wettbewerb herausgelöst, nachdem die Besitzerin des Grundstücks Interesse an einer Nutzung zeigte.[1] Die Ausschreibung, deren Einsendeschluß für den 1. 1. 1922[2] festgesetzt war, galt allen in den BDA-Landesbezirken Groß-Berlin und Brandenburg ansässigen Architekten. Zu berücksichtigen waren bereits vorhandene Erschließungsstraßen des Areals, die auf einen Bebauungsplan des Schöneberger Stadtbaurats Paul Wolf aus dem Jahre 1912 zurückgingen.[3]
Alle drei überlieferten Entwürfe[4] nahmen eine Aufteilung des Baugeländes in eine Siedlungsbaufläche und einen kleineren zum Innsbrucker Platz gelegenen, städtebaulich besonders ausgebildeten Bereich[5] für ein Hochhaus vor, wobei man wegen der Übereinstimmungen vor allem in Hinblick auf das Hochhaus von einem dementsprechenden Ausschreibungspassus wird ausgehen müssen.[6] Zumindest scheint dieser Aspekt bei den Entscheidungen der Jury[7] durchaus von Bedeutung gewesen zu sein.
Rudolf Prömmel knüpfte als Gewinner des Wettbewerbs städtebaulich und in den Detailformen an die Gartenstadt Staaken[8] an. Das projektierte Büro(hoch)haus – in seiner Gestaltung nicht überliefert – wird aus Bebauung der Einfamilienreihenhäuser deutlich ausgeschieden.
Der zweite Preisträger, Max Heinrich, sah neben Einfamilienhäusern an den Rändern des Areals auch Mehrfamilienhäuser vor. Er versuchte „durch Gegensätze in der Bebauung eine besondere Wirkung in ästhetischer Beziehung zu erzielen. (...) Die größte Steigerung des Baugedankens ist auf die Ecke der Haupt- und Rubensstraße gelegt worden. Dieser Baublock ist gewissermaßen das Eingangstor von Friedenau, liegt an einem der verkehrsreichsten Punkte und läßt sich wirtschaftlich am meisten ausnutzen. Da auf nachbarliche Bebauung durch die Besonderheit der Lage wenig Rücksicht genommen werden braucht, ist an dieser Stelle in der Achse des Cäciliengartens stehend, ein 12geschossiges Hochhaus geplant, in welchem Künstlerateliers und Büros untergebracht werden können."[9] Das detailliert ausgeformte, in der Höhe mehrfach abgestufte Hochhaus mit bewegter Dachsilhouette entspricht formal jener als gemäßigt-expressionistisch bezeichneten Formensprache, die in ihrer Zeit als zweckmäßig angesehen wurde. So weist der Entwurf in bezug auf die Fassadenbehandlung und Baumassendisposition, vor allem aber bei der Behandlung der Dachzonen, starke Ähnlichkeiten zum preisgekrönten Projekt der Architekten Baecker/Brahm/Kasteleiner (vgl. Kat. Nr. 7) des Friedrichstraßen-Wettbewerbs der Turmhaus-AG auf.
Hans Spitzner, der Träger des dritten Preises, situierte sein im Grundriß H-förmiges Hochhaus etwas zurückgesetzt von der Gabelung der Hauptstraße, so daß es in erster Linie die dahinterliegende Siedlung beherrscht.[10] Mit zwei Schaubildern[11] zeigt Spitzner die Verbindungen zum Siedlungsteil auf und unterstreicht die Bedeutung des Hauses als „Kopf"[12], als kultureller und wirtschaftlicher Mittelpunkt, der Wohnanlage.
Die überlieferte Vogelschau des Areals darf, was die Gestaltung des Hochhauses angeht, zwar nicht überinterpretiert werden, doch hatte Spitzner hier im Gegensatz zu seinem Beitrag beim gleichzeitigen Wettbewerb um das Hochhaus am Bahnhof Friedrichstraße (vgl. Kat. Nr. 42) wohl einen auffallend konsequenten 20geschossigen Rasterbau im Sinn.
Die damals in Berlin diskutierte Verwendung von Hochhäusern für Wohnzwecke[13] (vgl. Kat. Nr. 53) dürfte bei allen Entwürfen, ebenso auszuschließen sein wie der für den City-Bereich so wesentliche Aspekt, durch Schaffung von Geschäftsräumen zweckentfremdeten Wohnraum wieder seiner eigentlichen Bestimung zuzuführen.[14]
Vielmehr stellen die Ergebnisse des Wettbewerbs den interessanten Versuch dar, in einem nicht vollständig bebauten Stadtbezirk die aktuellen Ideen des reformierten Siedlungsbaues, der Gartenstadt, zu verwirklichen, und dennoch, durch Nutzungsdifferenzierung innerhalb des Grundstücks, sowohl die städtebauliche Kontinuität des Stadtteils zu wahren, als auch für künftige Zeiten wirtschaftlichen Wachstums Entwicklungsmöglichkeiten offenzuhalten.

JTK/JMa

1 Vgl. DS 1922, 87.
2 Vgl. DS 1922, 87.
3 Vorgesehen war eine trapezförmige Platzfigur im Sinne des damals diskutierten romantischen Städtebaues, vgl.: Boden- und Actiengesellschaft Berlin-Nord (Hg.), In den Cäciliengärten mit Text von Maximilian Rapsilber, Berlin o. J.
4 Vgl. Stbk 1922, 54-57.
5 Dieser Bereich besitzt durch seine verkehrsgünstige Lage an der relativ verkehrsreichen Hauptstraße sowie die U- und S-Bahnanschlüsse eine gute überregionale Erschließung. Wegen der nur teilweisen Bebauung der Platzränder handelte es sich damals jedoch keinesfalls um einen Ort von zentraler Bedeutung.
6 Obwohl für den Entwurf von Prömmel kein entsprechendes Schaubild vorhanden ist, darf aus dem Lageplan und der Bezeichnung „projektiertes Bürohaus" auf ein Hochhaus geschlossen werden. Vgl. Stbk 1922, 56.
7 Der Jury gehörten der Reichskunstwart Dr. Edwin Redslob, die Architekten Prof. Dr. Heinrich Straumer, Prof. Dr. Herrmann Jansen und Prof. Heinz Lassen sowie Bürgermeister Berndt, Kommerzienrat Werner Eichmann/Lichmann, Stadtrat Spliesgarth, Geheimrat und Bürgermeister Dr. Muthesius an, vgl.: DS, 1922, 87; Stbk 1922, 54.
8 Gartenstadt Staaken, 1913-17 von Paul Schmitthenner, BusB, Teil IV A, 252, Obj. 39, u. Teil IV B, 234, Obj. 686, städtebaulich auch Gartenstadt Dresden-Hellerau, Platzbildung am Bauteil Hermann Muthesius 1910 o. Bauteil „Am Markt" von Richard Riemerschmid 1909-14.
9 Erläuterungsbericht des Entwurfes, in: Stbk 1922, 56 f.
10 Ein Erläuterungsbericht ist nicht überliefert, vgl. Stbk, Jg. 1922, 57.
11 Vgl. Stbk 1922, 57.
12 Vgl. Bruno Taut, Kopf ohne Rumpf, in: B. Taut, Die Stadtkrone, Jena 1919, 56 ff.
13 Vgl. Bruno Möhring, Über die Vorzüge der Turmhäuser und die Voraussetzungen, unter denen sie in Berlin gebaut werden können, in: Stbk 1920, 353-357, 370-376, 385-391 (Siedlungshochhaus 390).
14 Vgl. Wolkenkratzer – Das Gutachten eines deutschen Wohnungsbauinspektors, in: BT 615, 3. 12. 1912, I; Walter Laporte: Der Wohnungsbau und seine Hemmungen- Die unentbehrliche Aufstockung, in: General-Anzeiger 65, 17. 3. 1927; Oberbürgermeister Böß, Die Not in Berlin, Berlin 1923.

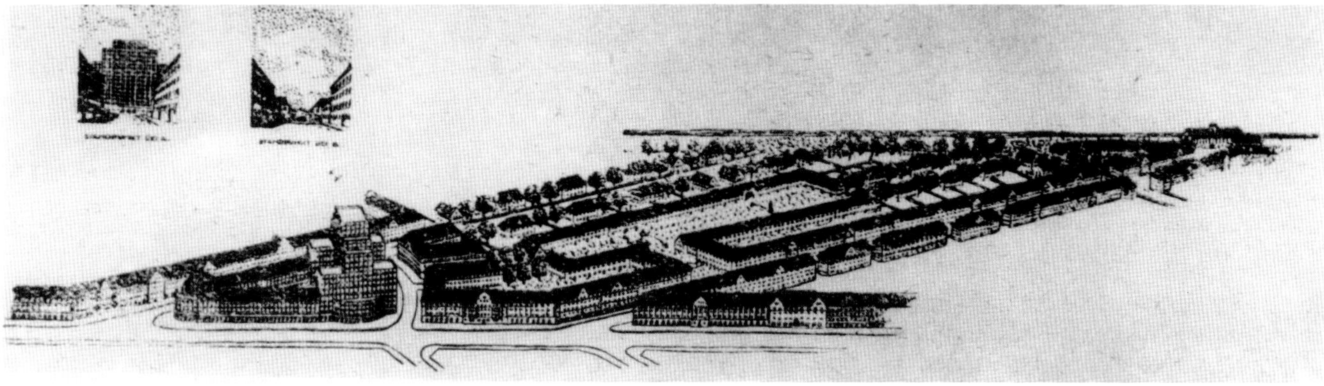

Wettbewerb Bebauungsplan Cäciliengarten, Berlin-Schöneberg, 1921/22
oben: 59.1 Max Heinrich, 2. Preis, Schaubild
unten: 59.2 Hans Spitzner, 3. Preis, Vogelperspektive, zwei Schaubilder

60 Hochhausentwürfe im Rahmen des Wettbewerbs für ein Geschäftshaus am Kemperplatz 1921/22[1]

Auslober des Wettbewerbs für ein Hochhaus am Kemperplatz war die „Wiederaufbau-Aktiengesellschaft für Einrichtung von Hochbauten ‚Widag'", die zu den zahlreichen Firmen des Berliner Bauunternehmers Heinrich Mendelssohn gehörte.[2] Der Sitz der Gesellschaft, Berlin W 10, Viktoriastraße 37 Ecke Bellevuestraße 11, war identisch mit dem zu bebauenden Grundstück. Der Architektenverein von Berlin schrieb im Auftrag der ‚Widag' unter seinen Mitgliedern einen allgemeinen Wettbewerb aus, der 76 Entwürfe erbrachte.[3]

Die Vorgabe des Bauherrn, „das vorhandene Gebäude (...) in den neu anzulegenden Teil einzufügen, (...) hat den Wettbewerb nicht gefördert"[4], der insgesamt „keinen Entwurf gezeitigt hat, der als eine hervorragende Lösung angesehen werden kann".[5] Das Juryurteil schloß mit der Empfehlung: „Sollte die Gesellschaft sich entschließen, in letzter Sekunde von dieser (o. g.) Forderung abzusehen, so würde dieses, es besteht darüber wohl kein Zweifel, zu einem günstigeren Resultate führen."[6]

So entschloß sich die Wiederaufbau-AG, einen zweiten Wettbewerb durchzuführen[7], zu dem sie sechs Architekten einlud.[8]

Überliefert sind Entwürfe von Erich Mendelsohn, Peter Behrens sowie von Max und Bruno Taut. Die Beiträge der Gebrüder Luckhardt und Arthur Voigdts sind nicht erhalten.[9]

Die Bedingungen des Wettbewerbs lassen sich nicht eindeutig rekonstruieren. Bekannt ist lediglich, daß die Architekten ihren Entwurf nach einem vorgegebenen Grundriß gestalten und in der Viktoriastraße an vorhandene Altbebauung anschließen mußten.[10] Die Forderung des ersten Wettbewerbs, den vorhandenen Altbau einzubeziehen, wurde fallengelassen. Bemerkenswert ist, daß alle Architekten an der Ecke zum Kemperplatz ein Hochhaus von etwa gleicher Höhe als Teil der Gesamtbebauung vorgesehen hatten, was auf eine Vorgabe hindeuten, aber auch auf städtebauliche Erwägungen der Wettbewerbsteilnehmer zurückgehen kann.

Das bekannteste Projekt dieses Wettbewerbs ist wohl das von Erich Mendelsohn.[11] Der Entwurf besticht vor allem durch seine strenge Horizontalgliederung. Den Anschluß an die vorhandene Altbebauung an der Viktoriastraße vollzieht Mendelsohn mit einem dunkel gefärbten Treppenhaus, dessen schmale Fensterschlitze die Stockwerkseinteilung des Nachbarhauses nivellieren. Eine zweigeschossige, ebenfalls dunkel gehaltene Arkadenstellung aus Stahlbetonbindern bildet den Sockel[12] für den Hochbau, der an der Ecke zum Kemperplatz zu einem insgesamt achtgeschossigen Hochhaus kulminiert. Dieser Entwurf Mendelsohns darf aufgrund seiner Horizontalbetonung und der dynamischen Eckausbildung sicher in engem Zusammenhang mit dem Umbau des Mosse-Hauses gesehen werden.

Der Entwurf von Peter Behrens[13] sieht einen Bau mit Werksteinfassade vor, der an der Viktoriastraße sechsgeschossig, zum Kemperplatz hin neungeschossig ausgebildet ist und damit die größte Gebäudehöhe innerhalb des Wettbewerbs aufweist. Die Verbindung der beiden Bauteile untereinander sowie die Anbindung an den Altbau erreicht Behrens durch halbrunde Erker, die die Rundung des Hochhauses zum Kemperplatz hin widerspiegeln. Der Entwurf ist, folgt man seinen eigenen Äußerungen, streng genommen kein Hochhaus, da ein solches wesentlich höher sein und dort stehen sollte, wo „das Herausschnellen einer energischen Vertikale für das Stadtbild künstlerisch notwendig ist."[14]

Die Brüder Bruno und Max Taut[15], die damals zwar ein gemeinsames Büro unterhielten, in dem sie sich oft gegenseitig unterstützten, jedoch Wettbewerbsentwürfe immer allein erarbeiteten[16], boten verwandte Lösungen an. Ihre Entwürfe sehen an der Viktoriastraße einen fünfgeschossigen Trakt mit Paralleldächern vor, die diesen Bauteil in verschiedene Einzelhäuser aufzuteilen scheinen. Große Unterschiede gibt es in der stilistischen Ausformung beider Entwürfe. Während Bruno Tauts Kopfbau durch sein hinter hohen Giebeln errichtetes Kreuzdach romantisierend wirkt, zeigt Max Taut an der Fassade erstmals seine strenge Rastergliederung, die er 1922/23 an seinem ADGB-Haus baulich verwirklichen konnte und Zeit seines Lebens weiterverfolgte.

Zu Unrecht dem Wettbewerb zugerechnet wurde ein Entwurf von Hugo Häring[17], der im Rahmen einer Planung zur Umgestaltung der westlichen Innenstadt entstand.[18] Für eine großräumige Neuordnung des Kemperplatzes sowohl in verkehrstechnischer als auch in architekto-

1 Die interessante Geschichte des zweigliedrigen Wettbewerbs und die komplexe Baugeschichte, die bis in die sechziger Jahre reicht, kann nicht Gegenstand dieser Abhandlung sein. Da sich hier exemplarisch alle relevanten Probleme – von der frühen City-Diskussion bis zum Wiederaufbau nach dem Zweiten Weltkrieg – darstellen lassen, werden die Autoren dies an anderer Stelle tun.

2 Die Wiederaufbau-Aktiengesellschaft ‚Widag' wurde am 21. Juni 1921 in das Handelsregister eingetragen. Vorstand der AG war Heinrich Mendelssohn. Gegenstand des Unternehmens war die „Errichtung und Verwertung von Hochbauten und Erwerb und Verwertung von Grundstücken sowie Erledigung aller damit zusammenhängenden Geschäfte", Akten der ‚Widag' im AG Chlbg., HRB 7000 Nz, Bd. 2, 1-3.

3 Vgl. Seel, Neubebauung des Grundstücks Viktoriastraße 37 und Bellevuestraße 11, in: WAVB, 1921, 189-192; DBZ 1921, 272; Stbk 1921, 236; Ausschreibung in: WAVB 1921, 120.

4 Seel, Neubebauung, 191.

5 Seel, Neubebauung, 192.

6 Seel, Neubebauung, 191.

7 Einsendeschluß des ersten Wettbewerbs war der 30. September 1921. Über den Verbleib dieser Entwürfe ist nichts bekannt. Als Datum für die Fertigstellung der Entwürfe des zweiten Wettbewerbs mag die Datierung der Entwurfszeichnung von Bruno Taut „10. 12. 21" und Max Taut „Januar 1922" dienen.

8 Vgl.: Adolf Behne, Chronik der Deutschen Baukunst seit Kriegsende II, in: Bouwkundig Weekblad 1923, 196; A. Behne, Hochhausproblem, in: SM 1922, 327.

9 Die umfassendste Veröffentlichung in: Frühlicht 3, 1921/22, 80-84.

10 „Architektonische Gestaltung eines gegebenen Grundrisses" in: WMB 1924, 30.

11 Ansichtszeichnungen, Vorzeichnungen und Fassadenaufrisse in: WMB 1924, 29/30; weitere Vorzeichnungen in: Bruno Zevi, Erich Mendelsohn – Opera Completa, Milano 1970, 78, Zeichnung 1 = Nr. 777.

12 Eine Vorzeichnung zu diesem Entwurf sah zunächst an dieser Stelle einen begehbaren Umgang vor. Vgl. Zevi, Mendelsohn, 78.

13 Ansicht und Massenmodellfoto in: Frühlicht 1921/22, H. 3, 80; ein weiteres Massenmodellfoto in: Wendingen 3, 1923, 15.

14 Peter Behrens, Zur Frage des Hochhauses, in: Stbk 1922, 370.

15 Bruno Taut: Grundriß, Fassadenaufriß, Ansicht und Fotomontage in: Frühlicht 3, 1921/22, 82; Max Taut: Fassadenaufrisse und Massenmodellfoto in: Frühlicht 3, 1921/22, 83.

16 Achim Wendschuh: Lebenslauf Max Taut, in: Max Taut 1884-1967, Ausst.-Kat. d. Akad. d. Künste Berlin 1984, 45; Achim Wendschuh: Bruno Taut – Leben und Werk, in: Bruno Taut 1880-1938, Ausst.-Kat. d. AdK Berlin 1980, 151-162, 154.

17 Vgl. Kat. Tendenzen der zwanziger Jahre, Berlin 1977, Kat. Nr. 2/346, S. 2/80 (Pläne im Nachlaß Häring, AdK Berlin).

18 Seine Planung vom September 1922 sieht den Ausbau der Viktoriastraße zur „Straße der Republik", als den Platz mittels Unterführung durchquerende Hauptverkehrsstraße, vor und steht in Verbindung mit seinen Plänen vom August 1922 für die Neugestaltung des Königsplatzes (Pläne im Nachlaß Häring, AdK Berlin).

19 Nach der Berliner Bauordnung waren alle Häuser mit mehr als fünf Geschossen, also alle Arbeiten des Wettbewerbs, dispenspflichtig und wurden als Hochhäuser bezeichnet.

20 Behne, Chronik, 193.

21 Erdgeschoßgrundriß und Ansicht des ersten Entwurfes in: Seel, Neubebauung, 192; Ansicht des Ausführungsentwurfes in: WMB 1924, 136.

22 Adolf Behne, Neubauaufgaben, in: SM 1923, 644.

nischer Hinsicht greift Häring über die Grenzen des zur Verfügung stehenden Areals weit hinaus, indem er gleich drei Eckgrundstücke in seinen Entwurf einarbeitet. Der Baugrund Viktoriastraße Ecke Bellevuestraße hat hierbei für ihn nur eine untergeordnete Bedeutung. Eine siebengeschossige Bebauung zeichnet den Verlauf der in den Platz einmündenden Straßen nach, den Angelpunkt zwischen dem Tiergarten und den in die Innenstadt führenden Straßen akzentuiert Häring mit einem Hochhaus von doppelter Höhe, das mit einem Rundturm in die Straßenflucht eingebunden wird. Mit 14 Stockwerken konnte Häring, losgelöst von der konkreten Bauaufgabe, ein Hochhaus zeigen, wie es in der damaligen Architekturdiskussion gefordert wurde, während alle Wettbewerbsteilnehmer, wohl aufgrund der Ausschreibungsvorgaben, eine geringere Bauhöhe vorsahen.[19]

Das Ergebnis des Wettbewerbs war typisch für viele Projekte in den zwanziger Jahren: Trotz überzeugender moderner Lösungen „entschied man sich für einen völlig physiognomielosen Allerwelts-Klassizismus."[20] Der Entwurf von Heinrich Kaiser und Eduard Jobst Siedler[21], der im ersten Wettbewerb den vierten Preis erhalten hatte, wurde in einer überarbeiteten Fassung zur Ausführung bestimmt. Mit der Ausbildung einer erhöhten Ecke am Kemperplatz nähern sich die Architekten den progressiven Lösungen des zweiten Wettbewerbs an, blieben jedoch in städtebaulicher und künstlerischer Hinsicht weit hinter den Möglichkeiten der Zeit zurück. Adolf Behne schrieb damals: „Gebaut wird eine schulbuchhafte Kümmerlichkeit, die zum Mitleid stimmt, aber sicher eine gute Presse haben wird."[22]

JTK/JMa

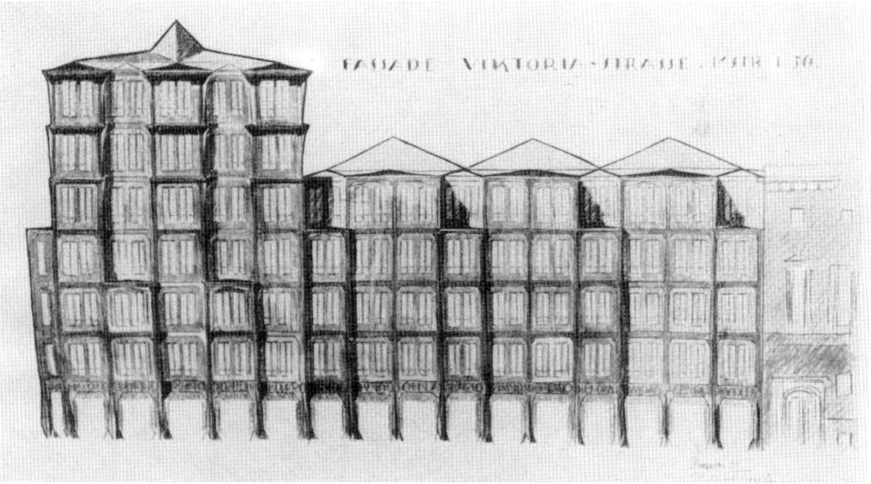

rechts: 60.1 Max Taut, Fassade Viktoriastraße
unten: 60.2 Max Taut, Modellansicht von Nordwesten

links: 60.3 Erich Mendelsohn, Schaubild Bellevuestraße
unten: 60. 4 Erich Mendelsohn, Schaubild Viktoriastraße
oben: 60.5 Bruno Taut, Vogelperspektive

links oben: 60.6 Bruno Taut, Schaubild Bellevuestraße
rechts oben: 60.7 Peter Behrens, Modellansicht von Norden
unten: 60.8 Peter Behrens, Schaubild Viktoriastraße

61 Der Wettbewerb der Chicago Tribune „100 000 Dollar Preise für Architekten“[1]

Die Wettbewerbsausschreibung

Ein halbes Jahr nach dem Wettbewerb „Hochaus am Bahnhof Friedrichstraße“, am 10. Juni 1922, schrieb die Chicago Tribune, eine der damals führenden Tageszeitungen der Vereinigten Staaten, den ersten internationalen Wettbewerb für einen Wolkenkratzer aus.[2] Zweck der Ausschreibung war es, Entwürfe für ein neues Redaktionsgebäude am Rande der Innenstadt von Chicago zu erlangen. „Die Chicago Tribune wurde am 10. Juni 1847 gegründet, feiert also am 10. Juni ihren 75. Geburtstag. Aus diesem Anlaß soll ihr ein neues prunkvolles Heim errichet werden, ein Denkmal von unübertroffener Schönheit, das den Herausgebern der ganzen Welt als Ideal vorschweben wird und würdig sein muß der größten Zeitung der Welt.“[3] Hatte die Zeitung 1894 noch „50 Redakteure und Reporter“ beschäftigt[4], so war die Zahl der Mitarbeiter inzwischen auf „3100 Männer und Frauen gestiegen und man verkaufte über vier Millionen Exemplare der Tribüne wöchentlich“[5]. Neben der Befriedigung des Bedarfes an dringend benötigten Geschäftsräumen hatte die Zeitung mit ihrer Ausschreibung die Intention, sich selbst ein architektonisches Denkmal zu errichten.[6] Die Chicago Tribune reihte sich mit einem solchen Plan in die Tradition der New Yorker Zeitungshochhäuser ein. Dort entstanden am Printing House Square nacheinander Hochhäuser für die ‚New York Tribune‘, ‚The World‘ und die ‚New York Times‘. Alle diese Gebäude folgten dem Schema des Hochhauses mit Turmaufsatz; ihre historisierende Formensprache benutzte immer deutlich erkennbare Zitate aus der Architekturgeschichte. Dem in New York gesetzten Beispiel sind viele Zeitungen in Nordamerika gefolgt, die Chicago Tribune nahm also nur eine Bautradition auf. Im Gegensatz zum Friedrichstraßen-Wettbewerb beinhaltete die Ausschreibung das konkrete Angebot, nach Abschluß des Wettbewerbs auch zu bauen; gefragt waren deshalb keine Idealentwürfe, sondern solche, die sich unter Berücksichtigung aller in der Ausschreibung aufgeführten Vorgaben auch bauen ließen. Als Bauplatz für den „Tribune Tower“ war ein an der North-Michigan Avenue gelegenes,

1 Die Baugilde 1922, Nr. 13/14/15. Unter dieser fettgedruckten Überschrift ließ die Zeitung in ihrer Juli-Ausgabe den Wettbewerb für ein neu zu errichtendes Verwaltungsgebäude der „Chicago Tribune“ in Deutschland ankündigen.
2 Neben dem Wettbewerb für den Völkerbundpalast in Genf von 1927 mit 367 eingereichten Entwürfen zählt die „Chicago Tribune Competition“ zu einem der beiden großen internationalen Wettbewerben zwischen den Weltkriegen.
3 The International Competition for a New Administration Building for The Chicago Tribune 1922. Containing all the Designs in Responce to The Chicago Tribune's $ 100 000 Offer Commemorating its Seventy Fifth Anniversary, June 10, 1922, Chicago 1923; 1. Übersetzung der Wettbewerbsankündigung in: DBZ, 12 August 1922, 392.
4 100 Jahre Architektur in Chicago. Kontinuität von Struktur und Form, Katalog zur Ausstellung, München 1973, 40.
5 The International Competition . . ., 2.
6 The International Competition . . ., 1.

61.1 News Paper Row, New York, um 1903. Hochhäuser am Platz von rechts nach links: The New York Sun Building (Pulitzer), The New York Tribune Building, The New York Times Building.

61.2 Der Bauplatz, 435 North Michigan Avenue, Chicago, von Westen.

rechteckiges Grundstück vorgesehen[7], das auf seiner Rückseite von dem bereits bestehenden Betriebsgebäude der Chicago Tribune begrenzt wurde[8], einem mehrgeschossigen anspruchslosen Gebäude. Zusammen mit dem schon 1921 erbauten „Wrigley Building"[9] sollte der „Tribune Tower" den Beginn dieser Straße und gleichzeitig den nördlichen Brückenkopf über dem Chicago River markieren. Auf diese speziell urbanistische Situation wie auch auf die architektonische Gestaltung des gegenüberliegenden Gebäudes wird allerdings in der Ausschreibung nicht hingewiesen. Ausgangspunkt für den Entwurf sollte vielmehr die Schönheit des Gebäudes selbst sein, welches man in der Ausschreibung mit „Tower" bezeichnete, einem Gebäudetypus, mit dem Amerikaner damals die Assoziationen von Höhe und durchgehenden vertikalen Strukturen verbanden. Mit der Negierung der speziellen Situation wollten die Auslober den Wettbewerb offenhalten, um die Selbstdarstellung der Zeitung so effektvoll wie möglich inszenieren zu können.

Für die Einlieferung der Wettbewerbsentwürfe war eine Frist von rund fünf Monaten angesetzt worden.[10] Auswärtige Teilnehmer konnten diese Frist um einen Monat überschreiten.[11] Detaillierte Einzelpläne wurden nicht verlangt. Von den Bewerbern sollte nur der Erdgeschoßgrundriß, ein charakteristischer Bürogeschoßgrundriß, zwei Ansichten, ein Schnitt in Ost-West-Richtung und eine Perspektive von der Südwestecke des Gebäudes abgegeben werden.[12] Bei der Einfachheit des Programmes waren die Möglichkeiten der Gestaltung den Architekten freigestellt, handelte es sich doch im Grunde nur darum, auf einer beschränkten Grundfläche durch Übereinandertürmen von Geschossen eine ausreichend große Menge von Büroräumen zu schaffen. Nur die detailliert beschriebenen Bauvorschriften des „Chicago Building Ordinance"[13] führten zu gewissen Einschränkungen dieser Freiheit.[14]

Das fünfköpfige Preisgericht setzte sich aus vier Laien und einem Architekten zusammen.[15] In der deutschen Fachpresse wurde dies kritisiert, weil im Gegensatz zu den deutschen Gepflogenheiten keine bedeutenden Architekten im Preisgericht vertreten waren. „Schon aus dieser Art der Ausschreibung geht hervor, daß sachverständiger Rat die bisherigen Arbeiten nicht geleitet zu haben scheint. Aber auch wenn die Behandlung von den deutschen Usancen bei Wettbewerben abweichen sollte, so empfehlen wir den Wettbewerb doch der Aufmerksamkeit der deutschen Fachgenossen."[16]

7 Die North-Michigan Avenue, heute „Magnificent Mile" genannt, wurde damals zur Hauptverkehrsader zum Norden der Stadt entwickelt. Sie entstand dadurch, daß eine ältere Straße, die nördlich des Flusses verlief, die Pine Street, verbreitert und über eine zweigeschossige Brücke mit dem Loop verbunden wurde. In Burnhams „Plan of Chicago" von 1909 spielte die Straße eine Schlüsselrolle. Bereits 1918 gab der Chicagoer Einzelhandelsverband einer Gruppe von Architekten den Auftrag, ein Planungsschema für die architektonische Gesamtentwicklung der Avenue zu entwerfen. Ein Bericht über dieses Projekt, an dem unter anderen A. Rebori, Holabird und Roche beteiligt waren, erschien in: American Architekt 1918, 691-99, 701. Vgl. dazu: Robert Bruegmann, Als Welten aufeinanderprallten: Europäische und amerikanische Beiträge zum Wettbewerb der „Chicago Tribune" von 1922, in: John Zukowsky (Hrsg.), Chicago Architektur 1872-1922, München 1987, 320.

8 Dieser Bau, „The Tribune Plant", war erst 1920 errichtet worden und nahm die Produktionsanlagen der Zeitung auf. Es war ein strenger, einfacher Baukubus mit zwei aufragenden Dachaufbauten. Vgl.: The International Competition . . ., 32.

9 Wrigley Building, 400 North-Michigan Avenue, 1919-21, Erweiterung 1924, vom Architekturbüro Graham, Anderson, Probst und White erbaut. Vgl.: Sally Chappell, Als ob immer die Sonne schien: Das Wrigley Building von Graham, Anderson, Probst and White, in: Zukowsky, Chicago Architektur, 295-305.

10 The International Competition . . ., 23.

Die Preisträger

Trotz der hohen Zahl von 264 eingesandten Entwürfen wurde das Ergebnis des Wettbewerbs bereits in der Ausgabe der „Chicago Tibune" vom 3. Dezember 1922 veröffentlicht.[17] Der erste Preis in Höhe von $ 50 000 ging an die Architekten Raymond M. Hood und John M. Howells aus New York. Pathetisch schrieb die „Chicago Tribune" über den Entwurf: „Es ist ein Kampfgebäude. Von der großen Eingangshalle bis zu der vielumstrittenen Kapelle, die in Höhe von 120 m die Stadt und den See beherrscht, ist es ein streitbares Werk. Seine Füße stehen fest auf dem Erdboden. Sein Herz schaut sternenwärts. Es ist St. Michael, ausgedrückt mit den Mitteln des 20. Jahrhunderts, die neue Architektur eines neuen Landes."[18]

Die Idee eines Turmes in neugotischer Fassung ist das beherrschende Thema des ersten Preises. Zwar äußert Howell in seinem Erläuterungsbericht dazu: „Der Entwurf ist in erster Linie ein Ausdruck der „Tribune". Wir fühlen, daß wir etwas Einheitliches geschaffen haben. Es ist kein Turm und keine Spitze, sondern das Ganze ist ein Gebäude"[19]; doch wird durch die Betonung der Vertikalen in Form der Strebepfeiler gerade das Turmhafte herausgearbeitet. Verstärkt wird dieser Eindruck noch durch das Zusammenfassen von Sockel, Mittelteil und Spitze durch diese Pfeiler. Die verklammernde Wirkung der senkrechten Fassadenteile verhindert ein Auseinanderfallen dieser drei unterschiedlichen Bereiche, denn über einem dreigeschossigen Sockelbereich mit gotischem Profanbaucharakter sitzen die aufeinander gestapelten, einheitlich gestalteten Bürogeschosse, die den hohen Mittelteil bilden, darüber befindet sich die sakrale Turmspitze in reichster gotischer Ausbildung. Trotzdem überzeugt der erste Preis durch Gesamteindruck und Ausgewogenheit der Proportionen und hebt sich ab von den eklektizistischen Arbeiten, die am Wettbewerb eingereicht wurden.

Am Morgen des 29. November, als die Entscheidung fast schon feststand, traf ein Entwurf aus Finnland ein. Die Jury war „von der kolossalen Schönheit dieser Einsendung"[20] so beeindruckt, daß sie sich wieder versammelte und bis zum Morgen des 1. Dezember tagte.[21] Einstimmig wurde daraufhin Eliel Saarinen aus Helsingfors (Helsinki) und seinen Chicagoer Partnern Dwight G. Wallace und Bertell Grenman der mit $ 20 000 dotierte zweite Preis zuerkannt.[22] In dem Essay „The Chicago Tribune Competition" stimmte Sullivan für den Entwurf von Eliel Saarinen und griff die Jury an, weil sie einem Ausländer nicht den ersten Preis zuerkennen wollte.[23] Im Gegensatz zum gotisierenden Turm des ersten Preises wirkte Saarinens Entwurf durch die Plastizität der abgestuften, kubischen Bauglieder des Hochhauses innovativ. Auf einem dem Zuschnitt des Grundstücks entsprechenden rechtwinkligen Unterbau, der die Hauptmasse des Gebäudes bildet, verjüngt sich der Turm durch Rücksprünge, entsprechend dem „set-back" Verfahren der New Yorker Bauordnung. Eintönigkeit wird dadurch vermieden, daß Saarinen zum einen geschickt den Grundriß (rechtwinklig, kreuzförmig, quadratisch) veränderte, zum anderen die Fassade durch Schmuckfriese und Rundbogenfenster in horizontale Streifen gliederte. Die Anlehnung an den Aufriß des legendären „Woolworth Building" ist offensichtlich.[24] Der Rezensent des Wettbewerbs in der Deutschen Bauzeitung, Gerhard Wohler, bemerkte dazu:[25] „Die künstlerische Gesamthaltung ist zweifellos viel reifer als die gotische Stilübung des ersten Entwurfes, und die Begeisterung des Preisgerichtes für diesen zweiten Entwurf ist so einleuchtend, daß es unverständlich bleibt, warum man ihm nicht den Vorrang gegeben hat. Ganz und gar aber bricht man zum Preisgericht ab, wenn man den mit dem dritten Preis bedachten Entwurf betrachtet."[26]

Diesen bekam das Chicagoer Büro Holabird & Roche für einen Entwurf, der unter die Masse der eklektizistischen Arbeiten eingereiht werden kann, obwohl er sich von direkten Stilzitaten freihält. Deutschen Kritikern erschien der Entwurf in den Einzelheiten disharmonisch und deswegen völlig mißglückt. „Der 3. Preis zum Beispiel ist die Übereinanderstellung einer Kirche, eines Warenhauses, eines Theaters, eines Bahnhofs und einer Festung."[27] Neben den drei mit Preisen bedachten Entwürfen waren außerdem 34 Arbeiten mit dem Titel „honorable mention" (lobende Erwähnung) ausgezeichnet worden.

Im Rückblick auf die Entscheidung des Preisgerichts läßt sich sagen, daß die Kritiker recht behalten sollten. Der Entwurf Saarinens hatte auf die Entwicklung des Hochhauses in den Vereinigten Staaten einen größeren Einfluß als der ausgeführte erste Preis von Howell & Hood.[28] Selbst Raymond Hood übernahm später Elemente aus Saarinens Projekt in einigen seiner späteren Hochhäuser.[29] Mit ihrer Entscheidung bekräftigte die Jury, was sie durch die Vorauswahl von zehn Architekturbüros angedeutet hatte. Ihre konservative Haltung ließ darüber hinaus auch nur Gebäude in der Tradition der Zeitungshochhäuser auszeichnungswürdig erscheinen. Die Jury verhielt sich im Sinne des von ihr aufgestellten Programmes konsequent, der Vorwurf des Chauvinismus scheint ungerechtfertigt.[30]

11 Teilnahmeberechtigt waren Architekten aller Nationen, darauf legte die Chicago Tribune den größten Wert. Die zusätzliche Einladung an zehn bekannte amerikanische Architekturbüros, gegen eine Entschädigung von je 2000 Dollar teilzunehmen, zeigt allerdings, welche Art von Architektur die Jury bevorzugte.

12 The International Competition (. . .), 24.

13 Zur Zeit des Wettbewerbs war eine Bauordnung für Chicago in Vorbereitung, die erst 1923 erlassen wurde. Es sollten darin die Prinzipien der berühmten ersten New Yorker Bauordnung, der „New York Building Zone Resolution" von 1916, übernommen werden. Für Hochhäuser ging es im wesentlichen darum, eine Einteilung der City in Höhenklassen und die Limitierung der Gebäudehöhen zu erreichen. Vgl.: Carol Herselle Krinsky, Sister Cities: Architecture and Planing in the Twentieth Century, John Zukowsky, David Van Zanten und Carol Herselle Krinsky, Chicago and New York: Architectural Interactions, Chicago 1984, 58-60, Robert Bruegmann, Als Welten aufeinanderprallten . . ., 320.

14 Nach der Verordnung konnte die Grundfläche bis zu einer Höhe von 260 Fuß (79 m) voll überbaut werden. Darüber hinaus war ein Aufbau bis zu 400 Fuß (122 m) über Straßenniveau erlaubt mit einer Gesamtgeschoßfläche von 3600 Quadratfuß (ca. 333 qm). Vgl.: Ausschreibungstext in: The International Competition . . ., 36.

15 Dies waren die vier Direktoren der Zeitung, Colonel Robert R. Mc Cormick, Captain Joseph M. Patterson, Edward S. Beck, Holmes Onderdonk und als Architekt Alfred Granger, ein Vertreter des „American Institute of Architects", vorgeschlagen durch die Sektion des Staates Illinois. The International Competition . . ., 4-5.

16 DBZ 1922, 392. Dagegen wies die „Baugilde" darauf hin, daß die Wettbewerbsbedingungen nach den „Ratschlägen und Gepflogenheiten" des American Institute of Architects und dessen Wettbewerbsordnung ausgearbeitet worden waren. Vgl.: Die Baugilde 1922, Nr. 21.

17 Bennett, James O'Donnell, Howells Wins in Contest for Tribune Tower, Chicago Tribune, Chicago 3. 12. 1922, 1, 22-23.

18 BW, 1922, 848. Übersetzung eines Absatzes des Artikels: Bennett, O'Donnell, Howells Wins . . ., 22-23.

19 Übersetzung des Erläuterungsberichtes von Howells & Hood in: BW 1922, 848.

20 100 Jahre Architektur in Chicago, München 1973, 40.

21 The International Competition . . ., 5f: Wiedergabe des Wettbewerbsprotokolls von Alfred Granger.

22 Im Buch zum Wettbewerb wurden diese Chicagoer Architekten als Partner genannt, in der Literatur zu Saarinen werden sie jedoch nicht mehr erwähnt. Vgl.: Robert Bruegmann, Als Welten aufeinanderprallten . . ., 321.

23 Louis H. Sullivan, The Chicago Tribune Competition, Architectural Record 1923, 151-57.

24 Das „Woolworth Building" in New York, von Cass Gilbert 1913 erbaut, galt damals in den Vereinigten Staaten als das Meisterwerk der Hochhausarchitektur und war deshalb sicher Vorbild für zahlreiche andere Einsendungen, wie z. B. den Entwurf des Amerikaners Richard Y. Mine aus Urbana, Illinois.

Abbildung rechte Seite:
61.3 John Mead Howells und Raymond M. Hood, New York, 1. Preis, Ausführungsentwurf, Schaubild von Süden.

links: 61.4 Eliel Saarienen, Helsingfors, und Dwight D. Wallace, Bertell Grenman, Chicago, 2. Preis.
rechts: 61.5 Holabird & Roche, Chicago, 3. Preis.

Die amerikanischen Wettbewerbsteilnehmer

Die Mehrzahl aller amerikanischen, aber auch einige ausländische Wettbewerbsteilnehmer huldigten in ähnlicher Form wie die Preisträger Howell & Hood und Holabird & Roche dem Eklektizismus. Unter dem Einfluß der beiden großen Weltausstellungen, 1889 in Paris und 1893 in Chicago, wurde der Eklektizismus um die Jahrhundertwende die vorherrschende Methode innerhalb der Architektur der USA. In den verschiedensten Ausprägungen, von der Nachahmung der italienischen Renaissance und der Antike, des Neopalladianismus, des „Colonial Style", des „Ecole des Beaux-Arts Style" und vornehmlich von der amerikanischen Version der Neugotik, „The Gothic Revival", erstreckte sich das Feld architektonischen Schaffens. Die Ursache für die verhältnismäßig große Bedeutung der Neugotik in dieser Zeit, auch außerhalb des Sakralbaues war, daß ihre Vertikaltendenz den formalen Ansprüchen engegenkommt, die das Hochhaus an die Architekten stellt.[31] Anders als in Europa dauerte dieser Trend in den Vereinigten Staaten noch bis in die zwanziger Jahre an[32], da die führenden amerikanischen Architekten fast immer Absolventen der damals beliebten, aber konservativen „Ecole des Beaux-Arts" waren.[33] Weniger für diese Architekten, aber für ihre Nachahmer war die Baugeschichte

25 Gerhard Wohler, Das Hochhaus im Wettbewerb der Chicago Tribune, in: DBZ 1924, 315-20 und 345-51. Außer Wohler müssen noch Werner Hegemann, Das Hochhaus als Verkehrsstörer und der Wettbewerb der Chicago Tribune, WMB 1924, 296-309; Richard Neutra, Die ältesten Hochhäuser und der jüngste Turm, Die Baugilde 1924, H. 21 und Adolf Behne, Amerikanische Architektur, in: SM 1923, 198/199 als deutsche Rezensenten des Wettbewerbs genannt werden.

links: 61.6 Albert J. Rousseau, Ann Arbor, eine lobende Erwähnung.
mitte: 61.7 Frank Fort, New York
rechts: 61.8 Alfred Fellheimer und Stewart Wagner, New York.

26 Gerhard Wohler, Das Hochhaus im Wettbewerb der Chicago Tribune, in: DBZ 1924, 346.
27 Behne, Amerikanische Architektur, 198.
28 Aufgrund der vielen Nachfragen und Gesuche aus dem ganzen Land organisierte die „Chicago Tribune" 1923 eine Wanderausstellung, die in zahlreichen amerikanischen Städten (insbesondere an Architekturschulen und Universitäten) gezeigt wurde. Dazu gab sie einen Katalog heraus: ‚The Chicago Tribune International Competition', hrsg. Chicago Tribune Company, Chicago 1923. Durch die Würdigung Sullivans erregte besonders der Entwurf Saarinens die Aufmerksamkeit der Fachleute, der Presse und der Studenten. Es ist deswegen nicht verwunderlich, wenn er in den darauffolgenden Jahren zahlreiche Nachahmer unter der Architektenschaft fand. Siehe: Francisco Mujica, History of the Skyscraper, Paris 1929, 39.
29 Paul Goldberger, Wolkenkratzer - Das Hochhaus in Geschichte und Gegenwart, Stuttgart 1984, 57.
30 Dieser ist vor allem von nicht amerikanischen Autoren geäußert worden, denen jedoch das Wissen über das Umfeld des Wettbewerbs, besonders zum Gebäudetyp, fehlte.
31 So haben namentlich Hochhäuser der neunziger Jahre gotische Züge aufzuweisen, wie die von D. H. Burnham & Co. erbauten Reliance Building (1895) und Fisher Building (1897), beide in Chicago, und als Vorbild das bekannteste Hochhaus der damaligen Zeit, das bereits erwähnte 263 m hohe Woolworth Building in New York.
32 In den zwanziger Jahren erreichte der Eklektizismus seinen Höhepunkt in der amerikanischen Baukunst mit dem 1925 von Henry Bacon errichteten Lincoln-Memorial in Washington, D. C.

eine Art „Zitatensammlung", aus der man sich beliebig bedienen konnte.[34]
Die starke Teilnahme der amerikanischen Architekten am Wettbewerb mit insgesamt 145 Entwürfen[35] bietet ein umfassendes Bild der oben erwähnten Situation. Die für den Wettbewerb entworfenen Hochhäuser zeigen die allgemein vorherrschende Tendenz auf, die Komposition zum eigentlichen formalen Aspekt zu machen, d.h. die Fassadengestaltung beschränkt sich weitgehend auf ein Zusammenfügen von Teilen zu einem mehr oder weniger zusammenhängenden Ganzen.[36]
Die amerikanischen Beiträge lehnten sich in der Regel eng an den Text der Wettbewerbsausschreibung an, weil die Amerikaner an den Bautyp „Bürohochhaus" und dadurch auch an den Wettbewerb stärker praxisbezogen herangingen, als die meisten Europäer. Um eine volle Auslastung der Nutzfläche zu erreichen, schuf man gleiche Gebäudemassen, nämlich einen sechzehn bis zwanzig Geschosse hohen, rechteckigen unteren Block.[37] Durch diese Maßgabe war die Lösung der Wettbewerbsaufgabe aus amerikanischer Sicht nur noch ein gestalterisches Problem, nämlich dem Gebäude eine entsprechende äußere Hülle zu geben. Dies beschrankte sich wiederum auf die untersten Etagen mit Repräsentationscharakter und dem dazu passenden Abschluß, für den nach Meinung Sullivans „in Bezug auf Kraft, Bedeutung, Endgültigkeit der geeignete Ausdruck gefunden werden muß."[38] In den dazwischenliegenden Bürogeschossen folgte man den funktionalen Zwängen und entwarf größtenteils schlichte Fassaden ohne Schmuck und Ornamentik, mit genormten Fensteröffnungen und hielt sich wiederum an Sullivans Vorschlag, „daß die Reihen der eigentlichen Büros, die die gleiche unveränderte Funktion haben, die gleiche unveränderte Form behalten müssen."[39]
Insgesamt war die Entwurfssystematik vieler amerikanischer Beiträge von einem Denken geprägt, das schon Sullivan 1896 vorausschauend folgendermaßen charakterisiert hatte: „Alle diese Kritiker und Theoretiker sind jedoch positiv und einhellig der Meinung, daß das große Bürogebäude nicht zu einer Bühne für die Zurschaustellung architektonischen Könnens im wissenschaftlichen Sinn werden darf; daß zuviel Wissen hier ebenso gefährlich und abstoßend ist wie halbes Wissen; daß ein Mischmasch widerlich ist; daß ein sechzehnstöckiges Gebäude nicht aus sechszehn separaten, voneinander unterschiedenen und unzusammenhängenden Bauwerken bestehen darf, die aufeinandergetürmt werden, bis der oberste Stock erreicht ist. Diese Torheit würde ich überhaupt nicht erwähnen, wenn nicht eine Tatsache wäre, daß neun von zehn Gebäuden in genau dieser Weise entworfen werden."[40]

links: 61.9 Bertram Goodhue, New York
mitte: 61.10 Frank Herding und W. W. Boyd, St. Louis

Die komplette Skala von eklektizistischen Vorschlägen wird von den Amerikanern präsentiert, die den Wettbewerb mit Entwürfen dominieren, die weit über das auch in Amerika Gewohnte hinausgehen. So repliziert man die Gotik mehr oder weniger buchstabengetreu, wie bei den Entwürfen der Büros Bourgeois, Dunlap & Morgan, von Paul Hermann und von Helme & Corbett zu sehen ist. Ähnlich verhalten sich Benjamin W. Morris und Frank Fort mit ihren leeren, klassizistischen Formen.[41] Auch bei Paul Gerhardt[42] und Fellheimer & Wagner sind die Anstrengungen spürbar, einen „signifikanten Ausdruck für die Chicago Tribune“[43] zu finden; sie gipfeln in der Entwicklung pyramidaler Baukörper. Deswegen ist die Ironie in den antropomorphen Entwürfen einiger Karikaturisten der Zeitung nicht ungerechtfertigt. Hier spiegelt sich nur die Unlösbarkeit der Aufgabenstellung, die danach strebte, zu einer Sammlung von Lösungen zu gelangen, ohne dabei Kriterien für deren Beurteilung zu entwickeln.[44] Im Kreis der Amerikaner vertritt nur noch der Chicagoer Architekt William Drummond, ein früherer Mitarbeiter Frank Lloyd Wrights[45], den Geist der Chicagoer Schule, und zwar in einer extremen Weiterentwicklung. In der Bekrönung ist der Entwurf wenig überzeugend. Dagegen weist der Entwurf des New Yorker Architekten Bertram R. Goodhue in eine neue Richtung. Dieser benutzt die Regel des Zoning-Gesetzes als Gestaltungsmittel und versucht, durch Verzicht auf jegliches Beiwerk eine skulpturale, eher blockhafte „setback“ Architektur zu entwickeln. Interessanterweise findet sich auch ein Nachahmer des ersten Preises vom Wettbewerb „Bahnhof Friedrichstraße“, nämlich das Büro Herding & Boyd aus St. Louis. Es übernimmt im Hauptbaukörper den Entwurf von A. Baecker, J. Brahm und R. Kastelleiner (vgl. Kat. Nr. 7) und setzt einen Sendemast als Abschluß darüber.

33 Die ersten Preisträger Raymond M. Hood und John M. Howells waren sogar Vorsitzende der Architektenvereinigung ehemaliger „Ecole des Beaux-Arts“ Studenten. Auch wurden die „Grand Prix de Rome“ Entwürfe dieser Schule gern von den amerikanischen Architekten kopiert und verfremdet.
34 Goldberger, Wolkenkratzer, 59.
35 An dem Wettbewerb beteiligten sich außer den 145 Teilnehmern aus den Vereinigten Staaten 37 Architekturbüros aus Deutschland, 11 aus Holland, 9 aus Italien, 6 aus Frankreich und aus der Schweiz, 5 aus Österreich (außerdem Loos, der seinen Entwurf aus Paris absandte), 4 aus England und aus Kanada. Australien, Belgien, Kuba, Dänemark, Finnland, Ungarn, Luxemburg, Mexico, Neuseeland, Norwegen, Polen, Schottland, Serbien und Spanien waren jeweils mit einem bis drei Projekten vertreten.
36 Damit ist nach den Regeln der „Ecole des Beaux-Arts“ bereits die Aufgabe erfüllt. Vgl.: Goldberger, Wolkenkratzer, 59.
37 Vgl.: Bruegmann, Als Welten aufeinanderprallten . . ., 310.
38 Sherman Paul, Louis H. Sullivan – ein amerikanischer Architekt und Denker, Berlin 1963, 148; übersetzter Aufsatz von Louis H. Sullivan, The Tall Office Building Artistically Considered, in: Lippincott’s 57, 1896, 403-409.
39 Paul, Louis H. Sullivan, 148.
40 Paul, Louis H. Sullivan, 147.
41 Vgl.: Manfredo Tafuri, La montagna disincata, in: La città americana dalla guerra civile al New Deal, Rom 1973, 427.
42 Der Chicagoer Architekt Paul Gerhardt zeigt mit seinen drei Einsendungen eine skurrile Vielfalt von Lösungsmöglichkeiten, die die Aufgabenstellung bietet: von der Pyramide über einen pyramidal abgestuften, von kolossalen Säulen umrankten Baukörper bis zur kolossalen Säule.
43 The International Competiton . . ., 106.
44 Vgl.: Tafuri, La montagna disincata, 427.

mitte: 61.11 Friedrich Stuhmke, Berlin, eine lobende Erwähnung.
rechts: 61.12 Walter Fischer, Magdeburg

Die deutschen Einsendungen

Das besondere Interesse, das die meist arbeitslose deutsche Architektenschaft diesem Wettbewerb entgegenbrachte, verdeutlichen die Aktivitäten des Bundes Deutscher Architekten und ihres Verbandsorgans „Die Baugilde“. Der BDA übernahm die Ausgabe der Wettbewerbsunterlagen, erreichte ein Aufschieben des Anmelde- wie auch des Abgabetermines um einen Monat und vereinbarte außerdem durch die Vermittlung des Deutschen Generalkonsulats in Chicago, des Auswärtigen Amtes bzw. des Reichswirtschaftsministeriums, besondere Konditionen für die deutschen Teilnehmer.[46] Die Zeitschrift veröffentlichte auch eine vollständige deutsche Übersetzung der Wettbewerbsausschreibung; weitergehende Erläuterungen wurden jedoch nicht mitgeliefert, so daß den deutschen Teilnehmern die exakte Bedeutung mancher Bestimmungen verborgen bleiben mußte. In einer Meldung aus der Ausgabe vom 20. September wies „Die Baugilde“ ausdrücklich darauf hin, dem Briefwechsel mit der amerikanischen Koordinationsstelle sei zu entnehmen, daß „die Tribune nochmals betont hat, daß der Wettbewerb sich lediglich auf die Außenarchitektur des Gebäudes bezieht.“[47]
Schon am 4. Oktober 1922 berichtete „Die Baugilde“: „in Amerika lebende deutsche Architekten teilen mit. . ., daß wohl anzunehmen ist, daß eine der besonders aufgeforderten, mit den Verhältnissen vertrauten Architektenfirmen den 1. Preis und die Bauausführungen erhalten wird. Bei der Tatsache, daß die amerikanische Baukunst sehr stark französisch beeinflußt ist, und daß für die Erziehung der amerikanischen Architekten die „Ecole des Beaux Arts“ in Paris richtunggebend ist, scheinen Vertreter deutscher Baukunst nicht bevorzugt zu werden.“[48]
Die Erfolglosigkeit des deutschen Kontingentes, mit 37 Beiträgen die größte Teilnehmergruppe außerhalb der Vereinigten Staaten, gab ihnen recht. Als einzige deutsche Arbeit wurde die des Berliner Architekten Friedrich Stuhmke vom Preisgericht „lobend erwähnt“. Der Entwurf, der an das „New York Tribune Building“[49] erinnerte, war für deutsche und amerikanische Verhältnisse von seiner Formgebung her veraltet und auch im Maßstab völlig mißglückt. Es war der einzige Beitrag aus Deutschland, der unter die eklektistischen Produkte der Amerikaner eingereiht werden kann. Bei der Beurteilung der deutschen Beiträge muß allerdings berücksichtigt werden, daß viele von ihnen zu spät in Chicago eingetroffen sein müssen und wegen Nichtbeachtung einzelner Vorgaben die technische Vorprüfung nicht überstanden hätten.
Die übrigen deutschen Teilnehmer, aber auch die Holländer, Dänen und Österrei-

45 Außer Drummond gehörten die beiden Auslandsamerikaner Walter B. Griffin (Australien), ebenfalls ein Mitarbeiter Wrights, und sein Schwager Lippincott, von Lippincott & Billson (Neuseeland) zu dieser Gruppe.
46 Es wurde unter anderem erreicht, daß die Wettbewerbsbeiträge im Büro des BDA gesammelt wurden, um dann gemeinsam über das Deutsche Generalkonsulat der Chicago Tribune übermittelt zu werden, und daß die „Erläuterungen in deutscher Sprache abgefaßt“ sein durften. Siehe auch: Die Baugilde 1922, Nr. 22.
47 Die Baugilde 1922, Nr. 22. Dieser Hinweis war nicht ganz unwichtig, weil den Bewerbungsunterlagen eine Fotographie des „Tribune Plant“ von Südwesten aus und eine Blaupause der Anlage beigelegt waren, wodurch der Eindruck verstärkt werden konnte, daß man sich im Entwurf an dieses Gebäude anzulehnen hatte. Siehe auch: The International Competition . . ., 25.
48 Die Baugilde 1922, Nr. 23. Sie sollten auch recht behalten, unter den eingeladenen Architekturbüros befanden sich die späteren Gewinner des ersten und dritten Preises.
49 Dieses Vorbild drängte sich geradezu auf. Das New Yorker „Tribune Building“, 1875 von Richard Morris Hunt erbaut, war mit seinen neun Geschossen, seinem Mansarddach und seinem stark gegliederten, pittoresken Turm eines der ersten Hochhäuser Manhattans.

cher, gingen sämtlich von einer großen Schlichtheit in den äußeren Mitteln aus[51]; denn eine Tendenz zur Versachlichung der Architektur war in diesen Ländern nach dem ersten Weltkrieg zu beobachten. Die meisten Architekten versuchten von vorne herein den für sie offensichtlichen Widerspruch zu vermeiden, einem Geschäftshaus eine anspruchsvolle und üppige Architektur sakralen Charakters überstülpen zu wollen. Anstatt historisierender Fassaden wurden von den deutschen Teilnehmern expressionistische oder konstruktive Fassadengliederungen bevorzugt.

Wohler schreibt dazu: „Für das deutsche Hochhaus spielen deshalb städtebauliche Gesichtspunkte die Hauptrolle. Es ist gesteigerter Ausdruck von den Kräften die in einem Punkte gesammelt erscheinen; es will daher nicht für sich sondern nur im Zusammenhang mit dem Stadtbild empfunden werden. Was hier anklingt und nach Wiederbelebung drängt, ist der mittelalterliche Dombaugedanke. Die Rolle des Domes, der durch seine Baumasse das Stadtbild beherrscht hat und Symbol für das metaphysische Verlangen und die geistige Haltung des Mittelalters war, will das Hochhaus in moderner Übertragung fortführen, indem es sich gewissermaßen als Verherrlichung des Gedankens der Arbeit darstellt."[52]

Der Magdeburger Walter Fischer kam mit seinem Entwurf dem Gedanken Wohlers am nächsten. Seine Arbeit drückte das Wesen gotischer Kathedralen aus, ohne auf die gotische Formensprache zurückzugreifen. Poetisch und sehr ausführlich beschrieb deswegen auch Wohler den Beitrag: „Im Entwurf von Walter Fischer klingt echte Gotik durch. Das Gebäude wächst mit elementarer Wucht empor; dennoch ist das Ganze infolge der in schmalen Prismen aufgelösten Flächen von feingliedriger Zartheit. Die Voranstellung des Konstruktionsgedankens bewirkt große Einheitlichkeit. Durch die lotrechte Brechung der Flächen wird die Massenwirkung, vom Betriebsgebäude aus nach der Michigan Avenue hin sehr geschickt gesteigert, gemildert, aber keineswegs aufgehoben. Eine lockere Umrißlinie wird durch die Auflösung in zarte Spitzen erreicht, die ein Zusammenfließen mit der Luft bewirken."[53]

In Fischers Entwurf drückte sich eine Wandlung der architektonischen Haltung aus, die seit seinem Beitrag zur Friedrichstraße stattgefunden hatte. Der Geist der „Taut'schen Stadtkrone" war noch spürbar, doch die Haltung war nicht mehr so exzentrisch und radikal, wie noch vor einem halben Jahr. Zwar bestand weiterhin ein qualitativer Unterschied, doch näherte sich nun Fischers Beitrag einer Gruppe von deutschen Einsendungen, die, wie es Tafuri nannte, einen „moderaten Expressionismus"[54] verfolgten. Sie waren nicht daran interessiert, sich mit der Problematik der amerikanischen Stadtbaukunst auseinanderzusetzen, sondern versuchten vielmehr, Variationen zur Gestaltung des Hochhauses im Sinne der deutschen Hochhausdiskussion anzubieten. Zu dieser Gruppe gehörten die Architekten Thilo Schoder, Gerhard Schroeder, Max Ronneburger, Heribert Freiherr von Luttwitz und der junge Österreicher Clemens Holzmeister.

Ganz im Gegensatz dazu standen die Projekte der Architekten Max Taut, Walter Gropius mit seinem Partner Adolf Meyer und des holländischen Teams Johannes Duiker & Bernhard Bijvoet. Auch der nicht eingereichte Entwurf des Berliner Architekten Ludwig Hilberseimer kann zu dieser Gruppe gerechnet werden. Das Besondere bei diesen Architekten war die innovative Weise, an die Bauaufgabe „Hochhaus" heranzugehen. Von der Kritik an den amerikanischen Metropolen und somit auch den amerikanischen Hochhäusern im eigenen Land motiviert, nutzten sie die Gelegenheit des Wettbewerbes, um zu experimentieren, dem Erfinderland des Hochhauses einen neuen Hochhaustyp zu präsentieren.

Im Vordergrund standen bei allen konstruktive Ideen als maßgebendes Gestaltungsprinzip. Hinzu kam bei den drei deutschen Entwürfen der Versuch, das Gebäude als additives System aus gleichartigen Teilkörpern zu begreifen und darzustellen. Sie benutzten die Fenstereinheit als Grundmodul und türmten sie übereinander. Die Radikalität dieser architektonischen Haltung steigerte sich von Gropius und Meyer über Max Taut zu Hilberseimer, das Erscheinungsbild der Fassade wurde immer reduzierter und abstrakter. Bei Hilberseimer blieb nur noch die reine Struktur der Fassade übrig. Während Max Taut eine schmucklose, weitgehend verglaste und nur durch den Aufbau wirkende Skelettkonstruktion einreichte, die schon alle Kennzeichen des Rasterbaues vorwegnahm, erzielten Walter Gropius und Adolf Meyer durch einige vorgezogene, waagerechte Balkons eine reichere plastische Wirkung.

Gropius und Meyer waren beim Entwerfen auf das unmittelbar anschließende, vierstöckige Druckereigebäude eingegangen. Die Basis des architektonischen Ausdrucks bildete bei beiden Bauten das Skelett. Weitere Übernahmen wie z.B. das „Chicago window" ließen den Entwurf als bewußte Wiederanknüpfung an die Architektur Chicagos um 1890 erscheinen. Walter Gropius erklärte später: „Als ich 1922 das Hochhaus für die Chicago Tribune entwarf, wollte ich ein Gebäude hinstellen, das sich auf gar keinen Fall irgendwelcher historischen Stile bedienen, sondern die neue Zeit mit neuen Mitteln ausdrücken würde, in diesem Falle

50 Vgl.: Behne, Amerikanische Architektur, 199.
51 Vgl.: Bruegmann, Als Welten aufeinanderprallten . . ., 312ff.
52 Wohler, Das Hochhaus, 328.
53 Wohler, Das Hochhaus, 347.
54 Tafuri, La montagna disincata, 434/435.

Abbildungen rechte Seite:
61.13 Walter Gropius und Adolf Meyer, Weimar, Schaubild von Südwesten und Modellansichten von Osten, Westen, Südwesten und Nordwesten.

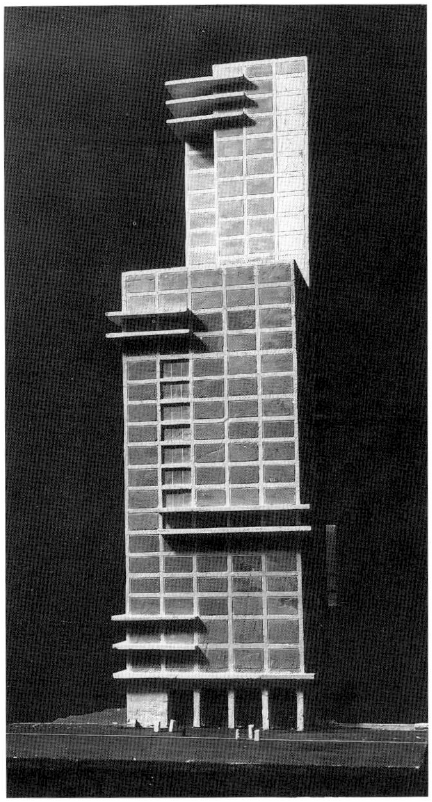

links: 61.13 Max Taut, Berlin
mitte: 61.14 J. Duiker und B. Bijvoet, Zandvoort
Abbildungen rechte Seite:
links: 61.15 Bruno Taut, Berlin
rechts: 61.16 Skizze des nicht eingereichten Entwurfs von Hans Scharoun, Insterburg

mit einem Stahlbetonskelett, das klar die Funktion des Gebäudes ausdrücken sollte."[55]
Zum eigentlich bestimmenden künstlerischen Faktor dieser Gruppe wurde die Verteilung der Baumassen. Was zunächst wie ein Eingehen auf die Baugesetzgebung aussieht, erweist sich jedoch als künstlerisch bewußt eingesetztes Mittel zur Baumassengliederung. Nicht nur darin stimmten die beiden letztgenannten Entwürfe überein. Bei beiden sollte der Turm, der sich aus der gestaffelten Baumasse entwickelt, zurückgesetzt werden, wodurch die Höhen- und Massenwirkung besonders aus der Nähe abgeschwächt werden konnte. Die Holländer dagegen betonten in der Anordnung der Baumassen den zentralen Turm - der höhere Gebäudeteil wurde durch den niedrigen umfaßt. Verstärkt wurde dies durch das Wechselspiel der horizontalen Fassadengliederung mit den vertikalen Eckpfeilern des Turmes. Hilberseimer versuchte mit einer ausgefallenen Doppelscheibenlösung, seine ihm gemäße, provokante Haltung noch zu verstärken. Der Straßenraum wurde durch die erste Scheibe eingegrenzt, die gleich dahinterliegende zweite Scheibe half, die Proportionen des niedrigen Längsriegels aufzufangen und zu harmonisieren.
Es war deshalb nicht erstaunlich, daß Ludwig Hilberseimer in seinem Buch „Berliner Architektur der Zwanziger Jahre" neben seinem eigenen, strengen Entwurf auch die Arbeiten von Max und Bruno Taut, sowie von Gropius & Meyer zeigte und aus einer antiexpressionistischen Haltung heraus dazu bemerkte: „Die Entwürfe von Gropius und Max Taut zeigen den Wechsel vom Phantastischen zum Rationalen, während in dem Entwuf von Bruno Taut noch immer das Extravagante vorherrscht. Mein eigenes Projekt, . . . kann in seinem extremen Puritanismus als ein Protest gegen die Formenübertreibung der Expressionisten angesehen werden."[56]
Bruno Taut versuchte scheinbar in seinem Entwurf, die Intentionen der Arbeiten beider Gruppen zu vereinen. Doch sein Entwurf war wenig überzeugend. Er konzipierte das Gebäude als mächtigen, unbeweglichen Block mit starken Ecklisenen, der sich durch allmähliches Zurücksetzen der Geschosse in einer weichen Kurve so nach oben verjüngte, daß sich die Lisenen in einer offenen Spitze trafen. Adolf Behne meinte dazu: „. . . bei Bruno Tauts Entwurf für die ‚Chicago Tribune', der konstruktiv, funktionell untadelig sein mag", wird „. . . als Typ genommen - und diesen Maßstab muß jedes moderne Bauwerk ertragen - die City Chicagos zu einem Negerdorf machen. . ."[57] Ähnliches äußerte Behne über Hans Scharouns nicht eingereichten Entwurf, doch in der Ideenskizze steckte seiner Meinung nach viel mehr. Scharoun faßte

55 Walter Gropius, Brief an Morton Frank, Cambridge, Mass., 20. März 1958, in: Reginald R. Isaacs, Walter Gropius - Der Mensch und sein Werk, Berlin 1983, 273/274. Der in mehreren Briefen um 1922 erwähnte Erläuterungsbericht ist leider verschollen.
56 Das nicht eingereichte Projekt Hilberseimers wurde in: „G" veröffentlicht. Ludwig Hilberseimer, Das Hochhaus, in: „G", Nr. II, Berlin 1923; Ludwig Hilberseimer, Berliner Architektur der Zwanziger Jahre, Mainz und Berlin 1967, 50/51.
57 Adolf Behne, Der moderne Zweckbau (1923), Reprint: Berlin 1964, 47.

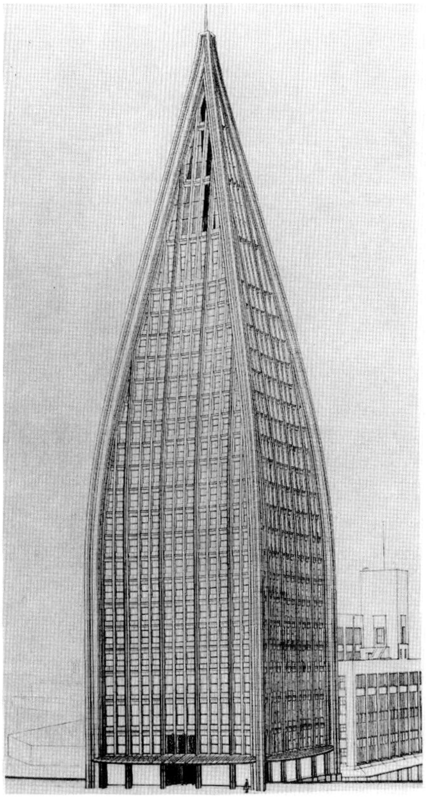

58 Behne, Der moderne Zweckbau, 47.
59 Was sicher auch am Zeichenstil der beiden lag, ohne Schatten und plastische Wirkung. Wohler, Das Hochhaus, 347.
60 Vgl.: Gustav Adolf Platz, Die Baukunst der neusten Zeit, Berlin 1927. Auf Seite 443 ist ein Foto des Ateliers der Gebrüder Luckhardt mit dem Modell dieses Entwurfes veröffentlicht.
61 Mit dem anderen war der Entwurf der Gebrüder Luckhardt gemeint, einer von zwei anonymen Einsendungen aus Deutschland. Wohler, Das Hochhaus, 347.

in seiner „mendelsohnhaften" Zeichnung den bestehenden niedrigeren Bau mit dem Hochhaus geschickt zusammen. Er löste sozusagen „den Gelenkpunkt, der vom Flachbau zum Hochbau vermittelt." Auch bezog der Beitrag Stellung zu seiner Umgebung: mit der ruhigen Front setzte der Turm einen Akzent zur hektischen Straße. „Und es ist nun charakteristisch, daß Scharoun hierbei zu ausgesprochenen Bewegungsbegriffen kommt: 1. Die Front wird fest, 2. sucht Standpunkt, 3. sammelt Spannung, 4. steil und 5. trägt Arbeitsplattformen. So könnte man die Arbeit einer laufenden Maschine beschreiben. In der Tat will Scharoun ein Turmhaus als „Maschine" aufgefaßt wissen, nicht als „Haus, Denkmal".[58] Wie allerdings dieser Entwurf auf dem zur Verfügung stehenden Grundstück hätte untergebracht werden sollen, erörtert Behne nicht. Außer dieser Arbeit und dem Wettbewerbsentwurf Fischers sind noch die Einsendungen von drei weiteren Architekten bekannt, die am Berliner „Preisausschreiben" um ein Hochhaus am Bahnhof Friedrichstraße teilgenommen hatten. Während Rudolph Eckmanns Entwurf unter die unbedeutenden Einsendungen traditioneller Auffassung, mit eklektizistischem Sockel, schlichtem Mittelteil und auffälliger Bekrönung aus sich nach oben verjüngenden Arkadenreihen zu rechnen ist, besitzt der „Klotz von eigenartiger, etwas trockener Wirkung"[59], den Krüger & Zess eingereicht hatten, doch sehr ungewöhnliche und neuartige Fassadenelemente. Dies gilt vor allem für die vertikale, erkerartig ausgestellte Fensterreihung der Seitenfront.

Die „anonyme Einsendung" der Gebrüder Luckhardt[60] läßt sich mit der Skizze Scharouns vergleichen. Wiederum ist die Bewegung das Hauptmotiv des Entwurfes. Die Zeichnung lebt von den Kurven, vom Wechselspiel der vertikalen und horizontalen Bänder. Treffend faßte Wohler seinen Eindruck in einem Satz zusammen: „... während der andere bei ausgezeichneter Massenverteilung mit den Mitteln eines gewaltigen Gegensatzes arbeitet und seiner architektonischen Linienführung eine Bewegungsenergie verleiht, die vielleicht der treffendste Ausdruck für die Rastlosigkeit der Presse und ihre Herrscherrolle wäre."[61]

Weitere Versuche auf ähnlicher Grundlage und ähnlich gearteten Ideen mit dem Reiz größerer Ursprünglichkeit gab es auch in der Masse der ausländischen Arbeiten. Als Beispiele wären die Entwürfe von Gunnar R. Petersen, Kopenhagen, und der Werkstatt für Massenform, Wien, zu nennen, sowie die weniger überzeugenden Vorschläge des in Rennes lebenden französischen Architekten Jean Batteux und insbesondere die der Verfechter des Stijl aus den Niederlanden. Die beiden Erstgenannten machten den Versuch, dem Baukörper eine kubische

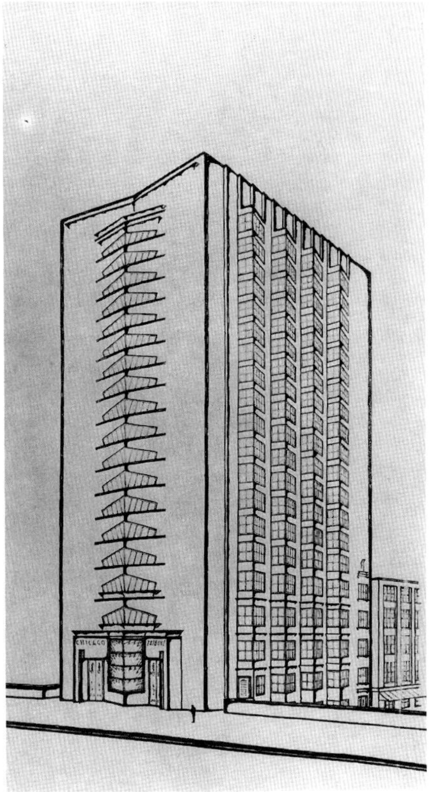

links: 61.17 Rudolph Eckmann, Hamburg
mitte: 61.18 H. W. Krüger und Hermann Zess, Hamburg

Form zu geben. In der Realisierung wären aber Zweifel an der erzielten Wirkung angebracht. Es fehlte jeglicher künstlerische Anspruch, die Bauten wirkten brutal, ohne Eleganz und eintönig.
Ganz anders erschien dagegen Adolf Loos Entwurf der „Chicago Tribune Column". „Bei dem Entwurf stand dem Verfasser die Forderung des Programms vor Augen „to erect the most beautiful and distinctive office building in the world", ein Gebäude zu bauen, das im Bilde oder in Wirklichkeit einmal gesehen, nie wieder dem Gedächtnisse entschwinden kann, ein Monument zu errichten, das für immer mit dem Begriffe der Stadt Chicago untrennbar zusammenfallen soll, wie die Kuppel von St. Peter mit Rom oder der Schiefe Turm mit Pisa. Ein Haus zu planen, das die Zeitung „The Chicago Tribune" allen intellektuellen Menschen mit einem Male mit einem bestimmten Charakter verbindet."[62]
Der Verfasser wählte daher für seinen Entwurf das Motiv der freistehenden, übergroßen Säule, das durch die Tradition[63] gegeben war. Der Kannelierung des Schaftes folgen die vertikalen Fensterreihen. Nach dem Vorbild der dorischen Säule wird der Säulenschaft basislos auf den Sockel gestellt.[64]
In der Wirkung dramatisiert ist das Ganze durch die Darstellung in steiler Hinaufsicht und durch die perspektivische Wirkung des in 120 Metern Gebäudehöhe ruhenden Abakus. Dieser Eindruck sollte noch durch die Wahl des Materiales verstärkt werden - polierter, schwarzer Granit für Säule und Sockel, der Verbindungsbau dagegen dem alten Zeitungshaus angepaßt.
Aber nicht nur Loos, sondern auch Paul Gerhardt[65] und zwei weitere amerikanische Architekten, nämlich M. L. Freeman und E.J. Patelski, waren auf die Idee gekommen, eine Säule zu errichten. Möglicherweise wurden sie von Louis H. Sullivan dazu angeregt, der schon 1896 in seinem berühmten Aufsatz „Das große Bürogebäude, künstlerisch betrachtet" darüber bemerkte: „Gewisse Kritiker - und zwar sehr scharfsinnige - haben die Theorie aufgestellt, daß der echte Prototyp des großen Bürogebäudes die klassische Säule, bestehend aus Basis, Schaft und Kapitell, sei. Demnach wäre also die geformte Basis typisch für die unteren Stockwerke unseres Gebäudes, der glatte oder kannelierte Schaft stellte die monotone, durchgehende Reihe der Büroetagen und das Kapitell die vollendete Kraft und die Üppigkeit des obersten Geschosses dar."[66]
Nicht unerwähnt sollten die nicht eingereichten Entwürfe des Holländers Mart Stam und der Dänen Anton Rosen und vor allem der später häufig abgebildete von Knut Lonberg Holm bleiben. Auch sie zeigten eine konsequente Haltung und wirkten in ihrer Eigenständigkeit richtungsweisend.

62 Ludwig Münz, Gustav Künstler, Der Architekt Adolf Loos, Wien 1964, 176.
63 So war z. B. die Trajansäule das Vorbild für die Säule Napoleons auf der Place Vendome.
64 Durch die Postierung auf dem Sockelbau, einem Kubus mit abgetrepptem Abschluß (Verwendung eines Grabmalentwurfes von 1921) und durch die Schwellform des Schaftes wurde dem Betrachter die absolute Gültigkeit der puren klassischen Form aufgedrängt.
65 Gerhardt verwendete wiederum den Vertikalismus der Fensterreihen als Gestaltungsmotiv; er ging ebenfalls von einem kubischen, jedoch ägyptisierenden Unterbau aus. Zwei Baukörper, die fast bis zur Hälfte des Säulenschaftes hinaufreichen, verunklärten jedoch seine Form. Die Entasis der Säule kam so nicht zur Wirkung.
66 Paul, Louis H. Sullivan, 147.

mitte: 61.19 Gebr. Luckhardt, Berlin
rechts: 61.20 Adolf Loos, Nizza

67 Sullivan, The Chicago Tribune Competition, 153. Übersetzung BB.
68 BW 1923, 22.

Kritiken und Reaktionen

Um das Pathos, das hinter diesem Wettbewerb stand, genauer zu verdeutlichen, soll zunächst ein Teil der Stellungnahme von Louis H. Sullivan zum Wettbewerb zitiert werden, die im Katalog von 1923 mit den Wettbewerbsergebnissen abgedruckt war: „Die von der Tribune verkündete Sehnsucht nach Schönheit ist vom Romantischen erfüllt; von diesem hehren Romantischen, das im Geist den wesentlichen Impuls darstellt, der allen großen Werken des Menschen zu allen Zeiten und an allen Orten innewohnt - der in seinen erhabensten Gedanken, seinen Heldentaten und in den sonst unbegreiflichen Opfern schwingt - und der der Strahlenkranz seines großen Mitgefühls und der Tragik in der Tiefe seines Schmerzes ist. Diese unbeschreibliche Gegenwart ist so tiefliegend, so beständig und unaufhörlich im Herzen der Menschheit, daß wir, wird sie in uns unterdrückt, verfallen und sterben. Denn der Mensch ist nicht geboren, um sich beim Aufstieben der Funken zu ängstigen, sondern um zu hoffen und zu vollenden."[67]
Die deutschen Fachzeitschriften waren in ihrem Urteil über das Ergebnis des Wettbewerbes meist einer Meinung. Kritisiert wurden die Fehlentscheidungen des Preisgerichtes, besonders, was den dritten Preis und die nachfolgenden lobenden Erwähnungen anbelangte, aber auch die Vielfalt und die falschverstandene Verwendung eines Formenkanons bei den amerikanischen Entwürfen. Die „Bauwelt" schrieb dazu: „Alles in allem werden auch die amerikanischen Beurteiler, die auf Reisen in Europa kennengelernt haben, was künstlerische Architektur ist, auf diesen Wettbewerb kaum stolz sein können. Die künstlerisch ernst zu nehmenden Arbeiten - aus Deutschland immerhin eine ganze Reihe - sind entweder überhaupt nicht genannt oder haben eine ehrenvolle Erwähnung gefunden. Dem amerikanischen Geschmack aber entspricht offenbar allein eine gewisse glatte und geschickte, aber völlig geistlose Anbringung europäischer Schmuckformen an einen im übrigen gleichgültigen Baukörper."[68]
Für Kommentatoren wie Werner Hegemann, die die amerikanische Situation kannten, galten der überwiegende Teil der Einsendungen und sogar die mit Preisen bedachten Entwürfe als veraltet, einfallslos und voller Widersprüche: „Die meisten der eingelaufenen Entwürfe, einschließlich der amerikanischen, werden von diesen unerbittlichen Kritikern als „Kehricht aus den Architekturbüros" bezeichnet, und man muß in der Tat zugestehen, daß es eine buntere und je nach Gemütsverfassung des Beschauers lustigere oder traurigere Sammlung von Tollheiten kaum geben kann, als

ein Teil der veröffentlichten Ergebnisse des „100 00 Dollar Wettbewerbes“ der Chicago Tribune sie darstellt.“[69] Aber auch das schlechte Abschneiden der wenigen ernstzunehmenden deutschen und europäischen Arbeiten stieß bei den deutschen Autoren auf Unverständnis, was Wohlers zu folgendem Schluß veranlaßte: „Es ist bedauerlich, daß diese namenlosen Kritiker ebensowenig Verständnis für die deutschen Beiträge an den Tag legen, wie es die Preisrichter taten. Allerdings hat ja der Entwurf des Berliners Stuhmke eine „Ehrende Erwähnung“ erhalten, wie ja fast jeder Nation unter der Sonne eine „Ehrende Erwähnung“ zuteil wurde. Aber die unerbittlichen Kritiker des Preisgerichtes fordern: Fegt diesen Entwurf hinaus, trotz seiner „Ehrenden Erwähnung“. Gab ihm das Preisgericht diese Auszeichnung aus künstlerischen Gründen?“[70]
Auch in den Vereinigten Staaten fanden die Entscheidungen des Preisgerichtes nicht unbedingte Bewunderung. Unter den Kritiken, die den Preisrichtern im Wettbewerb zuteil wurden, ist besonders ein Büchlein hervorzuheben, das den Titel hat: „The Celestial Architectural League Disinfects the Tower Competion“.[71] Dieses ohne Nennung von Verfasser und Verleger erschienene Buch spiegelte auf amüsante Weise den Stand der amerikanischen Architekturkritik, wobei bemerkenswert ist, daß es den an erster Stelle preisgekrönten Entwurf mit größter Anerkennung als einen der besten unter den eingelaufenen Entwürfen rühmte, sich aber um so schärfer gegen die an zweiter und dritter Stelle preisgekrönten Arbeiten, gegen die allerdings zum Teil ganz unbegreiflichen fünfzig „Ehrenvollen Erwähnungen“ und gegen die Blüten des Modernismus wandte. Aber aus dem Blickwinkel der meisten amerikanischen Kritiker waren die amerikanischen Einsendungen den europäischen weit überlegen.
Bei Fertigstellung des Chicago Tribune Towers im Frühjahr 1925 fand die Kritik für das ausgeführte Gebäude nur lobende Worte: „Eine so enge Anlehnung an ein historisches Vorbild mag als wenig progressiv angesehen werden. Daß aber der Tribune Tower eines der schönsten Gebäude Amerikas ist, werden wenige bestreiten.“[72] BB

69 Werner Hegemann, Das Hochhaus als Verkehrsstörer und der Wettbewerb der Chicago Tribune, in: WMB 1924, 309.
70 Wohler, Das Hochhaus, 346.
71 Hegemann, Das Hochhaus als Verkehrsstörer, 309.
72 H. Edgell, The American Architecture of Today, New York 1928, 366.

Abbildung rechte Seite:
61.21 Howells and Hood, Chicago Tribune Tower, Ansicht des ausgeführten Baues von Nordwesten, um 1925

"WHEN YOU STOP TO THINK"
USE GAS

I. Wettbewerbe in Berlin. Hochhaus Bahnhof Friedrichstraße, aus: Baugilde 2, 18. 1. 1922

Es gingen folgende 144 Entwürfe ein: Simplex, Zweckform, Fortschritt, Im Dreieck, Baukunst, Friedericus immortalis, sub-rosa, Sechseck, Sexangulum, Acropolis, Am grünen Strand der Spree, Semiramis, Daxlanden, Neues Stadtbild, Dreifuß, Bienenstock, „21", Stumpfer Winkel, Babel, Turmhof-Variante, Zeitbau, Organisation und Bewegung, Turmfried, Ladenausnutzung, Brennpunkt, Wahrzeichen, Dreieckhaus, Ring, Berlin, Agnes, Rot ist Trumpf, Zentrum, Zentral, Hochauf, Rechenkunst, Je höher desto besser mit Variante, Rentabel, Babel II, Tutti, Es werde, Dreieck, Zwilling, Stadtkrone, Von heute, Zeitgeist, Funktionale Form, Zeichen „Quadrat", Wabe, Kreisausschnitt, Turhag, Krone, Rentabilität, Ho-Ha, Handelsburg, Hoha, Passage, H.B.F., Wabe II, Höhenstieg, Proteus, Dreiseitig, Dreifuß, Geöffneter Lichthof, Kristall, Deutsche Kraft, Nicht amerikanisch, sondern deutsch, Hinan, 1001 Büro, Hochhaus, 3 Eckringe und Betonringe, Arbeitsdom, Das Haus der Unrast, Skorpion, „Dicke Berta", Stabil, Dreiflügeltüren, Dreiklang, Ikarus, Sechseck II, Brooklyn, Handelsturm, Logik, B.D.A., Monument der Arbeit, Skizze, Zeichen „Dreieck", Dreimal Hoch, Hoeger rup, Am Reichtagsufer, Spreestern, Höhenluft, „J", Sachlich, Hoch empor, Für jeden Fall, Glück auf, Kleeblatt, Offner Hof, Nach drei Seiten, Bahnhofsvorplatz, Contenti Estote, Hochhaus 1922, Zeitenwende, Emporkömmling, Rechenexempel, Bienenkorb, Stadtkrone, Freie Bahn, Facies non omnibus una, Babylon, Moloch, Zeichen „Sechseck", Dominante, Im Zentrum, Gute Nutzflächen, Phönix, Beton, Das Grüne, Zweck im Ausdruck, Zeichen „Stern", Rund, Dom, Zentral II, Klamotten, XX. Jahrhundert, Aus dem Dreieck, Sursum, Eroica, Der große Friedrich, Orient und Okzident, Windrose, Verkehrsrücksichten, Rotonda, Zange, Aufwärts, Zeichen „Kreis", Das Herz der Anlage, Orgelpfeifen, Rund II, Innen und Außen, Prismatisch, M.B., Scheini, Turmbau.
Bei den Einlieferungen aus den einzelnen Landesbezirken des Bundes Deutscher Architekten steht Brandenburg mit 52 Arbeiten an der Spitze. Dann folgen Rheinland und Westfalen mit 24, Norden mit 13, Ostpreußen mit 7. Die Einlieferungen aus den übrigen Landesbezirken waren geringer. Das Preisgericht tritt am 2. Februar zusammen. Die öffentliche Ausstellung der Arbeiten erfolgt im Festsaal des Berliner Rathauses.

II. Ideenwettbewerb Hochhaus Bahnhof Friedrichstraße, Stbk SH 2, 1922

Hochhäuser für Deutschland

Das amerikanische Beispiel hat in Deutschland wohl immer sehr starke Beachtung gefunden. Wenn wir dennoch vieles nicht übernahmen, so lag das sicherlich am wenigsten daran, daß eine Abneigung gegen Fremdes bestand, sondern vielmehr daran, daß Deutschland andere Aufgaben stellt und ihrer Lösung andere Bedingungen gegenüberstellen muß. Diese, für uns gegebenen Bedingungen können sehr wohl als Schäden aufgefaßt werden und pflegen mißgestimmten so zu erscheinen. Goethes unwillige Worte:

Amerika du hast es besser
Als unser Kontinent, der alte,
Hast keine verfallenen Schlösser
und keine Basalte

beziehen sich auf das Lasten unseres Erbes von vielen Jahrhunderten. Knechte unseres Erbes dürfen wir nicht sein, ebensowenig aber Vertuer. Vor der Hochhausfrage muß geprüft werden, ob die Vorteile der für uns neuen Bauform die Bedenken überwiegen, die sich aus der Einstellung in geschichtlich gewordene Umgebungen herleiten. Eine andere Frage ist die der Vorteile und Nachteile, die das Hochhaus ohne Bezugnahme auf seine Umgebung bieten mag.
Von den Vorteilen, die das Hochhaus im Geschäftsleben bietet, sprechen alle Besucher Amerikas. Es wird gerühmt, wie in einem Hause eine Unzahl Bedürfnisse befriedigt werden können. Man kann sich in einem Hause kleiden und gegen Beraubung versichern, Hypotheken aufnehmen oder eine Fahrkarte über die See kaufen, sich ein Begräbnis sichern und eine Schiffsladung Kohlen kaufen. Es lebt hier ein ähnlicher Gedanke wie der der Warenhäuser, die auch trotzdem die Einzelläden nicht überflüssig gemacht haben, wenngleich sie in der Tat vielen Bedürfnissen gerecht werden. Das bezeichnende ist wohl auf alle Fälle, daß eine sehr große Anzahl von Geschäftsräumen auf einem engen Raum zusammengedrängt sind. Da der Boden in New York sehr teuer im Verhältnis zu den Baukosten war, so fand man den Wolkenkratzer. Es fragt sich, ob die Auftürmung der Räume übereinander, also lange senkrechte Wege wirklich so viel zweckmäßiger ist, als die Verlängerung wagerechter Wege. Diese Frage wird durch die amerikanischen Hochhäuser nicht gelöst, denn die hohen Bodenpreise wiesen zwingend auf das Hochhaus. Sie muß aber untersucht werden, wenn man die Zweckmäßigkeit von Hochhäusern allgemein erörtern will.
Eine andere, anscheinend noch nicht planmäßig und auf Grund genauer Rechnungen behandelte Frage ist die der Baukosten. Darüber, um wieviel die obersten fünf Geschosse eines dreißigstöckigen Hauses teurer sind, als ebenso gebaute fünf Stockwerke, die in Straßenhöhe beginnen, ist nichts genaues bekannt. Auch sind genaue Pläne der tragenden Teile von Turmhäusern nicht veröffentlicht worden. Darüber ist jedoch kein Zweifel, daß die Raumeinheit eines dreißigstöckigen Hauses sehr viel teurer wird, als die eines niedrigen Hauses. Wenn in einem Gutachten über den in Leipzig geplanten Messeturm nur ein Zuschlag von 30 v. H. gemacht wird, so kann das wohl zu niedrig sein.
Man kann noch eine Reihe anderer Bedenken, z. B. die durch deutsche Erfahrungen noch nicht bestätigten Schätzungen der Betriebskosten, besonders die Instandhaltungs- und Erneuerungskosten (man schätzt in Amerika die Standdauer der Hochhäuser nicht sehr hoch ein) anführen und vergleicht dabei immer noch das Hochhaus schlechthin mit einem der üblichen Geschäftshäuser. Für einen irgendwo gegebenen Platz kommen aber dessen besondere Bedingungen in Betracht. Man wird – trotz Goethe – auf Schlösser, d. h. überhaupt auf altehrwürdige Städtebilder Rücksicht nehmen. Auch neuere Plätze, wenn sie künstlerische Bedeutung haben, wird man nicht zerstören. Dazu können Rücksichten auf den Verkehr kommen. Nicht jede enge oder durch den Verkehr schon voll in Anspruch genommene Straße verträgt ohne mancherlei Schäden die neue Belastung durch den gewaltigen Verkehr eines Hochhauses. Schließlich hat das rücksichtslose Bauen sehr hoher Häuser in Amerika eine große Anzahl von Geschäftshäusern in Nachbarhäusern entwertet.
Wenn nun in Berlin diese und mehr Bedenken eine Erwerbsgesellschaft, die Turmhaus-Aktien-Gesellschaft Berlin nicht abhielten, der Errichtung eines Hochhauses auf dem Grundstück nördlich des Friedrichstraßenbahnhofes näher zu treten und sehr erhebliche Summen für die Vorarbeiten aufwendete, so ist wohl daraus zu erkennen, daß besondere Verhältnisse vorliegen müssen. Zunächst ist die Nachfrage nach Geschäftsräumen außerordentlich dringend, so daß auf lange Jahre hinaus hohe Mieten erwartet werden. Ihnen gegenüber erscheinen die Baukosten nicht zu hoch. Bedingt wird die Höhe der Mieten durch den sehr starken Verkehr am Friedrichstraßenbahnhof und durch die vergleichsweise Knappheit an noch freizumachenden Geschäftsräumen in der Nähe dieses Verkehrsknotenpunktes. Ob das durch Niederlegung der jetzt östlich benachbarten Bauten einmal anders wird, ist natürlich nicht vorherzusagen.
Der gewählte Bauplatz erscheint somit bezüglich der Nachfrage nach Räumen günstig. Eine Untersuchung der anderen Bedingungen hat auch sie sehr günstig beurteilen lassen. Der nächste Einwand, wohl fast aller Nichtbaukundigen war der wegen des in seiner Tragfähigkeit beargwöhnten Bodens. Der Vergleich mit dem Felsboden New-Yorks machte hier besonders bedenklich. Aber es ist fraglich, ob ein in 35 oder 40 m Tiefe liegender Felsboden oder ein in der üblichen Kellertiefe liegender fester Sand vorzuziehen ist wie ihn Berlin bietet. Auf alle Fälle genügt der Boden; er vermag nicht nur die Last des Hauses, sondern auch die Kantenpressung bei Windanfall aufzunehmen. Schließlich ist der Bauplatz auch insofern vor vielen anderen bevorzugt, als er nach einer Seite dem Bahnhof, nach einer anderen der Spree und nur an der dritten der Friedrichstraße gegenüberliegt, also die Beeinträchtigung von Nachbarhäusern durch Verdunkelung nur sehr geringfügig ist. Durch diese Lage erledigen sich auch etwaige Bedenken wegen übermäßiger Inanspruchnahme des Verkehrsraumes der Straße zu den Stunden des Arbeitsbeginns und Schlusses.
Bedenken in dieser Richtung werden in erster Linie von der Baupolizei geltend gemacht. Damit tritt diese einer Reihe von Hochhausplänen hemmend entgegen. Auch andere Aufgaben der Polizei, die Sorge für öffentliche Sicherheit, können mit Bauplänen in unversöhnbarem Widerspruch stehen. Ganz besonders ist das der Fall, wenn Häuser gebaut werden sollen, auf die bestehende Verordnungen keine Rücksicht nehmen. Für die vorliegenden Entwürfe sind zunächst alle solche Hemmungen als ausgeschaltet angenommen worden. Nach der Stellungnahme der zuständigen obersten Behörden zur Frage des Hochhauses und des Bauens unter den neuen Verhältnissen überhaupt kann damit gerechnet werden, daß das Zulässige und Notwendige auch dann zugelassen wird, wenn es den heute geltenden allgemeinen Bestimmungen widerspricht. Diese Stellungnahme – die selbstverständlich sein sollte, es aber keineswegs überall ist – war eine der Voraussetzungen, von deren Erfüllung ein ernstlicher Hochhausplan abhängt.
Städtbaulich ist der Bauplatz also wohlgeeignet, wenn man vom Schönheitlichen absieht. Ob ein Hochhaus in der Nachbarschaft gewöhnter Häuser künstlerisch zulässig ist, mußt dem Urteil jedes Betrachters überlassen bleiben. Bejaht man die Frage aber grundsätzlich, so ist zu fragen, ob gerade an dieser Stelle nicht Werte zerstört werden. Die Frage ist wohl zu verneinen, denn ernstlich kann vor den Nachbarn nur ein Haus künstlerische Ansprüche erheben. Diesem aber (dem Admiralsgartenbad) wird ein Hochhaus kaum schaden.
Sehr viel Bedenken gegen Hochhäuser sind in Rücksicht auf das Bild der Stadt im ganzen erhoben worden. Vergegenwärtigt man sich schöne Seestädte, etwa Genua oder Neapel, Kopenhagen, Lübeck usw. so leuchtet ein,

daß man gegen die Einfügung eines Hochhauses grundsätzliche Bedenken erheben kann. Auch berühmte Bergstädte, die in Deutschland ja (von kleinen wie Rothenburg abgesehen) selten sind, etwa Prag (Hradschin) oder Siena, könnten durch ein Hochhaus arg geschädigt werden, desgleichen solche, die aus besonderen Gründen der Lage (Nürnberg, Köln, Dresden, Rom u. a. m.) ihren Ruf als schöne Städte auch dem Fernbild verdanken. All das kommt für Berlin nicht in Betracht. Berlin bietet von keiner Seite eine Ansicht, wie die genannten Städte, Berlin wird einfach von weitem nicht gesehen, es steckt in der Ebene und nur Teile kommen heraus wenn man in der Stadt ist. So ist bei sonst gegebenen Bedingungen in Berlin – dank seiner der Entwicklung eines schönen Städtebildes abholden Lage – manches möglich, was z. B. München mit Rücksicht auf sein Fernbild nicht darf. Bot Amerika das Beispiel für die Befriedigung eines dort auftretenden Bedarfs, der, wenn auch etwas anders, auch bei uns empfunden wird, so stehen die deutschen Baukünstler der künstlerischen Aufgabe ganz anders gegenüber. Nach Ausführungen H. L. Menckens in Baltimore, eines Mannes, der sein Volk genau kennt und merkwürdig klar beurteilt (Grenzboten 1922, Heft 4 ff.), bewirkt die Unsicherheit der gesellschaftlichen Stellung der Amerikaner ein Strebertum, das die äußeren Zeichen angesehener Stellung übermäßig bewerten läßt, z. B. europäische Adelstitel, standesgemäße Glaubensbekenntnisse, die Freimaurerlogen. Dies Bewußtsein der Amerikaner, daß alle kulturellen Errungenschaften der weißen Völker ohne sie auch grade so wären, daß sie daran teilnehmen auf Grund von Verbindungen mit der alten Heimat, macht sie wohl auch den Kunstformen Europas gegenüber so unfrei und doch zugleich so begehrlich, daß sie diese Kunstformen nun auch ihren ganz anders gearteten Hochhäusern ankleben. Kein ernst zu nehmender deutscher Baukünstler hat diesen Irrweg eingeschlagen. Ja, man erkennt an den Hochhausentwürfen des Berliner Wettbewerbes deutlich, daß selbst harmlose Anklänge an geschichtliche Formen die Lösung der künstlerischen Aufgabe wenigstens nicht fördern. Mancher sonst vielleicht beachtliche Baugedanke hat in Rücksicht auf geschichtliche Formen einen Ausdruck gefunden, der ihn unmöglich machte und unter den ganz verfehlten Vorschlägen war eine Anzahl, die nach amerikanischem Vorbild versuchten, eine Reihe von Palästen auf einander zu türmen.

Es wäre nun vermessen, wenn man eine Art gemeinsamer Haupteigenschaft aller ernsthaften Entwürfe bezeichnen wollte. Ein Blick auf die Preisgekrönten schon genügt, die außerordentliche Verschiedenheit der Auffassungen zu zeigen. Es kommen einzelne Entwürfe vor, die man wohl als expressionistisch bezeichnen könnte. Andere wollen wenigstens bewußt anderes als was man in einem Maße gewohnt war, daß es sich zu Schlagwörtern verdichtete. Z. B. lehnt sich so mancher Entwurf gegen die einstige Grundlehre auf, daß es die einzige oder doch hervorstehende Aufgabe der Baukunst sei, dem Verhältnis von Stütze und Last Ausdruck zu verleihen. Eher meint man das Umschließen der Räume ausgedrückt zu sehen. Andere Entwürfe stellen sich die Aufgabe, Körper so mit einander zu verbinden, daß der Gesamtkörper erfreuliche Verhältnisse bekommt. Noch andere gehen von dem als gut angesehenen Grundriß aus und bilden einen zweckvollen Körper, der nun mit verhältnismäßig geringen Abstrichen oder Zusätzen auch künstlerisch geformt wird. Dabei kommen dann wohl Erinnerungen an alte Bauten durch. Sie wirken dann jedoch ganz neu als – harmlose – Verzierung, gegen die so wenig etwas einzuwenden ist wie gegen etwas anderes, das den Kern der Aufgabe auch nicht berührt.

Fragt man, und das ist eine Frage, die besonders der nicht zum Bau gehörige tun wird, inwiefern die vorgeschlagenen Lösungen Unterlagen zu Ausführungszeichnungen sein möchten, so ist diese Frage naturgemäß nicht mit einem Wort zu beantworten. Wohl alle Entwürfe, auch die fertig aussehenden sind eben Vorentwurfe, wobei sich allerdings die Verfasser sehr verschiedene Abstände von der Ausführung vorbehalten haben. Mancher Entwurf, besonders unter den nicht mit Preisen ausgezeichneten, hält im wesentlichen einen künstlerischen Gedanken fest. Auch das kann für weitere Kreise und nicht nur für den Verfasser Wert haben. In anderen Entwürfen steckt das Ergebnis vielleicht mehrjähriger Arbeit an der Aufgabe, das Hochhaus künstlerisch zu bewältigen. Die ausschreibende Gesellschaft muß gewisse praktische Anforderungen stellen. Werden die erfüllt, so wird der künstlerisch wertvoller erscheinende Entwurf bevorzugt. Es kann also sehr wohl aus der Natur der Wettbewerbe heraus ein starker Unterschied in der Beachtung der Entwürfe durch die Preisrichter und der durch die Auslober entstehen. Das ist immer peinlich. Darum wird es immer das Bestreben des Auslobers sein, dem Träger eines der esten Preise die Genugtuung zu gewähren, daß sein Vorschlag auch angenommen wird. Dabei werden dann Umgestaltungen nicht zu umgehen sein. Zu ihnen ist wohl in den meisten Fällen der Verfasser zunächst berufen. Kommt es aber zu einem neuen Entwurf, zu dem die Wettbewerbsentwürfe nur hingeleitet haben, so kann sehr wohl der Auslober auch einem der nicht preisgekrönten Bewerber mit dieser Aufgabe betrauen. Dann kann von einem wirklichen Erfolge der Auslobung allerdings nicht mehr die Rede sein.

Bei der Besprechung des Wettbewerbes in der Tagespresse, auch in Fachzeitschriften ist bemängelt worden, daß nur Mitglieder des Bundes Deutscher Architekten teilnehmen konnten. Diese Beschränkung ging von der Annahme aus, daß alle ernstlich in Betracht kommenden Privatarchitekten Mitglieder des B.D.A. seien. Mit wenig Ausnahmen traf das zu. Dann ist natürlich gegen diese Beschränkung nichts einzuwenden, sie setzt andererseits voraus, daß der B.D.A. allen Beitrittsberechtigten auch die Möglichkeit gibt, Mitglied zu sein. Zur Zeit wird diese Möglichkeit mehrfach bestritten. Es sind das Unebenheiten, die hoffentlich ausgeglichen werden, die hier jedoch zu erwähnen sind, weil sie in der Beurteilung des Wettbewerbes eine Rolle gespielt haben.

Das Hochhaus am Friedrichstraßenbahnhof zu Berlin ist zunächst eine Berlinische Angelegenheit.

Die Beteiligung von Architekten aus vielen Teilen Deutschlands an dem Wettbewerb zeigt, daß die Bewerber den Wettbewerb nicht für eine nur berlinische Angelegenheit gehalten haben. Die Frage ist zu stellen, ob das Ergebnis des Wettbewerbes in der Tat für andere Städte von Belang ist. Die Frage ist wohl in vieler Hinsicht zu bejahen. Trotz aller Bedenken gegen Turmhäuser scheinen die Bedingungen an der in Betracht kommenden Stelle in Berlin günstig zu sein. Sehr beachtlich ist, wieviele besondere Umstände zusammenkommen mußten, um diese Frage bejahen zu können. Andere Plätze werden in dieser oder jener Beziehung noch günstigere Bedingungen bieten, doch wird es sehr schwer sein, so große Reihen günstiger Bedingungen für einen anderen Platz nachzuweisen. Wenn trotz allem aus fast allen größeren Städten gemeldet wird, daß Hochhausentwürfe ernstlich bearbeitet werden, so das zunächst nur, daß im Hochhaus die nächste Möglichkeit zur Bekämpfung der Raumnot gesehen wird. Die eingehende Durcharbeitung mag dann ergeben, ob die Vorbedingungen vorliegen. Für diesen Teil der Arbeit werden die Berliner Vorschläge eine gute Hilfe bieten.

Ganz besonders dürfte aber die künstlerische Aufgabe gefördert worden sein. Die auf das Hochhaus angewandte Stilarchitektur war schon in den ersten Versuchen auf dem in Frage stehenden Gebiet im wesentlichen erledigt. Tempel- und Palastformen sind dem Hochhause gar zu fremd. Fraglich war aber doch, ob der rücksichtslos nach Grundrißformen herausgeschnittene Baublock lediglich eines Sockels und eines oberen Gesimses bedarf, um ein Gegenstand der Baukunst zu werden. Wäre der Bauplatz ein Rechteck gewesen, hätte man vielleicht manche solche Lösung (die in Amerika oft vorkommt) gesehen. Die anscheinende Ungunst des Platzes, die sehr verschiedene Bewertung seiner drei Seiten, verschiedene Urteile über Verkehrsanforderungen, bereicherten die Anzahl der möglichen Lösungen und haben wohl auf einige der anregendsten hingeführt. Nun wird man manche von diesen für unausführbar halten. Das Preisgericht hat in dem Vorschlag, einen Entwurf anzukaufen, wohl die künstlerische Bedeutung, nicht aber die Frage nach der Ausführbarkeit bejahen wollen. Aber die Verfolgung des Weges, den die nicht an erster Stelle ausgezeichneten und mancher durchgefallene Entwurf weist, kann sehr wohl bei der nächsten Aufgabe zum Ziele führen. Wir werden uns ja auch ohne Hochhäuser auf manchem Gebiete der Baukunst daran gewöhnen müssen, daß künstlerisch der Boden erschöpft ist, auf dem wir erwuchsen. Betrachten wir die Bauten der späten romanischen Zeit, etwa Limburg a.d.L. und verwandte, so haben wir nicht unbedingt den Eindruck, daß diese Kunst einer Weiterbildung nicht fähig war. Trotzdem setzte sich die im germanisierten Gallien ausgebildete Gotik durch. Wenn sie in Deutschland später als in Frankreich zur Herrschaft kam, so kann sehr wohl der wesentlichste Grund in der Anschauung gelegen haben, daß das Bedürfnis der Zeit auch mit romanischen Formen befriedigt werde. Ähnlich ist die zögernde Aufnahme des Renaissancegefühls (lange nachdem alles Schmuckwerk welsche Formen angenommen hatte!) wohl in der Kraft des gotischen Kunstempfindens begründet. Wenn heute die ausgeleiertsten klassizistischen Formen und Raumgedanken ohne viel Gefühl ewig wiederholt werden und alles oder doch fast alles andere Empfinden in weiten Kreisen abgelehnt wird, so ist wohl kaum die Lebenskraft dieser schon lange nur noch scheinlebenden Kunst der Grund, sondern eine auf allen Gebieten geistigen Lebens uns anerzogene Überbewertung antik-humanistischer Errungenschaften, die so weit geht, daß vor dem Kriege allen Ernstes vor der kulturellen Überlegenheit der romanischen Völker gesprochen werden konnte, wenigstens der überlegenen „Baukultur" der Franzosen. Machen wir aber einmal den Schnitt zwischen der ewigen Renaissance, auf die sich manche Völker so viel zu gute tun und dem einer Zeugung folgenden frischen Lebens zwischen Renaissance auf der einen Seite und den mittelalterlichen germanischen Stilen auf der anderen Seite (auch die Gotik gedieh nur soweit, als Germanen die herrschende Schicht stellten), so ist leicht zu erkennen, wo die entwicklungsfähigen künstlerischen Ansätze zu suchen sind.

Das Wohnhaus ist nicht nur in armen Zeiten sondern wohl stets nur sehr bedingt als Ausdruck eines zeitlichen Kunststils anzusehen. Es ist mit wenig Ausnahmen Scheidemünze. Den frischesten Ausdruck des Kunstwollens zeigten solche Bauten, für die die ganz ausgeglichenen Anforderungen aller oder die persönlichen Liebhabereien des einzelnen nicht bestimmend sind. Das waren sonst Tempel, Paläste und dergleichen. Für uns werden es am ehesten die großen gewerblichen Bauten sein. Wo nun die Wiederholung der Anforderungen die langsame Angleichung des Gewohnten zuläßt, ist wenig Anreiz zum Auffinden neuer künstlerischer Ausdrucksmittel. Anders bei neuen Anforderungen.

Darum kann das Hochhaus für die Entwicklung eines neuen baukünstlerischen Ausdrucks große Bedeutung erlangen.

Friedrich Paulsen

Vorgeschichte

Es ist sicher von Bedeutung für die Bearbeiter des Ideenwettbewerbes zur Erbauung eines Hochhauses in Berlin, die Vorgeschichte kennenzulernen.

Anfang 1920 hatte Professor Möhring von der Akademie des Bauwesens den Auftrag erhalten, die städtebaulich wichtige Frage zu untersuchen, ob und wie die schwierigen Verhältnisse am Bahnhof Friedrichstraße zu lösen seien, die der Gedanke, auf dem Gelände der Pepinière ein Hochhaus zu errichten, hervorgerufen hatte. Besonders wichtig zur Lösung dieser Aufgabe war es, daß Möhring an kein Bauprogramm gebunden war, so konnte er rein als Städtebaukünstler arbeiten.

Er wollte den Bahnhof Friedrichstraße möglichst freihalten, an der wichtigen Verkehrsecke Raum gewinnen, damit auch das Hochhaus selbst für den Beschauer ein möglichst gutes Stadtbild ergäbe, der von den Linden kommend unter der Überführung der Stadtbahn hindurch in den nördlichen Teil der Friedrichstraße tritt. Das eigentliche Hochhaus selbst mit 22 Stockwerken und zwei Versteifungsflügeln von 18 Stockwerken wurde parallel zur Spree an das Reichstagsufer gelegt, ein Halbrund mit 6 Stockwerken wurde vorgebaut.

Es ergab sich hieraus eine eigenartige Gestaltung von einfacher und doch großzügiger Linienführung. Der Platz vor dem Halbrund bringt auch das Bahnhofsgebäude gut zur Geltung. Einen Vergleich, wie das Bild der Friedrichstraße von der Weidendammerbrücke aus gesehen sich ergäbe, wenn das Grundstück nach der heutigen Bauordnung bebaut werden würde, und wie es sich nach Möhrings Hochhausvorschlag zeigen würde, geben die beiden obenstehenden Abbildungen.

Der Gedanke, in Berlin Turmhäuser zu erbauen, wurde der Anlaß zur Gründung einer Studiengesellschaft, deren Vorsitz Herr de Laporte übernahm. Im Auftrage dieser Gesellschaft wurden mehrere Entwürfe für Hochhäuser hergestellt und durchgerechnet. Auch die Möhringsche Idee wurde weiter durchgearbeitet, vervollkommnet und veranschlagt.

Nachdem nachgewiesen war, daß bei einer schnellen Amortisation eine genügende Rente verblieb, bildete sich die Turmhaus-Aktiengesellschaft, die das Grundstück der alten Pepinière erwarb und den Ideenwettbewerb ausschrieb. Man ging dabei von dem Gedanken aus, zu erfahren, was für Möglichkeiten der Lösung gefunden werden könnten, ob eine bessere Ausnutzung des Geländes und damit eine bessere Rente unter Berücksichtigung aller städtebaukünstlerischen Fragen zu erzielen wäre. Die Ergebnisse dieses Wettbewerbs sind auf den folgenden Blättern veröffentlicht.

Als Preisrichter waren beim Wettbewerb tätig:

1. Geh. Reg.-Rat German Bestelmeier, 2. Oberbaurat Professor Dr.-Ing. Billing, 3. Geheimrat Professor Dr.-Ing. Brix, 4. Rechtsanwalt und Notar Dr. Etscheit, 5. Bankier Louis Hagen, 6. Stadtbaurat Hahn, 7. Geh. Baurat Ludwig Hoffmann, 8. Direktor Dr. de Laporte, 9. Heinrich Mendelssohn, 10. Architekt Carl Oettinger, 11. Geh. Rat Reichle, 12. Profesor H. Straumer, 13. Geh. Baurat Wittig.

Folgende Preise wurden zuerkannt:

I. Preis: Nr. 103, Kennwort „Zeitenwende“, Verfasser: J. Brahm und Kasteleiner, Architekten B.D.A., Mitarbeiter: Alfons Baecker, Kassel, Prinzenstraße 27. II. Preis: Nr. 24, Kennwort „Ladenausnutzung“, Verfasser: Brüder Luckhardt und Hoffmann, Architekten B.D.A. Berlin. III. Preis: Nr. 109, Verfasser: W.G. Koch, Architekt B.D.A., Stuttgart, Birkenstraße 21. IV. Preis: Nr. 12, Kennwort „Semiramis“, Verfasser: Architekt B.D.A. Dr.-Ing. Otto Schubert, Dresden, Bergstraße 32. IV. Preis: Nr. 18, Kennwort „Stumpfer Winkel“, Verfasser: Architekt B.D.A. Adolf Abel, Stuttgart, Herdweg 32. IV. Preis: Nr. 31, Kennwort: „Rot ist Trumpf“, Verfasser: Architekt B.D.A. Otto Kohtz, Berlin-Friedenau, Wilhelm-Hauffstraße 8. IV. Preis: Nr. 64, Kennwort „Kristall“, Verfasser: Professor Martin Elsaesser, B.D.A. Köln, Mozartstr. 15. IV. Preis: Nr. 123, Kennwort „Zentral“, Verfasser: Architekt B.D.A. W. Langstein, Karlsruhe, Friedenstr. 1. IV. Preis: Nr. 4, Kennwort „Im Dreieck“, Verfasser: Architekt B.D.A. Jos. Tiedemann, Berlin-Charlottenburg, Sybelstraße 27. Angekauft: Nr. 140, „Innen und Außen“, Verfasser: Architekt B.D.A. Hans Scharoun, Insterburg, Mühlenstraße 12.

Aus dem Preisausschreiben

Auf dem Gelände am Bahnhof Friedrichstraße soll ein Hochhaus errichtet werden. Mit Rücksicht auf das vielgeschossige Gebäude wird auf eine klare Grundrisslösung ganz besonderen Wert gelegt.

Der Grundriss muß eine vielfache Ausnutzungsmöglichkeit der Geschosse gestatten. Es sind den Entwürfen daher einzelne Aufteilungsbeispiele beizufügen. Das Erdgeschoß soll ausschließlich für Ladenzwecke, die übrigen Geschosse hauptsächlich zu Bürozwecken und für Ausstellungsräume verwendet werden.

Es wird auch an teilweise Einbeziehung eines Cafés, Kinos, sowie von Lagerräumen, Garagen, Ateliers usw. gedacht.

Für die bessere Aufschließung des Baublocks und eine bessere Ausnutzungsmöglichkeit des Ladengeschosses durch Gewinnung größerer Ladenfronten ist durch eine Passage oder sonstige Innenentwicklung des Gebäudes Sorge zu tragen. Namentlich wird auf die Wichtigkeit der Verbindung des Bahnhofs Friedrichstraße mit der Weidendammer Brücke hingewiesen.

Es kann angenommen werden, daß seitens der Untergrundbahn ein Zugangstunnel zu den Aufzügen des Gebäudes hergestellt wird. Diesem Umstande, sowie der gesamten Abwicklung des Verkehrs in- und außerhalb des Gebäudes ist Rechnung zu tragen. Auf die aus dem Lageplan ersichtliche Lage der Haupteingänge des Bahnhofs Friedrichstraße ist Rücksicht zu nehmen.

Auf die Umgebung des Gebäudes und dessen Einfügung in das Städtebild ist die gebotene Rücksicht zu nehmen.

Die Bemessung der Höhe des Gebäudes bleibt den Bewerbern überlassen. Die Beschaffenheit des Untergrundes würde bei 4 kg/qcm Bodenbelastung eine Höhenentwicklung von 80 m zulassen.

Die notwendige Ausschachtung behufs Erlangung sicheren Baugrundes auf 8 m verlangt die Anlage eines doppelgeschossigen Kellers.

Für die Anwendung der baupolizeilichen Forderungen bei einem solchen Bau bestehen noch keine festen Vorschriften. Es kann angenommen werden, daß notwendige baupolizeiliche Dispense erteilt werden.

Betreffs einer Inanspruchnahme der weiteren künstlerischen Bearbeitung durch einen der Preisträger behält sich die Turmhaus Aktiengesellschaft bei diesem Ideenwettbewerb volle Freiheit vor.

Die preisgekrönten Entwürfe werden Eigentum der Turmhaus Aktiengesellschaft.

Es werden verlangt:

1. Ein Lageplan 1:400, 2. Darstellung der wichtigsten Grundrisse 1:200, 3. Die zur Klarlegung des Entwurfes notwendigen Schnitte 1:200, 4. 2 Straßenansichten 1:200, 5. 2 Schaubilder 1:200 (von den Punkten a und b), gemessen in der Bildebene, die durch die Vorderkante des Gebäudes gelegt wird bei 2 m Höhe des Augenpunktes. Alle Darstellungen sind in einfacher Strichzeichnung auszuführen. 6. Ein kurzer Erläuterungsbericht mit einem prüfungsfähigen Raum- und Nutzflächenverzeichnis.

Die Wettbewerbsbedingungen sind von allen Preisrichtern geprüft und genehmigt worden.

Aus der Beurteilung der preisgekrönten Entwürfe

Eingegangen waren 145 Entwürfe

I. Preis. Nr. 103.

Die Grundrisslösung ist gut und übersichtlich; der Gedanke eines ausreichend großen Licht- und Wirtschaftshofes ist anzuerkennen.

Der künstlerische Gesamteindruck ist, abgesehen von der Durchbildung des Unterbaues, ein sehr guter. Die gebotene Rücksicht auf die Belichtung der Nachbargrundstücke ist gut gewahrt.

Die Raumausnutzung erscheint im Verhältnis zum umbauten Raum noch als wirtschaftlich ausreichend mit rund 20 000 qm Nutzfläche.

II. Preis. Nr. 24.

Eine eigenartige Lösung hat der Entwurf dadurch erreicht, daß Räume, für die das Hochhaus besonders geeignet erscheint, einheitlich zusammengefaßt sind. Dies ist in der Architektur angemessen zum Ausdruck gekommen. Das Hochhaus ist durch diese Lösung an eine Stelle gerückt, bei der die Lichtverhältnisse sich sehr günstig gestalten. Die Grundrisslösung ist klar und zweckentsprechend.

Die Architektur des Vorgebäudes ist zu aufdringlich und zum Teil lediglich dekorativ.

Die erzielte Nutzfläche ist zwar im Verhältnis zur Baumasse günstig, dagegen wenig günstig im Verhältnis zum Bauplatz.

In dieser Beziehung hätte das Vorgebäude weit wirtschaftlichere Ausnützungsmöglichkeiten gestattet.

III. Preis. Nr. 109.

Die Grundrisslösung ist befriedigend. Geschickte Verteilung der Massen mit zweckmäßiger Verschiebung des Hochgebäudes nach der Spree, wodurch die Friedrich- und Bahnhofstraße weitgehende Berücksichtigung in bezug auf Belichtung erfahren. Die Massen entwickeln sich klar aus dem Grundriss. Der architektonische Zusammenhang zwischen Nieder- und Hochhaus ist nicht zur völlig befriedigenden Lösung gelangt. Die Ausnützung des Grundstücks mit etwa 37 000 qm ist gut.

IV. Preis. Nr. 12.

Eine besonders gute übersichtliche Grundrisslösung ist dem Verfasser geglückt; in wirtschaftlicher Hinsicht sind die Vorschläge für die verschiedenartige Ausnützung des Raumes nicht ohne Wert. In architektonischer Hinsicht erscheint die Lösung weniger glücklich, namentlich ist ein künstlerischer Zusammenhang zwischen Front- und Turmbau nicht gelungen.

Die Ausnützung ist mit etwa 27 000 qm noch ausreichend in Rücksicht auf die Baumassen.

IV. Preis. Nr. 18.

Der Grundgedanke des Bearbeiters, das eigentliche Hochhaus an der Spreeseite mit einem abgetrennten Vorbau nach dem Winkel Friedrichstraße Bahnhof zu setzen, ist anzuerkennen.

Die Lichtverhältnisse bleiben günstig für die Nachbargrundstücke. Der Grundriss ist nicht unbefriedigend; der Vorbau erlaubt eine gute wirtschaftliche Ausnützung. Die Architektur weist angenehme, wenn auch anspruchslose Formen auf; diese entsprechen aber nicht dem Hochhauscharakter.

IV. Preis. Nr. 31.

Der Grundriss zeigt eine übersichtliche Bebauung derart, daß nach dem Bahnhof das Hochhaus weiter entwickelt ist. Die Tiefenentwicklung der Räume im Hochhaus erscheint für die Benutzung ungünstig. Die Architektur trifft den Hochhauscharakter in ansprechender Art. Die wirtschaftliche Ausnützung mit 26 700 qm Nutzfläche ist gut, soweit nicht durch die großen Tiefen eine Beeinträchtigung eintritt.

IV. Preis. Nr. 64.

Die Grundrissanlage hat neben dem Vorzug einer Zentralhalle noch einige Mängel. Der Aufbau zeigt eine feinsinnige Architektur und ist durch seine perspektivischen Überschneidungen sehr wirksam. Die Raumausnützung ist bei 28 400 qm gut. Die Belichtungsverhältnisse für die Nachbargrundstücke sind nicht ungünstig.

IV. Preis. Nr. 123.

Der allgemeine Gesamteindruck ist ruhig und klar. Die runde Form hat den Vorteil, die Belichtung für die Nachbargrundstücke am wenigsten zu beeinträchtigen, dagegen den Nachteil unvorteilhafterer Grundrisslösung in praktischer und wirtschaftlicher Hinsicht, besonders infolge des konischen Verlaufes der Räume, die für Büros geeignet sind. Der Entwurf nützt den Bauplatz nicht genügend aus, so daß trotz Erstellung von 18 Stockwerken sich eine Nutzfläche von nur 17 200 qm ergibt.

IV. Preis. Nr. 4.

Die Lösung hat einen etwas zu akademischen Charakter; dies kommt besonders in der Grundrissbildung zum Ausdruck. Günstig ist die Belebung der äußeren Architektur durch Hervorziehen einzelner Teile. Die Nutzfläche ist mit 14 300 qm zu gering.

III. Max Osborn, Wolkenkratzer Friedrichsbahnhof. Die Ergebnisse des Wettbewerbes, aus: Voss. Ztg. 61, 5. 2. 1922

Im Festsaal des Rathauses sind von heute ab die Entwürfe des Wettbewerbes für den geplanten Hochbau am Bahnhof Friedrichstraße ausgestellt. Also wird es Ernst. Die Zeit der prinzipiellen Erwägungen ist vorüber, und das erste Projekt eines Berliner Wolkenkratzers nimmt greifbare Gestalt an. Jeder Freund einer modernen, in die Zukunft deutenden Entwicklung unserer Stadt wird das beifällig begrüßen. Wohl gibt es Stellen in Berlin, an denen man bei solchen Neuerungsgedanken sagen würde: Rührt sie nicht an! Aber wenn ein Punkt vorhanden ist, der sich solchen Absichten empfiehlt, so ist es das freie, dreieckige Gelände zwischen Spree, Friedrichstraße und Zentralbahnhof.

Der Wettbewerb hat einen beträchtlichen Erfolg gezeitigt. Man hat das Gefühl, daß unsere Architekten auf eine Aufgabe dieser Art geradezu gierig gewartet haben. Eine Fülle von tüchtiger Arbeit, baumeisterlicher Erfahrung und Ideenkühnheit ist hier niedergelegt. Das Problem war, einen Bau zu umreißen, der die Flächen möglichst ausnutzt, der zugleich den Bahnhof und seiner Zufahrt möglichst wenig Licht wegnimmt. Überdies sollten nach der Absicht der Turmhaus-Gesellschaft

Passagendurchgänge quer durch den ganzen Komplex gelegt werden. Dem Grundriß nach sind von den Trägern des ersten Preises, den Architekten J. Brahm und R. Kasteleiner in Kassel, diese Forderungen trefflich erfüllt. Eine Art Vorhof nach dem Bahnhof zu, zu beiden Seiten niedrigere Flügelbauten, dann zu mächtiger Höhe und einer Kolossalfassade nach dem Wasser zu ansteigend der viele Stockwerke umfassende Hauptbau. Die Fassadenbildung vermeidet mit Glück die Anbringung von dekorativen Teilen, die vom bisher Üblichen stammen – etwa von Giebeln, Säulenstellungen, Pavillons, Belvederes und dergleichen, wie sie freilich von einigen immer noch versucht werden. Sie führt das Haus als eine riesige Masse und gliedert die Fronten durch eine gleichsam fältelnde Anlage, mit sacht vorgeschobenen Pfeilerachsen, denen eine zackige Gestaltung der Umrahmung des flach erscheinenden Daches entspricht. Die Wirkung wäre einwandfrei, wenn man nicht das Gefühl hätte, daß das Haus gleichsam nach oben hin nicht endet, nicht logisch und organisch abgeschlossen wird, sondern sich ebensogut noch um mehrere Stockwerke fortsetzen könnte. Auch die Anlage des oberen Sockelstreifens, des „Mezzanin", möchte man sagen, könnte so nicht bleiben; sie stimmt nicht zu der sonstigen Flächenhaltung.

Den zweiten Preis erhielten die Brüder Luckardt, Berlin, mit einem Entwurf, der im Kernbau schön entwickelt ist, nur ein bißchen trocken und ohne echte Verbindung mit der Umgebung. Der Vorbau, der diese herstellen soll, weist eine Dissonanz zum Hauptgebäude auf; er hat etwas von leerer Dekoration. Unverständlich ist nur die Anweisung des dritten Preises an G. Koch, Stuttgart, der ein Riesenhaus höchst unorganisch aus einem gewöhnlichen Stockbau emporsausen läßt. Da würden andere Projekte, wie etwa das mit dem Kennwort „Moloch", mehr Berücksichtigung verdient haben. Auch die Pläne der vierten Preise, die in den Grundrissen allerdings sehr bedachte Arbeiten liefern, sind dem Außeneindruck nach nicht hinreißend.

Doch es ist kein Zweifel, daß die Gesellschaft, die sich dies beherzte Unternehmen zum Ziel gesetzt hat, durch die Ergebnisse des Wettbewerbes der praktischen Verwirklichung ihres Gedankens erheblich nähergerückt ist. Es wird eine entscheidende Stunde für das Schicksal des Berliner Stadtbildes sein, wenn der Tag da ist, da die Ausführung eines dieser Entwürfe, mit größeren oder geringeren Änderungen beschlossene Tatsache wird. Geht der Weg auf den Linien vorwärts, die diese Konkurrenz zieht, so dürfen wir dem Kommenden mit guter Erwartung entgegensehen.

IV. Fritz Stahl, Turmhaus Friedrichstraße. Die Ausstellung der Entwürfe, aus: BT 61, 5. 2. 1922

Lebte die Sehnsucht nach dem Wolkenkratzer früher nur in Triddelfritzischen Herzen, die von nichts in der Welt hören konnten, ohne zu wünschen, daß wir auch einmal so etwas hier in Berlin kriegen, so ist durch die Höhe der Baukosten heute das Hochhaus eine Notwendigkeit geworden, und nicht einmal nur für die größte deutsche Stadt.

Es wird also kommen, weil es kommen muß, und es ist nur darauf zu achten, daß solche Häuser an der richtigen Stelle stehen und eine gute Form erhalten.

Die Gesellschaft „Turmhaus Friedrichstraße", die in enger Verbindung mit der Gesellschaft „Wiederaufbau" steht, von deren Wettbewerb für ein Haus an der Rolandsecke hier neulich die Rede war, legt in dankenswerter Weise der Öffentlichkeit die Ergebnisse eines Wettbewerbes für ein Hochhaus vor, daß sie auf dem Grundstück der früheren Pepinière zwischen Bahnhof Friedrichstraße und Spree erbauen will.

Die Stelle ist im Hinblick auf das Stadtbild dem Zweifel sehr geeignet. Der Fremde, der auf diesem Bahnhof ankommt, wird einen imponierenden Eindruck empfangen, was man bisher nicht behaupten konnte, selbst wenn man von dem scheußlichen Ausnahmezustand der letzten Jahre absieht, in dem auf diesem exponierten Platz durch die Weisheit irgendeiner Behörde sich ein Rummel auftun turfte, eine Berliner Einrichtung, deren Kenntnis besser unter uns geblieben wäre. Auch gibt es hier kein Bauwerk, das durch ein solches Riesenhaus erdrückt würde. Und die gegenüberliegende Seite der Friedrichstraße könnte später einmal gut und gern ebenso bebaut, unter Umständen diese Bebauung auch über die Spree hin fortgesetzt werden. Daß das Grundstück, ein Viereck, näher dem Dreieck schwierig ist, darf kein Hindernis bilden.

Bleibt die Frage der Form, die gerade bei dem ersten Turmhaus so sehr wichtig ist, weil es den Ton angeben soll. Daß der erste Wettbewerb keine befriedigende Lösung gebracht hat, ist bei der Neuheit der Aufgabe nicht so sehr verwunderlich. Aber es hätte durch die Jury klargestellt werden müssen, wozu die Verweigerungen eines ersten Preises das übliche Mittel bot. Das ist nicht geschehen. Und man muß sich fragen, ob die Juroren selbst (von einzelnen abgesehen) eine sichere Vorstellung gehabt haben, wie denn ein solches Haus nun eigentlich aussehen müsse. Es mögen ja Vorzüge des Grundrisses die Enscheidung bestimmt haben, über die eine bloße Betrachtung in der Ausstellung keinen Aufschluß gibt. Aber hier muß doch die künstlerische Form, an der allein die Oeffentlichkeit ein Interesse hat, die Entscheidung geben.

Ist es wirklich nur eine persönliche Meinung, indem man von solch einem ganz modernen Bauwerk jede historische, wenn man von einem gewaltigen Nutzbau jeden ornamentalen Krimskrams streng ausgeschlossen sehen will. Doch wohl nicht. Und um so weniger, als die Möglichkeit der Kunstwirkung eines von solchen Elementen rein gehaltenen Baues durch Pölzigs Entwürfe für Dresden und Bonatz' Bahnhof in Stuttgart schon erwiesen wird. Diese beiden Meister haben ein moralisches Recht darauf, in solcher Frage gehört zu werden. Und von ihnen sollte die Gesellschaft auch nach dem Wettbewerb noch Entwürfe einfordern.

Von diesem Standpunkt aus verdienen einige Entwürfe, die leer ausgegangen sind, den Vorzug vor manchen, wenn nicht vor allen preisgekrönten. Daß einige unter ihnen die Maße überschreiten, mußte wohl für die Jury ins Gewicht fallen, für das freie Urteil, das nur die eine Aufgabe kennt, den richtigen Mann zu finden, ist es gleichgültig.

Der Entwurf, dem der erste Preis zugefallen ist (J. Brahm, R. Kasteleiner, Kassel), hätte ihn schon wegen des gotischen Portals und der neckischen Kringel über den Schaufenstern, nicht erhalten dürfen. Uebrigens fehlt ihm auch die mit Recht verlangte und für den Verkehr wie die Rentabilität des Hauses bedeutsame Passage zwischen Bahnhof und Weidendammer Brücke. An dem Bau, den die Träger des zweiten Preises (Gebr. Luckhardt und Hofmann, Berlin) vorschlagen, und der strenger konstruktiv ist, stört eine gewisse Spitzzipfeligkeit im oberen Ablauf. Die übrigen Preise sind vollends nur einem großen Wohlwollen des Preisgerichts zu verdanken, sie geben nicht einmal Ideen.

So kann man es nicht bedauern, was man doch gerne zu tun pflegt, daß die Entscheidung keine Wirkung auf die ausführende Gesellschaft übt. Aber es ist nicht richtig, wenn diese nun glaubt, mit Benutzung der „Ideen" ohne eine starke künstlerische Kraft arbeiten zu können. Erst mußten die Triarier vorgerufen werden. Freilich im Fall der Rolandsecke hat der „Wiederaufbau" schlechte Erfahrungen mit der Konkurrenz zwischen aufgeforderten Architekten gemacht, deren Ergebnisse zugleich ausgestellt sind (im großen Festsaal des Berliner Rathauses). Peter Behrens hat offenbar nicht an den Charakter des alten Westens gedacht. Da ist für ein Hochhaus keine Stelle. Dem Phantasten Bruno Taut, der vor neuen Ideen die gesamte Baukunst der Gegenwart verwirft, ist nichts eingefallen als ein banales und schlechtes Geschäftshaus, das selbst von vorhandenen mittleren Ranges weit übertroffen wird. Max Taut hat das Modell eines bunten Hauses geklebt, das mehr an die Kinderstube als an eine ernste Werkstatt denken läßt usw.

Der Entwurf Siedler-Kaiser, der in dem ersten Wettbewerb als vierter gewertet, hier aber wegen seiner richtigen Grundanschauung hervorgehoben war und zur Ausführung bestimmt ist, ist inzwischen weiter bearbei tet worden. Die Fassade an der Bellevuestraße mit dem betonten Vorbau ist in der Grundform gelungen. Aber dieser Vorbau bedarf einer reicheren und feineren Durchführung durch einen Bildhauer.

V. R.B., Turmhäuser in Berlin, aus: Berliner Lokalanzeiger, 5. 2. 1922

Die Idee, zur Belebung des Straßenbildes nach amerikanischem Muster einzelne Häuser zu bedeutender Höhe hinaufzuführen, ist schon vor dem Krieg in Deutschland erwogen worden. Einer ihrer eifrigsten Vorkämpfer war wohl der Geheime Baurat Wittig, der schon im Jahre 1910 nachgewiesen hat, wieviel charaktervoller sich einzelne Berliner Plätze gestalten würden, wenn man den Mut hätte, aus der Gleichmäßigkeit des Häusermeeres einzelne Bauten emporsteigen zu lassen nach der Art, wie sie in Amerika „Wolkenkratzer" genannt werden. Wie das Prudential Building etwa in Buffalo oder das Stra (...) Hotel in Philadelphia beweist, ist es durchaus möglich, daß diese Turmhäuser dem gleichmäßigen Häusermeer eine architektonisch überaus wertvolle Unterbrechung geben. Auch russische Großstädte wie Kiew haben, ohne der amerikanischen Übertreibung nachzuahmen, durch Hochbauten eine starke architektonische Wirkung erzielt. Das Bild des Weißen Hauses in Kiew, das weit über die Stadt hinaussieht, gibt dem ganzen (...) der ukrainischen Hauptstadt ein scharfes und bedeutsames Gesicht.

In Berlin scheint nun, dank der Arbeit der Turmhausbau-A.-G., der Gedanke von Häusern zwischen 15 und 20 Stockwerken in die Tat umgesetzt werden zu sollen. Es handelt sich, wie Direktor La Porte vom Berliner Wohnungsamt anläßlich der Pressebesichtigung der Entwürfe des großen Preisausschreibens der Turmhausbau-A.-G. ausführte, nicht um Nachahmung amerikanischer Vorbilder und den Ehrgeiz, unter diesen Umständen in Berlin „Wolkenkratzer" zu bauen, sondern darum, für den außerordentlichen Bedarf an geeigneten Bureauräumen durch großzügige Aktionen den für Berlin angebrachten Turmhausbau zu schaffen. Eine Anzahl Großindustrieller und an der Entwicklung von Berlin interessierte Männer hat sich zu der Turmhausbau-Gesellschaft zusammengeschlossen. Zunächst hat man das bekannte Terrain gegenüber dem Bahnhof Friedrichstraße sich für die Zwecke des ersten Turmhausbaues in Berlin gesichert. Die Behörden haben ihre Unterstützung zugesagt und das Projekt ist dabei, aus dem Zeitpunkt der Erwägung in den der Ausführung hinüberzugehen. Im Berliner Rathaus wurden am Sonnabend die Entwürfe gezeigt, die auf das Preisausschreiben der Turmhausbau-A.-G. eingelaufen sind. Der Gesamteindruck ist zweifellos außerordentlich interessant; man sieht, wie das Projekt in der deutschen Architektenwelt starken Widerhall gefunden hat. Die Beurteilung des architektonischen Außenbildes wird immer subjektiv sein, aber das steht fest, das der Wettbewerb eine große Anzahl von wertvollen und lebendigen Anregungen gegeben hat. Interessante Versuche, sich mit den Problemen auseinanderzusetzen, finden sich namentlich in der Reihe der mit dem vierten Preis ausgezeichneten Entwürfe. Über den ersten Preis, der an J. Brahm und J. Kasteleiner (Kassel) gefallen ist, werden weniger vom Standpunkt der Ausnutzung der gegebenen Fläche als von der rein architektonischen Seite einige Meinungsverschiedenheiten herrschen. Namentlich der Abschluß des (...) Gebäudes, der sich in gleichmäßigen Zacken verliert, dürfte eine ähnliche unbefriedigende Wirkung haben wie einer der Wolkenkratzer, die in Kiew bereits errichtet sind.

Mindestens ebenso stark wie die architektonische Bedeutung der Aufgabe dürfte aber die wirtschaftliche sein. Ein solches Bureauhaus entlastet unzählige Privatwohnungen von ihrer Bureaueinquartierung und gibt Raum für Familien. Vor allem aber, es gibt die Möglichkeit, im Brennpunkt des Verkehrs den Weltfirmen, die nach Berlin rennen, passende Unterkunft zu gewähren. Wenn man weiß, wie Bureauräume in guter Lage in Ber-

lin augenblicklich mit Geld aufgewogen werden, scheint es auch nicht zweifelhaft, daß die finanziellen Schwierigkeiten eines solches Baues verhältnismäßig leicht zu überwinden sind. Gerade in dem Augenblick, da Berlin sich anschickt, seinen Ruhm als Mittelpunkt für den Handel nach Osten neu zu befestigen, dürfte solch großzügiger Plan durchaus nicht allein im Interesse Berlins, sondern der ganzen deutschen Handelswelt liegen. Es ist ja bekannt, daß auch Köln, Düsseldorf, Hamburg und schließlich Danzig ähnliche Projekte aus ähnlichen Gründen erwägen. Zweifellos würde das Stadtbild Berlins in der Friedrichstadt durch Ausführung eines dieser Projekte stark an Reiz gewinnen, zumal an einigen der Entwürfe ein neuer und starker Geist der Baukunst zum Ausdruck gekommen ist.
Anschließend an die Ausstellung der Entwürfe für den Turmhausbau gegenüber dem Bahnhof Friedrichstraße war auch eine kleine Sonderausstellung von Entwürfen und Methoden für die Bebauung des Grundstückes Viktoriastraße 37 am Potsdamer Platz. Hier hat die Gesellschaft für Wiederaufbau im Zusammenarbeiten mit der Berliner Baupoliziei und Kunstkommission des Magistrats Berlins die aus einem Wettbewerb hervorgegangenen Arbeiten so weit gefördert, daß die mit dem vierten Preis ausgezeichneten Entwürfe der Herren Dr.-Ing. Jobst Siedler und Baumeister Kaiser so weit durchgearbeitet wurden, daß nun in einigen Wochen mit dem Bau begonnen werden kann. Das architektonische Bild des zur Ausführung bestimmten Entwurfes zeigt sehr ruhige und einfache Linienführung, die sich dem Charakter der Bellevuestraße anpaßt. Professor Behrens, der zu einem neuen engeren Wettbewerb, der sonst keine baureifen Entwürfe brachte, aufgefordert war, hat auch die Lage dieses Grundstückes als für ein Turmhaus geeignetes betrachtet und einen interessanten Entwurf beigesteuert.
Auch diese kleine Sonderausstellung zeigte neben den großen Entwürfen für das Turmhausbauprojekt, das wir wohl endlich auf dem Wege sind, aus der Stagnation des Berliner Baulebens ein wenig herauszukommen und daß Hoffnung ist, dem Stadtbild von Berlin neue starke und lebendige architektonische Teile einzufügen.

VI. Joseph Brix, Der Ideenwettbewerb für die Bebauung des Geländes am Bahnhof Friedrichstraße in Berlin mit einem Hochhaus, aus: ZdB 13, 11. 2. 1922, 69-71 und 15, 18. 2. 1922, 81-84

Als vor etwa 20 Jahren die Kunde von dem Bau hoher Turmhäuser aus Amerika nach Europa gelangte, war man wohl allgemein der Meinung, daß diese „skyscrapers" oder „Wolkenkratzer" ein Erzeugnis amerikanischer Eigenart auf amerikanischem Boden bleiben würden. Mit der fortschreitenden Citybildung auch in deutschen Großstädten erstanden zwar den Turmhäusern Fürsprecher. Obwohl einer der Eifrigsten, der Geheime Baurat Wittig, schon vor etwa 10 Jahren nachgewiesen hatte, daß sich gerade in Berlin einzelne Plätze in städtebaulicher Hinsicht sehr wohl zur Aufnahme von Hochhäusern nach amerikanischer Art eignen würden, so waren doch schon die Widerstände auf baupolizeilichem Gebiet derart, daß es unfruchtbare Arbeit schien, den Hochhausgedanken auf deutschem Boden zu verwirklichen. Auch in London und in Paris schienen keine den Hochhäusern günstige Vorbedingungen vorhanden zu sein. Heute aber, in einer Zeit der größten Not Deutschlands, wird nach eingehenden Vorarbeiten durch eine Gemeinschaft zur Errichtung von Turmhäusern in Großberlin von der auf diesen Arbeiten fußenden „Turmhaus-Aktiengesellschaft" ein Preisausschreiben für das erste Hochhaus erlassen. Es mußte zwingender Weise so kommen. Die baupolizeilichen Schranken sind gefallen, nachdem im Vorjahr der Minister für Volkswohlfahrt die baupolizeiliche Zulassung von Hochhäusern für Geschäfts- und Verwaltungszwecke grundsätzlich ausgesprochen hatte (1921 d. Bl., S. 48). Die ästhetischen und städtebaulichen Bedenken sind überwunden, wie aus einem Gutachten der preußischen Akademie des Bauwesens hervorgeht (1921 d. Bl., S. 473). Darin heißt es: „Die Akademie hat die Überzeugung gewonnen, daß in den deutschen Großstädten die Erscheinung des Stadtbildes, von Plätzen und Straßenzügen durch Errichtung von Hochhäusern in wohlüberlegter Lage, Verteilung und Ausbildung belebt und verschönert werden kann. Sie begrüßt daher den Erlaß des Ministers für Volkswohlfahrt. Wenn unter den heutigen Verhältnissen wirtschaftlich starke Kräfte sich entschließen, Hochhäuser unter Bedingungen zu errichten, die dem Stadt- und Straßenbild zum Vorteil gereichen und der Raumnot abhelfen, so sollten nach Ansicht der Akademie solche Bestrebungen gefördert werden. Sie warnt aber vor einer Häufung von Turmhäusern und rät zur Vorsicht bei ihrer Verwendung zu Wohnzwecken." Die Raumnot, von der in dem Gutachten in der Akademie die Rede ist, fordert zur Schaffung neuer Räume auf, und geradezu gebieterisch wird diese Forderung nach Geschäfts- und Verwaltungsräumen in der Geschäfts- und Verkehrsmitte Berlins. Wohn- und Gasträume sind dieser Forderung bereits im erschreckendem Maße zum Opfer gefallen, und trotzdem ist die Nachfrage nach Bureauräumen in der Friedrichstraße, Unter den Linden, in der Leipziger und Potsdamer Straße und benachbarten Gebieten so groß, daß fast jeder verlangte Preis bezahlt würde, wenn es überhaupt möglich wäre, noch ausreichende Räume hierfür angeboten zu erhalten. In viel größerem Maße als vor dem Kriege werden in Berlin Diensträume für Behörden, Körperschaften, Vertretungen der Handels- und Industriekreise des Aus- und Inlandes, ebenso Geschäftskontore der verschiedendsten Zweige verlangt. Deren Zahl wird sich nicht mindern; sie wächst vielmehr ständig, auch wenn einzelne Reichs- und Dienststellen eingehen sollten, mit der Erweiterung und fortschreitenden Regelung der wirtschaftlichen Beziehungen Deutschlands zum Ausland. Und so ist die Raumnot, weil Flächen, auf denen dem Raumbedürfnis mit Hilfe von Bauten gewöhnlicher Stockwerkzahl genügt werden könnte, in der Berliner Stadtmitte wohl nicht mehr zu erlangen sind, trotz der ungünstigen Allgemeinverhältnisse ein Zwangsmittel zur Einführung des Hochhauses in das Berliner Stadtbild geworden. Die heute mehr denn je erkannte Notwendigkeit der Verdichtung und Zusammenfassung des Amts- und Geschäftsverkehrs und der größtmöglichen Zeitausnutzung ist das andere Zwangmittel zum Hochhausbau.
Nach den Bedingungen des unterm 1. November 1921 von der Turmhaus-Aktiengesellschaft unter den Mitgliedern des Bundes deutscher Architekten veranstalteten Wettbewerbs für Vorentwürfe (1921 d. Bl., S. 552) soll auf dem von der Friedrichstraße, dem Reichstagsufer und der Straße am Bahnhof Friedrichstraße umschlossenen dreieckigen Bauplatz ein Hochbau errichtet werden. Aus dem Lageplan und dem Fliegerbild ergibt sich die günstige Lage dieses Platzes. Die Einzelabmessungen des Grundstückes sind: Frontlänge gegenüber dem Bahnhof Friedrichstraße 95 m, an der Friedrichstraße 89 m, am Reichstagsufer 100,5 m; die Abschrägungen sind gegenüber der Weidendammer Brücke 15,50 und am Bahnhof Friedrichstraße 3 m breit. Auf eine klare Grundrißlösung wird, so heißt es in den Bedingungen weiter, ganz besonderer Wert gelegt. Die Bedingungen besagen ferner: „Der Grundriß muß eine vielfache Ausnutzungsmöglichkeit der Geschosse gestatten. Es sind den Entwürfen daher einzelne Aufteilungsbeispiele beizufügen. Das Erdgeschoß soll hauptsächlich zu Bureauzwecken und für Ausstellungsräume verwendet werden. Es wird auch an teilweise Einbeziehung eines Kaffees, Kinos, sowie von Lagerräumen, Garagen, Ateliers usw. gedacht. Für die bessere Aufschließung des Baublocks und eine bessere Ausnutzungsmöglichkeit des Ladengeschosses durch Gewinnung größerer Ladenfronten ist durch eine Passage oder sonstige Innenentwicklung des Gebäudes Sorge zu tragen. Namentlich wird auf die Wichtigkeit der Verbindung des Bahnhofs Friedrichstraße mit der Weidendammer Brücke hingewiesen. Es kann angenommen werden, daß seitens der Untergrundbahn ein Zugangstunnel zu den Aufzügen des Gebäudes hergestellt wird. Diesem Umstande sowie der gesamten Abwicklung des Verkehrs innerhalb und außerhalb des Gebäudes ist Rechnung zu tragen. Auf die aus dem Lageplan ersichtliche Lage der Haupteingänge des Bahnhofs Friedrichstraße ist Rücksicht zu nehmen.
Weiter ist die gebotene Rücksicht zu nehmen auf die Umgebung des Gebäudes und dessen Einfügung in das Städtebild. Die Bemessung der Höhe des Gebäudes bleibt den Bewerbern überlassen. Die Beschaffenheit des Untergrundes würde bei 4 kg/qcm Bodenbelastung eine Höhenentwicklung von 80 m zulassen. Die notwendige Ausschachtung behufs Erlangung sicheren Baugrundes auf 8 m verlangt die Anlage eines doppelgeschossigen Kellers. Für die Anwendung der baupolizeilichen Forderungen bei einem solchen Bau bestehen noch keine festen Vorschriften. Es kann angenommen werden, daß notwendige baupolizeiliche Dispense erteilt werden. Betreffs einer Inanspruchnahme der weiteren künstlerischen Bearbeitung durch einen der Preisträger behält sich die Turmhaus-Aktiengesellschaft bei diesem Ideenwettbewerb volle Freiheit vor. Die preisgekrönten Entwürfe werden Eigentum der „Turmhaus-Aktiengesellschaft".
Trotz der kurzen Zeit, welche den Wettbewerbsteilnehmern zur Verfügung stand, und trotz der einschränkenden Bestimmung, daß nur Mitglieder des Bundes deutscher Architekten zum Wettbewerbe zugelassen waren, sind rechtzeitig 144 Entwürfe eingegangen. Ein Entwurf, der mit einer Verspätung von drei Wochen eingetroffen war, mußte von der Beurteilung durch das Preisgericht ausgeschlossen werden. Das Preisgericht trat am 2. Februar d. J. vollzählig zusammen. Bei Besichtigung der Entwürfe, die im Festsaal des Berliner Rathauses ausgestellt sind und bis Sonntag, dem 12. der öffentlichen Besichtigung zugänglich sind, waren nach einstimmigen Beschlusses des Preisgerichts diejenigen Zeichnungen, die sich nicht an die vorgeschriebenen Maße gehalten hatten, und die Zeichnungen und Modelle, die über die Bedingungen hinausgehend geliefert wurden, ausgeschlossen worden. Diese Stücke wurden während der Beurteilung verhängt, sind aber zur öffentlichen Besichtigung wieder zugelassen worden. Nach dem Ergebnis zweier Rundgänge wurden seitens des Preisgerichts, als für einen Preis nicht in Betracht kommend, 66 Entwürfe einstimmig ausgeschieden. In einem weiteren Rundgange mußten mit Stimmenmehrheit fernere 17 Entwürfe für die engere Beurteilung ausgeschieden werden, so daß noch 31 Entwürfe übrigbleiben. Nach wiederholten Rundgängen und Beratungen kamen schließlich 13 Entwürfe am zweiten Preisgerichtssitzungstage zur engsten Auswahl. Nach weiterer Besichtigung und eingehender Besprechung wurde einstimmig beschlossen, mit dem ersten Preis auszuzeichnen den Entwurf Nr. 103, Kennwort „Zeitenwende", Verfasser: J. Brahm u. R. Kasteleiner, Architekten, Mitarbeiter: Alfred Becker in Cassel; mit dem zweiten Preis den Entwurf Nr. 24, Kennwort „Ladenausnutzung", Verfasser: Brüder Luckhardt u. Hoffmann, Architekten in Charlottenburg. Bei der Öffnung des Umschlages der für den dritten Preis vorgesehenen Arbeit ergab sich, daß der Bearbeiter nicht Mitglied des Bundes deutscher Architekten ist und deshalb aus dem Wettbewerb auszuscheiden hatte. Das Preisgericht beschloß daher die übrigen für die Preise ausgewählten Arbeiten nachrücken zu lassen. Demgemäß erhielt der Verfasser des Entwurfs Nr. 109, W. G. Koch in Stuttgart den dritten Preis. Mit den weiteren sechs vierten Preisen wurden die Bearbeiter der Entwürfe Nr. 12, „Semiramis", Verfasser: Architekt Dr.-Ing. Otto Schubert in Dresden, Nr. 18 „Stumpfer Winkel", Verfasser: Architekt Adolf Abel in Stuttgart, Nr. 31 „Rot ist Trumpf", Verfasser: Architekt Otto Kohtz in Berlin-Friedenau, Nr. 123 „Neutral", Verfasser: Architekt W. Langstein in Karlsruhe, Nr. 64 „Kristall", Verfasser: Professor Martin Elsaesser in Köln und der ursprünglich zum Ankauf empfohlene Entwurf Nr. 4 „Im Dreieck", Verfasser: Architekt Tiedemann in Charlottenburg ausgezeichnet. Außerdem wurde der Entwurf Nr. 140 „Innen und außen", Verfasser: Architekt Hans Scharoun in Insterburg zum Ankauf für 3000 Mark der Turmhaus-Aktiengesellschaft empfohlen und der Ankauf vom Aufsichtsrat der Gesellschaft sofort beschlossen. Wir bringen zunächst Abbildungen der mit dem ersten und zweiten Preise gekrönten Arbeiten. Eine Besprechung der einzelnen Entwürfe wird folgen.

Das Preisgericht hatte eine sehr schwierige Aufgabe zu leisten. Der Stand der Arbeiten ist ein verhältnismäßig hoher, und gewiß zwei Drittel überragen die amerikanischen Turmhäuser in bezug auf Architektur und künstlerischen Gesamteindruck. Aber nicht allein diese Punkte und die städtebauliche Einfügung in das Stadtbild, sondern namentlich die Grundrisseanordnung, die Rücksichtnahme auf die Verkehrsabwicklung, auf Licht und Luft und die voraussichtliche Wirtschaftlichkeit der Lösung, namentlich auch in bezug auf ausnutzbare Flächen im Verhältnis zum umbauten Raum sowie weitere für diesen Sonderfall wichtige Punkte mußten durch die Preisrichter einer gewissenhaften Prüfung unterzogen werden. Auch für die allgemeingültigen, bisher noch nicht im Zusammenhang geklärten Turmhausfragen hat der Wettbewerb wichtige Richtlinien ergeben. Zusammenfassend können folgende Hauptlösungsarten auseinandergehalten werden, die in ihrer Anwendung aus den einzelnen Abbildungen der preisgekrönten Entwürfe ohne weiteres erkennbar sind.

1. Der Rundbau. Er hat den Vorzug, daß der Umgebung wenig Licht weggenommen wird, daß er zu imposanter und guter städtebaulicher Wirkung sich ausreifen läßt – allerdings leicht an einen Gasbehälterumbau und im besseren Falle an die Engelsburg erinnernd – und daß er in statischer Hinsicht günstige Verhältnisse schafft. Der Rundbau hat aber den Nachteil ungünstiger Ausnutzung der vorhandenen Dreieckbaufläche, auch wenn die entstehenden Außendreieckzwickel durch niedrige Flachbauten überbaut werden, und schwieriger Belichtungsverhältnisse für die nach dem Innenhofe des Hochturms gelegenen Räume, die als Bureauräume demzufolge leicht minderwertig werden.

2. Die Anordnung des eigentlichen Hochhauses als Kernbau, sei es einflüglig, zwei- oder dreiflüglig oder in Form eines Kreuzbaues, von dem aus durch minder hohe Flügelbauten, sich an ihn angliedernd und zum Teil sich abstufend, die zur Verfügung stehende Grundfläche ihre weitere Ausnutzung erfährt. Der Vorzug dieser Anordnung liegt in einer noch ausreichend befriedigenden Rücksichtnahme auf die Lichtgebung für die Nachbarschaft, einer guten Belichtung der Hochhausräume bei guter Flächenausnutzung und nicht ungünstigen architektonischen und städtebaulichen Entwicklungsmöglichkeiten. Eine besondere Schwierigkeit liegt allerdings in der einheitlichen Zusammenfassung der Gebäudegruppen.

3. Eine Lösung, bei der das Massiv des Hochhauses an die Nordseite des Bauplatzes gerückt und nach den beiden südlich und südwestlich gelegenen Dreieckseiten der Überbau durch sich abtreppende Flügelbauten gebildet wird. Die Lichtverhältnisse in der Friedrichstraße werden dadurch für die bestehenden Gebäude teilweise etwas beeinträchtigt, und die Abtreppungen wirken nicht immer günstig.

4. Die Bebauung des ganzen Dreieckplatzes in fast durchweg gleichmäßiger Höhe. Die Lichtverhältnisse für die Friedrichstraße werden ungünstig, die Architektur meist reizlos, die Grunstücksausnutzung ist dagegen günstig.

5. Eine Lösung wie die vorige, aber unter Zurückrückung des Hochhauses gegenüber der Friedrichstraße und ganz oder zum Teil gegenüber dem Bahnhof Friedrichstraße. Dadurch bleiben die Lichtverhältnisse für die Nachbarschaft günstig, ebenso ist Gelegenheit zu wirksamerer architektonischer Ausgestaltung und Verbesserung der Umrißlinie vorhanden.

6. Lösung. Stellung des Hochbaues parallel zum Spreelauf an das Reichstagsufer bei Errichtung eines entweder ganz selbständigen Vorgebäudes oder eines durch eine Galerie oder Ladenstraße im Hochgebäude getrennten Baues mäßiger Höhe. Diese Form ist architektonisch und städtebaulich günstig, trägt den erforderlichen Belichtungsanforderungen sehr gut Rechnung und scheint auch wirtschaftlich recht ausbildungsfähig. Den Verkehrsanforderungen, namentlich auch im Hinblick auf den Bahnhofsverkehr ist recht weitgehend Rechnung getragen.

7. Lösung. Diese ergibt sich dadurch, daß das Haupthochhaus parallel zum Bahnhof Friedrichstraße angeordnet wird. Eine mächtige Wirkung, auch von der Georgenstraße aus über das Bahnhofsgebäude hinweg, wird sich dadurch unzweifelhaft ergeben, aber in der Bahnhofstraße selbst wird sich ein beengender Eindruck bemerkbar machen. Die Lichtverhältnisse für die benachbarten Wohnhäuser bleiben gut. Die räumliche Auswirkung nach der Spreeseite ist städtebaulich günstig.

Die einzelnen preisgekrönten Arbeiten sind vom Preisgericht in der Hauptsache kurz wie folgt beurteilt worden. Erster Preis Nr. 103. Kennwort: „Zeitenwende", Architekten J. Brahm u. R. Kasteleiner und Alfons Baecker in Cassel (nicht Becker wie in dem Bericht auf S. 70 u. 71 d. Bl. und in der Bekanntmachung des Preisgerichtes im Anzeigenteil der Nr. 13 u. 14 gedruckt). Die Grundrißlösung ist im ganzen gut und übersichtlich. Der Gedanke eines ausreichend großen Licht- und Wirtschaftshofes ist anzuerkennen. Der künstlerische Gesamteindruck ist, abgesehen von der Durchbildung des Unterbaues, ein sehr guter. Die gebotene Rücksicht auf die Belichtung der Nachbargrundstücke ist gut gewahrt. Die Raumausnutzung erscheint im Verhältnis zum umbauten Raum mit rd. 20 000 qm Nutzfläche wirtschaftlich ausreichend. (...)

Zweiter Preis Nr. 24. Kennwort: „Ladenausnutzung", Architekten Gebr. Luckhardt u. Hoffmann in Charlottenburg. Eine eigenartige Lösung ist im Entwurf durch die einheitliche Zusammenfassung der für das Hochhaus besonders geeigneten Räume erreicht. In der Architektur ist dies zum angemessenem Ausdruck gekommen. Das Hochhaus ist bei dieser Lösung an eine Stelle (längs der Spree) gerückt, bei der sich die Lichtverhältnisse sehr günstig gestalten. Die Grundrißlösung ist klar und zweckentsprechend. Die Architektur des Vorgebäudes ist teils zu aufdringlich, teils lediglich dekorativ. Die Nutzfläche ist im Verhältnis zur Baumasse günstig, weniger günstig im Verhältnis zur Bauplatzgröße. Das Vorgebäude hätte weit wirtschaftlichere Ausnutzungsmöglichkeiten erlaubt. (...)

Dritter Preis Nr. 109, Architekt W. G. Koch in Stuttgart. Befriedigende Grundrißlösung, geschickte Verteilung der Massen mit zweckmäßiger Verschiebung des Hochgebäudes nach der Spree. Klare Massenentwicklung aus dem Grundriß, nicht völlig befriedigender Zusammenhang zwischen Nieder- und Hochbau in architektonischer Beziehung. Gute Ausnutzung des Grundstücks mit etwa 37 00 qm Nutzfläche. (...)

Ein vierter Preis Nr. 12. Kennwort: „Semiramis", Dr.-Ing. Otto Schubert in Dresden. Gute übersichtliche Grundrißlösung. Die Vorschläge für verschiedenartige Ausnutzung der Räume in wirtschaftlicher Hinsicht schätzenswert. Weniger gelungen ist die Lösung in architektonischer Hinsicht, besonders in bezug auf den künstlerischen Zusammenhang. Die wirtschaftliche Ausnutzung ist mit etwa 27 000 qm Nutzfläche ausreichend. (...)

Ein vierter Preis Nr. 18. „Stumpfer Winkel", Architekt Abel in Stuttgart. Die Stellung des Hochhauses an der Spreeseite mit einem abgetrennten Vorbau nach dem Winkel Friedrichstraße-Bahnhof ist anzuerkennen. Die Lichtverhältnisse bleiben gut für die Nachbargrundstücke. Der Vorbau erlaubt gute wirtschaftliche Ausnutzung. Die Grundrisse sind nicht unbefriedigend. Die Architektur weist angenehme, wenn auch anspruchslose Formen auf, die aber dem Hochhauscharakter nicht entsprechen. (...)

Ein vierter Preis Nr. 31 „Rot ist Trumpf", Otto Kohtz in Berlin-Friedenau. Der Grundriß zeigt eine übersichtliche Bebauung. Die Tiefenentwicklung der Räume im Hochhaus erscheint für die Benutzung ungünstig. Die Architektur trifft den Hochbaucharakter in ansprechender Art. Abgesehen von der Beeinträchtigung durch die großen Tiefen ist die wirtschaftliche Ausnutzung mit 26 700 qm Nutzfläche gut. (...)

Ein vierter Preis Nr. 123. „Zentral", Architekt Langstein in Karlsruhe. Ruhiger und klarer allgemeiner Gesamteindruck, wenig vorteilhafte Grundrißlösung. Nicht genügende Ausnutzung der Bauplatzfläche, wodurch trotz der 18 Stockwerke nur eine Nutzfläche von 17 200 erzielt wird.(...)

Ein vierter Preis Nr. 4. „Im Dreieck", Architekt Tiedemann in Charlottenburg. Etwas zu akademischer Charakter, besonders in der Grundrißbildung zum Ausdruck kommend. Günstige Belebung der äußeren Architektur durch Hervorziehen einzelner Teile. Zu geringe Nutzfläche (14 300 qm). (...)

Angekaufter Entwurf Nr. 140. „Innen und außen", Architekt Hans Scharoun in Insterburg. Eine Lösung besonderer Eigenart, die bei ihrer Ausführung nach der Absicht des Verfassers gewiß Sensation erwecken würde. Der nach der Weidendammer Brücke zu den Haupteingang zu beiden Seiten flankierende steinerne Vorhang ist ohne besondere im Mauerwerk versteckte Eisenkonstruktion statisch unhaltbar, wirkt häßlich und gesucht.

Zweifellos hat der Wettbewerb über manche Fragen Klarheit gebracht und Veranlassung zu verschiedenen Anregungen gegeben. Die Turmhausgesellschaft dürfte dadurch in die Lage versetzt worden sein, auf Grund eines aufzustellenden eingehenden Programms, gegebenenfalls unter Zuziehung von Vertretern der für die Genehmigung des Baues maßgebenden Behörden, nunmehr an die Ausführungspläne sowohl in baulicher wie wirtschaftlicher Hinsicht heranzugehen. Über die Geldbeschaffungsabsichten gibt die Gesellschaft bekannt, daß in dem Bau in erster Linie Bureau- und Ausstellungsräume für große Industrie- und Handelsverbände geschaffen werden sollen, für die die äußerst günstige Lage und die Möglichkeit, große, helle, zusammenhängende Räumlichkeiten zu erhalten, besondere Vorteile bietet. Die Lage am Bahnhof Friedrichstraße und an der Nord-Süd-Untergrundbahn, deren Bahnhof auch dem Bauplatz mitten vorgelagert ist, und die einen unmittelbaren Eingang in das Turmhaus haben wird, macht viele große Verbände ohne weiteres geneigt, sehr erhebliche Baukostenzuschüsse außer der Miete zu zahlen, wodurch allein die Durchführung des Planes ermöglicht wird. Nach diesen Hauptmietern, mit denen natürlich vor dem Wettbewerb nur Vorverhandlungen gepflogen wurden, kommen eine große Zahl von kleineren Mietern in Frage, wie Restaurants, Kaffees, Kino, Post und Telegraph usw., so daß der Block eine kleine Stadt für sich bilden dürfte.

Erst nach der Ausstellung der Entwürfe wird der Bebauungsplan endgültig festgelegt und mit den einzelnen Teilnehmern in Verhandlung getreten werden. Die Vorarbeiten werden gründlich und in Ruhe ausgeführt, so daß Berlin ein seiner würdiges Bauwerk erhalten wird.

VII. Walter Lehwess, Der Wettbewerb um ein Turmhaus am Bahnhof Friedrichstraße in Berlin, aus: Stbk 22, 15. 2. 1922, 337-348

Der erste Turmhausbau in der Reichshauptstadt darf wohl neben den in so vielen andern Städten schon geplanten Hoch- und Turmhäusern besondere Beachtung beanspruchen. Nicht nur, weil er eben im Mittelpunkt des Reiches im wahrsten Wortsinne, an einem Punkte Berlins, wo der regste Verkehr von einheimischen und Fremden seinen Fuß umbrandet, stehen soll, sondern auch, weil die städtebauliche Situation hier eine ganz besondere ist und daher auf eine besondere Lösung drängt. Es ist kein regelmäßiger architektonischer Platzraum, der von dem Massiv eines weit über die übrigen Häuser empor ragenden Kolosses beherrscht werden soll; vielmehr läßt die verschiedenartige Umgebung des dreiseitigen Baugrundstücks – an der einen Seite die belebte Friedrichstraße mit nicht unbedeutenden, aber unruhigen Häuserfronten an ihrer gegenüber liegenden Seite, an der andern die Spree und an der dritten der Bahnhof – eine Raumwirkung zunächst überhaupt nicht aufkommen. Das Gewirr des Straßenbildes, die Ladenschilder und Reklametafeln an den Häusern, die dem Bahnhof und der Straßenüberbrückung nach deren Fertigstellung wahrscheinlich auch das Gepräge geben werden, die Durchschneidung des ganzen Platzbildes durch die Bahnlinie, machen es sehr schwer, eine architektonische Wirkung des Gebäudes mit den üblichen Mitteln zu erreichen. Es hat daher auch vielen Bearbeitern wohl so etwas wie ein phantastischer Riesenleib vorgeschwebt, der sich aus dem wilden Meer von Farben und Formen,

Menschen und Fuhrwerken, Lichtern und Schatten in stolzer Würde und fröhlicher Kraft heraushebt.
Diese künstlerischen Schwierigkeiten – oder Reize? – der Aufgabe waren es auch wohl mehr als die wirtschaftlichen und technischen Anforderungen, die die Turmhaus-Aktien-Gesellschaft bewogen, einen Ideen-Wettbewerb unter einem großen Kreise deutscher Architekten auszuschreiben. Gründliche Untersuchungen der wirtschaftlichen Möglichkeiten auf Grund genau durchgearbeiteter Entwürfe, und des Baugrundes auf seine Tragfähigkeit, sowie Besprechungen mit den baupolizeilichen Behörden, die deren Ansichten und Forderungen vorher klarstellten, sind vorausgegangen. Wenn sich nach diesen langen und ausführlichen Erwägungen die Turmhaus-Aktiengesellschaft, der namhafte Männer der Industrie nahe stehen, zu dem Wettbewerb entschloß, so kann man glauben, daß die Sache nicht auf Phantasie oder Reklamebedürfnis beruht, sondern auf einem wirklichen Bedürfnis der Berliner Geschäftswelt. Und in der Tat ist die Büronot in Berlin ebenso groß wie die Wohnungsnot, sie bedingen und steigern sich gegenseitig, wie Herr Dr. de Laporte bei der Eröffnung der Ausstellung der Entwürfe ausführte, und eine Milderung der Büronot bedeutet auch für die Wohnungsnot eine Erleichterung. Büros aber werden nicht in den Außenbezirken der Stadt und den Vororten gebraucht, sondern im Herzen der Geschäftsstadt, und deshalb wird ein Turmhaus für Büro- und Hotelzwecke gerade hier am Bahnhof Friedrichstraße am rechten Orte sein.
Dem Preisgericht gehörten außer den Vertretern der ausschreibenden Gesellschaft an: Die Professoren German Bestelmeier, Hermann Billing, Brix, Stadtbaurat Ludwig Hoffmann, Prof. Straumer und Geh. Baurat Wittig. Die zeichnerischen Anforderungen waren so niedrig wie möglich gestellt (1:200, zwei kleine Schaubilder ebenfalls 1:200). Der erste Preis fiel an die Architekten J. Brahm und R. Kasteleiner, Mitarbeiter Becker, in Kassel; der zweite an die Brüder Luckhardt in Verbindung mit Architekt Hoffmann in Berlin, die den Lesern dieser Zeitschrift schon durch verschiedene eigenartige Entwürfe als Sucher neuen Ausdruckes in der Architektur bekannt sind. Den dritten Preis erhielt G. Koch in Stuttgart, die sechs vierten Preise wurden Otto Schubert in Dresden, Adolf Abel in Stuttgart, Otto Kohtz in Berlin-Friedenau (schon bekannt durch seine Hochhausstudien), W. Langstein in Karlsruhe, Martin Elsaesser in Köln und Josef Tiedemann in Charlottenburg zuerkannt. Endlich wurde noch ein phantasievoller, eigenartiger Entwurf von Scharoun in Insterburg angekauft.
Wie schon in einem früheren Heft mitgeteilt, sind 141 Entwürfe eingegangen; also eine sehr beträchtliche Arbeitsleistung und, wie alle Besichtigenden übereinstimmend anerkannten, durchweg Arbeiten von guter künstlerischer Qualität; eine Fülle von Gedanken, von reifem Können und ernstem Streben, wie sie wohl nur in Deutschland bei einer solchen Aufgabe möglich ist.
Das Programm ließ den Bewerbern viel Freiheit. Die Höhe des Gebäudes und seine Anordnung waren nur beschränkt durch die Forderung, daß den benachbarten Gebäuden genügend Licht und Luft bleiben müsse, wobei es dem Ermessen jedes Bearbeiters überlassen blieb, welches Maß dieser wichtigsten Lebensgrundlagen er für genügend ansehen wolle. Ferner mußte die Zufahrtsmöglichkeit zum Bahnhof berücksichtigt werden, wofür der erforderliche Abstand von der künftigen Bahnhofsfront mit der Eisenbahnverwaltung vereinbart war; ein eigentlicher Bahnhofsvorplatz wird nicht verlangt, da die dem Hochhause zugewandte Seite die Abfahrtseite der Eisenbahn, also die Anfahrtseite für Droschken ist, wo Halteplätze für Fuhrwerk nicht benötigt werden. Natürlich sollte unter Beachtung der vorerwähnten Rücksichten eine möglichst große Rentabilität, also möglichst viel nutzbare Bürofläche und – was an dieser Stelle besonders wichtig ist – möglichst viel Schaufensterfläche erzielt werden. Dies letztere hat vielfach zur Anlage einer „Passage“ durch das Erdgeschoß des Hauses mit Läden zu beiden Seiten geführt.
Im Einzelnen kann man drei grundsätzlich verschiedene Lösungsarten der Aufgabe unterscheiden: Die einen setzen die Hauptmasse des Hochhauses an die dem Wasser zugekehrte (Nordwest-)Seite des Grundstücks, wo sie am wenigsten andere Gebäude beeinträchtigen kann und lagern ihr auf den andern Teilen des dreieckigen Grundstücks niedrigere Bauten vor. Diese Lösung ist auch schon von Bruno Möhring in seinem Turmhausentwurf für diesen Bauplatz vorgeschlagen, den wir in Heft 23 des vorigen Jahrgangs (Abb. 2 und 9 Seite 370 und 375) veröffentlicht haben. Sie scheint mir persönlich die beste und für die Genehmigung durch die Baupolizei die aussichtsreichste zu sein, wenn sie vielleicht auch nicht eine so weitgehende Ausnutzung des Grundstücks ermöglicht, wie andere Lösungen (Typus A).
Eine andere Gruppe bebaut das ganze Grundstück mit einem gleichmäßig hohen, sich der Form des Grundstücks im allgemeinen anpassenden Baublock mit einem Mittelhof. Dies ergibt eine gute geschlossene Wirkung, hat aber die Gefahr, daß die Häuser an der andern Seite der Friedrichstraße unter der hohen Front ihnen gegenüber zu leiden haben. Der Hof wird außerdem leicht für die große Höhe der Gebäudes zu eng. (Typus B)
Eine Abart dieser Lösung besteht in einem Rundbau, der ziemlich in die Mitte des Grundstücks gesetzt wird und von niedrigeren An- und Vorbauten umgeben ist, die den Rest des Grundstücks mehr oder weniger auszunutzen versuchen. Hierdurch wird eine Beeinträchtigung der Nachbarn vermieden, aber andererseits meistens auch nur eine geringere Nutzfläche erzielt und im allgemeinen auch eine weniger günstige künstlerische Gestaltung. Es wird schwer sein, den Eindruck eines dicken schwerfälligen Turmes, der an einen Gasometer erinnert, zu verwischen. Auch muß man sagen, daß solch runder Turm eigentlich nicht eine Bauform darstellt, die gerade diesem Grundstück eigentümlich, die aus den Bedingungen der Dreiecksform und der besonderen Lage hervorgegangen ist. (Typus C)
Das trifft jeden Falls in höherem Maße auf die dritte Grundform zu, die der Wettbewerb gezeitigt hat, deren Grundriß einen dreiflügeligen Stern bildet. Meist sind die drei Flügel an einen runden oder vieleckigen Mittelbau angesetzt, und in den unteren Geschossen durch Zwischenbauten in normaler Haushöhe verbunden.
Diese Form ergibt sehr viel gut beleuchtete Bürofronten und zweifellos die eigenartigsten Lösungen. Aber für das Stadtbild haben die schmalen hohen Flügel doch große Bedenken; besonders in starker perspektivischer Verkürzung von einem nahen Standpunkt aus gesehen, können sie sehr ungünstig wirken. (Typus D.)
Der mit dem ersten Preise ausgezeichnete Entwurf von Brahm und Kasteleiner in Kassel ist nach dem Baublocktyp mit Mittelhof angelegt. Die Gefahr, den Häusern an der Friedrichstraße zu nahe zu treten, vermeiden die Verfasser dadurch, daß sie das längliche Achteck des Baublocks nicht parallel zur Friedrichstraße stellen, so daß nur ein kleines kurzes Frontstück an die Friedrichstraße herantritt; nach dem Bahnhof zu sind zwei niedrigere Vorbauten angeordnet, die einen kleinen Bahnhofsvorplatz flankieren. Der Mittelhof ist nicht sehr breit, aber vom Preisgericht im Hinblick darauf als genügend angesehen worden, daß nur Nebenräume, Treppen, Flure usw. an ihm liegen. Das Haus hat 15 Geschosse, die durch eine schlichte Architektur mit fast ausschließlicher Betonung der Senkrechten zusammengefaßt sind. Das Preisgericht hat diese Arbeit trotz einiger Bemängelungen bei der Anordnung der Treppen und anderer Einzelheiten ziemlich einstimmig als den überragenden Entwurf angesehen, wegen seines guten Grundrisses und der originellen Durchbildung des Äußern, die den Hochhauscharakter gut trifft. Nur der dekorative Schmuck am Obergeschoß der niedrigen Vorbauten über den Läden wurde beanstandet.
Ganz anders ist der Entwurf der Brüder Luckhardt, die mit Hoffmann zusammen gearbeitet haben, angeordnet; er ist nach dem vorhin an erster Stelle geschilderten Typ A angelegt, nur mit der Besonderheit, daß der niedrigere Vorbau an der Friedrichstraße hier ganz losgelöst und als besonderes Gebäude frei vor das längs der Spree auf rechteckigem Grundriß entwickelte Hochhaus gesetzt ist. Statt der überdeckten Passage, die von den meisten Bewerbern zur Vergrößerung der Ladenfronten angeordnet ist, entsteht dadurch hier eine kleine Straße zwischen dem Hochhaus und dem Vorhause. Das letztere ist hauptsächlich als Café gedacht und in einer phantasievollen Glas- und Eisenkonstruktion gehalten, die dem Preisgericht als zu dekorativ erschien. Das Hochhaus ist im übrigen in sehr einfachen, strengen Formen durchgeführt, bei denen im Gegensatz zum ersten Preise auch die Horizontale durch flache Verstärkungen in Höhe der Geschoßfußböden betont ist. Nach den bisherigen Arbeiten von Wassili und Hans Luckhardt ist man sehr erstaunt, hier eine so gemäßigte, reife Arbeit zu finden. Auch das Preisgericht hebt die klare, ruhige Architektur lobend hervor. Bemängelt wird dagegen die zu geringe Ausnutzung des Grundstücks durch dieses Vorgebäude.
G. Kochs Entwurf, der den dritten Preis erhielt, ist mehr nach dem Typus B geplant, ein dreieckiger Baublock, der nicht in der Mitte des Grundstücks steht, sondern nach der Spree zu verschoben ist. An der Friedrichstraße ist ein Gebäude von normaler Fronthöhe vorgelagert.
Von den mit vierten Preisen ausgezeichneten Entwürfen fällt der von Dr. Ing. Otto Schubert in Dresden durch einen einfachen klaren Grundriß und gut gezeichnete Architektur auf. Bei der Arbeit von Adolf Abel in Stuttgart erkennt das Preisgericht ebenfalls den besonders geschickten Grundriß an, vermißt aber bei der äußeren Gestaltung den eigentlichen Hochhauscharakter; eine liebenswürdige Putzarchitektur, wie sie in eine süddeutsche Mittelstadt vortrefflich passen würde, ist geschickt gruppiert. Das niedrigere Vorgebäude hat sogar beinahe ländlichen Charakter. W. Langstein in Karlsruhe bringt einen runden Turmbau nach Typus C, Josef Tiedemann in Charlottenburg ein Vieleck mit niedrigen Vorbauten an den Ecken und dem nicht ganz geglückten Versuch, Giebelmotive anzubringen. Otto Kohtz, der sich ja schon lange eingehend mit dem Problem des weltstädtischen Turmhausbaus befaßt hat und dessen Entwürfe für verschiedene Bauplätze in Berlin in diesem Blatte veröffentlicht sind, hat fünf Arbeiten eingereicht, die alle, wie das Preisgericht anerkennt, auf einem hohen künstlerischen Niveau stehen; wenn es von diesen gerade den mit dem Kennwort: „Rot ist Trumpf“ durch Zuteilung eines Preises hervorgehoben hat, so kann ich mich damit nicht ganz einverstanden erklären. Der Entwurf zeigt den „Wasserfront“-Typus, also die Anordnung, wo der hochgeführte Baukörper nach dem nordwestlichen Teil des Grundstücks an die Spree gerückt ist. Dieser Baukörper ist aber so tief, daß die in der Mitte befindlichen Räume zweifellos wenig hell werden. Dadurch ist zwar eine hohe Zahl für die nutzbare Fläche erreicht, aber es sind für Bürozwecke wenig brauchbare Teile mit dabei. Die andern Arbeiten von Kohtz scheinen diesen Fehler zu vermeiden. Sehr bestechend ist auch Martin Elsässers Entwurf, der seiner Grundidee und seiner feinsinnigen architektonischen Gestaltung nach vielleicht eine höhere Bewertung verdient hätte, möglicher Weise aber in wirtschaftlicher Beziehung nicht so auf der Höhe steht. Otto Scharouns Arbeit, die angekauft ist, beruht auf dem Gedanken der Bewegung der Baumassen, sie ist dynamisch gedacht, nicht statisch. Aber sie entbehrt doch sehr der straffen Gliederung des Aufbaus, ohne den eine so mächtige Baumasse nicht denkbar ist, und wie sie andere, auch durchaus in neuen Formen gehaltene Entwürfe (z. B. der Luckhardt-Hoffmannsche) aufweisen.
Natürlich sind auch unter den nicht preisgekrönten noch eine Menge guter Arbeiten, die bisweilen wegen irgend eines erheblichen Verstoßes gegen einen Punkt des Ausschreibens nicht berücksichtigt werden konnten. Da ist zunächst der Entwurf mit dem Kennwort: „Stabil“. Er war für einen Preis vorgesehen; doch stellte sich beim Öffnen der Briefumschläge heraus, daß der Verfasser nicht Mitglied des Bundes war und daher mußte er bestimmungsgemäß ausscheiden. Es ist eine sehr klare gute Arbeit, die sich dem ersten Preise an die Seite stellen kann. Eine auf den ersten Blick sehr bestechende Auffassung und packende Darstellung zeigt der Entwurf mit dem Kennwort „Bienenstock“. Er ist nach Typus D als Dreiflügelhaus gestaltet. Die Zwickel zwischen den Flügeln sind mit Glasbauten ausgefüllt, die Ansichten sind stark farbig behandelt; in seinen obersten Stockwerken soll er Glasaufbauten erhalten, die abends von innen erleuchtet, weithin ihre Strahlen senden. Leider mußte dieser Entwurf wegen Überschreitung der Anforderungen ebenfalls aus dem Wettbewerb ausscheiden.

Von anderen, die keinen Preis erringen konnten, sei „Turhag" erwähnt, der mit einem 80 m hohen Turm über 50 000 qm Nutzfläche erreicht, aber wohl kaum Aussicht auf Verwirklichung haben würde; „Skorpion", „Höhenluft", „gute Nutzflächen", „contenti estote", „Scheini" (ebenfalls sehr reizvoll in maßvoll zurückhaltender Formgebung) und noch manch andere verdienen ebenfalls, der Vergessenheit entrissen zu werden.
Jedenfalls ist die Turmhaus-Aktiengesellschaft durch diesen Wettbewerb auf dem Wege zur Verwirklichung ihres kühnen Gedankens, in der Zeit größter Not ein so gewaltiges Bauwerk zu errichten, ein gut Stück vorwärts gekommen. Wie sich die Sache auch weiter entwickeln möge, nach dem Niveau, das im Wettbewerb erreicht ist, kann man auf eine recht gute endgültige Lösung hoffen. Und nicht nur für die ausschreibende Gesellschaft, auch für die Baukunst ist ein solcher Wettbewerb ein Gewinn. Es ist immer gut, wenn neue Aufgaben zuerst einmal in dieser Weise im Wettkampf der besten Meister erörtert werden.

VIII. Das Turmhaus am Bahnhof Friedrichstraße, aus: DAZ 83, 18.2.1922

Wer von Europa nach der Neuen Welt fährt, dem bietet die Hafeneinfahrt in New York ein einzigartiges Bild. Von Hoboken aus, der Landungsstelle der deutschen Überseedampfer, zeigt sich die Silhouette des eigentlichen New Yorks, der City of Manhattan, mit ihren bizarren, unregelmäßigen Wolkenkratzerformen: ein Bild gesteigerter Arbeitsintensität, ein Beispiel technischen Wagemutes und wohl auch ein Dokument amerikanischer Reklamesucht, die mit dieser Städtevisitenkarte dem Fremden gleich bei der Ankunft bekanntgeben will: „Das hast Du nicht bei Dir zu Hause." Die amerikanischen Wolkenkratzer sind zeitlich und räumlich regellos entstanden, und so war auch ein unorganisches Städtebild, das viele schwere Mängel in gesundheitlicher und ästhetischer Hinsicht aufwies, die Folge. Schluchtenartige Straßen, in denen nur wenig Sonne und auch frische Luft nur in verschwindend geringem Umfange Eingang finden, haben sich hier vielfach ergeben. Der gänzlich auf das Praktische eingestellte Sinn des Amerikaners hatte lange Zeit die künstlerische Seite dieser Architektur völlig außer acht gelassen; und unvergeßlich wird es jedem Besucher von New York sein, wie dicht am Broadway, der Hauptverkehrslinie der Stadt, umbrandet vom Weltstadtverkehr, ein kleines Kirchlein, von den umliegenden Häuserriesen fast erdrückt, sein Leben fristet: ein unbefriedigendes Städtebild. Erst in jüngster Zeit haben die amerikanischen Baukünstler sich der Wolkenkratzer angenommen und haben dabei - erinnert sei an das Woolworths-Building -, auch recht befriedigende Formen gefunden. Die Anlehnung an die Gotik, die die neuen amerikanischen Hochbauarchitekturen zeigen, erscheint auch in der Tat für diese in die Wolken strebenden Bauwerke das Gegebene zu sein. Noch nicht beachtet wurde allerdings bisher in der Union die Frage der Einfügung der Wolkenkratzer in das gesamte Städtebild.
Die Errungenschaften der Neuen Welt auf diesem Gebiet scheint das alte Europa nicht ruhen zu lassen. Bei uns wie auch im übrigen Auslande sind in den letzten Jahren zahlreiche Pläne aufgetaucht, gleichfalls Hochhäuser zu erbauen. Freilich will man hier nicht so weit gehen, daß man 30 und noch mehr Stockwerke zuläßt, doch sind verschiedene Pläne für Geschäftsgebäude von 15 und mehr Geschossen bereits ausgearbeitet worden. Die zahlreichen Probleme technischer, verkehrs- und siedlungswirtschaftlicher Natur, die Frage wie weit ein Hochhausbau zurzeit in Deutschland wirtschaftlich sei, gaben uns Gelegenheit, an dieser Stelle mehrmals ausführlich auf die Sache einzugehen.
Das erste Turmhaus dürfte in nicht zu ferner Zeit in Berlin errichtet werden und dazu beitragen, die große Bureaunot etwas zu mildern. Im vergangenen Jahre hatte die Turmhaus-A.-G., wie wir schon kurz berichteten, einen Ideenwettbewerb unter den deutschen Architekten ausgeschrieben, durch den Vorentwürfe für ein Turmhaus am Bahnhof Friedrichstraße geschaffen werden sollten. Die Aufgabe, die hier den Baukünstlern gestellt wird, ist außerordentlich interessant und gibt den verschiedensten Möglichkeiten der Lösung Raum: Im Herzen der Reichshauptstadt, an dem neuen, gegenwärtig im Bau befindlichen Bahnhof Friedrichstraße, begrenzt von der Spree und der Friedrichstraße, ist hier durch Abbruch der alten Pepinière ein dreieckiger Bauplatz entstanden, der wie kein anderer die Möglichkeit schafft, durch ein markiges Bauwerk gleichsam ein Wahrzeichen der neuen Entwicklung der Berliner City zu werden. Das Spreeufer, die Bahnhofshalle und Bahnlinie, der starke Straßenverkehr, der durch die wichtige Nordsüdverbindung pulst, verlangen sowohl bei der Grundrißlösung wie auch bei der Höhengliederung des entstehenden Werkes besondere Berücksichtigung. Licht und Luft wollen wir im Gegensatz zu Amerika unseren Straßen und den anliegenden Gebäuden nicht entziehen und auch nicht eines Höhenrekords zuliebe unsere Stadt verunstalten; und der Bahnhof muß bequeme Zu- und Abfahrten haben, und nicht zuletzt soll auch den ästhetischen Bedürfnissen Rechnung getragen werden. Dies war etwa das Programm, das den Wettbewerbern für ihre Turmhauspläne gestellt worden war. Im einzelnen war viel Bewegungsfreiheit gelassen. Die Höhe des Gebäudes und die Anordnung des Grundstücks war nur durch die erwähnten Anforderungen des Verkehrs beschränkt.
Die Schwierigkeiten der gestellten Aufgabe hatten eine große Anzahl unserer Baukünstler gereizt, sich an der Lösung zu versuchen. 141 Entwürfe waren eingegangen, darunter ausgezeichnete Leistungen, die von den Preisrichtern entsprechend gewürdigt wurden. Der erste Preis wurde den Architekten J. Brahm und R. Kastelleiner (Mitarbeiter Becker) zuerkannt. Den zweiten Preis erhielten die Brüder Luckardt und Architekt Hoffmann, mit dem dritten Preis wurde G. Koch bedacht. Diese drei Entwürfe sind in den hier wiedergegebenen Abbildungen gezeigt. Weiter wurde noch eine größere Zahl vierter Preise vergeben.
Was die Lösungen im einzelnen anlangt, so kann man in der Grundrißanordnung drei verschiedene Ideen unterscheiden. Die erste setzt die Hauptmasse des Turmgebäudes an die Spreeseite. Hierdurch wird erreicht, daß der Bahnhofsplatz und die Häuserzeile der Friedrichstraße in verhältnismäßig weitem Abstande zum eigentlichen Turmhaus stehen, daß also Luft und Licht durchstreichen kann, und daß ferner Bedenken feuerpolizeilicher Natur stark zurücktreten. Auch ästhetisch wirkt diese Lösung günstig, denn der Beschauer kann von einer verhältnismäßig weiten Entfernung das Werk in seinem rhythmischen Aufbau erfassen.
Eine zweite Möglichkeit bestand darin, das ganze Grundstück gleichmäßig zu bebauen und gegebenenfalls einen mittleren Hof anzuordnen oder aber einen erhöhten Gebäudekern zu schaffen. Auch hierdurch läßt sich eine künstlerisch gute Wirkung erzielen, weil es möglich ist, eine kompakte wuchtig wirkende Baumasse zu bilden. Die Belichtung und Belüftung der Straßen ist aber hier weniger günstig.
Eine weitere Lösungsmöglichkeit bestand schließlich darin, als Grundform etwa einen mehrflügeligen Stern an einen Mittelbau anzulegen. Der Vorteil derartiger Entwürfe liegt darin, daß die Büroräume des Turmhauses viel Licht erhalten; weniger günstig ist dabei die Raumausnutzung.
Der mit dem ersten Preis ausgezeichnete Entwurf von Brahm und Kastelleiner hat die zweite Lösungsmöglichkeit gewählt. Wie die hier beigefügte Grundrißanordnung zeigt, besteht der Bau aus einem länglichen Achteck mit einem Mittelhof. An die Friedrichstraße lehnt sich nur ein schmales Gebäude an. Zwei Vorbauten, dem Bahnhof gegenüber, gliedern das Bauwerk. Zwischen ihnen und dem Hauptbau sind Passagen vorgesehen. Das Turmhaus weist 15 Geschosse auf und hat etwa eine Nutzfläche von 20 000 Quadratmeter. Nachteilig erscheint hier die schlechte Beleuchtung der Räume der unteren Stockwerke durch den viel zu engen Mittelhof. Trotz der Schlichtheit seiner Architektur ist die äußere Wirkung recht befriedigend.
Im Gegensatz zu diesem Entwurf ist der Hauptblock des Turmhauses der mit dem zweiten Preis bedachten Architekten Gebrüder Luckhardt und Hoffmann an die Spree gelegt, eine Lösung, die wir in erster Linie für die Ausführung empfehlen möchten. Die Formgebung geht aus der Abbildung der Grundrisse hervor. Der vorgelagerte niedrige Bau, der etwa als Kaffeehaus und zu Ladenzwecken Verwendung finden könnte, gestattet den Straßenverkehr unmittelbar an der Vorderfront des Turmhauses vorbeizuführen. Die Architektur dieses Vorbaues, der ja mit dem Turmhaus nicht zusammenhängt, kann selbstverständlich auch anders durchgebildet werden. Die Geschoßhöhe des Hauptbauwerkes ist die gleiche wie beim ersten Entwurf, die Nutzungsfläche jedoch etwas geringer.
Der mit dem dritten Preis ausgezeichnete Entwurf von G. Koch verschiebt gleichfalls den Hauptblock nach der Spree zu. Das ihn umgebende Gebäude hat an der Friedrichstraße und am Bahnhofsplatz nur die Geschoßzahl der Häuser der Umgebung. Im Innern des Turmes ist ein sechseckiger Lichthof angeordnet. Dem Lichthof gegenüber wäre gleichfalls der Einwurf zu machen, daß er zu eng ist, um eine hinreichende Lichtzufuhr in den unteren Räumen zu gestatten. Der Nachteil dieses Entwurfes dürfte vor allem darin zu suchen sein, daß der Grundriß im Gegensatz zu den beiden anderen beschriebenen Plänen dem Verkehr vor dem Bahnhof Friedrichstraße nicht besonders Rechnung trägt.
Ueberblicken wir die architektonischen Leistungen, die der Ideenwettbewerb gezeitigt hat, so können wir mit Befriedigung feststellen, daß die Anregung, die dadurch gegeben wurde, wertvolle Arbeiten hervorgebracht hat. Wenn sich auch heute noch nicht übersehen läßt, in welcher Form schließlich das Turmhaus am Bahnhof Friedrichstraße endgültig ausgeführt wird, so sind die durch die Entwürfe gegebenen Fingerzeige doch wertvoll genug, um den Weg für eine endgültige Lösung zu zeigen.

IX. Der Wettbewerb zur Erlangung von Entwürfen für ein Hochhaus am Bahnhof Friedrichstraße zu Berlin, aus: DBZ 15, 22.2.1922, 89-91 und 16, 25.2.1922, 93-97

Während die künstlerischen Kreise in Wien und München entgegen den Kreisen der Industrie und der Wirtschaft noch sehr zurückhaltend in der behördlichen und praktischen Förderung des über eine bescheidene Anzahl von Stockwerken hinausgehenden Geschäftshauses sind, schreitet Berlin mit schnellen Schritten zur Verwirklichung des ersten Hochhauses. In Wien hat der Gedanke, dem herrschenden Mangel an kaufmännischen Geschäftsräumen durch Erbauung von Hochhäusern zu begegnen, in Handels- und Industriekreisen zahlreiche Anhänger gefunden. Man glaubt in diesen Kreisen, daß es über die Zweckmäßigkeit dieser Hochhäuser keine Meinungs-Verschiedenheit mehr gebe. Man hält die Baukosten für solche Hochhäuser wohl für riesig hoch, glaubt aber selbst hier, daß sie nicht unerschwinglich seien und bei einigem guten Willen aufgebracht werden könnten. Aber die künstlerischen Kreise beobachten noch Zurückhaltung, weil sie glauben, daß die Harmonie des Stadtbildes, das hier ganz unzweifelhaft geschlossener ist, als in manchen anderen Großstädten, auch unter den durchaus veränderten wirtschaftlichen Verhältnissen von heute nicht gestört werden dürfe.
Sie begegnen sich hier mit der Auffassung einflußreicher Kreise Münchens. Auch hier wird das einheitliche Stadtbild gegenüber der Frage der Zulassung von Hochhäusern stark betont: auch hier wird mit Nachdruck auf die gesunde bauliche Überlieferung hingewiesen, die durch Hochhäuser nicht gestört werden dürfe. So kommt es denn, daß sich der Stadtrat von München gegen die Errichtung von Hochhäusern im Stadtgebiet ausgesprochen hat. Man hat alle etwa in Frage kommenden Plätze im Mittelpunkt der Stadt und in den Außenbezirken in bezug auf ihre Eignung zu Hochhäusern geprüft. Der Viktualienmarkt, der Platz an der Schrannenhalle, die Kalk-Insel, der Platz am Sendlinger-Tor, das Marsfeld, der Maximilians-Platz, der Elisabeth-Platz und die Gebsattel-Straße wurden durch einen Unterausschuß

auf ihre Eignung für derartige Bauten untersucht, jedoch als nicht für Bauten dieser Art geeignet befunden. Man ist etwas überrascht, daß selbst der Maximilians-Platz in diese Erörterungen einbezogen wurde. Veranlassung zu den Untersuchungen war der Umstand, daß eine Gesellschaft „Industrie" nach dem Entwurf des Architekten Prof. Dr. Theodor Fischer von der Technischen Hochschule in München ein Hochhaus am Sendlingertor-Platz errichten lassen wollte und bereits den Finanzplan ausgearbeitet, sowie die technischen Vorarbeiten und Untersuchungen vorgenommen hatte. Für den gleichen Platz und Zweck lag auch ein Entwurf des Architekten Daurer vor. Die Genehmigung beider Entwürfe jedoch wurde abgelehnt mit der Begründung, daß die Voraussetzungen für die Errichtung von Hochhäusern in München nicht oder nicht mehr vorhanden seien, da sich die Bautätigkeit von selbst wieder angemessen gehoben habe und ein gewisser Mangel an Baustoffen eingetreten sei, der durch die Errichtung von Hochhäusern sich nur verschärfte und damit der übrigen Bautätigkeit Baumittel entzogen werden könnten. Man hat also in diesem Fall weder die Harmonie des Stadtbildes, noch auch die Not an Hausraum zur Grundlage der Ablehnung gemacht, sondern die Entscheidung gewissermaßen auf ein Nebengeleise geschoben.

Das ist aber in Berlin anders. Hier drängen die Not an Geschäftsräumen und die Not an Wohnräumen zu außerordentlichen Maßregeln. Auf der einen Seite sollen viele ursprüngliche Wohnräume wieder von Geschäftszwecken befreit werden, zu denen sie in immer größerem Umfang verwendet werden; auf der anderen Seite bekundet sich ein starker Drang nach schneller Schaffung neuer Geschäftsräume. Weit blickende architektonische und industrielle Kreise erblicken im Hochhaus eine Gebäudeform, die sie für geeignet halten, dem Drang nach neuen Geschäftsräumen in wirksamster Weise abzuhelfen. Und nicht mit Unrecht. Eine Studiengesellschaft wurde begründet und hat sich eingehend und erfolgreich mit der Materie befaßt. Die preußische „Akademie des Bauwesens" hat sich in bestimmter Weise zu Gunsten des Hochhauses an allen den Stellen der preußischen Großstädte ausgesprochen, die sich verkehrstechnisch, städtebaulich und ihrer näheren Umgebung nach dazu eignen. Sie hat damit allerdings die eigentlich selbstverständliche Bedingung verbunden, die aber nicht oft genug wiederholt und nicht laut genug ausgesprochen werden kann, daß auch das Hochhaus als solches sich in Maßen und Formen seiner Umgebung und dem Stadtbild harmonisch eingliedern müsse.

Auf diesen Voraussetzungen nun ist der in Rede stehende Wettbewerb aufgebaut, den wir bei seiner Ausschreibung auf S. 426, 1921 der „Deutschen Bauzeitung" nach seinen Voraussetzungen und seinen Bedingungen ausführlich besprochen haben, sodaß wir bei dem Bericht über das Ergebnis hierauf verweisen können. Die für das beabsichtigte Hochhaus gewählte Stelle – das aus dem Lageplan S. 426 hervorgehende Dreieck beim erweiterten Bahnhof Friedrichstraße, das von der neuen Nordfassade dieses Bahnhofes, der Friedrichstraße und der Spree begrenzt wird – ist verkehrstechnisch, wirtschaftlich und städtebaulich so günstig wie möglich gelegen. Die nahen Beziehungen zu den benachbarten privaten und öffentlichen Monumental-Gebäuden gehen aus dem Lageplan hervor. Das Hochhaus kann an dieser Stelle ein Wegweiser und ein Orientierungsmittel für die fremden Besucher Berlins bilden, wie etwa in den kirchlichen Großstädten die Kathedrale oder die Hauptkirche der Wegweiser für die Stadtbesucher ist. Unmittelbar am dichtesten und lebhaftesten Verkehr gelegen, gewinnt das Hochhaus hier als Geschäftshaus eine Bedeutung wie kaum an einer zweiten Stelle des Geschäftsteiles von Berlin.

Es kann daher nicht überraschen, zu sehen, daß der Wettbewerb, trotzdem er auf einen begrenzten Kreis von Teilnehmern beschränkt war, einen lebhaften Widerhall in der beteiligten Fachgenossenschaft gefunden hat. Es waren 144 Entwürfe rechtzeitig eingelaufen, von welchen bei der kritischen Beurteilung zunächst 66 Entwürfe durch das Preisgericht einstimmig als für die weitere Beurteilung nicht ausreichend ausgeschieden wurden. Bei einer zweiten Sichtung wurden weitere 47 Entwürfe mit Stimmen-Mehrheit ausgeschieden, sodaß 31 Entwürfe zur engeren Beurteilung gelangten. Von diesen wurden bei einer nochmaligen Sichtung noch weitere 17 Arbeiten ausgeschieden, sodaß 14 Entwürfe auf der engsten Wahl verblieben. Der I. Preis wurde einstimmig verliehen, die anderen Preise – das Protokoll läßt das nicht klar erkennen – anscheinend nur mit Stimmen-Mehrheit. Die Preisentscheidung haben wir Seite 68 mitgeteilt. Die Angabe über die Verfasser des ersten Preises ist nach den Mitteilungen dieser Verfasser und der ausschreibenden Stelle dahin zu berichtigen, daß es heißen muß: Verfasser: Alfons Baecker in Verbindung mit J. Brahm und R. Kasteleiner in Kassel. Wir werden nun in einem Schluß-Aufsatz auf die zur Auszeichnung gelangten Entwürfe unter Beigabe von Abbildungen noch etwas näher eingehen.

Das Preisgericht hat den einstimmig mit dem I. Preis ausgezeichneten Entwurf der Architekten Alfons Baecker, J. Brahm und R. Kasteleiner in Kassel günstig beurteilt. Es erklärt die Grundriß-Lösung für gut und übersichtlich und begrüßt anerkennend den Gedanken eines ausreichend großen Licht- und Wirtschaftshofes. Auch der künstlerische Gesamt-Eindruck des Aufbaues wird, jedoch abgesehen von der Durchbildung des Unterbaues, als ein sehr guter bezeichnet. Die gebotene Rücksicht auf die Belichtung der benachbarten Grundstücke sei gut gewahrt. Die Raumausnutzung erscheine im Verhältnis zum umbauten Raum noch als wirtschaftlich ausreichend mit etwa 20 000 qm Nutzfläche.

Diesem Urteil können wir nur beipflichten. Durch eine nicht übertriebene Höhen-Entfaltung bewahrt der (...) Entwurf eine edle mittlere Haltung und wird in jenem Häuserviertel zwar die ihm zugedachte, beherrschende Rolle spielen, aber sich von reklamehaften Übertreibungen in der Höhe frei halten. Es ist eine reife künstlerische Arbeit, die nur in den beiden, zugunsten des symmetrischen Aufbaues des Mittelteiles angenommenen schrägen Durchgängen des Erdgeschosses eine schwache Stelle hat, weil diese zu gezwungenen, unnatürlichen Lösungen im Einzelnen Veranlassung gegeben haben.

Den mit dem II. Preis ausgezeichneten Entwurf der Architekten Brüder Luckhardt und Hoffmann in Berlin rühmt das Urteil des Preisgerichtes als klar und zweckentsprechend in der Lösung des Grundrisses (...). Ein eigenartiger Gedanke sei dadurch verwirklicht, daß Räume, für die das Hochhaus besonders geeignet erscheine, einheitlich zusammengefaßt seien. Das komme auch in der Architektur angemessen zum Ausdruck. Das Hochhaus sei durch diese Lösung an eine Stelle gerückt, bei der die Lichtverhältnisse für das Haus selbst und für die Nachbarschaft sich sehr günstig gestalten. Die Architektur des Vorgebäudes hält das Preisgericht mit Recht für zu aufdringlich und zum Teil für lediglich dekorativ. Die erzielte Nutzfläche sei zwar im Verhältnis zur Baumasse günstig, dagegen wenig günstig im Verhältnis zum Bauplatz. In dieser Beziehung hätte nach der Ansicht der Preisrichter das Vorgebäude eine weit wirtschaftlichere Ausnutzungs-Möglichkeit gestattet. Wir haben an dem Entwurf auszusetzen, daß er zu wenig Rücksicht nimmt auf den Charakter der Umgebung der Örtlichkeit und im künstlerischen Aufbau eine zu eigenmächtige Note bei zwiespältiger Erscheinung der Gesamtanlage anschlägt.

Anerkennender ist das Urteil des Preisgerichtes für den mit dem III. Preis ausgezeichneten Entwurf des Architekten W. G. Koch in Stuttgart. Die Lösung des Grundrisses sei befriedigend. Gerühmt wird die geschickte Verteilung der Massen mit zweckmäßiger Verschiebung des Hochgebäudes nach der Spree, wodurch die Friedrich- und die Bahnhof-Straße weitgehende Berücksichtigung in bezug auf Belichtung erfahren. Die Massen entwickeln sich klar aus dem Grundriß. Für nicht völlig befriedigend hielt das Preisgericht den architektonischen Zusammenhang zwischen dem Nieder- und dem Hochhaus. Die Ausnutzung des Grundstückes mit etwa 37 000 qm Nutzfläche dagegen sei gut. Man wird diesem Urteil über den (...) Entwurf gleichfalls beipflichten können.

Sehr beachtenswerte Arbeiten befinden sich auch unter der Gruppe der mit einem IV. Preis von je 5000 M. ausgezeichneten Entwürfe. Bei dem Entwurf des Architekten Dr.-Ing. Otto Schubert in Dresden findet die Grundriß-Lösung Anerkennung mit den Worten: „Eine besonders gute übersichtliche Grundriß-Lösung ist dem Verfasser geglückt." In wirtschaftlicher Hinsicht seien die Vorschläge für die verschiedenartige Ausnutzung des Raumes nicht ohne Wert. In architektonischer Hinsicht erscheine die Lösung jedoch weniger glücklich, namentlich sei ein künstlerischer Zusammenhang zwischen den Frontbauten und dem Turmbau nicht gelungen. Die Ausnutzung sei mit etwa 27 000 qm Nutzfläche noch ausreichend in Rücksicht auf die Baumassen. Der Entwurf, der das Kennwort „Semiramis" trägt, ist vorstehend im Grundriß und im Aufbau dargestellt.

Eine recht eigenartige Lösung versucht der mit dem IV. Preis ausgezeichnete Entwurf „Stumpfer Winkel" des Architekten Adolf Abel in Stuttgart, (...). Der Verfasser zerlegt die Baugruppe in einen Vorbau und in ein getrenntes Hochhaus. Das Preisgericht äußert hierzu, der Grundgedanke des Bearbeiters, das eigentliche Hochhaus an der Spreeseite anzuordnen und einen Vorbau abzutrennen, den er nun nach dem Winkel Bahnhof Friedrich-Straße setzt, sei anzuerkennen. Bei dieser Anordnung blieben die Lichtverhältnisse für die Nachbargrundstücke noch sehr günstig. Der Grundriß sei nicht unbefriedigend; der Vorbau erlaube eine gute wirtschaftliche Ausnutzung. Die Architektur weise angenehme, wenn auch anspruchslose Formen auf. Diese Formen besäßen aber nicht den Charakter der Formen für ein Hochhaus.

An den folgenden Entwurf „Rot ist Trumpf" des Architekten Otto Kohtz in Berlin-Friedenau (...), rühmt das Preisgericht die Architektur, die den Hochhaus-Charakter in entsprechender Weise treffe. Der Grundriß zeige eine übersichtliche Bebauung derart, daß nach dem Bahnhof das Hochhaus weiter entwickelt sei. Doch sei die Tiefe der Räume im Hochhaus selbst für die Benutzung ungünstig. So weit durch die hier angenommenen großen Tiefen nicht etwa eine Beeinträchtigung eintrete, sei die wirtschaftliche Ausnutzung mit 26 700 qm Nutzfläche gut.

Die Grundrißanlage des Entwurfes „Kristall" von Professor Martin Elsaesser in Köln hat nach dem Urteil des Preisgerichts neben dem Vorzug einer Zentralhalle doch einige Mängel. Die Belichtungsverhältnisse für die Nachbar-Grundstücke seien nicht ungünstig. Der Aufbau zeige eine feinsinnige Architektur und sei durch seine perspektivischen Überschneidungen sehr wirksam. Die Raumausnutzung sei bei 28 400 qm Nutzfläche gut.

Eine ähnliche Anerkennung findet der Entwurf dieser Preisgruppe mit dem Kennwort „Zentral" des Architekten W. Langstein in Karlsruhe in Baden. (...) Den allgemeinen Gesamteindruck bezeichnet das Urteil als ruhig und klar. Die runde Form des Aufbaues habe den Vorteil, die Belichtung für die Nachbar-Grundstücke am wenigsten zu beeinträchtigen. Es sei damit jedoch der Nachteil unvorteilhafterer Grundriß-Lösung sowohl in praktischer wie in wirtschaftlicher Hinsicht verbunden, namentlich durch die konische Form der Räume, die doch für Büros geeignet sein sollen. Der Entwurf nütze außerdem den Bauplatz nicht genügend aus, sodaß trotz Annahme von 18 Stockwerken sich eine Nutzfläche von nur 17 200 qm ergebe.

Das Urteil tadelt an dem Entwurf „Im Dreieck" des Architekten Jos. Tiedemann in Charlottenburg den etwas zu akademischen Charakter der Planung; das komme besonders in der Grundriß-Bildung zum Ausdruck. Günstig wirke die Belebung der äußeren Architektur durch Hervorziehen einzelner Teile (...). Die Nutzfläche sei mit 14 300 qm jedoch zu gering.

So weit der Wettbewerb. Er hat ein reiches Ergebnis gehabt, wenn er auch vielleicht nicht alle Erwartungen erfüllt hat, die billigerweise an ihn gestellt werden konnten. Immerhin hat er mögliche Entwürfe gezeitigt und damit dem Hochhaus in unseren Großstädten den Fortschritt bereitet.

Über die weitere Verfolgung der Angelegenheit verbreitet die „Turmhaus-Aktiengesellschaft" in Berlin eine Mitteilung, nach welcher nach nunmehr abgewickeltem Wettbewerb der Bebauungsplan für das Gelände nördlich des Bahnhofes Friedrichstraße endgültig festgelegt und auch der Bauplan für das Hochhaus selbst seine Gestaltung für die Ausführung erhalten wird. Die Verhandlungen mit den Mietern und die sonstigen Vorarbeiten vor Baubeginn sollen – und das ist zu begrüßen – nicht überstürzt, sondern gründlich und mit Ruhe ausgeführt werden. Es besteht die Absicht, ein Berlin und der hervorragenden Lage des Bauplatzes würdiges Bauwerk auszuführen. In diesem sollen in erster Linie Büro- und Ausstellungsräume für große Industrie- und Handelskonzerne geschaffen werden, für die die äußerst günstige Lage und die Möglichkeit, große, helle, zusammenhängende Räumlichkeiten zu erhalten, besondere Vorteile bieten. Die Lage am Bahnhof Friedrichstraße und an der Nord-Süd-Untergrundbahn, deren Bahnhof auch dem Bauplatz mitten vorgelagert ist, und die einen unmittelbaren Eingang in das Turmhaus haben wird, dürfte viele große Konzerne ohne Weiteres geneigt machen, sehr erhebliche Baukosten-Zuschüsse außer der Miete zu zahlen, wodurch allein die Durchführung des Planes ermöglicht wird. Um diese Hauptmieter, mit denen schon vor dem Wettbewerb Vorverhandlungen gepflogen wurden, gruppieren sich eine große Zahl von kleineren Mietern wie Restaurants, Kaffees, Kino, Post und Telegraf usw., sodaß der Block eine kleine Stadt für sich bilden dürfte. Wird die Aufgabe richtig erfaßt – und alle Anzeichen sprechen dafür, daß es geschieht -, so dürfen wir eine interessante Lösung dieser eigenartigen Bauaufgabe an einer Stelle der Reichshauptstadt erwarten, die nach den Verhältnissen der Örtlichkeit und des hier zusammen strömenden Verkehres wie kaum eine zweite Stelle für die Errichtung eines Hochhauses geeignet ist. Möge das hier erstehende Hochhaus neben seinen praktischen Vorzügen auch eine charakteristische, seiner Neuheit entsprechende stilistische Lösung finden!

X. Max Berg, Der Berliner Hochhauswettbewerb, aus: BW 8, 23. 2, 1922, 123-128

Der Ausfall des Berliner Hochhauswettbewerbes erregt in ganz Deutschland das größte Interesse. Da dabei nicht ganz selten eine Art von Gegensatz gegen Berlin ausgesprochen oder doch ohne ausdrückliche Bezeichnung zu erkennen gegeben wird, haben wir einen Nichtberliner Baukünstler um die Besprechung des Wettbewerbes gebeten. Die Schriftleitung

Der Hochhausgedanke steht zurzeit in Deutschland im Mittelpunkte wirtschaftlicher und architektonischer Überlegungen. Dieser Wettbewerb hätte nun eine Heerschau bieten können der Gedanken der gesamten deutschen Architektenschaft über die Lösung dieser Frage in Deutschland. Leider konnte dieser Wunsch nicht zur Verwirklichung gelangen wegen der bereits in meinem Aufsatz in Heft 3 der Bauwelt am 19. Januar erwähnten Unzulänglichkeiten der Ausschreibung des Wettbewerbs. Dazu gehörten der kurzbemessene Termin, die geringe Höhe der Preise, der Mangel der Klärung der Platzfrage und Fluchtliniengestaltung und vor allem die Beschränkung des Wettbewerbes auf die Mitglieder des B.D.A. Nur ein Teil der deutschen Architekten hatte demnach Gelegenheit, über die Frage des Hochhausbaues sein Votum abzugeben und es wäre verkehrt, wollte man aus dem Ergebnis Schlüsse ziehen auf die Fähigkeit oder Unfähigkeit der Gesamtarchitektenschaft Deutschlands, diese Frage zu bewältigen. Trotzdem gibt das Ergebnis ein Stichbild, wie sich in den Köpfen unserer Architekten die Lösung des Hochhausproblems darstellt. Mit Recht lehnen wir deutschen Architekten die amerikanische Lösung ab. Sowohl was Grundriß- und Aufrißlösung, was die Eingliederung in den Städteorganismus und auch die formale Lösung angeht. Es wäre jedoch zu wünschen gewesen, daß sich die deutschen Architekten die Grundrißlösungen der Amerikaner etwas näher betrachtet hätten. Sie hätten sich dann jedenfalls einer größeren Sachlichkeit befleißigt. Der amerikanische Grundriß macht sich zum Ziel, unter äußerster Beschränkung und Zusammenlegung der Nebenräume die größte Nutzraumfläche zu erreichen. Die Folge davon ist, daß diese Nebenräume häufig gar kein oder nicht genügend Tageslicht erhalten. Wenn wir nun auch nicht vollständig diese stärkste Zusammendrängung nachahmen werden, da uns aus den Gewohnheiten unserer Grundrißeinteilung des normalen Hauses möglichst unmittelbare Tagesbelichtung auch der Nebenräume als anzustrebendes Erfordernis erscheint, so könnten wir für das Hochhaus trotzdem darin weitergehen, als wir bisher gewohnt sind. Aber nicht dies allein stellt unsere Grundrißanordnungen hinter die amerikanischen, sondern auch der Mangel an Übersichtlichkeit. Der Grundriß eines Hochhauses muß einfacher und übersichtlicher sein als der Grundriß jedes anderen Gebäudes infolge der Gehäuftheit der Räume und des starken Verkehrs, der in ihm stattfindet. Der Amerikaner schafft sein Hochhaus von innen heraus. Er wählt die knappste Übersichtsform des Grundrisses, füllt den gegebenen Bauplatz möglichst voll aus, streckt dann sein Haus rücksichtslos gegen die Umgebung in einfachster geschlossener kubischer Form. Diese Voraussetzungen der Geschlossenheit in Grundriß und Aufriß ermöglichen dem Amerikaner die größte Wirtschaftlichkeit in Konstruktion und Betrieb in beliebiger Höhe nach oben. Die Außenarchitektur wird dann meist eklektisch aus den verschiedensten Architekturmotiven der verschiedensten Zeiten zusammengesetzt und angeklebt. Zum Beispiel im Sockelgeschoß Renaissancerustika, darauf gesetzt die Anzal der Vielgeschosse magazin- und teleskopartig und als Abschluß des Ganzen eine Kirchen- oder antike Tempelform. Dies ist eine der üblichen, formalen amerikanischen Lösungen. Neuerdings sieht man zwar Versuche, diese schlimme Kleisterarchitektur zu überwinden, eine organische Form für das Hochhaus hat jedoch der Amerikaner trotzdem noch nicht gefunden. Eine nicht geringe Anzahl von Lösungen des Wettbewerbes weist noch ähnliche unzureichende Versuche nach schlechtem amerikanischem Vorbild auf. Der springende Punkt des Vergleiches jedoch bei der Mehrzahl der Hochhauslösungen für diesen Wettbewerb gegenüber der amerikanischen Auffassung besteht darin, daß die deutschen mehr von außen nach innen gearbeitet haben, das heißt, daß die Außengestaltung zu stark bestimmend wurde für die Grundrißlösung, während doch Grundriß und Aufriß in Einheit zu entstehen haben. Beim Amerikaner also nüchterne, sachliche Grundriß- und Aufbaubildung mit unorganisch angeklebten Architekturmotiven. Beim Deutschen starkes Streben nach charakteristisch formalem Ausdruck und als Folge häufig Vergewaltigung des Grundriß- und Aufbauschemas und infolgedessen Verteuerung in Bau und Betrieb. Der Vorzug in diesem Mangel der deutschen Auffassung hat jedoch wieder zuwege gebracht, daß der Deutsche infolge dieser starken Würdigung des Ästhetisch-Formalen bereits jetzt, ohne Hochhäuser ausgeführt zu haben, dem organisch-charakteristischen Ausdruck näher gekommen ist, als der Amerikaner, trotz seiner Unmenge bereits ausgeführter Bauten auf diesem Gebiet. Der Wettbewerb liefert in einer nicht geringen Anzahl von Entwürfen Beweise hierfür. Ich habe in dem schon erwähnten Aufsatz der Bauwelt ausgeführt, wie sich das Hochhaus aus Erfüllung von drei verschiedenen Grundforderungen beinahe mathematisch, kristallisch aus dem Spiegel des Häusermeeres der Großstadt heraus wie die Formen unter der gestaltenden Hand des Architekten zur selbstverständlich künstlerischen Form zu entwickeln hat.

Wenn ich nun auf die einzelnen mit Preisen ausgezeichneten Lösungen zu sprechen komme, so schicke ich voraus, daß die von mir verlangte Bildung eines größeren Platzes vor dem Friedrichstraßenbahnhof von den Bewerbern auf Grund der Unterlagen des Wettbewerbes nicht erwartet werden konnte. Die Überzahl der Lösungen ist infolgedessen dieser Frage nicht nähergetreten. Sie haben das durch die Fluchtlinien eingeschlossene Dreieck vollbebaut, meist mit irgendeiner der möglichen Zentrallösungen. (Kreis, Vieleck, Rechteck usw.) Bei einzelnen Lösungen wurde mit Rücksicht auf die günstigere Belichtung der zentrale Hochhausbau exentrisch nach der Spree verschoben. Wieder andere Lösungen haben die Teile des Gebäudes, die das Hochhaus bilden sollten, nach der Spreeseite zu entwickelt. Nur eine Lösung hat die Platzfrage behandelt. Es ist dies der Entwurf mit dem Kennwort „offener Hof" (ohne Preis). Aus der Forderung der Platzgestaltung und der Forderung bester Belichtung fürs Hochhaus selbst und höchster Rücksichtnahme auf die Nachbarhausbauten hat der Verfasser dieses Entwurfes das Hochhaus als Parallelbau zur Spree gesetzt und als Konzession höchster Ausnutzung diesem einen niedrigeren Flügelbau parallel der Friedrichstraße angegliedert. Obgleich er also einen Platz vor dem Bahnhof freiläßt, so bleibt ihm doch noch eine Nutzfläche des Hochhausbaues einschließlich Flügelbau von 22 000 Quadratmeter. Würde durch Wegfall des Flügelbaues der Platz vergrößert, so bliebe trotzdem noch eine Nutzfläche von 20 000 Quadratmetern, ein Beweis, daß eine ausreichende Ausnutzung auch ohne Platzbebauung möglich ist. Der mit dem zweiten Preis ausgezeichnete Entwurf der Gebrüder Luckhardt, Hoffmann und Mitarbeiter Becker hat auch für den Hochhausbau die architektonisch, städtebaulich und zweckmäßig günstigste Lage eines Parallelmassivs zur Spree gewählt. Knappheit der Grundrißform und Übersichtlichkeit sind die Folgen dieser Entscheidung. Würde der vor diesem Bau angelegte Kaffeehausbau wegfallen, so würde ein kleinerer Platz gewonnen, und würde meinen Vorschlägen in Heft 3 der „Bauwelt" vom 19. Januar entsprechend der Hochhausbau weiter an die Spree herangerückt werden und das Reichstagsufer diesseits des Hochhauses vorbeigeführt werden, so könnte dem Hochhausbau durch Verbreiterung nach beiden Seiten über ein Viertel der Nutzfläche hinzugefügt werden, so daß sich die Ausnutzungsfläche des Hochhauses von 17 000 auf 21 000 Quadratmeter erhöhen würde. Dieser Entwurf zeigt auch, abgesehen von den etwas kleinlich wirkenden oberen Abstufungen der Eckteile, die für einen solchen Bau durchaus charakteristischen Formen des Magazinmassivs.

Im Gegensatz zu der von diesen Verfassern gewählten richtigen Front haben die Träger des ersten Preises, Brahms und Kasteleiner, als Grundfehler eine falsche Front gewählt. Wäre das Spreeufer nicht vorhanden, so könnte man über die Wahl der Hauptaxe zweifelhaft sein. Die Spreerichtung ist jedoch als ausschlaggebende Dominante für die Anordnung des Hochhauses zu betrachten. Ihr gegenüber sind die Gehrichtungen der Friedrichstraße beherrschend gegenüber dem Austritt aus dem Bahnhof. Daraus ergibt sich, daß die Hauptaxe die Senkrechte zum Spreeufer sein muß. Die Schiefheit dieser Lösung gegen Friedrichstraße und Spreeufer beweist bereits die Wahl einer falschen Axe. Der Entwurf zeigt eine Zentrallösung in oblonger Polygonalform. Der Umstand, daß bei dieser Schiefstellung der Friedrichstraße verhältnismäßig wenig Licht genommen wird, mag mit zur Preisverteilung beigetragen haben. Jedoch erscheint mir dieser Umstand wenig bedeutend gegenüber der grundfalschen Anordnung und auch gegenüber der mangelhaften formalen Ausbildung. Denn wenn auch der Magazincharakter in dem oberen Teile des Hochhausbaues angestrebt ist, so wird doch die Wirkung der Einheitlichkeit durch den über das Erdgeschoß gelegten Zwischenfries mit den achteckigen Fenstern vollständig zerstört. Auch sind die im starken Relief interessant aber doch gesucht wirkenden Fältelungen der Front im Grundriß nicht begründet. Der dritte Preis, W. G. Koch – Stuttgart zeigt eine zentrale Lösung, das Hochhaus exzentrisch nach der Spree verschoben. Dieser Bau würde wesentlich an Übersichtlichkeit gewinnen, wenn die niedriggehaltenen Teile am Friedrichstraßenbahnhof und in der Flucht der Friedrichstraße vollständig wegfallen würden. Auch architektonisch würde dadurch Einheitlichkeit und Größe erreicht werden. Denn während die Hochhausform gut und charakteristisch gestaltet ist, wirken die herumgelagerten niederen Bauten fremdartig, entweder wie nachträglich angebaut oder früher entstanden. Besonders in dem Schaubild von der Weidendammer Brücke her kommt dies deutlich zur Erscheinung. Der mit einem vierten Preis ausgezeichnete Entwurf, Kennwort „stumpfe Winkel", Verfasser Abel, hat auch die günstige Parallelform zum Spreeufer als Grundform für sein Hochhaus gewählt, wenn auch die vielen Vorsprünge und stumpfen Winkel weder für Grundriß noch Aufbau besonders günstig sind.

Auch bei diesem Bau würde durch Weglassung der einen zu stark ländlichen Charakter tragenden niedrigen Vorbauten sowohl die Platzanlage als auch der Hochhausbau selbst in architektonischer Beziehung gewinnen, denn statt den Maßstab zu heben, stören diese niedrigen Bauten, ohne daß sie eine entsprechende Ausnutzung gewähren. In dem mit einem vierten Preise ausgezeichneten Entwurf von Schubert, Kennwort „Semiramis", sind die niedrigen Umbauten in organischerem Zusammenhang mit dem Hochhausbau. Dieser Entwurf zeigt eine zentrale Lösung, vermag sich jedoch in der Einzelausbildung noch nicht von der Verwendung von Motiven der sogenannten Monumentarchitektur freizumachen. Eine Zentrallösung zeigt auch der vierte Preis von Tiedemann. Dieser Entwurf steckt noch tiefer in einem falschen Formalismus als der vorhergehende. Der vierte Preis von W. Langstein zeigt eine zentrale Rundlösung. Der ebenfalls mit einem vierten Preis ausgezeichnete Entwurf von Kohtz hat auch zur Hauptaxe die Senkrechte zum Spreeufer gewählt, und beweist auch, daß diese Axe im Stadtbild die maßgebende sein muß. Jedoch auch dieser Entwurf ist trotz ehrlichen Strebens, dem Hochhauscharakter gerecht zu werden, noch zu stark vom Empfinden des Denkmalartigen beeinflußt, das in der Anwendung aus solchem Empfinden entstandener Motive ungünstig auf die Gestaltung des Grundrisses einwirkt. Im vorgehenden habe ich die preisgekrönten Entwürfe besprochen. Jedoch geben diese kein richtiges Bild von den besten formalen Auffassungen der Hochhausfrage, wie sie in den Köpfen unserer Architekten sich als Bild unserer Zeit gestalten. In einem zweiten Aufsatz werde ich eine Zusammenstellung derjenigen Entwürfe bringen, die nach meinem Empfinden als charakteristisch und bedeutungsvoll für die formale Auffassung der Hochhausfrage zu gelten haben. Ich glaube, daß aus einer solchen Zusammenstellung der der amerikanischen Auffassung überlegene Geist unserer deutschen künstlerisch-formalen Gestaltung dieser Frage treten wird. Als ein charakteristisches, vielleicht die äußerste Grenze dieser Richtung darstellendes Beispiel erwähne ich noch den angekauften Entwurf von Scharoun - Insterburg. Es ist nicht zu bestreiten, daß dieser Entwurf zu den in künstlerischer Hinsicht bedeutendsten Leistungen dieses Wettbewerbes gehört. Fein empfunden in Umriß und Aufbau, entwickelt sich dieser Bau in hinreißender Staffelung allmählich von der normalen Straßenhöhe bis zum himmelstrebenden Hochhaus, indem das Hochhaus sich dorthin streckt, wo ihm die günstigste Belichtung gewährt wird, zugleich den Nachbarhäusern das größte Maß an Belichtung gelassen bleibt, und infolge dieser Beachtungen für die Betrachtung auch die günstigsten nötigen Abstände gewonnen werden. Eine reiche Phantasie im Nebeneinandersetzen und Abmessen von durch Fensteröffnungen durchbrochenen, geschlossenen und vollständig in Glas aufgelösten Flächen im Mitverwenden der doch nicht abzuhaltenden Reklame ergibt einen Zusammenklang von besonderer eigener Musik, der Musik der Geschäftsgroßstadt, die dem Fremden beim Betreten der Großstadt hier entgegentritt. Auch der Grundriß weist trotz scheinbarer Willkür, eine organische Durcharbeitung auf, wenn auch die Verschwendung an Nebenraum, Fluren, Hallen, Treppen, Aufzügen weit über das erforderliche Maß hinausgeht. Sieht man von einigen Ungereimtheiten ab, die ja bei der offensichtlichen Begabung dieses Architekten bei der weiteren Ausarbeitung von selbst fallen werden, so ist vielleicht dieser Entwurf als das nach der formalen Phantasie charakteristischste Zeichen des in diesem Wettbewerb zum Ausdruck gelangten deutschen Hochbauempfindens zu betrachten.

XII. Rendschmidt, Das Hochhaus am Bahnhof Friedrichstraße, aus: WAVB 9, 2. 3. 1922. 29-31 und 10, 9. 3. 1922, 34/35

Die Hochhausfrage und im besonderen der Ideenwettbewerb für ein Hochhaus am Bahnhof Friedrichstraße stehen augenblicklich nicht nur in der Fachpresse im Mittelpunkt des Interesses, sondern beschäftigt auch die Tageszeitungen und die öffentliche Meinung in hohen Grade. Die Ausstellung der Wettbewerbs-Ergebnisse im Berliner Rathaus sollte dazu beitragen, der Berliner Öffentlichkeit den Gedanken „menschlich näher" zu bringen, seiner Verwirklichung den Boden zu bereiten und weiteren Fach- und Geschäftskreisen Gelegenheit bieten, zu den Vorschlägen Stellung zu nehmen.

Das Außergewöhnliche der baulichen Erscheinung mußte ebenso wie die finanzielle Tragweite des Unternehmens dazu beitragen, den Bau zu einer Angelegenheit weiterer Kreise der städtischen Bevölkerung zu machen.

Die Ausschreibung war am 1. November 1921 durch die Turmhaus A.-G. unter den Mitgliedern des B. D. A. erfolgt, für den Vorstand zeichnete Carl Oettinger, Architekt B. D. A. Die Beschränkung des Wettbewerbs auf eine Architekten-Vereinigung hatte wegen der allgemeinen Bedeutung und Neuartigkeit der Aufgabe sofort an vielen Stellen Widerspruch herausgefordert, der Erfolg, die gewünschte Erweiterung auf Teilnahme aller deutschen Architekten, blieb leider aus. Daß es auch außerhalb des B. D. A. Architekten gibt, die die Aufgabe zu meistern verstanden, wurde zum Überfluß noch durch einen Idealisten bewiesen, der einen der drei besten Entwürfe lieferte. Es muß bedauert werden, daß dieser Entwurf, der für die Preisverteilung ausschied, nicht wenigstens durch die Turmhaus A.-G. angekauft worden ist oder wenigstens im Protokoll der Verfasser genannt wurde.

Die Ausschreibung des Ideenwettbewerbs stellte folgende wesentliche Forderungen: „Auf dem Gelände am Bahnhof Friedrichstraße soll ein Hochhaus errichtet werden. Mit Rücksicht auf das vielgeschossige Gebäude wird auf eine klare Grundrißlösung ganz besonderer Wert gelegt.

Der Grundriß muß eine vielfache Ausnutzungsmöglichkeit der Geschosse gestatten. Es sind den Entwürfen daher einzelne Aufteilungsbeispiele beizufügen. Das Erdgeschoß soll ausschließlich für Ladenzwecke, die übrigen Geschosse hauptsächlich zu Bürozwecken und für Ausstellungsräume verwendet werden.

Es wird auch an teilweise Einbeziehung eines Cafés, Kinos, sowie von Lagerräumen, Garagen, Ateliers usw. gedacht.

Für die bessere Aufschließung des Baublocks und eine bessere Ausnutzungsmöglichkeit des Ladengeschosses durch Gewinnung größerer Ladenfronten ist durch eine Passage oder sonstige Innenentwicklung des Gebäudes Sorge zu tragen. Namentlich wird auf die Wichtigkeit der Verbindung des Bahnhofs Friedrichstraße mit der Weidendammer Brücke hingewiesen.

Es kann angenommen werden, daß seitens der Untergrundbahn ein Zugangstunnel zu den Aufzügen des Gebäudes hergestellt wird. Diesem Umstande, sowie der gesamten Abwicklung des Verkehrs in- und außerhalb des Gebäudes ist Rechnung zu tragen. Auf die aus dem Lageplan ersichtliche Lage der Haupteingänge des Bahnhofs Friedrichstraße ist Rücksicht zu nehmen.

Auf die Umgebung des Gebäudes und dessen Einfügung in das Städtebild ist die gebotene Rücksicht zu nehmen. Die Bemessung der Höhe des Gebäudes bleibt den Bewerbern überlassen. Die Beschaffenheit des Untergrundes würde bei 4 kg/qcm Bodenbelastung eine Höhenentwicklung von 80 m zulassen."

Termin war der 2. Januar 1922. Das Preisrichteramt über die eingegangenen 141 Entwürfe wurde ausgeübt durch die Herren:

German Bestelmeier, Berlin; Billing, Karlsruhe; Brix, Charlottenburg; Dr. Ertscheit, Berlin; Hagen, Berlin; Hahn, Berlin; Ludwig Hoffmann, Berlin; Dr. de Laporte, Berlin; Heinrich Mendelssohn, Berlin; Carl Oettinger, Berlin; Reichle, Berlin; H. Straumer, Berlin; Wittig, Berlin.

Die zeichnerischen Unterlagen waren durch Fliegeraufnahmen der photogrammetischen Abteilung des Reichsamts für Landesaufnahmen ergänzt, die geeignet waren, auch auswärtigen Bewerbern ein Bild der Örtlichkeit zu geben.

Einige Hauptgesichtspunkte müssen im Voraus als entscheidend für die Gesamtbeurteilung angeführt werden. Die Brandgiebel- und Reklamespaliere, welche die Berliner Stadtbahn durch die ganze Stadt begleiten, haben schon häufig die Kritik herausgefordert. Auch die Umgebung der Hauptbahnhöfe ist, mit Ausnahme des Bahnhofs Charlottenburg, weder in städtebaulicher noch verkehrstechnischer Hinsicht glücklich zu nennen. Um so lebhafter müßte jede, und besonders die bei dem Bahnhof Friedrichstraße vorliegende Möglichkeit, hier Wandel und Besserung zu schaffen, ergriffen werden. Für den Dreiecksplatz nördlich des Bahnhofs Friedrichstraße kommt hinzu, daß er nicht nur für den Staatsbahnverkehr den Zutritt zum Zentrum der Reichshauptstadt vermittelt und daher ideelle Bedeutung besitzt, sondern daß außerdem der Verkehr der Weidendammer Brücke, einer Untergrundbahnstation und in vielleicht nicht ferner Zeit der einer zweiten solchen darüber fluten wird. Wenn dem Platz in städtebaulicher Hinsicht ein Hochhaus zugute kommen sollte, so gehört es auf die Nordseite der Spree, jenseits des Wassers, aber nicht als Verkehrshindernis auf den Dreiecksplatz, der dadurch auch noch den auf mehrere Tausend Menschen, auf Güter und Waren sich erstreckenden Verkehr des Hochhauses bewältigen muß.

Es soll hier nicht untersucht werden, wen das Verschulden an den im Interesse der Bevölkerung außerordentlich bedauerlichen Voraussetzungen, die jetzt auf eine Bebauung des fraglichen Geländes drängen, trifft, aber darüber muß man sich von Anfang an klar sein, was überhaupt geschaffen werden kann, stellt eine Notlösung dar, ebenso wie die Ergebnisse des früheren engeren Wettbewerbs des Architekten-Ausschusses Groß-Berlin. Der Techniker soll wie gewöhnlich im allerletzten Augenblick vor lauter fertige Tatsachen gestellt eine Lösung finden. Aber er hat m. E. im vorliegendem Fall auch die Pflicht, energisch darauf hinzuweisen, daß es bei dem von der Turmhaus-A.-G. ausgeschriebenen Ideenwettbewerb nicht darauf ankommt, die für Berlin neue Sensation des Hochhauses bis aufs äußerste auszuschlachten, sondern vor allem die Interessen der Allgemeinheit, des Verkehrs und der städtebaulichen Gestaltung soweit zu wahren, wie es überhaupt möglich ist.

Daß die Ausbeute des Wettbewerbes in dieser Beziehung gering ist, kann bei der Abhängigkeit der Konkurrenten von den Wünschen der Turmhausgesellschaft nicht Wunder nehmen. Trotzdem zeigen Entwürfe, wie die von Luckhardt & Hoffmann bzw. von Abel - Stuttgart u. Nr. 93 den richtigen Weg. Man hätte wünschen können, daß das Preisgericht die dort zum Ausdruck gebrachten Gedanken etwas mehr unterstrichen hätte.

Den Spruch des Preisgerichts teilten wir schon in der vorigen Nummer mit, im nachstehenden folgt die Kritik der wichtigsten Entwürfe im Wortlaut.

1. Preis. Kennwort „Zeitenwende", Verfasser J. Brahm und R. Kasteleiner, Arch. B. D. A. Mitarbeiter A. Becker, Kassel. „Die Grundrißlösung ist gut und übersichtlich; der Gedanke eines ausreichend großen Licht- und Wirtschaftshofes ist anzuerkennen.

Der künstlerische Gesamteindruck ist, abgesehen von der Durchbildung des Unterbaues, ein sehr guter. Die gebotene Rücksicht auf die Belichtung der Nachbargrundstücke ist gut gewahrt.

Die Raumausnützung erscheint im Verhältnis zum umbauten Raum noch als wirtschaftlich ausreichend mit rund 20 000 qm Nutzfläche."

Die Gebäudehöhe beträgt 60 m, die der Vorbauten am Bahnhof 24 m. Die Nutzfläche einschl. Keller ist 27 900 qm, bebaut sind 3312 qm. Der Hof hat eine Größe von rd. 18 x 26 m, er ist durch zwei Durchfahrten mit dem Reichstagufer verbunden. An ihm sind die Fahrstühle, Treppen und Aborte gesammelt, immerhin erscheinen die Abmessungen bei 60 m Gebäudehöhe kaum ausreichend, um den Treppen der unteren Geschosse genügend Licht zuzuführen. Vom Standpunkt der Feuersicherheit aber ist die Lage aller Treppen, Flure und Fahrstühle des Hochhauses an diesem Hof ein Ding der Unmöglichkeit, wie der Brand der Sarottifabrik schlagend bewiesen hat, wo der Hof 20 x 28 m groß war und bei entsprechender Lage der Treppen die Rettung der Gebäudeinsassen nur über die mechanischen Leitern der Feuerwehr erfolgen konnte. Dies ist natürlich beim Hochhaus unmöglich. Ein Brand in einem der unten liegenden Keller, Geschäfte oder Stockwerke würde bei der Frischluftzufuhr mittelst der Durchfahrten und Läden das ganze Haus in eine Art ungeheuren Bunsenbrenner verwandeln, sodaß die Fahrstühle, die oberen Flure und Treppen sofort unbenutzbar werden würden.

Das geringfügige Zurücktreten der Gebäudemitte gegenüber dem Bahnhof Friedrichstraße ist verkehrstechnisch kaum ausreichend, um eine freie und übersicht-

liche Abwickelung des Bahnhofsverkehrs zu gewährleisten.
In der äußeren Erscheinung zeigt der Entwurf eine schlichte straffe Vertikalgliederung, wie sie ähnlich Prof. Bonatz und Stadtbaurat Berg verwandt haben, nur die Sockelgeschosse wurden für sich als möglichst geschlossener Block behandelt. Diesem Gedanken widersprechen aber die notwendigen großen Ladenfenster, auch erscheint die stilistische Einheit zwischen der Oberwand mit ihrer maschinenartigen Reihung der Achsen und der flächig dekorativen Behandlung der Untergeschosse nicht ganz gewahrt. Ein weiterer Mangel, der bei allen Entwürfen besteht, für die äußere Erscheinung aber nicht übersehen werden darf, ist es, daß die Anbringung der unvermeidlichen Reklame nicht vorbereitet und organisiert worden ist.
Der II. Preis, Kennwort „Ladenausnutzung", Verfasser Gebrüder Luckhardt und Hoffmann, bildet bezüglich Grund- und Aufriß einen entschiedenen Gegensatz zu dem vorigen. Das Preisgericht sagt dazu:
„Eine eigenartige Lösung hat der Entwurf dadurch erreicht, daß die Räume, für die das Hochhaus besonders geeignet erscheint, einheitlich zusammengefaßt sind. Dies ist in der Architektur angemessen zum Ausdruck gekommen. Das Hochhaus ist durch diese Lösung an eine Stelle gerückt, bei der die Lichtverhältnisse sich sehr günstig gestalten. Die Grundrißlösung ist klar und zweckentsprechend. Die Architektur des Vorgebäudes ist zu aufdringlich und zum Teil lediglich dekorativ.
Die erzielte Nutzfläche ist zwar im Verhältnis zur Baumasse günstig, dagegen wenig günstig im Verhältnis zum Bauplatz. In dieser Beziehung hätte das Vorgebäude weit wirtschaftlichere Ausnützungsmöglichkeiten gestattet."
Die Nutzfläche einschl. Ladenhaus beträgt 16 750 + 3560 qm bei einem umbauten Raum von 113 800 + 14 750 = 128 550 cbm. Das Hochhaus hat Erdgeschoß und 13 Obergeschosse, also eine Höhe von rd. 55 m.
Hier ist die Stellung des Gebäudes, nämlich an der Spree, viel grundsätzlicher erwogen und weist den Weg für die notwendige Lösung der Verkehrsfrage. Das Gutachten der Akademie forderte auf der Nordseite des Bahnhofs die Schaffung beträchtlicher Freiflächen von guter Formgestaltung, die für die Entwicklung des Verkehrs zwischen Bahnhof, Untergrundbahn und einer etwa später parallel der Spree zu führenden Untergrundbahn nötig sind. Auch die Ausführungen des Stadtbaurat Berg in der Bauwelt Nr. 3 legen den Schwerpunkt in diese Richtung. Und in diesem Punkt hat m. E. dieser Entwurf ebenso wie z. B. auch der mit einem IV. Preis ausgezeichnete von Abel-Stuttgart die von dem Ideenwettbewerb erhoffte Klärung gebracht. Das niedrige Nebengebäude beider Entwürfe muß dem Verkehrsbedürfnis weichen, dann wird ein kleiner, aber immerhin noch zur Not genügender Bahnhofsvorplatz frei, man erhält eine gewisse Geschlossenheit des Dreieckplatzes, eine Ansichtsmöglichkeit von der Bahnunterführung her und eine sehr viel bessere Grundrißgestaltung wie bei allen andern Lösungen, denn scharf zentralisierte Grundrisse sind auf dem beschränkten Raum weder mit Innenhof wie bei Brahm und Kasteleiner möglich, noch ergibt die Sternform, wie z. B. bei dem Entwurf „Semiramis" von Dr.-Ing. Otto Schubert, Dresden, die Möglichkeit einer bezüglich Feuersicherheit und äußerer Erscheinung befriedigenden Lösung. Luckhardt und Hoffmann haben durchgehend gute Belichtung ihrer Räume und durch doppelte getrennte Treppen und Verkehrsanlagen eine sehr viel bessere Lösung bezüglich der Sicherheit der Gebäudeinsassen bei Feuersgefahr erreicht.
Auch äußerlich steht der Entwurf in entschiedenem Gegensatz zu dem vorigen, indem er sich eine wiederholende Schichtung der Geschosse durch strenge Horizontalgliederung versucht. Die Risalite der Südfront staffeln sich treppenartig bis zu dem in weicher Kurve gegen den Himmel abschließenden, gewaltigen Glas-Atelier des obersten Geschosses.
Beide Entwürfe haben bestimmte Stil- und Lokalfärbung in ihrer äußeren Erscheinung entschieden und glücklich vermieden und versuchen eher nach dem Typ des Fabrikgebäudes durch kühle, maschinenmäßige Reihung des Fassadenmotivs zu einem befriedigenden Gesamtbild zu kommen. Das ist bis zum gewissen Grade gelungen, allerdings wird man bedauern, daß der Bauplatz zu beschränkt ist, um den Gebäudeblock harmonisch zu gliedern, wie es z. B. die Skizzen des Baurat Berg für Breslau zeigen, hierdurch ist eine gewisse Nüchternheit entstanden, die eigentlich mehr geistlos als sachlich wirkt. Andere Entwürfe, die diese Gliederung der Massen versucht haben, sind meist an der ungünstigen Form des Baublocks, an der mangelnden Orientierung der Hauptblickrichtungen, oder wie bei den meisten Sterngrundrissen an einem übertriebenen Aufbrechen und Zerreißen des Baukörpers gestrandet. Am glücklichsten in dieser Beziehung erscheinen uns noch die Entwürfe „Semiramis" von Dr.-Ing. O. Schubert und „Rot ist Trumpf" von Otto Kohtz, Friedenau.
Den III. Preis erhielt der Entwurf von W. G. Koch, Stuttgart. Das Preisgericht sagt dazu:
„Die Grundrißlösung ist befriedigend. Geschickte Verteilung der Massen mit zweckmäßiger Verschiebung des Hochgebäudes nach der Spree, wodurch die Friedrich- und Bahnhofstraße weitgehende Berücksichtigung in bezug auf Belichtung erfahren. Die Massen entwickeln sich klar aus dem Grundriß. Der architektonische Zusammenhang zwischen Nieder- und Hochhaus ist nicht zur völlig befriedigenden Lösung gelangt. Die Ausnützung des Grundstücks mit etwa 37 000 qm ist gut."
Hier gilt bezüglich des Innenhofs in noch höherem Grade, was von dem ersten Entwurf gesagt wurde. Das Äußere erinnert etwas an Wiener Vorbilder, die Verbindung des sechsgeschossigen niedrigeren Bauteils mit dem Hochhaus ist nicht ganz geglückt.
IV. Preis. Architekt Dr.-Ing. O. Schubert, Dresden.
„Eine besonders gute übersichtliche Grundrißlösung ist dem Verfasser geglückt; in wirtschaftlicher Hinsicht sind die Vorschläge für die verschiedenartige Ausnützung des Raumes nicht ohne Wert. In architektonischer Hinsicht erscheint die Lösung weniger glücklich, namentlich ist ein künstlerischer Zusammenhang zwischen Front- und Turmbau nicht gelungen. Die Ausnützung ist mit 27 000 qm noch ausreichend in Rücksicht auf die Baumassen."
IV. Preis. Architekt Adolf Abel, Stuttgart.
„Der Grundgedanke des Bearbeiters, das eigentliche Hochhaus an der Spreeseite mit einem abgetrennten Vorbau nach dem Winkel Friedrichstraße Bahnhof zu setzen, ist anzuerkennen. Die Lichtverhältnisse bleiben günstig für die Nachbargrundstücke. Der Grundriß ist nicht unbefriedigend; der Vorbau erlaubt eine gute wirtschaftliche Ausnützung. Die Architektur weist angenehme, wenn auch anspruchslose Formen auf; diese entsprechen aber nicht dem Hochhauscharakter."
Der bereits erwähnte Entwurf von Abel - Stuttgart verdient besondere Beachtung wegen der natürlichen Lösung der Platzfrage: Das Hochhaus steht ähnlich wie bei dem Entwurf von Luckhardt und Hoffmann an der Wasserstraße. Das niedrige Gebäude sollte ganz wegfallen. Der Charakter der Architektur mutet etwas süddeutsch, ruhig und versonnen an, die Baumreihe am Wasser bringt ebenso wie die Treppen- und Hallenanlage auf der Bahnhofsseite einen liebenswürdigen Zug hinein, der an diese Stelle Berlins - man darf wohl sagen - leider nicht ganz paßt. Aber das ist unwesentlich bei einem Ideenwettbewerb. Aus dem Betonrahmensystem der Fassade ist auch der Geschäftshauscharakter sicher noch heraus zu holen und der Gedanke eines großen, das Gebäude öffnenden Platzmotivs auf der Südseite verdient unbedingt festgehalten zu werden.
IV. Preis. Architekt Otto Kohtz, Friedenau.
„Der Grundriß zeigt eine übersichtliche Bebauung derart, daß nach dem Bahnhof das Hochhaus weiter entwickelt ist. Die Tiefenentwicklung der Räume im Hochhaus erscheint für die Benutzung ungünstig. Die Architektur trifft den Hochhauscharakter in ansprechender Art. Die wirtschaftliche Ausnützung mit 26 700 qm Nutzfläche ist gut, soweit nicht durch die großen Tiefen eine Beeinträchtigung eintritt."
IV. Preis. Architekt Prof. Martin Elsaesser, Köln.
„Die Grundrißanlage hat neben dem Vorzug einer Zentralhalle noch einige Mängel. Der Aufbau zeigt eine feinsinnige Architektur und ist durch seine perspektivischen Überschneidungen sehr wirksam. Die Raumausnützung ist bei 28 000 qm gut. Die Belichtungsverhältnisse für die Nachbargrundstücke sind nicht ungünstig."
IV. Preis. Architekt W. Langstein, Karlsruhe.
„Der allgemeine Gesamteindruck ist ruhig und klar. Die runde Form hat den Vorteil, die Belichtung für die Nachbargrundstücke am wenigsten zu beeinträchtigen, dagegen den Nachteil unvorteilhafterer Grundrißlösung in praktischer und wirtschaftlicher Hinsicht, besonders infolge des konischen Verlaufs der Räume, die für Büros geeignet sind. Der Entwurf nützt den Bauplatz nicht genügend aus, so daß trotz Erstellung von 18 Stockwerken sich eine Nutzfläche von nur 17 200 qm ergibt. Innenhof von 25 m Durchmesser bei 64 m Gebäudehöhe!
IV. Preis. Architekt Joseph Tiedemann, Charlottenburg.
„Die Lösung hat einen etwas zu akademischen Charakter; dies kommt besonders in der Grundrißbildung zum Ausdruck. Günstig ist die Belebung der äußeren Architektur durch Hervorziehen einzelner Teile. Die Nutzfläche ist mit 14 300 qm zu gering."
Auf die große Fülle der übrigen Arbeiten, unter denen sich auch noch manche beachtliche Leistung befindet, näher einzugehen, ist leider nicht möglich. Nebenbei sei erwähnt, daß natürlich auch mancher utopische und stilistisch unmögliche Vorschlag darunter ist. Über die Rentabilitätsberechnung kann die Turmhaus-A.-G. z. Z. noch keine Mitteilungen machen, immerhin dürfte der Bau bei rund 130 000 cbm umbauten Raumes und den sicher zu erwartenden Gründungsschwierigkeiten ein Objekt von schätzungsweise 80 Millionen Mark darstellen, dem eine Nutzfläche von rund 20-30 000 qm gegenübersteht. Danach scheint eine wirkliche Rentabilität doch mindestens noch zweifelhaft.
Schließlich müßten auch noch Sicherungen getroffen werden, daß der Stadt Berlin eine gewisse Fläche an anderer Stelle freiwerdenden Wohnraums nach Fertigstellung des Hochhauses zur Verfügung gestellt wird, denn das ist ja eins der Hauptargumente, womit der Allgemeinheit Geschäftsneubauten schmackhaft gemacht werden, solange die Wohnungsherstellung unzureichend ist. Wie wir hören, soll nun zunächst ein engerer Wettbewerb folgen, dem die genauere Durcharbeitung vorbehalten sein soll. Zusammenfassend kann festgestellt werden, daß die weitere Entwicklung der Angelegenheit das lebhafte Interesse aller Beteiligten, und das ist vor allem die Berliner Bevölkerung, verdient und zwar vor allem in Hinsicht darauf, was von den an das Hochhaus zu stellenden Forderungen im vorliegenden Fall eigentlich verwirklicht wird, nämlich Verkehrsverbesserung infolge verringerter Bodenausnutzung?
Verbesserung des Stadtbildes?
Sanierung der Innenstadt?
Wirtschaftlich soziale Vorteile für die Allgemeinheit, Beseitigung von Wohnungsmangel?
Beteiligung der Gemeinde am erhöhten Bodenwert?

XI. Hans Soeder, Turmhaus-Epilog für Berlin, aus: Die Volkswohnung 4, 24. 2. 1922, 56/57

Unsere Väter haben eine respektable Leistung aufzuweisen. Leider haben sie beim Bau der Städte vergessen, die einfachen Bedürfnisse der Menschen zu berücksichtigen und uns die Mietskaserne hinterlassen. Als wir aus dem Kriege heimkamen, erschraken wir vor der Scheußlichkeit dieser Städte und dem menschlichen Jammer darin und wir beschlossen, das Zeitalter der Mietskaserne als eine abgeschlossene Episode zu betrachten und alles, was nun zu tun sein wird, anders zu machen. Das ist der Sinn unserer Arbeit, ein Sinn der Siedlungsbewegung. Wir haben also beschlossen, allen Aufgaben gegenüber nicht nach der besten technischen Lösung und der in irgend einem Geschmack einwandfreisten Form für diese zu fragen, sondern danach, wie sie dem Menschen am besten dienen wird.
Von den letzten Anhängern der Mietskasernenzeit wird uns nun gleichsam als Abschiedsgeschenk der Wolkenkratzer herübergebracht, als wenn es nötig wäre, neben die unendliche Trostlosigkeit der Steinschachteln um all den Menschenjammer noch einige Ausrufungszeichen zu setzen. Uns schien jedenfalls die amerikanische Form des Hochhauses als die raffinierteste Auslöschung des Einzelmenschen in der Technik und als die geistloseste-

Auswalzung aller Kunsterinnerungen in der Form. Immerhin war die Aussicht, durch Zusammenlegung vieler Arbeitsräume an eine Stelle viele Wohnungen auf finanziell mögliche Weise freizumachen, Grund genug zur Auseinandersetzung mit dem Turmhaus, und die grundsätzliche Ablehnung der Mietskaserne konnte nur dazu führen, die Aufgabe ganz anders als die Amerikaner aufzufassen. Gegenüber diesem letzten, nur auf materielle Gründe gestützten Vorgehen des Kapitals mußte versucht werden, solche Grundsätze und solche Formen zu finden, daß statt einer Apotheose der Mietskaserne eine neue Form des Arbeitshauses entstand, die dem Menschen gemäßer und bekömmlicher wäre als alle bisherigen.

Die ungeheure Geistlosigkeit unserer Vorgänger hatte es ja nicht nur verstanden, das System der Mietskaserne soweit zu entwickeln, daß in vielen Räumen darin (von Luft, Sonne und Grün zu schweigen) ständig Licht gebrannt werden muß, sondern hat auch durch unermüdliche Auswalzung alter Palastschemata jenen famosen Typ des Verwaltungsgebäudes geschaffen, der sich durch Anfügung von immer noch mehr Achsen und Flügeln zu jener (auf jeder Hochschule gelehrten) Vollkommenheit entwickelte, die mit endlosen und verzweigten Korridorsystemen im kleinen der Aufnahmefähigkeit des Menschenhirns genau so spottet, wie im großen die ganzen Stadtquartiere. Mietskasernen und Verwaltungshäuser wurden im Äußern mit unendlich verblaßten Kunsterinnerungen bekleidet: Wir fordern dagegen für ein großes Arbeitshaus:

1. Im Grundriß eine solche Konzentration, daß sich jedes Geschoß von einem Zentrum aus dem menschlichen Fassungsvermögen erschließt.
2. Direkte Belichtung und Entlüftung aller Treppenhäuser, Arbeitsräume und Toiletten, unter Vermeidung aller schlotartigen Lichthöfe.
3. Im Äußern die einfachste kubische Lösung (mit einem Minimum an Bau- und Unterhaltungskosten) ohne jede Verschleierung durch historisches oder modisches Beiwerk.
4. Kubische Vermittlung des Hochhauses zur Umgebung und zum menschlichen Maßstab.

Für den rundum freiliegenden, dreieckigen Bauplatz am Bahnhof Friedrichstraße ergaben sich dazu als weitere Grundsätze:

5. Anordnung der Arbeitsräume in prismatischen Flügeln um ein Zentrum im Schwerpunkt des Grundstücks.
6. Vermeidung einer breiten Hochfront an der engen Friedrichstraße.

Die Entwürfe zum Berliner Turmhaus scheiden sich deutlich in zwei Gruppen: Ummantelungen eines inneren Lichthofes im Sinne der Mietskaserne und prismatisch um ein Zentrum entwickelte Baukörper ohne Lichthof im Sinne unserer Forderungen.

Demgegenüber hat das Preisgericht eine überraschende Grundsatzlosigkeit bewiesen. „Zeitenwende", im Sinne unserer Forderungen eine ungeheure Mietskaserne mit einseitiger Orientierung zur Friedrichstraße, in modischer Verschleierung der Bauform, erhielt den ersten Preis. Der zweite Preis fiel an die Arbeit „Ladenausnutzung", die dem Problem der Bauaufgabe ausweicht und statt einer Lösung zwei Versuche in ungleichen Maßstäben nebeneinandersetzt. Der dritte Preis „Facili non omnibus una" ist amerikanisch und löst die Aufgabe im Sinne des akademischen Klassizismus. Ein vierter Preis „Rot ist Trumpf" beweist mit einer Reihe von Versuchen des gleichen Verfassers dessen absolute Grundsatzlosigkeit und wendet Bureautiefen an, deren Belichtung in unseren Breiten unmöglich ist.

Von allen preisgekrönten Arbeiten begegnet sich einzig „Kristall" (ein vierter Preis) mit unseren Forderungen. Unverschmolzene Erinnerungen an historische Formen verschleiern zwar den Baukörper an verschiedenen Stellen, aber sonst ist dieser Entwurf der einzige Preisträger, den wir brüderlich begrüßen können.

In gleichem Sinne wie „Kristall" sind die Arbeiten „Zentrum", „Stabil", „Zentral", „Organisation und Bewegung", „Spreestern" und „Bienenstock" auf dem Boden unserer Forderungen (wenn auch in ungleicher Qualität) gewachsen. Aus ihnen ließen sich menschenwürdige, menschenmäßige Arbeitshäuser entwickeln. Unter den Lichthof-Entwürfen begegnen die Arbeiten „Rund II" und „Dom" auf der Grenze unseren Grundsätzen.

Noch einmal hat also die Mietskaserne gesiegt. Berlin hat sich zu einem letzten Denkmal seiner Menschenfeindschaft entschlossen, die Epoche der Väter errichtet sich das Ausrufungszeichen.

Unabhängig von dieser durch das Preisgericht festgestellten Konjunktur scheint es uns, als wenn aus jenen prismatisch entwickelten Baukörpern die neuen und menschenwürdigeren Arbeitsstätten unserer Zeit sich gestalten ließen. In neuen Städten, im Brennpunkt neuer Siedlungen sehen wir die Hochhäuser unseres Sinnes als Stadtkrone stehen.

XIII. Walter Curt Behrendt, Das erste Turmhaus in Berlin, aus: Die Woche 9, 4. 3. 1922, 193/194

Trotz fortdauernder Krisis der Weltwirtschaft, trotz mancherlei unverkennbarem Fortschritt sozialistischer Ideen steht die Großstadt, diese ureigenste Schöpfung der kapitalistischen Wirtschaftsepoche, heute unbedroht in ihrer Entwicklung da. Im Gegenteil, das Tempo dieser Entwicklung scheint beschleunigt, und, so widersinnig es klingen mag, trotz zunehmender Arbeitslosigkeit in der Industrie, trotz offenkundigem Mangel an Arbeitskräften auf dem Lande, trotz kraftvoll geförderter Siedlungstätigkeit: es führen heute eher verstärkte Spuren zur Großstadt. Als Zeichen dafür erleben wir jetzt eine Invasion spezifisch großstädtischer Erfindungen, die in Amerika längst schon eingebürgert sind, für die aber in Deutschland scheinbar bisher die Zeit nicht reif gewesen ist.

Seit dem letzten Jahr hat unter den deutschen Großstädten ein ehrgeiziger Wettlauf um den ersten Wolkenkratzer eingesetzt, dessen Errichtung scheinbar als ein Symptom besonders fortschrittlicher Entwicklung gewertet wird. Für die Großstadt, als Siedlungsform betrachtet, ist der Wolkenkratzer eine innere, gesetzmäßige Konsequenz. Seine Tendenz zu äußerst verstärkter Konzentration entspricht durchaus dem Geist großstädtischer Entwicklung. Je planmäßiger die Großstadt wächst, je mehr aus der willkürlichen Vielheit eines ungeordneten Wachstums ein planvolles Gebilde wird, desto mehr wird in den äußeren Wohnbezirken eine Auflockerung der Bebauung, desto schärfer aber auch in den inneren Stadtteilen, in der City, in der Arbeitsstadt, eine Verdichtung und Zusammenfassung durchgeführt werden. Der bauliche Ausdruck dieser Verdichtungstendenz ist das Turmhaus, das jetzt auch bei uns seinen Einzug halten soll, freudig begrüßt von den Kaufleuten wegen seiner angeblichen Zweckmäßigkeit, herbeigesehnt von den Architekten als neuartige monumentale Bauaufgabe. Das erste Turmhaus in Berlin soll in Verbindung mit dem Erweiterungsbau des Bahnhofs Friedrichstraße entstehen, an einer bedeutsamen und bevorzugten Stelle also, wo es dem ankommenden Fremden gleich beim Eintritt in die Stadt als einprägsames Wahrzeichen entgegentritt. Das verfügbare Gelände bietet sowohl technisch, nach der Verkehrslage und nach der Beschaffenheit des Baugrundes, wie städtebaulich und architektonisch für den Bau eines Wolkenkratzers die günstigsten Chancen.

Der Bauplatz hat die Form eines Dreiecks, dessen Seiten ungefähr gleich lang sind. Die eine Seite stößt an die Spree, bietet also weite Blickpunkte, wie sie für ein Gebäude von solcher Höhe besonders erwünscht sind. Die zweite Seite liegt an der Friedrichstraße, die dritte läuft mit der Längsrichtung der Bahnhofshalle parallel. Zur Gewinnung von Ideen für die Bebauung dieses Geländes hatte die neugebildete Turmhaus-Aktien-Gesellschaft unter den Mitgliedern des Bundes Deutscher Architekten einen Wettbewerb ausgeschrieben, zu dem nicht weniger als 144 Entwürfe eingesandt wurden, ein Beweis für das lebendige Interesse, das diese neue Bauaufgabe unter den Architekten erweckt. Die eingegangenen Arbeiten zeigten die verschiedensten, für den Bauplatz möglichen Lösungen. Der Grundform nach waren vom Kubus, Zylinder und Prisma alle nur denkbaren Variationen und Kombinationen vertreten. Und nach diesen drei stereometrischen Grundformen lassen sich die eingegangenen Entwürfe deutlich auch nach Gruppen scheiden.

Der kubischen Lösung war der erste und zweite Preis zugefallen. Der erste Preis (und mit ihm eine große Reihe weiterer Bearbeitungen, die der kubischen Auffassung der Bauaufgabe zuneigten) sucht die ganze Grundfläche, soweit als zulässig, für die Überbauung auszunutzen. Er schafft demnach, nach dem Vorbild der Mietkaserne, einen Baublock, dessen vier Trakte sich eng um einen mittleren Hof drängen. (Der zweite Preis weicht einer konsequenten Lösung aus und begnügt sich bewußt mit einem Kompromiß. Es legt das eigentliche Hochhaus als schmalen, hoflosen Trakt an die Wasserseite des Grundstücks und schiebt in den spitzen Winkel des Dreiecks zur Stadt und gegen den Bahnhof hin ein niedriges, als Kaffeehaus gedachtes Gebäude, das sich maßstabsteigernd dem Hochhaus vorlagert.) Die Vertreter der kubischen Lösung werden der Aufgabe städtebaulich nicht gerecht, da sie der Eigenart des Bauplatzes nicht genügend Rechnung tragen. Der würfelartige Block verlangt eigentlich, frontal, als Abschluß einer Straße etwa, gesehen zu werden. Die kubische Lösung hat ferner einen schweren technischen Mangel, den geschlossenen Binnenhof, der schon beim viergeschossigen Miethaus als nachteilig, bei einem Hochhaus mit 18 Stockwerken und 80 Meter Höhe aber im Hinblick auf die unzulängliche Licht- und Luftzuführung als unerträglich empfunden werden muß.

Diesen Fehler, den geschlossenen Binnenhof, hat die kubische Lösung mit der zylindrischen gemein, die ihm aber dafür in anderer Hinsicht überlegen ist. Einmal technisch, da sie der Nachbarschaft am wenigsten Licht raubt. Dann aber auch städtebaulich. Die zylindrische Lösung setzt auf den Bauplatz einen Turm, einen Rundbau, eine Bauform also ohne ausgesprochene Front, die von jedem Standpunkt aus, zum Beispiel auch innerhalb des Engpasses der Friedrichstraße, als räumliches Gebilde, als Körper, empfunden wird (im Gegensatz zum Kubus, der nur eine Ansichtsfläche bietet). Der Bauplatz aber verlangt eine solche körperliche Gestaltung des Baugedankens infolge seiner von zwei Seiten eingekeilten Lage.

Der Lösung des architektonischen Problems, das in der Errichtung eines Turmhauses an dieser Stelle der Stadt gestellt ist, kommt daher die prismatische Form am nächsten. Die wenigen Entwürfe, die in diesem Sinne ein konsequentes Erfassen des eigentlichen Problems erkennen lassen, haben eine Lösung gesucht, die auf sternförmiger oder dreipaßähnlicher Grundform von einem Zentrum im Schwerpunkt des Grundstücks radial eine Reihe von Flügelbauten ausstrahlen lassen. Der auf solcher Grundform entwickelte prismatische Baukörper bietet neben den angedeuteten architektonischen Vorzügen noch den Vorteil ausgezeichneter Licht- und Luftzuführung. Die schmalen Flügelbauten erhalten von zwei Seiten Licht und gestatten Querlüftung.

Ein kurzes Wort noch über die formale Durchbildung. In dieser Hinsicht war das Ergebnis des Wettbewerbs wenig befriedigend. Die meisten Bearbeiter versuchten die Aufgabe noch in den hergebrachten Formvorstellungen und mit den üblichen Dekorationsmitteln des akademischen Klassizismus zu bewältigen, teils unter starker Beeinflussung durch amerikanische Vorbilder. Die akademische Überlieferung aber erweist sich je länger, desto mehr für die Lösung dieser Aufgaben als unzureichend. Für die technische, maßstablich und inhaltlich neue Bauaufgabe wird auch architektonisch eine neue, selbständige Ausdrucksform noch geschaffen werden müssen. Aus einer neuen Raumvorstellung geboren, wird diese Form auch ihren eigenen Rhythmus haben. Der mutige Versuch, dieser Form nachzuspüren, ist nur von wenigen Bearbeitern gewagt worden. In den phantastischen Raumvisionen dieser unerschrockenen Männer aber sind die Keimzellen einer neuen Baukunst enthalten. Einer Baukunst, die mit schöpferischer Kraft auch für den Wolkenkratzer die endgültige, die typische Form zeigen wird.

XIV. Max Berg, Die formale Auffassung des Hochhausgedankens, aus: BW 21, 25. 5. 1922, 359-363 und 25, 1922, 434

Wegen der Bedeutung der Hochhausfrage für unsere Zeit und der bisher nur in geringem Umfange vorliegenden Bearbeitungen auf diesem Gebiete bringen wir noch einige besonders charakteristische Lösungen des Berliner Wettbewerbes. Die Schriftltg.

Der Tiefstand der Mark wird sich auch im deutschen Hochhausstreben bemerkbar machen. Das meiste, was aus dem Bedürfnis der Zeit heraus heute in unseren Großstädten geplant wird, ist verurteilt, Papierarbeit zu bleiben. Und trotzdem ist diese Papierarbeit wichtig. Sie gibt unseren deutschen Architekten Gelegenheit, das Problem des Hochhauses auf die für Deutschland entsprechende Form zu bringen. Bei den Wettbewerben und Bearbeitungen von Hochhäusern in Deutschland sind bereits gewisse Fortschritte und charakteristische Merkmale aufzuzeichnen. Wenn das Hochhaus in Deutschland entsteht, so muß über sein Wesen in Grundriß und Aufbau, über seine Einordnung ins Stadtbild eine gewisse Klarheit geschaffen sein. Denn wenn es gebaut wird, so ist es in jedem Einzelfall berufen, in der architektonischen Entwicklung unserer Zeit im deutschen Stadtbild eine bedeutende Rolle zu spielen. Wie die Dome des Mittelalters den Städten ihrer Zeit das geistige Gepräge gaben, so müssen die in der Zukunft entstehenden Hochhäuser als Tempel der Arbeit des wirtschaftlichen Hirnes unserer Zeit diese ihre Eigensprache dem überlieferten Städtebild einordnen. Beherrschend zwar und entsprechend ihrer inneren Bedeutung überragend, aber sich trotzdem einordnend in die Menschheitsgesetze, nicht brutal vergewaltigend wie in Amerika, der sozialen Gesinnung des Deutschen entsprechend.
Wegen seiner starken ästhetischen, wirtschaftlichen, rechtlichen und sozialen Eingriffe in unser bisheriges Bauwesen bedürfen deshalb alle Hochhauspläne der peinlichsten Durcharbeitung und gründlicher Reifung. Alle Stellen, die Hochhäuser zu bauen haben, alle Behörden und öffentliche Körperschaften, die dabei mitzuwirken berufen sind, sollten sich dieses Verantwortungsgefühles für die deutsche Städtekultur bewußt sein, und so weit als möglich nach ihren Kräften mitarbeiten an der Aufgabe der Reifung des Hochhausgedankens. Leider sind sich bedeutende Teile der Kreise, die zunächst zur Wahrung der architektonischen Kultur berufen sind, wie die im B.D.A. organisierte Privatarchitektenschaft, dieses Verantwortungsgefühles noch nicht genügend bewußt geworden.
Ich habe diesen meinen Vorwurf in meinen früheren Aufsätzen über die Hochhausfrage in diesem Blatt begründet. In unserer Zeit, in der zum Teil aus der Not heraus aber auch zum nicht geringen Teil aus skrupellosem Profitgeist der materielle Egoismus sich über alle sittlichen Schranken glaubt hinwegsetzen zu dürfen, kann nicht oft genug gerade den Schöpfern von Kulturwerten, als den Berufenen, unser Volk aus dem materiellen Wahn herauszuführen, das ideelle Verantwortungsgefühl und das kulturelle Gewissen geschärft werden.
Es kann deshalb nicht oft genug darauf hingewiesen werden, daß, solange der B.D.A. seine privatwirtschaftlichen Interessen vor die allgemeinen Kulturaufgaben stellt, er nicht das Recht hat, bei diesen mitzusprechen, daß das Verhalten des B.D.A., der größten Vertretung der Privatarchitektenschaft, für das Ansehen dieser sehr zu bedauern ist, und daß es dringend zu wünschen wäre, wenn die Richtung im B. D. A. Oberhand gewinnen würde, denen die kulturellen Ziele unserer architektonischen Entwicklung an erster Stelle stehen. Wenn man weiter die Notschreie erleben muß über die Zerstückelung des Grunewalds bei Dahlem, Schildhorn, südlich der Heerstraße, Hermsdorf-Tegel usw., die das Landwirtschaftsministerium teils bereits in Angriff genommen hat, teils planen soll, so kann man sich nicht der Überzeugung verschließen, daß bei den für die Gesundheit des Volkes verantwortlichen Behörden das Verständnis für die städtebaulichen Aufgaben unserer Zeit noch völlig fehlt, und daß auch die Stadt Berlin auf diesem Gebiet versagt. Es ist die Pflicht der Stadt Berlin, mit aller Energie entscheidenden Einfluß auf die Lösung dieser städtebaulichen Aufgaben, zu denen auch das Hochhausproblem gehört, zu gewinnen. Und es ist höchste Zeit gewesen, daß die deutschen Städtebauer sich zu einer Arbeitsgemeinschaft, der „Deutschen Akademie für Städtebau" zusammengeschlossen haben, um eines der wichtigsten Kulturprobleme unserer Zeit zu bearbeiten und zu Anerkennung und Erfolg zu führen.
Da ich die grundsätzliche Frage der Behandlung von Hochhausbauten bereits in dieser Zeitschrift mehrfach berührt habe (Heft 3 und Heft 8 1922), kann ich mich darin auf weniges beschränken.

Das Hochhaus kommt in Deutschland fast nur als Geschäfts- und Verwaltungshaus in Frage, auch als Gasthof. Dieser letzte Umstand ist jedoch von untergeordneter Bedeutung. Da das Hochhaus nun weder ein Sakralbau noch Kultbau ist, noch mit Repräsentation behaftet ist, wie ein Parlamentsbau, sondern lediglich ein Magazin von Raumzellen für Geschäftszwecke darstellt, so muß auch das innere Wesen guten Geschäftsgeistes, Sachlichkeit und Gediegenheit in diesem Magazin vom Scheitel bis zur Sohle zum Ausdruck kommen. Man denke an die Einheitlichkeit des Rhythmus vom Fundament bis zur Spitze der gotischen Dome, der indischen Pagoden und Tempelbauten, und man wird auch bei den Hochhäusern sich sowohl von gesuchten und gewollten Zusammenstellungen von Turm-, Giebel-, Säulen- usw. Motiven abwenden, als auch eine nicht weniger falsche, sakrel oder repräsenativ gerichtete Monumentalarchitektur vermeiden. Es ist kein Wunder, wenn die Anzahl derartig im Ausdruck falsch gerichteter Entwürfe im Berliner Wettbewerb nicht gering ist, wenn man bedenkt, daß in Deutschland ein nicht geringer Teil führender Architekten leider immer noch unter dem Bann einer falsch gerichteten Überwertung und Originalitätssucht im Formalen steht, eine Erbschaft der Vorkriegszeit, die in ihrem Reichtum sich nicht genug tun konnte an überladenem Ausdruck, und geeignet war, das falsche Ideal dekorativer Monumentalität unter unserer Architektenschaft zu züchten. Nicht nur Banken, Geschäftshäuser, Theater hat die Vorkriegszeit mit falschem Prunk ausgestattet, auch Fabriken hat man nicht mit sachlichen Arbeitsanzügen, sondern mit monumentalen Prunkgewändern bekleidet. Und das geschah nicht nur vom unreifen, grünen Holz. Aus diesem Geist des Mehrscheinens als Seins müssen wir hinaus, und das Geschäftshochhaus ist der geeignete Lehrmeister. Denn ohne Anwendung von Monumentalarchitekturmotiven wird das Hochhaus schon allein durch seine Abmessungen die ihm gemäße Monumentalität erreichen, und es bleibt für die Architekten nach der Anordnung im Großen nicht viel mehr übrig als durch fein abgestimmte Gliederung und Einzeldurchbildung dieser Monumentalität den richtigen Maßstab zu verleihen. Die „Uniformität", die Karl Scheffler in seiner „modernen Baukunst" schon als Prinzip der modernen Stadthauswohnung fordert, gilt in noch höherem Maß für das Geschäftshochhaus, da sie seiner Zweckbestimmung entspricht. Die malerische Belebung wird in diese Uniformität geschickt verteilte und ausgebildete Reklame bringen, die ja auch einen Teil des modernen Geschäftswesens bildet. Einheitlichkeit, Ruhe, geschlossene Form sind für das Hochhaus in höherem Maß zu fordern als für jeden anderen Bau. Seine Gruppierung ergibt sich aus der Art und Weise, wie es sich nach den Anforderungen des jeweiligen Bauplatzes aus dem Meer der übrigen Häusermassen herauszuheben hat. Bereits an der Grundrißform wird man im allgemeinen erkennen können, ob die Grundlagen für einen formal richtig gerichteten Ausdruck gegeben sind. Denn das Wesen des zweckmäßig eingerichteten Geschäftshauses beruht darin, daß je nach Bedarf zu jeder Zeit veränderliche Geschäftsräume beliebiger Größe bis zum kleinsten einfenstrigen Raum oder selbständiger Kontor hinab an Fluren angeordnet werden können. Die zweibündige Anlage wird mit der zentralen vereint, wie ich in Heft 3 der „Bauwelt" näher ausgeführt habe, im allgemeinen die geeignetste Grundlage für die Grundrißgestaltung bilden.
Brauchbare Versuche für die weitere Behandlung der Hochhausfrage sind infolge der bereits von mir gerügten Mängel beim Ausschreiben des Wettbewerbes aus diesem Berliner Wettbewerb nur in geringer Zahl hervorgegangen. Immerhin sind eine Anzahl Lösungen gebracht, die für die Art der deutschen Auffassung des Hochhausgedankens bezeichnend sind.
Nachgeholt sei zunächst die Darstellung des Entwurfes „offener Hof" (ohne Preis), Verfasser Flerus u. Konert, Dortmund, der bereits in Heft Nr. 8 der „Bauwelt" von mir besprochen wurde als einzige Lösung, die die Platzfrage vor dem Friedrichstraßenbahnhof zu lösen versucht.

Zu diesem Entwurf ist noch zu bemerken, daß das Platzbild durch Weglassen des niedrigen, die Friedrichstraße vom Bahnhofsplatz trennenden Flügels gewinnen würde. Auch steht der wirtschaftliche Vorteil, den dieser Flügel bietet, in keinem Verhältnis zu dieser, die Gesamtanlage städtebaulich und architektonisch schädigenden Wirkung, zumal durch eine andere Staffelung des Hauptbaues, der wirtschaftliche Nachteil des Wegfalls des Flügels zum großen Teil ausgeglichen werden kann. Rein formal ist zu dem Entwurf noch zu sagen, daß die Art der Absetzung einzelner Bauteile, die verschiedenen Dachlösungen, Einheitlichkeit vermissen lassen. Wenn dieser Entwurf nun auch formal nicht besonders hervorzuheben ist, so hebt ihn doch der wichtige Versuch, eine Bahnhofsplatzlösung zu finden, über viele Entwürfe, die ihm formal überlegen sind, die jedoch das Platzproblem überhaupt nicht berücksichtigt haben. Daß dieser Fehler fast allgemein gemacht wurde, ja gemacht werden mußte, ist allerdings, wie ich bereits früher ausführte, auf die unvollkommene Art der Ausschreibung zurückzuführen, die eine freie Fluchtliniengestaltung leider nicht zur Aufgabe des Wettbewerbes gemacht hatte.
Die von mir oben ausgeführte Forderung des einheitlichen, sachlichen und gediegenen Magazincharakters erfüllt in hervorragendem Maße der Entwurf von dem Architekten Wilhelm Ernst, Düsseldorf. Unter Durchführung eines einheitlichen Rhythmus vom Scheitel bis zur Sohle steigert sich die Baugruppe, von der normalen Sraßenbebauung ausgehend, in edlem Vertikalismus gegliedert in natürlicher, reizvoller Staffelung zu dem den Kern der Anlage bildenden Hochhaus. Die einfache Sachlichkeit, der Verzicht auf gewollte, interessante Umrißbildung verleiht diesem Entwurf Größe. Die spitzenartigen Endigungen stimmen mit dem ausgesprochenen Vertikalismus überein. Sowohl bei diesem Entwurf als auch bei den anderen zeigt sich, daß die durch die großen Höhenabmessungen erzeugten perspektivischen Verkürzungen allein dem Hochhaus ganz besondere, nur ihm mögliche reizvolle Umrißlinien zu verleihen vermögen.
Auch der Entwurf „Moloch", Verfasser Moshamer und Brix, Breslau, zeigt den einheitlichen Magazincharakter, wenn auch das Hochhaus nicht in besonders gutem Verhältnis zu den niedrigeren Bauten steht und selbst etwas schwächlich nach oben abgeschlossen ist. Der Entwurf „Klamotten" (Kurt Geilen, Mitarbeiter A. Ostwald, Krefeld) zeigt zwar Einheitlichkeit, Größe und Würde, läßt aber in einem fast überbetonten Vertikalismus die Teilung der Geschosse überhaupt nicht mehr zum Ausdruck kommen, und erweckt infolgedessen mehr den Eindruck einer Kathedrale als eines Profanbaues. Der Verfasser des Entwurfes „Statistik" (einen Entwurf mit dem Motto „Statistik" gab es nicht, Klaß reichte unter dem Kennwort „Stabil" ein; Anm. d. Red.), Magistratsbaurat Klaß, Erfurt, hat darunter leiden müssen, daß der Wettbewerb nur für Mitglieder des B.D.A. ausgeschrieben war. Aus dem idealen Drang, auch sein Votum zur Hochhausfrage abzugeben, beteiligte er sich an dem Wettbewerb, lediglich um eine Beurteilung seiner Arbeit zu erlangen. Seine Arbeit sollte nach der Niederschrift des Preisgerichts den dritten Preis erhalten. Als man aus seiner Erklärung im Briefumschlag entnahm, daß er nicht Mitglied des B.D.A war, fiel der dritte Preis an den Entwurf des Architekten Koch, Stuttgart. Aus diesem einen Fall geht hervor, wie kurzsichtig auch die Turmhausgesellschaft gehandelt hat, daß sie sich bewegen ließ, durch Beschränkung der Wettbewerber die Gelegenheit, möglichst vielseitige und gute Lösungen zu erlangen, auszuschließen. Der Entwurf gehört entschieden zu den beachtenswertesten Lösungen der Aufgabe.

Er zeigt Einheitlichkeit und organische Entwicklung in Grundriß und Aufbau. Die gebrochenen Wandflächen geben eine eigenartige Belebung. An der Nebeneinanderstellung von Aufriß und Schaubild kann man ersehen, daß die beabsichtigte monumentale Zentralturmwirkung im Schaubild nicht erreicht wird. Das Schaubild zeigt, daß die Mittellösung Unruhe und Schwächlichkeit in den sonst gut abgewogenen Aufbau bringt. Würde der Mittelturm wegfallen und statt seiner die vorletzte unter ihm befindliche Staffel um ein oder zwei Geschosse erhöht werden, so würde sich diese Staffel nicht nur energischer von dem unter ihr liegenden Hauptbau loslösen, sondern auch der ganze Umriß an Ruhe und Größe gewinnen. Bei dem Sinn für Monumentalität, den der ganze Entwurf zeigt, ist anzunehmen, daß der Verfasser bei der weiteren Durcharbeitung selbst zu dieser Einsicht gekommen wäre. Dieser Entwurf ist ein lehrreiches Beispiel dafür, wie man sich hüten muß, kleinlichen Motiven nachzustreben, und wie leicht dies zu vermeiden ist, wenn man sich daran gewöhnt, in großen Massen zu denken. Stets sollte man sich beim Entwerfen von Hochhäusern vor Augen halten, daß die größten Bauten der Welt, die ägyptischen Pyramiden, die einfachste Form haben.

Höchste Einfachheit strebt der Entwurf Kennwort: „Wabe", Verfasser Mis van der Rohe, Berlin, an. Nur entspricht die Grundrißform nicht den verschiedenartigen und wechselvollen Bedürfnissen eines Geschäftshauses. Wäre das Ganze nur Warenhaus, so könnten die tiefen Räume als berechtigt gelten, zumal die vollständig in Glas aufgelösten Außenwände Belichtung auch noch für größere Tiefen zulassen. Der Entwurf zeigt einen großen Zug und kann als ein interessanter und bereichernder Versuch, das Formproblem des Hochhauses zu meistern, angesehen werden.

Der Entwurf „Ikarus", Vefasser Dr.-Ing. Block und Dipl.-Ing. Hochfeld, Hamburg, zeigt fast die gleiche Lösung wie der Entwurf Stahl (gemeint ist „Statistik" bzw. „Stabil", Anm. d. Red.). Obgleich er nicht von gleichem formalen Reiz ist wie dieser, so ist doch die höchste Mittellösung von größerer Form, wenn auch die obere Abschlußkurve nicht völlig mit den sonstigen starren Begrenzungslinien zusammenklingt. Auch füllt die vordere untere kleinliche Ecklösung nur den Rahmen des im ganzen in großen Formen gehaltenen Entwurfes.

Der Entwurf „Organismus und Bewegung" von H. W. Krüger, Hamburg, nähert sich in seiner fast asketischen formalen Zurückhaltung dem reinen Zweckbau.

XV. Hooge Huizen, aus: De Bouwereld 23, 7. 6. 1922, 175-179, 24, 14. 6. 1922, 181-185 und 25, 21. 6. 1922, 189-193 (Übersetzung: Beate Schmidt).

Die Zeitschrift „Stadtbaukunst", die unter der Redaktion von Walter Lehwess zweimal pro Monat im Verlag „der Zirkel" in Berlin erscheint, ist sicher eine der bemerkenswertesten, die es in Deutschland derzeit gibt. Wir hatten bereits einige Male Gelegenheit, das Eine oder das Andere daraus zu übernehmen. Unsere Leser werden sich sicher an die Reihe der Entwürfe für das Hygiene-Museum in Dresden erinnern, die wir in unserem letzten Jahrgang brachten, und aus dem „Sonderheft", welches die „Stadtbaukunst" diesem Wettbewerb gewidmet hatte, ausgewählt waren.

Von dieser Zeitschrift ist ein zweites Sonderheft erschienen, das verschiedene Entwürfe beinhaltet, die im Zusammenhang mit dem Wettbewerb für ein Hochhaus auf dem Terrain in der Nähe des Bahnhofs Friedrichstraße in Berlin eingereicht wurden. Da wir überzeugt sind, daß Turmhäuser und Wolkenkratzer die neuesten Äußerungen der europäischen Baukunst sind, auch wenn sie bis jetzt nur auf dem Papier existieren, haben wir bereits früher über solche Wettbewerbe berichtet. Wir glauben, daß dies unsere Leser interessiert. Nicht nur in Deutschland, sondern auch in England wird das Problem der Hochhäuser diskutiert. Und da nun auch Berlage einen Wolkenkratzer für den „Hofplein" in Rotterdam zu Papier gebracht hat, ist dieses Problem auch für die Niederlande wichtig geworden. Den Abbildungen der Entwürfe für das Gebäude in Berlin geht ein Aufsatz von Friedrich Paulsen voraus, der Aufmerksamkeit verdient. Der Autor weist darauf hin, daß den Deutschen Amerika schon immer als etwas besonderes galt. Er erinnert an eine Äußerung Goethes: „Amerika, du hast es besser
als unser Kontinent, der alte,
hast keine verfallenen Schlösser
und keine Basalte."

Der Dichter wollte damit sagen, daß Europa unter der Last von Jahrhunderten gebückt geht, die Amerika nicht zu schleppen hat. Paulsen ist der Meinung, daß man deshalb jedoch nicht alles, was in Amerika getan wird, als nachahmenswert betrachten solle. Es muß genauestens abgewogen werden, auch, wenn es sich um Wolkenkratzer handelt.

Er sagt folgendes: Jeder, der Amerika besucht hat, ist erfüllt von den Vorteilen, die die „Wolkenkratzer" für den Geschäftsmann bieten. Er kann sich in diesem Gebäude Kleidung kaufen, er kann sich gegen Diebstahl versichern, er kann eine Hypothek aufnehmen, eine Fahrkarte für eine Weltreise kaufen, er findet das Büro eines Leichenbestatters genauso, wie das des Brennstoffhändlers.

Ein solches Gebäude ist wirklich ein „Kaufhaus" im großen Stil, obwohl dies natürlich den Einzelhandel nicht überflüssig macht. Doch ist die Ursache, daß man so viele Geschäftsräume auf einer kleinen Oberfläche beieinander versammelt findet, v. a. in dem beengten Raum, den die Handelsgegend New Yorks bietet und die die Grundstücke sehr teuer werden läßt, zu suchen.

Deshalb war man einfach gezwungen, in die Höhe zu bauen. Die Frage, ob es zweckmäßig gewesen wäre, in die Breite und nicht in die Höhe zu bauen, war in New York bedeutungslos. Dort, wo jedoch die Zustände anders sind, muß diese Frage beantwortet werden, bevor man den Bau eines „Wolkenkratzers" beginnt.

Ein weiterer wichtiger Punkt sind die Kosten eines solchen Gebäudes. Es ist nichts Sicheres über den Kubikmeter-Preis eines Gebäudes mit z. B. 30 Geschossen bekannt. Für den „Messeturm", der für Leipzig entworfen wurde, hat man angenommen, daß der Preis pro m^2 30% höher kommen wird, als der eines Gebäudes mit 5 Geschossen. Diese Schätzung ist wahrscheinlich noch zu niedrig angesetzt.

Es gibt noch mehr Unsicherheiten. Was wird ein solches Gebäude pro Jahr an Nutzung und Unterhalt kosten? In Amerika meint man, daß sich die „Wolkenkratzer" nur für kurze Zeit behaupten werden. Und zusätzlich wird darauf hingewiesen, daß ein so hohes Gebäude nicht überall hingestellt werden könne. Es würde eine schöne alte Stadtansicht verderben und auch nicht unbedingt auf jeden modernen Platz passen. Außerdem wäre eine breite verkehrsreiche Straße noch zu eng während der Stunden, in denen das Personal den „Wolkenkratzer" betritt oder verläßt. Es darf auch nicht vergessen werden, daß die Wohngebiete, die direkt an die „Wolkenkratzer" anschließen, stark im Wert gesunken sind.

Der Autor sagt weiterhin, daß die Turmhaus-Aktiengesellschaft sich durch diese Unsicherheit nicht davon abbringen läßt, Berlin einen Wolkenkratzer zu schenken. Die Gesellschaft hat trotzdem einen Ideenwettbewerb ausgeschrieben und somit einige Ausgaben auf sich genommen. Als Baugebiet wurde ein Grundstück ausgewählt, das ungefähr die Form eines gleichseitigen Dreiecks hat und von dem Bahnhof Friedrichstraße, der Spree und der Friedrichstraße begrenzt wird. Es wird angenommen, daß die Baupolizei keine Beanstandung gegen ein solches Gebäude haben wird, so daß die Teilnehmer am Wettbewerb keine Rücksicht auf die Bauverordnung nehmen müssen. Über die ästhetische Seite des Projekts sagt Paulsen folgendes:

Es werden oft Bedenken gegen die „Wolkenkratzer" angemeldet, weil sie die Silhouette einer Stadt verderben würden. Dies trifft sicher bei den schönen Hafenstädten wie Genua, Neapel, Kopenhagen oder Lübeck zu. Auch Städten wie Rothenburg, Prag oder Siena würde ein Turmhaus schlecht stehen; während die Silhouette von Nürnberg, Köln, Dresden oder Rom unwiederbringlich dadurch beschädigt werden würde. In Berlin ist nichts zu verderben, da es in der Ebene liegt und keine besondere Silhouette zeigt. Durch das Aufkleben verschiedener Motive, die aus historischen Stilen Europas entliehen wurden, glaubten die Amerikaner ihre „Wolkenkratzer" zu verschönern.

Die Amerikaner sind ein sehr junges Volk, sie haben etwas von einem Parvenü. Obwohl sie vorgeben, das alte Europa zu verachten, beneiden sie es in Wirklichkeit und haben tiefen Respekt vor dem, was die Zeiten hindurch entstand. Deshalb wollen sie an ihren Gebäuden die europäischen Stile sehen, sogar, wenn diese dort absolut fehl am Platz sind.

Manche Teilnehmer des Wettbewerbs haben, wie die Amerikaner es zu tun pflegen, quasi Paläste übereinander gestapelt. Andere wiederum haben sich auf das Applizieren einiger Motive beschränkt, doch damit auch kein befriedigendes Resultat erzielt. Die ernst zu nehmenden Architekten sind ihre eigenen Wege gegangen. Man kann jedoch absolut nicht sagen, daß die besten Entwürfe einen gemeinsamen Charakterzug hätten. Die Unterschiedlichkeit der Auffassung ist groß.

Einige Einsendungen sind „expressionistisch", soweit dies in der Baukunst überhaupt möglich ist. Andere wiederum zeigen ein bewußtes Streben, etwas anderes zu tun als bis jetzt getan wurde. Daß Architektur nichts anderes ist als das Festlegen des richtigen Verhältnisses zwischen Lasten und Tragen, haben viele Architekten plötzlich vergessen und lediglich an ein Umschließen und nicht an das Stützen gedacht.

Einige Einsender haben versucht, den Baukörper so einfach wie möglich zu formen und diesen mit einigen, von alten Gebäuden entliehenen Motiven zu verzieren.

Gegen dieses Verfahren, das ziemlich harmlos ist, wird man nichts einwenden können.

Paulsen geht dann der Frage nach, welche Beachtung der Ausführbarkeit der Entwürfe geschenkt werden müsse. Er meint, daß lediglich „Ideen" verlangt waren, diese Frage deshalb nicht von Interesse sei; nur die künstlerische Auffassung sei wichtig, die dann auch für die Preisvergabe ausschlaggebend war. Die Gesellschaft hat sich jedoch nicht verpflichtet, den mit dem ersten Preis versehnen Entwurf auch wirklich auszuführen. Sie behielt sich eine freie Wahl aus allen Einsendungen vor.

Der Autor weist darauf hin, daß die Bedeutung dieser Preisfrage vor allem darin begründet lag, auf welche Art und Weise die Teilnehmer eine künstlerische Lösung für dieses Problem, das eigentlich ausschließlich von der Praxis gestellt wurde, suchten. Ein Wolkenkratzer konnte weder als Tempel noch als Palast aufgefaßt werden. Aber es ist doch sehr fraglich, ob man wirklich bei diesen Entwürfen, die einen mehr oder weniger zusammengesetzten Grundriß zeigen, über dem Geschosse gestapelt sind und von diesen lediglich das unterste und oberste ein wenig reicher gestaltet ist, von Kunst sprechen kann.

Die dreieckige Form des Grundstücks brachte viele Probleme mit sich, führte aber doch zu interessanten Lösungen. Viele dieser Lösungen sind sicher nicht in die Praxis umsetzbar. Die Jury ließ letzteres außer Betracht, da es sich lediglich um einen Ideenwettbewerb handelte. Schließlich gibt Paulsen noch einige Gedanken preis, die sehr interessant sind. Seiner Meinung nach geht die Baukunst ihrem Ende entgegen. Die „Antik-humanistische Baukultur" mit ihrer „ewigen Renaissance" müsse durch etwas anderes ersetzt werden. Diese Kultur sei französischen Ursprungs, und es sei von ihr nichts mehr zu erwarten. Deshalb ist er der Meinung, daß man wieder an die „mittelalterlichen germanischen Stile", worunter er Romanik und Gotik versteht, letztere zwar in Frankreich entstanden, aber erst unter den germanischen Herrschern bedeutend geworden, anknüpfen müsse.

Wir bilden in dieser Nummer den Entwurf ab, der den ersten Preis erhielt und von J. Brahm, R. Kasteleiner und A. Baecker aus Kassel verfaßt wurde. Die Jury sagt dazu:„Die Grundrißlösung ist gut und übersichtlich; der Gedanke eines ausreichend großen Licht- und Wirtschaftshofes ist anzuerkennen. Der künstlerische Gesamteindruck ist, abgesehen von der Durchbildung des Unterbaues, ein sehr guter. Die gebotene Rücksicht auf die Belichtung der Nachbargrundstücke ist gut gewahrt. Die Raumausnutzung erscheint im Verhältnis zum umbauten Raum noch als wirtschaftlich ausreichend mit rund 20 000 qm Nutzfläche."

Wie man sieht, ist die Beurteilung der Jury nicht sehr ausführlich. Sie macht nur Vorbehalte in Bezug auf das Erdgeschoß, das mit seinen viereckigen Spiegelscheiben, den achteckigen (oder sechseckigen) Fenstern darüber und dem als Spitzbogen behandelten Eingang dazwischen alles andere als schön ist. Daß in einem solchen Gebäude ein Innenhof, auch wenn lediglich Treppen, Aufzüge, Ruheräume und ähnliches anschließen, nicht zugelassen werden darf, wurde durch den Brand in der Sarotti-Fabrik (siehe Art. von Dr. Friedrich in unserer Nummer vom 8. März 1922) deutlich bewiesen. Dieser Brand fand jedoch erst statt, nachdem die Jury ihr Werk vollbracht hatte.

Für wenig geeignet halten wir auch die leichten Abschrägungen an den vier Ecken des Hauptgebäudes und den schrägen „Stegen" zwischen diesem Gebäude und den Vorbauten. Das Motiv der Fassade ist der endlos wiederholte dreieckige Vorsprung, dem die deutschen Architekten gegenwärtig versklavt sind; auch viele der Entwürfe für das Hygiene-Museum in Dresden, die wir im vorigen Jahrgang abbildeten, zeigten dies. Die niederländischen Architekten, die als modern gelten wollen, übernahmen oft dieses Motiv. Aber was ist daran eigentlich schön? (. . .)

Der zweite Preis wurde dem Entwurf der Gebrüder Luckhardt und A. Hoffmann in Berlin zuerkannt, von dem die Abbildungen beigefügt sind. Die Jury sagt folgendes: „Eine eigenartige Lösung hat der Entwurf dadurch erreicht, daß Räume, für die das Hochhaus besonders geeignet erscheint, einheitlich zusammengefaßt sind. Dies ist in der Architektur angemessen zum Ausdruck gekommen. Das Hochhaus ist durch diese Lösung an eine Stelle gerückt, bei der die Lichtverhältnisse sich sehr günstig gestalten. Die Grundrißlösung ist klar und zweckentsprechend. Die Architektur des Vorgebäudes ist zu aufdringlich und zum Teil lediglich dekorativ. Die erzielte Nutzfläche ist zwar im Verhältnis zur Baumasse günstig, dagegen wenig günstig im Verhältnis zum Bauplatz. In dieser Beziehung hätte das Vorgebäude weit wirtschaftlichere Ausnützungsmöglichkeiten gestattet."

Unsere Leser erinnern sich vielleicht daran, daß wir im letzten Jahr von jedem der Gebrüder Luckhardt einen Entwurf für das Hygiene-Museum in Dresden abgebildet hatten. Die Entwürfe gehörten zu den fantastischsten dieser Serie. Ein „Wolkenkratzer" gibt von der Bauaufgabe her nicht viel Gelegenheit, um solcher Phantasie freien Lauf zu lassen. Vielleicht wurde deshalb der Vorbau entworfen, der eine freie Auffassung erlaubte.

Die Jury weist mit Recht auf das Fehlen der Einheitlichkeit hin, was am Entwurf deutlich wird, für sie jedoch kein Grund war, diesen nicht zu prämieren. Die Ausschreibung legte fest, daß die Perspektive von einem im Lageplan angegebenen Standpunkt, mit 2 m über dem Straßenniveau liegendem Augenpunkt, gezeichnet werden mußte. Aber die Architekten hielten sich nicht daran, sie verwischten absichtlich oder aus Unwissen die Transparenz der Zeichnung. Da sie sich auch wenig um den Schattenwurf kümmerten, war eine verfremdet dargestellte Situation die Folge. Gegen die Gewitterluft steigt der Wolkenkratzer wie ein Geisterhaus auf. Von seinen unteren Geschossen ist wenig zu sehen, der Platz und der freie Raum gehen unmerklich ineinander über. Die Geschosse scheinen lediglich durch Leisten voneinander getrennt zu sein, und das Ganze scheint durch eine gläserne Bedachung gekrönt zu werden. Mehr Sorgfalt ist in der Bearbeitung des Vorgebäudes zu erkennen, das eher schief vor den Wolkenkratzer gesetzt wurde und in seinem Grundriß Unregelmäßigkeiten aufweist, die eine gewisse Unbeholfenheit zeigen. Da ein Schnitt fehlt, bleibt es im dunkeln, wie die seltsame Haube auf den Grundriß paßt.

Daß einem solchen Entwurf der 2. Preis zuerkannt wurde, ist kennzeichnend für den Geist, der im Moment in Deutschland vorherrscht. Von der Tüchtigkeit, die ein Kennzeichen der Deutschen zu sein scheint und die einst zum Schweren und Schwermütigen neigte, will man nichts mehr wissen. Aber nun beginnt man in ein anderes Extrem zu fallen. Für Nuancen und Takt haben unsere östlichen Nachbarn nun mal kein Gefühl.

Der Architekt W. G. Koch aus Stuttgart wurde mit einem dritten Preis prämiert. Die Jury sagt dazu:„Die Grundrißlösung ist befriedigend. Geschickte Verteilung der Massen mit zweckmäßiger Verschiebung des Hochgebäudes nach der Spree, wodurch die Friedrich- und Bahnhofstraße weitgehende Berücksichtigung in bezug auf Belichtung erfahren. Die Massen entwickeln sich klar aus dem Grundriß. Der architektonische Zusammenhang zwischen Nieder- und Hochhaus ist nicht zur völlig befriedigenden Lösung gelangt. Die Ausnützung des Grundstücks mit etwa 37 000 qm ist gut."

Während die Architekten mit den ersten beiden Preisen einen beträchtlich großen Teil des unregelmäßigen Geländes unbebaut ließen und drei oder zwei abgesonderte Gebäude darauf setzten, hat sich Koch streng an die gegebene Grenzlinie gehalten, so daß das unregelmäßige Dreieck den Grundriß beherrscht. Um jedoch keine scharfen Kanten zu erhalten, schnitt er die Ecken ab, wodurch aus dem Grundriß ein unregelmäßiges Sechseck wurde.

Bisher wurde Regelmäßigkeit als der wichtigste Bestandteil der Baukunst betrachtet. Alle Schöpfungen der Kunst, die als Monument gelten können, zeigen Regelmäßigkeit auf. Ein unregelmäßiger Grundriß kann nur dann für ein Monument taugen, wenn er nicht ganz bebaut werden müßte, oder wenn er so umbaut werden könnte, daß man die Unregelmäßigkeit von außen nicht bemerken würde. In den letzten Jahren huldigte man in Deutschland der Lehre, daß auf jedem Stück Boden ein Meisterwerk entstehen könne, vorausgesetzt, daß ein Meister den Entwurf anfertige. Der Wettbewerb für das Gebäude der Zweiten Kammer der Staten Generale ließ deutlich werden, daß diese Lehre auch bei uns Anklänge findet. Aber, genau wie ein Koch nur dann eine wirklich gute Mahlzeit bereiten kann, wenn er gute Grundstoffe hat, und alle seine Kunst nichts hilft, wenn er sich mit „Ersatz" behelfen muß – die Schleckermäuler haben dies während des Krieges erfahren – so kann auch der Meister der Baukunst nur dann ein Monument schaffen, wenn ihm ein gutes Gelände zur Verfügung gestellt wird. Und unregelmäßige, dreieckige Grundstücke sind nun mal nicht gut, auch wenn man sich noch so viel Mühe gibt, sie „gut" zu reden. Daß sie besonders für Wolkenkratzer nicht taugen, zeigt das „Flatironbuilding" in New York. Kehren wir nun zu dem Entwurf des Herrn Koch zurück. Das entworfene Gebäude besteht aus zwei Teilen, einem hohen und einem niedrigen. Das niedrige Gebäude folgt den angegebenen Grenzlinien, das hohe lediglich denen an der Spree, so daß die Mittelpunkte der gleichförmigen Dreiecke nicht zusammenfallen. Das hätte zur Folge, daß an die Bahnhofstraße und die Friedrichstraße keine höhere Fassade als die bereits vorhandene gebaut würde. Wenn die Fassade des Wolkenkratzers nicht unmittelbar hinter der Grenzlinie nach oben steigt, muß man einen solchen Entwurf, übereinstimmend mit der Jury, als vorteilhaft für die Belichtung der anderen Gebäude erkennen.

Der Innenhof im hohen Teil des Komplexes würde bei einem Brand als Schornstein wirken und das würde die Ausführung dieses Entwurfes unmöglich machen. Auch die sechs kleinen Innenhöfe, übrigens über den Grundriß verstreut, werden Bedenken hervorrufen. Für seine Perspektivzeichnung hat Herr Koch den richtigen Augenpunkt gewählt; auch ist sie so ausgeführt, daß keine Beanstandungen vorgebracht werden können, wozu der mit dem zweiten Preis ausgezeichnete Entwurf Grund gibt. Die Jury beanstandet mit Recht das Fehlen der Einheitlichkeit der Fassade. Während der hohe Teil eine Pfeilerarchitektur aufzeigt, die, auch durch ihre Bekrönung, den Charakter hat, der zu einem Wolkenkratzer paßt, sind die Fassaden des niedrigen Teils in einem anderen Geist behandelt. Der Architekt hat hier banale Motive appliziert, denen er durch Portiken im Trend von Behrens und Kreis vergeblich Charakter zu verleihen versucht. Aber, wenn auch der Teil im Stile des oberen durchgeführt worden wäre, so hätte doch das unregelmäßige Sechseck des Grundrisses das Gebäude zum Monument verurteilt.

Ein vierter Preis wurde dem Entwurf von Professor Martin Elsässer aus Köln zuerkannt. Die Jury sagt: „Die Grundrißanlage hat neben dem Vorzug einer Zentralhalle noch einige Mängel. Der Aufbau zeigt eine feinsinnige Architektur und ist durch seine perspektivischen Überschneidungen sehr wirksam. Die Raumausnützung ist bei 28 400 qm gut. Die Belichtungsverhältnisse für die Nachbargrundstücke sind nicht ungünstig.

"Der Grundriß dieses Gebäudes hat Eigenarten, die auch bei einigen Entwürfen für das Hygiene-Museum in Dresden, im letzten Jahrgang abgebildet, zu entdecken waren. So ist der Kern des Gebäudes rechteckig, doch um diesen herum sind acht Sterne angeordnet, die schlecht und recht mit dem Rechteck verbunden wurden. Die Folge davon ist, daß keine einzige Räumlichkeit eine rechteckige Form besitzt, was sicher „feinsinnig" heißen kann, doch in der Praxis nicht besonders befriedigend wäre. Wahrscheinlich ist auf dem Lageplan nur der hohe Teil des Gebäudes angegeben, doch der Perspektive folgend ist auch ein niedriger Teil, worauf der oberste Portikus steht, vorhanden. Die perspektivische Darstellung ist sehr flüchtig behandelt, so daß die Details nicht ausreichend zu erkennen sind, was für alle Entwürfe, die hier jetzt besprochen wurden, gilt. Aber das Ganze scheint besonders unruhig, vor allem die zwei Portiken, von denen der obere vollkommen überflüssig ist, machen einen wenig befriedigenden Eindruck. (. . .)

Wir lassen nun noch drei, mit einem vierten Preis versehene Entwürfe folgen. Von dem Entwurf, der durch Otto Kohtz aus Berlin eingesandt wurde, sagt die Jury: „Der Grundriß zeigt eine übersichtliche Bebauung derart, daß nach dem Bahnhof das Hochhaus weiter entwickelt ist. Die Tiefenentwicklung der Räume im Hochhaus erscheint für die Benutzung ungünstig. Die Architektur trifft den Hochhauscharakter in ansprechender Art. Die wirtschaftliche Ausnützung mit 26 700 qm Nutzfläche ist gut, soweit nicht durch die großen Tiefen eine Beeinträchtigung eintritt."

Was die Jury hier sagt, ist richtig. Das eigentliche Hauptgebäude hat einen ungünstigen Grundriß, da in vielen Geschäftsräumen das Tageslicht nicht ausreichend wäre. Auch die Art und Weise, in der die Treppen angeordnet sind, ist unpraktisch. Daß dieser Entwurf trotz der großen Mängel einen vierten Preis erhielt, liegt sicher an der Fassadengestaltung; es ist ein Pfeilersystem angewandt, in dem die Vertikalen überwiegen. Von den Details ist auf der flüchtig behandelten Zeichnung nichts zu erkennen, aber die Silhouette des Baus, der quasi auf einem Sockel mit Läden steht, ist wohl geraten. Nur der Sockel folgt den Grenzlinien des Dreiecks; bei dem Gebäude selbst ist das Dreieck weggearbeitet, was in geschickter Weise geschah.

Eine vollkommen andere Lösung für diese Aufgabe gab Otto Schubert aus Dresden. Die Jury sagt von seinem Entwurf: „Eine besonders gute übersichtliche Grundrißlösung ist dem Verfasser geglückt; in wirtschaftlicher Hinsicht sind die Vorschläge für die verschiedenartige Ausnützung des Raumes nicht ohne Wert. In architektonischer Hinsicht erscheint die Lösung weniger glücklich, namentlich ist ein künstlerischer Zusammenhang zwischen Front- und Turmbau nicht gelungen. Die Ausnützung ist mit etwa 27 000 qm noch ausreichend in Rücksicht auf die Baumassen."

Der Gedanke, das Hochhaus als einen zylindrischen Kern zu entwerfen, an den drei Flügel wie Speichen an eine Radnabe angehängt sind, ist nicht neu. Man wandte ihn bei vielen Zellengefängnissen an. Auch bei einigen Entwürfen für das Hygiene-Museum in Dresden, die wir in unserem vorigen Jahrgang besprachen, wurde davon Gebrauch gemacht. Der Entwurf von Schubert führt an der Nabe jedoch zu beträchtlichen Dimensionen. Die dort vorhandenen runden Zimmer werden sicher nicht zu gebrauchen sein; vor allem nicht in den untersten Geschossen, wo sie an sehr kleinen Innenhöfen gelegen sind. Ein solches Gebäude macht architektonisch sicher keinen befriedigenden Eindruck. Die Art des Zeichnens gibt dem Entwurf einen Charme, den das ausgeführte Gebäude sicher nicht zeigen würde.

Der Entwurf von Jos. Tiedemann aus Charlottenburg, welcher auch einen vierten Preis erhielt, ist hingegen weniger anziehend dargestellt. Die Jury sagt: "Die Lösung hat einen etwas zu akademischen Charakter; dies kommt besonders in der Grundrißbildung zum Ausdruck. Günstig ist die Belebung der äußeren Architektur durch Hervorziehen einzelner Teile. Die Nutzfläche ist mit 14 300 qm zu gering."

Wir müssen zugeben, nicht zu wissen, warum dieses Gebäude einen vierten Preis erhielt. Denn der akademische Grundriß mit seinen seltsamen Vorsprüngen und seinem engen Innenhof besitzt nichts, was anziehend wäre. Die Fassaden zeigen ein Aufeinanderstapeln von drei gleichen Gebäuden, bis ins Unendliche wiederholte Bogenfenster mit runden Fenstern darüber; alles ohne einen angenehmen Eindruck zu hinterlassen. Die Vordergiebel und die Kuppel der Sophiakirche in Konstantinopel, die die Bekrönung bilden, sind ebensowenig befriedigend.

Bevor die Preisfrage ausgeschrieben wurde, war Bruno Möhring mit Entwürfen beauftragt, worüber in dem „Sonderheft" einiges berichtet wurde. Möhrings Entwurf, der auch abgebildet ist, nimmt nicht das ganze Terrain ein und zeigt das Hochhaus entlang der Spree, mit einem niedrigeren, im Halbrund davorgesetzten Gebäude. Diese Lösung hat viele Vorteile, da der Bahnhof Friedrichstraße dadurch einfacher zugänglich bleiben würde und die Gebäude an der Friedrichstraße eine gute Beleuchtung erhielten. Warum dieser Entwurf von Möhring, der viele Vorteile hat, nicht für eine Verwirklichung in Betracht gezogen wurde, ist nicht bekannt.

Das „Sonderheft" beinhaltet noch weitere verschiedene Entwürfe, die nicht prämiert wurden, jedoch bemerkenswerte Äußerungen der neuen deutschen Baukunst sind. Wir hätten unseren Lesern gerne noch einige dieser Schöpfungen gezeigt, doch meinen wir, daß vorläufig genug deutsche Kunst behandelt wurde.

Karl Schneider gibt seinem Grundriß die Gestalt eines Bienenkorbes und seinem Aufriß die Form eines Bügeleisens; Emil Schaudt aus Berlin scheint ein Theater nachahmen zu wollen. Peter Schade aus Arnstadt machte einen Pylon; Krekel & Leykauf aus Düsseldorf wählten einen Kreisausschnitt zum Grundriß, während Wilhelm Ritter von Graf aus Stuttgart einem Sechseck den Vorrang gab. Wir sehen also eine große Vielfalt.

Auf jede mögliche (und unmögiche) Art und Weise versuchte man auf dem Dreieck, das als Grundstück vorgegeben war, etwas zu entwerfen, das sich als schön rühmen können sollte. Aber, wäre es nötig, so hat dieser Wettbewerb bewiesen, daß, wenn man ein schönes Gebäude begehrt, ein gutes Terrain zur Verfügung stehen muß. Das Fünfeck, worauf Giacomo Barozzi da Vignola das Schloß Caprarola bei Viterbo entwarf, ist einzigartig in der Geschichte der Baukunst. Borromini hat für eine seiner Kirchen von einem Dreieck Gebrauch gemacht. Aber Talente wie Vignola und Borromini haben wir nicht mehr. Und es ist nicht sicher, ob sie in ihrer Zeit einen „Wolkenkratzer" fertiggebracht hätten.

XVI. Friedrich Huth, Der Hochhaus-Ideen-Wettbewerb in Berlin, aus: BRS 8, 1922, 13-15

Das auf Grund des Preisausschreibens vom 1. November 1921 von der Turmhaus-A.-G. in Berlin einberufene Preisgericht hat am 3. Februar sein Urteil gesprochen. Man vermag sich nun ein Urteil zu bilden, in welchem Grade die im B. D. A. vereinigten Architekten dieser bedeutungsvollen neuen Aufgabe gerecht zu werden vermochten. Daß man sie nicht zum Gegenstand eines allgemeinen Wettbewerbs gemacht hat, ist höchst bedauerlich.

Wir müssen uns vor allen Dingen vergegenwärtigen, daß man diese Entwürfe nicht ohne weiteres mit amerikanischen Wolkenkratzern in Vergleich stellen darf. Es handelt sich im vorliegenden Fall um einen bevorzugten Platz von dreieckiger Grundfläche zwischen dem Friedrichstraßenbahnhof, der Friedrichstraße und der nahen Spree, um eine eigenartige Aufgabe, da die nach der Spree gerichtete Front über unbeschränkte Lichtzuführung verfügt, die den weitaus meisten amerikanischen Turmgebäuden (wie z. B. am New Yorker Broadway) nicht zur Verfügung steht. Es ist auch ausgeschlossen, daß sich hier an dem eingeschnürten Teil der Friedrichstraße jemals zahlreiche Hochhäuser zusammenfinden werden.

Nun haben zahlreiche Verfasser – es sind im ganzen 144 Entwürfe eingegangen – eine sehr reiche Phantasie bekundet, aber die gegebenen Maße und Grundbedingungen übeschritten, so daß sie schon deshalb von der Beurteilung ausgeschlossen werden mußten. Vor allen Dingen wollen wir nicht vergessen, daß es sich nur um einen Ideenwettbewerb handelt und daß das Höchstmaß von 80 m nicht überschritten werden durfte. Der engeren Prüfung unterlagen überhaupt nur 13 Entwürfe.

Als völlig zufriedenstellend wird man schwerlich auch nur einen der prämiierten Entwürfe bezeichnen können, obwohl alle ihre Vorzüge besitzen; aber ohne Frage weisen, namentlich in architektonischer Hinsicht, auch manche der nicht preisgekrönten Entwürfe manche Vorzüge auf. Es wird immer darauf ankommen, welche Bedingungen man in den Vordergrund stellt.

Der Entwurf von Brahm und Kasteleiner (Abb. 1 und 2) wirkt namentlich bestechend durch die Geschlossenheit des Ganzen, die übersichtliche Grundrißdurchbildung und die Anordnung eines großen Licht- und Wirtschaftshofes im Zentrum der ganzen Hochhausanlage.

Von demselben Gedanken wie Abel sind die Brüder Luckhardt und Hoffmann (Abb. 3 und 4) ausgegangen. Aber sie haben die Räume (vorwiegend Bureaus) in einer architektonisch sehr wirksamen Weise zusammengefaßt. Sehr merkwürdig ist bei diesem Entwurf der Vorbau, ein Glashaus, das ein von oben belichtetes, rings von Läden umschlossenes Kaffeehaus enthält. Die Preisrichter haben diesen Vorbau als „zu aufdringlich und zum Teil lediglich dekorativ" bezeichnet. Den Amerikanern würde wahrscheinlich diese, allerdings etwas aufdringliche Lösung sehr gut gefallen. Vor allen Dingen muß aber berücksichtigt werden, daß der niedrige Vorbau auf dieser teuren Grundfläche eine besonders starke wirtschaftliche Ausbeutung verlangt, und diese glückliche Verbindung von Läden und Kaffeehaus will mir darum empfehlenswert erscheinen. Vielleicht läßt sich die fast wie eine Kaskade wirkende Glaskuppel minder kapriziös gestalten.

Auch bei dem dritten Preis (W. G. Koch, Abb. 5) haben Friedrich- und Bahnhofstraße hinsichtlich der Belichtung eine weitgehende Berücksichtigung erfahren – das Hochgebäude ist hier gleichfalls nach der Spree hin verschoben, und die Massen entwickeln sich klar aus dem Grundriß. Die Architektur halte ich für völlig verfehlt –, es sieht aus, als ob man auf ein Berliner Eckhaus zahlreiche Stockwerke aufgesetzt hätte, um das Gebäude in ein Hochhaus zu verwandeln. Das Unterhaus hat durch die Vorbauten dann ungefähr den Charakter eines deutschen Hotels, das Oberhaus den Charakter eines älteren amerikanischen Bureauhauses gewonnen. Dem Ganzen fehlt die Harmonie.

Der Entwurf des Dr.-Ing. Otto Schubert (ein vierter Preis, Abb. 7) ist ohne Zweifel sehr eigenartig und eindrucksvoll. Der Grundriß ist übersichtlich, und die turmartige Entwicklung des Ganzen bringt die Grundrißlösung auf das deutlichste zum Ausdruck. Die Ausnutzung des verfügbaren Luftraumes ist in Rücksicht auf die Baumassen mit etwa 27 000 qm als noch ausreichend anerkannt worden. Leider fehlt auch bei diesem Projekt – das Bild zeigt uns den Bau von der Spreeseite, an der Weidendammer Brücke – jede logische Verbindung zwischen dem Frontbau und dem gewaltigen Turm.

Von den übrigen mit einem vierten Preis ausgezeichneten Entwürfen weisen die Entwürfe des Prof. Elsaesser und des Architekten Otto Kohtz in Berlin eine sehr günstige Ausnutzung des Grundstücks auf; der erstere mit 28 400 qm, der letztere mit 26 700 qm nutzbarer Fläche. Im ganzen kann man von dem Ergebnis des Wettbewerbs nur sagen, daß viel Mühe zwecklos vertan ist, daß die preisgekrönten Entwürfe manche gute Anregung und vielleicht eine Grundlage für einen erst noch zu schaffenden Bauplan bieten, daß aber nicht einer der Entwürfe so bestechend wirkt, daß man ihn verwirklicht sehen möchte. Es war auch die Frist von zwei Monaten für die Ausarbeitung des Entwurfs völlig unzureichend.

XVII. Friedrich Huth, Der Hochaus-Ideen-Wettbewerb in Berlin, aus: BuG 1922, 44-46

Das auf Grund des Preisausschreibens vom 1. November 1921 von der Turmhaus-A.-G. in Berlin einberufene Preisgericht hat am 3. Februar sein Urteil gesprochen. Die Entwürfe sind im Festsaal des Berliner Rathauses ausgestellt, und man vermag sich nun ein Urteil zu bilden, in welchem Grade die im B. D. A vereinigten Architekten dieser bedeutungsvollen neuen Aufgabe gerecht zu werden vermochten. Daß man sie nicht zum Gegenstand eines allgemeinen Wettbewerbs gemacht hat, ist höchst bedauerlich.

Wir müssen uns vor allen Dingen vergegenwärtigen, daß man diese Entwürfe nicht ohne weiteres mit amerikanischen Himmelskratzern in Vergleich stellen darf. Es handelt sich im vorliegenden Fall um einen bevorzugten Platz von dreieckiger Grundfläche zwischen dem Friedrichstraßenbahnhof, der Friedrichstraße und der Spree (Abb. 1), um eine eigenartige Aufgabe, da die nach der Spree gerichtete Front über unbeschränkte Lichtzuführung verfügt, die den weitaus meisten amerikanischen Turmgebäuden (wie z.B. am New Yorker Broadway) nicht zur Verfügung steht. Es ist auch ausgeschlossen, daß sich hier an dem eingeschnürten Teil der Friedrichstraße jemals zahlreiche Hochhäuser zusammenfinden werden. Nach dem Erlaß des Wirtschaftsministeriums vom 29. November 1920 können Hochhäuser für Geschäfts- und Verwaltungszwecke auf dem Dispenswege zugelassen werden, jedoch sind die Anträge von Fall zu Fall dem Ministerium für Volkswohlfahrt zur Entscheidung vorzulegen; dadurch wird verhindert, daß derartige Häuser an jeder beliebigen Stelle, wo es einem Grundbesitzer behagt, errichtet und die Anwohner des Lichts und der Luft beraubt werden. Ohne Frage können Hochhäuser an ungünstigem Platze, wie durch verkehrte Massenverteilung, schwerfällige Durchbildung der Fronten usw., auch ein Städtebild in weit höherm Grade beeinträchtigen als irgendein andrer Bau, woraus sich von selbst ergibt, daß die Genehmigung derartiger Bauanlagen von gewissen örtlichen, wirtschaftlichen und ästhetischen Bedingungen abhängig gemacht werden muß. Es liegt also nicht der geringste Grund zu der Besorgnis vor, daß sich in der Nachbarschaft des hier geplanten Hochhauses eine Reihe von Turmbauten zusammenfinden könnten, um sich gegenseitig, wie dies in amerikanischen Großstädten der Fall ist, des Lichts und der Luft zu berauben, sich durch reklamehaftes Uebertreiben der Höhenentwicklung zu überbieten.

Im übrigen werden aber die Schöpfer der amerikanischen Hochhäuser vielfach mit Unrecht herabgesetzt. Was vor allem die meisten Teilhaber dieses Wettbewerbs von den amerikanischen Vorbildern hätten lernen können, das ist die Geschlossenheit der Massen, ihre architektonische Bewältigung und vor allen Dingen die verständige wirtschaftliche Ausnutzung des Raums in der Höhe. Namentlich in dieser Hinsicht haben es die meisten Teilnehmer des Wettbewerbs versehen, obwohl es doch wirklich leicht einzusehen ist, daß es wahnsinnig wäre, in heutiger Zeit Hochhäuser von 15 und mehr Stockwerken zu errichten und in der Höhe Millionen aufzuwenden, wenn nicht zugleich soviel nutzbarer Raum gewonnen wird, daß sich der große Aufwand in absehbarer Zeit bezahlt macht. Aus diesem Grunde halte ich alle Entwürfe, bei denen schon 15 oder 20 m über dem Sockelbau die Mauern zurücktreten, um hier in einen runden oder polygonalen Turm überzugehen, für völlig verfehlt.

Ferner haben zahlreiche Verfasser – es sind im ganzen 144 Entwürfe eingegangen – eine sehr reiche Phantasie bekundet, aber die gegebenen Maße und Grundbedingungen überschritten, so daß sie schon deshalb von der Beurteilung ausgeschlossen werden mußten. Vor allen Dingen wollen wir nicht vergessen, daß es sich nur um einen Ideenwettbewerb handelt und daß das Höhenmaß von 80 m nicht überschritten werden durfte. Der engern Prüfung unterlagen überhaupt nur 13 Entwürfe. Das Preisgericht, unter Vorsitz des Geheimrats Brix, sprach den ersten Preis von 30 000 M. dem Entwurf der Architekten J. Brahm und R. Kasteleiner (Kassel) zu, als deren Mitarbeiter der Architekt Alf. Becker genannt ist. Den zweiten Preis von 25 000 M. erhielt der Entwurf der Architekten Brüder Luckhardt und Hoffmann in Berlin, den dritten Preis von 15 000 M. der Architekt W. G. Koch in Stuttgart. Einen vierten Preis von je 5000 M. errangen die Architekten Dr.-Ing. Otto Schubert in Dresden; Adolf Abel in Stuttgart; Otto Kohtz in Berlin-

Friedenau; W. Langstein in Karlsruhe i. B.; Professor Martin Elsaesser in Köln und Jos. Tiedemann in Berlin-Charlottenburg. Für 3000 M. wurde angekauft der Entwurf des Architekten Hans Scharoun in Insterburg.

Als völlig zufriedenstellend wird man schwerlich auch nur einen der prämierten Entwürfe bezeichnen können, obwohl alle ihre Vorzüge besitzen; aber ohne Frage weisen, namentlich in architektonischer Hinsicht, auch manche der nicht preisgekrönten Entwürfe manche Vorzüge auf. Es wird immer darauf ankommen, welche Bedingungen man in den Vordergrund stellt.

Der Entwurf von Brahm und Kasteleiner (Abb. 2 und 3) wirkt namentlich bestechend durch die Geschlossenheit des Ganzen, die übersichtliche Grundrißdurchbildung und die Anordnung eines großen Licht- und Wirtschaftshofs im Zentrum der ganzen Hochhausanlage.

Ebenso haben die Schöpfer des Entwurfs auf die Lichtzuführung zu den Nachbargrundstücken in ausreichendem Maße Rücksicht genommen, ohne in der Höhe zuviel Raum für diesen Zweck zu opfern. Allerdings werden nur etwa 20 000 qm Nutzfläche gewonnen, während der mit dem dritten Preise ausgezeichnete Entwurf (Abb. 6) 37 000 qm gewinnt; das Preisgericht hat aber die Raumausnutzung bei Brahm und Kasteleiner, im Verhältnis zum umbauten Raum, noch als wirtschaftlich ausreichend bezeichnet. Ueber die Architektur dieses Baukolosses läßt sich streiten; mein Geschmack ist es nicht. Vor allen Dingen geht der Sockelbau mit der Masse der Uebergeschosse nicht zusammen – er wirkt schwächlich. Aber die Geschlossenheit des Ganzen ist zu rühmen –, denn hier haben wir wirklich ein Hochhaus und nicht eine Gruppe von Gebäuden, wie dies z. B. für den in unsrer Abbildung 7 dargestellten Entwurf von Adolf Abel (Stuttgart) (ein vierter Preis) zutrifft. Zu diesem Entwurf, dessen anspruchslose Formen, wie das Preisgericht sehr zutreffend betont, nicht dem Hochhauscharakter entsprechen, möchte ich bemerken, daß der Verfasser das eigentliche Hochhaus nach der Spreeseite gerückt und von diesem einen Vorbau abgetrennt hat, der noch eine gute wirtschaftliche Ausnutzung gestattet. Diese Lösung berücksichtigt zweckmäßig die Eigenart der Grundstücksverhältnisse. Viele Verfasser haben sich, wie Abel, mit Recht gesagt, daß sie das Hochhaus weder zu nahe an den Bahnhof, noch zu nahe an die viel zu enge Friedrichstraße rücken dürften, daß also an dieser Seite der Bau schon in mäßiger Höhe liegen bleiben müsse, um nicht dem eigentlichen Hochbau bzw. der Nachbarschaft Licht und Luft zu entziehen. Daß es auch anders geht, beweist die mit dem ersten Preise ausgezeichnete Anlage mit dem großen Lichthof in der Mitte.

Von demselben Gedanken wie Abel sind die Brüder Luckhardt und Hoffmann (Abb. 4 und 5) ausgegangen. Aber sie haben die Räume (vorwiegend Bureaus) in einer architektonisch sehr wirksamen Weise zusammengefaßt. Sehr merkwürdig ist bei diesem Entwurf der Vorbau, ein Glashaus, das ein von oben belichtetes, rings von Läden umschloßenes Kaffeehaus enthält. Die Preisrichter haben diesen Vorbau als „zu aufdringlich und zum Teil lediglich dekorativ" bezeichnet. Den Amerikanern würde wahrscheinlich diese, allerdings etwas aufdringliche Lösung sehr gut gefallen. Vor allen Dingen muß aber berücksichtigt werden, daß der niedrige Vorbau auf dieser teuren Grundfläche eine besonders starke wirtschaftliche Ausbeutung verlangt, und diese glückliche Verbindung von Läden und Kaffeehaus will mir darum empfehlenswert erscheinen. Vielleicht läßt sich die fast wie eine Kaskade wirkende Glaskuppel minder kapriziös gestalten.

Auch bei dem dritten Preis (W. G. Koch; Abb. 6) haben Friedrich- und Bahnhofstraße hinsichtlich der Belichtung eine weitgehende Berücksichtigung erfahren – das Hochgebäude ist hier gleichfalls nach der Spree hin verschoben, und die Massen entwickeln sich klar aus dem Grundriß. Die Architektur halte ich für völlig verfehlt –, es sieht aus, als ob man auf ein Berliner Eckhaus zahlreiche Stockwerke aufgesetzt hätte, um das Gebäude in ein Hochhaus zu verwandeln. Das Unterhaus hat durch die Vorbauten dann ungefähr den Charakter eines deutschen Hotels, das Oberhaus den Charakter eines älteren amerikanischen Bureauhauses gewonnen. Dem Ganzen fehlt die Harmonie.

Der Entwurf des Dr.-Ing. Otto Schubert (ein vierter Preis; Abb. 8) ist ohne Zweifel sehr eigenartig und eindrucksvoll. Der Grundriß ist übersichtlich, und die turmartige Entwicklung des Ganzen bringt die Grundrißlösung auf das deutlichste zum Ausdruck. Die Ausnutzung des verfügbaren Luftraums ist in Rücksicht auf die Baumassen mit etwa 27 000 qm als noch ausreichend anerkannt worden. Leider fehlt auch bei diesem Projekt – das Bild zeigt uns den Bau von der Spreeseite, an der Weidendammer Brücke – jede logische Verbindung zwischen dem Frontbau und dem gewaltigen Turm.

Von den übrigen mit einem vierten Preise ausgezeichneten Entwürfen weisen die Entwürfe des Prof. Elsaesser und des Architekten Otto Kohtz in Berlin eine sehr günstige Ausnutzung des Grundstücks auf; der erstere mit 28 400 qm, der letztere mit 26 700 qm nutzbarer Fläche. Der Entwurf des Architekten Langstein (ein runder Turmbau) ist ruhige und vornehm, aber die runde Gestaltung der Anlage ergibt keine günstige Grundrißentwicklung. Der Entwurf des Architekten Tiedemann (Berlin-Charlottenburg) mit polygonalem Turm bietet nur 14 300 qm Grundfläche, ist aber in der Architektur sehr reizvoll. Die Fronten werden durch vortretende Teile gegliedert und belebt.

Im ganzen kann man von dem Ergebnis des Wettbewerbs nur sagen, daß viel Mühe zwecklos vertan ist, daß die preisgekrönten Entwürfe manche gute Anregung und vielleicht eine Grundlage für einen erst noch zu schaffenden Bauplan bieten, daß aber nicht einer der Entwürfe so bestechend wirkt, daß man ihn verwirklicht sehen möchte. Es entzieht sich meiner Kenntnis, von welchem Entwurf die Turmhaus-A.G. auszugehen beabsichtigt, um Pläne für die Verwirklichung des Projekts zu gewinnen.

Es ist nicht zu verkennen, daß bei diesem Preisausschreiben für ein in wirtschaftlicher Hinsicht wie für das Berliner Stadtbild höchst bedeutungsvolles Bauwerk viel versäumt wurde; zunächst war die Frist von zwei Monaten für die Ausarbeitung des Entwurfs völlig unzureichend. Ferner hätte zunächst hinsichtlich der Anlage der Straße bzw. eines freien Platzes mit Zugang zu dem neuen Untergrundbahnhof Friedrichstraße Klarheit geschaffen werden müssen. In dieser Hinsicht hatten die Architekten einen zu weiten Spielraum. Und endlich hätte man bei einem allgemeinen Wettbewerb eine große Zahl begabter Architekten, die dem B.D.A. nicht angehören, mit auf den Plan gerufen und wäre dadurch vielleicht zu einem andern Ergebnis gelangt. Man wird schwerlich behaupten können, daß die preisgekrönten Entwürfe alle Möglichkeiten einer günstigen Lösung der Aufgabe erschöpfen. Es ist unbedingt für die Zukunft die Forderung zu stellen, daß bei einem derartigen für die Allgemeinheit so wichtigen Bauwerk ein Wettbewerb ausgeschrieben wird, an welchem sich alle deutschen Architekten zu beteiligen vermögen, die sich für eine derartige Aufgabe für befähigt halten; und gerade bei der Neuheit der Aufgabe für deutsche Baukünstler will mir die Beschränkung auf einen engen Kreis von Bewerbern am wenigsten angebracht erscheinen.

XVIII. Adolf Behne, Der Wettbewerb der Turmhaus-Gesellschaft, aus: WMB 1/2, 1922/1923, 58-67

Es wäre verkehrt, zu verkennen, daß die künstlerische Lösung des Turmhauses in Amerika noch nicht gelang. Aber wenn man die deutschen Idealprojekte seit Kriegsende mit den amerikanischen Bauten verglich, so schien es doch fraglich, ob man nicht die amerikanischen Bauten trotz ihren Barockpalast-Zutaten den deutschen Plänen vorziehen sollte.*) Unsere Architekten wußten sehr genau, daß sich antike Säulen nicht für einen Wolkenkratzer schicken. Aber ihre garantiert säulenfreien Lösungen hatten fast durchweg etwas Unlebendiges. Die Amerikaner geben der Masse ihr großes freies mächtiges Leben und ärgern uns oft durch die Konventionalität der Einzelformen. Die unseren „vermieden" sehr korrekt die Säule und das klassische Gebälk – ohne deshalb schon weniger konventionell zu sein –, zwangen aber die Masse, das Leben, in konventionelle Bahnen. Bei den meisten der schnell auftauchenden Turmhaus-Ideal-Projekte handelte es sich um Nachklänge der Bismarck-Turm- und Völkerschlacht-Denkmal-Epoche, um Monumentalitätskunstgewerbe!

Der Wettbewerb der Turmhaus-Gesellschaft gab zum ersten Male Gelegenheit, daß die deutsche Architektenschaft sich mit einer bestimmten, aktuellen Turmhaus-Aufgabe auseinandersetzte – soweit sie dem B.D.A. angehört. Es ist mit Recht kritisiert worden, daß der Ausschreiber bei einer so grundlegenden Aufgabe nicht alle deutschen Baukünstler zur Bearbeitung aufrief. Auch in einigen anderen Punkten mußte man an der Ausschreibung Kritik üben: die Zeit (6 Wochen) war viel zu kurz; die Preise waren sehr bescheiden, und die Jury war reichlich akademisch ausgewählt. Eine Verpflichtung, den Auftrag mit einem der Preise zu verbinden, war von vornherein abgelehnt. – Der Bauplatz bildet ein Dreieck zwischen dem Bahnhof Friedrichstraße, der Friedrichstraße und der Spree (Reichstagufer). Die amerikanische Lösung wäre sehr einfach: auf allen drei Seiten so hoch wie möglich bauen, das Magazin von Büroräumen konstruieren, welches als Mulitplikation von Grundfläche und Höhe errechnet werden kann. Und dann daneben die nächsten Büromagazine.**) Und hierin werden wir den Amerikanern nicht folgen dürfen. Was uns von ihrer Auffassung trennt, ist nicht so sehr das Formale als vielmehr das Verhältnis des Hochhauses zu seiner Umgebung. Für uns muß das Hochhaus ein städtebauliches Problem sein. „Städtebau" nicht ästhetisch aufgefaßt, sondern ethisch. Denn wahrscheinlich kommen die Amerikaner mit ihrer Auffassung, die keinerlei soziale Rücksichten nimmt, gerade zur Ausprägung einer neuen, unerhört mächtigen Stadtschönheit, der wir mit unserer sozial gebundenen Auffassung an ästhetischer Eindruckskraft nichts werden an die Seite stellen können. Wir müssen gewisse architektonische Gesamtwirkungen von stärkster Vitalität bewußt opfern! Dem Amerikaner bedeutet es nichts, wenn fast alle im Hause und in seiner Nachbarschaft Arbeitenden bei künstlichem Lichte schaffen. Er kann daher die Türme nahe aneinanderstellen und findet damit das stärkste ästhetische Mittel seiner Hochhausgruppen: das nahe parallele Aufstreben, das als Ganzes so ungeheuer eindrucksvoll ist, daß die paar antikisierenden Säulen und Gesimse wirklich keinen großen Schaden anrichten können. – Wir glauben es nicht verantworten zu können, daß ein Haus dem anderen das Tageslicht stiehlt. Das heißt: sollte es zur Ausbildung von Turmbauten in größerer Zahl bei uns überhaupt kommen, so werden sie kaum jemals eine nahe Gruppe bilden können, und das Wirkungsmittel der steilen Parallelität entfällt. Jedes deutsche Turmhaus wird in der Hauptsache für sich stehen, und damit sind völlig andere künstlerische Voraussetzungen als in New York gegeben. Diese Unterschiede, die nicht formale, sondern sachliche Unterschiede sind, kann man unmöglich übersehen. Es ist also eine Scheinsachlichkeit, in Wirklichkeit unter dem antiromantischem Gewande Romantik comme il faut, wenn man auf den Bauplatz an der Spree einen amerikanisierenden Klotz hinstellt, wie das von manchen vorgeschlagen worden ist.

Den äußersten Gegensatz zu solchen Vorschlägen bildet das (angekaufte) Projekt von Hans Scharoun - Insterburg – scheinbar romantisch und in Wirklichkeit (bis auf geringe, leicht abzustellende Äußerlichkeiten) ganz realpolitisch, wohl am meisten von allen Projekten aus den Gegebenheiten eben dieses besonderen Platzes entwickelt. Die Unterschiede der Höhenführung sind bei Scharoun nicht ausgedacht, willkürlich, „Kunst", sondern folgen logisch aus der Tatsache, daß die drei Seiten dieses Dreiecks verschiedene städtebauliche Qualitäten haben. Die enge Friedrichstraße verbietet ein bedeutendes Höhenmaß, und die Spree erlaubt am Reichstagufer ein sehr kräftiges Heraufgehen mit der Höhe. Scharouns Hochhaus ist ohne Bedenken Hochhaus – aber er behandelt nicht den ganzen Block, entgegen seinen Wirklichkeiten, schematisch als „Hochhaus", sondern nur dort, wo es sachlich geboten ist. Die bemerkenswerte Reife seiner Arbeit zeigt sich auch darin, daß sie keineswegs auf „Monument" eingestellt ist. Es handelt sich ja wirklich nicht um einen Bau, der irgend etwas Besonderes darstellt. Aus ihm ein Symbol mit viel Ernst, Würde

und Strenge zu machen, ist abzuweisen. Es handelt sich um ein Haus für Büro und Geschäft, eine Akkumulation von Läden, Café, Restaurant, Kino, Passage, Fahrstühlen, Treppen und Kontoren – also ist kein Anlaß zu irgendwelchem Pathos. Während andere zu einem wuchtigen Koloß kommen, dessen starre Schwere die verschiedensten, so alltäglichen Bedürfnisse unter eine tragische Maske zwingt, kommt Scharoun aus seiner bewußt nüchternen Bedürfnisse unter eine tragische Maske zwingt, kommt Scharoun aus seiner bewußt nüchternen Einstellung zu einem lockeren, differenzierten Haus, das nichts anderes scheinen will, als es ist: eine großstädtische Sensation. So gewinnt er – und fast als der einzige aller Teilnehmer – die Möglichkeit, von vornherein alle Mittel der Reklame heranzuziehen. Das freie, ohne Nachbarn und Konkurrenten und namentlich von der Brücke her weithin sichtbar stehende Haus ist in seiner ausdrucksvollen bewegten Silhouette Steigerung seiner Umgebung, wie es das ja auch in seiner Funktion ist ... nicht Fremdkörper.
Was die praktisch-städtebauliche Seite des Wettbewerbs angeht, so hat Max Berg schon in einem ausgezeichneten Aufsatz in der „Bauwelt" (1922, Heft 3, S. 35 ff.) darauf hingewiesen, daß die Gelegenheit zu einer wirklichen Lösung durch die Gleichgültigkeit der Stadtverwaltung versäumt worden ist. Zu fordern wäre gewesen, daß vor dem Bahnhof Friedrichstraße ein genügend großer Freiplatz für den hier zu erwartenden starken Verkehr geschaffen wurde, d. h. daß das Hochhaus, wie das auch seinen eigenen Interessen am besten entsprochen hätte, möglichst dicht an die Spree geschoben wurde. Die Lösung der Brüder Hans und Wassili Luckhardt, in Gemeinschaft mit Franz Hoffmann, Berlin, die mit dem zweiten Preis ausgezeichnet wurde, trägt diesen Einsichten am meisten Rechnung – eine kluge und bedachte Leistung, die durchaus Sympathien verdient, ohne im Künstlerischen bereits voll zu befriedigen. Unter Vermeidung jeder Hofbildung, die hier zu einem engen Schachte und im Falle eines Brandes sehr gefährlich werden müßte, ist der Bau als ungebrochener Körper mit einem Mittelkorridor gedacht und an die Spree möglichst herangerückt. Der zwischen Bahnhof, Hochhaus und Straße entstehende Platz ist durch einen niedrigen Laden- und Cafépavillon ausgenutzt. Angenehm wirkt in der Architektur die Betonung der Horizontale, die dem Hause den bewußt angestrebten Charakter der Ruhe gibt, ohne doch pathetisch zu wirken.
Der erste Preis (J. Brahm und R. Kastelleiner, Kassel, Mitarbeiter Alfons Bäcker) hat wenig für sich in die Waagschale zu werfen, baut um einen zu engen Hof einen im akademischen Sinne nicht schlechten, aber toten Körper. – In starkem Gegensatz zu diesem Entwurf steht ein Entwurf Hans Söders, Berlin-Wetzlar, der den unverschleierten Baukörper prismatisch aus einem Zentrum entwickelt, wie das, im Prinzip verwandt, auch Walter Fischer - Magdeburg und H. W. Krüger, gemeinsam mit A. H. Zeß - Hamburg, zum Grundgedanken wählten. Interessant ist an Fischers Entwurf die farbige Behandlung, die das konstruktive Gerüst verdeutlichen hilft, während der Entwurf Krüger - Zeß durch die Energie der kubischen Spannungen wirkt. Das Projekt Schneider - Hamburg, das sich dem Bahnhof gegenüber repräsentativ aufbaut, nutzt die Möglichkeit am Reichstagufer nicht aus.***)

*) Vgl. übrigens Alfred Kerrs Berichte aus New York im „Berliner Tageblatt", z. B.: „In der neuen Architektur ist nicht Woolworths Building das Wesentliche... nur das Höchste. Gleicht zu sehr einer Kitsch-Kirche. Doch neugeartet, mit jetzt geborenem Stil, sind rechteckige Massivgoliaths aus Stein, verhältnismäßig schlank bei unendlicher Gedrungenheit, von muskel-edler Wucht."

**) Unter den Arbeiten, die, nach dem Wortlaut des Ausschreibens nicht ohne Berechtigung, dieser Einstellung folgten, ist die „funktionale Form" Hugo Härings die wertvollste; sie enthält ausgezeichnete Gedanken.

***) Inzwischen hat diese wichtige Angelegenheit eine Erledigung gefunden, die lebhaftes Befremden erregen muß. Ein Modell Möhring-Kraffert-Kohtz, das nur auf Drängen der Presse seine Unsichtbarkeit endlich aufgab, ist zur Ausführung bestimmt worden, trotzdem die Turmhaus-Gesellschaft einen zweiten engeren Wettbewerb zugesagt hatte. Vermutlich versteht sie jetzt unter „engerem Wettbewerb" die interne Auseinandersetzung zwischen einem neuen (durchaus verbesserten) Projekt Luckhardt und dem Möhring-Kraffert-Kohtz-Modell!!! Dieses Projekt aber darf unter keinen Umständen gebaut werden. Es bleibt weiter hinter einer Reihe der Arbeiten von Wettbewerbsteilnehmern zurück und ist, wie auch Max Osborn in der „Vossischen Zeitung" nachwies, glatt unmöglich. Unserer Ansicht nach sollten die Preisrichter eine derartige Brüskierung ihrer Arbeit zurückweisen.

XIX. Ludwig Hilberseimer, Architektur, aus: Das Kunstblatt, 1922, 132

Die Probleme, die die Zeit der Architektur stellt, sind vorwiegend technisch-wirtschaftlicher Natur. Ihre Gestaltung sachlich, unromantisch. Aber Sachlichkeit ist mit Nüchternheit keineswegs identisch. Sie ist notwendige Voraussetzung jeder Gestaltung überhaupt. Und wie jedes Kunstwerk setzt auch das Architektonische diese Sachlichkeit voraus. Amerikanische Hochhäuser sind organisiert aus diesen technisch-wirtschaftlichen Voraussetzungen heraus. Aber im allgemeinen ist ihre Gestaltung unsachlich. Unfähigkeit hinter eklektischer Dekorativität verdeckt. Deutsche Architekten dagegen erblicken fast ausnahmslos in jeder Aufgabe eine Gelegenheit, sich in Romantik zu verschweifen. Sie gehen vom Motiv, von der Dekoration aus. Ignorieren die Grundlagen. Gehen dem eigentlichen Problem aus dem Wege. Das Ergebnis des Wettbewerbs für ein Hochhaus am Bahnhof Friedrichstraße in Berlin ist wiederum Beweis dafür. Der Bauplatz liegt frei. Hat eine überaus günstige Lage. Erlaubte jede Äußerung. Die Umgebung ist die typische Berlinische: ein bric-a-brac grotesker Formen. Diese zerrissene Umgebung war entweder durch ein beherrschendes Bauwerk akzentuierend zusammenzufassen oder durch ein auflösendes zu überbieten. Lösungen im Sinne einer Zusammenfassung waren vor allem der Entwurf von Hans Poelzig (Tafel S. 133) und der der Brüder Luckhardt (Tafel S. 134). Zweifellos die besten des ganzen Wettbewerbs. Organische Gestaltungen von konsequenter Durchführung. Der Entwurf Hans Poelzigs stellt einen hoflosen Dreifronten-Bau dar von straffem Aufbau. Die ausgeschwungenen konkaven Fronten ergeben energievolle Kurven, lebensvolle Überschneidungen, bringen äußerste Bewegtheit hervor. Die aneinander gereihten Senkrechten der Fronten schnellen ungehemmt empor. Der Grundriß (Abb. unten) beseitigt den Innenhof, der für das Hochhaus keinen Sinn haben kann, verlegt ihn gewissermaßen nach außen. Ein vollkommener Organismus von dominierender Architektonik. Durch eine straff durchgeführte Horizontalgliederung erhält der Luckhardtsche Entwurf seinen besonderen Charakter. Eine geschickt durchgeführte Zweiteilung: Hochhaus und niederer Ladenbau, schafft statt der verlangten Passage eine offene Straße, durch Gegeneinanderstellung bei der äußerst unterschiedenen Baukörper lebhafte Kontraste. Weniger glücklich ist die Absicht, die Schroffheit der Baumasse durch Abtreppung der Flügelbauten zu mildern. Der angekaufte Entwurf von Hans Scharoun versucht in seiner auflösenden Tendenz die Bizarrerie der Umgebung zu steigern. Ebenso der Entwurf mit dem Kennwort „Bienenstock". Ein Dreiflügelbau, der nach der Mitte dem Kernbau zu treppenförmig ansteigt. Beide Projekte sind aber mehr originell als gelöst. Die übrigen Entwürfe sind meist unsachlich und ohne Disziplin. Es wird zuviel „Kunst" und zu wenig Architektur gemacht.

XX. Carl Gotfrid, Hochhäuser, aus: Qualität 5, Dezember 1922, 63-66

Wohnungsmangel, eine Folgeerscheinung der durch den Krieg hervorgerufenen wirtschaftlich unsicheren Lage, rollt das Problem des Hochhauses auf. Das in den Cities unserer Großstädte konzentrierte Geschäftsleben verlangt die Erstellung von Büroräumen in erheblichem Maße. Vorhandenes reicht nicht aus und gesetzliche Maßnahmen schützen die Wohnbauten vor dem natürlichen Schicksal, in Geschäftshäuser umgewandelt und so in den Kreis der City mit einbezogen zu werden; begrenzen derart die Geschäftsviertel auf ihren bisherigen Umfang. Demgegenüber strebt wirtschaftlich-organisatorisches Interesse nach immer größerer Konzentration auf knappstem Raum. Die Lösung dieser beiden Bestrebungen zeitigt das Hochhaus. Statt Breitenentwicklung – Höhenentwicklung; Aufeinanderbauen – statt Nebeneinanderbauen.
Die amerikanischen Manhattan-Wolkenkratzer entstanden aus ähnlichen Bedingungen. Ihre Wesensart jedoch auf das kontinentale Hochhaus zu übertragen wäre grundfalsch. Denn in ihrer nur technisch-wirtschaftlichen Auffassung, jeden konstruktiven Gedanken unter alteuropäischem Stilflitterkram verbergend, sind sie nur als technische Leistungen zu werten. In der Erfüllung nur wirtschaftlicher Bedürfnisse erheben sie sich nicht in die Sphäre einer Geistigkeit, sind keine baukünstlerischen Werke, die vom Wesen der Allgemeinheit getragen, im Leben verankert und so die Idee der Gemeinschaft verkörpern.
Wie hilflos deutsche Architekten und Preisrichter dem Hochhausproblem gegenüberstehen, zeigen die Ergebnisse der bisher in Deutschland veranstalteten Wettbewerbe. Bei dem Berliner Wettbewerb für ein Hochhaus am Friedrichsbahnhof war einzig von Bedeutung der Entwurf Mies-van-der-Rohes. Das Werk dieses Architekten weist neue Wege.
Aus dem Dreieck des Bauplatzes entwickelt, ersteht die wirtschaftliche Form des Grundrisses. Äußere Lichthöfe, eingeschnitten bis zur Mittelhalle, lassen Licht und Luft ins Innere, teilen das Haus in drei Trakte. Um das Rund der Mittelhalle die Aufzüge, Treppen, Waschräume, Büroeingänge. Eventuelle Unterteilungen der Trakte stoßen radial zum Zentrum vor, gabeln sich, manifestiert nach außen die Fronteinschnitte.
Das Haus als ein Stahlskelett aufgebaut, sind seine nichttragenden Außenwände vollständig aus Glas. Die diffuse Wirkung des Glases in großen Flächen ist aufgehoben durch die gespannte Dynamik des Baues, wie die Lichthöfe von innen vorbrechend die Fronten zerreißen, die Körper verschieben, deren Flächen in immer anderen Winkeln zueinander stellend und so ein reiches Spiel von Lichtreflexen aufzeigend.
Derart schießt das Haus hoch, schnittig, scharf, bestimmt, Stockwerk auf Stockwerk türmend. Zwanzig Geschosse hoch schneidet die einfache Grundrißform eine hart verwegene Silhouette in die Luft. Geformt aus einem kühnen Schöpferwillen ist dieser Bau in seiner kristallenen Klarheit und gespannten Energie ein Ausdruck der trotzigen Kraft und Größe unserer Zeit.
Die in diesem Entwurf aufgezeigten Möglichkeiten der Verwendung des Glases als Außenwand, anstelle eines konsistenten Baumaterials, führten den Architekten zum Bau eines Glasmodells. Das Studium des Glases, seine Reflexe und Durchsichtigkeiten, seine verschiedenen gestuften Helligkeitswerte, die Aufhebung der Plastik von Licht und Schatten, kurz das absolut Gläserne wurden das Ziel zahlreicher Modellstudien im Freien. Das Ergebnis dieser Versuche zeigt der zweite hier abgebildete Entwurf.
Aus den Bedingungen eines gegebenen Bauplatzes wuchs die Form des Hauses, bestimmt durch die Belichtung des Gebäudeinneren, der Glaswirkung und der Verteilung der Baumassen im Straßenbild. Die einzig festen Punkte im Grundriß sind die Aufzugstürme. Andere Unterteilungen, ebenfalls in Glas, leiten die Elastizität der äußeren Polygonalkurve ins Innere über, schaffen die Einheit von Raum und Körper.
Turmhaft, mit gotischer Kraft, streben die Polygone hoch. Ineinander verwachsen, eine Vielheit von Türmen, steht das Haus im Lichte. Ein Spiel von Helligkeiten und Reflexen. In seiner Durchgeistigung ganz entmaterialisierte Form.
Derart sind die Aufgaben, an denen Mies-van-der-Rohe im Sinne unserer Zeit arbeitet. Seine Entwürfe zu Hochhäusern greifen das Problem von einer vollständig neuen Seite an. Nutzbauten, konstruktiver Natur, aus

Zweck und Material entstanden, erheben sich durch ihre künstlerische Formung weit über das Zeitinteresse. Konträr jedem ornamentalen Individualismus, sind sie unpersönlich, zeitlos, darum Baukunst in höchstem Sinne. In ihrer unerhörten Monumentalität, jedem überliefertem Maßstabe höhnend, reden sie eine neue Sprache: Die Sprache unserer Zeit.

XXI. Adolf Behne, Hochhausproblem, aus: SM,1922, 327

(...) In der Berliner Ausstellung ist die interessanteste Arbeit von Hans Scharoun/Insterburg. Das nach 3 Seiten offene mächtige Grundstück zwischen Spree, Friedrichstraße und Bahnhof verlangt einen Bau, der, wesentlich auf Fernwirkung gestellt, eine lebendige, eindrucksvolle Form hat. Die amerikanischen Wolkenkratzer können hier schon deshalb nicht ohne weiteres das Vorbild abgeben, weil ihre künstlerische Wirkung sehr stark auf der Tatsache des engen Parallelismus vieler, nahe beieinander stehender Türme beruht. Auch ist die Situation insofern eine ganz andere, als die amerikanischen Hochhäuser fast alle in den Straßenzeilen stehen, rechts und links eingebaut, das Berliner Hochhaus aber das einzige in seinem Gesichtsfeld bleiben dürfte. Es ist besonders von der Spree her schon von weitem ohne Überschneidung sichtbar. Scharoun entwarf einen Bau, der architektonisch-technisch gut durchdacht ist und in der Fülle seiner überraschenden Einfälle das gibt, was an dieser Stelle das einzig Richtige ist: eine Großstadtsensation von feinstem künstlerischen Reiz. Am nächsten käme der Entwurf Bienenstock. (...)

XXII. Adolf Behne, Der deutsche Turmhaus-Bau, aus: Wendingen 3, 1923, 15-17 (Übersetzung: Beate Schmidt).

Bereits vor dem Krieg wurde für die Handelszentren der deutschen Städte die Zulassung von Wolkenkratzern verlangt. Eine zwingende Notwendigkeit bestand jedoch nicht. Berlin glaubte seinen Wolkenkratzer haben zu müssen – Ehrgeiz der Weltstadt! Die Umstände, die in New York zum Gebäudetypus des Wolkenkratzers führten, bestehen in Deutschland nicht. Hier besteht nicht die Unmöglichkeit, die Stadt über einen bestimmten begrenzten Umfang hin auszubreiten, ebensowenig kennen wir die enge Konzentration des Großhandelsverkehrs. Unser Handelszentrum ist gekennzeichnet durch die Kombination von Groß- und Kleinhandel. In N.Y. liegen die Großhandelsbüros für bestimmte Waren, nach alter Erfahrung, daß sich Konkurrenten anlocken, auf engstem Raum beieinander und kommen in ihrem eigenen Interesse sowie dem ihrer Käufer überein, eine gemeinschaftliche Geschäftsstelle zu bauen, worin dann alle wichtigen Firmen für diesen bestimmten Handelszweig untergebracht sind. In Deutschland ist der Lauf der Dinge sicher so, daß ein Unternehmer einen Wolkenkratzer mit 100-200 Geschäftsräumen baut, und daß, abhängig von den Mietern, auf jeder Etage 10 verschiedene Branchen vertreten sein werden.
Die frühen Wolkenkratzerentwürfe entstanden eigentlich aus dem Drang nach Nachahmung. Nur nach dem Krieg war die Situation anders. Die Wohnungsnot machte sich während der Einführungsphase der neuen Regierung und mehr noch durch die Unterbringung ausländischer Kommissionen in den deutschen Städten stark bemerkbar, wodurch viele Wohnungen ihrer ursprünglichen Funktion entzogen, in Büros umfunktioniert wurden. Daraufhin wurde die vorgestellte Lösung, die Idee des Wolkenkratzers, wieder diskutiert. Jeder Wolkenkratzer, der als Bürohaus genutzt wird, soll eine beträchtliche Anzahl Wohnungen wieder ihrer Bestimmung übergeben. Trotzdem blieb ein großer Teil der damals in großer Zahl auftauchenden „Turmhaus-Projekte" zweifelhaft. Man bemerkte deutlich, daß die Hoffnung, „monumental" sein zu können, der eigentliche Anlaß für viele der neuen „Turmhaus-Spezialitäten" war. Unter einem sachlichen Vorwand führte man nur die Gigantomanie des „Bismarck-Turm"-Zeitalters, dieser fürchterlichen Epoche der Kunstgewerbe-Monumentalität, fort. Man fühlte sich sehr modern dabei, wenn man keine Säulen anbrachte, merkte jedoch nicht, daß das Absehen von dekorativen Details noch nicht unbedingt das Aufgeben des dekorativen Charakters bedeutet. Die Behandlung der Massen war in fast allen Projekten spießbürgerlich und dekorativ. Daß das neue Problem die Architekten reizte, ist leicht zu verstehen, aber auf jeden großen Platz ein monumentales „Turmhaus" zu setzen, ist sicher keine Lösung.
Die Behandlung der Aufgabe kam in ein neues Entwicklungsstadium, als einige konkrete Pläne erschienen. Solche Pläne wurden für Danzig, Frankfurt am Main und zwei große Wettbewerbe in Berlin (Turmhaus Friedrichstraße) und Königsberg (Turmhaus für Hotel und Büros) ausgearbeitet. Vom Turmhaus in Danzig hörte man nichts mehr, das Frankfurter Vorhaben wurde mehr und mehr eingeschränkt, und ob die Baumaterialpreise den Beginn der Bauarbeiten in Berlin und Königsberg wirklich zulassen werden, müssen wir noch abwarten. Für Berlin sollte es vom künstlerischen Standpunkt aus sehr willkommen sein, wenn das Gebäude an der Friedrichstraße nicht ausgeführt würde, weil der Entwurf von Möhring-Kraffert-Kohtz, der zur Ausführung bestimmt wurde, ungeachtet der behandelten Preisfrage, genau wie die für den Bau am Kemperplatz geleistete Arbeit, sehr schwach ist.
Es scheint, als ob die gesamte Turmhaus-Bewegung vorläufig keine praktischen Resultate erbringen wird. Trotzdem war die Arbeit nicht umsonst; die beiden großen Wettbewerbe haben Material zusammengebracht, das, ohne Ausnahme von jüngeren Architekten stammend, als gesunde Basis für spätere Arbeiten benutzt werden kann. Außerdem gaben die Wettbewerbe die Gelegenheit, noch unbekannte Architekten kennenzulernen. Die Eingeweihten sind sicher nicht erstaunt darüber gewesen, daß die besten Arbeiten von der Jury nicht weiter beachtet wurden.
Daß sich die Arbeit der jungen Generation bewußt mit der Stadtbaukunst befaßt, läßt Hoffnung aufkommen. Daraus wird deutlich, daß das Turmhaus in den europäischen Weltstädten das amerikanische nicht einfach nachahmen kann. Das amerikanische Turmhaus setzt sich nicht mit städtebaulichen Problemen auseinander; und wir dürfen nicht übersehen, daß das, was uns so beeindruckt, die unglaubliche Vitalität der amerikanischen Städte, eindeutig mit dem Negieren von städtebaulichen Überlegungen zusammenhängt. Wenn wir das Turmhaus übernehmen, müssen wir von bestimmten Arbeitsweisen, die großen Eindruck auf uns ausüben, bewußt Abstand nehmen. Dicht nebeneinander stehende Gruppen von parallel aufsteigenden Riesenkörpern kommen für uns nicht in Betracht. Wir müssen vor einer Romantik, auch wenn sie sich unter dem Kleid der hyperamerikanischen Sachlichkeit verbirgt, auf der Hut sein. Das Errichten von amerikanischen Goliaths in unseren Städten würde sicher ohne Zweifel eine verblüffende Wirkung haben; aber dies ernstlich in Erwägung zu ziehen, wäre reine städtebauliche Romantik. Das bedeutet jedoch nicht, daß wir davon absehen, das Turmhaus als Mittel für konstruktive Verbesserung der Einteilung unserer Städte einzusetzen, was ohne Zweifel, aus ästhetischen Gesichtspunkten, wünschenswert wäre.
Dieses Mittel ist sicher sehr willkommen, und wir können auf einigen Plätzen in Berlin, dort, wo zwei oder mehr neue Etagen auf Eckhäuser mit ungefähr vier Etagen aufgestockt wurden, sehen, wie positiv das Ergebnis für die Geschlossenheit und Einheit des Platzes sein kann. Die wichtigste Forderung bleibt für uns jedoch die Beachtung der städtebaulichen Verantwortlichkeit des Ganzen! Daß dies nicht unbedingt Kompromisse verlangt, beweist der Entwurf von Richard Döcker und Keuerleber, der durch die Aufnahme von verschiedenen Turmhäusern in das mehr und mehr zerfließende Stadtbild Stuttgarts dieses wieder zu Klarheit und Dichte zwingt. Der Wert dieser wichtigen Arbeit liegt gerade darin, daß keine ästhetische Romantik am Werk ist, sondern städtebauliche Disziplin.

XXIII. Hochhaus am Bahnhof Friedrichstraße in Berlin, aus: ZdB, 29.7.1922, 360

Die Turmhaus-Aktiengesellschaft in Berlin hat den im Anfang dieses Jahres unter den Mitgliedern des Bundes deutscher Architekten veranstalteten Wettbewerb zur Bebauung des Grundstücks am Bahnhof Friedrichstraße (Jahrg. 1921 d. Bl., S. 552 u. 1922, S. 69, 81 u. 140) benutzt, um nach dem gewonnenen Ergebnis und der inzwischen örtlich durch Bohrversuche geklärten Belastungsfrage des Baugrundes einen ausführungsreifen Entwurf von den Architekten Möhring, Kohtz und Kraffert aufstellen zu lassen. So vielfach und so erfreulich die Anregungen waren, die der Wettbewerb gebracht hat, so hat sich doch nach der Auffassung der Gesellschaft gezeigt, daß es der ganz engen Zusammenarbeit des Bauherrn mit den planenden Architekten bedurfte, um einen Entwurf zu zeitigen, der nach allen Richtungen der zu lösenden großen Aufgabe gerecht wurde.
Die Turmhaus-Aktiengesellschaft glaubt nun, mit diesen drei Herren in gemeinsamer Arbeit in den hier vorliegenden Fragen zu einer Lösung gelangt zu sein, welche in gänzlich neuen, bisher nur in den Anfängen zutage getretenen Gedanken eine zweckvolle Aufteilung des großen Baublocks herbeiführt; damit fällt sie über das Gesamtergebnis des Wettbewerbs selbst ein härteres Urteil, als sie es in der Beurteilung der Entwürfe zum Ausdruck brachte. Es gereicht ihr diese offenherzige Erkenntnis umsoweniger zum Vorwurf, als durch den Wettbewerb überhaupt diese so bedeutungsvolle Frage in umfassender Weise ins Rollen gebracht wurde, wobei es in der Natur der Sache lag, daß auf den ersten Schlag eine eigentliche Lösung nicht zu erwarten war.
Diese neue Aufteilung des Baublocks will für den schon jetzt sehr starken Verkehr, der insbesondere in der kurzen Einschnürung der Friedrichstraße zwischen Bahnhof und Weidendammer Brücke immer stärker wird, eine Entlastungsstraße schaffen, welche mit der Friedrichstraße gleichläuft und dadurch diesem großen Verkehr einen Entlastungsweg eröffnet.
Man muß versuchen, sich zu vergegenwärtigen, daß der gesamte aus dem Norden in die Friedrichstraße und weiter nach den Linden hineinströmende Verkehr an der Weidendammer Brücke zusammengepreßt wird und folgerichtig bestrebt ist, sich nach Durchgang durch diese Enge wieder aufzulösen. Ebenso ist es mit dem Menschenstrom, der sich in umgekehrter Richtung unter der Eisenbahnbrücke zusammendrängt. Schließlich ist der aus dem Bahnhof Friedrichstraße und aus der demnächst hier zu eröffnenden Untergrundbahnstation hereinflutende Verkehr ins Auge zu fassen.
Die Entlastungsstraße, die hier geschaffen werden soll, bedeutet zunächst also schon jetzt eine Möglichkeit, der weiteren Entwicklung Raum zu schaffen; sie dürfte aber wesentlich nur dem Fußgängerverkehr dienen, und es bleibt immer noch eine bis zum Eintritt der Tatsachen offene Frage, ob das Turmhaus selbst nicht einen so starken neuen Verkehr bringt, daß der entstehende Verkehr vielleicht überhaupt nicht mehr aufgenommen werden kann, selbst trotz des Untergrundbahnhofs; namentlich wird dies auch bezüglich der Fahrdämme für die Steigerung des Wagenverkehrs zu gelten haben.
Bei der Bearbeitung des Bauentwurfs hat man es ferner für sehr zweckmäßig gehalten, den zwischen der Friedrichstraße und der neuen Entlastungsstraße zu bildenden Bauteil im Interesse von Licht und Luft mit einem nur zweigeschossigen Gebäude zu bebauen, alsdann zu einer Staffelung überzugehen, den nächsten Bauteil in üblicher Höhe zu errichten und als bedeutungsvollen Abschluß der Bauanlage das Turmhaus mit zwölf Geschossen breit dahinter zu legen.
Neben den Notwendigkeiten, die hier für Licht und Luft maßgebend waren – die Rücksichtnahme kommt den an der Ostseite der Friedrichstraße gelegenen Häusern zugute –, mußten auch noch die Ergebnisse der Bohrungen berücksichtigt werden, die unter der Leitung der Geologischen Landesanstalt durchgeführt wurden, nachdem der Platz erst kürzlich von den Pächtern hatte befreit werden können. Das Gutachten der Geolo-

gischen Landesanstalt geht dahin, daß der Turmhausbau keinesfalls auf diejenige Stelle kommen darf, an welcher der Baugrund besonders ungünstig ist. In dieser Äußerung kommen sehr vorsichtig die Schwierigkeiten zum Ausdruck, die man mit ungewöhnlich hohen Kosten beim Bau des Kaiser-Friedrich-Museums überwinden mußte.

Die Turmhaus-Aktiengesellschaft tritt jetzt mit dem beschriebenen Bauplan an die Öffentlichkeit und glaubt, daß sie nunmehr die Frage der Bebauung des neuen Viertels am Bahnhof Friedrichstraße in städtebaulich und verkehrstechnisch besonders glücklicher Weise gelöst habe. Die Gesellschaft hat sich auch das Urteil einiger maßgebender Persönlichkeiten eingeholt, die das Ergebnis der Arbeiten auch für ein sehr zufriedenstellendes und erfreuliches halten.

Der zweite Schritt zur Ausführung, die grundsätzliche Zustimmung der maßgebenden Behörden auf Grund der jetzigen Vorlagen zu erhalten, ist auch bereits getan, so daß man annehmen darf, daß sich das Bauvorhaben auf dem besten Wege zur Verwirklichung befindet. Wir geben zunächst die Abbildung des Modells wieder, ohne zu ihm Stellung zu nehmen.

Weiter berichtet die Gesellschaft, daß auch der dritte Schritt, die Kostenfrage und die Beschaffung der Baumittel, nur von der Beteiligung abhing, die die maßgebenden Kreise von Industrie und Handel zeigten, und daß es wohl kaum der Erwähnung bedarf, daß die Nachfrage nach Bureau- und Ladenräumen gerade an dieser ausgezeichneten Stelle außerordentlich rege ist. Auch an der Bereitwilligkeit, Beiträge in Form von Baukostenzuschüssen zu leisten, ohne die die Durchführung des Unternehmens ausgeschlossen wäre, hat es nicht gefehlt. Ein Teil der verfügbaren Räume ist bereits von Großhandel und Großindustrie in Anspruch genommen. Über die übrigen Räume sollen die schwebenden Verhandlungen auch mit Beschleunigung zu Ende geführt werden, so daß noch in diesem Baujahr ein erheblicher Teil der Anlage hergestellt werden kann.

XXIV. Max Osborn, Das Turmhaus am Friedrichsbahnhof. Ein neuer Entwurf, aus: Voss. Ztg. 248, 27.5.1922

Es ist offenbar unmöglich, daß in Berlin eine architektonische Aufgabe großen Stiles auf ruhigem und geradem Wege gelöst wird, ohne daß es zu erstaunlichen Zwischenfällen, Streit und Unbehaglichkeiten kommt. Auch die Angelegenheit des ersten Berliner Wolkenkratzers, die zuerst sich ganz vernünftig zu entwickeln schien, ist nun in dieses Stadium getreten.

Zu Anfang des Jahres gab es einen Wettbewerb, der zu höchst beachtenswerten Ergebnissen führte. Wenn sich unter den Entwürfen noch keiner befand, den man unverändert zur Ausführung empfehlen konnte, so war das weiter nicht erstaunlich. Ein ganz neues Problem stand hier vor unserer Architektenschaft: das ließ sich nicht beim ersten Anlauf gleich bezwingen. Aber es war eine Fülle von Anregungen gegeben, die sich nutzen ließen. Aber was geschah nun? Genau dasselbe, was seit Jahr und Tag nach allen Konkurrenzen geschieht. Man bedankt sich bei den beteiligten Künstlern, verteilt mit höflichem Lächeln die Preise und - wendet sich an einen andern, dem man den Auftrag gibt. In der Zeit vor dem Kriege pflegte das in höfischen Fällen der Oberhofbaurat v. Ihne zu sein. Mit dieser Methode, die eine sinnlose Verschwendung von künstlerischer Kraft und von Geld und überdies recht bedenkliche Nebenerscheinungen mit sich bringt, sollte endlich einmal gebrochen werden. Es erschien also auch hier eine neue Größe auf dem Plan. Plötzlich meldete sich ein bisher unbekannter „Bund der Turmhausfreunde" zum Worte, ins Leben gerufen von Bruno Möhring und den Regierungsbaumeistern Kohtz und Kraffert. Sämtliche Resultate des Wettbewerbes, sämtliche Preisträger waren mit einem Schlage nicht mehr vorhanden. Die „Turmhaus-Aktiengesellschaft" als Bauherrin setzte sich vielmehr mit dem soeben geborenen „Bund der Turmhausfreunde" hin und brütete, gewiß in sehr mühevoller und eifriger Arbeit, einen neuen Entwurf aus. Es läßt sich nicht bestreiten, daß dies ganze Verfahren eigentümlich und unerfreulich ist. Man könnte sich indessen damit abfinden, wenn etwas wirklich Gutes herausgekommen wäre. Nun aber wird das im stillen Kämmerlein erzeugte und geborene Projekt ausgestellt (im Büro der „Widag", Viktoriastr. 37, 10 bis 4 Uhr), und es zeigt sich, daß ein etwas verkrüppeltes Geschöpf ans Licht kam.

Was an dem neuen Modell günstig aussieht, soll anerkannt werden. Es war vielleicht ein richtiger Gedanke, den großen Baukomplex aufzuteilen und, um den Riesenbau vorzubereiten, gleichsam eine Terrassenanlage zu schaffen. D. h. man setzte zunächst im Zuge der Friedrichstraße einen zweistöckigen Bauteil hin, ließ westlich davon eine neue Straße frei, also eine Parallelstraße zur Friedrichstraße selbst, die zur Teilung und Ablenkung des bedeutenden Verkehrs an diesem Punkt von Vorteil sein könnte. Wieder westlich davon erhebt sich ein Bauteil von fünf Stockwerken, also nicht höher als unsere gewöhnlichen städtischen Häuser. Und an diesen erst lehnt sich, nun aber in einem verblüffenden und sonderbaren Winkel, im Zuge des Reichstagsufers, an der Spree, der vierzehnstöckige Turmbau. Wie weit damit die praktische und rentable Ausnutzung des Geländes gewährleistet wird, ist Sache der Unternehmerin. Aber Sache der Öffentlichkeit ist es, festzustellen, daß das Bild des Baues, wie es sich nach diesem Modell darstellen würde, durchaus unschön wirken müßte. Die Fassade nach dem Wasser zu ist annehmbar, das soll ohne weiteres zugegeben werden. Aber die erwähnte Winkelstellung, das völlig unorganische Aneinanderstoßen des mittleren Bauteils mit dem Turmhause, die hofartige Abschließung des so entstandenen Dreiecks nach dem Bahnhof zu sind vollkommen unmöglich. Das alles schmeckt nach Verlegenheit, nach einer Unfähigkeit, die ganze Aufgabe aus einem Guß zu lösen.

Die Bauherrin teilt jetzt mit, Bohrungen auf dem Gelände hätten ergeben, daß eine Turmbebauung in der Art, wie sie die Entwürfe des Wettbewerbs vorschlagen, ausgeschlossen sei. Der Boden sei vielfach in der Tiefe sumpfig und verkolkt und nur an einer Partie nach dem Wasser zu tragfähig für einen Wolkenkratzer. Das klingt sehr glaubwürdig, denn das ganze alte Berlin steht ja auf ursprünglichem Luchland. Indessen wie konnte man die Konkurrenz ausschreiben, ohne daß über die Bodenbeschaffenheit ganz genaue Kenntnisse vorlagen, die beim Ausschreiben des Wettbewerbs berücksichtigt würden? Ueber das alles muß man den Kopf schütteln. Unter keinen Umständen aber darf, selbst wenn die Unternehmerin sich mit der Baupolizei darüber einigen sollte, der vorliegende Entwurf so, wie er sich jetzt darbietet, zur Tatsache werden. Ein erstes Turmhaus bedeutet eine so wichtige und entscheidende Neuerung in unserem Stadtbilde, daß hier nur etwas wirklich Vortreffliches, Einwandfreies ausgeführt werden darf. Die Allgemeinheit der Berliner ist daran lebhaft interessiert. Hier kann, selbst wenn es Rechtens ist, nicht so vorgegangen werden, wie bei einem beliebigen Privathause. Und es ist gar keine Frage, daß in unserer Künstlerschaft die Kräfte vorhanden sind, zu einer befriedigenden Lösung zu kommen. Man muß sie nur richtig nutzen.

XXV. Adolf Behne, Hochhauspläne, aus: SM 18, 14.8.1922, 759

Indes immer neue Hochhauspläne auftauchen (Wettbewerb Königsberg, Projekt Königgrätzer Straße Berlin), in Frankfurt am Main das erste deutsche Hochhaus nach einem künstlerisch wenig bedeutenden Plan Fritz Voggenbergers im Bau ist, und sich die Zahl der Fachleute mehrt, die den Aussichten des Hochhauses in deutschen Großstädten sehr skeptisch gegenüberstehen (so Roman Heiligenthal im 3. Heft der Volkswohnung aus genauer Kenntnis der geschäftlichen Struktur der City in unseren Städten, die kaum irgendwo Konzentration reinen Geschäftsgroßverkehrs ist wie in New York sondern fast ausnahmslos Mischung von Groß- und Detailverkehr), hat der Wettbewerb um ein Hochhaus am Bahnhof Friedrichstraße in Berlin einen recht kläglichen und befremdenden Ausgang genommen. Schon das Ausschreiben hatte große Mängel. Die Zeit (6 Wochen) war viel zu kurz; die Preise waren, verglichen mit der Größe des Objekts, sehr gering; die Auswahl der Preisrichter war reichlich akademisch; endlich war die Beschränkung der Teilnehmer auf die Mitglieder des Bundes deutscher Architekten ebensowenig zu billigen wie das auch hier wieder geübte Verfahren die Ausführung nicht mit einem der Preise oder wenigstens mit der Teilnahme am Wettbewerb zu verbinden, ein Verfahren, das die besten Künstler von der Beschickung der Wettbewerbe fernhält. Nachdem nun die Turmhausgesellschaft eine große künstlerische Arbeit herausgefordert hatte, die durch die Preise in keiner Weise „bezahlt" ist; nachdem die Preisrichter ihres sicherlich sehr mühevollen Amts gewaltet hatten und desgleichen die Kritiker, verschwand alle diese Arbeit, als sei sie nie gewesen. Man gab den Trägern des 2. Preises, den Brüdern Luckhardt, Gelegenheit ein 2., besseres Projekt auszuarbeiten, war aber offenbar schon entschlossen ein Projekt Möhring-Kraffert-Kohtz zur Ausführung zu bringen, das in aller Stille bewahrt und aller Sichtbarkeit entzogen wurde; Bruno Möhring hatte an dem Wettbewerb nicht teilgenommen. Wenn es der Turmhausgesellschaft gelungen wäre, dieses Projekt, von dem man nach den bisher bekannten Turmhausidealprojekten der 3 Autoren nur Schlimmes erwarten konnte, ohne alle Kontrolle durch die Öffentlichkeit zur Ausführung zu bringen, so wäre die Arbeit der Wettbewerbsteilnehmer, der Preisrichter, der Kritiker einfach zur Farce gemacht worden. Man muß glauben, daß der ganze Wettbewerb in der Hauptsache zu Reklamezwecken veranstaltet worden ist. Dem Protest der Presse gelang es die Öffentlichkeit des Verfahrens auch für den weiteren Verlauf zu erzwingen. In einem Schreiben an den Bearbeiter dieser Rundschau vom 27. April wurde die Versicherung abgegeben: „Es ist ganz selbstverständlich, daß die endgültige Durchführung des Projekts nochmals in einem engern Wettbewerb durchgeführt und das Resultat des Wettbewerbs der Öffentlichkeit unterbreitet wird." Dennoch scheint die Turmhausgesellschaft an ihrem Plan Möhring-Kraffert-Kohtz festhalten zu wollen. Sollte sie jetzt als „engern Wettbewerb" etwa die streng private Auswahl zwischen dem 2. Projekt Luckhardt und dem Möhring-Kraffert-Kohtz-Plan ausgeben wollen? Dieses Projekt hat sie nunmehr ausgestellt. Es kann keinen Zweifel darüber geben, daß es ganz unzulänglich, ja glatt unmöglich ist. Es bleibt hinter einer ganzen Reihe von Wettbewerbsarbeiten künstlerisch und auch technisch weit zurück. Sehr bemerkenswert ist, daß es nur noch zu einem kleinen Teil Hochhaus ist, und daß die Gesellschaft dazu erklärt, daß, wie Bohrungen ergeben hätten, das Gelände nur zu einem Bruchteil tragfähig für ein Turmhaus sei. War das Ergebnis der Bohrungen schon zur Zeit der Ausschreibung bekannt, so kann die Unterlassung dieser Angabe im Preisausschreiben nur als denkbar oberflächlich bezeichnet werden. Sind die Bohrungen aber erst hinterher gemacht worden, so spottet die Unbekümmertheit des Vorgehens jeder Beschreibung.

XXVI. Das Turmhaus in Berlin, aus: De Bouwwereld 34, 23.8.1922 (Übersetzung: Beate Schmidt).

Wir haben vor einiger Zeit die Entwürfe des Wettbewerbes für einen Wolkenkratzer in Berlin besprochen und abgebildet. Die Turmhaus-Aktiengesellschaft, die dieses Gebäude in der Nähe des Bahnhofs Friedrichstraße bauen will, hat sich die Freiheit vorbehalten, keinen der prämierten Entwürfe ausführen zu müssen.

Von dieser Freiheit machte man Gebrauch und trug den Architekten Möhring, Kraffert und Kohtz auf, gemeinsam einen Ausführungsentwurf zu gestalten. Dieser Entwurf wurde kürzlich fertiggestellt. Das „Zentralblatt der Bauverwaltung" vom 29. Juli bildete das Modell ab, welches nach diesem Entwurf angefertigt wurde. Das dreieckige Terrain (siehe Lageplan in unserer Ausgabe vom 7. Juni 1922) ist nun lediglich an der Seite zur Spree hin von einem Wolkenkratzer eingenommen; die Basis entlang der Friedrichstraße zeigt ein langes und schmales Gebäude von 2 Geschossen, das gegen Westen durch die Neuanlage einer Straße parallel zur Friedrichstraße begrenzt wird. Für die gegenüberliegende Seite der neuen Straße ist ein Gebäude mit fünf Geschossen entworfen, das an der Nordseite gegen den Wolkenkratzer, der lediglich zwölf Geschosse hat, gesetzt und an der Südseite durch einen langen Flügel damit verbunden ist, so daß ein dreieckiger Innenhof entsteht. Diese Lösung wurde gewählt, da Bohrungen zeigten, daß das Gelände nur an der Seite zur Spree ein hohes Gebäude tragen könnte. Für die Belichtung der Friedrichstraße und der Straße entlang des Bahnhofes liefert dieser Entwurf sicher Vorteile. Auch die Belichtung des Hauptgebäudes, dessen Grundriß ein Kreissegment bildet, wäre vortrefflich. Und die Straße, die parallel zur Friedrichstraße entworfen wurde, wäre für den starken Verkehr sicher sehr nützlich. Das „Zentralblatt" gibt eine „Abbildung von diesem Modell", ohne zu ihr Stellung zu nehmen. Aber es soll uns nicht verwundern, wenn die gewählte Lösung aus ästhetischen Gründen auf Kritik stößt. Die Nachteile des dreieckigen Terrains springen besonders ins Auge. Die vorhandenen hohen Gebäude an der Ostseite der Friedrichstraße, die auf dem Modell weggelassen wurden, würden, gegenüber den niedrigen Gebäuden auf der anderen Seite befremdend anmuten. Der eigentliche Wolkenkratzer bildet kein Ganzes mit den niedrigen Flügeln, die daneben stehen; wodurch der Entwurf sehr fragmentarisch geworden ist. Es fällt jedoch auf, daß unter praktischen Gesichtspunkten betrachtet, der neue Plan Verdienste hat. Aber Brauchbarkeit ist noch nicht Schönheit, wenn manche dies auch weismachen wollen. Über Details kann man bei einem Modell nicht urteilen. Aber selbst die schönsten Einzelheiten können ein Gebäude nicht retten, wenn die große Linie mißlungen ist. Die Turmhaus-Aktiengesellschaft will nun von der Baupolizei die Genehmigung zur Ausführung erlangen und versucht, das erforderliche Geld zusammen zu bekommen. Man fand bereits große Firmen, die Räume mieten wollen. Zeichen der Bereitwilligkeit, durch Zuschüsse das große Werk zu unterstützen, wurden entgegengenommen. Und man hofft noch in diesem Jahr mit dem Bau beginnen zu können. Wenn nur der „katastrophale" Preissturz des Marktes keinen Strich durch die Rechnung macht.

Biographien der Wettbewerbsteilnehmer

Vorbemerkung: Bei der Erarbeitung der Biographien wurde besonderen Wert auf die Vorstellung unbekannten Materials gelegt. Deshalb beschränken sich die Angaben bei den bekannteren Architekten, deren Werk gut dokumentiert ist, in der Regel auf Lebensdaten und Literaturangaben. Das Werkverzeichnis wurde auf Hoch- und Bürohäuser bzw. Entwürfe und Wettbewerbsentwürfe (WE) für Hoch- oder Bürohäuser beschränkt. Die Beiträge entsprechen dem jeweiligen Informationsstand bzw. dem Ergebnis der durchgeführten Recherchen und sind deshalb sehr unterschiedlich. Für den Inhalt der einzelnen Beiträge zeichnen in der Regel die Verfasser der Baubeschreibungen verantwortlich. (Zusammenstellung: JTK)

Adolf Abel,
geb. 27. 11. 1882, Paris, gest. 3. 11. 1968, Bruckberg b. Ansbach, Sohn d. Arch. Friedrich Abel,
1902-04 Studium a. d. TH Stuttgart bei Theodor Fischer, danach a. d. Kgl. sächs. Akad. f. Bild. Künste in Dresden bei Ernst Herrmann und Paul Wallot,
1905/06 Studienreise nach Oberitalien,
1908-14 Mitarbeiter in Stuttgarter Architekturbüros,
nach 1918 Assistent a. d. TH Stuttgart bei Paul Bonatz,
1921-25 Lehrauftrag f. Entwerfen a. d. TH Stuttgart, Büro m. Karl Böhringer u. Leiter d. Bauabt. d. Neckar-AG,
1925-30 Leiter d. Hochbauamtes Köln,
1930 Prof. f. Baukunst u. Städtebau a. d. TH München,
1946 Mitglied i. Wiederaufbaudirektorium v. Baden-Württemberg,
1930 WE Reichstagserweiterung Berlin,
Lit.: Kat. Süddeutsche Bautradition im 20. Jhd. - Architekten der Bayrischen Akademie der Künste, München 1985, 149; Werner Hegemann, Turmhaus am Reichstag?, in: WMB 1930, 97-104.

Heinrich Aeppli,
ansässig in Berlin,
Zusammenarbeit mit Joseph Scherer und Alfred Langöhrig.

Alfons Baecker,
ansässig in Kassel, Mitarbeiter von Julius Brahm und Rudolf Kasteleiner,
1923 WE „Frischer Wind" f. d. Börsenhof Königsberg, Ankauf,
Lit.: H, de Fries, Wettbewerb der Börsenhof A.G. Königsberg i. Pr., in: WMB 1923, 255-290.

Fritz Block,
geb. 1889, Warburg, gest. in Hamburg,
Studium in Karlsruhe, Darmstadt, München, Dresden, dann a. d. Kunstgewerbeschule Berlin,
Mitarbeiter b. Wilhelm Kreis,
Bürogemeinschaft mit Ernst Hochfeld in Hamburg,
Lit.: F. B., Probleme des Bauens, Potsdam 1928; Der Profanbau 1917, 32 f. u. 45 f.; NDBZ 1918, 55-61; Baugilde 1926, 1309-1312, Baugilde 1927 71 ff.; Baugilde 1928, 1057; Baugilde 1932, 437-446, 452; Baugilde 1933, 167 f.; Höger, Fritz, Die Bauten der Hamburgischen Architekten Dr. Block und Hochfeld in: Neue Baukunst 7/8, 1925, o. S.; Hamburg und seine Bauten, 154, 172, 203, 220, 337, 347, 360, 376; BM 1922, Beilage, 21.

Julius Brahm,
ansässig in Kassel, assoziiert m. Rudolf Kasteleiner, Zusammenarbeit mit Alfons Baecker.

Wilhelm Brix,
Zusammenarbeit m. Ludwig Moshamer, Breslau.

Heinrich L. Dietz,
Arbeit im Atelier v. Peter Behrens in Neubabelsberg,
ab 1920 selbständiger Architekt in Potsdam,
1923 WE Börsenhof Königsberg,
Lit.: Martin Richard Möbius, H. L. D., Berlin/Leipzig/Wien 1930.

Ernst und Rudolph Eckmann,
1922 WE f. d. Chicago-Tribune,
Lit.: The International Competition for a New Administration Building for the Chicago Tribune 1922, Chicago 1923.

Martin Elsässer,
geb. 28. 5. 1884, Tübingen, gest. 5. 8. 1957, Stuttgart,
Studium a. d. TH Stuttgart u. a. d. TH München b. Theodor Fischer, Paul Bonatz, Hocheder u. Thiersch,
1911 Assistent b. P. Bonatz in Stuttgart,
ab 1913 Prof. a. d. TH Stuttgart,
1925-33 Stadtbaudirektor in Frankfurt a. M.,
1933 Emigration in d. Türkei,
1947-55 Prof. a. d. TH München,
1920-25 Verwaltungsgeb. d. Braunkohlesyndikats, Köln,
1925 WE „Finis Latinorum" Messehaus Hamburg,
Lit.: M. E., Bauten und Entwürfe aus den Jahren 1924-32, 3 Hefte, Berlin 1933; Die Architekturzeichnung, Katalog, München 1985; Zum Modellwettbewerb für eine Exportmesse in Hamburg, in: Baugilde 1925, 949-966.

Paul Engler,
geb. 18. 5. 1875, Bütow,
Architektentätigkeit in Bochum und Berlin,
1922 Sitz in Gerdauen/Ostpreußen,
1920 WE „Hugin" f. Danzig, Ankauf,
Lit.: Thieme-Becker, Bd. 10, 554; Dresslers Kunsthandbuch, 228; Wolkenkratzer-Wettbewerb in Danzig, in: Der Baumeister 4, 1921, B27-28, 14 ff.

Wilhelm, Ernst,
geb. 7. 9. 1886, Bad Wildungen,
1905/06 Studium a. d. Kunstgewerbeschule Düsseldorf b. Peter Behrens,
1910/12 b. J. L. M. Lauweriks in Amsterdam,
dann selbständiger Architekt in Düsseldorf,
1925 WE „Der überbaute Heumarkt" f. d. Brückenkopf Köln,
Lit.: Dresslers Kunsthandbuch; Kölner Hochhaus-Carneval, in: WMB 1926, 90-125, 174.

Albert Feifel,
Mitarbeiter von Otto Ernst Schweizer.

Otto Firle,
geb. 14. 10. 1889, Bonn, gest. 1966, Berlin,
Studium a. d. TH München, Fliegerausbildung im Ersten Weltkrieg, Werbegraphiker b. d. Deutschen-Luft-Reederei,
Architekt in Berlin,
1924 WE Geschäftshaus DAZ, 3. Ankauf,
1929/30 Europahaus am Anhalter Bhf i. Berlin,
1935/36 Geb. f. d. Nordstern-Lebensversicherung i. Berlin,
1956 WE f. ein Hochhaus in Düsseldorf,
Lit.: Walter Schubert, Die Werbemittel des Luftverkehrs und der Flugveranstaltungen, in: Das Plakat 1920, 379; Miltscho Sirakov, Berliner Läden und Geschäftshäuser von 1896 bis zur Gegenwart, Berlin 1967; BusB IX; Werner Hegemann, E. Fahrenkamp u. d. Sieg d. Rheinländer im Schauseiten-Wettbewerb der D.A.Z., in: WMB 1925, 1-20.

Walter Fischer,
ansässig in Magdeburg,
1922 WE Bürohaus am Kaiser-Wilhelm-Platz i. Magdeburg, 8 Pkt.,
1922 WE f. d. Chicago Tribune,
Lit.: Adolf Behne, Baukultur, in: SM 1922, 902-903.

Jean Flerus,
geb. 15. 8. 1885, gest. 20. 5. 1973, Dortmund,
Studium a. d. TH München u. d. TH Dresden,
Tätigkeit in Berlin und Münster,
1921 Bürogemeinschaft m. Josef Konert in Dortmund,
Lit.: Auskunft v. Herrn Arch. BDA Dipl. Ing. J. Flerus, Dortmund.

Kurt Geilen,
ansässig in Krefeld,
Zusammenarbeit mit Herm. Aug. Ostwald.

Peter Gracher,
geb. 3. 4. 1885, Tier, gest. 7. 10. 1964, Trier,
ab 1905 Architekturstudium in Aachen,
danach Arbeit im Atelier v. Wilhelm Kreis in Düsseldorf,
1913 Aufenthalt in Wien, Bau eines Büro- u. Geschäftshauses,
1925 WE f. d. Brückenkopf in Köln,
Lit.: H. de Fries: Zu den Arbeiten des Architekten P. G. in Tier, in: Neue Baukunst 12, 1926, o. S.; Auskünfte Familienarchiv Alfons Gracher sen., Trier u. Herrn Gilbert Haufs-Brusberg, Trier.

Wilhelm Ritter von Graf,
ansässig in Stuttgart.

Hugo Häring,
geb. 22. 5. 1882, Biberach, gest. 17. 5. 1958, Göppingen,
1922 Studie f. d. Kemperplatz i. Berlin,
1924 WE f. d. Bebauung d. Prinz-Albrecht-Gärten,
1928 Entw. z. Umbildung d. Berliner City z. Hochhausstadt,
Lit.: Heinrich Lauterbach/Jürgen Joedicke, H. H., Schriften, Entwürfe, Bauten, Stuttgart 1965; H. H. Fragmente, Schriftenreihe d. AdK Berlin, Bd. 1, Berlin 1968; H. H. in seiner Zeit - Bauen in unserer Zeit, Katalog Biberach 1983.

Ernst Hochfeld,
geb. 1890, Lemgo,
Studium in München u. Dresden,
Bürogemeinschaft mit Fritz Block in Hamburg,
1925 WE „Bewegungsausdruck" Messehaus Hamburg,
Lit.: vgl. Fritz Block; Zum Modellwettbewerb für eine Exportmesse in Hamburg, in: Baugilde 1925, 949-966.

Franz Hormann,
Mitarbeiter von Albert Lindhorst und Christian Zauleck,
1925 WE „Weite Höfe" Messehaus Hamburg, m. Chr. Zauleck,
Lit.: Zum Modellwettbewerb für eine Exportmesse in Hamburg, in: Baugilde 1925, 949-966.

Rudolf Kasteleiner,
ansässig in Kassel, assoziiert m. Julius Brahm, Zusammenarbeit m. Alfons Baecker.

J. Klass,
Magistratbaurat in Erfurt,
Lit.: Ma., Der ausgeschiedene Entwurf des Wettbewerbs für das Hochhaus am Bahnhof Friedrichstraße in Ber-

lin, in: ZdB 1922, 140; Nachlaß Reichskunstwart Edwin Redslob, BA Koblenz.

Walter Gottfried Koch,
Studium a. d. Universität Stuttgart b. Paul Bonatz,
nach 1918 selbständiger Architekt,
Patent f. ein Massiv-Hallenbausystem aus Eisenbeton.

Otto Kohtz,
geb. 23. 2. 1880, Magdeburg, gest. 1957, Berlin,
Besuch d. Kunstgewerbeschule u. d. Baugewerbeschule in Berlin, Studium a. d. TH Charlottenburg, mehrjährige Studienreisen, zeitw. assoziiert m. E. Schütze (Schütze & Kohtz),
1920 Entwurf f. ein Reichshaus am Königsplatz in Berlin,
1920 Entwurf f. ein Turmhaus f. d. Scherl-Verlag,
1925/27 Verlagshaus August Scherl, Berlin,
Lit.: O. K., Gedanken über Architektur, Berlin 1909; O. K., Das Reichshaus am Königsplatz, Berlin 1920; O. K., Büroturmhäuser in Berlin, Berlin 1921, Werner Hegemann, O. K., Berlin 1930; Otto Rierich, Zu einigen Entwürfen des Architekten O. K., in: Moderne Bauformen 1924, 241-252; WMB 1927, 192 ff.

Josef Konert,
gest. 1954,
1921 Bürogemeinschaft m. Jean Flerus in Dortmund,
Lit.: vgl. Jean Flerus.

Georg Peter Krekel,
geb. 14. 10. 1889, Düsseldorf, gest. 6. 8. 1964, Düsseldorf,
Bürogemeinschaft mit Friedrich Leykauf,
1921 WE f. ein Bürohochhaus in Düsseldorf,
Lit: H. de Fries, Düsseldorf, in: WMB 1922/23, 189-218.

Albert H. W. Krüger,
Bürogemeinschaft m. Hermann Zess,
1922 WE f. d. Chicago-Tribune m. Hermann Zess,
Lit.: The International Competition for a New Administration Building for the Chicago Tribune 1922, Chicago 1923.

Otto Kuhlmann,
geb. 22. 4. 1873, Detmold,
Studium a. d. TH Charlottenburg,
Arbeit im Büro v. Ludwig Hoffmann,
ab 1900 selbständiger Architekt in Berlin,
1908 Prof., 1918 Geh. Hofbaurat,
Lit.: Thieme-Becker, Bd. 23, 80.

Alfred Langöhrig,
1914-1920 Aufenthalt in Amerika,
ansässig in Berlin,
Zusammenarbeit mit Joseph Scherer,
Lit.: A. L., Zur Lösung der Wohnungsfrage, Beispiele aus den Vereinigten Staaten von Nordamerika, in: Stbk 1920, 198-201.

Wilhelm Langstein,
Arbeit im Atelier v. Ludwig Bernully in Frankfurt a. M., nebenher Besuch d. Baugewerksschule,
ab 1911 Studium a. d. TH Karlsruhe b. Hermann Billing,
Bürogemeinschaft m. Gustav Betzel in Karlsruhe;
Lit.: W. L., in: BRS 1911, 326-328; F. R. Vogel, Die charakteristische Ausdrucksform des Bauwerks. Zu dem Entwurf für ein Kunstmuseum von Arch. W. L., in: Deutsche Bauhütte 1912, 50-51; G. Betzel, Landesausstellung Badische Architektur, in: Die Baugilde 1926, 531-533.

Johann Albert Heinrich Lindhorst,
geb. 9. 5. 1871, Hamburg, gest. 12. 5. 1938, Hamburg,
1886-89 Zimmermannslehre bei H. Lindhorst in Hamburg,
1889 Gesellentätigkeit b. Baumeister A. Kaufhold, München,
1892-93 Bautechniker b. d. Arch. Schmidt & Wurzbach, Hamburg,
ab 1897 selbständiger Architekt in Hamburg,
1908/09 Lessing-Haus (Kontorh.) in Hamburg m. Emil Schaudt,
1913/14 Wrangelhaus (Kontorh.) in Hamburg,
Lit.: Hamburg und seine Bauten, 442-446, 454; Auskunft von Herrn Jürgen Lindhorst, Hamburg.

Friedrich Leykauf,
geb. 6. 9. 1900, Düsseldorf, gest. 5. 8. 1963, Düsseldorf,
Bürogemeinschaft mit Georg Peter Krekel,
1921 WE f. ein Bürohaus in Düsseldorf,
Lit.: vgl. Georg Peter Krekel.

Hans Luckhardt,
geb. 16. 6. 1890, Berlin, gest. 8. 10. 1954, Bad Wiessee,
Bürogemeinschaft m. seinem Bruder Wassili,
1921 WE Geschäftshaus am Kemperplatz in Berlin m. W. L.,
1922 WE f. d. Chicago Tribune,
Lit.: Udo Kultermann, Wassili und Hans Luckhardt, Tübingen 1958; NBD Bd. 15, 281-282 (v. Günther Kühne).

Wassili Luckhardt,
geb. 22. 7. 1889, Berlin, gest. 2. 12. 1972, Berlin,
Bürogemeinschaft m. seinem Bruder Hans,
1921 WE Geschäftshaus am Kemperplatz in Berlin m. H. L.,
Lit.: vgl. Hans Luckhardt; Helga Kliemann, W. L., Tübingen 1973.

Ludwig Mies van der Rohe,
geb. 27. 3. 1886, Aachen, gest. 17. 8. 1969, Chicago,
1922 Entwurf f. einen Glaswolkenkratzer,
1923 Entwurf f. ein Bürohaus in Eisenbeton,
1929 WE Hochhaus am Bahnhof Friedrichstraße II,
1933 WE f. d. Reichsbank in Berlin,
Lit.: P. C. Johnson, L. Mies van der Rohe, New York [3]1978; Franz Schulze, Mies van der Rohe, Berlin 1986.

Ludwig Moshamer,
geb. 19. 8. 1885,
Studium a. d. TH München; Mitarbeiter von Max Berg in Breslau, dann selbständiger Architekt in Breslau,
Zusammenarbeit m. Architekt Wilhelm Brix,
Lit.: Thieme-Becker, Bd. 25, 184.

Herm. Aug. Ostwald,
ansässig in Krefeld, Mitarbeiter von Kurt Geilen.

Hans Poelzig,
geb. 30. 4. 1869, Berlin, gest. 14. 6. 1936, Berlin,
1925 WE „Freie Bahn" f. d. Brückenkopf in Köln,
1930 WE Reichstagserweiterung II in Berlin,
1933 WE f. d. Reichsbank in Berlin,
Lit.: Theodor Heuss, H. P., Lebensbild eines deutschen Baumeisters, Tübingen 1955; H. P., Schriftenreihe d. AdK Berlin Bd. 6, Berlin 1970; Birgit Mayer, Studien zu Hans Poelzig, Bauten und Projekte der zwanziger Jahre, Diss. Masch., München 1986; Der Berliner Platz der Republik, in: WMB 1930, 51-56.

Peter Schade und Sohn,
Zusammenarbeit mit Gottlob Schaupp in Frankfurt a. M. - Bad Homburg.

Hans Scharoun,
geb. 20. 9. 1893, Bremen, gest. 1972, Berlin,
1922 WE „Zeittakt" f. d. Börsenhof Königsberg,
1922 Entwurf f. d. Chicago-Tribune (nicht eingereicht),
1924 WE Münsterplatz Ulm,
1925 WE „Zwischen Brücke und Dom" f. d. Brückenkopf in Köln, Ankauf,
Lit.: Peter Pfannkuch, H. S., Bauten, Entwürfe, Texte, Schriftenreihe d. AdK Berlin, Berlin 1974; J. Christoph Bürkle, H. S. und die Moderne, Ideen, Projekte, Theaterbau, Frankfurt a. M. 1986; H. de Fries, Wettbewerb der Börsenhof A.G. Königsberg i. Pr., in: WMB 1923, 255-290; Kölner Hochhaus-Carneval, in: WMB 1926, 90-125.

Johann Emil Schaudt,
geb. 14. 8. 1871, Stuttgart,
Studium a. d. TH Stuttgart, Arbeit im Atelier v. Skjöld Neckelmann in Stuttgart, b. Ernst von Ihne in Berlin u. b. Paul Wallot in Dresden,
1930/31 Salamander-Haus (Büro- u. Geschäftshaus) in Berlin,
Lit.: Max Osborn, J. E. S., Berlin/Leipzig/Wien 1930.

Gottlob Schaupp,
Mitarbeiter von Peter Schade und Sohn in Frankfurt a. M. - Bad Homburg,
1928 WE Reichstagserweiterung in Berlin, 2. Preis,
1930 WE Reichstagserweiterung II in Berlin,
Lit.: Wettbewerb zur Erweiterung des Reichstags-Gebäudes in Berlin, in: WMB 1928, 123-129; Werner Hegemann, Turmhaus am Reichstag?, in: WMB 1930, 97-104.

Joseph Scherer,
Zusammenarbeit mit Heinrich Aeppli, zeitweilig auch mit Carl Oettinger und Alfred Langöhrig,
ansässig in Berlin,
Lit.: SDBZ 1903, 34 ff.; Bautechnische Zeitschrift, 1903, 20; Berliner Architekturwelt 1908, 78, 107 f., 311 f., 426 f., 428 f.; WAVB 1910, 4, 11, 21, 23; NDBZ 1912, 528, 536; Der Profanbau 1917, 99 f.; ZdB 1919, 586 f.; DBZ 1921, 13.

Karl Schneider,
geb. 15. 5. 1892, Mainz, gest. 11. 12. 1945, Chicago,
1909-11 Studium a. d. Kunstgewerbeschule Mainz,
bis 1919 Mitarb. b. Lossow & Kühne in Dresden, Walter Gropius, Peter Behrens u. Heinrich Straumer in Berlin,
1920 Mitarb. b. Fritz Höger i. Hamburg,
ab 1921 selbständiger Architekt in Hamburg,
1931 Prof. a. d. Landeskunstschule Hamburg,
1935 Emigration in d. USA,
1924 WE Geschäftshaus d. DAZ, Berlin,
1925 WE „Platzwand" Messehaus Hamburg,
Lit.: Heinrich de Fries, K. S., Bauten, Berlin/Leipzig/Wien 1929; Wasmuth's Lexikon f. Baukunst, Bd. IV, 325; K. S., Bauten, in: Der Architekt 4, 1970, 111-116; Roland Werner, K. S., Leben in Daten und Fakten, in: Der Architekt 1, 1978; Zum Modellwettbewerb für eine Exportmesse in Hamburg, in: Baugilde 1925, 949-966.

Otto Schubert,
geb. 23. 2. 1878, Dresden, gest. 28. 9. 1968, Dresden,
Studium in Dresden b. Cornelius Gurlitt,
1908 Promotion „Geschichte d. Barock in Spanien",
dann selbständiger Architekt in Dresden,

später Prof. in Dresden,
1924 WE f. d. Geschäftshaus d. DAZ, Berlin,
1923 WE „Dom der Arbeit" f. d. Börsenhof i. Königsberg, ein 4. Preis,
Lit.: O. S., Geschichte des Barock in Spanien, Esslingen a. N. 1908; O. S., Revolution und Kunst, in: Der Profanbau, 1920, 133-137; O. S., Architektur und Weltanschauung, Berlin 1931; Erich Haenel, O. S., Leipzig/Wien 1928; Werner Hegemann, E. Fahrenkamp u. d. Sieg d. Rheinländer im Schauseiten-Wettbewerb der D.A.Z., in: WMB 1925, 1-20; H. de Fries, Wettbewerb der Börsenhof A.G. Königsberg i. Pr., in: WMB 1923, 255-290.

Otto Ernst Schweizer,

geb. 27. 4. 1890, Schramberg/Schwarzw., gest. 14. 11. 1965, Baden-Baden,
Studium a. d. TH Stuttgart u. a. d. TH München b. Theodor Fischer,
Leiter d. Stadtbauamtes in Schramberg,
Stadtbaurat in Schwäbisch-Gmünd,
selbständiger Architekt in Nürnberg,
1930-61 Prof. a. d. TH Karlsruhe,
1924 WE „In diesem Hause wohnt die Macht" f. d. Geschäftshaus d. DAZ in Berlin,
1933 WE f. d. Reichsbank in Berlin,
Lit.: Justus Bier, O. E. S., Berlin/Leipzig/Wien 1929; O. E. S. und seine Schule. Die Schüler zum 60. Geburtstag ihres Meisters, Karlsruhe o. J. (1950); Wulf Schirmer u. J. Göricke, Architekten der Friedericiana, Skizzen und Entwürfe seit Friedrich Weinbrenner, Karlsruhe 1975, 115 ff.

Hans Soeder,

geb. 1891, Berlin, gest. 1962, Basel,
Studium a. d. TH Darmstadt bei Friedrich Pützer u. a. d. TH München bei Wilhelm Pinder u. Theodor Fischer,
1921 Architekt in Wetzlar,
1923-31 Arch.-Prof. a. d. Kunstakademie Kassel,
1932-33 Prof. a. d. Kunstakademie Düsseldorf,
1944 Prof. a. d. TH Breslau,
ab 1948 Dir. d. Werkkunstschule Wiesbaden,
ab 1958 Architekt in Darmstadt,
1923 WE „Arbeitsburg" Börsenhof Königsberg,
1924 Hochhausmodelle a. d. Mai/Juni-Ausstellung d. „Darmstädter Sezession",
Lit.: W. C. Behrendt, Das Hochhaus, in: Kunst und Künstler, 1923/24, 175; H. S. Turmhaus-Epilog für Berlin, in: Die Volkswohnung 1922, 56/57; H. S., Urformen der abendländischen Baukunst, Köln 1964; H. de Fries, Wettbewerb der Börsenhof A.G. Königsberg i. Pr., in: WMB 1923, 255-290.

Hans Ernst Spitzner,

geb. 16. 1. 1888, Leipzig, gest. 18. 2. 1956, Wilhelmshaven,
selbständiger Architekt in Berlin,
zeitweilige Zusammenarbeit m. Bruno Möhring,
1921 WE Bebauung d. Cäciliengärten (Hochhaus), Berlin, 3. Preis,
1922 WE „Bauen tut not" f. ein Bürohaus am Knie in Berlin m. Bruno Möhring, ein 3. Preis,
Lit.: Wettbewerb Bürohaus am Knie in Charlottenburg, in: Stbk 1922, 241-250; Bebauungsplan der Cäcilien-Gärten in Berlin-Schöneberg, Neuer, in: Stbk 1922, 54-57.

Theodor Suhnel,

geb. 16. 1. 1886, Oberzetscha/Altenburg (Thür.), gest. 20. 5. 1965, Mühlheim/Ruhr,
Maurerlehre b. seinem Vater, Besuch d. Baugewerksschule Altenburg, d. Baugewerbeschule bzw. Höhere Länderschule Holzminden, Abschluß als Baumeister,
1907/08 Arbeit im Stadtbauamt Gelsenkirchen,
1909/10 Studium a. d. TH Dresden,
1910-13 Arbeit im Stadtbauamt Mühlheim/Ruhr,
ab 1913 freier Architekt,
Lit.: Neue Stadtbaukunst Mühlheim a. d. Ruhr, Berlin/Leipzig/Wien 1922; Architekt B.D.A. T. S., Neue Baukunst, SH 12, 1925; T. S., Berlin/Leipzig/Wien 1929; Baugilde 1927, 781; Baugilde 1930, 1345; Mühlheimer Tageblatt 16. 1. 1951; Mühlheim a. d. Ruhr Stadtspiegel 1985, 47; Auskunft v. Herrn Dipl. Ing. Hans Dunkelberg, Mühlheim/Ruhr.

Josef Tiedemann,

geb. 24. 6. 1884, Köln, gest. 5. 2. 1959, Darmstadt,
1902-04 Studium a. d. TH Karlsruhe, später TH Charlottenburg,
1920-1933 Architekt in Berlin, danach in Darmstadt,
1933-1949 Prof. in Darmstadt,
1922 WE Bürohaus am Knie in Berlin, ein 3. Preis,
1924 WE Bebauung d. Prinz-Albrecht-Gärten, ein 2. Preis,
1925 WE „Einheit" für den Brückenkopf in Köln,
1928 WE Reichstagserweiterung, 4. Preis,
1930 WE Reichstagserweiterung II in Berlin,
1930 WE Justizgebäude in Berlin-Moabit,
1933 WE Reichsbank in Berlin,
Lit.: Thieme-Becker, Bd. 33, 114; Dresslers Kunsthandbuch, Bd. 2, Berlin 1930, 1019; Wettbewerb Bürohaus am Knie in Charlottenburg, in: Stbk 1922, 241-250; Kölner Hochhaus-Carneval, in: WMB 1926, 90-125; Der Berliner Platz der Republik, in: WMB 1930, 51-56; Erich Blunck, Die Bebauung der Prinz-Albrecht-Gärten und die Zukunft des Askanischen Platzes in Berlin, in: DBZ 1924, 403-409.

David Werner,

ansässig in Berlin-Charlottenburg.

Christian Zauleck,

geb. 1886, gest. 10. 10. 1931,
Mitarbeiter von Albert Lindhorst und Franz Hormann in Hamburg,
1925 WE „Weite Höfe" Messehaus Hamburg, m. Franz Hormann,
Lit.: vgl. Franz Hormann.

Hermann Zess,

Bürogemeinschaft m. Albert H. W. Krüger,
1922 WE f. d. Chicago-Tribune m. A. H. W. Krüger,
Lit.: vgl. Albert H. W. Krüger.

Bibliographie

Amerikanische Wolkenkratzer, Arbeiten zwischen Himmel und Erde, in: BW 44, 1910, 11.
Architekt B.D.A. Theodor Suhnel, in: Neue Baukunst 12, 1925.
Architektur der Turmhäuser, Die, in: Stbk 1922/23, 220-221.
Architektur in Süddeutschland, Neuere. Bauten von W. G. Koch - Stuttgart, in: SDBZ 1922.
Aufstockungen oder Wolkenkratzer?, in: Die Volkswohnung 1921, 256.
B., Chr., Die neuen Hochhaus-Pläne, in: DAZ 215, 9. 5. 1922.
B., R., Turmhäuser in Berlin, in: Berliner Lokal-Anzeiger, 5. 2. 1922.
B., Hochhäuser für Kraftwagen, in: Deutsche Bauhütte 1924, 156.
Bassel, R., Das Haus der Ingenieure in Neuyork, in: ZdB 1916, 513-514.
Bebauungsplan der Cäcilien-Gärten in Berlin-Schöneberg, Neuer, in: Stbk 1922, 54-57.
Behne, Adolf, Berlin: Friedrichstadt, in: SM 1921, 1079.
Behne, Adolf, Chronik der Deutschen Baukunst seit Kriegsende II, in: Bouwkundig Weekblad 1923, 193-196 u. 211-212.
Behne, Adolf, Danzig. Wolkenkratzer, in: SM 1921, 862-864.
Behne, Adolf, De Duitsche Torenhuis Bouw, in: Wendingen 1923, 15-17.
Behne, Adolf, Der moderne Zweckbau, München/Wien/Berlin 1926.
Behne Adolf, Der Wettbewerb der Turmhaus-Gesellschaft, in: WMB 1922/23, 58-67.
Behne, Adolf, Hochhauspläne, in: SM 1922, 759.
Behne, Adolf, Hochhausproblem, in: SM 1922, 327.
Behne, Adolf, Neubauaufgaben, in: SM 1923, 644.
Behne, Adolf, Wolkenkratzer, in: SM 1920, 1041.
Behne, Adolf, Wolkenkratzer, in: SM 1922, 147-148.
Behrendt, Walter Curt, Das erste Turmhaus in Berlin, in: Die Woche 1922, 193/194.
Behrendt, Walter Curt, Das Hochhaus, in: Kunst und Künstler 1923/24, 175-181.
Behrendt, Walter Curt, Der Kampf um den Stil im Kunstgewerbe und in der Architektur, Stuttgart/Berlin 1920.
Behrendt, Walter Curt, Die Wirtschaftlichkeit der Wolkenkratzer, in: BW 1922, 841-843.
Behrendt, Walter Curt, Skyskrapers in Germany, in: Journal of the American Institute of Architects 1923, 365-370.
Behrens, Peter, Andermaal de Hemelkrabbers, in: De Bouwwereld 1922, 120-121.
B(ehrens), P(eter), Das Problem „Bahnhof Friedrichstraße", in: BW 50, 1916, 4-5.
Behrens, Peter, Einfluß von Zeit- und Raumausnutzung auf moderne Formentwicklung, in: Jahrbuch des Deutschen Werkbunds 1914, 9.
Behrens, Peter, Über die Beziehungen der künstlerischen und technischen Probleme, Berlin 1917.
Behrens, Peter, Zur Frage des Hochhauses, in: Stbk 1922/23, 369-370.
Bekiers, Andreas und Karl-Robert Schütze, Zwischen Leipziger Platz und Wilhelmstraße, Berlin 1981.
Bencke, Albert, Betrachtungen über die Entwicklung amerikanischer Stadt-Architektur, in: NDBZ 1912, 241.
Benevolo, Leonardo, Geschichte der Architektur des 19. und 20. Jahrhunderts, München 1964, Bd. 2.
Berg, Max, Der Bau von Geschäftshochhäusern in Breslau zur Linderung der Wohnungsnot, in: Stbk 1920, 99-104 u. 116-118.
Berg, Max, Der Bau von Geschäftshochhäusern in Breslau zur Linderung der Wohnungsnot, in: ODBZ 1920, 173-177.
Berg, Max, Der Berliner Hochhauswettbewerb, in: BW 1922, 120-128.
Berg, Max, Deutsche und Amerikanische Hochhäuser. Gegen einen sozialen und ästhetischen Rückschritt im Hochhausbau, in: BT 413, 4. 9. 1922, 1. Beiblatt.
Berg, Max, Die Deutsche Hochhausbauweise, in: Deutsche Bauhütte 1922, 54-58.
Berg, Max, Die Deutsche Hochhausbauweise, in: BuG 1922, 79.
Berg, Max, Die formale Auffassung des Hochhausgedankens. Charakteristische Entwürfe des Berliner Wettbewerbs, in: BW 1922, 359-363 u. 434-435.
Berg, Max, Grundsätzliches zur Hochhausfrage. Beispiel Berliner Hochhaus Friedrichstraße, in: BW 1922, 35.
Berg, Max, Hochhäuser im Stadtbild, in: WMB 1921/22, 101-120.
Berg, Max, Können uns Wolkenkratzer zur Beseitigung der Wohnungsnot helfen?, in: BuG 1920, 239.
Berg, Max, Zukünftige Baukunst in Breslau als Ausdruck zukünftiger Kultur, in: Deutschlands Städtebau Bd. 22: Breslau, Berlin 1921.
Berliner Wolkenkratzer-Projekt, Ein, in: Zeitbilder, Beilage zur Voss. Ztg. 74, 25. 6. 1914.
Berlins dritte Dimension, redigiert von Alfred Dambitsch, Berlin. o. J. (1912).
Bernhard, Karl, Hochhäuser ohne Skelett, in: ZdB 1921, 41 ff.
Birkmire, William H., Skeleton construction in Buildings, New York [2]1894, 17-48.
Bletter, Rosemarie Haag, La possibile storia del grattacielo, in: Casabella 1980, 57-60.
Boyd, John Taylor, The New York Zoning Resolution and its Influence upon Design, in: The Architectural Record 3, 1920, 206.
Bragdon, Claude, Architecture and Democracy, in: The Architectural Review 1, Juli 1918, 80-81.
Brinckmann, Albert Erich, Der Wettbewerb Groß-Berlin, in: BW 10, 1910, 9 ff.
Brinckmann, Albert Erich, Die Stadt der Zukunft, in: BW 70, 1910, 3-4 u. 71, 1910, 12-13.
Brix, Joseph, Der Ideenwettbewerb für die Bebauung des Geländes am Bahnhof Friedrichstraße in Berlin mit einem Hochhaus, in: ZdB 1922, 69-71 u. 81-84.
Bühring, Carl James, Ein Vorschlag für die Bebauung des Geländes am Bahnhof Friedrichstraße in Berlin, in: DBZ 1915, 233-236.
Condit, Carl W., The Chicago School, Chicago/London 1964.
Danziger Hochhaus, Das, in: ZdB 1921, 412.
Danziger Hochhaus, Das. Eine ‚Germanisierung' des Wolkenkratzers, in: Voss. Ztg. 40, 7. 10. 1921, Umschau in Technik und Wirtschaft, 2. Beilage.
De Hemelkrabbers Verdedigd, in: De Bouwwereld 1922, 93-94.
Deutscher Wirtschaftsverlag (Hg.), Reichshandbuch der Deutschen Gesellschaft. Das Handbuch der Persönlichkeiten in Wort und Bild, 2 Bde., Berlin 1930/31.
Döcker, Richard und Hugo Keuerleber, Vorschlag zur Überbauung des Marstallgeländes in Stuttgart, in: SDBZ 7/8, 1922, 65 ff.
Döcker, Richard, Ein Beitrag zu städtebaulichem Weiterschaffen, in: DS 3/4, 1921, 36-37.
Elster, Hans Martin, Wolkenkratzer?!, in: Deutsche Tageszeitung 305, 1914, 1. Blatt.
Entwicklung des Hochhauses in Deutschland, Zur, in: DBZ 1921, 89-95.
Entwurf zu einem Bureau- und Geschäftshaus der Stadt Magdeburg, in: Deutsche Bauhütte 1922, 10.
Entwurf zu einem Leipziger Messeturm, in: NBDZ 1920, 184.
Feuergefährlichkeit der Wolkenkratzer, Die, in: ZdB 1912, 673-675.
Flierl, Bruno, Vom Münzturm zum Fernsehturm. Höhendominanten in der Stadtplanung von Berlin, in: Karl-Heinz Klingenberg (Hg.), Studien zur Berliner Kunstgeschichte, Leipzig 1986, 11-51.
Foerster, M., Die geschichtliche Entwicklung des Eisenbetonbaues, in: F. Emperger (Hg.), Handbuch für Eisenbetonbau, Bd. 1, Berlin 1930, 1-30.
Freitag, Joseph K., Architectural Engineering, New York 1869, [2]1901, [3]1912.
Friedrich, E. G., Sollen wir Wolkenkratzer bauen?, in: BW 1920, 554.
Fries, Heinrich de, Düsseldorf, in: WMB 1922/23, 189-218.
Fries, Heinrich de, Junge Baukunst in Deutschland, Berlin 1926.
Fries, Heinrich de, Zu den Arbeiten des Architekten Peter Gracher, in: Neue Baukunst 12, 1926, o. S.
Fries, Heinrich de, Wettbewerb der Börsenhof A.G. Königsberg i. Pr., in: WMB 1922/23, 292-294.
Für und wider das Hochhaus, in: BRS 1922, 32-34.
Gideon, Siegfried, Raum, Zeit, Architektur, Ravensburg 1965 (Cambridge 1941).
Gmelin, Leopold, Architektonisches aus Nordamerika, in: DBZ 1894, 520.
Goldberger, Paul, Wolkenkratzer - Das Hochhaus in Geschichte und Gegenwart, Stuttgart 1984.
Gotfrid, Carl, Hochhäuser, in: Qualität 5, 1922, 63-66.
Grobler, Johannes, Hochhaus am Bahnhof Friedrichstraße in Berlin, in: Wettbewerbe für Baukunst und Schwesterkünste = Beilage zur DBZ 1930, 9-16.
Groß, Henry, Berlins Citybildung. Das Hochhaus, in: Voss. Ztg., 19. 3. 1922.
Grube, Oswald W. und C. von Seidlein und Wend Fischer, Hundert Jahre Architektur in Chicago. Kontinuität von Struktur und Form, Katalog, München 1973.
Gurlitt, Cornelius, Das Wohnungswesen in New York, in: DBZ 1916, 80.
Gurlitt, Cornelius, Handbuch des Städtebaues, Berlin 1920.
Gut, A., Richtpunkte für die Errichtung von Hochhäusern. Hochhäuser für München?, in: BW 1921, 307-308.
Gut, Albert, Wolkenkratzer, Turmbauten, Hochhäuser, in: ZdB 1921, 145.
H., Der Wettbewerb für die Bebauung des Geländes am Bahnhof Friedrichstraße in Berlin, in: DBZ 1921, 426.
Haenel, Erich, Otto Schubert, Leipzig/Wien 1928.
Hegemann, Werner, Amerikanische Architektur und Stadtbaukunst, Berlin 1925.
Hegemann, Werner, Das Hochhaus als Verkehrsstörer und der Wettbewerb der Chicago Tribune. Mittelalterliche Enge und neuzeitliche Gotik, in: WMB 1924, 299-301.
Hegemann, Werner, Das Hochhaus am Bahnhof Friedrichstraße, in: WMB 1930, 125-128 u. 191-195.
Hegemann, Werner, Die Wolkenkratzer. Städtebau in Deutschland und Amerika, in: BT 211, 1913, 1. Beiblatt.
Hegemann, Werner, Elbert Peets. The American Vitruvius. An Architects Handbook of Civic Art, New York 1972 (Reprint der Ausgabe von 1922).
Herre, Richard, Hochhäuser für Stuttgart. Zu den Entwürfen der Regierungsbaumeister Richard Döcker und Hugo Keuerleber, Stuttgart, in: WMB 1921/22, 375.
Heymann, C., Der Schrei nach dem Wolkenkratzer, in: WAVB 1921, 54.
Hilberseimer, Ludwig und Udo Rusker, Amerikanische Architektur, in: Kunst und Künstler 1920, 540.
Hilberseimer, Ludwig, Architektur, in: Das Kunstblatt 1922, 132.

Hilberseimer, Ludwig, Berliner Architektur der zwanziger Jahre, Mainz/Berlin 1967.
Hilberseimer, Ludwig, Das Hochhaus, in: Das Kunstblatt 1922, 525.
Hilberseimer, Ludwig, Das Hochhaus, in: G (Zeitschrift für elementare Gestaltung II) 1923, o. S.
Hilberseimer, Ludwig, Groszstadtarchitektur, Stuttgart 1927.
Hilberseimer, Ludwig, Hochhäuser im Straßenbild, in: BW 1921, 109.
Hochhaus am Bahnhof Friedrichstraße in Berlin, in: ZdB 1922, 360.
Hochhaus am Bahnhof Friedrichstraße, Noch ein, in: WAVB 1922.
Hochhaus für Ludwigshafen, Ein, in: Stbk 1920, 327.
Hochhausbaukunst, in: BW 1921, 691 ff.
Hochhäuser für Duisburg, in: Stbk 1922/23, 267-269.
Hochhäuser, Gegen die, in: Stbk 1922/23, 348-349.
Hoffmann, Donald, The Setback Skyscraper City of 1891. An Unknown Essay by Louis H. Sullivan, in: Journal of the Society of Architectural Historians, Bd. XXIV, 2, 1970, 181-187.
Hofmann, Albert, Groß-Berlin als wirtschaftspolitischer, verkehrstechnischer und baukünstlerischer Organismus, in: Anregung zur Erlangung eines Grundplanes für (...) Groß-Berlin (...), Berlin 1907, 23.
Hohe Eisengebäude in Nordamerika. Nach einem Vortrag von Prof. Siegmund Müller vor dem Architekten-Verein, in: WAVB 1907, 241.
Hooge Huizen, in: De Bouwwereld 1922, 175-179, 181-185 u. 189-193.
Hotelneubau am Bahnhof Friedrichstraße, Entwurf des Architekten-Ausschusses Groß-Berlin, in: DBZ 1914, 584-587 u. 663-665.
Höger, Fritz, Die Bauten der Hamburgischen Architekten Dr. Block und Hochfeld, in: Neue Baukunst 7/8, 1925, o. S.
Huse, Norbert, Neues Bauen 1918-1933. Moderne Architektur in der Weimarer Republik, Berlin ^{2}1985.
Huth, Friedrich, Der Hochhaus-Ideen-Wettbewerb in Berlin, in: BRS 1922, 13-15.
Huth, Friedrich, Der Hochhaus-Ideen-Wettbewerb in Berlin, in: BuG 1922, 44-46.
Huth, Friedrich, Deutsche Hochhäuser (Office-Gebäude), in: BGZ 6, 1921, Spalte 83-84.
Hüter, Karl Heinz, Architektur in Berlin 1900-1933, Dresden 1987.
Ideenwettbewerb Hochhaus Bahnhof Friedrichstraße, Stbk, SH 2, 1922.
Jaffé, Franz, Das sechste bis achte Geschoß. Eine Forderung für die City, in: BW 1910, 6.
Jordy, W. H. und R. Coe (Hg.), Montgomery Schuyler. American Architecture and other Writings, Bd. 2, Cambridge Ma. 1961.
Joseph, Rudolf, Zur Ausbildung des Baukünstlers. Zur Charakteristik Hermann Billing's, in: DBZ 1920, 381.
Junge Baukunst in Frankreich, in: WMB 1924, 315.
Junghanns, K. und J. Schulz, Das Volkshaus in der Städtebautheorie 1918-20, in: Deutsche Architektur, 1964.
Junghanns, Kurt, Die Idee des „Großen Baues", in: Wissenschaftliche Zeitschrift der Hochschule für Architektur und Bauwesen Weimar, 4/5, 1979, 304-308.
Justizpalast für New York, Ein monumentaler, in: BW 43, 1913, 24-25.
Kampf um das Friedrichstraßen-Turmhaus, Der, in: Deutsche Tageszeitung 245, Mai 1922.
Kampf um den Danziger Wolkenkratzer, Der, in: BW 1921, 491.
Kaufmann, Oskar, Leider keine Wolkenkratzer, in: Acht Uhr Abendblatt 102, 1. 5. 1914.
Kimball, Fiske, Alte und neue Baukunst in Amerika. Der Sieg des Jungen Klassizismus über den Funktionalismus der neunziger Jahre, in: WMB 1925, 230-232.
Kloeppel, O., Der Bau vielgeschossiger Häuser und die Wohnungsfrage, in: ZdB 1921, 261.
Kohtz, Otto, Büroturmhäuser in Berlin, Berlin 1921.
Kohtz, Otto, Das Reichshaus am Königsplatz in Berlin, ein Vorschlag zur Verringerung der Wohnungsnot und der Arbeitslosigkeit, in: Stbk 1920, 241 u. 245.
Kohtz, Otto, Das Reichshaus am Königsplatz in Berlin, ein Vorschlag zur Verringerung der Wohnungsnot und der Arbeitslosigkeit, Berlin 1920.
Kohtz, Otto, Gedanken über Architektur, Berlin 1909.
König, Max, Verrostete Wolkenkratzer? in: BW 4, 1912, 14.
Kraffert, Umbau von gewerblichen Räumen zu Wohnungen, in: Die Volkswohnung 1921, 207-208.
Kraffert, Über die Bekämpfung der Wohnungsnot in den Städten durch Dauerbauten, in: DBZ 1920, 433.
Krahl, Georg, Die Hochhausfrage in Deutschland, in: BGZ 14, 1921, Spalte 217.
L., M., Turmhäuser, nicht Wolkenkratzer, in: Berliner Morgenpost 29, 4. 2. 1921, 1. Beilage.
Laisney, François, Place nette, pour une typologie du gratte-ciel, in: L'Architecture d'Aujourd'hui 178, 1975, 20.
Landsberg, Max, Für das Turmhaus, in: BT 149, 29. 3. 1923.
Langöhrig, Alfred, Zur Lösung der Wohnungsfrage. Beispiele aus den Vereinigten Staaten von Nordamerika, in: Stbk 1920, 198-201.
Laporte, de, Wohnungsnot und Mietsteigerung, in: Die Woche 6, 1922.
Laporte, W., Die kulturelle Bedeutung der Wohnungsfrage, in: Die Volkswohnung 1920, 262-263.
Lehwess, Walter, Architekturschau im Moabiter Ausstellungspalast, in: Stbk 1921, 109 u. 111.
Lehwess, Walter, Der Wettbewerb um ein Turmhaus am Bahnhof Friedrichstraße in Berlin, in: Stbk 1922/23, 337-347.
L(ehwess), W(alther), Zwei Hochhausentwürfe, in: Stbk 1921, 234.
Lewis, Dudley Arnold, Evaluations of American Architecture by European Critics 1875-1900, Diss., University of Wisconsin, 1962.
Lösung, Architektonische, Ecke Bellevue- und Viktoriastraße am Kemperplatz in Berlin, in: Frühlicht 3, 1921/22, 80-84.
Ma., Der ausgeschiedene Entwurf des Wettbewerbs für das Hochhaus am Bahnhof Friedrichstraße in Berlin, in: ZdB 1922, 140.
Mayer, Birgit, Studien zu Hans Poelzig, Bauten und Projekte der zwanziger Jahre, Diss. Masch., München 1986.
Mächler, Martin, Zum Problem des Wolkenkratzers, in: WMB 1920/21, 191-205 u. 260-273.
Mendelsohn, Erich, Amerika. Bilderbuch eines Architekten, Berlin 1925.
Mendelssohn, Peter de, Zeitungsstadt Berlin, Berlin ^{2}1982.
Meyer, Julius, Zwei New-Yorker Geschäftstürme, in: Über Land und Meer. Deutsche Illustrierte Zeitung 11, 1894, 246-247.
Meyer, Der Wettbewerb für Entwürfe zu einem Verwaltungsgebäude für den Stumm-Konzern in Düsseldorf, in: ZdB 1922, 21-23.
Michelis, Marco de, Ritratto di un architetto come giovane artista, in: Rassegna 27, 1986, 8.
Mies van der Rohe, Ludwig, Hochhäuser, in: Frühlicht 4, 1922, 122-124.
Möbius, Martin Richard, Heinrich L. Dietz, Berlin/Leipzig/Wien 1930.
Möhring, Bruno, Das bessere Berlin, in: Stbk 1920, 5-7, 104-107, 118-119 u. 133-136.
Möhring, Bruno, Die neue Großstadt, in: BW 14, 1910, 17-20.
Möhring, Bruno, Hochhäuser für Großstädte, in: Stbk 1920, 139.
Möhring, Bruno, Turmhausgruppen an der Prinz Albrechtstraße in Berlin. Entwurf von Otto Kohtz, in: Stbk 1921, 14.
Möhring, Bruno, Über die Vorzüge der Turmhäuser und die Voraussetzungen, unter denen sie in Berlin gebaut werden können, in: Stbk 1920, 353-357, 370-376 u. 385-391.
Möhring, Bruno, Über die Vorzüge der Turmhäuser und die Voraussetzungen, unter denen sie in Berlin gebaut werden können, Berlin 1921.
Möhring, Bruno, Volkswohnung oder Ringhaus, Antwort auf den offenen Brief von Martin Wagner, in: Die Volkswohnung 1923, 58-59.
Möhring, Bruno, Wer entscheidet über deutsche Baukunst, in: Stbk 1922, 193-198.
Möhring, Bruno, Zonenbebauung oder gemischte Bebauung? Ein Beitrag zur Lösung der Wohnungsfrage, in: Stbk 1920, 209-220.
Muesmann, Adolf, Hochhaus und Städtebau, in: Städtebau-Vorträge der Dresdener Städtebauwoche 1924, Berlin 1924, 194-196.
Mujica, Francisco, History of the Scyscrapers, Paris 1929, New York ^{2}1977.
Municipal Building in New York, Das, in: BW 39, 1911, 27.
Muthesius, Hermann, Wolkenkratzer in Deutschland?, in: Neue Zürcher Zeitung 380, 22. 3. 1922.
N., A. M., Der schwebende Wolkenkratzer, in: BW 43, 1913, 26-27.
Nerdinger, Winfried (Hg.) u. Mitarb. v. Florian Zimmermann, Die Architekturzeichnung, Katalog, München 1985.
Neubauten am Bahnhof Friedrichstraße, Die, in: Voss. Ztg. 120, 7. 3. 1914, 1. Beilage.
Neubauten am Bahnhof Friedrichstraße, Die, in: Zeitbilder, Beilage zur Voss. Ztg. 30, 10. 3. 1914.
Neutra, Richard, Die ältesten Hochhäuser und der jüngste Turm, in: Die Baugilde 21, 1924.
Nimmons, George C., Skyscrapers in Amerika, in: Journal of the American Institute of Architects, 1923, 370.
Oechslin, Werner, Deperthes „Maison genre New York" 1892 oder der Mißerfolg des Skyscrapers à l'européenne, in: Archithese 20, 1976, 45.
Osborn, Max, Das Turmhaus am Friedrichsbahnhof. Ein neuer Entwurf, in: Voss. Ztg. 248, 27. 5. 1922.
Osborn, Max, Johann Emil Schaudt, Berlin/Leipzig/Wien 1930.
Osborn, Max, Wolkenkratzer Friedrichsbahnhof. Die Ergebnisse des Wettbewerbes, in: Voss. Ztg. 61, 5. 2. 1922.
Osborn, Max, Wolkenkratzer, in: Qualität 1920, 117.
Otto, Christian F., American Skyscrapers and Weimar Modern: Transactions between Fact and Idea, in: Jarrell C. Jackmann und Carla M. Borden (Hg.), The Muses flee Hitler, Cultural Transfer and Adaption 1930-1945, Washington 1983.
Paulsen, Friedrich, Hochhaus-Entwürfe, in: BW 1920, 596-598.
Paulsen, Friedrich, Neue Baugedanken im öffentlichen Bauwesen, in: BW 1921, 253-255.
Paulsen, Friedrich, Wolkenkratzer in Berlin, in: B.Z. am Mittag, 20. 1. 1921.
Pehnt, Wolfgang, Die Architektur des Expressionismus, Stuttgart ^{2}1981.
Pehnt, Wolfgang, Architekturzeichnungen des Expres-

sionismus, Stuttgart 1985.
Peters, Jakob Detlef, Neue Leipziger Meßhaus-Projekte, in: BRS 1921, 87-92.
Pitz, Helge, Wolfgang Hofmann und Jürgen Tomisch, Berlin-W. Geschichte und Schicksal einer Stadtmitte. Von der preussischen Residenz zur geteilten Metropole, Bd. 1, Berlin 1984.
Platz, Gustav Adolf, Die Baukunst der neuesten Zeit, Berlin 1927.
Poelnitz, Hans von, Der Schrei nach dem Turmhaus, in: BW 1921, 690.
Ponten, Joseph, Architektur die nicht gebaut wurde, Berlin 1925.
Posener, Julius, Berlin auf dem Wege zu einer neuen Architektur, München 1979.
Posener, Julius, Mendelsohn – Concours pour un gratte-ciel sur le terrain devant la gare Friedrichstraße (entre la gare et la Sprée) Berlin 1929, in: L'Architecture d'Aujourd'hui 4, 1932/33, 1-18.
Rappold, Otto, Der Bau der Wolkenkratzer, München/Berlin 1913.
Reichsschuldenturm und Berliner Baupolizei, in: Die Baugilde 48/49, 1920, 4.
Rendschmidt, Das Hochhaus am Bahnhof Friedrichstraße, in: WAVB 1922, 29-31 u. 34/35.
Reuters, Josef, Ein Hochhausentwurf für Charlottenburg, in: Stbk 1920, 376-378.
Riedrich, Otto, Zu einigen Entwürfen des Architekten B.D.A. Otto Kohtz, in: Moderne Bauformen 1924, 241-252 u. 254-256.
Scharabi, Mohamed, Einfluß der Pariser Ecole des Beaux-Arts auf die Berliner Architektur in der zweiten Hälfte des 19. Jhs., Diss., Berlin 1968.
Scheffler, Karl, Der Geist der Gotik, Leipzig 1917.
Scheffler, Karl, Moderne Baukunst, Berlin 1907.
Schliepmann, Hans, Amerikanische Architektur, in: Der Kunstwart 1894, 393.
Schliepmann, Hans, Das moderne Geschäftshaus, in: Berliner Architekturwelt 1901, 423-425.
Schliepmann, Hans, Der geheiligte Quadratmeter und das sechste Geschoß, in: BW 11, 1912, 10-12.
Schliepmann, Hans, Geschäfts- und Warenhäuser, Bd. 2, Berlin/Leipzig 1913.
Schliepmann, Hans, „Wolkenkratzer", in: Tägliche Rundschau 49, 30. 1. 1921, 5. Beilage.
Schmitz, Bruno, Phantastisch oder in den Grenzen der Möglichkeit?, in: BW 19, 1910, 4.
Schubert, A., Neu=amerikanische und mittelalterlich=deutsche „Turmhäuser", in: BW 31, 1917, 9.
Schulz, Joachim, Hochhäuser und Citygedanke in Deutschland 1920 bis 1923, in: Deutsche Architektur 1964, 750-755.
Schumacher, Fritz, Die Gestaltung des linksrheinischen Brückenkopfes der Hängebrücke in Köln, in: DBZ 1921, 421-423, 425-427 u. 429-431.
Schumacher, Fritz, Hochhaus Köln, in: BW 1921, 710-711.
Schüler, Edmund, Der Wolkenkratzer, in: Kunst und Künstler 1925, 228-244.
Schwartz, Hochhaus und Bauordnung, in: BuG 1922, 173-174.
Silomon, Sicherheit in Wolkenkratzern und anderen Gebäuden von größerer als der üblichen Bauhöhe, München/Berlin 1922.
Silomon, Wolkenkratzer, in: Die Umschau, Wochenschrift über die Fortschritte in Wissenschaft und Technik 1922, 230-233.
Simmen, Jeannot und Uwe Drepper, Der Fahrstuhl. Die Geschichte der vertikalen Eroberung, München 1984.
Soeder, Hans, Turmhaus-Epilog für Berlin, in: Die Volkswohnung 1922, 56/57.
Sörgel, Hermann, Das Turmhausproblem in München, in: BRS 1922, 29.
Sörgel, Hermann, Wettbewerbsentwürfe zu einem Düsseldorfer Bürohaus, in: BRS 1922, 22-27.
Stahl, Fritz, Turmhaus Friedrichstraße. Die Ausstellung der Entwürfe, in: BT 61, 5. 2. 1922.
Stommer, Rainer, ‚Germanisierung des Wolkenkratzers.' Die Hochhausdebatte in Deutschland bis 1921, in: Kritische Berichte 3, 1982, 36-52.
Stöhr, Karl Fritz, Die amerikanischen Turmbauten, München/Berlin 1921.
Straub, Hans, Die Geschichte der Bauingenieurkunst, Basel 1949.
Stübben, Josef, New York's Bauordnung und Stadtbauplan, in: DBZ 1915, 449-451, 461-464, 481-484 u. 489-490.
Stübben, Joseph, Einführung der Staffel-Bauordnung in New York, in: DBZ 1917, 11.
Sullivan, Louis H., The Tall Office Building artistically considered, in: Lippincott's Magazine LVII, März 1896, 403-409.
Tafuri, Manfredo, La dialectique de l'absurde: Europe-USA, Les Avatars de l'idéologie du gratte-ciel (1918-1974), in: L'Architecture d'Aujourd'hui 178, 1975, 2.
Tafuri, Manfredo, La montagna disincata, in: La città americana dalla guerra civile al New Deal, Rom 1973, 427.
Taut, Bruno und Landsberg, Büro- und Geschäftshaus auf dem Kaiser-Wilhelm-Platz in Magdeburg, in: Frühlicht 1, 1921.
Taut, Bruno, Die Stadtkrone, Jena 1919.
Tätigkeit der Architekten Scherer und Aeppli, Berlin Lichterfelde, Über die, in: Neue Baukunst 13, 1926, o. S.
Tek., Ein Hochhaus in Berlin, in: BGZ 1, 1922, 2.
The International Competition for a New Administration Building for the Chicago Tribune 1922. Containing all the Designs in Response of the Chicago Tribune's $ 100 000 Offer Commemorating its Seventy Fifth Anniversary, June 10, 1922, Chicago 1923.
Thiem, H., Wolkenkratzer in Deutschland, in: Zeitung des Berliner Westens, 15. 3. 1921.
Thiersch, Heinz, German Bestelmeyer, München 1961.
Torenhuizen, in: De Bouwwereld 1923, 118-119.
Turmhaus am Bahnhof Friedrichstraße, Das, in: DAZ 83, 18. 2. 1922.
Turmhaus in Berlin, Das, in: De Bouwwereld 1922, 271/272.
Turmhaus in der Friedrichstraße, Das. Baubeginn in 3 Wochen, in: Börsen-Zeitung, 3. 2. 1926.
Turmhaus in der Friedrichstraße, Das, in: DAZ, 3. 2. 1926.
Turmhäuser in Müchen, in: Die Volkswohnung 1921, 199-200.
Umbau des Bahnhofs Friedrichstraße, Zum, in: Zeitbilder, Beilage zur Voss. Ztg. 31, 12. 3. 1914.
Umgestaltung der Umgebung des Bahnhofs Friedrichstraße, in: WAVB 1917, 13-14.
Übergang zum Hochhaus in Berlin, Der, in: DBZ 1921, 388.
V., F. R., Hochhäuser ohne Skelett, in: BuG 1921, 64 ff.
Venitz, August, Der Wolkenkratzer-Rummel, in: Die Grenzboten 1922, 271-272.
Venitz, August, Der Wolkenkratzer-Rummel, in: NDBZ 1922, 11.
Vogel, F. Rudolf, Können Wolkenkratzer bei der Beseitigung der Wohnungsnot helfen?, in: BuG 1920, 239 u. 252.
Vorschlag für die Bebauung des Geländes am Bahnhof Friedrichstraße in Berlin, Ein, in: DBZ 1915, 233-236.
Vorschlag zu einem Reichshaus in Berlin, in: BuG 1920, 323.
Vorteile und Nachteile der amerikanischen Wolkenkratzer, in: BW 6, 1913, 11-12.
W., C., Der Wolkenkratzer – Baukunst und Berliner Baupolizei, in: BT, 19. 1. 1921, Morgenausgabe.
W., F., Der Internationale Wettbewerb für den neuen Zeitungspalast der „Chicago Tribune", in: Zeitschrift des Österreichischen Ingenieur- und Architekten-Vereins 3/4, 1923, 13-17.
Wagner, Martin, Der Neubau des Friedrichstraßen-Bahnhofs in Berlin, in: BW 7, 1916, 12.
Wagner, Martin, Ein Vorschlag für die Ausgestaltung des Bahnhofs Friedrichstraße und seines Vorplatzes in Berlin, in: BW 1915, 25-37, Kunstbeilage IV.
Wagner, Martin, Volkswohnung oder Ringhaus, Offener Brief, in: Die Volkswohnung 1923, 57-58.
Wagner, Martin, Was wird aus dem Bahnhof Friedrichstraße?, in: BW 49, 1915, 3-5.
Wagner, Zum Bau von Hochhäusern, in: BuG 1921, 23.
Webster, J. Carson, The Skyscraper, Logical and Historical Considerations, in: Journal of the Society of Architectural Historians, XVII, 4, Dezember 1959, 126-139.
Weismann, Winston, A new View of Skyscraper History, in: Edgar Kaufmann Jr. (Hg.), The Rise of American Architecture, London 1970.
Westheim, Paul, Architektur-Entwicklung, in: Die Glocke 1924, 181-185.
Wettbewerb für ein Bürohaus am Bahnhof Friedrichstraße in Berlin, Der, in: Stbk 1921, 280.
Wettbewerb für ein Bürohaus am Bahnhof Friedrichstraße in Berlin, in: Stbk 1922, 282-283.
Wettbewerb Hochhaus am Bahnhof Friedrichstraße, in: BW 1929, 1329.
Wettbewerb um das Turmhaus am Bahnhof Friedrichstraße in Berlin, Aus dem, in: Frühlicht 3, 1921/22, 85-87.
Wettbewerb zur Erlangung von Entwürfen für ein Hochhaus am Bahnhof Friedrichstraße zu Berlin, Der, in: DBZ 1922, 89-91 u. 93-97.
Wettbewerb zur Erlangung von Entwürfen für ein neues Gerichtsgebäude für New York, Der engere, in: DBZ 1913, 729-734 u. 741-742.
Wettbewerbe, Berlin. Hochhaus Bahnhof Friedrichstraße, in: Baugilde 2, 1922.
Wilhelm, Karin, Walter Gropius. Industriearchitekt, Braunschweig/Wiesbaden 1983.
Wirtschaftlichkeit der amerikanischen Wolkenkratzer, Die, in: Die Bauhütte 1913, 41.
Wirtschaftlichkeit der amerikanischen Wolkenkratzer, Die, in: ZdB 1912, 633-635.
Wittig, Paul, Die europäischen und amerikanischen Weltstädte unter dem Einfluß des elektrischen Schnellverkehrs, in: WAVB 1910, 206.
Wittig, Paul, Über die ausnahmsweise Zulassung einzelner Turmhäuser in Berlin, Berlin 1918.
Wohler, Gerhard, Das Hochhaus im Wettbewerb der Chicago Tribune, in: DBZ 1924, 328-329.
Wolf, Paul, Hochhäuser, in: BuG 1922, 43.
Wolf, Paul, Städtebau. Das Formproblem der Stadt in Vergangenheit und Zukunft, Leipzig 1919.
Wolf, Das Turmhaus in der Wohnsiedlung. Eine kritische Stellungnahme zu den Vorschlägen des Architekten Bruno Möhring, in: DS 9/10, 1922, 92-94.
Wolff, A., Zur Entwicklung des Hoch- und Turmhauses in Deutschland, in: WAVB 1921, 53-54.
Wolkenkratzer, Der neueste amerikanische, in: Zeitbilder, Beilage zur Voss. Ztg. Nr. 57, 14. 5. 1914.
Wolkenkratzer, in: Berliner Morgenpost 25, 1921, 1. Blatt.
Wolkenkratzer, in: Die Baugilde 10/11, 1921.
Wolkenkratzer-Wettbewerb in Danzig, in: BM 4, 1921, 27-28.

Wolkenkratzer?, in: Die Volkswohnung 1921, 47.
Zizler: Berechtigung und Bedeutung des Hochhausgedankens, in: Stbk 1922/23, 354.
Zizler, Der Mannheimer Handelshof, in: Stbk 1922/23, 356.
Zukowsky, John (Hg.), Chicago Architektur 1872-1922, München 1987.
Zwingmann, Ruth und Franz Müller, Das Hochhaus in der Bauordnung von 1887-1966 am Beispiel Berlins, in: Schadensprisma 2, 1980, 26-36.

Abbildungsnachweis

Abbildungen I-XIX (S. 6-16)

- I. Plexiglas, Glas, gespritzt, BHA Berlin, Foto Lepkowski
- II. Berliner Illustrierte Zeitung 1922, 204.
- III. Stbk 1921, 338.
- IV. Heinrich de Vries, Junge Baukunst in Deutschland, Berlin 1926, 95.
- V. Ton, BHA Berlin, Foto Lepkowski.
- VI. Gips, BHA Berlin.
- VII. BGZ 5, 1922, 2.
- VIII. BGZ 5, 1922, 2.
- IX. DS 1921, Taf. 20 i.
- X. DS 1921, Taf. 20 h.
- XI. BW 1921, 689.
- XII. WAVB 1922, 71.
- XIII. NDBZ 1922, o. S.
- XIV. BW 1922, 35.
- XV. BW 1922, 35.
- XVI. BW 1922, 36, 38.
- XVII. BW 1922, 38.
- XVIII. BW 1922, 37.
- XIX. Holz, Plexiglas, gespritzt, BHA Berlin. Foto Lepkowski.

Abbildungen 1-44 (S. 186-214)

1. Berlins dritte Dimension, redigiert von Alfred Dambitsch, Berlin o. J. (1912).
2. BM 1921, 14.
3. BM 1912, Taf. 19.
4. BM 1921, 15.
5. BM 1921, 16.
6. BM 1921, Taf. 20.
7. BuG 1921, 74.
8. Deutschlands Städtebau, Bd. 22: Breslau, Berlin 1921, 37.
9. BW 1920, 597.
10. Otto Rappold, Der Bau der Wolkenkratzer, Berlin 1913, Taf. 1.
11. BW 70, 1910, 3.
12. Wendingen 3, 1923, 20.
13. Feder auf Transparent, 34 x 37 cm, Wroclaw, Bauarchiv, VIII-9.
14. Feder auf Transparent, 36 x 41 cm, Wroclaw, Bauarchiv, VIII-9.
15. Lichtpause, 62 x 49,5 cm, Wroclaw, Bauarchiv, VIII-9.
16. WMB 1922/23, 292.
17. WMB 1921/22, 378/79.
18. WMB 1922/23, 146.
19. DBZ 1915, 235.
20. DBZ 1913, 729.
21. DBZ 1914, vor 831.
22. Hitchcock/Fein/Weisman/Scully, The Rise of an American Architecture, London 1970, 144.
23. DBZ 1921, 89.
24. Stbk 1920, 373.
25. Bruno Möhring, Über die Vorzüge der Turmhäuser und die Voraussetzungen, unter denen sie in Berlin gebaut werden können, Berlin 1921, 12.
26. BW 1921, 692.
27. Kunst und Künstler 1920, 546.
28. Maximilian Rapsilber, Alfred Messel, Berlin 1911, 18.
29. Frühlicht 1921, 15.
30. Stbk 1920, 117.
31. Feder auf Papier, 38,5 x 29 cm, Wroclaw Bauarchiv, VIII-9.
32. Lichtpause, 33 x 49,5 cm, Wroclaw, Bauarchiv, VIII-9.
33. Feder auf gelbem Transparent mit Auskratzungen, 36 x 70 cm, Wroclaw, Bauarchiv, VIII-9.
34. Blei, Feder auf gelbem Transparent mit Auskratzungen, 34,5 x 69 cm, Wroclaw, Bauarchiv, VIII-9.
35. Lichtpause mit Tusche, 33 x 49,5 cm, Wroclaw, Bauarchiv, VIII-9.
36. WMB 1920/21, 200.
37. Das Kunstblatt 1922, 530.
38. Rassegna 27, 1986, 4.
39. Gustav Adolf Platz, Die Baukunst der neuesten Zeit, Berlin 1930, Taf. XVII.
40. Foto BHA Berlin.
41. ZdB 1921, 498.
42. ZdB 1921, 501.
43. Gustav Adolf Platz, Die Baukunst der neuesten Zeit, Berlin 1930, 360.
44. ZdB 1921, 598.

Kat. Nr. 1.1 - 61.22

- 1.1 LA Berlin, Plankammer, Acc. 2412, Nr. 3.
- 1.2 Lithographie, 32,5 x 27,4 cm, Blatt 1 aus der Reihe Ecce Homo, BHA Berlin.
- 1.3 BA Koblenz, R 2/6228, Akten des Reichsfinanzministeriums betreffend die Kaiser-Wilhelm-Akademie.
- 1.4 ZdB 1922, 69.
- 1.5 Landesbildstelle Berlin, Nr. 215 519.
- 1.6 Landesbildstelle Berlin, Nr. II 12 172.
- 1.7 ZdB 1911, 429.
- 1.8 ZdB 1890, 47.
- 1.9 Heinz Johannes, Neues Bauen in Berlin, Berlin 1931, 10.
- 1.10 Paul Wittig (Hg.), Die Architektur der Hoch- und Untergrundbahn in Berlin, Berlin 1922, 7.

- 2.1 Stbk 1920, 356.
- 2.2 Zeitbilder 30, Beilage zur Voss. Ztg., 10. 3. 1914.
- 2.3 Zeitbilder 31, Beilage zur Voss. Ztg., 12. 3. 1914.
- 2.4 Zeitbilder 74, Beilage zur Voss. Ztg., 25. 6. 1914.
- 2.5 Zeitbilder 74, Beilage zur Voss. Ztg., 25. 6. 1914.
- 2.6 WMB 1919/20, 370.
- 2.7 DBZ 1914, 587.
- 2.8 DBZ 1915, vor 233.
- 2.9 DBZ 1915, 234.
- 2.10 BW 1915, Kunstbeilage IV, 28.
- 2.11 Berliner Architekturwelt 1919, 236.
- 2.12 Stbk 1921, 107.
- 2.13 Bruno Möhring, Über die Vorzüge der Turmhäuser und die Voraussetzungen, unter denen sie in Berlin gebaut werden können, Berlin 1921, 3.
- 2.14 BW 1921, 693.
- 2.15 Stbk, SH 2, 1922, 13.

- 3.1 Lichtpause, 77 x 50 cm, TU Berlin, Planslg. UB, Nachlaß Otto Kohtz, Inv. Nr. 9019.
- 3.2 AG Chlbg., HRB 52 169/+39.
- 3.3 Reichshandbuch der Deutschen Gesellschaft. Das Handbuch der Persönlichkeiten in Wort und Bild, Bd. 2, Berlin 1931, 1227.
- 3.4 Reichshandbuch der Deutschen Gesellschaft. Das Handbuch der Persönlichkeiten in Wort und Bild, Bd. 2, Berlin 1931, 1078.
- 3.5 Reichshandbuch der Deutschen Gesellschaft. Das Handbuch der Persönlichkeiten in Wort und Bild, Bd. 1, Berlin 1930, 219.

- 4.1 Reichshandbuch der Deutschen Gesellschaft. Das Handbuch der Persönlichkeiten in Wort und Bild, Bd. 1, Berlin 1930, 2053.
- 4.2 Reichshandbuch der Deutschen Gesellschaft. Das Handbuch der Persönlichkeiten in Wort und Bild, Bd. 1, Berlin 1930, 1867.
- 4.3 Heinz Thiersch, German Bestelmeyer, München 1961, o. S.
- 4.4 Reichshandbuch der Deutschen Gesellschaft. Das Handbuch der Persönlichkeiten in Wort und Bild, Bd. 1, Berlin 1930, 779.
- 4.5 TU München, Arch.Slg., Nachlaß Billing.

- 5.1 Stbk 1921, 256.
- 5.2 AdK Berlin, Slg. Baukunst, Nachlaß Scharoun.
- 5.3 AdK Berlin, Slg. Baukunst, Nachlaß Scharoun.
- 5.4 AdK Berlin, Slg. Baukunst, Nachlaß Scharoun.
- 5.5 AdK Berlin, Slg. Baukunst, Nachlaß Scharoun.

- 6.1 Feder auf Transparent, 52 x 61,5 cm, TU München, Arch. Slg.
- 6.2 Feder auf Transparent, 51 x 60,5 cm, TU München, Arch. Slg.
- 6.3 Feder auf Transparent, 52 x 61 cm, TU München, Arch. Slg.
- 6.4 Feder auf Transparent, 51,5 x 61,5 cm, TU München, Arch. Slg.
- 6.5 Feder auf Transparent, 52x61,5 cm, TU Mün-

chen, Arch. Slg.
6.6 Feder auf Transparent, 52 x 61,5 cm, TU München, Arch. Slg.
6.7 Feder auf Transparent, 52 x 61,5 cm, TU München, Arch. Slg.
6.8 Feder auf Transparent, TU München, Arch. Slg.
6.9 Lichtpause, 51,8 x 43,7 cm, TU München, Arch. Slg.
6.10 Lichtpause, 41,5 x 62 cm, TU München, Arch. Slg.
6.11 Lichtpause, 44,7 x 60,2 cm, TU München, Arch. Slg.

7.1 WMB 1922/23, 60.
7.2 Ullstein Bilderdienst Berlin, Nr. 11797j, EDV 103 677/01.
7.3 BuG 1922, 44.
7.4 Stbk, SH 2, 1922, 16.

8.1 Neue Baukunst 7/8, 1925 o. S. (7).

9.1 Martin Richard Möbius, Heinrich L. Dietz, Berlin/Leipzig/Wien 1930, Abb. 1.

10.1 Stbk, SH 2, 1922, 23.
10.2 Stbk, SH 2, 1922, 23.

11.1 Stbk, SH 2, 1922, 18.
11.2 Stbk, SH 2, 1922, 18.
11.3 Feder, Bleistift, brauner Farbstift auf Transparent, 55,5 x 55 cm, TU München, Arch. Slg.
11.4 Rotbraune Kreide auf Transparent, 43 x 33,8 cm, TU München, Arch. Slg, Inv. Nr. 133.1.
11.5 Kohle auf Transparent, 43 x 31 cm, TU München, Arch. Slg., Inv. Nr. 133.15.

12.1 Blaue Kreide auf Transparent, 43,5 x 48,5 cm, TU München, Arch. Slg., Inv. Nr. 133.10.
12.2 Kohle auf Transparent, 43,5 x 37,5 cm, TU München, Arch. Slg., Inv. Nr. 133.13.
12.3 Bleistift auf Transparent, 35,5 x 29,7 cm, TU München, Arch. Slg., Inv. Nr. 133.11.
12.4 Kohle auf Transparent, 40,8 x 34,4 cm, TU München, Arch. Slg. Inv. Nr. 133.12.
12.5 Blaue Kreide auf Transparent, 49,5 x 45,5 cm, TU München, Arch. Slg., Inv. Nr. 133.6.
12.6 Bleistift auf Transparent, 49,5 x 47,5 cm, TU München, Arch. Slg.
12.7 Bleistift auf Transparent, 49,6 x 47,8 cm, TU München, Arch. Slg., Inv. Nr. 133.8.
12.8 Blaue Kreide auf Transparent, 49,7 x 47,4 cm, TU München, Arch. Slg., Inv. Nr. 133.7.
12.9 Bleistift auf Transparent, 49,6 x 47,7 cm, TU München, Arch. Slg., Inv. Nr. 133.9.
12.10 Bleistift auf Transparent, 49,5 x 47,5 cm, TU München, Arch. Slg., Inv. Nr. 133.3.
12.11 Bleistift auf Transparent, 56,1 x 46,2 cm, TU München, Arch. Slg., Inv. Nr. 133.5.
12.12 Bleistift auf Transparent, 47,5 x 46,5 cm, TU München, Arch. Slg. Inv. Nr. 133.14.
12.13 Bleistift auf Transparent, 47,5 x 44,6 cm, TU München, Arch. Slg., Inv. Nr. 133.2.
12.14 Bleistift auf Transparent, 48,8 x 50 cm, TU München, Arch. Slg. Inv. Nr. 133.4.
12.15 Kohle auf Transparent, 56,5 x 46,5 cm, TU München, Arch. Slg.

13.1 Stbk, SH 2, 1922, 26.
13.2 Stbk, SH 2, 1922, 27.
13.3 Stbk, SH 2, 1922, 27.

14.1 BW 1922, 360.

15.1 Grosse Berliner Kunstausstellung, Berlin 1922, 70.

16.1 Stbk, SH 2, 1922, 29.
16.2 Wendingen 3, 1923, 12.
16.3 Wendingen 3, 1923, 12.
16.4 Stbk, SH 2, 1922, 30.
16.5 Stbk, SH 2, 1922, 31.

17.1 Stbk, SH 2, 1922, 32.
17.2 Stbk, SH 2, 1922, 32.

18.1 Stbk, SH 2, 1922, 33.
18.2 Stbk, SH 2, 1922, 33.
18.3 Stbk, SH 2, 1922, 33.

19.1 Neue Baukunst 1926, o. S.

20.1 Stbk, SH 2, 1922, 35.
20.2 Stbk, SH 2, 1922, 34.
20.3 Stbk, SH 2, 1922, 34.
20.4 Stbk, SH 2, 1922, 35.

21.1 Wendingen 3, 1923, 14.
21.2 Jürgen Joedicke/Heinrich Lauterbach, Hugo Häring, Schriften, Entwürfe, Bauten, Stuttgart 1965, 90, Abb. 12.
21.3 AdK Berlin, Slg. Baukunst, Nachlaß Häring.
21.4 Jürgen Joedicke/Heinrich Lauterbach, Hugo Häring, Schriften, Entwürfe, Bauten, Stuttgart 1965, 90, Abb. 13.
21.5 AdK Berlin, Slg. Baukunst, Nachlaß Häring, Inv. Nr. 14/013.
21.6 AdK Berlin, Slg. Baukunst, Nachlaß Häring, Inv. Nr. 14/08.
21.7 AdK Berlin, Slg. Baukunst, Nachlaß Häring, Inv. Nr. 14/014.
21.8 AdK Berlin, Slg. Baukunst, Nachlaß Häring, Inv. Nr. 14/011.
21.9 AdK Berlin, Slg. Baukunst, Nachlaß Häring, Inv. Nr. 14/01.
21.10 Jürgen Joedicke/Heinrich Lauterbach, Hugo Häring, Schriften, Entwürfe, Bauten, Stuttgart 1965, 91, Abb. 15.
21.11 AdK Berlin, Slg. Baukunst, Nachlaß Häring, Inv. Nr. 14/05.
21.12 AdK Berlin, Slg. Baukunst, Nachlaß Häring, Inv. Nr. 14/03.

22.1 ZdB 1922, 140.
22.2 ZdB 1922, 140.

23.1 BuG 1922, 45.
23.2 Die Bauzeitung 1922, 218.
23.3 Stbk, SH 2, 1922, 17.
23.4 Die Bauzeitung 1922, 218.
23.5 Die Bauzeitung 1922, 217.
23.6 Die Bauzeitung 1922, 217.

24.1 DBZ 1922, 96.
24.2 ZdB 1922, 83.

25.1 Stbk, SH 2, 1922, 36.
25.2 Stbk, SH 2, 1922, 36.

26.1 BW 1922, 434.
26.2 BW 1922, 434.
26.3 WMB 1922/23, 67.
26.4 Wendingen 3, 1923, 11.

27.1 Stbk, SH 2, 1922, 37.
27.2 Stbk, SH 2, 1922, 37.

28.1 DBZ 1922, 95.
28.2 DBZ 1922, 95.

29.1 Stbk, SH 2, 1922, 38.
29.2 Stbk, SH 2, 1922, 38.

30.1 Ullstein Bilderdienst Berlin, Nr. 11 797 m, EDV 103 673/01.
30.2 BuG 1922, 45.
30.3 Ullstein Bilderdienst Berlin Nr. 11 797 n, EDV 103 672/01.

31.1 Ludwig Glaeser, Mies van der Rohe, Drawings in the Collection in MoMA, New York 1969, Taf. 2.
31.2 BW 1922, 363.
31.3 Arthur Drexler (Hg.), The Mies van der Rohe Archive, an illustrated Catalogue of the Mies van der Rohe Drawings in the MoMA, New York/London 1986, Bd. 1, Archiv Nr. 20.3.
31.4 Werner Blaser, Mies van der Rohe, Lehre und Schule, Basel/Stuttgart 1977, 164.
31.5 Fritz Neumeyer, Mies van der Rohe, Das kunstlose Wort, Gedanken zur Baukunst, Berlin 1986, 34.
31.6 Ullstein Bilderdienst Berlin, Nr. 11 797 o, EDV 103 671/01.
31.7 Überzeichnetes Großfoto, 2 Tafeln, 69 x 100 cm, 70,5 x 100 cm, BHA Berlin.
31.8 Philip C. Johnson, Mies van der Rohe, MoMA, New York 1947, 25.

32.1 Stbk, SH 2, 1922, 22.
32.2 Stbk, SH 2, 1922, 22.

33.1 Kohle auf Transparent, auf Leinen, 57 x 52 cm, TU Berlin, Planslg. UB, Inv. Nr. 2807.
33.2 Feder auf Transparent, auf Karton montiert, 75 x 60 cm, TU Berlin, Planslg. UB, Inv. Nr. 2801.
33.3 Feder auf Transparent, auf Karton montiert, 75 x 60 cm, TU Berlin, Planslg. UB, Inv. Nr. 2800.
33.4 Feder auf Transparent, auf Karton montiert, 75 x 60 cm, TU Berlin, Planslg. UB, Inv. Nr. 2804.
33.5 Feder auf Transparent, auf Karton montiert, 75 x 60 cm, TU Berlin, Planslg. UB, Inv. Nr. 2802.
33.6 Feder auf Transparent, auf Karton montiert, 75 x 60 cm, TU Berlin, Planslg. UB, Inv. Nr. 2803.
33.7 Feder auf Transparent, auf Karton montiert, 71 x 65 cm, TU Berlin, Planslg. UB, Inv. Nr. 2806.
33.8 Feder auf Transparent, auf Karton montiert, 69 x 85 cm, TU Berlin, Planslg. UB, Inv. Nr. 2805.
33.9 Kohle auf Transparent, auf Leinen, 57 x 52 cm, TU Berlin, Planslg. UB, Inv. Nr. 2808.
33.10 Kohle auf Transparent, auf Karton montiert, 108 x 74,5 cm, TU Berlin, Planslg. UB, Inv. Nr. 2809.

34.1 Stbk, SH 2, 1922, 40.
34.2 Stbk, SH 2, 1922, 40.
34.3 Stbk, SH 2, 1922, 39.

35.1 Wendingen 3, 1923, 13.
35.2 Wendingen 3, 1923, 13.
35.3 Frühlicht 1922, 84.
35.4 Wendingen 3, 1923, 13.
35.5 Peter Pfankuch, Hans Scharoun, Bauten, Entwürfe, Texte, Berlin 1974, 36.
35.6 Frühlicht 1922, 85.

36.1 Stbk, SH 2, 1922, 42.

36.2 Stbk, SH 2, 1922, 42.
36.3 Stbk, SH 2, 1922, 42.
36.4 Stbk, SH 2, 1922, 41.

37.1 Stbk, SH 2, 1922, 43.
37.2 Stbk, SH 2, 1922, 44.
37.3 Stbk, SH 2, 1922, 44.

38.1 Stbk, SH 2, 1922, 45.
38.2 Stbk, SH 2, 1922, 45.
38.3 WMB 1922/23, 64.
38.4 Heinrich de Vries, Junge Baukunst in Deutschland, Berlin 1926, 95.

39.1 Stbk, SH 2, 1922, 20.
39.2 Stbk, SH 2, 1922, 19.
39.3 Erich Haenel, Otto Schubert, Leipzig/Wien 1928, 43.

40.1 Feder, Bleikorrekturen auf Transparent, 46,6 x 51 cm, IfB Karlsruhe.
40.2 Kohle auf Transparent, 62 x 74,5 cm, IfB Karlsruhe.
40.3 Stbk, SH 2, 1922, 28.
40.4 Kohle auf Transparent, 70 x 89 cm, IfB Karlsruhe.

41.1 Tusche auf Transparent, 61 x 60,5 cm, BHA Berlin, Inv. Nr. 7699/8.
41.2 Tusche, Bleistift auf Transparent, 64 x 64 cm, BHA Berlin, Inv. Nr. 7699/2.
41.3 Tusche, Bleistift auf Transparent, 64,5 x 64 cm, BHA Berlin, Inv. Nr. 7699/1.
41.4 Tusche, Bleistift auf Transparent, 64 x 64 cm, BHA Berlin, Inv. Nr 7699/3.
41.5 Tusche auf Transparent, 64 x 64 cm, BHA Berlin, Inv. Nr. 7699/7.
41.6 Tusche, Bleistift auf Transparent, 64 x 64 cm, BHA Berlin, Inv. Nr. 7699/6.
41.7 Tusche, Bleistift auf Transparent, 64 x 64 cm, BHA Berlin, Inv. Nr. 7699/4.
41.8 Tusche auf Transparent, 64 x 64 cm, BHA Berlin, Inv. Nr. 7699/5.

42.1 Stbk, SH 2, 1922, 46.
42.2 Stbk, SH 2, 1922, 46.

43.1 Stbk, SH 2, 1922, 47.
43.2 Stbk, SH 2, 1922, 47.
43.3 Neue Baukunst 1925, o.S.
43.4 Stbk, SH 2, 1922, 47.

44.1 Stbk, SH 2, 1922, 21.
44.2 Stbk, SH 2, 1922, 21.

45.1 Stbk, SH 2, 1922, 48.
45.2 Stbk, SH 2, 1922, 48.

46.1 AdK Berlin, Slg. Baukunst, Nachlaß Scharoun.
46.2 Ullstein Bilderdienst Berlin, Nr. 11 797 k, EDV 103 676/01.
46.3 Grosse Berliner Kunstausstellung, Berlin 1922, 68.
46.4 AdK Berlin, Slg. Baukunst, Nachlaß Luckhardt.
46.5 Archiv der Bundesanstalt für Geowissenschaften und Rohstoffe, Hannover, Nr. 53 312.
46.6 Archiv der Bundesanstalt für Geowissenschaften und Rohstoffe, Hannover, Nr. 53 312.
46.7 ZdB 1922, 360.
46.8 Lichtpause, 48 x 60 cm, TU Berlin, Planslg. UB, Nachlaß Otto Kohtz, Inv. Nr. 8984.
46.9 Lichtpause, 71 x 91 cm, TU Berlin, Planslg. UB, Nachlaß Otto Kohtz, Inv. Nr. 8965.
46.10 Lichtpause, 57 x 60 cm, TU Berlin, Planslg. UB, Nachlaß Otto Kohtz, Inv. Nr. 8985.
46.11 Paul Wittig (Hg.), Die Architektur der Hoch- und Untergrundbahn in Berlin, Berlin 1922, 8.
46.12 Kohle auf Transparent, 49 x 51 cm, TU Berlin, Planslg. UB, Nachlaß Otto Kohtz, Inv. Nr. 8977.
46.13 Kohle auf Transparent, 64 x 82 cm, TU Berlin, Planslg. UB, Nachlaß Otto Kohtz, Inv. Nr. 8978.
46.14 Kohle auf Transparent, 49 x 66 cm, TU Berlin, Planslg. UB, Nachlaß Otto Kohtz, Inv. Nr. 8979.
46.15 Kohle auf Transparent, 77 x 100 cm, TU Berlin, Planslg. UB, Nachlaß Otto Kohtz, Inv. Nr. 8981.
46.16 Kohle auf Transparent, 24 x 26 cm, TU Berlin, Planslg. UB, Nachlaß Otto Kohtz, Inv. Nr. 8975.
46.17 Kohle auf Transparent, 42 x 43 cm, TU Berlin, Planslg. UB, Nachlaß Otto Kohtz, Inv. Nr. 8976.
46.18 Kohle auf Transparent, 34 x 37 cm, TU Berlin, Planslg. UB, Nachlaß Otto Kohtz, Inv. Nr. 8974.
46.19 Kohle auf Transparent, 39 x 39 cm, TU Berlin, Planslg. UB, Nachlaß Otto Kohtz, Inv. Nr. 8968.
46.20 Kohle auf Transparent, 46 x 47 cm, TU Berlin, Planslg. UB, Nachlaß Otto Kohtz, Inv. Nr. 8973.
46.21 Kohle auf Transparent, 44 x 40 cm, TU Berlin, Planslg. UB, Nachlaß Otto Kohtz, Inv. Nr. 8971.
46.22 BA Koblenz, R 2/6229, Akten des Reichsfinanzministeriums betreffend die Kaiser-Wilhelm-Akademie.
46.23 BA Koblenz, R 2/6229, Akten des Reichsfinanzministeriums betreffend die Kaiser-Wilhelm-Akademie.
46.24 BA Koblenz, R 2/6229, Akten des Reichsfinanzministeriums betreffend die Kaiser-Wilhelm-Akademie.
46.25 BA Koblenz, R 2/6229, Akten des Reichsfinanzministeriums betreffend die Kaiser-Wilhelm-Akademie.
46.26 BA Koblenz, R 2/6229, Akten des Reichsfinanzministeriums betreffend die Kaiser-Wilhelm-Akademie.
47.1 The Mies van der Rohe Archive, MoMA, New York.
47.2 Tiefbauabteilung der BVG, Plankammer.
47.3 DBZ 1930, 2. Beilage, 9.
47.4 DBZ 1930, 2. Beilage, 10.
47.5 WMB 1930, 191.
47.6 DBZ 1930, 2. Beilage, 10.
47.7 DBZ 1930, 2. Beilage, 10.
47.8 WMB 1930, 125.
47.9 Kunstbibliothek Berlin, SMPK, Nachlaß Mendelsohn.
47.10 Kunstbibliothek Berlin, SMPK, Nachlaß Mendelsohn.
47.11 Kunstbibliothek Berlin, SMPK, Nachlaß Mendelsohn.
47.12 WMB 1930, 126.
47.13 WMB 1930, 125.
47.14 DBZ 1930, 2. Beilage, 13.
47.15 WMB 1930, 193.
47.16 WMB 1930, 193.
47.17 DBZ 1930, 2. Beilage, 14.
47.18 DBZ 1930, 2. Beilage, 14.
47.19 DBZ 1930, 2. Beilage, 13.
47.20 DBZ 1930, 2. Beilage, 13.
47.21 WMB 1930, 192.
47.22 Martin Richard Möbius, Alfred Grenander, Berlin/Leipzig/Wien 1930, o. S.
47.23 Daidalos 4, 1982, 74.
47.24 WMB 1930, 194.
47.25 Arthur Drexler (Hg.), The Mies van der Rohe Archive, an illustrated Catalogue of the Mies van der Rohe Drawings in the MoMA, New York/London 1986, Part. I-2, 548.
47.26 WMB 1930, 194.
47.27 DBZ 1930, 2. Beilage, 15.
47.28 DBZ 1930, 2. Beilage, 15.
47.29 UHU 9, 1934, 84.

48.1 Wendingen 3, 1923, 4.
48.2 WMB 1920/21, 196.
48.3 Bruno Möhring, Über die Vorzüge der Turmhäuser und die Voraussetzungen, unter denen sie in Berlin gebaut werden können, Berlin 1921, 12.
48.4 BuG 1921, 57.
48.5 DBZ 1900, 245.
48.6 ZfB 1895, Blatt 27.
48.7 Oswald Grube u. a., Hundert Jahre Architektur in Chicago, Katalog, München 1973, 17.
48.8 DBZ 1905, 316, Abb. 34.
48.9 Qualität 1920, 115.
48.10 Karl Fritz Stöhr, Die amerikanischen Turmbauten, die Gründe für ihre Entstehung, ihre Finanzierung, Konstruktion und Rentabilität, München/Berlin 1921, Abb. 32.
48.11 BM 1921, Taf. 24.
48.12 Zeitbilder 57, Beilage zur Voss. Ztg., 14. 5. 1914.
48.13 The Architectural Record 1920, 199.
48.14 Kunst und Künstler 1925, 233.
48.15 Kunst und Künstler 1925.
48.16 Moses King, Kings' Views of New York, Reprint 1977.

49.1 Joseph K. Freitag, Architectural Engineering, New York (2)1901, 71.
49.2 Karl Fritz Stöhr, Die amerikanischen Turmbauten, die Gründe für ihre Entstehung, ihre Finanzierung, Konstruktion und Rentabilität, München/Berlin 1921, Abb. 17.
49.3 Otto Rappold, Der Bau der Wolkenkratzer, München/Berlin 1913, 188.
49.4 Düsseldorf, Bauregistratur, Heinrich-Heine-Allee 53, Bd. 1.
49.5 Düsseldorf, Bauregistratur, Heinrich-Heine Allee 53, Bd. 1.
49.6 DBZ 1924, 93.
49.7 DBZ 1905, 283.
49.8 Otto Rappold, Der Bau der Wolkenkratzer, München/Berlin 1913, 63, Abb. 58.
49.9 Otto Rappold, Der Bau der Wolkenkratzer, München/Berlin 1913, 88, Abb. 95.
49.10 Otto Rappold, Der Bau der Wolkenkratzer, München/Berlin 1913, 55, Abb. 51.
49.11 Otto Rappold, Der Bau der Wolkenkratzer, München/Berlin 1913, 173, Abb. 195.
49.12 DBZ 1905, 291.
49.13 BW 13, 1913, 27.
49.14 DBZ 1905, 291.
49.15 BT, 26. 4. 1922.
49.16 Joseph K. Freitag, Architectural Engineering, New York (2)1901, 21.
49.17 Jeannot Simmen/Uwe Dreppler, Der Fahrstuhl. Die Geschichte der vertikalen Eroberung, München 1984, 67.
49.18 BW 1922, 391.
50.1 Bleistift, Kohle auf Papier, 58,2 x 159 cm, TU Berlin, Planslg. UB, Inv. Nr. 15 686.

51.1 Bruno Möhring, Über die Vorzüge der Turmhäuser und die Voraussetzungen, unter denen sie in Berlin gebaut werden können, Berlin 1912, 15.
51.2 BW 1921, 109.
51.3 Paul Wittig, Über die ausnahmsweise Zulassung einzelner Turmhäuser in Berlin, Berlin 1918, 9.

52.1 WMB 1922/23, 382.
52.2 WMB 1922/23, 386.
52.3 Daidalos 1982, 74.
52.4 Das Bild 1937, 246.

53.1 Stbk 1920, 370.
53.2 Stbk 1920, 375.
53.3 Stbk 1920, 375.
53.4 Stbk 1920, 375.
53.5 BW 1921, 693.
53.6 Stbk 1920, 134.
53.7 Stbk 1920, 135.
53.8 Stbk 1920, 389.
53.9 Stbk 1920, 370.
53.10 Bruno Möhring, Über die Vorzüge der Turmhäuser und die Voraussetzungen, unter denen sie in Berlin gebaut werden können, Berlin 1921, 5.
53.11 Stbk 1920, 373.
53.12 BuG 1921, 55.
53.13 Stbk 1920, 389.
53.14 Stbk 1920, 391.
53.15 Stbk 1920, 390.
53.16 Stbk 1920, 390.
53.17 Stbk 1922, 215.
53.18 Stbk 1922, 213.

54.1 Otto Kohtz, Gedanken über Architektur, Berlin 1909, 49.
54.2 Otto Kohtz, Das Reichshaus am Königsplatz in Berlin, o. O., o. J., (Berlin 1920), o. S.
54.3 Feder auf dunklem Transparent, 48 x 73 cm, TU Berlin, Planslg. UB, Inv. Nr. 9059.
54.4 Lichtpause, Blei laviert, Deckweiß, 57 x 71 cm, Pass. 74 x 94 cm, TU Berlin, Planslg. UB, Inv. Nr. 9064.
54.5 Tusche auf Papier, 53 x 78,5 cm, TU Berlin, Planslg. UB, Inv. Nr. 9062.
54.6 Blei, Feder, rötlich laviert, 54 x 33 cm, TU Berlin, Planslg. UB, Inv. Nr. 9067.
54.7 Lichtpause, Bleistift laviert, 37 x 64 cm, TU Berlin, Planslg. UB, Inv. Nr. 9068.
54.8 Lichtpause, Bleistift laviert, 54 x 69 cm, TU Berlin, Planslg. UB, Inv. Nr. 9049.
54.9 Feder auf Transparent, 19 x 18 cm, TU Berlin, Planslg. UB, Inv. Nr. 9026.
54.10 Feder auf Transparent, 19 x 18 cm, TU Berlin, Planslg. UB, Inv. Nr. 9027.
54.11 Otto Kohtz, Büroturmhäuser, Berlin 1921, o.S.
54.12 Moderne Bauformen 1924, 250.
54.13 Stbk 1920, 386.
54.14 Feder auf Transparent, 34 x 45 cm, TU Berlin, Planslg. UB, Inv. Nr. 9015.
54.15 Feder auf Transparent, 32 x 43 cm, TU Berlin, Planslg. UB, Inv. Nr. 9017.
54.16 Stbk 1921, 235.
54.17 Lichtpause, 20 x 22 cm, TU Berlin, Planslg. UB, Inv. Nr. 9000.
54.18 Federzeichnung, 36 x 77 cm, TU Berlin, Planslg. UB, Inv. Nr. 9004.
54.19 Lichtpause, 46 x 43 cm, TU Berlin, Planslg. UB, Inv. Nr. 9022.
54.20 Otto Kohtz, Büroturmhäuser, Berlin 1921, o.S.
54.21 Feder laviert, 36 x 31 cm, TU Berlin, Planslg. UB, Inv. Nr. 9011.
54.22 Aquarellierte Feder, 35 x 32 cm, TU Berlin, Planslg. UB, Inv. Nr. 9008.

55.1 Bruno Möhring, Über die Vorzüge der Turmhäuser und die Voraussetzungen, unter denen sie in Berlin gebaut werden können, Berlin 1921, 7.

56.1 Stbk 1920, 195.
56.2 Stbk 1920, 195.
56.3 ZdB 1921, 41.

57.1 Stbk 1920, 376.
57.2 Stbk 1920, 377.
57.3 Stbk 1920, 377.

58.1 BW 1921, 695.

59.1 Stbk 1922, 55.
59.2 Stbk 1922, 57.

60.1 Frühlicht 1922, 83.
60.2 Frühlicht 1922, 83.
60.3 Frühlicht 1922, 81.
60.4 Frühlicht 1922, 81.
60.5 Frühlicht 1922, 82.
60.6 Frühlicht 1922, 82.
60.7 Frühlicht 1922, 80.
60.8 Frühlicht 1922, 80.

61.1 A. P. van der Leuwen, Skywourd Trend of Thought, Den Haag 1986, 110.
61.2 John Zukowsky (Hg.), Chicago Architektur 1872-1922, München 1987, 309.
61.3 Francisco Mujica, History of the Skyscrapers, New York (2)1977, Taf. L.
61.4 The International Competition for a new Administration Building for the Chicago Tribune 1922, Chicago 1923, Taf. 13.
61.5 The International Competition for a new Administration Building for the Chicago Tribune 1922, Chicago 1923, Taf. 20.
61.6 The International Competition for a new Administration Building for the Chicago Tribune 1922, Chicago 1923, Taf. 35.
61.7 The International Competition for a new Administration Building for the Chicago Tribune 1922, Chicago 1923, Taf. 90.
61.8 The International Competition for a new Administration Building for the Chicago Tribune 1922, Chicago 1923, Taf. 158.
61.9 The International Competition for a new Administration Building for the Chicago Tribune 1922, Chicago 1923, Taf. 97.
61.10 The International Competition for a new Administration Building for the Chicago Tribune 1922, Chicago 1923, Taf. 141.
61.11 The International Competition for a new Administration Building for the Chicago Tribune 1922, Chicago 1923, Taf. 206.
61.12 The International Competition for a new Administration Building for the Chciago Tribune 1922, Chicago 1923, Taf. 221.
61.13 Fotos BHA Berlin.
61.14 The International Competition for a new Administration Building for the Chicago Tribune 1922, Chicago 1923, Taf. 229.
61.15 The International Competition for a new Administration Building for the Chicago Tribune 1922, Chicago 1923, Taf. 238.
61.16 The International Competition for a new Administration Building for the Chicago Tribune 1922, Chicago 1923, Taf. 231.
61.17 Adolf Behne, Der moderne Zweckbau, München/Wien/Berlin 1926, 40.
61.18 The International Competition for a new Administration Building for the Chicago Tribune 1922, Chicago 1923, Taf. 202.
61.19 The International Competition for a new Administration Building for the Chicago Tribune 1922, Chicago 1923, Taf. 227.
61.20 The International Competition for a new Administration Building for the Chicago Tribune 1922, Chicago 1923, Taf. 280.
61.21 The International Competition for a new Administration Building for the Chicago Tribune 1922, Chicago 1923, Taf. 196.
61.22 G. H. Egdell, The American Architecture of Today, New York 1928, 367.

Abkürzungen

Abb. = Abbildung(en)
AdK Berlin = Akademie der Künste Berlin
AG Chlbg. = Amtsgericht Charlottenburg
BA Koblenz = Bundesarchiv Koblenz
BGZ = Baugewerks-Zeitung
BHA Berlin = Bauhaus-Archiv Berlin
BM = Der Baumeister
BRS = Bau-Rundschau
BT = Berliner Tageblatt
BuG = Bauamt und Gemeindebau
BusB = Berlin und seine Bauten
BW = Die Bauwelt
DAZ = Deutsche Allgemeine Zeitung
DBZ = Deutsche Bauzeitung
Diss.masch. = maschinenschriftliche Dissertation
DS = Der Städtebau
Hg. = Herausgeber
IfB Karlsruhe = Institut für Baugeschichte der Universität Karlsruhe
Kat. Nr. = Katalog Nummer
LA Berlin = Landesarchiv Berlin
MoMA = Museum of Modern Art, New York
NDBZ = Neudeutsche Bauzeitung
ODBZ = Ostdeutsche Bauzeitung
o. S. = ohne Seite(nangabe)
SDBZ = Süddeutsche Bauzeitung
SH = Sonderheft
Slg. = Sammlung
SM = Sozialistische Monatshefte
SMPK = Staatliche Museen Preußischer Kulturbesitz
Sta = Stadtarchiv
STA = Staatsarchiv
Stbk = Stadtbaukunst alter und neuer Zeit
TU Berlin, Planslg. UB = Technische Universität Berlin, Plansammlung der Universitätsbibliothek
TU München, Arch. Slg. = Technische Universität München, Architektursammlung
Vgl. = Vergleiche
Voss. Ztg. = Vossische Zeitung
WAVB = Wochenschrift des Architektenvereins zu Berlin
WMB = Wasmuths Monatshefte für Baukunst
ZdB = Zentralblatt der Bauverwaltung
ZfB = Zeitschrift für Bauwesen